Sack
Internationales Lauterkeitsrecht

Internationales Lauterkeitsrecht

von

Prof. Dr. Rolf Sack
Mannheim

Carl Heymanns Verlag 2019

Zitiervorschlag: Sack, Int. LauterkeitsR, Kap. 12 Rn. 34

Bibliografische Information der Deutschen Nationalbibliothek
Die Deutsche Nationalbibliothek verzeichnet diese Publikation in der Deutschen Nationalbibliografie; detaillierte bibliografische Daten sind im Internet über http://dnb.d-nb.de abrufbar.

ISBN 978-3-452-29305-3

www.wolterskluwer.de

Umschlagkonzeption: Martina Busch, Grafikdesign, Homburg Kirrberg
Satz: Innodata Inc., Noida, Indien
Druck und Weiterverarbeitung: Williams Lea & Tag GmbH, München

Gedruckt auf säurefreiem, alterungsbeständigem und chlorfreiem Papier.

Vorwort

Das internationale Lauterkeitsrecht wird inzwischen weitgehend durch europäisches Recht bestimmt. Im Kollisionsrecht sind die Art. 40 f. EGBGB durch Art. 6 Rom II-VO verdrängt worden. Die Art. 34 ff., 56 ff. AEUV setzen nationalen Beschränkungen der Warenverkehrs- und Dienstleistungsfreiheit Grenzen. Das internationale Wettbewerbsverfahrensrecht ist weitgehend in der EuGVVO geregelt. Neben dem europäischen Recht sind auch die Pariser Verbandsübereinkunft (PVÜ) beim Fremdenrecht und nationale Regelungen anzuwenden.

Die Ausführungen in diesem Buch unterscheiden zwischen Kollisionsrecht, internationalem Sachrecht, Fremdenrecht und internationalem Wettbewerbsverfahrensrecht. Allerdings gibt es Überschneidungen. So ist vor allem streitig, ob das Herkunftslandprinzip der E-Commerce-Richtlinie (ECRL) und der Richtlinie über audiovisuelle Medien (AVMD-RL) kollisionsrechtlich oder sachrechtlich zu verstehen ist. In diesem Buch wird dieses Problem beim Kollisionsrecht abgehandelt.

Der Verfasser hat in einer größeren Anzahl von Veröffentlichungen zu Problemen des internationalen Lauterkeitsrechts Stellung genommen. Einige der Veröffentlichungen sind in aktualisierter Form in das vorliegende Buch übernommen worden. Außerdem hat er zu diesem Rechtsgebiet vor der Deutschen Vereinigung für gewerblichen Rechtsschutz und Urheberrecht Vorträge gehalten und für die Deutsche Anwaltakademie mehrere Jahre Seminare veranstaltet. Ferner hat der Verfasser an der Universität Mannheim regelmäßig Vorlesungen zum Internationalen Wettbewerbs- und Immaterialgüterrecht angeboten.

Das Manuskript zu diesem Buch ist im März 2019 abgeschlossen worden. Spätere Veröffentlichungen konnten nur noch vereinzelt berücksichtigt werden. Bei Büchern, die mehrfach zitiert werden, wird die benutzte Auflage durch eine hochgestellte Ziffer gekennzeichnet.

Mannheim, im Juli 2019 Prof. Dr. Rolf Sack

Inhaltsübersicht

Inhaltsverzeichnis

Abkürzungen

a.A., A.A.	anderer Ansicht
Abk.	Abkommen
ABl.	Amtsblatt
ABl.EG	Amtsblatt der EG
ABl.EU	Amtsblatt der Europäischen Union
Abs.	Absatz
AcP	Archiv für die civilistische Praxis
AEUV	Vertrag über die Arbeitsweise der Europäischen Union
a.E.	am Ende
a.F.	alte Fassung
AfP	Archiv für Presserecht
AG	Amtsgericht; Aktiengesellschaft
AGB	Allgemeine Geschäftsbedingungen
allg.	allgemein
a.M.	anderer Meinung
AMG	Gesetz über den Verkehr mit Arzneimitteln (ArzneimittelG)
Amtl. Begr.	Amtliche Begründung
Anh.	Anhang
Anm.	Anmerkung
AöR	Archiv des öffentlichen Rechts
ArbGG	Arbeitsgerichtsgesetz
ARD	Allgemeiner Rundfunk Deutschland
Art.	Artikel
AT	Allgemeiner Teil
Aufl.	Auflage
AVMD-RL	Richtlinie 2010/13/EU des Europäischen Parlaments und des Rates zur Koordinierung bestimmmter Rechts- und Verwaltungsvorschriften der Mitgliedstaaten über die Bereitstellung audiovisueller Mediendienste
AWD	Außenwirtschaftsdienst des Betriebs-Beraters
AWG	Außenwirtschaftsgesetz
Az.	Aktenzeichen
BAG	Bundesarbeitsgericht
BAnz	Bundesanzeiger
BB	Betriebs-Berater
Bd.	Band
BeckRS	Beck-Rechtsprechung
Begr.	Begründung
Beil.	Beilage
Bekl.	Beklagte(r)
betr.	betreffend
BGB	Bürgerliches Gesetzbuch
BGBl.	Bundesgesetzblatt
BGE	Entscheidungen des Schweizerischen Bundesgerichts

BGH	Bundesgerichtshof
BGHZ	Amtliche Sammlung der Entscheidungen des BGH in Zivilsachen
BGHSt.	Amtliche Sammlung der Entscheidungen des BGH in Strafsachen
BMJ	Bundesministerium der Justiz
BKartA	Bundeskartellamt
BPatG	Bundespatentgericht
BR-Drucks.	Bundesrats-Drucksache
Bsp.	Beispiel
BT	Besonderer Teil
BT-Drucks.	Bundestags-Drucksache
BVerfG	Bundesverfassungsgericht
BVerfGE	Entscheidungen des Bundesverfassungsgerichts
BVerwG	Bundesverwaltungsgericht
BVerwGE	Entscheidungen des Bundesverwaltungsgerichts
bzw.	beziehungsweise
CC	franz. Code Civil
c.i.c., cic	culpa in contrahendo
CR	Computer und Recht
DB	Der Betrieb
ders.	derselbe
DesignG	Designgesetz
d.h.	das heißt
dies.	dieselbe
DIHT	Deutscher Industrie- und Handelskammertag
Dipl.	Diplom
Diss.	Dissertation
DJT	Deutscher Juristentag
DM	Deutsche Mark
DÖV	Die öffentliche Verwaltung
DPA	Deutsches Patentamt
Drucks.	Drucksache
dt.	deutsch
DVBl	Deutsches Verwaltungsblatt
DVO	Durchführungsverordnung
DZWiR	Deutsche Zeitschrift für Wirtschafts- und Insolvenzrecht
EC	Electronic Commerce
ECRL	Electronic Commerce Richtlinie
EFTA	Europäische Freihandelszone
EG	Europäische Gemeinschaft
EGBGB	Einführungsgesetz zum BGB
EGMR	Europäischer Gerichtshof für Menschenrechte
EGV	Vertrag über die europäische Gemeinschaft

Einf.	Einführung
Einl.	Einleitung
EMRK	Europäische Konvention für Menschenrechte
endg.	endgültig
EPÜ	Europäisches Patentübereinkommen
Erw.-Grd.	Erwägungsgrund
EU	Europäische Union
EuG	Gericht erster Instanz der EG/EU
EuGH	Europäischer Gerichtshof
EuGH Slg.	Sammlung der Rechtsprechung des EuGH
EuGrCh	Europäische Grundrechtscharta
EuGVÜ	Europäisches Gerichtsstands- und Vollstreckungsübereinkommen
EuGVVO	Europäische Gerichtsstands- und Vollstreckungs-Verordnung von 2001 und 2012
EuLF	European Law Forum
EuR	Europarecht
EUV	Vertrag über die Europäische Union
EuZW	Europäische Zeitschrift für Wirtschaftsrecht
e.V.	eingetragener Verein; einstweilige Verfügung
EWG	Europäische Wirtschaftsgemeinschaft
EWiR	Entscheidungen zum Wirtschaftsrecht
EWR	Europäischer Wirtschaftsraum
EWS	Europäisches Wirtschafts- und Steuerrecht
f.	folgende Seite
ff.	folgende Seiten
FernsehRL	Richtlinie 1989/552/EWG über die Ausübung der Fernsehtätigkeit
FS	Festschrift
Fußn.	Fußnote
G	Gesetz
GATT	General Agreement on Tariffs and Trade
GBl.	Gesetzblatt
GebrMG	Gebrauchsmustergesetz
gem.	gemäß
GeschmMG	Geschmacksmustergesetz
GewA	Gewerbearchiv
GewO	Gewerbeordnung
GG	Grundgesetz
ggf.	gegebenenfalls
GmS-OGB	Gemeinsamer Senat der obersten Gerichtshöfe des Bundes
GPR	Zeitschrift für Gemeinschaftsprivatrecht
GoA	Geschäftsführung ohne Auftrag
GroßkommUWG	Großkommentar zum UWG
GroßkommZPO	Großkommentar zur ZPO

GRUR	Gewerblicher Rechtsschutz und Urheberrecht, Zeitschrift der deutschen Vereinigung für gewerblichen Rechtsschutz und Urheberrecht
GRUR Int.	Gewerblicher Rechtsschutz und Urheberrecht, Internationaler Teil
GRUR-Prax	Gewerblicher Rechtsschutz und Urheberrecht/Praxis im Immaterialgüter- und Wettbewerbsrecht
GRUR-RR	Gewerblicher Rechtsschutz und Urheberrecht/Rechtsprechungsreport
GSZ	Großer Zivilsenat des BGH
GVBl.	Gesetz- und Verordnungsblatt
GVG	Gerichtsverfassungsgesetz
GWB	Gesetz gegen Wettbewerbsbeschränkungen
Halbs.	Halbsatz
Hdb	Handbuch
HGB	Handelsgesetzbuch
HK	Heidelberger Kommentar zum Wettbewerbsrecht
h.L.	herrschende Lehre
h.M.	herrschende Meinung
Hrsg.; hrsg.	Herausgeber; herausgegeben von
HWG	Heilmittelwerbegesetz
i.d.F.	in der Fassung
i.d.R.	in der Regel
i.Erg.	im Ergebnis
i.e.S.	im engeren Sinne
insbes.	insbesondere
IPR	Internationales Privatrecht
IPRax	Praxis des internationalen Privat- und Verfahrensrechts
i.S.	im Sinne
i.S.d.	im Sinne des/der
i.S.v.	im Sinne von
i.V.m.	in Verbindung mit
i.w.S.	im weiteren Sinne
JBl.	Juristische Blätter (Österreich)
JMStV	Jugendmedienstestaatsvertrag
JR	Juristische Rundschau
jurisPK-UWG	juris Praxiskommentar zum UWG
JuS	Juristische Schulung
JW	Juristische Wochenschrift
JZ	Juristenzeitung
Kap.	Kapitel
KG	Kammergericht Berlin; Kommanditgesellschaft
Kl.	Kläger

KOM	Entscheidungen der Kommision der EG/EU
Komm.	Kommentar
KUG	Kunst-Urhebergesetz
K&R	Kommunikation und Recht
krit.	kritisch
LadSchlG	Ladenschlussgesetz
LAG	Landesarbeitsgericht
Leits.	Leitsatz
LG	Landgericht
lit.	littera
LKartB	Landeskartellbehörde
LM	Lindenmaier/Möhring; Nachschlagewerk des BGH
LMBG	Lebensmittel- und Bedarfsgegenständegesetz
Ls.	Leitsatz
LugÜ	Übereinkommen über die gerichtliche Zuständigkeit und die Vollstreckung gerichtlicher Entscheidungen in Zoll- und Handelssachen von 1988/2007
MA	Markenartikel
m. Anm.	mit Anmerkung
MarkenG	Gesetz über den Schutz von Marken
MarkenR	Markenrecht
Markenrechts-RL	Markenrechts-Richlinie von 1993/2008
MDR	Monatsschrift für Deutsches Recht
MdStV	Mediendienstestaatsvertrag
MHA	Madrider Herkunftsabkommen
Mitt.	Mitteilungen der deutschen Patentanwälte
MMR	Multimedia und Recht
MünchKomm	Münchener Kommentar
MuW	Markenschutz und Wettbewerb
m.w.Nachw.	mit weiteren Nachweisen
n.F.	neue Fassung
NJOZ	Neue Juristische Online Zeitschrift
NJW	Neue Juristische Wochenschrift
NJWE-WettbR	Neue Juristische Wochenschrift, Entscheidungsdienst Wettbewerbsrecht
NJW-RR	NJW-Rechtsprechungsreport
Nr.	Nummer
NStZ	Neue Zeitschrift für Strafrecht
NVwZ	Neue Zeitschrift für Verwaltungsrecht
NZA	Neue Zeitschrift für Arbeits- und Sozialrecht
o.	oben
o.ä.	oder Ähnliches
ÖBl.	Österreichische Blätter für gewerblichen Rechtsschutz und Urheberrecht

ÖJZ	Österreichische Juristen-Zeitung
OEM	Original Equipment Manufacturer
OGH	Oberster Gerichtshof Österreichs
öst.	österreichisch(e, er)
OHG	Offene Handelsgesellschaft
OLG	Oberlandesgericht
OVG	Oberverwaltungsgericht
OWiG	Gesetz über Ordnungswidrigkeiten
PAngV	Verordnung über die Regelung der Preisangaben
PatG	Patentgesetz
PhamR	Pharmarecht
ProdHG	Produkthaftungsgesetz
PrPG	Produktpirateriegesetz
PVÜ	Pariser Verbandsübereinkunft zum Schutze der gewerblichen Eigentums
RabelsZ	Rabels Zeitschrift für ausländisches und internationales Privatrecht
RabattG	Rabattgesetz
RBerG	Rechtsberatungs(missbrauchs)gesetz
RDG	Rechtsdienstleistungsgesetz
Rdn.	Randnummern(n) (= Verweis innerhalb des Werkes)
RefE	Referentenentwurf
RegE	Regierungsentwurf
RfStV	Rundfunkstaatsvertrag
RG	Reichsgericht
RGRK	Reichsgerichtsräte-Kommentar
RGZ	Entscheidungen des Reichsgerichts in Zivilsachen
RiLi	Richtlinie
RIW/AWD	Recht der Internationalen Wirtschaft
RL	Richtlinie
Rn.	Randnummer(n) (= Verweis auf andere Publikationen)
Rom I-VO	VO (EG) 593/2008 des Europäischen Parlaments und des Rates vom 17. Juni 2008 über das auf vertragliche Schuldverhältnisse anzuwendende Recht
Rom II-VO	VO (EG) 864/2007 des Europäischen Parlaments und des Rates vom 11. Juli 2007 über das auf außervertragliche Schuldverhältnisse anzuwendende Recht
Rs.	Rechtssache
Rspr.	Rechtsprechung
RStV	Rundfunkstaatsvertrag
RVO	Reichsversicherungsordnung
RWW	Rechtsfragen in Wettbewerb und Werbung (Loseblatt)
S.	Satz; Seite
s.	siehe
Schweiz. BG	Schweizerisches Bundesgericht

Schweiz JZ	Schweizerische Juristen-Zeitung
scil.	scilicet
SGB	Sozialgesetzbuch
SJZ	Süddeutsche Juristenzeitung
Slg.	Sammlung der Entscheidungen des EuGH
s.o.	siehe oben
sog.	so genannt (e, en, er, es)
Sp.	Spalte
StV	Staatsvertrag
StGB	Strafgesetzbuch
StPO	Strafprozessordnung
str.	streitig
s.u.	siehe unten
TDG	Teledienstegesetz
TKG	Telekommunikationsgesetz
TMG	Telemediengesetz
Trib.	Tribunal(e)
TribGI	Tribunal de Grande Instance
TRIPS	Trade related aspects of intellectual property rights (Abkommen über handelsbezogene Aspekte der Rechte des geistigen Eigentums)
Tz.	Teilziffer
u.	unten; und
u.a.	unter anderem
Ufita	Archiv für Urheber-, Film-, Funk- und Theaterrecht
UGP-RL	Richtlinie 2005/29/EG des Europäischen Parlaments und des Rates vom 11. Mai 2005 über unlautere Geschäftspraktiken von Unternehmen gegenüber Verbrauchern im Binnenmarkt und zur Änderung der Richtlinie 84/450/EWG
UKlaG	Unterlassungsklagengesetz
UN	Vereinte Nationen (United Nations)
UrhG	Urhebergesetz
Urt.	Urteil
US	United States
usw.	und so weiter
u.U.	unter Umständen
UWG	Gesetz gegen den unlauteren Wettbewerb
v.	von; vom
Verf.	Verfasser
VersR	Versicherungsrecht
VerwArch	Verwaltungsarchiv
VG	Verwaltungsgericht
VGH	Verwaltungsgerichtshof
vgl.	vergleiche
VO	Verordnung

Vorbem.	Vorbemerkung(en)
VuR	Verbraucher und Recht
VwGO	Verwaltungsgerichtsordnung
WeinG	Weingesetz
WettbR	Wettbewerbsrecht
WIPO	World Intellectual Property Organisation
WiStG	Wirtschaftsstrafgesetz
WM	Wertpapier-Mitteilungen
WRP	Wettbewerb in Recht und Praxis
WTO	World Trade Organisation
WuW	Wirtschaft und Wettbewerb
WuW/E	Wirtschaft und Wettbewerb/Entscheidungssammlung
www	world wide web
WZG	Warenzeichengesetz
ZAW	Zentralausschuss der Werbewirtschaft
z.B.	zum Beispiel
ZDF	Zweites Deutsches Fernsehen
ZEuP	Zeitschrift für Europäisches Privatrecht
ZfRV	Zeitschrift für Rechtsvergleichung
ZGB	Zivilgesetzbuch
ZGE	Zeitschrift für Geistiges Eigentum
ZGS	Zeitschrift für das gesamte Schuldrecht
ZHR	Zeitschrift für das gesamte Handels- und Wirtschaftsrecht
Ziff.	Ziffer
ZIP	Zeitschrift für Wirtschaftsrecht und Insolvenzpraxis
zit.	zitiert
ZLR	Zeitschrift für das gesamte Lebensmittelrecht
ZPO	Zivilprozessordnung
ZRP	Zeitschrift für Rechtspolitik
ZS	Zivilsenat
ZSR	Zeitschrift für schweizerisches Recht
z.T.	zum Teil
ZugabeVO	Zugabeverordnung
ZUM	Zeitschrift für Urheber- und Medienrecht/Film und Recht
zutr.	zutreffend
ZVglRWiss	Zeitschrift für vergleichende Rechtswissenschaft
ZWeR	Zeitschrift für Wettbewerbsrecht
ZZP	Zeitschrift für Zivilprozess

Literaturverzeichnis

Ahrens (Hrsg.)	Der Wettbewerbsprozess, 8. Aufl., 2017
Baetzgen	Internationales Wettbewerbs- und Immaterialgüterrecht im EG- Binnenmarkt – Kollisionsrecht zwischen Marktspaltung (»Rom II«) und Marktintegration (Herkunftslandprinzip), 2007
Bäumer, A.	Die ausländische Rechtshängigkeit und ihre Auswirkungen auf das internationale Zivilverfahrensrecht, 1999
v. Bar/Mankowski	Internationales Privatrecht, Bd. 1, 2. Aufl., 2003
Bartsch/Lutterbeck (Hrsg.)	Neues Recht für neue Medien, 1998
Basedow (Hrsg.)	Liber amicorum Siehr, 2000
Basedow/Drexl/Kur/Metzger	Intellectual Property in the Conflict of Laws, 2005
Baudenbacher (Hrsg.)	Das UWG auf neuer Grundlage, 1989
Baudenbacher/Simon (Hrsg.)	Neueste Entwicklungen im europäischen und internationalen Immaterialgüterrecht, 5. St. Galler internationales Immaterialgüterrechtsforum, 2001
Bauermann	Der Anknüpfungsgegenstand im europäischen Internationalen Lauterkeitsrecht, 2015 (zit. Bauermann, Der Anknüpfungsgegenstand)
Baumbach/Hefermehl	Warenzeichenrecht, 12. Aufl. 1985
Baumbach/Hefermehl	Wettbewerbsrecht, 22. Aufl. 2001
Baur, F./Stürner/Bruns	Zwangsvollstreckungsrecht, 13. Aufl. 2006
Beater	Unlauterer Wettbewerb, 2. Aufl. 2011
Beig/Graf Schimek/Grubinger/Schacherreiter	Rom II-VO. Neues Kollisionsrecht für außervertragliche Schuldverhältnisse, Wien, 2008
Bernhard	Das internationale Privatrecht des unlauteren Wettbewerbs in den Mitgliedstaaten der EG, 1994
Blasi	Das Herkunftslandprinzip der Fernseh- und der E-Commerce-Richtlinie, 2003
Bodenhausen	Pariser Verbandsübereinkunft zum Schutz des gewerblichen Eigentums, 1968/71
Briem	Internationales und Europäisches Wettbewerbs- und Kennzeichenrecht, Wien 1995
Brödermann/Iversen (Hrsg.)	Europäisches Gemeinschaftsrecht und Internationales Privatrecht, 1994
Brömmelmeyer	Internetwettbewerbsrecht, 2007
Bünger	Das Wettbewerbskollisionsrecht Deutschlands und Großbritanniens sowie seine europäische Harmonisierung, Diss. Saarbrücken, 2006

Bukow	Verletzungsklagen aus gewerblichen Schutzrechten – Die internationale Zuständigkeit nach dem EuGVÜ bzw. der EuGVVO, 2003
Busche/Stoll/Wiebe (Hrsg.)	TRIPs, Internationales und europäisches Recht des geistigen Eigentums, 2. Aufl. 2013
v. Caemmerer (Hrsg.)	Vorschläge und Gutachten zur Reform des deutschen internationalen Privatrechts der außervertraglichen Schuldverhältnisse, 1983
Dasser/Oberhammer	Kommentar zum Lugano-Übereinkommen, 2. Aufl. 2011
Dauner-Lieb/Heidl/Ring (Hrsg.)	BGB, Bd. 6, Rom-Verordnungen, 2014
Dauses/Ludwigs	Handbuch des EU-Wirtschaftsrechts, Loseblatt
Dethloff	Europäisierung des Wettbewerbsrechts, 2001
Deutsch, E.	Wettbewerbstatbestände mit Auslandsbeziehung, 1962
Drasch	Das Herkunftslandprinzip im internationalen Privatrecht. Auswirkungen des europäischen Binnenmarktes auf Vertrags- und Wettbewerbsstatut, 1997
Dreier (Hrsg.)	Grundgesetz, 3. Aufl., Bd. I, 2013
Drexl/Kur (Hrsg.)	Intellectual Property and Private International Law, 2005
Ehlers (Hrsg.)	Europäische Grundrechte und Grundfreiheiten, 3. Aufl. 2009
Ehrich	Der internationale Anwendungsbereich des deutschen und französischen Rechts gegen irreführende Werbung, 2005
Ekey et al. (Hrsg.)	Heidelberger Kommentar zum Wettbewerbsrecht, (HK-WettbR), 2. Aufl. 2005
Epiney	Umgekehrte Diskriminierungen, 1995
Erman	Bürgerliches Gesetzbuch, Handkommentar, Bd. II, 15. Aufl. 2017
Fabig	Internationales Wettbewerbsprivatrecht nach Art. 6 Rom II-VO, 2016
Faulenbach	Der gemeinschaftsrechtliche Vorbehalt im Wettbewerbsrecht – Die Herkunftslandanknüpfung der E-Commerce-Richtlinie unter dem Einfluss der Grundfreiheiten, 2004
FS Arens	Festschrift für Arens, 1993
FS Bornkamm	Festschrift für Bornkamm, 2014
FS Büscher	Festschrift für Büscher, 2018
FS Coester-Waltjen	Festschrift für Coester-Waltjen, 2015
FS Drobnig	Festschrift für Drobnig, 1998

FS Erdmann	Festschrift für Erdmann, 2002
FS Europa-Institut	Festschrift zum 60-jährigen Bestehen des Europa-Instituts, 2011
FS Fenge	Festschrift für Fenge, 1996
FS Fikentscher	Festschrift für Fikentscher, 1998
FS Geimer	Festschrift für Geimer, 2002
FS Gottwald	Festschrift für Gottwald, 2014
FS Hartmann	Festschrift für Hartmann, 1976
FS Heldrich	Festschrift für Heldrich, 2005
FS Hopt	Festschrift für Hopt, 2010
FS Koppensteiner	Festschrift für Koppensteiner, 2001
FS Kropholler	Festschrift für Kropholler, 2008
FS Leipold	Festschrift für Leipold, 2009
FS E. Lorenz	Festschrift für Egon Lorenz, 2004
FS Lüke	Festschrift für Lüke, 1997
FS Max-Planck-Institut	Festschrift 75 Jahre Max-Planck-Institut, 2001
FS Mes	Festschrift für Mes, 2009
FS Moser	Festschrift für Moser, 1987
FS Piper	Festschrift für Piper, 1996
FS Schilken	Festschrift für Schilken, 2015
FS Schütze	Festschrift für Schütze, 1999
FS Steindorff	Festschrift für Steindorff, 1990
FS Tilmann	Festschrift für Tilmann, 2003
FS Ullmann	Festschrift für Ullmann, 2006
FS E. Ulmer	Mitarbeiter-Festschrift für Eugen Ulmer, 1973
Fezer/Büscher/Obergfell (Hrsg.)	Lauterkeitsrecht (UWG), 3. Aufl. 2016
Fezer/Koos	Staudinger, Internationales Wirtschaftsrecht (2015)
Fikentscher	Wirtschaftsrecht, 1983
Franke	Arbeitsschutz und unlauterer Wettbewerb, 1992
Frenz	Hdb Europarecht, Bd. 1, Europäische Grundfreiheiten, 2. Aufl. 2012
Freund, St.	Das Persönlichkeitsrecht des Umworbenen, 1983
Fröhlich	The Private International Law of Non-Contractual Obligations According to the Rome-II-Regulation, 2008
Froriep	Der unlautere Wettbewerb im internationalen Privatrecht, 1958

v. Gamm	Wettbewerbsrecht, Bd. 1, Grundlagen, Europäisches Gemeinschaftsrecht, internationales Wettbewerbsrecht, 5. Aufl. 1987
Gausepohl	Freier Warenverkehr für fehlerhafte Produkte?, 2000
Geiger/Khan/Kotzur	EUV, AEUV, Kommentar, 6. Aufl. 2017
Geimer	Internationales Zivilprozessrecht, 7. Aufl. 2015
Gersdorf/Paal	Informations- und Medienrecht, 2014
Glöckner	Europäisches Lauterkeitsrecht, 2006
Gloy/Loschelder/Erdmann (Hrsg.)	Handbuch des Wettbewerbsrechts, 4. Aufl. 2010
Götting	Gewerblicher Rechtsschutz, 8. Aufl. 2007
Götting/Nordemann (Hrsg.)	UWG, 3. Aufl. 2016
Grabitz/Hilf/Nettesheim (Hrsg.)	Das Recht der Europäischen Union, Loseblatt, Stand 2018
Grandpierre	Herkunftsprinzip kontra Marktortanknüpfung. Auswirkungen des Gemeinschaftsrechts auf die Kollisionsregeln im Wettbewerbsrecht, 1999
von der Groeben/Schwarze/Hatje (Hrsg.)	Europäisches Unionsrecht, Bd. 1: Art. 1 – 66 AEUV, 7. Aufl. 2015
Habermeier	Neue Wege zum Wirtschaftskollisionsrecht, 1997
Hahn/Vesting	Beck'scher Kommentar zum Rundfunkrecht, 3. Aufl. 2012; ab der 4. Aufl. Hrsg. von Binder/Vesting
Haratsch/Koenig/Pechstein	Europarecht, 11. Aufl. 2018
Harte/Henning (Hrsg.)	Gesetz gegen den unlauteren Wettbewerb, 4. Aufl. 2016
Hartstein/Ring et al. (Hrsg.)	Rundfunkstaatsvertrag, Loseblatt
Heermann	Warenverkehrsfreiheit und deutsches Unlauterkeitsrecht, 2004
Heermann/Schlingloff (Hrsg.)	Münchener Kommentar zum UWG (zit. MünchKomm-UWG), 2. Aufl. 2014
Heldrich	Internationale Zuständigkeit und anwendbares Recht, 1969
Hellwig	System des deutschen Zivilprozessrechts, Bd. I, 2. Aufl. 1980 (Neudruck der Ausgabe von 1912)
Hess	Europäisches Zivilprozessrecht, 2010
Hilty/Henning-Bodewig (Hrsg.)	Lauterkeitsrecht und Aquis Communautaire, 2009
v. Hinden	Persönlichkeitsverletzungen im Internet, 1999
Höder	Die kollisionsrechtliche Behandlung unteilbarer Multistate-Verstöße, 2002

Hödl	Die Beurteilung von verkaufsbehindernden Maßnahmen im Europäischen Binnenmarkt: Neue Interpretationsansätze zu Art. 30 EGV auf der Grundlage der Keck-Entscheidung, 1997
Höpping	Auswirkungen der Warenverkehrsfreiheit auf das IPR. Unter besonderer Berücksichtigung des Internationalen Produkthaftungsrechts und des Internationalen Vertragsrechts, 1997
Hösch	Der Einfluss der Freiheit des Warenverkehrs (Art. 30 EWGV) auf das Recht des unlauteren Wettbewerbs,1993
v. Hoffmann/Thorn	Internationales Privatrecht, 9. Aufl. 2007
Hohloch	Das Deliktsstatut, 1984
Hüßtege/Mansel (Hrsg.)	Rom I und Rom II: Neue Perspektiven im Europäischen Kollisionsrecht, 2009
Ingerl/Rohnke	Markengesetz, 3. Aufl., 2010
Itzen	Europäisierung des Wettbewerbsrechts durch den elektronischen Handel, 2003
Joerges	Zum Funktionswandel des Kollisionsrechts, 1971
Kadner Graziano	Gemeineuropäisches Internationales Privatrecht, 2002
Keßler	Das System der Warenverkehrsfreiheit im Gemeinschaftsrecht, 1997
Klinger	Werbung im Internet und Internationales Wettbewerbsrecht: Rechtsfragen und Rechtstatsachen, 2006
Kluth	Das Marktauswirkungsprinzip im Kollisionsrecht des Kartell- und Lauterkeitsrechts, 2014
Koch, H.	Verbraucherprozeßrecht, 1990
Köhler/Bornkamm/Feddersen	Gesetz gegen den unlauteren Wettbewerb, 37. Aufl. 2019
Köhler, M. R.	Rechtsfragen des inländischen und grenzüberschreitenden Rundfunkwerberechts, 1992
Körber	Grundfreiheiten und Privatrecht, 2004
Kohler	Die grenzüberschreitende Verbandsklage nach dem Unterlassungsklagengesetz im Binnenmarkt, 2008
Koppensteiner	Österreichisches und europäisches Wettbewerbsrecht, 3. Aufl. 1997
Kotthoff	Werbung ausländischer Unternehmen im Inland: Die Beurteilung grenzüberschreitender Werbung nach dem internationalen Privatrecht, dem Wettbewerbsrecht und dem Recht der europäischen Union, 1995
Kropholler/v. Hein	Europäisches Zivilprozessrecht, 9. Aufl. 2011

Kubis	Internationale Zuständigkeit bei Persönlichkeits- und Immaterialgüterrechtsverletzungen, 1999
Ladas	Patents, Trademarks and related Rights. National and international Protection, 1973
Langenbucher/Engert (Hrsg.)	Europarechtliche Bezüge des Privatrechts, 2. Aufl., 2008
Larenz/Canaris	Schuldrecht II/2, 13. Aufl. 1994
Lehmann, Michael (Hrsg.)	Electronic Business in Europa; internationales, europäisches und deutsches Onlinerecht, 2002
Lehmler	UWG, 2007
Leible (Hrsg.)	Der Schutz des geistigen Eigentums im Internet, 2012
Leible (Hrsg.)	Die Bedeutung des internationalen Privatrechts im Zeitalter der neuen Medien, 2003
Leistner/Bettinger (Hrsg.)	Werbung und Vertrieb im Internet, 2003
Lindacher	Internationales Wettbewerbsverfahrensrecht, 2009
Linke/Hau	Internationales Zivilprozessrecht, 7. Aufl. 2018
Loewenheim/Koch	Praxis des Online-Rechts, 1998
Martin-Ehlers	Die Irreführungsverbote im Spannungsfeld des freien europäischen Warenverkehrs, 1996
McGuire	Verfahrenskoordination und Verjährungsunterbrechung im Europäischen Prozessrecht, 2004
Meng/Ress/Stein (Hrsg.)	Europäische Integration und Globalisierung, FS zum 60jährigen Bestehen des Europa-Instituts, 2011
Miosga, W.	Internationaler Marken- und Herkunftsschutz, 1967
Mook	Internationale Rechtsunterschiede und nationaler Wettbewerb, 1986
Musielak/Voit	Zivilprozessordnung (ZPO), 15. Aufl. 2018
Nagel/Gottwald	Internationales Zivilprozessrecht, 7. Aufl. 2013
Naskret	Das Verhältnis zwischen Herkunftslandprinzip und internationalem Privatrecht in der Richtlinie zum elektronischen Geschäftsverkehr, 2003
Nettlau	Die kollisionsrechtliche Behandlung von Ansprüchen aus unlauterem Wettbewerbsverhalten gemäß Art. 6 Abs. 1 und 2 Rom II-VO, 2013 (zit. Nettlau, Die kollisionsrechtliche Behandlung)
Nordhausen (Hrsg.)	Neue Entwicklungen in der Dienstleistungs- und Warenverkehrsfreiheit, 2002
Nußbaum	Deutsches Internationales Privatrecht, 1932
Oesterhaus	Die Ausnutzung des internationalen Rechtsgefälles und § 1 UWG, 1991
Ohly/Sosnitza	UWG, 7. Aufl. 2016

Oppermann/Classen/ Nettesheim	Europarecht, 8. Aufl. 2018
Paefgen	Globales und Euro-Marketing, 1989
Palandt	Bürgerliches Gesetzbuch, Kommentar, 78. Aufl. 2019
Pentzlin	Der universelle ordre public im Wirtschaftsrecht als ein Ordnungsprinzip des innerstaatlichen Rechts, 1985
Pfeiffer	Internationale Zuständigkeit und prozessuale Gerechtigkeit, 1995
Pflüger	Der internationale Schutz gegen unlauteren Wettbewerb, 2010
Prütting/Wegen/Weinreich	BGB, Kommentar, 13. Aufl. 2018
Puhr	Internationale Zuständigkeit deutscher Gerichte bei unlauterem Wettbewerb im Internet, 2005
Rauscher	Europäisches Zivilprozess- und Kollisionsrecht (EuZPR/ EuIPR), Bd. 1, Brussel Ia-VO, 4. Aufl. 2016; Bd. 3, Rom I-VO, Rom II-VO, 4. Aufl. 2016
Rauscher/Wax/Wenzel/ Krüger (Hrsg.)	Münchener Kommentar zur ZPO (zit. MünchKommZPO), Bd. 3, 5. Aufl. 2017
Reese	Grenzüberschreitende Werbung in der Europäischen Gemeinschaft – unter besonderer Berücksichtigung der Auswirkungen des Gemeinschaftsrechts auf das deutsche Recht des unlauteren Wettbewerbs, 1994
Regelmann	Die internationalprivatrechtliche Anknüpfung des Gesetzes gegen unlauteren Wettbewerb: eine Darstellung unter Berücksichtigung der Rechtslage in Österreich und der Schweiz, 1988
Reger	Der internationale Schutz gegen unlauteren Wettbewerb und das TRIPS-Abkommen, 1999
Reichelt/Rechberger (Hrsg.)	Europäisches Kollisionsrecht, 2004
Ruess	Die E-Commerce- Richtlinie und das deutsche Wettbewerbsrecht, 2003
Sachs (Hrsg.)	Grundgesetz, Kommentar, 8. Aufl. 2018
Sack	Unbegründete Schutzrechtsverwarnungen, 2006
Sack	Das Recht am Gewerbebetrieb, 2007
Saenger (Hrsg.)	ZPO, Handkommentar, 7. Aufl. 2017
Samson	Die Marktortregel als allgemeines Prinzip für die kollisionsrechtliche Anknüpfung und die internationale Zuständigkeit in Wettbewerbssachen, 2001
Sasse	Grenzüberschreitende Werbung, 1974
Schack	Internationales Zivilverfahrensrecht, 7. Aufl. 2017

Schibli	Multistate-Werbung im internationalen Lauterkeitsrecht: mit besonderer Berücksichtigung der Internet-Werbung, 2004
Schilling	Binnenmarktkollisionsrecht, 2006
Schlosser/Hess	EU-Zivilprozessrecht, 4. Aufl. 2015
Schmid, G.	Freier Dienstleistungsverkehr und Recht des unlauteren Wettbewerbs, dargestellt am Beispiel der Telefonwerbung, 2000 (insbes. S. 363 ff.)
Schmidt, U.	Europäisches Zivilprozessrecht in der Praxis, 2004
Schnyder	Wirtschaftskollisionsrecht, 1990
Schricker/Henning-Bodewig (Hrsg.)	Neuordnung des Wettbewerbsrechts, 1998/99
Schricker/Stauder (Hrsg.)	Handbuch des Ausstattungsrechts, Festgabe für Beier, 1986
Schütze	Deutsches internationales Zivilprozessrecht, 2. Aufl. 2005
v. Schultz, D. (Hrsg.)	Kommentar zum Markenrecht. 3. Aufl. 2012
Schurig	Kollisionsnorm und Sachrecht, 1981
Schwarze (Hrsg.)	Werbung und Werbeverbote im Lichte des europäischen Gemeinschaftsrechts, 1999
Schwarze (Hrsg.)	Rechtsschutz gegen Urheberrechtsverletzungen und Wettbewerbsverstöße in grenzüberschreitenden Medien, 2000
Schwarze (Hrsg.)	EU-Kommentar, 4. Aufl. 2019
Spindler/Schmitz/Geis	TDG – Teledienstegesetz, Teledienstedatenschutzgesetz, Signaturgesetz, 2004
Spindler/Schmitz/Liesching	Telemediengesetz und Netzwerkdurchsetzungsgesetz, 2. Aufl. 2018
Spindler/Schuster	Recht der elektronischen Medien, 3. Aufl. 2015
Staudinger, J. von	Kommentar zum Bürgerlichen Gesetzbuch mit Einführungsgesetz und Nebengesetzen
Staudinger, J. von	EGBGB/IPR, 2001
Steindorff	Sachnormen im IPR, 1958
Steindorff	EG-Vertrag und Privatrecht, 1996
Stein/Jonas	Kommentar zur Zivilprozessordnung, Bd. 1, 23. Aufl. 2014; Bd. 3, 23. Aufl. 2016; Bd. 10, 22. Aufl. 2011
Streinz, R.	EUV/AEUV, 3. Aufl. 2018
Taupitz	Das apothekenrechtliche Verbot des »Fremd- und Mehrbesitzes« aus Verfassungs- und europarechtilher Sicht, 1998

Teplitzky (Hrsg.) — Wettbewerbsrechtliche Ansprüche und Verfahren, 12. Aufl. 2018

Teplitzky/Peifer/Leistner (Hrsg.) — Großkommentar zum UWG (GroßKommUWG), Bd. 1, 2. Aufl. 2014

Thünken — Das kollisionsrechtliche Herkunftslandprinzip, 2003

Tilmann — Die geographische Herkunftsangabe, 1976

Troller, A. — Die mehrseitigen völkerrechtlichen Verträge im internationalen gewerblichen Rechtsschutz und Urheberrecht, 1965

Troller, A. — Das internationale Privatrecht im gewerblichen Rechtsschutz und Urheberrecht, 1952

Troller, K. — Das IPR des unlauteren Wettbewerbs, Freiburg/Schweiz, 1962

Ullmann (Hrsg.) — Juris Praxiskommentar zum UWG (jurisPK-UWG), 4. Aufl. 2016

Ulmer, E. — Das Recht des unlauteren Wettbewerbs in den Mitgliedstaaten der EWG, Bd. I, 1965

Ulmer, E. — Die Immaterialgüterrechte im internationalen Privatrecht, 1975

Varimezow — Grenzüberschreitende Rechtsverletzungen im Bereich des gewerblichen Rechtsschutzes und das anwendbare Recht, 2011

Vianello — Das internationale Privatrecht des unlauteren Wettbewerbs in Deutschland und Italien, 2001

Weber, W. F. — Die kollisionsrechtliche Behandlung von Wettbewerbsverletzungen mit Auslandsbezug, 1982

Wellan — Die Auswirkungen der Harmonisierung durch die »Fernsehrichtlinie« auf die Anwendbarkeit des UWG auf grenzüberschreitende ausländische Fernsehsendungen, 1996

Weyer — Freier Warenverkehr und nationale Regelungsgewalt in der Europäischen Union, 1996

Willms — Das Spannungsverhältnis von internationalem Wettbewerbs- und Vertragsrecht bei Ausnutzung eines Verbraucherschutzgefälles, 1997

Wirner — Wettbewerbsrecht und internationales Privatrecht, 1960

Zitelmann — Internationales Privatrecht, Bd. 1, 1897

Zöller — Zivilprozessordnung, 32. Aufl. 2018

Teil 1 Kollisionsrecht

Kapitel 1 Vorbemerkungen

Übersicht

Rdn.

I. Die notwendige Unterscheidung von Kollisionsrecht, Sachrecht, Fremdenrecht und internationalem Verfahrensrecht

1 Beim internationalen Lauterkeitsrecht sind – wie auch sonst beim IPR – folgende Kategorien und Prüfungsschritte zu unterscheiden:
- Kollisionsrecht
- Sachrecht für internationale Sachverhalte
- Fremdenrecht
- Internationales Verfahrensrecht, insbesondere die internationale Zuständigkeit.

1. Kollisionsrecht

2 Die Normen des Kollisionsrechts bestimmen bei einem grenzüberschreitenden Sachverhalt, welche nationale bzw. supranationale Rechtsordnung anwendbar ist.

3 Maßgeblich sind die Kollisionsnormen des Landes, in dem ein Rechtsstreit anhängig ist bzw. anhängig gemacht werden soll. Bezüglich der anzuwendenden **Kollisionsnormen** gilt also die sog. **lex fori.** In Deutschland sind dies neben den nationalen Kollisionsnormen, insbesondere denen des EGBGB, die des europäischen Rechts, im Folgenden vor allem die der Rom II-VO über das internationale Privatrecht der außervertraglichen Schuldverhältnisse. Art. 3 EGBGB bestimmt ausdrücklich den Vorrang der Rom II-VO vor den Kollisionsnormen der Art. 40 f. EGBGB.

4 Das Kollisionsrecht wird häufig auch als Internationales Privatrecht (IPR) bezeichnet. Das ist jedoch missverständlich. Denn der Begriff »IPR« ist mehrdeutig. Zum Teil wird er nur in der Bedeutung von »Kollisionsrecht« gebraucht, zum Teil aber auch als Oberbegriff für Kollisionsrecht, Sachrecht für internationale Sachverhalte, Fremdenrecht und internationales Verfahrensrecht.

5 Kollisionsnormen enthalten meist sog. **Gesamtverweisungen**, d.h. sie verweisen auf das **gesamte** Recht des betreffenden Staates, auch auf sein Kollisionsrecht. Da das anzuwendende Kollisionsrecht bzw. IPR vorrangig zu prüfen ist, spricht man auch von **IPR-Verweisungen**. Eine solche Gesamtverweisung sieht z.B. Art. 4 EGBGB für die Kollisionsnormen des EGBGB vor. Eine Gesamtverweisung kann zur Folge haben, dass das Recht des Landes, auf das verwiesen wird, an eine andere Rechtsordnung **weiterverweist** oder **zurückverweist**.

6 Das Gegenstück zu Gesamtverweisungen sind sog. **Sachnormverweisungen.** Bei ihnen verweist die einschlägige Kollisionsnorm unmittelbar auf das Sachrecht eines bestimmten Staates, z.B. auf dessen Lauterkeitsrecht. In diesem Fall sind **Weiter- und Rückverweisungen** ausgeschlossen. Die Rom II-VO enthält nach Art. 24 **Sachnormverweisungen.** Ihre Kollisionsnormen gelten für außervertragliche Schuldverhältnisse, speziell auch für das internationale Lauterkeitsrecht. Nach Art. 24 sind Rück- und Weiterverweisungen ausdrücklich ausgeschlossen. Die Rom II-VO ist nach Art. 32 am 11. Januar 2009, Art. 29 schon am 11.7.2008 in Kraft getreten.

2. Internationales Sachrecht bzw. internationale Sachnormen

7 Grenzüberschreitende Sachverhalte können auch beim sog. Sachrecht zu berücksichtigen sein. Häufig enthält das Sachrecht sogar Spezialregelungen für grenzüberschreitende Sachverhalte. Fehlen **spezielle** Vorschriften, dann muss die Anwendbarkeit nationalen Sachrechts auf grenzüberschreitende Sachverhalte durch Auslegung gewonnen werden.

3. Fremdenrecht

8 Das Fremdenrecht eines Staates bestimmt, ob Ausländer bzw. ausländische Unternehmen im Inland wie Inländer behandelt werden (**Inländerbehandlungsgrundsatz**), oder ob sie so behandelt werden wie Inländer in dem betreffenden ausländischen Staat (Reziprozitätsprinzip, Gegenseitigkeitsprinzip, Retorsionsprinzip). Außerdem enthält das geltende Fremdenrecht Regeln des **Mindestschutzes** für ausländische Unternehmen.

4. InternationalesVerfahrensrecht

a) Die internationale Zuständigkeit

Bei **gerichtlichen** Rechtsstreitigkeiten über grenzüberschreitende Sachverhalte müssen die angerufenen Gerichte zuerst ihre internationale Zuständigkeit prüfen. 9

Einschlägige Regelungen finden sich vor allem in der für internationale Streitigkeiten des Zivil- und Handelsrechts maßgeblichen Europäischen Gerichtsstands- und VollstreckungsVO (EuGVVO bzw. EuGVO). Die aktuelle Fassung der EuGVVO ist am 12.12.2012 in Kraft getreten. Sie hat die am 1. 3. 2002 in Kraft getretene EuGVVO abgelöst, die ihrerseits das zuvor maßgebliche Europäische Gerichtsstands- und Vollstreckungs-Übereinkommen (EuGVÜ) ersetzt hatte. 10

Die Regelungen der EuGVVO werden ergänzt durch die des nationalen Prozessrechts. 11

b) Die Klagebefugnis von Verbänden im internationalen Lauterkeitsrecht

Die Klagebefugnis deutscher und ausländischer Verbände aus dem Lauterkeitsrecht bei grenzüberschreitenden Sachverhalten ist heftig umstritten. Das gilt vor allem für die Frage, ob und unter welchen Voraussetzungen deutsche und ausländische Verbände vor deutschen Gerichten gegen die Verletzung ausländischen Lauterkeitsrechts vorgehen können. Einen Teil der Probleme löst § 4 i.V.m. §§ 2 und 3 I UKlaG. 12

c) Sonstige Fragen des internationalen Wettbewerbsverfahrensrechts

Zu den sonstigen Fragen des internationales Wettbewerbsverfahrensrechts, die zu erörtern sind, gehören Probleme der Zustellung, der Beweisaufnahme, der Gerichtssprache, des einstweiligen Rechtsschutzes und des Vollstreckungsverfahrens. 13

II. Allgemeine Anmerkungen zur Rom II-VO von 2009

Am 11. Juli 2007 haben das Europäische Parlament und der Rat der Europäischen Union die sog. Rom II-VO erlassen.[1] Sie regelt das auf **außervertragliche** Schuldverhältnisse anwendbare Recht. Zu den von der Rom II-VO geregelten außervertraglichen Schuldverhältnissen gehören nach Art. 2 Rom II-VO die unerlaubten Handlungen, die ungerechtfertigte Bereicherung, die Geschäfts- 14

1 ABl.EG 2007 L 199/40 ff.; der Vorschlag für eine Rom II-VO von 2003 ist abgedruckt in KOM (2003) 427 endg. = BR-Drucks. 588/03 v. 14. 8. 2003.

führung ohne Auftrag (GoA) und das Verschulden bei Vertragsschluss. Sie erfasst jedoch nicht z.B. Persönlichkeitsverletzungen sowie weitere in Art. 1 II ausdrücklich genannte Rechtsgebiete.

15 Die Rom II-VO ist nach Art. 32 am 11. Januar 2009 in allen Mitgliedstaaten der EU außer in Dänemark in Kraft getreten. Die Ausnahme für Dänemark ist in Art. 1 IV geregelt.

16 Die Rom II-VO bedarf als EG-VO – im Gegensatz zu Richtlinien – keiner Umsetzung in nationales Recht, sondern ist nach Art. 288 AEUV **unmittelbar anwendbar.** Damit sind die entsprechenden Regelungen des IPR in den Art. 40 f. EGBGB obsolet geworden; vgl. Art 3 EGBGB.

17 Im Gegensatz zum EGBGB enthält die Rom II-VO u.a. auch Spezialregelungen für das internationale **Lauterkeitsrecht** in Art. 6.

18 Die Begriffe der Rom II-VO sind **EU-autonom** auszulegen, d.h. sie sind nicht unbedingt identisch mit denen des deutschen internationalen Lauterkeitsrechts.[2]

19 Die Kollisionsnormen der Rom II-VO sind **allseitige** Kollisionsnormen, d.h. sie bestimmen nicht nur, wann das Recht des Forumstaates, z.B. in Deutschland deutsches Recht, sondern auch, wann **ausländisches** Recht anzuwenden ist.[3]

20 Abweichend von Art. 4 EGBGB sind – wie bereits erwähnt – nach Art. 24 Rom II-VO **Rück- und Weiterverweisungen** ausgeschlossen. Damit enthält die Rom II-VO – im Gegensatz zum EGBGB – **keine sog. Gesamtverweisungen** auf das Recht eines Staates, nach denen auch deren Kollisionsrecht anzuwenden wäre, sondern **sog. Sachnormverweisungen**, die unmittelbar das Sachrecht des betreffenden Staates, z.B. dessen Lauterkeitsrecht, für anwendbar erklären.[4]

21 Die Rom II-VO gilt nicht nur für grenzüberschreitende Sachverhalte innerhalb der EU, sondern auch für solche zwischen EU-Staaten und **Drittstaaten.**[5] Bei Drittstaatenbezug kann die Rom II-VO auch zur Anwendbarkeit des Rechts von Drittstaaten führen, wenn sie z.B. »Marktort« i.S.v. Art. 6 I Rom II-VO sind.

---

2 *Handig*, GRUR Int. 2008, 24, 26; *Klass*, in: GroßkommUWG[2], Einl. D Rn. 180 ff., 202; *Mankowski*, GRUR Int. 2005, 634, 636; *Sack*, WRP 2008, 845, 846 (II.1).

3 *Nettlau*, Die kollisionsrechtliche Behandlung…, S. 206.

4 *Drexl*, in: MünchKommBGB[7], Bd. 12, IntLautR Rn. 207; *Klass*, in: GroßkommUWG[2], Einl. D Rn. 267; *Nettlau*, Die kollisionsrechtliche Behandlung…, S. 206; *Sack*, WRP 2008, 845, 846 (I.).

5 *Hausmann/Obergfell*, in: Fezer/Büscher/Obergfell, UWG[3], IntLautPrivatR Rn. 156; *Leible/Engel*, EuZW 2004, 7, 9.

22 Die Rom II-VO berührt nach Art. 27 nicht die Anwendung von Vorschriften des Gemeinschaftsrechts, die für besondere Gegenstände Kollisionsnormen für außervertragliche Schuldverhältnisse enthalten. Gemeinschaftsrechtliche Spezialregelungen des Kollisionsrechts haben also Vorrang vor der Rom II-VO. Für spezielle gemeinschaftsrechtliche Kollisionsnormen, die nach Art. 27 der Rom II-VO deren Kollisionsnormen vorgehen, haben bisher manche Autoren die Regelungen des **Herkunftslandprinzips** in Art. 3 **E-Commerce-Richtlinie (ECRL)** [6] und in Art. 2, 2a Fernseh-Richtlinie gehalten und die kollisionsrechtliche Deutung dieser Regelungen der Herkunftslandprinzips sogar mit Art. 27 Rom II-VO bzw. Art. 23 des Entwurfs der Rom II-VO zu begründen versucht.[7] Der EuGH hat jedoch inzwischen in seiner Entscheidung »eDate Advertising« vom 25. 10. 2011 festgestellt, dass Art. 3 ECRL keine Kollisionsnorm, sondern eine Sachnorm ist.[8] Entsprechendes gilt für Art. 2, 2a Fernseh-**Richtlinie** (jetzt **Audiovisuelle Medien-Richtlinie**).

23 Die Rom II-VO ist nach Art. 1 II lit. g nicht anwendbar auf außervertragliche Schuldverhältnisse aus der Verletzung von **Persönlichkeitsrechten**. Diese Bereichsausnahme gilt jedoch nicht für Persönlichkeitsverletzungen durch unlauteren Wettbewerb. Auf sie ist Art. 6 Rom II-VO anzuwenden.[9]

III. Die Anwendung ausländischen Rechts durch deutsche Gerichte

24 Inländische Gerichte sind bei der Verletzung **ausländischen** Wettbewerbsrechts befugt, dieses anzuwenden. In Deutschland ist dies schon seit der insoweit grundlegenden Reichsgerichts-Entscheidung »Vacuum Oil« anerkannt.[10]

25 Die Ermittlung des anwendbaren Rechts – auch gegebenenfalls ausländischen Rechts – obliegt den Gerichten von Amts wegen, § 293 ZPO.[11] Die Parteien

---

6 Vgl. *Hausmann/Obergfell*, in: Fezer/Büscher/Obergfell, UWG[3], IntLautPrivatR Rn. 168, 175 a.E.; *Klinger*, Werbung im Internet und internationales Wettbewerbsrecht, 2005, S. 40; *Mankowski*, EWS 2002, 401, 403; *Stagl*, ÖBl. 2004, 244, 252 mit Fußn. 92; *Thünken*, ICLQ 2002, 909, 941.

7 Dagegen *Sack*, WRP 2008, 845, 856.

8 EuGH, 25.10.2011 – C-509/09 und C-161/10, Slg. 2011, I-10269 Rn. 60 ff. = GRUR 2012, 300 = WRP 2011, 1571 – eDate Advertising; dazu *Sack*, EWS 2011, 513 ff.

9 *Hohloch*, IPRax 2012, 110, 118.

10 Für Deutschland grundlegend RG, 08.07.1930 – II 542/29, RGZ 129, 385, 388; ebenso BGH, 02.10.1956 – I ZR 9/54, GRUR 1957, 215, 218 – Flava – Erdgold; BGH, 15.01.1957 – I ZR 39/55, GRUR 1957, 231, 236 – Taeschner Pertussin I; BGH, 15.01.1957 – I ZR 56/55, GRUR 1957, 352, 353 – Taeschner Pertussin II; a.A. noch RG JW 1890, 280, 281; RG Bl.f.PMZ 1894/95, 1, 2.

11 BGH, 02.10.1997 – I ZR 88/95, BGHZ 136, 380, 386; BGH, 15.07.2008 – VI ZR 105/07, BGHZ 177, 237 Rn. 8; BGH, 11.02.2010 – I ZR 85/08, GRUR 2010, 847

trifft keine (prozessuale) Beweisführungslast.[12] Die Frage, ob sich der Kläger zumindest hilfsweise auf ausländisches Recht berufen muss, die der BGH früher bejaht hatte,[13] hat er inzwischen in seinem Urteil »Ausschreibung in Bulgarien« vom 11. 2. 2010 für den in diesem Urteil entschiedenen Fall zutreffend verneint.[14] Die Beurteilung eines Falles nach deutschem Recht hat keinen anderen Streitgegenstand als die Beurteilung desselben Falles nach – dem kollisionsrechtlich anzuwendenden – ausländischen Recht.[15] Im Hinblick auf diese Argumentation hat der BGH die Frage, ob sich der Kläger auf ausländisches Recht berufen muss, für die Fallkonstellationen der Urteile »Kauf im Ausland« und »Gewinnspiel im Ausland« m.E. unnötig offen gelassen.[16] Diese Frage ist – ebenso wie im Fall »Ausschreibung in Bulgarien« – zu verneinen.[17]

26 Nach der Änderung des § 545 ZPO im Jahre 2009 unterliegt die Anwendung ausländischen Rechts auch der **Revision.**[18] Dies wird wie folgt begründet: Vor der Änderung des § 545 I ZPO unterlagen der Revision nur Entscheidungen, die auf der Verletzung von Bundesrecht oder einer Vorschrift beruhten, deren Geltungsbereich sich über den Bezirk eines OLG hinaus erstreckte. Nach der Ände-

---

Rn. 22 = WRP 2010, 1146 – Ausschreibung in Bulgarien; BGH, 25.10.2011 – VI ZR 93/10, BGHZ 191, 219 Rn. 13 = WRP 2012, 217; BGH, 27.02.2018 – VI ZR 489/16, WRP 2018, 694 Rn. 20 – Internet-Suchmaschine I; BGH, 24.07.2018 – VI ZR 330/17, WRP 2019, 219 Rn. 24 – Internet-Suchmaschine II.

12 BGH, 11.02.2010 – I ZR 85/08, GRUR 2010, 847 Rn. 22 = WRP 2010, 1146 – Ausschreibung in Bulgarien.

13 So noch BGH, 15.11.1990 – I ZR 22/89, GRUR 1991, 463, 465 – Kauf im Ausland; BGH, 26.11.1997 – I ZR 148/95, GRUR 1998, 419, 420 – Gewinnspiel im Ausland; ebenso OLG Koblenz, 25.02.1993 – 6 U 1783/92, GRUR 1993, 763, 764 – Kfz-Reinigungsmittel.

14 BGH GRUR, 11.02.2010 – I ZR 85/08, GRUR 2010, 847 Rn. 21 ff. = WRP 2010, 1146 – Ausschreibung in Bulgarien; *Fezer*/Koos, in: Staudinger, Internationales Wirtschaftsrecht (2015), Rn. 838; *Glöckner*, WRP 2011, 137, 141; *ders.*, in: Harte/Henning, UWG[4], Einl. C Rn. 186.

15 BGH, 11.02.2010 – I ZR 85/08, GRUR 2010, 847 Rn. 21 f. = WRP 2010, 1146 – Ausschreibung in Bulgarien; *Fezer/Koos*, in: Staudinger, Internationales Wirtschaftsrecht (2015), Rn. 838; *Glöckner*, WRP 2011, 137, 140; *ders.* in: Harte/Henning, UWG[4], Einl. C Rn. 186.

16 BGH, 11.02.2010 – I ZR 85/08, GRUR 2010, 847 Rn. 23 = WRP 2010, 1146 – Ausschreibung in Bulgarien.

17 *Glöckner*, WRP 2011, 137, 146 (3.).

18 Vgl. BGH, 19.03.2015 – I ZR 94/13, GRUR 2015, 1129 Rn. 12 = WRP 2015, 1326 – Hotelbewertungsportal; BGH, 14.01.2016 – I ZR 65/14, GRUR 2016, 946 Rn. 14 – Freunde finden; BGH, 27.02.2018 – VI ZR 489/16, WRP 2018, 694 Rn. 20 – Internet-Suchmaschine I; *Dilger*, NJW 2009, 3774; *Eichel*, IPRax 2009, 389; *Hess/Hübner*, NJW 2009, 3132 f.; *Lindacher*, Internationales Wettbewerbsverfahrensrecht, 2009, S. 107 Rn. 33.

rung von § 545 I ZPO im Jahre 2009 kann die Revision darauf gestützt werden, dass die angegriffene Entscheidung auf einer Verletzung »des Rechts« beruht. Damit umfasst der Wortlaut von § 545 I ZPO auch ausländisches Recht. Die Sachrüge nach § 545 ZPO wird die Verfahrensrüge nach § 293 ZPO ersetzen.[19] Ob sich der Gesetzgeber dieser Erstreckung des Wortlauts von § 545 I ZPO auf ausländisches Recht bewusst war, wird allerdings bezweifelt.[20] Die Materialien sprechen dagegen.

19 *Lindacher,* Internationales Wettbewerbsverfahrensrecht, 2009, S. 107, Rn. 33.

20 Vgl. *Dilger*, NJW 2009, 3774; *Eichel,* IPRax 2009, 389; *Hess/Hübner*, NJW 2009, 3132 f.; *Mäsch,* NJW-Editorial H. 4/2009.

Kapitel 2 Die Kollisionsnorm des Art. 6 I Rom II-VO

Übersicht Rdn.

I. Anknüpfung an »unlauteres Wettbewerbsverhalten«

1 Das auf außervertragliche Schuldverhältnisse aus »unlauterem Wettbewerbsverhalten« anwendbare Recht regelt Art. 6 Rom II-VO. **Absatz 1** enthält die allgemeine Regelung, **Absatz 2** bestimmt das anwendbare Recht für Wettbewerbsverhalten, das **ausschließlich** die Interessen eines bestimmten Mitbewerbers beeinträchtigt.

2 Der Begriff »**unlauteres Wettbewerbsverhalten**« in Art. 6 Rom II-VO ist ein gemeinschaftsrechtlicher Rechtsbegriff, der **EU-autonom** auszulegen ist.[1] Die Rom II-VO enthält dazu allerdings keine Definition. Gewisse Anhaltspunkte bietet Erwägungsgrund Nr. 21, der im Wortlaut von Art. 6 Rom II-VO seinen Niederschlag gefunden hat. Danach sind »unlauteres Wettbewerbsverhalten« im Sinne des Art. 6 Rom II-VO alle Handlungen in Wettbewerbsbeziehungen, d.h. Handlungen zur Förderung eigenen oder fremden Wettbewerbs, die gegen Normen verstoßen, die den Schutz der Wettbewerber, der Verbraucher und der Öffentlichkeit und das reibungslose Funktionieren der Marktwirtschaft sicherstellen sollen.[2]

1 *Bauermann*, Der Anknüpfungsgegenstand…, S. 13 f., 21; *Drexl*, in: MünchKommBGB[7], Bd. 12, IntLautR Rn. 111; *Fezer/Koos*, in: Staudinger. Internationales Wirtschaftsrecht (2015), Rn. 390; *Glöckner*, in: Harte/Henning, UWG[4], Einl. C Rn. 89; *Handig*, GRUR Int. 2008, 24, 26; *Hausmann/Obergfell*, in: Fezer/Büscher/Obergfell, UWG[3], IntLautPrivatR Rn. 6, 7, 157; *Klass*, in: GroßkommUWG[2], Einl. D Rn. 10, 11, 21, 180, 182, 202; *Köhler*, in: Köhler/Bornkamm/Feddersen, UWG[37], Einl. UWG Rn. 5.16; *Mankowski*, GRUR Int. 2005, 634, 636; *Nettlau*, Die kollisionsrechtliche Behandlung…, S. 48, 113; *Ohly*, in: Ohly/Sosnitza, UWG[7], Einf. B Rn. 16; *Sack*, WRP 2008, 845, 846.

2 Ähnlich *Hausmann/Obergfell*, in: Fezer/Büscher/Obergfell, UWG[3], IntLautPrivatR Rn. 7; *Mankowski*, GRUR Int. 2005, 634, 635 f.; sehr ausführlich dazu *Nettlau*, Die kollisionsrechtliche Behandlung…, S. 45 ff., 93 f.

Der Begriff »unlauteres Wettbewerbsverhalten« deckt sich nicht vollständig mit den Regelungen des UWG. So gehört z.B. zum unlauteren Wettbewerbsverhalten i.S.v. Art. 6 Rom II-VO auch die **Angestelltenbestechung** zu Zwecken des Wettbewerbs,[3] die in Deutschland seit 1997 unter § 299 StGB fällt, zuvor allerdings seit 1909 in § 12 des UWG von 1909 geregelt war. Auch fahrlässig unbegründete **Schutzrechtsverwarnungen**, die – das ist der Regelfall – Zwecken des Wettbewerbs dienen, sind »unlauteres Wettbewerbsverhalten«,[4] auch wenn sie der BGH – noch – nach § 823 I BGB als Eingriffe in das Recht am Gewerbebetrieb bewertet.[5] 3

Problematisch ist, ob der Begriff des »unlauteren Wettbewerbsverhaltens« in Art. 6 I Rom II-VO alle »unlauteren **geschäftlichen Handlungen**« im Sinne des geltenden UWG erfasst. Denn durch die UWG-Novelle 2008 wurde der Begriff »Handeln zu Zwecken des Wettbewerbs« durch den der »**geschäftlichen Handlung**« ersetzt. Insoweit setzt das geltende Recht die RL Nr. 2005/29/EG gegen unlautere Geschäftspraktiken (die sog. UGP-RL) in deutsches Recht um, das den Begriff »unlautere Geschäftspraktiken« verwendet. Der Begriff der geschäftlichen Handlung geht über den der »Wettbewerbshandlung« im früheren Sinne hinaus. Denn der neue Begriff der »geschäftlichen Handlungen« umfasst auch Handlungen »während und nach Abschluss eines auf ein Produkt bezogenen Handelsgeschäfts« zur Durchsetzung von Verträgen. Doch auch damit kann man seine Wettbewerbsstellung verbessern.[6] Es sind daher **alle** »unlauteren geschäftlichen Handlungen« i.S.d. UWG-Novelle 2008 und der UGP-RL 2005/29/EG, die den Zweck haben, die wettbewerbliche Position des betreffenden Unternehmens zu verbessern, unter den Begriff des »unlauteren Wettbewerbsverhaltens« in Art. 6 Rom II-VO zu subsumieren.[7] 4

3 So der Kommissionsvorschlag zu einer Rom II-VO von 2003, KOM (2003) 427 endg., S. 18, allerdings wegen des Anwendungsbereichs der Rom II-VO nach Art. 1 I beschränkt auf Zivil- und Handelssachen; vgl. *Handig*, öst. wbl 2008, 1, 3.

4 Vgl. *Sack*, WRP 2008, 845, 851; *Drexl*, in: MünchKommBGB[7], Bd. 12, IntLautR Rn. 117; *Nettlau*, Die kollisionsrechtliche Behandlung..., S. 122 f.; *Ohly*, in: Ohly/Sosnitza, UWG[7], Einf. B Rn. 16b.

5 Vgl. BGH GSZ, 15.07.2005 – GSZ 1/04, GRUR 2005, 882, 884 (III.2.) = WRP 2005, 1408 – Unberechtigte Schutzrechtsverwarnung; kritisch zur Anwendung von § 823 I BGB statt des UWG BGH I. ZS, 12.08.2004 – I ZR 98/1366, GRUR 2004, 958 = WRP 2004, 1366 – Verwarnung aus Kennzeichenrecht; *Sack*, WRP 1976, 733, 734 ff.; *ders.*, Unbegründete Schutzrechtsverwarnungen, 2006, S. 25 ff.; *ders.*, Das Recht am Gewerbebetrieb, 2007, S. 257 ff.; *ders.* in: FS für Ullmann, 2006, S. 825, 833 ff.; *ders.*, NJW 2009, 1642.

6 Vgl. *Sack*, WRP 2002, 396.

7 *Sack*, WRP 2008, 845, 851; *Drexl*, in: MünchKommBGB[7], Bd. 12, IntLautR Rn. 113; *Köhler* in: Köhler/Bornkamm/Feddersen, UWG[37], Einl. UWG Rn. 5.16; *Mankowski*, GRUR Int. 2005, 634, 636; *Nettlau*, Die kollisionsrechtliche Behandlung..., S. 55 ff.

5 Nach Art. 2 lit.d der UGP-Richtlinie gehört zu den Geschäftspraktiken von Unternehmen gegenüber Verbrauchern jede Handlung, Unterlassung, Verhaltensweise oder Erklärung, kommerzielle Mitteilung einschließlich Werbung und Marketing eines Gewerbetreibenden, die unmittelbar mit der Absatzförderung, dem Verkauf oder der Lieferung eines Produkts an Verbraucher zusammenhängt. Wegen des auf den **Verbraucherschutz** beschränkten Anwendungsbereichs der UGP-Richtlinie reicht jedoch der Begriff »unlauterer Wettbewerb« in Art. 6 I Rom II-VO weiter, d.h. er umfasst auch sonstige geschäftliche Praktiken zur Förderung des eigenen oder fremden Wettbewerbs.[8]

6 Art. 6 I Rom II-VO enthält eine **abschließende** Regelung des auf marktbezogenes »unlauteres Wettbewerbsverhalten« anwendbaren Rechts. Da diese Vorschrift nach Erwägungsgrund Nr. 21 der Rom II-VO nur eine Präzisierung der allgemeinen deliktsrechtlichen Kollisionsnorm des Art. 4 Rom II-VO ist, ist eine konkurrierende Anwendung von Art. 4 und Art. 8 Rom II-VO ausgeschlossen.[9] Unerheblich ist, ob ein bestimmtes Verhalten, das nach Art. 6 Rom II-VO »unlauteres Wettbewerbsverhalten« darstellt, nach der lex fori nicht wettbewerbsrechtlich, sondern deliktsrechtlich zu qualifizieren ist.[10] Denn der Begriff »unlauteres Wettbewerbsverhalten« ist, wie schon gesagt, EU-autonom auszulegen.

7 Das gilt selbstverständlich auch und erst recht, wenn nationales Recht ein und dasselbe Verhalten, z.B. aus Gründen der Klagebefugnis, sowohl wettbewerbsrechtlich als auch deliktsrechtlich einordnet. Ein Beispiel hierfür ist die BGH-Entscheidung »E-Mail-Werbung II« vom 20.05.2009.[11] Das Beklagte Unternehmen hat unaufgefordert an eine Rechtsanwaltskanzlei E-Mail-Werbung für Kapitalanlagen gesendet. Diese Werbung war nach § 7 II Nr. 3 UWG unlauter. Schadensersatzansprüche gewährte der BGH dem betroffenen Rechtsanwalt nach § 823 I BGB unter dem Gesichtspunkt eines Eingriffs in das Recht am Gewerbebetrieb. Für Ansprüche unmittelbar aus dem UWG fehlte dem Rechtsanwalt nach Ansicht des BGH die Klagebefugnis.[12] Wäre dieser Fall grenzüberschreitend gewesen, so wäre nicht nur für Unterlassungsansprüche von Verbänden nach § 7 II Nr. 3 i.V.m. § 8 III Nr. 2 UWG, sondern auch für Schadensersatzansprüche des in Deutschland ansässigen Rechtsanwalts

8 Vgl. *Bauerman* Der Anknüpfungsgegenstand..., S. 82 f; *Klass*, in: GroßkommUWG[2], Einl. D Rn. 207; *Mankowski*, GRUR Int. 2005, 634, 636.

9 *Drexl*, in: MünchKommBGB[7], Bd. 12, IntLautR Rn. 121, 124.

10 *Drexl*, in: MünchKommBGB[7], Bd. 12, IntLautR Rn. 121.

11 BGH, 20.05.2009 – I ZR 218/07, GRUR 2009, 980 = WRP 2009, 1246 – E-Mail-Werbung II.

12 Kritisch dazu *Sack*, GRUR 2011, 953 ff.

aus § 823 I BGB das anwendbare Recht nach Art. 6 I Rom II-VO zu bestimmen gewesen. Art. 6 I Rom II-VO hätte sowohl zu Unterlassungsansprüchen von Verbänden nach dem UWG als auch zu Schadensersatzansprüchen aus § 823 I BGB geführt.

II. Der Ort der wettbewerblichen Interessenkollision

8 Nach Art. 6 **Abs. 1** ist das Recht des Staates anzuwenden, »in dessen Gebiet die Wettbewerbsbeziehungen oder die kollektiven **Interessen** der Verbraucher beeinträchtigt worden sind oder wahrscheinlich beeinträchtigt werden«.

9 In dieser Formulierung erkennt man unschwer die in Deutschland und Österreich herrschende Ansicht, dass der Ort der **wettbewerblichen Interessenkollision** maßgeblich ist.[13] Art. 6 I **präzisiert** diese Ansicht jedoch und stellt

13 BGH, 11.02.2010 – I ZR 85/08, GRUR 2010, 847 Rn. 10 = WRP 2010, 1146 – Ausschreibung in Bulgarien; BGH, 08.10.2015 – I ZR 225/13, GRUR 2016, 513 Rn. 16 = WRP 2016, 586 – Eizellspende; BGH, 12.01.2017 – I ZR 253/14, GRUR 2017, 317 Rn. 42 = WRP 2017, 434 – World of Warcraft II; BGH, 15.02.2018 – I ZR 201/16, WRP 2018, 1081 Rn. 23 – goFit; *Drexl*, in: MünchKommBGB[7], Bd. 12, IntLautR Rn. 142; *Glöckner*, WRP 2011, 137, 138 (2.b); *Hausmann/Obergfell*, in: Fezer/Büscher/Obergfell, UWG[3], IntLautPrivatR Rn. 158, 160, 179, 181, 188, 235, 248; *Köhler*, in: Köhler/Bornkammn/Feddersen, UWG[37], Einl. UWG Rn. 5.17; *Mankowski*, in: MünchKommUWG[2], IntWettbR Rn. 157; *Sack*, WRP 2008, 845, 846; ebenso schon vor der Rom II-VO zum herkömmlichen deutschen IPR der BGH, grundlegend BGH, 30.06.1961 – I ZR 39/60, GRUR 1962, 243, 245 – Kindersaugflaschen; ebenso BGH, 20.12.1963 – I ZR 104/62, GRUR 1964, 316, 318 = WRP 1964, 122 – Stahlexport; BGH, 23.10.1970 – I ZR 86/69, GRUR 1971, 153, 154 (III.2.b) = WRP 1971, 26 – Tampax; BGH, 13.05.1977 – I ZR 115/75, GRUR 1977, 672, 673 (II.) = WRP 1977, 572 – Weltweit-Club; BGH, 11.03.1982 – I ZR 39/78, GRUR 1982, 495, 497 (3.) = WRP 1982, 463 – Domgarten-Brand; BGH, 04.06.1987 – I ZR 109/85, GRUR 1988, 453, 454 (2.a) = WRP 1988, 25 – Ein Champagner unter den Mineralwässern; BGH, 15.11.1990 – I ZR 22/89, GRUR 1991, 463, 464 = WRP 1991, 294 – Kauf im Ausland; BGH, 26.11.1997 – I ZR 148/95, GRUR 1998, 419, 420 = WRP 1998, 386 – Gewinnspiel im Ausland; BGH, 14.05.1998 – I ZR 10/96, GRUR 1998, 945, 946 = WRP 1998, 854 – Co-Verlagsvereinbarung; BGH, 13.05.2004 – I ZR 264/00, GRUR 2004, 1035, 1036 (II.1.a,aa) = WRP 2004, 1484, 1485 – Rotpreis-Revolution; BGH, 30.03.2006 – I ZR 24/03, GRUR 2006, 513 Rn. 25 = WRP 2006, 736 – Arzneimittelwerbung im Internet; BGH, 05.10.2006 – I ZR 7/04, GRUR 2007, 245 Rn. 11 = WRP 2007, 174 – Schulden Hulp; BGH, 11.02.2010 – I ZR 85/08, GRUR 2010, 847 Rn. 10, 15 = WRP 2010, 1146 – Ausschreibung in Bulgarien; BGH, 08.10.2015 – I ZR 225/13, GRUR 2016, 513 Rn. 14 = WRP 2016, 586 – Eizellspende; ebenso vor der Rom II-VO auch die h. M. im Schrifttum, vgl. *Bornkamm* in Bartsch/Lutterbeck, Neues Recht für neue Medien, 1998, S. 99, 105; *Köhler*/Bornkamm, Wettbewerbsrecht, 26. Aufl., 2008, Einl. UWG Rn. 5.5; *v. Hoffmann,* in: Staudinger, EGBGB/

ausdrücklich klar, dass nicht nur der Ort der Kollision der Interessen der **Wettbewerbsteilnehmer**, sondern bei verbraucherbezogener Unlauterkeit auch der Ort maßgeblich ist, an dem die Interessen der **Verbraucher** beeinträchtigt werden. In Deutschland trägt dies kollisionsrechtlich der sachrechtlichen Entwicklung des Lauterkeitsrechts Rechnung, das ursprünglich nur den Individualschutz der von unlauterem Wettbewerb betroffenen Wettbewerber bezweckte, inzwischen jedoch auch den Schutz der Allgemeinheit und speziell auch den der Verbraucher umfasst. In der UWG-Novelle von 2004 hat der deutsche Gesetzgeber dies ausdrücklich in der Schutzzweckregelung des § 1 UWG festgeschrieben. Der BGH hatte dieser sachrechtlichen Entwicklung bereits kollisionsrechtlich Rechnung getragen.[14] Wo im Wettbewerb auf die Marktgegenseite eingewirkt wird, soll, so der BGH,

> »das Wettbewerbsrecht unlauteres Konkurrenzverhalten verhindern; auf diesen Ort bezieht sich auch das durch das Wettbewerbsrecht ebenfalls geschützte – und deshalb bei der Rechtsanknüpfung mit zu beachtende – Interesse der Allgemeinheit an einem lauteren Wettbewerb bei der Gewinnung von Kunden und das Interesse der möglichen Kunden, als Marktteilnehmer vor unlauterem Verhalten bei der Werbung und dem Abschluss von Verträgen geschützt zu werden«.[15]

IPR (2001), Art. 40 EGBGB Rn. 341 m.w.Nachw. in Fußn.26; *Mankowski*, in: MünchKommUWG 2006, IntWettbR Rn. 157; *Sack*, GRUR Int. 1988, 320, 322; *ders.*, WRP 2000, 269, 270; ebenso in Österreich OGH, 08.07.1980 – 4 Ob 353, 354/80, ÖBl. 1981, 71 = GRUR Int. 1981, 401 – Fremdenverkehrsverband; OGH, 30.01.2001 – 4 Ob 305/00g, ÖBl. 2003, 133 – Pflanzenschutzmittelvertrieb; OGH, 25.05.2004 – 4 Ob 234/03w, ÖBl. 2004, 269 – WienerWerkstätten III = MMR 2004, 810, 811 – wiener-werkstaetten.at = ZfRV 2004, 230, 232 a.E. – domain »at«; die Formel stammt von *Kamen Troller*, Das internationale Privatrecht des unlauteren Wettbewerbs, 1962, S. 127 ff.; ähnlich schon *Froriep*, Der unlautere Wettbewerb im internationalen Privatrecht, 1958, S. 59.

14 Vgl. BGH, 15.11.1990 – I ZR 22/89, GRUR 1991, 463, 464 a.E. = WRP 1991, 294 – Kauf im Ausland; BGH, 26.11.1997 – I ZR 148/95, GRUR 1998, 419, 420 = WRP 1998, 386 – Gewinnspiel im Ausland; BGH, 14.05.1998 – I ZR 10/96, GRUR 1998, 945, 946 = WRP 1998, 854 – Co-Verlagsvereinbarung; BGH, 13.05.2004 – I ZR 264/00, GRUR 2004, 1035, 1036 (II.1.a,aa) = WRP 2004, 1484 – Rotpreis-Revolution; vgl. auch BGH, 11.02.2010 – I ZR 85/08, GRUR 2010, 847 Rn. 10 = WRP 2010, 1146 – Ausschreibung in Bulgarien; aus dem Schrifttum vgl. *Hausmann/Obergfell*, in: Fezer/Büscher/Obergfell, UWG[3], IntLautPrivatR Rn. 24, 25; anders die Deutung der BGH-Rechtsprechung durch *Koos*, WRP 2006, 499, 505.

15 BGH, 15.11.1990 – I ZR 22/89, GRUR 1991, 463, 464 a.E. = WRP 1991, 294 – Kauf im Ausland; ebenso BGH, 26.11.1997 – I ZR 148/95, GRUR 1998, 419, 420 = WRP 1998, 386 – Gewinnspiel im Ausland; BGH, 14.05.1998 – I ZR 10/96, GRUR 1998, 945, 946 = WRP 1998, 854 – Co-Verlagsvereinbarung; BGH, 13.05.2004 – I ZR 264/00, GRUR 2004, 1035, 1036 = WRP 2004, 1484 – Rotpreis-Revolution.

10 Es ist daher gerechtfertigt, die Erkenntnisse der deutschen Rechtsprechung und Lehre bei der Auslegung von Art. 6 I Rom II-VO zu **berücksichtigen**, auch wenn diese Vorschrift selbstverständlich **gemeinschaftsautonom** auszulegen ist.

1. Die Einwirkungstheorie

11 Bei **marktbezogenen** Wettbewerbshandlungen ist der Ort der wettbewerblichen Interessenkollision grundsätzlich der **Marktort**, an dem die wettbewerblichen Interessen der Wettbewerbsteilnehmer und der Verbraucher aufeinander treffen.[16] Diese treffen in der Regel dort aufeinander, wo **auf die Marktgegenseite eingewirkt** wird.[17]

---

16 Vgl. BGH, 11.02.2010 – I ZR 85/08, GRUR 2010, 847 Rn. 10 = WRP 2010, 1146 – Ausschreibung in Bulgarien; BGH, 08.10.2015 – I ZR 225/13, GRUR 2016, 513 Rn. 16 i.V.m. Rn. 14 = WRP 2016, 86 – Eizellspende; *Ahrens,* in: FS für Tilmann, 2003, S. 739, 752; *Bauermann*, Der Anknüpfungsgegenstand..., S. 29 ff.; *Drexl,* in: MünchKommBGB[7], Bd. 12, IntLautR Rn. 2; *Fuchs,* GPR 2003/04, 100, 102; *Glöckner,* WRP 2011, 137, 138 (2.b); *Hausmann/Obergfell,* in: Fezer/Büscher/Obergfell, UWG[3], IntLautPrivatR Rn. 158, 162, 248; *v. Hein,* ZVglRWiss 102 (2003), 528, 555 f.; *Huber/Bach,* IPRax 2005, 73, 78; *Klass,* in: GroßkommUWG[2], Einl. D Rn. 19, 25, 185, 211 ff.; *Leible/Engel,* EuZW 2004, 7, 12; *Lindacher,* GRUR Int. 2008, 453; *Mankowski,* GRUR Int. 2006, 609, 611; *Ohly,* in: Ohly/Sosnitza, UWG[7], Einf. B Rn. 15; *Sack,* WRP 2008, 845, 846 f.; *Ullmann,* in: jurisPK-UWG[4], Einl. Rn. 117; ebenso schon vor der Rom II-VO *Dethloff,* NJW 1998, 1596, 1599; *Sack,* 2000, 269, 272.

17 BGH, 15.11.1990 – I ZR 22/89, GRUR 1991, 463, 464 (II.1.) = WRP 1991, 294 – Kauf im Ausland; BGH 26.11.1997 – I ZR 148/95, GRUR 1998, 419, 420 = WRP 1998, 386 – Gewinnspiel im Ausland; BGH, 14.05.1998 – I ZR 10/96, GRUR 1998, 945, 946 = WRP 1998. 854 – Co-Verlagsvereinbarung; BGH, 13.05.2004 – I ZR 264/00, GRUR 2004, 1035, 1036 (II.1.a,bb) = WRP 2004, 1484 – Rotpreis-Revolution; BGH, 05.10.2006 – I ZR 7/04, GRUR 2007, 245 Rn. 11 = WRP 2007, 174 – Schulden Hulp; BGH, 11.02.2010 – I ZR 85/08, GRUR 2010, 847 Rn. 10 = WRP 2010, 1146 – Ausschreibung in Bulgarien; BGH, 08.10.2015 – I ZR 225/13, GRUR 2016, 513 Rn. 14 = WRP 2016, 586 – Eizellspende; zur Einwirkung auf Nachfrager vgl. BGH, 14.07.1988 – I ZR 184/86, GRUR 1988, 916, 917 = WRP 1988, 734 – PKW-Schleichbezug; aus dem Schrifttum vgl. *Dethloff,* Europäisierung des Wettbewerbsrechts, 2001, S. 65; *Glöckner,* WRP 2011, 137, 138 (2.b); *Hausmann/Obergfell,* in: Fezer/Büscher/Obergfell, UWG[3], IntLautPrivatR Rn. 158, 160, 225, 228, 235; *v. Hoffmann,* in: Staudinger, EGBGB/IPR (2001), Art. 40 EGBGB Rn. 314; *Klass,* in: GroßkommUWG[2], Einl. D Rn. 213, 218; *Köhler,* in: Köhler/Bornkamm, UWG[37], Einl. UWG Rn. 5.19 f., 522; *Nettlau,* Die kollisionsrechtliche Behandlung..., S. 248; *Ohly,* WRP 2006, 1401; *Sack,* GRUR Int. 1988, 320, 322 ff., 324, 330; *ders.,*WRP 1994, 281 f.; *ders.,* WRP 2000, 269, 272 m.w.Nachw. in Fußn. 27; *ders.,* WRP 2008, 845, 846 a.E.; *Ullmann,* in: jurisPK-UWG[4], Einl. Rn. 122.

2. Die Auswirkungstheorie

12 Abweichend von dieser Ansicht wird vertreten, dass für die lauterkeitsrechtliche Kollisionsnorm des Art. 6 I Rom II-VO nicht das »Einwirkungsprinzip«, sondern das aus dem internationalen Kartellrecht bekannte »Auswirkungsprinzip« gelte.[18] Denn Art. 6 I Rom II-VO sei nach dem Erwägungsgrund Nr. 21 eine Präzisierung von Art. 4 Rom II-VO, der den Ort des Schadenseintritts für maßgeblich erklärt. Das sei der Ort, an dem sich eine Wettbewerbshandlung **auswirke.**[19]

13 Für das Auswirkungsprinzip spreche auch, dass Lauterkeitsrecht, Kartellrecht und Immaterialgüterrechtsschutz als Teile eines einheitlichen Internationalen Wirtschaftsrechts zu betrachten seien, die im Kollisionsrecht gemeinsamen Anknüpfungsnormen unterliegen.[20]

14 Die Auswirkungstheorie ist schon vor der Rom II-VO von einer Mindermeinung in Deutschland vertreten worden.[21] Sie ist jedoch nach dem Inkrafttreten der Rom II-VO mit Art. 6 unvereinbar. Denn diese Vorschrift **unterscheidet** beim Lauterkeitsrecht in **Abs. 1** und beim Recht der Wettbewerbsbeschränkun-

---

18 Vgl. *Fabig*, Internationales Wettbewerbsprivatrecht nach der Rom II-VO, 2016, S. 161, 298 *Fezer/Koos*, in: Staudinger, Internationales Wirtschaftsrecht (2015), Rn. 479 ff., 644, 649; *Glöckner*, in: Harte/Henning, UWG[4], Einl. C Rn. 106 ff.; *Handig*, GRUR Int. 2008, 24, 27 f. (4.), 29 (6.); *Nettlau*, Die kollisionsrechtliche Behandlung…, S. 204 ff., 248, 268; ebenso schon vor der Rom II-VO *Habermeier*, Neue Wege zum Wirtschaftskollisionsrecht, 1997, S. 158 f.; *Koos*, WRP 2006, 499, 504 ff.; *ders.*, EuLF 2006, II 73, 75; *Kort*, GRUR Int. 1994, 594, 598 ff.; *Schricker*, GRUR Int. 1982, 720, 724; *Tilmann*, GRUR 1990, 87, 88; *W. Weber*, GRUR Int. 1983, 26, 30; *Wengler* RabelsZ 19 (1954), 401. 416; ausdrücklich **gegen** die Auswirkungstheorie *Baetzgen*, Internationales Wettbewerbs- und Immaterialgüterrecht im EG-Binnenmarkt, S. 97 ff.; *Bauermann*, Der Anknüpfungsgegenstand…, S. 62 ff., 66 f.; *Drexl*, in: MünchKommBGB[7], Bd. 12, IntLautR Rn. 16, 146; *Hausmann/Obergfell*, in: Fezer/Büscher/Obergfell, UWG[3], IntLautPrivatR Rn. 226 ff.; *Klass*, in: GroßkommUWG[2], Einl. D Rn. 194, 214 ff.; *Mankowski*, GRUR Int. 2005, 634, 636; ebenso schon vor der Rom II-VO *v. Hoffmann*, in: Staudinger, EGBGB/IPR (2001), Art. 40 EGBGB Rn. 308; *Sack*, IPRax 1992, 24, 26.

19 *Fabig*, Internationales Wettbewerbsprivatrecht nach Art. 6 Rom II-VO, 2016, S. 161; *Fezer/Koos*, in: Staudinger, Internationales Wirtschaftsrecht (2015), Rn. 644, 649; *Glöckner*, in: Harte/Henning, UWG[4], Einl. C Rn. 111 f.; *Handig*, GRUR Int. 2008, 24, 27 f.(4.), 29 (6.).

20 Vgl. *Fezer/Koos*, in: Staudinger, Internationales Wirtschaftsrecht (2015), Rn. 480, 502 ff.; *Glöckner*, in: Harte/Henning, UWG[4], Einl. C Rn. 104; vgl. auch *Habermeier*, Neue Wege zum Wirtschaftskollisionsrecht, 1997, S. 158 f.

21 Vgl. insbesondere *Wengler*. RabelsZ 19 (1954), 401, 416; ebenso *Fezer/Koos*, in: Staudinger, Internationales Wirtschaftsrecht (2015), Rn. 504 ff., 522 ff.; *Glöckner*, WRP 2005, 795, 803; *Koos*, WRP 2006, 499, 504 ff.; *ders.*, EuLF 2006, II 73, 75.

gen in **Abs. 3** zwischen dem **Einwirkungs-** und dem **Auswirkungsprinzip**. Nach Abs. 3 ist bei Wettbewerbsbeschränkungen das Recht des Staates anzuwenden, dessen **Markt** beeinträchtigt wird; das entspricht dem Auswirkungsprinzip. Nach Abs. 1 ist hingegen bei unlauterem Wettbewerb das Recht des Staates anzuwenden, in dessen Gebiet die **Wettbewerbsbeziehungen** oder die kollektiven Interessen der Verbraucher beeinträchtigt worden sind oder wahrscheinlich beeinträchtigt werden. Dieser begrifflichen Unterscheidung hätte es nicht bedurft, wenn in Abs. 1 und in Abs. 3 in gleicher Weise die Beeinträchtigung des Marktes maßgeblich sein sollte. Natürlich besteht in Art. 6 Rom II-VO zwischen dem Einwirkungsprinzip des Abs. 1 und dem Auswirkungsprinzip des Abs. 3 trotz des begrifflichen Unterschieds im praktischen Ergebnis kein großer Unterschied. Auch können durch Auslegung das Auswirkungs- und das Einwirkungsprinzip inhaltlich stark angenähert werden. Dennoch ist wegen der vom europäischen Gesetzgeber vorgenommenen begrifflichen Unterscheidung daran festzuhalten, dass die kartellrechtliche Auswirkungstheorie des Art. 6 III Rom II-VO nicht zur Kollisionsnorm des Abs. 1 von Art. 6 Rom II-VO passt.

15 Auch Erwägungsgrund Nr. 21 spricht nicht für, sondern gegen die Auswirkungstheorie. Da Art. 6 I eine Präzisierung des Art. 4 I Rom II-VO sein soll, ist das Recht des Staates anwendbar, in dem der Schaden eintritt, unabhängig davon, in welchen Staaten das schadensbegründende Ereignis oder **indirekte Schadensfolgen** eingetreten sind; so ausdrücklich Art. 4 I Rom II-VO. Demgegenüber umfasst das Auswirkungsprinzip auch Orte indirekter Schadensfolgen. Nach Art. 6 I Rom II-VO gilt also nicht das »Auswirkungsprinzip«.[22]

16 Die Anwendung des Marktortrechts ist bei marktbezogenen Wettbewerbshandlungen auch **wettbewerbsrechtlich** geboten, weil sich nur so **kollisionsrechtlich bedingte Wettbewerbsverzerrungen** vermeiden lassen, die im Widerspruch zu dem das Wettbewerbsrecht beherrschenden Grundsatz der **Waffengleichheit** der Mitbewerber stehen.[23] Die kollisionsrechtliche Entscheidung darf nicht zur Folge haben, dass die davon betroffenen Unternehmen in dem Land, dessen Recht anzuwenden ist, strengeren oder auch milderen Wettbewerbsnormen unterworfen werden als inländische **Mitbewerber** und Mitbewerber aus ande-

---

22 *Hausmann/Obergfell*, in: Fezer/Büscher/Obergfell, UWG³, IntLautPrivatR Rn.162; ebenso im Ergebnis *Drexl*, MünchKommBGB⁷, Bd. 12, IntLautR Rn. 146; *Sack*, WRP 2008, 845, 847 (2.a).

23 Vgl. BGH, 11.02.2010 – I ZR 85/08, GRUR 2010, 847 Rn. 17 = WRP 2010, 1146 – Ausschreibung in Bulgarien; *Sack,* GRUR Int. 1988, 320, 326; *ders.*, WRP 1994, 281, 283; *ders.*, WRP 2000, 269, 279 f.; *ders.* in: FS für Egon Lorenz, 2004, S. 659, 661; *Mankowski*, in: MünchKommUWG², IntWettbR Rn. 138; G. *Wagner*, IPRax 2006, 372, 375, 380; vgl. auch BGH, 20.12.1963 – Ib ZR 104/62, GRUR 1964, 316, 318 (vor 2.) = WRP 1964, 122 – Stahlexport.

ren Staaten. Nur das Marktortprizip wird den Erfordernissen der **par conditio concurrentium** gerecht.[24]

17 Nach Art. 6 I Rom II-VO genügt es, dass die Wettbewerbsbeziehungen **wahrscheinlich** beeinträchtigt werden, Danach gilt die Marktortregel des Art. 6 I Rom II-VO auch für **vorbeugende Unterlassungsklagen**. [25] Dies entspricht der allgemeinen Regelung des Art. 2 II u. III Rom II-VO.

3. Das Erfordernis der Beeinträchtigung

18 Die nach Art. 6 I Rom II-VO erforderliche Einwirkung muss nach dieser Vorschrift geeignet sein, die Wettbewerbsbeziehungen oder die kollektiven Verbraucherinteressen zu »**beeinträchtigen**«. Von einer »Beeinträchtigung« der Wettbewerbsbeziehungen ist auszugehen, wenn das fragliche Verhalten die **Marktchancen** von Mitbewerbern beeinträchtigt, d.h. nachteilig beeinflusst.[26] Eine Beeinträchtigung der kollektiven Interessen der Verbraucher liegt vor, wenn das fragliche Verhalten die Interessen mehrerer Verbraucher schädigt oder schädigen kann.[27] Verbraucherinteressen sind geschädigt, wenn ihre Möglichkeit, eine informierte Entscheidung zu treffen, oder ihre Entscheidungsfreiheit spürbar beeinträchtigt wird.[28]

19 Unzutreffend ist die pauschale These, dass bei einem »**spillover**« die Interessen der inländischen Marktteilnehmer nicht i.S.v. Art. 6 I Rom II-VO beeinträchtigt seien.[29] Art. 6 I Rom II-VO ist mangels Interessenkollision nicht anwendbar, wenn bei einem Spillover nicht auf die Marktgegenseite eingewirkt wird.[30]

---

24 *Bornkamm*, in: Bartsch/Lutterbeck, Neues Recht für neue Medien, 1988, S. 99; *Drexl*, in: MünchKommBGB[7], Bd. 12, IntLautR Rn. 5.

25 *Hausmann/Obergfell*, in: Fezer/Büscher/Obergfell, UWG[3], IntLautPrivatR Rn. 158.

26 *Klass*, in: GroßkommUWG[2], Einl. D Rn. 210; *Köhler*, in: Köhler/Bornkamm/Feddersen, UWG[37], Einl. UWG Rn. 5.17.

27 *Köhler*, in: Köhler/Bornkamm/Feddersen, UWG[37], Einl. UWG Rn. 5.17; ähnlich *Klass*, in: GroßkommUWG[2], Einl. D Rn. 210.

28 *Köhler*, in: Köhler/Bornkamm/Feddersen, UWG[37], Einl. UWG Rn. 5.17.

29 A.A. *Ullmann*, in: jurisPK-UWG[4], Einl. Rn. 121 a.E. mit Fußn. 190; entgegen *Ullmann* hat der Verf. zur Frage, ob durch einen Spillover die Interessen der inländischen Marktteilnehmer beeinträchtigt werden, bisher nicht Stellung genommen, sondern nur zu der davon zu unterscheidenden Frage, ob Orte, an denen Werbung unter der Spürbarkeitsgrenze liegt, weil sie nur von einem geringfügigen Spillover betroffen sind, Marktorte sind, auf denen auf die Marktgegenseite eingewirkt wird, vgl. *Sack*, WRP 2008, 845, 854.

30 *Sack*, WRP 2008, 845, 854.

III. Nach Art. 6 I Rom II-VO kollisionsrechtlich irrelevante Orte

20 Problematisch ist, wie weit man den Ort der wettbewerblichen Interessenkollision i.S.v. Art. 6 I Rom II-VO versteht. Gehören alle Orte der Schadensauswirkungen unlauteren Wettbewerbs dazu? Sind Orte, an denen Vorbereitungshandlungen und Teilhandlungen stattgefunden haben, Orte der wettbewerblichen Interessenkollision?

21 Einen Auslegungsbehelf liefert die Amtliche Begründung in der Präambel der Rom II-VO. Nach dem Erwägungsgrund Nr. 21 enthält die Sonderregel des Art. 6 I keine Ausnahme von der allgemeinen Kollisionsnorm des Art 4, sondern eine **Präzisierung** von Art. 4 **Abs. 1** Rom II-VO.[31] Nach Art. 4 Abs. 1 ist auf ein außervertragliches Schuldverhältnis aus unerlaubter Handlung das Recht des Staates anzuwenden, »in dem der Schaden eintritt, unabhängig davon, in welchem Staat das schadensbegründende Ereignis oder indirekte Schadensfolgen eingetreten sind«.

22 Diese Regelung des Art. 4 I ist nach dem bereits erwähnten Erwägungsgrund Nr. 21 auch für die Auslegung des Art. 6 I maßgeblich.

1. Orte indirekter Schadensfolgen

23 Daraus folgt, dass Orte **indirekter Schadensfolgen** unerheblich sind,[32] insbesondere der Ort des Unternehmenssitzes beeinträchtigter Mitbewerber oder der Wohnort betroffener Abnehmer.[33]

24 Bei der Beurteilung von Werbung im Lande A, die Leistungen im Lande B anpreist, sind Auswirkungen auf den Leistungsmarkt B indirekte Schadensfolgen. Zum Auseinanderfallen von Werbemarkt und Absatzmarkt vgl. unten Kap. 5 Rdn. 3 ff.

---

31 Vgl. EuGH, 28.07.2016 – C-191/15, NJW 2016, 2727 Rn. 41; zur Entwicklung des Verhältnisses des internationalen Wettbewerbsrechts zur allgemeinen Kollisionsregel des Art. 4 in der Gesetzgebungsgeschichte ausführlich *Koos*, EuLF 2006 II 73, 75.

32 Vgl. BGH, 15.11.1990 – I ZR 22/89, GRUR 1991, 463, 465 = WRP 1991, 294 – Kauf im Ausland; BGH, 26. 11.1997 – I ZR 148/95, GRUR 1998, 419, 420 = WRP 1998, 386 – Gewinnspiel im Ausland; *Glöckner*, WRP 2011, 137, 140; *Hausmann/Obergfell*, in: Fezer/Büscher/Obergfell, UWG[3], IntLautPrivatR Rn. 272; *Klass*, in: GroßkommUWG[2], Einl. D Rn. 23; *Sack*, WRP 2008, 845, 847; *ders.*, IPRax 1991, 386, 388; *ders.*, WRP 2000, 269, 272.

33 Vgl. BGH, 15.11.1990 – I ZR 22/89, GRUR 1991, 463, 465 = WRP 1991, 294 – Kauf im Ausland; *Hausmann/Obergfell*, in: Fezer/Büscher/Obergfell, UWG[3], IntLautPrivatR Rn. 244.

25 Wenn nach Art. 6 I Rom II-VO die Anwendung des Rechts indirekter Schadensfolgen ausgeschlossen ist, dann ist dies zugleich, wie bereits erwähnt, eine Absage an die vor der Rom II-VO vereinzelt vertretenen »Auswirkungstheorie« zum internationalen Lauterkeitsrecht.

2. Orte von Vorbereitungshandlungen

26 Unerheblich ist nach Art. 6 I Rom II-VO auch, wo **Vorbereitungshandlungen** stattgefunden haben.[34] Sie bewirken – noch – keine wettbewerbliche Interessenkollision, denn bei ihnen fehlt noch die **Markteinwirkung.**[35]

27 Unerheblich ist daher z. B. der Ort des **Absendens** irreführender Werbeschreiben;[36] maßgeblich ist nur das Recht des Landes, in dem mit solchen Werbeschreiben auf Verbraucher eingewirkt wird.[37]

28 Auch **Exporte** sind nur Vorbereitungshandlungen i.S.v. Art. 6 I Rom II-VO. Sie sind zwar »geschäftliche Handlungen« im Sinne des UWG. Zu einer Kollision

---

34 *Sack,* WRP 2008, 845, 847; *Drexl,* in: MünchKommBGB[7], Bd. 12, IntLautR Rn. 118; *Hausmann/Obergfell,* in: Fezer/Büscher/Obergfell, UWG[3], IntLautPrivatR Rn. 272; ebenso schon zum früheren deutschen Recht BGH, 30.06.1961 – I ZR 39/60, GRUR 1962, 243, 245 = WRP 1962, 13 – Kindersaugflaschen; BGH, 20.12.1963 – Ib ZR 104/62, GRUR 1964, 316, 318 f. = WRP 1964, 122 – Stahlexport; BGH, 15.11.1990 – I ZR 22/89, GRUR 1991, 463, 465 = WRP 1991, 294 – Kauf im Ausland; BGH, 16.06.1994 – I ZR 24/92, GRUR 1994, 798, 799 – Folgerecht im Ausland; BGH, 26.11.1997 – I ZR 148/95, GRUR 1998, 419, 420 = WRP 1998, 386 – Gewinnspiel im Ausland; ebenso im Schrifttum *Bornkamm* in: Bartsch/Lutterbeck, Neues Recht für neue Medien, 1998, S. 106; *Sack,* GRUR Int. 1988, 320, 324 f.; *ders.,* WRP 2000, 269, 272 m.w.Nachw. in Fußn. 33; *H. Stoll,* in: GS für Lüderitz, 2000, S. 733, 740; a.A. noch BGH, 13.07.1956 – I ZR 137/55, GRUR 1957, 37, 38 = WRP 1956, 333 – Uhrwerke.

35 BGH, 30.06.1961 – I ZR 39/60, GRUR 1962, 243, 246 = WRP 1962, 13 – Kindersaugflaschen; *Drexl,* in: MünchKommBGB[7], Bd. 12, IntLautR Rn. 118; *Fezer/Koos,* in: Staudinger, Internationales Wirtschaftsrecht (2015), Rn. 391; *Klass,* in: GroßkommUWG[2], Einl. D Rn. 24 (da es während des Herstellungsprozesses als betriebsinternem Vorgang noch zu keiner Interessenkollision komme); *Sack,* WRP 2008, 845, 847.

36 BGH, 20.12.1963 – Ib ZR 104/62, GRUR 1964, 316, 318 = WRP 1964, 122 – Stahlexport; BGH GRUR 1998, 419, 420 – Gewinnspiel im Ausland; *Sack,* WRP 2008, 845, 847; *Drexl,* in: MünchKommBGB[7], Bd. 12, IntLautR Rn. 118; *Hausmann/Obergfell,* in: Fezer/Büscher/Obergfell, UWG[3], IntLautPrivatR Rn. 272; *Klass,* in: GroßkommUWG[2], Einl. D Rn. 24; a.A. *Lindacher,* Internationales Wettbewerbsverfahrensrecht, § 5 Rn. 11, S. 21, der aber dennoch die kollisionsrechtliche Bedeutung ablehnt, weil solche Orte keine Marktorte seien.

37 BGH, 30.06.1961 – I ZR 36/60, GRUR 1962, 243, 246 = WRP 1962, 13 – Kindersaugflaschen.

der wettbewerblichen Interessen kommt es jedoch erst im Bestimmungsland, in das die Ware exportiert wird. Nur das Recht des Bestimmungslandes, nicht jedoch das des Exportlandes ist nach Art. 6 I Rom II-VO anwendbar. Dem steht nicht entgegen, dass das Markenrecht ausdrücklich auch den Export zu den relevanten Benutzungshandlungen zählt, vgl. § 14 III Nr. 4 MarkenG, Art. 5 MarkenRL, Art. 9 II GMV bzw. UMV. Denn dieser Schutz ist nur präventiver Natur, bevor es zu einer wettbewerblichen Interessenkollision kommt. Nur wenn konkrete Anhaltspunkte dafür vorliegen, dass (angebliche) Exportware im Herkunftsland verbleibt, weil dies von Anfang an geplant war oder weil das Exportunternehmen den Bestimmungszweck der Ware geändert hat oder weil Mitarbeiter ohne Kenntnis des Exportunternehmens Ware für den Vertrieb im Inland abzweigen,[38] ist das Herkunftsland nicht mehr nur ein Ort der Vorbereitungshandlung, sondern ein Ort der wettbewerblichen Interessenkollision i.S.v. Art. 6 I Rom II-VO.

29 Beim wettbewerbsrechtlichen Leistungs- und Markenschutz sind die **Herstellung** und die **Kennzeichnung** unlauter nachgeahmter Produkte nach ganz h.M. Vorbereitungshandlungen, die nicht von Art. 6 I Rom II-VO erfasst werden. Denn nach dieser Vorschrift ist nur das Recht des Landes anwendbar, in dem die betreffende Ware **auf den Markt gelangt**. Durch die Herstellung und Kennzeichnung unlauter hergestellter Produkte werden allerdings bereits die Interessen von Mitbewerbern verletzt, so dass nach Art. 6 II Rom II-VO das Recht des Herstellungs- bzw Kennzeichnungslandes anwendbar ist. Es ist dann eine Frage des anwendbaren Sachrechts, ob es bereits gegen das **Herstellen** oder **Kennzeichnen** unlauterer **Produktnachahmungen** Schutz gewährt (ausführlich dazu Kap. 6 Rdn. 12 ff., 28 f.).

3. Der gemeinsame gewöhnliche Aufenthaltsort

30 Art. 6 I Rom II-VO enthält nach Erwägungsgrund Nr. 21 nur eine Präzisierung von Art. 4 **Abs. 1**. Im Gegensatz dazu erklärt Art. 6 II **alle** Regelungen des Art. 4, unter anderem auch Abs. 2, ausdrücklich für anwendbar. Daraus folgt, dass innerhalb des Regelungsbereichs von Art 6 I das Recht des gemeinsamen gewöhnlichen Aufenthalts i.S.v. Art. 4 II nicht anwendbar ist.[39]

38 So die Begründung der Ansicht, dass der Export eine markenrechtlich relevante Benutzungshandlung ist, schon durch RG, 10.02.1925 – II 36/24, RGZ 110, 176, 178 – King Edward.

39 Vgl. BGH, 13.05.2004 – I ZR 264/00, GRUR 2004, 1035, 1036 = WRP 2004, 1484 – Rotpreis-Revolution; BGH, 11.02.2010 – I ZR 85/08, GRUR 2010, 847 Rn. 11 = WRP 2010, 1146 – Ausschreibung in Bulgarien.

31 Damit entfallen auch die Bedenken, dass die Anwendung des Rechts des gemeinsamen gewöhnlichen Aufenthalts im Wettbewerbsrecht **kollisionsrechtlich bedingte Wettbewerbsverzerrungen**[40] zur Folge haben könne, was mit dem das Wettbewerbsrecht beherrschenden Grundsatz der **Waffengleichheit** der Mitbewerber unvereinbar wäre.[41]

32 Das Recht des gemeinsamen gewöhnlichen Aufenthalts ist jedoch bei marktbezogenen Wettbewerbshandlungen auch dann nicht ausnahmsweise anwendbar, wenn der Wettbewerb im Ausland **ausschließlich** zwischen inländischen Unternehmen stattfindet.[42] Auf ausländischen Wettbewerb zwischen inländischen Unternehmen ist inländisches Recht auch dann nicht anwendbar, wenn die betreffende Wettbewerbshandlung einen inländischen Mitbewerber im Ausland **behindern** soll.[43] Gleiches gilt für inländischen Wettbewerb ausschließlich durch ausländische Unternehmen.[44] Ob Wettbewerb zwischen inländischen Unternehmen im Ausland bzw. zwischen ausländischen Unternehmen im Inland ausschließlich zwischen diesen stattfindet, ist ohnehin häufig nicht genau feststellbar; das gilt erst recht für Prognosen, die für Unterlassungsansprüche erforderlich sind. [45]

4. Orte einer offensichtlich engeren Verbindung

33 Aus dem eben Gesagten zum Verhältnis von Art. 6 Abs. 1 u. 2 zu Art. 4 Rom II-VO folgt ferner, dass auch das Recht einer offensichtlich engeren Verbindung

40 Ausführlich dazu *Sack*, GRUR Int. 1988, 320, 326, 333; *ders.*, WRP 2000, 269, 279 f.; *ders.*, in: FS für E. Lorenz, 2004, S. 659, 661 f.; *Drexl*, in: MünchKommBGB[7], Bd. 12, IntLautR Rn.149; *Mankowski*, in: MünchKommUWG[2], IntWettbR Rn. 138; *v. Hoffmann*, in: Staudinger, EGBGB/IPR (2001), Art. 40 EGBGB Rn. 318.

41 Vgl. BGH, 20.12.1963 – Ib ZR 104/62, GRUR 1964, 316, 318 (vor 2.) = WRP 1964, 122 – Stahlexport; *Sack*, GRUR Int. 1988, 320, 323.

42 BGH, 11.02.2010 – I ZR 85/08, GRUR 2010, 847 Rn. 13 ff. = WRP 2010, 1146 – Ausschreibung in Bulgarien; *Glöckner*, WRP 2011, 137, 138 (2.c); *Sack*, GRUR Int. 1988, 320, 325 f.; *ders.*, WRP 2008, 845, 847.

43 BGH, 11.02.2010 – I ZR 85/08, GRUR 2010, 847 Rn. 13 = WRP 2010, 1146 – Ausschreibung in Bulgarien, unter ausdrücklicher Aufgabe der gegenteiligen Ansicht in BGH, 20.12.1963 – Ib ZR 104/62, BGHZ 40, 391, 397 ff. = GRUR 1964, 316 = WRP 1964, 122– Stahlexport.

44 BGH, 04.06.1987 – I ZR 109/85, GRUR 1988, 453, 454 = WRP 1988, 25 – Ein Champagner unter den Mineralwässern; BGH, 11.02.2010 – I ZR 85/08, GRUR 2010, 847 Rn. 15 = WRP 2010, 1146 – Ausschreibung in Bulgarien; *Sack*, GRUR Int. 1988, 320, 325 f.

45 BGH, 11.02.2010 – I ZR 85/08, GRUR 2010, 847 Rn. 15 = WRP 2010, 1146 – Ausschreibung in Bulgarien; *Sack*, GRUR Int. 1988, 320, 326; *ders.*, WRP 2000, 269, 279 f.; *Hausmann/Obergfell*, in: Fezer/Büscher/Obergfell, UWG[3], IntLautPrivatR Rn. 224.

eines Falles zu einem anderen Staat als dem des Marktortes, d.h. die Regelung des Art. 4 III, im Regelungsbereich des Art. 6 I nicht anwendbar ist. Offenbar ist der europäische Gesetzgeber davon ausgegangen, dass die in Art. 6 I vorgesehene Anknüpfung an den Ort der wettbewerblichen Interessenkollision immer das Recht der engsten Verbindung trifft.[46]

46 Vgl. *Sack*, WRP 2008, 845, 847; *Hausmann/Obergfell*, in: Fezer/Büscher/Obergfell, UWG[3], IntLautPrivatR Rn. 253 a.E., die eine engere Verbindung für »denklogisch ausgeschlossen« halten.

Kapitel 3 Die Kollisionsnorm des Art. 6 II Rom II-VO für ausschließlich betriebsbezogene (»bilaterale«) Wettbewerbshandlungen

Übersicht Rdn.

I. Die Reichweite des Art. 6 II Rom II-VO

1. Der Wortlaut von Art. 6 II Rom II-VO

1 Die Vorschrift des Art. 6 II Rom II-VO regelt unlauteres Wettbewerbsverhalten, das »**ausschließlich** die Interessen eines bestimmten Wettbewerbers« beeinträchtigt.[1] Solche Fälle sind allerdings kaum denkbar. Denn ein unlauteres Wettbewerbsverhalten, das die Interessen eines bestimmten Wettbewerbers beeinträchtigt, kann nach einhelliger Meinung immer auch die Interessen der Marktgegenseite (Abnehmer; Lieferanten) beeinträchtigen und wird häufig auch die Interessen anderer Mitbewerber berühren.[2] Es besteht jedoch nur eine

1 Gegen die Berechtigung der von Abs. 1 und Abs. 2 des Art. 6 Rom II-VO getroffenen Unterscheidung *Drexl*, in: MünchKommBGB[7], Bd. 12, IntLautR Rn. 156 ff.; *Hausmann/Obergfell*, in: Fezer/Büscher/Obergfell, UWG[3], IntLautPrivatR Rn. 166 f.

2 Vgl. den Hinweis darauf in der Begründung des Vorschlags der EG-Kommission für eine Rom II-VO von 2003, KOM (2003) 427 endg., S. 18; BGH, 11.02.2010 – I ZR 85/08, GRUR 2010, 847 Rn. 19 = WRP 2010, 1146 – Ausschreibung in Bulgarien; *Drexl*, in: MünchKommBGB[7], Bd. 12, IntLautR Rn. 156, 145, 163; *Fabig*, Internationales Wettbewerbsprivatrecht nach Art. 6 Rom II-VO, 2016, S. 68 (8.); *Fezer/Koos*, in: Staudinger, Internationales Wirtschaftsrecht (2015), Rn. 654, 657, 658, 666, 688; *Klass*, in: GroßkommUWG[2], Einl. D Rn. 231; *Klinkert*, WRP 2018, 1038 Rn. 30; *Köhler*, in: FS für Coester-Waltjen, 2015, S. 501, 507; *Lindacher*, GRUR Int. 2008,

mittelbarer Marktbezug,[3] vermittelt durch die unmittelbare Einwirkung auf einen Mitbewerber. »Auch wenn nicht völlig ausgeschlossen werden kann, dass solche Handlungen auch negative Auswirkungen auf einen bestimmten Markt haben, handelt es sich doch um Fälle, die vor allem als ›bilateral‹ einzustufen sind.«[4] Als Beispiel für unlauteres Wettbewerbsverhalten i.S.v. Art. 6 II Rom II-VO nennt der Kommissionsvorschlag von 2003 für eine Rom II-VO u.a. die Industriespionage und die Preisgabe eines Geschäftsgeheimnisses.[5] Damit kann sich der Täter einen ungerechtfertigten **Wettbewerbsvorsprung** vor anderen Mitbewerbern verschaffen und durch die Verfälschung des Leistungswettbewerbs auch die Interessen von Abnehmern beeinträchtigen. Würde man auch bei einem nur mittelbaren Marktbezug ohne Einwirkung auf die Marktgegenseite Art. 6 I Rom II-VO an Stelle von Art. 6 II Rom II-VO anwenden, bliebe für Art. 6 II Rom II-VO kaum ein Anwendungsbereich.

2. »Bilaterales« Wettbewerbsverhalten

2 Im Vorschlag der EG-Kommission von 2003 für eine Rom II-VO wird zu Abs. 2 von Art. 5 (jetzt Art. 6) ausgeführt, dass diese Regelung Fälle behandle, »die vor allem als ›bilateral‹ einzustufen« seien. Als Beispiele werden ausdrücklich genannt die Abwerbung von Angestellten, die Bestechung, die Industriespionage, die Preisgabe eines Geschäftsgeheimnisses und die Anstiftung zum Vertragsbruch.[6] Die Bezeichnung dieser Formen unlauteren Wettbewerbsverhaltens als »vor allem bilateral« ist allerdings nur beschränkt hilfreich. Denn die von der EG-Kommission genannten Beispiele zeigen, dass es keineswegs nur um bilaterale Beziehungen geht. So begründet z. B. die im Kommissionsvorschlag ausdrücklich genannte Abwerbung von Angestellten ein Dreiecksverhältnis zwischen zwei Mitbewerbern und dem abgeworbenen Angestellten. Auch die im Kommissionsvorschlag genannte Anstiftung zum Vertragsbruch begründet ein Dreiecksverhältnis zwischen den beiden Vertragspartnern und

---

453, 457; *Mankowski*, in: MünchKommUWG[2], IntWettbR Rn. 242, 245a; *Sack*, WRP 2008, 845, 850 (III.1.a); *ders.*, GRUR Int. 2012, 601, 604; *Schaub*, in: Prütting/Wegen/Weinreich, BGB[13], Rom II-VO Art. 6 Rn.5; *Thorn*, in: Palandt, BGB[78], Rom II-VO Art. 6 Rn. 17; kritisch deshalb zur Sonderregelung des Art. 6 II Rom II-VO *Drexl*, MünchKommBGB[7], Bd. 12, IntLautR Rn. 156 ff.; *Hausmann/Obergfell*, in: Fezer/Büscher/Obergfell, UWG[3], IntLautPrivatR Rn. 327.

3 *Fabig*, Internationales Wettbewerbsprivatrecht nach Art. 6 Rom II-VO, 2016, S. 68 (8.).

4 So KOM (2003) 427, S. 18; ebenso BGH, 11.02.2010 – I ZR 85/08, GRUR 2010, 847 Rn. 19 = WRP 2010, 1146 – Ausschreibung in Bulgarien; *Fabig*, Internationales Wettbewerbsprivatrecht nach Art. 6 Rom II-VO, 2016, S. 68 (8.:»lediglich ein mittelbarer Marktbezug«).

5 KOM (2003) 427 endg., S. 18.

6 EG-Kommission, Vorschlag für eine Rom II-VO, KOM (2003) 427 endg., S. 18.

dem Anstifter.[7] Eine Dreieckbeziehung entsteht auch durch die im Kommissionsvorschlag genannte Bestechung von Angestellten.

3. Eigene Auffassung: keine Einwirkung auf die Marktgegenseite

3 Mit dem im Kommissionsvorschlag einer Rom II-VO von 2003 als »vor allem bilateral« bezeichneten Wettbewerbsverhalten sind Geschäftspraktiken gemeint, die **nicht auf die Marktgegenseite einwirken**,[8] d.h. die »nicht marktbezogen« sind. Mit der Marktgegenseite sind hier die Abnehmer und Lieferanten der Opfer des unlauter Handelnden gemeint. Nur wenn man Art. 6 II Rom II-VO in diesem Sinne interpretiert, schließt sich diese Regelung **lückenlos** an die h.M. zu Art. 6 I Rom II-VO an, der Wettbewerbshandlungen erfasst, die auf die Marktgegenseite einwirken. Dies entspricht dem System der Absätze 1 und 2 von Art. 6 Rom II-VO. Nach der Neuregelung durch Art. 6 II Rom II-VO sind abweichende Ansichten zum deutschen EGBGB nur noch von rechtshistorischem Interesse.[9] Diese Interpretation von **Abs. 2** des Art. 6 Rom II-VO deckt auch die meisten Beispiele ab, die der Kommissionsvorschlag für diese Vorschrift nennt: Abwerbung von Angestellten, Bestechung, Industriespionage, Preisgabe von Geschäftsgeheimnissen sowie die Anstiftung zum Vertragsbruch,[10] soweit es um die Anstiftung von **Arbeitnehmern** von Mitbewerbern geht. Die Anstiftung der Marktgegenseite zum Vertragsbruch wäre hingegen kein »bilaterales« Wettbewerbsverhalten im Sinne der hier vertretenen Interpretation von Art. 6 II Rom II-VO.

7 Vgl. *Sack*, GRUR Int. 2012, 601, 604; *Fabig*, Internationales Wettbewerbsprivatrecht nach Art. 6 Rom II-VO, 2016, S. 67, 68 f. (8.).

8 Vgl. BGH, 11.02.2010 – I ZR 85/08, GRUR 2010, 847, Rn. 19 = WRP 2010, 1146 – Ausschreibung in Bulgarien; BGH, 12.12.2013 – I ZR 131/12, GRUR 2014, 601 Rn. 37 f. = WRP 2014, 548 – englischsprachige Pressemitteilung; BGH, 12.01.2017 – I ZR 253/14, GRUR 2017, 317 Rn. 43 = WRP 2017, 434 – World of Warcraft II; BGH, 15.02.2018 – I ZR 201/16, WRP 2018, 1081 Rn. 23 – goFit; *Bauermann*, Der Anknüpfungsgegenstand…, S. 99; *Drexl*, in: MünchKommBGB[7], Bd. 12, IntLautR Rn. 112, 165, 168; *Fabig*, Internationales Wettbewerbsprivatrecht nach Art. 6 Rom II-VO, 2016, S. 66, 69, 70; *Glöckner*, WRP 2011, 137, 140; *Mankowski*, in: MünchKommUWG[2], IntWettbR Rn. 242, 243, 362; *v. Hein*, ZVglRWiss 102 (2003), 528, 556; *Nettlau*, Die kollisionsrechtliche Behandlung…, S. 253 f., 268; *Ohly*, in: Ohly/Sosnitza, UWG[7], Einl. B Rn. 21; *Sack*, WRP 2008, 845, 850 (III.1.a); *Sonnentag*, ZVglRWiss 2006, 256, 287; ebenso im Ergebnis schon, trotz terminologischer Unterschiede, zu Art. 40 EGBGB *Sack*, WRP 2000, 269, 272 (a und b); *ders.*, GRUR 1988, 320, 330.

9 Vgl. *Drexl*, in: MünchKommBGB[7], IntLautR Rn. 152.

10 KOM (2003) 427 endg., S. 18.

Fehlt einer Geschäftspraktik die unmittelbare Marktbezogenheit, kann sie dennoch ein »**unlauteres Wettbewerbsverhalten**« i.S.v. Art. 6 II Rom II-VO sein. Dies setzt Art. 6 II Rom II-VO voraus.[11] 4

4. Mitbewerberbezogene Unlauterkeit

5 Eine weiter reichende Ansicht will unter Abs. 2 von Art. 6 Rom II-VO alle Wettbewerbshandlungen subsumieren, die sich **gezielt gegen Mitbewerber richten**,[12] auch wenn zu diesem Zweck auf Abnehmer oder Lieferanten des angegriffenen Mitbewerbers Einfluss genommen wird. Man fasste diesen Typ von Wettbewerbshandlungen früher unter dem Begriff »mitbewerberbezogene Unlauterkeit« zusammen. Dazu zählten vor allem geschäftsschädigende Äußerungen, insbesondere die Anschwärzung und Boykottaufforderungen sowie Rufausbeutung und vergleichende Werbung.

6 Diese Ansicht deckt sich im praktischen Ergebnis mit der vom BGH in seiner **Stahlexport**-Entscheidung von 1963 vertretenen Meinung. Dort hatte der BGH festgestellt, dass die Zulässigkeit einer **im Ausland** begangenen Wettbewerbshandlung eines **Inländers**, die sich »nach Art und Zielrichtung ausschließlich oder doch überwiegend gegen die schutzwürdigen Interessen eines **inländischen Mitbewerbers**« richte, wegen der besonderen Inlandsbeziehung aus dem Gesichtspunkt einer Anknüpfung an das **gemeinsame Heimatrecht** in der Regel nach inländischem Wettbewerbsrecht zu beurteilen sei.[13] Der BGH hatte in dieser Entscheidung über ein Rundschreiben der Beklagten zu befinden, das sich u.a. auch an Kunden der Klägerin im Ausland gerichtet hatte. Dieses Rundschreiben hat nach Ansicht des BGH das geschäftliche Ansehen der Klägerin gefährdet und ihren guten Ruf ausgenutzt. Mit der **Stahlexport**-Entscheidung beschränkte der BGH seine wenige Jahre zuvor in seiner **Kindersaugflaschen**-Entscheidung vom 30. 6. 1961 entwickelte Ansicht, dass bei grenzüberschreitenden Wettbewerbssachverhalten das Wettbewerbsrecht des Staates anzuwenden ist, » wo wettbewerbliche Interessen der Mitbewerber aufeinanderstoßen«.[14]

11 Vgl. *Drexl*, in: MünchKommBGB[7], Bd. 12, IntLautR Rn. 112.

12 KG, 16.04.2013 – 5 U 63/12, WRP 2013, 1242 Rn. 11 – 14; ebenso, jedoch mit Einschränkungen, *Fezer/Koos*, in: Staudinger, Internationales Wirtschaftsrecht (2015), Rn. 756; a.A. *Fabig*, Internationales Wettbewerbsprivatrecht nach Art. 6 Rom II-VO, 2016, S. 66; *Sack*, GRUR Int. 2012, 601.

13 BGH, 20.12.1963 – Ib ZR 104/62, GRUR 1964, 316 (Ls. 3), 319 = WRP 1964, 122 – Stahlexport.

14 BGH, 30.06.1961 – I ZR 39/60, GRUR 1962, 243, 245 = WRP 1962, 13 – Kindersaugflaschen.

7 Die in der **Stahlexport**-Entscheidung vertretene Ansicht hat der BGH in seiner Entscheidung **»Ausschreibung in Bulgarien«** vom 11.2.2010 für die Rechtslage *vor* der Rom II-VO **ausdrücklich aufgegeben.**[15] Sie ist auch für die Auslegung von Art. 6 II Rom II-VO abzulehnen, d.h. mitbewerberbezogene Unlauterkeit, die unter **Einwirkung auf die Marktgegenseite** das Unternehmen eines Mitbewerbers zu schädigen versucht, fällt nicht unter diese Vorschrift.[16] Die wichtigste praktische Folge davon ist, dass in diesen Fällen nicht Art. 6 II i.V m. Art. 4 Rom II-VO anzuwenden ist, sondern Art. 6 I Rom II-VO und damit das Recht des Landes, in dem auf die Marktgegenseite eingewirkt wird. Damit soll vermieden werden, dass man in diesen Fällen zur Anwendung des Rechts des gemeinsamen gewöhnlichen Aufenthalts gelangt.[17] Denn in den nicht gerade seltenen Fällen, in denen zwei Inländer im Ausland oder zwei Ausländer im Inland miteinander in Wettbewerb stehen, kann die Anwendung des Wettbewerbsrechts des gemeinsamen gewöhnlichen Aufenthalts nach Art. 4 II i. V. m. Art. 6 II Rom II-VO zu **kollisionsrechtlich verursachten Wettbewerbsverzerrungen** führen.[18] Es entspricht mit Recht nahezu einhelliger Meinung, dass die Anwendung des Rechts des gemeinsamen gewöhnlichen Aufenthalts auf marktbezogene Wettbewerbshandlungen von Inländern im Ausland und von Ausländern im Inland zu unsachgemäßen Ergebnissen führen kann.[19] Denn wenn das Recht des gemeinsamen gewöhnlichen Aufenthalts strenger ist als das Recht des Landes, in dem der Wettbewerb stattfindet, dann erleidet der Beklagte wettbewerbliche Nachteile, und umgekehrt.[20]

---

15 BGH, 11.02.2012 – I ZR 85/08, GRUR 2010, 847 Ls. und Rn. 13 = WRP 2010, 1146 – Ausschreibung in Bulgarien.

16 *Drexl*, in: MünchKommBGB[7], Bd. 12, IntLautR Rn. 168; *Glöckner*, WRP 2011, 137, 140; *Klass*, in: GroßkommUWG[2], Einl. D Rn. 233; *Köhler*, in: Köhler/Bornkamm/Feddersen, UWG[37], Einl. UWG Rn. 5.31, 5.32; *ders.*, in: FS für Coester-Waltjen, 2015, S. 501, 508; *Sack*, WRP 2008, 845, 851 (III.2.b); *ders.*, GRUR Int. 2012, 601, 604 f.

17 Dem entgeht man allerdings auch mit der hier vertretenen Ansicht, dass sich mit der vorrangig anzuwendenden Ausweichklausel des Art. 4 III Rom II-VO bei wettbewerbsadäquater Auslegung die Anwendung des Rechts des gemeinsamen gewöhnlichen Aufenthalts verhindern läßt.

18 Vgl. BGH, 11.02.2010 – I ZR 85/08, GRUR 2010, 847 Rn. 17 = WRP 2010, 1146 – Ausschreibung in Bulgarien; *Sack*, GRUR Int. 1988, 320, 325 f.; *ders.*, WRP 2008, 845, 847; *ders.*, GRUR Int. 2012, 601, 605.

19 Vg. BGH, 11.02.2010 – I ZR 85/08, GRUR 2010, 847 Rn. 15, 17 = WRP 2010, 1146 – Ausschreibung in Bulgarien; *Glöckner*, WRP 2011, 137, 139; *Sack*, GRUR Int. 1988, 320, 326; *ders.*, WRP 2000, 269, 280.

20 Ausführlicher dazu *Sack*, GRUR Int. 1988, 320, 325 f.; *ders.*, WRP 2000, 269, 279 f.

8 Aber auch die Anwendung des Rechts des Erfolgsortes nach Art. 4 I i.V.m. Art. 6 II Rom II-VO auf marktbezogene Wettbewerbshandlungen kann zu kollisionsrechtlich bedingten Wettbewerbsverzerrungen führen, wenn man den **Erfolgsort** am **Unternehmenssitz** des betroffenen Wettbewerbers lokalisiert, das beanstandete Wettbewerbsverhalten jedoch in einem anderen Land stattfindet.

9 Unklar und in sich widersprüchlich sind die Ausführungen des BGH in seiner Entscheidung »Hotelbewertungsportal« vom 19.03.2015.[21] Sie betraf die Rufschädigung eines deutschen Hotels durch ein Online-Bewertungsportal, das ein Unternehmen mit Sitz in der Schweiz betrieb. Das KG hatte in einer Entscheidung vom 16.04.2013 erklärt, dass in diesem Fall nicht Abs. 1, sondern Abs. 2 von Art. 6 Rom II-VO anzuwenden sei, da das beanstandete Wettbewerbsverhalten ausschließlich die Interessen eines bestimmten Wettbewerbers, nämlich der Klägerin, beeinträchtige. Daher sei deutsches Wettbewerbsrecht anwendbar.[22] Der BGH hat dazu festgestellt: »Anwendbar ist – wie das Berufungsgericht zutreffend angenommen hat – nach Art. 4 I, 6 I und II der VO (EG) Nr. 864/2007 (Rom II-VO) deutsches Wettbewerbsrecht.«

10 Diese Feststellung ist zwar im Ergebnis, dass deutsches Wettbewerbsrecht anwendbar sei, zutreffend. Sie ist jedoch in sich widersprüchlich, weil Abs. 1 und Abs. 2 von Art. 6 der Rom II-VO nicht nebeneinander anwendbar sind, sondern einander ausschließen. Zutreffend wäre nach der hier vertretenen Ansicht die Anwendung von Art. 6 I Rom II-VO gewesen. Falls der BGH jedoch dem KG auch darin folgen wollte, dass Art. 6 II Rom II-VO anwendbar sei, wäre dies aus den oben genannten Gründen abzulehnen, weil keine »bilaterale« Wettbewerbshandlung im oben genannten Sinne vorlag. Außerdem stünde die Anwendung von Art. 6 II Rom II-VO auf einen Fall der wettbewerblichen Rufschädigung im Widerspruch zur BGH-Entscheidung »Ausschreibung in Bulgarien« vom 11.02.2010, in der er in Rn. 19 zutreffend festgestellt hat, dass Art. 6 II Rom II-VO nicht auf eine »unmittelbar **marktvermittelte** Einwirkung auf die geschäftlichen Entscheidungen« anwendbar sei und deshalb auf eine wettbewerbliche Anschwärzung, die »marktvermittelt« ist, Art. 6 I Rom II-VO nicht angewendet hat.[23]

21 BGH, 19.03.2015 – I ZR 94/13, GRUR 2015, 1129 Rn. 15 = WRP 2015, 1326 – Hotelbewertungsportal.

22 KG, 16.04.2013 – 5 U 63/12, WRP 2013, 1242 Rn. 11 – 14.

23 BGH, 11.02.2010 – I ZR 85/08, GRUR 2010, 847 Rn. 19 = WRP 2010, 1146 – Ausschreibung in Bulgarien; vgl. auch *Fabig*, Internationales Wettbewerbsprivatrecht nach Art. 6 Rom II-VO, 2016, S. 66 (4.).

5. Verletzung von rechtlich geschützten Positionen eines Konkurrenten

11 Nach einer weiteren Ansicht ist Art. 6 II Rom II-VO anzuwenden, wenn das lauterkeitsrechtlich beanstandete Wettbewerbsverhalten anerkannte Rechtsgüter oder sonstige rechtlich geschützte Positionen eines Mitbewerbers verletzt.[24] Dazu werden gerechnet Sabotageakte an Produktions- und Vertriebseinrichtungen, Fälle der Betriebsspionage, der Preisgabe von Geschäfts- und Betriebsgeheimnissen oder der Verleitung zum Vertragsbruch.[25] Unerheblich sei ein »Auch-Marktbezug« solcher Wettbewerbshandlungen.[26] Deshalb falle z.B. auch die Geschäftsehrverletzung unter Abs. 2 von Art. 6 Rom II-VO.[27] Denn die Geschäftsehre erscheine als solche, nicht nur ob ihrer Marktergebnisrelevanz geschützt.[28] Gegen diese Ansicht spricht vor allem, dass für die kollisionsrechtliche Entscheidung auf das Sachrecht zurückgegriffen werden muss.[29]

6. Anmerkungen zur Terminologie

12 Nach Ansicht der EG-Kommission sind die von Art. 6 II Rom II-VO erfassten Fallgruppen unlauteren Wettbewerbsverhaltens »vor allem als ›bilateral‹ einzustufen«.[30] Der Begriff »bilateral« ist zur Kennzeichnung dieser Fallgruppen nicht zweckmäßig, da von Art. 6 II Rom II-VO, wie gezeigt, auch »trilaterale« Wettbewerbsbeziehungen erfasst werden. Deshalb hat die EG-Kommission auch vorsichtig von »vor allem als bilateral« einzustufendem Wettbewerbsverhalten gesprochen.

13 Die obigen Ausführungen haben gezeigt, dass Art. 6 Rom II-VO in Abs. 1 unmittelbar **marktbezogenes** und in Abs. 2 **nicht-marktbezogenes** Wettbewerbsverhalten regelt. Als marktbezogen wird ein Wettbewerbsverhalten bezeichnet, das zur Förderung eigenen oder fremden Wettbewerbs **unmittelbar** auf die Marktgegenseite einwirken soll. Ungeeignet ist die Unterscheidung zwischen **betriebsbezogenen** und **nicht-betriebsbezogenen** Wettbewerbshand-

24 *Lindacher*, GRUR Int. 2008, 453, 457; *Hohloch*, in: Erman, BGB[15], Rom II-VO Art. 6 Rn. 8; *Schaub*, in: Prütting/Wegen/Weinreich, BGB[13], Rom II-VO Art. 6 Rn. 5; *Thorn*, in: Palandt, BGB[78], Rom II-VO Art. 6 Rn. 17; a.A. *Fabig*, Internationales Wettbewerbsprivatrecht nach Art. 6 Rom II-VO, 2016, S. 67 f.

25 *Lindacher*, GRUR Int. 2008, 453, 457; *Schaub*, in: Prütting/Wegen/Weinreich, BGB[13], Rom II-VO Art. 6 Rdnr. 5.

26 *Schaub*, in: Prütting/Wegen/Weinreich, BGB[13], Rom II-VO Art. 6 Rdnr. 5; ebenso im Ergebnis *Lindacher*, GRUR Int. 2008, 453, 457.

27 *Lindacher*, GRUR Int. 2008, 453, 457.

28 *Lindacher*, GRUR Int. 2008, 453, 457.

29 *Fabig*, Internationales Wettbewerbsprivatrecht nach Art. 6 Rom II-VO, 2016, S. 67 f.

30 EG-Kommissionsvorschlag von 2003, KOM (2003) 428 endg., S. 18.

lungen, da der Begriff »betriebsbezogen« isoliert betrachtet doppeldeutig ist.[31] Betriebsbezogen können nicht nur Wettbewerbshandlungen sein, die sich unmittelbar gegen einen Betrieb richten, sondern auch solche, die sich mittelbar über Dritte gezielt gegen einen Betrieb richten, z. B. Boykottaufforderungen. Im Begriffspaar »marktbezogen/betriebsbezogen« ist allerdings die Bedeutung des Wortes »betriebsbezogen« aufgrund des Kontextes eindeutig; es sind Wettbewerbshandlungen, die sich nicht durch Einwirkung auf die Marktgegenseite, sondern **unmittelbar** gegen einen Betrieb richten.

II. Der Verweis von Art. 6 II auf Art. 4 Rom II-VO

14 Für unlauteres Wettbewerbsverhalten, das »**ausschließlich** die Interessen eines bestimmten Wettbewerbers« beeinträchtigt, gilt nach Art. 6 II Rom II-VO die Kollisionsnorm des Art. 4 Rom II-VO. Anzuwenden sind alle drei Absätze von Art. 4 Rom II-VO.[32] Darin unterscheidet sich Art. 6 II von Art. 6 I Rom II-VO, der nach Erwägungsgrund Nr. 21 der Rom II-VO nur eine Präzisierung von **Abs. 1** von Art. 4 Rom II-VO darstellt. In den in Abs. 2 geregelten Fällen ist Abs. 1 von Art. 6 Rom II-VO nicht anwendbar.

15 Die Regelungen des Art. 4 Rom II-VO habe auch Einfluss auf die Auslegung von Art. 6 II Rom II-VO.

1. Der Ort des Schadenseintritts, Art. 4 I Rom II-VO

a) Der Ort des betroffenen Betriebs oder Betriebsteils

16 Nach Art. 4 I Rom II-VO ist das Recht des Staates anzuwenden, »in dem der **Schaden** eintritt, unabhängig davon, in welchem Staat das schadensbegründende Ereignis oder indirekte Schadensfolgen eingetreten sind«. Der Ort des Schadenseintritts ist in den in Art. 6 II Rom II-VO geregelten Fällen der Ort, an dem sich der **Betrieb** oder **Betriebsteil** befindet, der nach dem Vorbringen des Klägers unlauter beeinträchtigt worden ist oder zu werden droht.[33] Damit decken sich wohl – zumindest im Ergebnis – die Ansichten, dass bei »bilateralem« Wettbewerbsverhalten i.S.v. Art. 6 II Rom II-VO der Ort des Schadenseintritts i.S.v. Art. 4 I Rom II-VO der Ort sei, an dem die Wettbewerbsstellung

31 Kritisch *Drexl*, in: MünchKommBGB[7], Bd. 12, IntLautR Rn. 152.

32 Anders noch Art. 5 Abs. 2 des Vorschlags der EG-Kommission von 2003, KOM (2003) 427 endg., der nur die Absätze 2 und 3 von Art. 3 (jetzt Art. 4) der Rom II-VO für anwendbar erklärt hat.

33 *Hausmann/Obergfell*, in: Fezer/Büscher/Obergfell, UWG[3], IntLautPrivatR Rn. 326; *Sack*, WRP 2008, 845, 850; a.A. *Bauermann*, Der Anknüpfungsgegenstand..., S. 73 ff.

des Geschädigten beeinträchtigt werde[34] oder an dem sich der Ort der Niederlassung des betreffenden Unternehmens befinde.[35]

17 Ferner wird vertreten, dass der **Unternehmenssitz** des beeinträchtigten Unternehmens oder Unternehmensteils maßgeblich sei.[36] Ein Unterschied zur hier vertretenen Ansicht kann bestehen, wenn sich der Sitz des betroffenen Unternehmens in einem anderen Land befindet als der betroffene Betrieb oder Betriebsteil. Gegen die Anwendbarkeit des Rechts des Unternehmenssitzes wird deshalb mit Recht eingewendet, dass dies der Ort **indirekter** Schadensfolgen sein könne, auf den Art. 4 I Rom II-VO nicht anwendbar ist.[37]

b) Orte indirekter Schadensfolgen

18 Nach Art. 4 I Rom II-VO ist **unerheblich**, in welchem Staat indirekte Schadensfolgen eingetreten sind.[38] Das können Orte sein, an denen sich Wettbewerbsverzerrungen durch »bilaterale« Wettbewerbshandlungen auswirken, wenn dies nicht Orte sind, an denen sich Wettbewerbshandlungen gegen einen Betrieb oder Betriebsteil richten. Das kann auch, wie bereits gesagt, der Sitz des betroffenen Unternehmens sein, wenn sich dieser nicht am selben Ort wie der betroffene Betrieb oder Betriebsteil befindet.

c) Der Handlungsort

19 Ebenfalls **kein** Ort des Schadenseintritts i.S.v. Art. 4 I Rom II-VO ist ein vom betroffenen Betrieb oder Betriebsteil des angegriffenen Unternehmens abweichender **Handlungsort**.[39] Dasselbe gilt erst recht für Orte von **Vorbereitungs-**

---

34 *Fezer/Koos*, in: Staudinger, Internationales Wirtschaftsrecht (2015), Rn. 662; *Glöckner*, WRP 2011, 137, 140; *ders.*, in: Harte/Henning, UWG[4], Einl. C Rn. 119; soweit *Glöckner* daraus folgert, dass dieser Ort überall dort sei, wo die betroffenen Marktteilnehmer in Wettbewerb stehen, wird dies ausdrücklich abgelehnt von *Drexl*, in: MünchKommBGB[7], Bd. 12, IntLautR Rn. 179.

35 Vgl. *Drexl*, in: MünchKommBGB[7], Bd. 12, IntLautR Rn. 179; *Hohloch*, in: Erman, BGB[15], Rom II-VO Art. 6 Rn. 8a (»Betriebsstätte«); *Klass*, in: GroßkommUWG[2], Einl. D Rn. 236.

36 *Drexl*, in: MünchKommBGB[7], Bd. 12, IntLautR Rn. 156, 179; *Hohloch*, in: Erman, BGB[15], Rom II-VO Art. 6 Rn. 8; *Köhler*, in: Köhler/Bornkamm/Feddersen, UWG[37], Einl. Rn. 5.33;*Thorn*, in: Palandt, BGB[78], Rom II-VO Art. 6 Rn. 18 (»meist« der Unternehmenssitz); vgl. auch *Lindacher*, GRUR Int. 2008, 453, 457.

37 *Fezer/Koos*, in: Staudinger, Internationales Wirtschaftsrecht (2015), Rn. 662; *Glöckner*, WRP 2011, 137, 140.

38 Vgl. *Klass*, in: GroßkommUWG[2], Einl. D Rn. 234; *Köhler*, in: Köhler/Bornkamm/Feddersen, UWG[37], Einl. UWG Rn. 5.33; *Sack*, GRUR Int. 2012, 601, 602.

39 *Drexl*, in: MünchKommBGB[7], Bd. 12, IntLautR Rn. 179; *Fezer/Koos*, in: Staudinger, Internationales Wirtschaftsrecht (2015), Rn. 659; *Glöckner*, WRP 2011, 137, 140, 143.

handlungen. Denn Art. 4 I Rom II-VO bestimmt ausdrücklich, dass das Recht des Ortes des Schadenseintritts unabhängig davon anzuwenden ist, »in welchem Staat das **schadensbegründende** Ereignis... eingetreten« ist.

20 Diese Auslegung des Begriffs »Ort des Schadenseintritts« in Art. 4 I i. V. m. Art. 6 II Rom II-VO unterscheidet sich teilweise von der Auslegung des entsprechenden Begriffs in Art. 7 Nr. 2 EuGVVO 2012 (früher Art. 5 Nr. 3 EuGVVO 2001, zuvor Art. 5 Nr. 3 EuGVÜ).[40] Denn nach ständiger Rechtsprechung des EuGH und herrschender Lehre umfasst der Ort des Schadenseintritts in Art. 7 Nr. 2 EuGVVO 2012 bzw. nach dem EuGVÜ sowohl den **Handlungsort** als auch den **Erfolgsort.**[41] Die unterschiedliche Auslegung des Begriffs »Ort des Schadenseintritts« in Art. 4 I Rom II-VO und in Art. 7 Nr. 2 EuGVVO ergibt sich daraus, dass Art. 4 I Rom II-VO im Gegensatz zu Art. 7 Nr. 2 EuGVVO den einschränkenden Zusatz enthält, dass das Recht des Schadenseintritts unabhängig davon anzuwenden sei, »in welchem Staat das **schadensbegründende** Ereignis... eingetreten« ist.[42]

2. Der gemeinsame gewöhnliche Aufenthalt, Art. 4 II Rom II-VO

21 Mit **Vorrang** vor dem Recht des Ortes des Schadenseintritts ist nach **Abs. 2** von Art. 4 Rom II-VO das Recht des **gemeinsamen gewöhnlichen Aufenthalts** anwendbar.[43] Art. 23 Rom II-VO präzisiert den Ort des gewöhnlichen Aufenthalts. Bei Gesellschaften, Vereinen und juristischen Personen ist es nach Art. 23 I Rom II-VO der Ort der Hauptverwaltung. Nach Art. 23 II ist es bei unlauteren Wettbewerbshandlungen, die sich unmittelbar gegen Zweigniederlassungen, Agenturen oder sonstige Niederlassungen richten, der Ort, an dem sich diese befinden. Bei natürlichen Personen, die im Rahmen der Ausübung ihrer

---

40 Vgl. den EG-Kommissionsvorschlag von 2003, KOM (2003) 427 endg., S. 12; vgl. dazu *Glöckner*, WRP 2011, 137, 143.

41 Grundlegend EuGH, 30.11.1976 – Rs. 21/76, Slg. 1976, 1735 Rn. 15/19 a. E., 24/25 = NJW 1977, 493 – Mines de Potasse d'Alsace; ebenso EuGH, 07.03.1995 – C-68/93, Slg. 1995, I-415 Rn. 20 = NJW 1995, 1881 – Fiona Shevill; EuGH, 01.10.2002 – C-167/00, Slg. 2002, I-8111 Rn. 44 = NJW 2002, 3617 – Henkel; EuGH, 05.02.2004 – C-18/2, Slg. 2004, I-1417 Rn. 40 – DFDS Torline; EuGH, 10.06.2004 – C-168/02, Slg. 2004, I-6009 Rn. 16 = NJW 2004, 2441 – Kronhofer; EuGH, 10.07.2009 – C-189/08, Slg. 2009, I-6917 Rn. 23, 25 = NJW 2009, 3501 – Zuid-Chemie; BGH, 30.03.2006 – I ZR 24/03, GRUR 2006, 513 Rn. 21 = WRP 2006, 736 – Arzneimittelwerbung im Internet; BGH, 20.12.2007 – I ZR 205/04, GRUR 2008, 275 Rn. 18 = WRP 2008, 356 – Versandhandel mit Arzneimitteln.

42 Vgl. EG-Kommissionsvorschlag von 2003 für eine Rom II-VO, KOM (2003) 427 endg., S. 12 a. E.

43 Gegen die Anwendung des Deliktsstatuts auf »bilaterale« Wettbewerbshandlungen *Hausmann/Obergfell*, in: Fezer/Büscher/Obergfell, UWG[3], IntLautPrivatR Rn. 327.

beruflichen Tätigkeit handeln, ist nach Art. 23 III Rom II-VO der Ort ihrer Hauptniederlassung der gewöhnliche Aufenthalt i.S.v. Art. 4 II Rom II-VO.

22 Vor allem wegen der Anwendbarkeit des Rechts des gemeinsamen gewöhnlichen Aufenthalts nach Art. 4 II Rom II-VO ist der Verweis von Art. 6 II auf Art. 4 Rom II-VO kritisiert worden. Denn die Anwendung des Rechts des gemeinsamen gewöhnlichen Aufenthalts könne zu **Wettbewerbsverzerrungen** und zur Beeinträchtigung von Mitbewerberinteressen führen. Die Gefahr von Wettbewerbsverzerrungen wird jedoch vermieden durch die Anwendung von Art. 4 III Rom II-VO, der Vorrang vor Art. 4 II Rom II-VO hat. Denn bei bilateralen Wettbewerbshandlungen besteht in der Regel eine »offensichtlich engere Verbindung« zum Handlungsort.[44]

3. Der Ort einer offensichtlich engeren Verbindung, Art. 4 III Rom II-VO

23 Nach Art. 4 III Rom II-VO ist mit **Vorrang** vor dem Recht des Ortes des Schadenseintritts und des gemeinsamen gewöhnlichen Aufenthalts das Recht des Staates mit einer »offensichtlich engeren Verbindung« anzuwenden. Im Gegensatz zum deutschen Recht, das in Art. 41 EGBGB eine »wesentlich engere« Verbindung zu einem Staat verlangt, genügt nach Art. 4 III Rom II-VO eine »engere Verbindung«; diese muss allerdings »offensichtlich« sein. Ob eine offensichtlich engere Verbindung zu einem anderen Staat besteht, ist nach Art. 4 III Rom II-VO anhand der »Gesamtheit der Umstände« festzustellen. Danach ist mit Hilfe einer **Interessenabwägung** zu bestimmen, in welcher Rechtsordnung der betreffende Sachverhalt seinen **Schwerpunkt** hat.

24 Die Vorschrift des Art. 4 III Rom II-VO ist nach dem Willen des Gesetzgebers nur in **Ausnahmefällen** anzuwenden.[45] Eine solche Ausnahme ist jedoch bei »bilateralen« Wettbewerbshandlungen geboten. Zur »Gesamtheit der Umstände«, die nach Art. 4 III Rom II-VO zu berücksichtigen sind, gehört bei ihnen auch die Gefahr **ungerechtfertigter Wettbewerbsverzerrungen**. Diese lassen sich in der Regel vermeiden durch Anwendung des Rechts des Staates, in dem sich der durch »bilaterales« Wettbewerbsverhalten i.S.v. Art. 6 II Rom II-VO betroffene Betrieb oder Betriebsteil befindet. Zu diesem Staat hat »bilaterales« Wettbewerbsverhalten in der Regel eine offensichtlich engere Verbindung als zum Staat des gemeinsamen gewöhnlichen Aufenthalts der Parteien.[46] Aus

44 Vgl. *Sack*, GRUR Int. 2012, 601, 602 f.; a.A. *Bauermann*, Der Anknüpfungsgegenstand…, S. 76 ff.

45 EG-Kommissionsvorschlag von 2003, KOM (2003) 427 endg., S. 13.

46 A.A. *Mankowski*, in: MünchKommUWG², IntWettbR Rn. 249; *Nettlau*, Die kollisionsrechtliche Behandlung…, S. 258.

der Tatsache, dass die Anknüpfung an den gemeinsamen gewöhnlichen Aufenthalt der Parteien nach Art. 4 II Rom II-VO **Vorrang** vor der Anknüpfung an den Ort des Schadenseintritts nach Art. 4 I Rom II-VO hat, der sich bei »bilateralem« Wettbewerbsverhalten i.S.v. Art. 6 II Rom II-VO am Ort des betroffenen Betriebs oder Betriebsteils befindet, folgt nicht, dass zum gemeinsamen gewöhnlichen Aufenthalt generell eine engere Verbindung besteht als zum Ort des Schadenseintritts. Bei **Wettbewerbsbeziehungen** sprechen die besonderen Umstände für eine engere Verbindung zum Recht des Ortes, das **ungerechtfertigte Wettbewerbsverzerrungen** vermeidet. Das ist in der Regel das Recht des Staates, in dem sich der von einer »bilateralen« Wettbewerbshandlung betroffene Betrieb oder Betriebsteil befindet. Diese Auslegung von Art. 4 III Rom II-VO erlaubt eine **wettbewerbsadäquate** Bestimmung des Staates, zu dem eine offensichtlich engere Beziehung im Sinne dieser Vorschrift besteht.

25 Da die Anknüpfung an den **wettbewerbsadäquat** auszulegenden Art. 4 III Rom II-VO Vorrang vor der Anknüpfung nach Art. 4 II Rom II-VO genießt, lassen sich ungerechtfertigte **Wettbewerbsverzerrungen** vermeiden, die durch Anwendung des Rechts des gemeinsamen gewöhnlichen Aufenthalts entstünden.[47] Soweit **rechtspolitische Kritik** an Art. 6 II Rom II-VO damit begründet wird, dass die Anwendung des Rechts des gemeinsamen gewöhnlichen Aufenthalts nach Art. 4 II Rom II-VO zu ungerechtfertigten Wettbewerbsverzerrungen führen könne, erledigt sich diese Kritik, wenn nach Art. 6 II i.V.m. Art. 4 III Rom II-VO vorrangig das Recht des Staates angewendet wird, zu dem das beanstandete »bilaterale« Wettbewerbsverhalten eine offensichtlich engere Verbindung aufweist. Durch die vorrangige Anwendung des wettbewerbsadäquat auszulegenden Art. 4 III Rom II-VO lassen sich auch europarechtliche und völkerrechtliche Bedenken ausräumen, die bestehen, wenn man das Recht des gemeinsamen gewöhnlichen Aufenthalts anwendet.

26 Die Frage der vorrangigen Anwendung von Art. 4 III Rom II-VO stellt sich vor allem dann, wenn die Parteien einen gemeinsamen gewöhnlichen Aufenthalt i.S.v. Art. 4 II Rom II-VO haben. Dann kann es notwendig sein, ungerechtfertigte Wettbewerbsverzerrungen, die sich durch die Anwendung des Rechts des gemeinsamen gewöhnlichen Aufenthalts ergäben, durch die vorrangige Anwendung von Art. 4 III Rom II-VO zu vermeiden. Fehlt es hingegen an einem gemeinsamen gewöhnlichen Aufenthalt der Parteien, dann gelangt man in der Regel bereits unmittelbar mit Art. 4 I Rom II-VO zum Recht des Staates,

47 Der Vorschlag der EG-Kommission von 2003, KOM (2003) 427 endg., S. 18 ging unzutreffend davon aus, dass kein Grund dafür bestehe, dass der Geschädigte nicht über Art. 3 (jetzt Art. 4) das Recht des gemeinsamen gewöhnlichen Aufenthalts in Anspruch nehmen sollte.

in dem sich der von »bilateralem« Wettbewerbsverhalten betroffene Betrieb oder Betriebsteil befindet.

27 In Fällen **des wettbewerbsrechtlichen Leistungsschutzes** ist es möglich, dass auch die Anwendung von Art. 4 I Rom II-VO nicht sachgerecht ist. Soweit die **Herstellung** und der **Export** von Produktnachahmungen beanstandet werden, haben diese Handlungen eine offensichtlich engere Verbindung zum Herstellungs- bzw. Exportland als zum Ort des betroffenen Betriebs oder Betriebsteils.

III. Zwischenergebnisse

28
1. Art. 6 II Rom II-VO verweist bei unlauterem Wettbewerbsverhalten, das »ausschließlich« die Interessen eines bestimmten Wettbewerbers beeinträchtigt (sog. bilaterale Wettbewerbshandlungen), auf alle 3 Absätze von Art. 4 Rom II-VO, während Art. 6 Abs. 1 Rom II-VO nur eine Präzisierung von Abs. 1 von Art. 4 Rom II-VO enthält.
2. Nach Abs. 1 von Art. 4 i.V.m. Art. 6 II Rom II-VO ist grundsätzlich das Recht des Landes anzuwenden, in dem sich der von der Wettbewerbshandlung betroffene Betrieb oder Betriebsteil befindet.
3. Soweit Abs. 1 oder 2 von Art. 4 Rom II-VO zu keinen sachgerechten Ergebnissen führen, ist **vorrangig** nach der Ausweichklausel des Abs. 3 das Recht des Staates anzuwenden, zu dem das beanstandete Wettbewerbsverhalten eine offensichtlich engere Verbindung hat. Diese Vorschrift ist in den Fällen unlauteren Wettbewerbsverhaltens i. S. v. Art. 6 II Rom II-VO **wettbewerbsadäquat**, d.h. so auszulegen, dass die Anknüpfung nicht zu ungerechtfertigten **Wettbewerbsverzerrungen** führt. Das ist in der Regel das Recht des Landes, in dem sich der Betrieb oder Betriebsteil des betroffenen Mitbewerbers befindet. Beim sog. ergänzenden Leistungsschutz ist dies hingegen, soweit es den – in Deutschland bisher nicht gewährten – Schutz gegen die Herstellung oder den Export nachgemachter Waren betrifft, das Recht des Herstellungs- bzw. Exportlandes.
4. Die Regelung des Art. 6 II Rom II-VO wurde vor allem deshalb in rechtspolitischer Hinsicht kritisiert, weil sie u.a. auf Art. 4 II Rom II-VO verweist, wonach das Recht des gemeinsamen gewöhnlichen Aufenthalts anzuwenden ist, was häufig ungerechtfertigte Wettbewerbsverzerrungen zur Folge hätte. Diese Wettbewerbsverzerrungen lassen sich durch die vorrangige Anwendung der **wettbewerbsadäquat** auszulegenden Ausweichklausel des Art. 4 III Rom II-VO vermeiden.
5. Art. 6 II Rom II-VO hätte bei wortlautgetreuer Auslegung soweit ersichtlich (fast) keinen Anwendungsbereich, da auch unlauteres Wettbewerbsverhalten, das sich »ausschließlich« gegen einen bestimmten Mitbewerber richtet, immer auch Interessen anderer Mitbewerber, der Verbraucher, der Lieferanten oder der Allgemeinheit beeinträchtigen kann.

6. Art. 6 II Rom II-VO nimmt aus dem weit formulierten Anwendungsbereich von Art. 6 I Rom II-VO diejenigen Fälle unlauteren Wettbewerbsverhaltens heraus, das **nicht unmittelbar auf die Marktgegenseite einwirkt**. Die Bestimmung der Fallgruppen ist nur anhand des Kriteriums **fehlender Einwirkung auf die Marktgegenseite** vorzunehmen. Eventuelle Wettbewerbsverzerrungen sind durch die Anwendung von Art. 4 III Rom II-VO zu vermeiden, der wettbewerbsadäquat auszulegen ist.
7. Unter Abs. 2 von Art. 6 Rom II-VO fallen die Beschaffung und Weitergabe von Unternehmensgeheimnissen, die unbefugte Benutzung betrieblicher Vorlagen und Vorschriften technischer Art, die Bestechung von Angestellten eines Mitbewerbers, die Abwerbung von Angestellten, die Anstiftung von Mitarbeitern eines Mitbewerbers zum Vertragsbruch sowie unbegründete Schutzrechtsverwarnungen in Form der sog. Herstellerverwarnungen.
8. Nicht unter Abs. 2, sondern unter Abs. 1 von Art. 6 Rom II-VO sind zu subsumieren geschäftsschädigende Äußerungen über einen Mitbewerber und Rufausbeutung, z. B. vergleichende Werbung, Anschwärzung oder Boykottaufforderungen, außerdem unbegründete Schutzrechtsverwarnungen in Form der sog. Abnehmerverwarnungen sowie die Verleitung von Abnehmern oder Lieferanten eines Mitbewerbers zum Vertragsbruch.
9. Beim wettbewerbsrechtlichen **Leistungsschutz** ist zu differenzieren: Auf den Vertrieb nachgemachter Waren und auf die Werbung für sie ist Abs. 1 von Art. 6 Rom II-VO anzuwenden. Hingegen fallen die **Herstellung** und der **Export** nachgemachter Waren unter Abs. 2 von Art. 6 Rom II-VO; nach Art. 4 III Rom II-VO ist darauf das Recht des Herstellungs- bzw. Importlandes anzuwenden. Es ist dann eine Frage des **Sachrechts** des Staates, dessen Recht anzuwenden ist, ob und unter welchen Voraussetzungen er gegen die Herstellung und den Export nachgemachter Waren, für die kein sonderrechtlicher Schutz besteht, wettbewerbsrechtlichen Schutz gewährt. Art. 8 Rom II-VO ist auf die Fälle des ergänzenden Leistungsschutzes weder unmittelbar noch analog anzuwenden.

Kapitel 4 Keine Rechtswahl, Art. 6 IV Rom II-VO

Übersicht

I. Die Regelung des Art. 6 IV Rom II-VO

1 Im Anwendungsbereich des Art. 6 I Rom II-VO ist nach Art. 6 IV Rom II-VO eine freie Rechtswahl der Parteien i.S.v. Art. 14 Rom II-VO ausdrücklich ausgeschlossen. Im früher geltenden deutschen internationalen Lauterkeitsrecht war die Möglichkeit einer Rechtswahl hingegen noch heftig umstritten.[1] Der Ausschluss der Rechtswahl durch Art. 6 IV Rom II-VO trägt der Tatsache Rechnung, dass durch die Wahl eines anderen Rechts als des nach Art. 6 Rom II-VO berufenen berechtigte **Drittinteressen** und Interessen der Allgemeinheit beeinträchtigt werden können.[2] Eine Rechtswahl könnte die Wettbewerbsgleichheit am Marktort beeinträchtigen.[3]

1. Würden die Parteien ein **großzügigeres** Recht als das an sich berufene wählen, dann blieben die unter Umständen beeinträchtigten Drittinteressen schutzlos.[4] Außerdem: Warum sollte sich der Kläger darauf einlassen, wenn er schon Klage erhebt? Wohl nur auf Grund eines Irrtums über die Rechtsfolgen der Rechtswahl.[5]

---

1 Zu den Bedenken gegen die Möglichkeit einer Rechtswahl im internationalen Lauterkeitsrecht vgl. *Sack,* GRUR Int. 1988, 320, 329 f.; *ders.,* WRP 2000, 269, 285; *Mankowski,* in: MünchKommUWG², IntWettbR Rn. 238, 290 ff.; differenzierend *v. Hoffmann,* in: Staudinger, EGBGB/IPR (2001) Art. 40 EGBGB Rn. 343 ff. m.w.Nachw.; gegen diese Differenzierung *Fezer/Koos,* in: Staudinger, Internationales Wirtschaftsrecht (2015), Rn. 629; *Hausmann/Obergfell,* in: Fezer/Büscher/Obergfell, UWG³, IntLautPrivatR Rn. 13; *Sack,* WRP 2000, 269, 285.

2 Vgl. *Sack,* WRP 2000, 269, 285; *ders.,* GRUR Int. 1988, 320, 329; *Hausmann/Obergfell,* in: Fezer/Büscher/Obergfell, UWG³, IntLautPrivatR Rn. 13 ff., 258; *Klass,* in: GroßkommUWG², Einl. D Rn. 263; *Köhler,* in: Köhler/Bornkamm/Feddersen, UWG³⁷, Einl. UWG Rn. 5.34; *Mook,* Internationale Rechtsunterschiede und nationaler Wettbewerb, 1986, S. 52 f.; *Nettlau,* Die kollisionsrechtliche Behandlung…, S. 259 f.

3 Vgl. *Drexl,* in: MünchKommBGB⁷, Bd. 12, IntLautR Rn. 205; *Klass,* in: GroßkommUWG², Einl. D Rn. 263.

4 Max-Planck-Institut, GRUR Int. 1985, 104, 108; *Sack,* GRUR Int. 1988, 320, 329; *ders.,* ÖBl. 1988, 113, 118; *ders.,* WRP 2000, 269, 285.

5 Vgl. *W. Lorenz,* in: Vorschläge und Gutachten zur Reform des deutschen IPR der außervertraglichen Schuldverhältnisse, 1983, S. 129, 132; *Sack,* GRUR Int. 1988, 320, 329; *ders.,* WRP 2000, 269, 285.

2. Wenn die Parteien ein **strengeres** Recht als das an sich berufene wählten, dann könnte dies im Widerspruch zu **kartellrechtlichen** Wertungen stehen.[6] Denn die Parteien würden durch die Anwendung des von ihnen gewählten Rechts eine Wettbewerbsbeschränkung erreichen, deren Vereinbarung in einem Vertrag kartellrechtlich u.U. untersagt wäre.
3. Unerwünscht sind Rechtswahlvereinbarungen aber auch deshalb, weil dies im Lauterkeitsrecht **Parallelprozesse** verschiedener Kläger (Mitbewerber; Verbände) gegen ein und denselben Beklagten wegen ein und derselben Wettbewerbshandlung zur Folge haben könnte.[7] Das Kollisionsrecht sollte nicht die Voraussetzungen dafür schaffen, dass solche Parallelprozesse mit übereinstimmendem Tatbestand infolge unterschiedlicher Rechtswahlvereinbarungen nach unterschiedlichem Recht entschieden werden müssen.[8]
4. Der Kritik an der Möglichkeit einer Rechtswahl im internationalen Lauterkeitsrecht wurde entgegengehalten, dass niemand gezwungen sei, gegen unlauteren Wettbewerb Dritter vorzugehen.[9] Dieser Einwand passt jedoch, wenn überhaupt, nur für den Fall, dass die Parteien ein großzügigeres Recht als das an sich berufene wählen. Er versagt hingegen, wenn die Parteien ein strengeres Recht wählen. Denn mit der Wahl eines strengeren Rechts wird in der Regel das genaue Gegenteil bezweckt und erreicht wie mit dem Verzicht auf eine Klage. Bei der Wahl eines strengeren Rechts bleiben die Bedenken wegen der kartellähnlich Folgen bestehen, wenn aufgrund der Rechtswahl ein Wettbewerbshandeln untersagt werden könnte, das nach dem an sich berufenen Wettbewerbsrecht zulässig wäre.[10]
5. Die Wahl eines anderen Rechts als des nach Art. 6 I Rom II-VO berufenen Marktortrechts berührt bei marktbezogenen Wettbewerbshandlungen immer dann **Drittinteressen**, wenn das gewählte Recht entweder großzügiger oder strenger ist und dies entscheidungserheblich ist. Das gilt auch dann, wenn durch die beanstandete Wettbewerbshandlung scheinbar nur Individualinteressen von Mitbewerbern berührt werden, z.B. auf dem Gebiet des ergänzenden wettbewerbsrechtlichen Leistungs- und Markenschutzes, bei

6 *Sack*, GRUR Int. 1988, 320, 329; *ders.*, WRP 2000, 269, 285; *v. Bar*, IPR[1], Bd. II, S. 506 Rn. 698; *Bornkamm*, in: Bartsch/Lutterbeck, Neues Recht für neue Medien, 1998, S. 99, 107 f.; *Hausmann/Obergfell*, in: Fezer/Büscher/Obergfell, UWG[3], Rn. 13, Int.LautPrivatR.
7 Max-Planck-Institut, GRUR Int. 1985, 104, 108 (3.); *Sack*, GRUR Int. 1988, 320, 329 f.; *ders.*, WRP 2000, 269, 285; *Hausmann/Obergfell*, in: Fezer/Büscher/Obergfell, UWG[3], IntLautPrivatR Rn. 14, 258.
8 Max-Planck-Institut, GRUR Int. 1985, 104, 108; *Sack*, ÖBl. 1988, 113, 118 f.
9 Vgl. *Wiltschek*, GRUR Int. 1988, 299, 307; ähnlich noch zu Art. 42 EGBGB *Köhler*, in: Köhler/Bornkamm, UWG, 35. Aufl. 2017, Einl. UWG Rn. 5.19.
10 *Sack*, ÖBl. 1988,113, 119.

unwahren Tatsachenbehauptungen nach § 4 Nr. 2 UWG oder bei Geheimnisverletzung und Vorlagenfreibeuterei nach den §§ 17, 18 UWG. Denn auch durch solche Wettbewerbshandlungen verschafft sich der Handelnde einen ungerechtfertigten Wettbewerbsvorsprung vor Mitbewerbern, die sich korrekt verhalten.

2 Aus Art. 14 I 2 Hs. 2 Rom II-VO, der die Rechtswahl erlaubt, wenn **Rechte Dritter** unberührt bleiben, haben *Leible/Lehmann* Bedenken gegen den Ausschluss der Rechtswahl nach Art. 6 IV Rom II-VO abgeleitet. Dazu ist anzumerken, dass bei marktbezogenen Wettbewerbshandlungen durch Rechtswahlvereinbarungen **immer** rechtliche Interessen Dritter berührt werden. Außerdem ist Art. 6 IV Rom II-VO lex specialis, die der Rechtswahlregelung des Art. 14 Rom II-VO vorgeht.

II. Einschränkungen des Art. 6 IV Rom II-VO bei Art. 6 II Rom II-VO?

3 Nach Art. 6 IV Rom II-VO kann von dem nach Art. 6 Rom II-VO anzuwendenden Recht nicht durch eine Rechtswahl abgewichen werden.[11] Dies wird allerdings für den Anwendungsbereich von **Abs. 2** von Art. 6 Rom II-VO von einem Teil des Schrifttums bestritten.[12] Denn Art. 6 Abs. 2 verweise auf die Regelung des Art. 4 Rom II-VO, für die eine Rechtswahl nicht ausgeschlossen sei. Ein sachlicher Grund für einen Ausschluss der Rechtswahl bestehe nicht.[13]

---

11 *Beater*, Unlauterer Wettbewerb, 2. Aufl. 2011, Rn. 745 f.; *Drexl*, in: MünchKommBGB[7], Bd. 12, IntLautR Rn. 205; *Fezer/Koos*, in: Staudinger, Internationales Wirtschaftsrecht (2015), Rn. 671 f.; *Hausmann/Obergfell*, in: Fezer/Büscher/Obergfell, UWG[3], IntLautPrivatR Rn. 167, 258; *v. Hein*, RabelsZ 73 (2009), 461, 500; *Sack*, WRP 2008, 845, 851.

12 Vgl. *Bauermann*, Der Anknüpfungsgegenstand…, S. 80; *Hohloch*, in: Erman, BGB[15], Rom II-VO Art. 6 Rn. 8b, 13; *Leible*, RIW 2008, 257, 259; *Leible/Lehman*, RIW 2007, 721, 730 f.; *Lindacher*, Internationales Wettbewerbsverfahrensrecht, 2009, § 5 Rn. 13, S. 21 f.; *Nettlau*, Die kollisionsrechtliche Behandlung…, S. 12, 262 ff., 268; *Ohly*, in: Ohly/Sosnitza, UWG[7], Einf. B Rn. 30; *Thorn*, in: Palandt, BGB[78], Rom II-VO Art. 6 Rn. 19; *G. Wagner*, IPRax 2008, 1, 8; zweifelnd auch *Schaub*, in: Prütting/Wegen/Weinreich, BGB[13], Rom II-VO Art. 6 Rn. 6; **gegen** diese Einschränkung von Art. 6 Abs. 4 bei Art. 6 II Rom II-VO *Drexl*, in: MünchKommBGB[7], Bd. 12, IntLautR Rn. 206; *Fezer/Koos*, in: Staudinger, Internationales Wirtschaftsrecht (2015), Rn. 671; *Hausmann/Obergfell*, in: Fezer/Büscher/Obergfell, UWG[3], IntLautPrivatR Rn. 167, 258; *v. Hein*, RabelsZ 73 (2009), 461, 500; *Klass*, in: GroßkommUWG[2], Einl. D Rn. 189, 264; *Köhler*, in: Köhler/Bornkamm/Feddersen, UWG[37], Einl. UWG Rn. 5.34; *Mankowski*, in: MünchKommUWG[2], IntWettbR Rn. 238 f. *Sack*, WRP 2008, 845, 851; *ders.*, GRUR Int. 2013, 601, 603 f. (4.), 604 (II.1.).

13 *Hohloch*, in: Erman, BGB[15], Rom II-VO Art. 6 Rn. 8b; *Leible*, RIW 2008, 257, 258; *Leible/Lehmann*, RIW 2007, 721, 721; *Ohly*, in: Ohly/Sosnitza, UWG[7], Einf B Rn. 30;*Thorn*, in: Palandt, BGB[78], Rom II-VO Art. 6 Rn. 19.

Wahrscheinlich sei es ein Redaktionsversehen gewesen, dass sich Art. 6 IV Rom II-VO nach seinem Wortlaut auch auf Art. 6 II Rom II-VO beziehe.[14]

4 Gegen diese Reduktion von Art. 6 IV Rom II-VO spricht jedoch nicht nur, dass der Wortlaut dieser Vorschrift unmissverständlich für alle 3 Absätze des Art. 6 gilt, obwohl Art. 6 II Rom II-VO auf Art. 4 Rom II-VO verweist. Es besteht auch durchaus ein sachlicher Grund für den Ausschluss der Rechtswahl. Denn im Gegensatz zu den klassischen Delikten, die Art. 4 Rom II-VO zum Gegenstand hat, werden nicht nur die marktbezogenen Wettbewerbshandlungen i.S.v. Abs. 1, bei denen der Ausschluss der Rechtswahl unstreitig ist, sondern auch die sog. bilateralen Wettbewerbshandlungen i.S.v Abs. 2 von Art. 6 Rom II-VO in ihren Auswirkungen regelmäßig auch Interessen von Mitbewerbern, Abnehmern, Lieferanten sowie der Allgemeinheit beeinträchtigen. Die Regelung des Art. 6 IV Rom II-VO trägt den **Drittwirkungen** von Wettbewerbsbeziehungen Rechnung, die auch bei »bilateralem« Wettbewerbsverhalten bestehen können. Die gesetzliche Formulierung des Art. 6 II Rom II-VO, wonach die Vorschrift auf unlauteres Wettbewerbsverhalten anwendbar ist, das »ausschließlich« die Interessen eines bestimmten Wettbewerbers beeinträchtigt, sowie der Begriff «bilaterales« Wettbewerbsverhalten dürfen nicht darüber hinwegtäuschen, dass in den Fällen des Art. 6 II Rom II-VO nicht ausschließlich die Interessen eines bestimmten Mitbewerbers, sondern auch Drittinteressen beeinträchtigt sein können[15]. Für die Annahme eines Redaktionsversehens der Verfasser der Rom II-VO gibt es soweit ersichtlich keine ausreichenden Anhaltspunkte.[16]

14 *Hohloch,* in: Erman, BGB[15], Rom II-VO Art. 6 Rn. 8b; *Thorn,* in: Palandt, BGB[78], Rom II-VO Art. 6 Rn. 19.

15 *Fezer/Koos,* in: Staudinger, Internationales Wirtschaftsrecht (2015), Rn. 671; *Klass,* in: GroßkommUWG[2], Einl. D Rn. 264; *Sack,* GRUR Int. 2012, 601, 603 f. (I.4.), 604 (II.1.).

16 Zur historischen Entwicklung von Art. 6 IV Rom II-VO vgl. *Fezer/Koos,* in: Staudinger, Internationales Wirtschaftsrecht (2015), Rn. 672.

Kapitel 5 Fallgruppen zu Art. 6 I u. II Rom II-VO

Übersicht Rdn.

1 Im Folgenden werden einzelne Fallgruppen zu Abs.1 und Abs. 2 dargestellt. Sie werden nicht getrennt voneinander nach Abs. 1 und Abs. 2 von Art. 6 Rom II-VO jeweils nach Kap. 2 und 3 erörtert, weil die Zuordnung zu diesen beiden Absätzen in manchen Fällen noch nicht ausreichend geklärt ist.

I. Unlautere Werbung

1. Grundsatz: Recht des Werbemarktes

Bei Werbung ist der Ort der wettbewerblichen Interessenkollision i.S.v. Art. 6 I Rom II-VO der **Werbemarkt**, auf dem mit Werbung auf die Marktgegenseite **eingewirkt** werden soll.[1] Das war schon vor der Rom II-VO in Deutschland nahezu unstreitig.[2] Werbemarkt ist in der Regel der Ort, an dem die Werbung von den angesprochenen Verkehrskreisen wahrgenommen werden kann. **2**

2. Das Auseinanderfallen von Werbe- und Absatzmarkt (Leistungsort)

Streitig war hingegen, ob **neben** dem Recht des Werbemarktes auch das des **Absatzmarktes** anwendbar ist, wenn beide Märkte **auseinanderfallen**,[3] z.B. wenn in Deutschland für den Absatz ausländischer Immobilien geworben wird. **3**

---

1 BGH, 08.10.2015 – I ZR 225/13, GRUR 2016, 513 Rn. 16 f. = WRP 2016, 586 – Eizellspende; *Ahrens*, in: FS für Tilmann, 2003, S. 739, 751; *Hausmann/Obergfell* in: Fezer/Büscher/Obergfell, UWG[3], IntLautPrivatR Rn. 235, 270 f., 274 ff.; *Klass*, in: Großkomm-UWG[2], Einl. D Rn. 243, 244, 245; *Köhler*, in: Köhler/Bornkamm/Feddersen, UWG[37], Rn. 5.20, 5.31 f.; *Nettlau*, Die kollisionsrechtliche Behandlung…, S. 208 ff., 248, 268; *Ohly*, in: Ohly/Sosnitza, UWG[7], Einl. B Rn. 15; *Sack*, WRP 2008, 845, 846, 848.

2 BGH, 04.06.1987 – I ZR 109/85, GRUR 1988, 453, 454 (II.2.a) = WRP 1988, 25 – Ein Champagner unter den Mineralwässern; BGH, 15.11.1990 – I ZR 22/89, GRUR 1991, 463, 464 = WRP 1991, 294 – Kauf im Ausland; BGH, 26.11.1997 – I ZR 148/95, GRUR 1998, 419, 420 = WRP 1998, 386 – Gewinnspiel im Ausland; BGH, 13.05.2004 – I ZR 264/00, GRUR 2004, 1035, 1036 = WRP 2004, 1484 – Rotpreis-Revolution; BGH, 11.02.2010 – I ZR 85/08, GRUR 2010, 847 Rn. 10 = WRP 2010, 1146 – Ausschreibung in Bulgarien; BGH, 08.10.2015 – I ZR 225/13, GRUR 2016, 513 Rn. 14 = WRP 2016, 586 – Eizellspende (zu Art. 40 I EGBGB); ebenso für Österreich OGH, 08.07.1980 – 4 Ob 353, 354/80, ÖBl. 1981, 71 = GRUR Int. 1981, 401 – Fremdenverkehrsverband; OGH, 24.04.1990 – 4 Ob 59/90, GRUR Int. 1992, 230 = IPRax 1991, 412 – Digitaluhr; OGH, 13.03.2002 – 4 Ob 28/02z, ÖBl. 2002, 313 = GRUR Int. 2003, 955, 956 – Inkassobüro Deutschland; ebenso im Schrifttum *Glöckner*, in: Harte/Henning, UWG[4], Einl. C Rn. 139, 140; *Hausmann/Obergfell*, in: *Fezer/Büscher/Obergfell*, UWG[3], IntLautPrivatR, Rn. 277; *v. Hoffmann*, in: Staudinger, EGBGB/IPR (2001), Art. 40 EGBGB Rn. 134; *Mankowski*, in: MünchKommUWG[2], IntWettbR Rn. 277 f., 288 f.; *Ohly*, in: Piper/Ohly, UWG[7], Einf B Rn. 15; *Sack*, GRUR Int. 1988, 320, 323 f.; *ders.*, WRP 2000, 269, 272; *ders.*, WRP 2002, 271, 272; *ders*, WRP 2008, 845, 848; *Schricker*, in: GroßkommUWG[1],Einl. F Rn. 203; *Stagl*, ÖBl. 2004, 244, 245; *Wiltschek*, GRUR Int. 1988, 299, 302, 305; a.A. *Wengler*, RabelsZ 19 (1954), 401.

3 Zu dieser Unterscheidung vgl. *Sack*, GRUR Int. 1988, 320, 323 f.; *ders.*, WRP 2000, 269, 272; *ders.*, WRP 2008, 845, 848; *Fabig*, Internationales Wettbewerbsprivatrecht nach Art. 6 Rom II-VO, 2016, S. 163 ff., 190, 203 f.; zu den begrifflichen Problemen der Abgrenzung von Werbe- und Absatzmarkt vgl. *Glöckner*, in: Harte/Henning,

Terminologisch wird das Gemeinte vielleicht deutlicher, wenn man nicht vom »Absatzmarkt«, sondern vom »Ort der tatsächlichen Leistungserbringung« oder – kurz – vom »Leistungsort« spricht.[4]

4 An der Fremdenverkehrsverband-Entscheidung des öst. OGH soll diese Präzisierung des Begriffs »Absatzmarkt« verdeutlicht werden. Diese Entscheidung betraf die Zulässigkeit einer bestimmten Form der Werbung in den Niederlanden für Urlaub in einem bestimmten österreichischen Urlaubsort. Die »Buchung«, d.h. der Vertragsabschluss erfolgte in den Niederlanden. »Werbemarkt« waren zweifellos auch die Niederlande. Versteht man unter »Absatzmarkt« den Ort des Vertragsabschlusses, dann waren die Niederlande auch Absatzmarkt. Ein Auseinanderfallen von Werbe- und Absatzmarkt lag bei dieser Deutung des Begriffs »Absatzmarkt« nicht vor.[5] Versteht man hingegen – wie hier – unter dem »Absatzmarkt« den **Leistungsort**«, dann sind in diesem Fall der Werbe- und der Absatzmarkt auseinandergefallen. In diesem letzteren Sinne hat der BGH bisher den kollisionsrechtlichen Begriff »Absatzmarkt« verstanden.

5 Zur Frage des anwendbaren Rechts bei einem Auseinanderfallen von Werbe- und Absatzmarkt wurden bzw. werden im Wesentlichen 3 Meinungen vertreten: (1) Nur das Recht des Werbemarktes ist anwendbar; so die h.M.[6]

UWG[4], Einl. C Rn. 142 ff.; *v. Hoffmann*, in: Staudinger, EGBGB/IPR (2001), Art. 40 EGBGB Rn. 329; *Lindacher*, WRP 1996, 645, 648.

4 Vgl. *Glöckner*, in: Harte/Henning,UWG[4], Einl. C Rn. 139 ff., 144.

5 Vgl. *v. Hoffmann*,in: Staudinger, EGBGB/IPR (2001), Art. 40 EGBGB Rn. 330.

6 BGH, 15.11.1990 – I ZR 22/89, GRUR 1991, 463, 464 = WRP 1991, 294 – Kauf im Ausland; BGH, 26.11.1998 – I ZR 148/95, GRUR 1998, 419, 420 = WRP 1998, 386 – Gewinnspiel im Ausland; BGH, 13.05.2004 – I ZR 264/00, GRUR 2004, 1035, 1036 (II.1.a,bb) = WRP 2004, 1484 – Rotpreis-Revolution; BGH, 08.10.2015 – I ZR 225/13, GRUR 2016, 513 Rn. 14 = WRP 2016, 586 – Eizellsprende; ebenso der öst. OGH, 08.07.1980 – 4 Ob 353, 354/80, ÖBl. 1981, 71 = GRUR Int. 1981, 401 – Fremdenverkehrsverband; OGH, 24.04. 1990 – 4 Ob 59/90, GRUR Int. 1992, 230 = IPRax 1991, 412 – Digitaluhr; *Ahrens*, in: FS für Tilmann, 2003, S. 739, 751; *Baumbach/Hefermehl*, Wettbewerbsrecht, 22. Aufl., 2001, Einl. UWG Rn. 187; *Drexl*, in: MünchKommBGB[7], Bd. 12, IntLautR Rn. 147;, *Kotthoff*, CR 1997, 676, 677; *Lehmler*, UWG, Einl. Rn. 50; *Lindacher*, WRP 1996, 645, 648; *Mankowski*, GRUR Int. 1999, 909, 911; *ders.*, in: MünchKommUWG[2], IntWettbR Rn. 162 f.; *Nettlau*, Die kollisionsrechtliche Behandlung..., S. 210 f.; *Ohly* in: Ohly/Sosnitza, UWG[7], Einf. B Rn. 17; *Piper*, GRUR 1996, 147, 148 f.; *Reuter*, BB 1989, 2265, 2266 f.; *Sack*, WRP 2008, 845, 848; *ders.*, GRUR Int. 1988, 320, 323 f.; *ders.*, ÖBl. 1988, 113, 115 f.; *ders.*, IPRax 1992, 24, 25 f.; *ders.*, WRP 2000, 269, 272 (mit ausf. Nachw. in Fußn. 34); *ders.*, WRP 2002, 271, 272; *ders.*, WRP 2008, 845, 848; *Schricker*, in: GroßkommUWG[1], Einl. F Rn. 204; *Stagl*, ÖBl. 2004, 244, 245 f.; *Ullmann*, in: jurisPK-UWG[4], Einl. Rn. 118 f.

(2) Sowohl das Recht des Absatzmarktes als auch das des Werbemarktes sind anwendbar.[7]
(3) Nur das Recht des Absatzmarktes ist anwendbar.[8]

6 Nach bisher ständiger Rechtsprechung des BGH und h.L. **vor der Rom II-VO** ist bei einem Auseinanderfallen von Werbemarkt und Absatzmarkt grundsätzlich nur das Recht des **Werbemarktes** anwendbar.[9] Zwar ist in diesen Fällen – auch – das Absatzinteresse von Mitbewerbern auf dem Absatzmarkt berührt. Bei dieser Beeinträchtigung von Mitbewerberinteressen auf dem Absatzmarkt handelt es sich jedoch nach Ansicht des BGH nur um »**Auswirkungen** des zu beurteilenden Wettbewerbsverhaltens«,[10] d.h. um indirekte Schadensfolgen. Maßgeblich ist nicht der Ort, auf dessen **Markt** eingewirkt wird, sondern der Ort, an dem **auf die Marktgegenseite eingewirkt** wird.

7 So zur Rom II-VO wohl *Handig*, GRUR Int. 2008, 24, 28; *ders.*, (öst.) wbl 2008, 1, 8; ebenso vor der Rom II-VO OLG Stuttgart, NJW-RR 1990, 1081, 1083; *Koch*, JZ 1991, 1039, 1041.

8 So vor der Rom II-VO *Wengler*, RabelsZ 19 (1954), 401, 417, 424; ebenso wohl *Kreuzer*, in: v. Caemmerer, Vorschläge und Gutachten zur Reform des deutschen Internationalen Privatrechts der außervertraglichen Schuldverhältnisse, 1983, S. 473, 476, 478, der den Ort für maßgeblich hält, an dem die konkurrierenden Waren im Wettstreit um die Gunst der Käufer einander gegenübertreten.

9 BGH, 15.11.1990 – I ZR 22/89, GRUR 1991, 463, 464 = WRP 1991, 294 – Kauf im Ausland; BGH, 26.11.1998 – I ZR 148/95, GRUR 1998, 419, 420 = WRP 1998, 386 – Gewinnspiel im Ausland; BGH, 13.05.2004 – I ZR 264/00, GRUR 2004, 1035, 1036 (II.1.a,bb) = WRP 2004, 1484 – Rotpreis-Revolution; BGH, 08.10.2015 – I ZR 225/13, GRUR 2016, 513 Rn. 14 = WRP 2016, 586 – Eizellsprende; ebenso der öst. OGH, 08.07.1980 – 4 Ob 353, 354/80, ÖBl. 1981, 71 = GRUR Int. 1981, 401 – Fremdenverkehrsverband; OGH, 24.04.2990 – 4 Ob 59/90, GRUR Int. 1992, 230 = IPRax 1991, 412 – Digitaluhr; *Ahrens*, in: FS für Tilmann, 2003, S. 739, 751; *Baumbach/Hefermehl*, Wettbewerbsrecht, 22. Aufl., 2001, Einl. UWG Rn. 187; *Kotthoff*, CR 1997, 676, 677; *Lehmler*, UWG, Einl. Rn. 50; *Lindacher*, WRP 1996, 645, 648; *Mankowski*, GRUR Int. 1999, 909, 911; *Piper*, GRUR 1996, 147, 148 f.; *Reuter*, BB 1989, 2265, 2266 f.; *Sack*, GRUR Int. 1988, 320, 323 f.; *ders.*, ÖBl. 1988, 113, 115 f.; *ders.*, IPRax 1992, 24, 25 f.; *ders.*, WRP 2000, 269, 272 (mit ausf. Nachw. in Fußn. 34); *ders.*, WRP 2002, 271, 272; *Schricker*, in: GroßkommUWG[1], Einl. F Rn. 204; *Stagl*, ÖBl. 2004, 244, 245 f.

10 BGH, 15.11.1990 – I ZR 22/89, GRUR 1991, 463, 464 = WRP 1991, 294 – Kauf im Ausland; BGH, 26.11.1997 – I ZR 148/95, GRUR 1998, 419, 420 (b) = WRP 1998, 386 – Gewinnspiel im Ausland; *Hausmann/Obergfell*, in: Fezer/Büscher/Obergfell, UWG[3], IntLautPrivatR Rn. 228; *Ullmann*, in: jurisPK-UWG[4], Einl. Rn. 108; a.A. *Fabig*, Internationales Wettbewerbsprivatrecht nach Art. 6 Rom II-VO, 2016, S. 168 f.

7 Mit dieser Begründung ist **in Zukunft** auch nach Art. 6 I Rom II-VO das Recht des Werbemarktes anzuwenden.[11] Die Anwendbarkeit des Rechts des **Absatzmarktes** bzw. des **Ortes der tatsächlichen Leistungserbringung** ist hingegen grundsätzlich abzulehnen.[12] Denn Art. 6 I Rom II-VO enthält nach Erwägungsgrund Nr. 21 nur eine wettbewerbsadäquate Präzisierung der allgemeinen Tatortregel des Art. 4 I Rom II-VO, nach der es unerheblich ist, in welchem Staat »indirekte Schadensfolgen« eingetreten sind. Bei der Werbung wird der wettbewerbliche **Erfolg** am **Werbemarkt** durch die Einwirkung auf die Marktgegenseite erzielt. Die **Auswirkungen** auf betroffene Unternehmen in anderen Ländern sind nur »indirekte Schadensfolgen«.

8 Für die Ansicht, dass nur das Recht des Werbemarktes anwendbar ist, spricht auch, dass es nicht überzeugend wäre, auf die streitigen Werbemaßnahmen das Recht des Absatzmarktes anzuwenden, um anschließend mit diesen Vorschriften nicht etwa Absatzhandlungen, sondern Werbung auf einem vom Absatzmarkt verschiedenen Werbemarkt zu untersagen.

9 Das bedeutet: Inländische **Werbung** für ausländischen Absatz unterliegt grundsätzlich nur dem inländischen Wettbewerbsrecht.[13]

10 Auf ausländische Werbung für inländischen Absatz ist grundsätzlich nur ausländisches Wettbewerbsrecht anwendbar.[14]

---

11 BGH, 08.10.2015 – I ZR 225/13, GRUR 2016, 513 Rn. 16 = WRP 2016, 586 – Eizellsprende; *Drexl*, in: MünchKommBGB[7], Bd. 12, IntLautR Rn. 147; *Mankowski*, in: MünchKommUWG[2], IntWettbR Rn. 162 f.; *Nettlau*, Die kollisionsrechtliche Behandlung…, S. 210 f.; *Ohly* in: Ohly/Sosnitza, UWG[7], Einf. B Rn. 17; *Sack*, WRP 2008, 845, 848; *Ullmann*, in: jurisPK-UWG[4], Einl. Rn. 118 f. (zu Art. 6 Rom II-VO hat der Verf. nie eine andere Meinung vertreten; unzutreffend insoweit *Ullmann*, in: jurisPK-UWG[4], Einl. Rn. 119 Fußn. 186).

12 Gegen die Anwendbarkeit des Rechts des Absatzmarktes unter Art. 6 I Rom II-VO vgl. *Drexl*, MünchKommBGB[7], Bd. 12, IntLautR Rn. 147; *Fezer/Koos*, in: Staudinger, Internationales Wirtschaftsrecht (2015), Rn. 689; *Hausmann/Obergfell*, in: Fezer/Büscher/Obergfell, UWG[3], IntLautPrivatR Rn. 277 ff., 281; *Klass*, in: Großkomm-UWG[2], Einl. D Rn. 246; *Sack*, WRP 2008, 845, 848.

13 So zum bisherigen deutschen Recht RG, 10.01.1936, GRUR 1936, 670 ff. = JW 1936, 1291 – Primeros; BGH, 03.12.1971 – I ZR 46/69, GRUR 1972, 367, 368 f. = WRP 1972, 85 – Besichtigungsreisen I; BGH, 07.11.1975 – I ZR 31/74, GRUR 1976, 316, 317 a. E. = WRP 1976, 155 – Besichtigungsreisen II; BGH, 13.05.1977 – I ZR 115/75, GRUR 1977, 672 = WRP 1977, 572 – Weltweit-Club; BGH, 13.05.2004 – I ZR 264/00, GRUR 2004, 1035, 1036 (II.1.a,bb) = WRP 2004, 1484 – Rotpreis-Revolution; a.A. OLG Stuttgart, NJW-RR 1990, 1981, 1983; *Koch*, JZ 1991, 1941; *Wengler*, RabelsZ 19 (1954), 401, 417, 424.

14 BGH, 15.11.1990 – I ZR 22/89, GRUR 1991, 463, 465 = WRP 1991, 294 – Kauf im Ausland (Gran Canaria-Fälle); dazu *Sack*, IPRax 1992, 24.

a) Inländische Werbung für ausländischen Absatz

11 aa) Ein Unternehmen wirbt im Inland mit irreführenden Angaben für ausländische Immobilien oder für einen Urlaub im Ausland. Diese Werbung unterliegt inländischem Wettbewerbsrecht, d.h. dem Wettbewerbsrecht am Ort der Werbung,[15] nicht jedoch dem Recht des ausländischen Absatzmarktes.[16] Das Angebot kostenloser Flugreisen (durch ein inländisches Unternehmen) vom Inland ins Ausland zur Besichtigung ausländischer Kaufobjekte unterliegt inländischem Wettbewerbsrecht und wurde vom BGH unter dem Gesichtspunkt des psychischen Kaufzwangs untersagt.[17]

12 bb) Inländische Raucher wurden von einem Zigarettenhersteller für den Beitritt in einen Club geworben. Die Mitgliedschaft sicherte ihnen Rabatte für ausländische Hotels, Pensionen, Restaurants und Einzelhandelsgeschäfte. Werbemarkt war hier das Inland, Absatzmarkt und Ort der Rabattgewährung war das Ausland. Der BGH hat 1988 ohne Weiteres das Wettbewerbsrecht des **Werbemarktes** angewendet und die Rabattankündigung wegen Ausnutzung des internationalen Rechtsgefälles (dazu unten in Kap. 14 Rdn. 1 ff.) untersagt, zur Anwendbarkeit des Rechts des Absatzmarktes jedoch kein Wort verloren.[18]

13 cc) Ähnlich gelagert war der Primeros-Fall, über den das RG 1936 befunden hat. Tschechoslowakische Zeitungen, die auch in Deutschland gelesen wurden, hatten in deutschsprachigen Anzeigen für ein Produkt geworben, das nur in der Tschechoslowakei erhältlich war. Werbemarkt war also u.a. auch das Inland, Absatzmarkt hingegen ausschließlich das Ausland. Das RG hat auf die betreffende Werbung ohne Weiteres **deutsches** Wettbewerbsrecht, d.h. das Wettbewerbsrecht des Inlandsmarktes angewendet.

b) Ausländische Werbung für inländischen Absatz

14 Ein regionales österreichischen Fremdenverkehrsverband hatte in niederländischen Zeitungen um niederländische Touristen geworben. Der österreichische OGH sah den nach damaligen österreichischem IPR maßgeblichen Begehungsort am Ort der Werbung und hielt deshalb grundsätzlich niederländisches

15 BGH, 23.10.2014 – I ZR 133/13, GRUR 2015, 603 = WRP 2015, 717 – Keksstangen; BGH, 07.11.1975 – I ZR 31/74, GRUR 1976, 316, 317 a.E. = WRP 1976, 155 – Besichtigungsreisen II; ebenso im Ergebnis schon BGH, 03.12.1971 – I ZR 46/69, GRUR 1972, 367 = WRP 1972, 85 – Besichtigungsreisen I.

16 *Sack*, GRUR Int. 1988, 320, 323.

17 BGH, 03.12.1971 – I ZR 46/69, GRUR 1972, 367, 368 f. = WRP 1972, 85 – Besichtigungsreisen I.

18 BGH, 13.05.1977 – I ZR 115/75, GRUR 1977, 672 = WRP 1977, 572 – Weltweit-Club.

Recht, d.h. das Recht des Werbemarktes, nicht jedoch das Recht des österreichischen Absatzmarktes für anwendbar.

15 Abweichend von der hier vertretenen Ansicht wäre nach der sog. **Auswirkungstheorie** zu Art. 6 I Rom II-VO auch das Recht des Absatzmarktes bzw. Leistungsortes anwendbar, weil sich auch an diesen Orten die Werbung auswirkt.[19]

16 Die Ansicht des BGH zu Art. 6 I Rom II-VO ist insoweit unklar. In seiner Entscheidung »Eizellspende« vom 08.10.2015 hat er es für entscheidend gehalten, auf welchen Markt eine Maßnahme »**ausgerichtet** ist«.[20] Diese Formulierung ist allerdings mehrdeutig. Denn bei einem Auseinanderfallen von Werbe- und Absatzmarkt ist die betreffende Werbung nicht nur auf den Werbemarkt, sondern auch auf den Absatzmarkt »ausgerichtet«. Für seine Ansicht hat sich der BGH auf die Kommentierung des internationalen Wettbewerbsrecht von *Mankowski* im Münchener Kommentar zum UWG berufen.[21] Dessen Ausführungen in der vom BGH zitierten Randnummer sprechen dafür, dass **auch** das Recht des Absatzmarktes anwendbar sein soll. Der BGH hat zwar das Recht des Werbemarktes angewendet, zur Anwendbarkeit des Rechts des Absatzmarktes nichts gesagt. Falls er auch das Recht des Absatzmarktes für anwendbar gehalten hätte, stünde diese Deutung des Art. 6 I Rom II-VO im Widerspruch zu seiner früheren Rechtsprechung aus der Zeit vor der Rom II-VO und zu der hier vertretenen Ansicht, dass **nur** das Recht des Werbemarktes anwendbar ist. Denn soweit sich der BGH vor der Rom II-VO zu der Frage geäußert hat, welches **Recht** auf Werbung anzuwenden ist, wenn Werbe- und Absatzmarkt auseinanderfallen, hat er sich eindeutig dafür entschieden, dass grundsätzlich **nur** das Recht des Werbemarktes anzuwenden ist.[22] Als Ort der wettbewerblichen Interessenkollision sei in einem solchen Fall »grundsätzlich der Marktort anzusehen, an dem durch dieses Verhalten im Wettbewerb mit anderen Unternehmen auf die Entschließung des Kunden eingewirkt werden soll«.[23] Ob der

---

19 Vgl. *Fezer/Koos*, in: Staudinger, Internationales Wirtschaftsrecht (2015), Rn. 644, 649; *Handig*, GRUR Int. 2008, 24, 27 f. (4.).

20 BGH, 08.10.2015 – I ZR 225/13, GRUR 2016, 513 Rn. 16 = WRP 2016, 586 – Eizellspende.

21 *Mankowski*, in: MünchKommUWG², IntWettbR Rn. 164 f.

22 BGH, 15.11.1990 – I ZR 22/89, GRUR 1991, 463, 464 = WRP 1991, 294 – Kauf im Ausland; BGH, 26.11.1997 – I ZR 148/95, GRUR 1998, 419, 420 = WRP 1998, 386 – Gewinnspiel im Ausland; BGH, 11.02.2010 – I ZR 85/08, GRUR 2010, 847 Rn. 10 = WRP 2010, 1146 – Ausschreibung in Bulgarien.

23 So BGH, 15.11.1990 – I ZR 22/89, GRUR 1991, 463, 464 = WRP 1991, 294 – Kauf im Ausland; ebenso wörtlich BGH, 26.11.1997 – I ZR 148/95, GRUR 1998, 419, 420 = WRP 1998, 386 – Gewinnspiel im Ausland.

BGH in seiner Entscheidung »Eizellspende« von 2015 zu Art. 6 I Rom II-VO von dieser Ansicht abweichen wollte, ist nicht eindeutig feststellbar.

17 In seiner Rechtsprechung vor der Rom II-VO hatte der BGH seine Ansicht, dass bei einem Auseinanderfallen von Werbe- und Absatzmarkt auf die streitige Werbung nur das Recht des Werbemarktes anwendbar sei, allerdings nur als »Grundsatz« bezeichnet. Warum dies nur ein Grundsatz sein soll und welche Ausnahmen von diesem Grundsatz in Betracht kommen, hat der BGH vor der Rom II-VO nicht näher erklärt. In seiner eben schon erwähnten Entscheidung »Eizellspende« hat der BGH nun in seinen Ausführungen zu Art. 40 I 1 EGBGB den (kollisionsrechtlichen) Grundsatz, dass bei einem Auseinanderfallen von Werbe- und Absatzmarkt nur das Recht des Werbemarktes anwendbar sei, dahingehend eingeschränkt, dass dies nur in solchen Fällen uneingeschränkt gelte, in denen die wettbewerbsrechtliche Beurteilung der Werbemaßnahme nicht davon abhängt, ob das beworbene Absatzgeschäft wettbewerbsrechtlich zu beanstanden war. Wenn sich der Vorwurf der Unlauterkeit der Werbemaßnahme hingegen ausschließlich darauf gründe, dass das beworbene, im Ausland abzuschließende Geschäft unlauter sei, könne die Werbung nicht mit der Begründung untersagt werden, dass das beworbene Geschäft im Falle seiner Vornahme im Inland wegen eines Gesetzesverstoßes zu untersagen wäre.[24]

18 Allerdings hat der BGH diese in Rn. 14 seiner Ausführungen zu Art. 40 I EGBGB vorgenommene Einschränkung der Ansicht, dass bei einem Auseinanderfallen von Werbe- und Absatzmarkt **kollisionsrechtlich** nur das Recht des Werbemarktes gelte, in seinen Ausführungen in Rn. 16 zur Anwendbarkeit von Art. 6 I Rom II-VO nicht wiederholt. Es stellt sich daher die Frage, ob die vom BGH vorgenommene Einschränkung der Kollisionsnorm des Art. 40 I EGBGB auch für die Kollisionsnorm des Art. 6 I RomII-VO gelten soll und mit dieser Vorschrift vereinbar wäre. Beide Fragen sind zu verneinen. Denn entgegen dem BGH erfordert die genannte Fallkonstellation keine Einschränkung der Kollisionsnorm, dass bei einem Auseinanderfallen von Werbe- und Absatzmarkt die betreffende Werbung nur dem Recht des Werbemarktes unterliegt. Auch in diesen Fällen gilt der **kollisionsrechtliche** Grundsatz, dass nur das Recht des Werbemarktes anzuwenden ist. In **sachrechtlicher** Hinsicht gilt jedoch, dass die inländische Werbung nicht mit der Begründung untersagt werden darf, das beworbene Geschäft wäre im Fall seiner Vornahme im Inland wegen eines Gesetzesverstoßes zu untersagen. Wenn hingegen das inländische

24 BGH, 08.10.2015 – I ZR 225/13, GRUR 2016, 513 Rn. 14 = WRP 2016, 586 – Eizellspende; ebenso als Vorinstanz das KG, 08.11.2013 – 5 U 143/11, MedR 2014, 498, 501 (IV.) – Eizellspende; ebenso auch schon BGH, 13.05.2004 – I ZR 264/00, GRUR 2004, 1035, 1036 = WRP 2004, 1484 – Rotpreis-Revolution.

Sachrecht auch die **Werbung** für das im Inland verbotene Geschäft untersagt, führt das auf die inländische Werbung anzuwendende inländische Recht auch zur Untersagung der Werbung. Es ist also zu unterscheiden, ob das inländische Recht nur das betreffende **Geschäft** im Inland untersagt oder auch die **Werbung** für das Geschäft, auch wenn dieses im Ausland vorgenommen werden.

3. Werbung mit Geschenken; Wertreklame

19 Zur Werbung gehört auch die Wertreklame, d.h. die Werbung mit Zugaben, Rabatten, Werbegeschenken oder Gewinnspielen. Diese Form der Werbung bedarf jedoch einer gesonderten Betrachtung. Bei dieser Form der Werbung ist zwischen der **Ankündigung** und der **Gewährung** der versprochenen Vorteile zu unterscheiden. Dementsprechend hatten in Deutschland die inzwischen gestrichenen Vorschriften des RabG, der ZugabeVO und des Sonderveranstaltungsrechts zwischen der Ankündigung und der Gewährung der versprochenen Vorteile unterschieden. Die Orte der Ankündigung und der Gewährung können in verschiedenen Staaten liegen.[25] In diesen Fällen unterliegt die Ankündigung von Vorteilen dem Recht des Ankündigungsortes,[26] die Gewährung hingegen dem Recht des Gewährungsmarktes.

4. Die sog. Gran Canaria-Fälle

20 Problematisch war – und ist vielleicht auch noch – die wettbewerbskollisionsrechtliche Beurteilung der sog. Gran Canaria-Fälle, über die der BGH in seiner grundlegenden Entscheidung »Kauf im Ausland« vom 15.11.1990 zu befinden hatte.[27] Die Entscheidung betraf die Werbung in einem Hotel auf Gran Canaria, die sich in deutscher Sprache gezielt an deutsche Urlauber richtete. Geworben wurde für Waren eines deutschen Unternehmens. Die Werbung erfolgte zwar durch ein spanisches Unternehmen und vereinbart war die Anwendung

---

25 Vgl. dazu die Entscheidungen BGH, 13.05.1977 – I ZR 115/75, GRUR 1977, 672 = WRP 1977, 572 – Weltweit-Club (betr. inländische Werbung mit ausländischen Rabatten); BGH, 13.05.2004 – I ZR 264/00, GRUR 2004, 1035 = WRP 2004, 1484 – Rotpreis-Revolution (betr. inländische Werbung mit ausländischen Sonderveranstaltungen); diese Entscheidungen sind im Zusammenhang mit den Problemen der Ausnutzung des internationalen Rechtsgefälles relevant geworden; vgl. dazu unten Kap. 14 Rdn. 1 ff., 7 ff. und *Sack*, WRP 2016, 1314.

26 Vgl. *Hausmann/Obergfell*, in: Fezer/Büscher/Obergfell, UWG[3], IntLautPrivatR Rn. 315; *Klass*, in: GroßkommUWG[2], Einl. D Rn. 250 mit Fußn. 1072.

27 BGH, 15.11.1990 – I ZR 22/89, GRUR 1991, 463 = WRP 1991, 294 – Kauf im Ausland; kritisch dazu *Sack,* IPRax 1992, 24 ff.

spanischen Rechts.[28] Die Verträge waren jedoch in deutscher Sprache abgefasst. Die angepriesenen Waren hatten keinen Bezug zum Urlaubsort (Wintermäntel; wärmende Bettdecken; Kopfkissen) und sollten auch erst in Deutschland ausgeliefert werden. Auch die Bezahlung sollte erst in Deutschland erfolgen. Garantie und Sachmängelgewährleistung sollten in Deutschland erfolgen.

21 Rechtliche Probleme ergaben sich daraus, dass diese Verträge **keine Widerrufsbelehrung** enthielten. Wären deutsches Vertragsrecht und **deutsches** Wettbewerbsrecht anwendbar gewesen, dann wäre die gesamte Werbeaktion aus diesem Grunde unlauter gewesen,[29] nicht jedoch nach **spanischem** Wettbewerbsrecht. Der BGH entschied, dass nur das Recht des Werbemarktes, d.h. das auf Gran Canaria geltende spanische Wettbewerbsrecht anwendbar sei, wonach die betreffende Werbeaktion zulässig war.[30] Nur auf dem Werbemarkt sei auf die Kunden eingewirkt worden. Soweit dadurch die Absatzinteressen von Unter-

28 Vgl. Zum internationalen Vertragsrecht in diesen Fällen BGH, 19.09.1990 – VIII ZR 239, 89, BGHZ 112, 204 ff.; BGH, 26.10.1993 – IX ZR 42/93, BGHZ 123, 380, 384; BGH, 19.03.1997 – VIII ZR 316/96, BGHZ 135, 124, 131 f., 136 ff.; vgl. dazu auch *Sack*, IPRax 1992, 24, 27 f.

29 Vgl. BGH, 07.05.1986 – I ZR 95/84, GRUR 1986, 816, 818 WRP 1986, 660 – Widerrufsbelehrung bei Teilzahlungskauf; BGH, 25.10.1989 – VIII ZR 345/88, GRUR 1990, 46 = WRP 1990, 278 – Heizgeräte-Vertrieb; BGH, 07.12.1989 – I ZR 237/87, GRUR 1990, 534 (3.) = WRP 1990, 622, 623 – Abrufcoupon; BGH, 15.03.1990 – I ZR 58/88, GRUR 1990, 1016, 1018 = WRP 1990, 692 – Sprachkurs; BGH, 07.06.1990 – I ZR 207/88, GRUR 1990, 1015, 1016 = WRP 1991, 82 – Order-Karte; BGH, 16.11.1995 – I ZR 25/94, WRP 1996, 204, 206 (B.I.3.) – Widerrufsbelehrung III; BGH, 24.11.1999 – I ZR 171/97, GRUR 2000, 731, 733 = WRP 2000, 633 – Sicherungsschein; BGH, 11.04.2002 – I ZR 306/99, GRUR 2002, 720 = WRP 2002, 832 – Postfachanschrift; BGH, 31.10.2002 – I ZR 132/00, GRUR 2003 = WRP 2003, 266 – Widerrufsbelehrung IV; ausf. dazu *Sack*, BB 1987, 1048.

30 BGH, 15.11.1990 – I ZR 22/89, GRUR 1991, 463, 465 = WRP 1991, 294 – Kauf im Ausland; ebenso schon zu Art. 40 EGBGB BGH, 26.11.1997 – I ZR 148/95, GRUR 1998, 419, 420 = WRP 1998, 386 – v. Gewinnspiel im Ausland; zustimmend *Fabig*, Internationales Wettbewerbsprivatrecht nach Art. 6 Rom II-VO, 2016, S. 187 f.; *Glöckner*, in: Harte-Henning, UWG[4], Einl. C Rn. 141, 143; *v. Hoffmann*, in: Staudinger, EGBGB/IPR (2001), Art. 40 EGBGB Rn. 334; *Lindacher*, in: FS für Lüke, 1997, S. 377, 382, 384; *Nettlau*, Die kollisionsrechtliche Behandlung…, S. 213; *Paefgen*, WRP 1991, 447, 455, 457; *ders.*, GRUR Int. 1994, 99, 105 ff.; *Schricker*, in: GroßkommUWG[1], Einl. F Rn. 206; **kritisch** *Bernhard*, GRUR Int. 1992, 366, 369 ff.; *Fezer/Koos*, in: Staudinger, Internationales Wirtschaftsrecht (2015), Rn. 627, 628; *Koch*, JZ 1991, 1039, 1041; *Martiny*, in: FS für Drobnig, 1998, S. 389, 399; *Reich*, RabelsZ 56 (1991), 444, 507; *Sack*, IPRax 1992, 24, 27; *ders.*, WRP 2000, 269, 273; ebenfalls kritisch, jedoch im Ergebnis zustimmend *Hausmann/Obergfell*, in: Fezer/Büscher/Obergfell, UWG[3], IntLautPrivatR Rn. 197, 254, 281 f.; *Sack*, WRP 2008, 845, 848 f.

nehmen auf dem deutschen Markt berührt worden seien, handle es sich nur um inländische **Auswirkungen** des beanstandeten Wettbewerbsverhaltens, die nicht zur Anwendbarkeit des Rechts des Absatzmarktes führen.[31]

22 Zweifel an der ausschließlichen Anwendbarkeit des Rechts des Werbemarktes ergaben sich jedoch daraus, dass die Gran Canaria-Fälle wegen der Modalitäten der Verkaufsveranstaltungen eine **ganz besonders enge Verbindung** zum deutschen Recht aufwiesen:[32] Die Verkaufsveranstaltungen wurden auf Veranlassung eines deutschen Unternehmens durchgeführt, von dem die verkauften Waren stammten. Die Einladung zu den Veranstaltungen richtete sich in deutscher Sprache gezielt nur an deutsche Touristen.Die abgeschlossenen Verträge waren in deutscher Sprache abgefasst. Die verkauften Waren hatten keine Bezug zum Urlaubsort (Wintermäntel; wärmende Bettdecken; Kopfkissen) und sie sollten auch erst in Deutschland ausgeliefert werden. Auch die Bezahlung, die Garantie und eine eventuelle Sachmängelgewährleistung sollten in Deutschland erfolgen. Wegen dieser Umstände bestand mit dem deutschen Recht eine **wesentlich engere Beziehung** als mit dem Recht des spanischen Werbemarktes, so dass – entgegen dem BGH – nach Art. 41 EGBGB die Anwendung deutschen Rechts vorzuziehen gewesen wäre.[33] Dem kann wegen der **besonderen** Umstände dieser Verkaufsveranstaltungen nicht der allgemeine Grundsatz entgegengehalten werden, dass sich derjenige, der sich ins Ausland begibt, auf das dort geltende Recht einzustellen habe.[34]

23 Die auf die Ausweichklausel des Art. 41 EGBGB gestützte Argumentation kann jedoch nicht unmittelbar auf die Rom II-VO übertragen werden. Zwar findet sich in Art. 4 III Rom II-VO eine entsprechende Ausweichklausel (»offensichtlich engere Verbindung«). Diese ist jedoch im hier maßgeblichen Anwendungsbereich des Art. 6 **Abs. 1** Rom II-VO nicht anwendbar. Im Bereich des Lauterkeitsrechts erklärt nur Art. 6 **Abs. 2** die allgemeine Regelung des Art. 4 und damit auch die Ausweichklausel des Art. 4 III Rom II-VO für anwendbar. Die Tatsache, dass nur Art. 6 **Abs. 2**, nicht jedoch Art. 6 **Abs. 1** auf Art. 4 Rom II-VO verweist, erlaubt den Schluss, dass im Regelungsbereich des Art. 6 I kein

31 BGH, 26.11.1997 – I ZR 148/95, GRUR 1998, 419, 420 = WRP 1998, 386 – Gewinnspiel im Ausland; BGH, 15.11.1990 – I ZR 22/89, GRUR 1991, 463, 465 = WRP 1991, 294 – Kauf im Ausland; a.A. *Fabig*, Internationales Wettbewerbsprivatrecht nach Art. 6 Rom II-VO, 2016, S. 188.

32 Vgl. *Sack*, IPRax 1992, 24, 27.

33 Vgl. *Sack*, IPRax 1992, 24, 27; kritisch dazu *Glöckner*, in: Harte/Henning, UWG[4], Einl. C. Rn. 128; a.A. zu Art. 41 EGBGB *Köhler*, in: Köhler/Bornkamm, UWG, 35. Aufl. 2017, Einl. UWG Rn. 5.20.

34 So jedoch noch zu Art. 41 EGBGB *Köhler*, in: Köhler/Bornkamm, UWG, 35. Aufl. 2017, Einl. UWG Rn. 5.20.

Rückgriff auf Art. 4 und folglich auch kein Rückgriff auf die Ausweichklausel des Art. 4 III Rom II-VO möglich sein sollte.

24 Deshalb stellt sich die Frage, ob die Anwendung des deutschen Lauterkeitsrechts unmittelbar auf Art. 6 I Rom II-VO gestützt werden kann. Dafür spricht, dass in den meisten Fällen ein Wettbewerbsverhältnis des Verkäufers zu den Anbietern des Herkunftslandes der umworbenen Verbraucher, d.h. zu Deutschland, besteht. Für die Verbraucher ist die angebotene Ware im Wesentlichen nur mit den Waren der Mitbewerber in Deutschland austauschbar.[35] Am Urlaubsort wären sie von den deutschen Urlaubern nicht in regulären Geschäften gekauft worden. Andererseits bestand jedoch im Zeitpunkt der Werbung, der Vertragsanbahnung und des Vertragsschlusses auf Gran Canaria für die deutschen Urlauber keine Möglichkeit, mit den Anbietern der betreffenden Waren in Deutschland Kontakt aufzunehmen.[36] Die besonders engen Beziehungen dieser Fälle zu Deutschland rechtfertigen kaum die Annahme, die Wettbewerbsbeziehungen zu deutschen Unternehmen i.S.v. Art. 6 I Rom II-VO seien auf deutschem Gebiet beeinträchtigt gewesen. Die Beeinträchtigungen deutscher Mitbewerber sind nur kollisionsrechtlich irrelvante **Auswirkungen** des beanstandeten Wettbewerbsverhaltens.[37] Deshalb ist nicht deutsches Recht, sondern nach Art. 6 I Rom II-VO das (spanische) Recht des Werbemarktes anzuwenden.[38]

25 Es bleiben allerdings wegen der engen Verbindungen zum deutschen Markt **rechtspolitische Bedenken** gegen die Nichtanwendung des deutschen Lauterkeitsrechts.[39]

---

35 Vgl. *Fabig*, Internationales Wettbewerbsprivatrecht nach Art. 6 Rom II-VO, 2016, S. 185, 187.

36 *Fezer/Koos*, in: Staudinger, Internationales Wirtschaftsrecht (2015), Rn. 512; *Glöckner*, in: Harte/Henning, UWG[4], Einl. C Rn. 143.

37 So schon die Argumentation des BGH zur Frage der Anwendbarkeit von Art. 40 I EGBGB; vgl. BGH, 15.11.1990 – I ZR 22/89, GRUR 1991, 463, 465 = WRP 1991, 294 – Kauf im Ausland; BGH, 26.11.1997 – I ZR 148/95, GRUR 1998, 419, 420 = WRP 1998, 386 – Gewinnspiel im Ausland; *Hausmann/Obergfell*, in: Fezer/Büscher/Obergfell, UWG[3], IntLautPrivatR Rn. 196 f.; gegen diese Argumentation *Fabig*, Internationales Wettbewerbsprivatrecht nach Art. 6 Rom II-VO, 2016, S. 188.

38 So zu Art. 6 I Rom II-VO *Drexl*, in: MünchKommBGB[7], Bd. 12, IntLautR Rn. 18, 147; *Fezer/Koos*, in: Staudinger, Internationales Wirtschaftsrecht (2015), Rn. 709 (unter ausdrücklicher Aufgabe der gegenteiligen Ansicht in den Vorauflagen); *Glöckner*, in: Harte/Henning, UWG[4], Einl. C Rn. 141, 143; *Hausmann/Obergfell*, in: Fezer/Büscher/Obergfell, UWG[3], IntLautPrivatR Rn. 282; *Sack*, WRP 2008, 845, 849; a.A., d.h. für die Anwendbarkeit des deutschen und des ausländischen Rechts, *Fabig*, Internationales Wettbewerbsprivatrecht, 2016, S. 188 f.

39 Vgl. *Sack*, WRP 2008, 845, 849.

5. Werbung für unlautere Absatzgeschäfte im Ausland

26 a) Werbung unterliegt auch dann dem Recht des Werbemarktes, wenn sie unlautere **Absatzgeschäfte im Ausland** zum Gegenstand hat.[40] Auf sie ist nur das Recht des Werbemarktes anwendbar. Für inländische Werbung gilt daher auch dann nur deutsches Recht, wenn die angepriesenen ausländischen Absatzgeschäfte nach ausländischem Recht unlauter sind. Ausschließlich deutsches Recht ist auf inländische Werbung auch dann anwendbar, wenn die angepriesenen Absatzgeschäfte nach deutschem Recht verboten wären. Deshalb unterliegt z.B. inländische Werbung für ausländische Absatzgeschäfte, die an Tagen oder zu Uhrzeiten stattfinden sollen, an denen sie nach deutschem Ladenschlussrecht oder nach landesrechtlichen Sonn- und Feiertagsregelungen verboten wären, ausschließlich deutschem Recht.[41]

27 b) Anderer Ansicht war der BGH in seiner Entscheidung »Rotpreis-Revolution« vom 13. 5. 2004 zum damaligen deutschen IPR.[42] Sie betraf u.a. die Frage, welches Recht auf eine inländische Werbung anwendbar ist, die eine **ausländische Sonderveranstaltung** ankündigt, die nach dem damaligen deutschen Recht in Deutschland verboten gewesen wäre. In dieser Entscheidung bestätigte der BGH zwar den **Grundsatz**, dass für Werbung auch dann der Marktort im Sinne des Kollisionsrechts derjenige ist, an dem die Werbemaßnahme auf die Kunden einwirken soll, selbst wenn der spätere Absatz auf einem anderen Markt stattfinden soll.[43] Diese Regel gelte uneingeschränkt jedoch nur in Fällen, in denen die wettbewerbsrechtliche Beurteilung der **Werbemaßnahme** – wie beispielsweise in Fällen irreführender Werbung – nicht davon abhängig sei, ob das beworbene **Absatzgeschäft** wettbewerbsrechtlich zu beanstanden sei.[44] **Anders** verhalte es sich, wenn sich der Vorwurf der Unlauterkeit der Werbung ausschließlich darauf gründen könne, dass das beworbene, im Ausland stattfindende Absatzgeschäft unlauter sei.[45] Welches Recht dann anwendbar sein soll, sagte der BGH

40 *Drexl*, in: MünchKommBGB[7], Bd. 12, IntLautR Rn. 147; *Sack*, WRP 2008, 845, 849.

41 *Drexl*, in: MünchKommBGB[7], Bd. 12, IntLautR Rn. 147; *Sack*, WRP 2008, 845, 849 a.E.

42 BGH, 13.05.2004 – I ZR 264/00, GRUR 2004, 1035, 1036 (II.1.a,bb) = WRP 2004, 1484, 1485 – Rotpreis-Revolution; a.A. noch BGH, 13.05.1977 – I ZR 115/75, GRUR 1977, 672, 674 = WRP 1977, 572 – Weltweit-Club.

43 BGH, 13.05.2004 – I ZR 264/00, GRUR 2004, 1035, 1036 (II.1.a,bb) = WRP 2004, 1494 – Rotpreis-Revolution, unter Hinweis auf BGH, 15.11.1990 – I ZR 22/89, GRUR 1991, 462 = WRP 1991, 294 – Kauf im Ausland.

44 BGH, 13.05.2004 – I ZR 264/00, GRUR 2004, 1035, 1036 (II.1.a,bb) = WRP 2004, 1484 – Rotpreis-Revolution.

45 BGH, 13.05.2004 – I ZR 264/00, GRUR 2004, 1035, 1036 (II.1.a,bb) = WRP 2004, 1484 – Rotpreis-Revolution.

allerdings nicht: Das Recht des Absatzmarktes? Dieses neben dem Recht des Werbemarktes oder an Stelle des Rechts des Werbemarktes?

28 Der konkrete Anwendungsfall betraf inländische Werbung für eine Sonderveranstaltung im Ausland. Der BGH gelangte zu dem Ergebnis, dass die betreffende ausländische Sonderveranstaltung nicht nur nach ausländischem Recht, sondern auch nach der – inzwischen aufgehobenen – deutschen Regelung des § 7 I UWG a.F. zulässig war.[46] Deshalb hat er die Klage als **sachrechtlich** unbegründet abgewiesen. Auf die **kollisionsrechtlich Ausgangsfrage**, ob deutsches Wettbewerbsrecht überhaupt anwendbar ist, ist der BGH nicht zurückgekommen.

29 Die kollisionsrechtlichen Ausführungen des BGH waren bereits nach dem damaligen deutschen IPR abzulehnen, weil er Kollisionsrecht und Sachrecht miteinander vermengte. Denn er machte offenbar die **vorrangig** zu treffende **kollisionsrechtliche** Entscheidung, ob deutsches Wettbewerbsrecht anwendbar ist, abhängig von der erst anschließend zu prüfenden Frage, ob das betreffende Absatzgeschäft nach deutschem **Sachrecht** unlauter ist, d.h. er prüfte die sachrechtliche Anwendbarkeit einer deutschen Sachnorm – des § 7 I UWG a.F. – bevor kollisionsrechtlich geklärt war, ob überhaupt deutsches Recht anwendbar ist.[47] Ob die vom BGH seinerzeit vorgenommene Einschränkung des Grundsatzes, dass bei einem Auseinanderfallen von Werbe- und Absatzmarkt **auf die Werbung** nur das Recht des Werbemarktes anzuwenden ist, dem damaligen deutschen IPR entsprach, braucht nicht mehr geklärt zu werden. Denn unter Art. 6 I Rom II-VO ist die vom BGH in seiner Entscheidung »Rotpreis-Revolution« vorgenommene **Einschränkung** des Grundsatzes, dass auf Werbung bei einem Auseinanderfallen von Werbe- und Absatzmarkt das Recht des Werbemarktes maßgeblich ist, abzulehnen. Bei einem Auseinanderfallen von Werbe- und Absatzmarkt unterliegt die **Werbung** auch dann dem Recht des Werbemarktes, wenn die in der Werbung angekündigten Absatzgeschäfte nach ausländischem oder deutschem Recht unlauter sind.

30 c) Es ist dann eine Frage des anwendbaren **Sachrechts**, ob und unter welchen Voraussetzungen Werbung unlauter ist, wenn die angekündigten Absatzhandlungen nach ausländischem Recht unlauter sind oder nach dem Recht des Werbemarktes unlauter wären.[48] Werbung in Deutschland für ein im Ausland abzuschließendes Geschäft kann in Deutschland nicht mit der Begründung

46 BGH, 13.05.2004 – I ZR 264/00, GRUR 2004, 1035, 1036 (II.1.a,cc) = WRP 2004, 1484 – Rotpreis-Revolution.
47 Sehr deutlich und zutreffend gegen diese Prüfungsreihenfolge BGH, 30.06.1961 – I ZR 39/60, GRUR 1962, 243, 246 linke Sp. = WRP 1962, 13 – Kindersaugflaschen.
48 *Sack*, WRP 2008, 845, 849.

untersagt werden, dass der Geschäftsabschluss, wenn er in Deutschland stattfände, als Rechtsbruch nach § 3a UWG unlauter wäre.[49] So ist z.B. Werbung in Deutschland für Absatzhandlungen im Ausland nicht schon deshalb nach deutschem Wettbewerbsrecht unlauter, weil die betreffenden Absatzhandlungen in Deutschland nach dem LadSchlussG oder nach landesrechtlichen Sonn- und Feiertagsregelungen unzulässig wären.[50] Denn diese Vorschriften regeln nur Absatzhandlungen in Deutschland.[51]

31 d) Eine davon zu unterscheidende Frage ist, nach welcher Rechtsordnung die betreffenden **Absatzhandlungen** zu beurteilen sind. Auf sie ist das Recht des Absatzmarktes anzuwenden (vgl. Kap. 5 Rdn. 46).

6. Unlauterer Wettbewerb mit Persönlichkeitsverletzungen

32 Nach Art. 1 II lit. g Rom II-VO ist diese VO nicht anwendbar auf die Verletzung von Persönlichkeitsrechten. Damit stellt sich die Frage, ob diese VO anwendbar ist, wenn es darum geht, ob diese VO auf Wettbewerbshandlungen anwendbar ist, die nach dem Vorbringen der Kläger wegen Persönlichkeitsverletzungen unlauter sind.[52] Diese Frage ist zu bejahen.[53]

II. Grenzüberschreitende Kaffeefahrten

33 Bei sog. Kaffeefahrten, bei denen wettbewerbsrechtlich bedenkliche Methoden angewendet werden, ist zu unterscheiden zwischen der inländischen Werbung für die Teilnahme, der Verkaufsveranstaltung im Ausland und der Beeinflussung der Teilnehmer einer Kaffeefahrt während der Fahrt vor und nach der Grenze zum Ausland.

1. Inländische Werbung für eine Kaffeefahrt

34 Die inländische Werbung für die Teilnahme an einer Kaffeefahrt ins Ausland unterliegt zweifellos inländischem Wettbewerbsrecht.[54] Ein Wettbewerbsver-

49 BGH, 13.05.2004 – I ZR 264/00, GRUR 2004, 1035 = WRP 2004, 1484 – Rotpreis-Revolution.

50 BGH, 13.05.2004 – I ZR 264/00, GRUR 2004, 1035 = WRP 2004, 1484 – Rotpreis-Revolution.

51 *Sack*, WRP 2008, 845, 849 a.E.

52 Dazu ausführlich *St. Freund*, Das Persönlichkeitsrecht des Umworbenen, 1983.

53 Vgl. *Bauermann*, Der Anknüpfungsgegenstand…, S. 172 ff., 176, 178, 315; *Fezer/Koos*, in: Staudinger, Internationales Wirtschaftsrecht (2015), Rn. 419; *Glöckner*, in: Harte/Henning, UWG[4], Einl. C Rn. 85; *Mankowski*, in: MünchKommUWG[2], Rn. 247, 372; *Sack*, WRP 2008, 845, 850; *ders.*, GRUR Int. 2012, 601, 607 f.

54 Vgl. *Fabig*, Internationales Wettbewerbsprivatrecht nach Art. 6 Rom II-VO, 2016, S. 182; *Nettlau*, Die kollisionsrechtliche Behandlung…, S. 214; *Paefgen*, GRUR Int.

stoß kann z.B. vorliegen, wenn in der Werbung für eine Kaffeefahrt nicht ausdrücklich darauf hingewiesen wird, dass es sich um eine Verkaufsreise handelt.[55]

2. Unlauterer Wettbewerb am Zielort

35 Problematisch ist die Bestimmung des anwendbaren Rechts, wenn die beanstandeten Wettbewerbshandlungen **am ausländischen Zielort** einer Kaffeefahrt stattfinden. Hier scheinen Irreführungen, massiver psychischer Kaufzwang und das – auch wettbewerbsrechtliche relevante – Unterlassen von Widerrufsbelehrungen häufig zu sein. Einigkeit besteht nur insoweit, dass nicht ausländisches, sondern inländisches Wettbewerbsrecht anzuwenden sei.

36 Am ausländischen Zielort einer Kaffeefahrt werden die Wettbewerbsbeziehungen **ausländischer** Mitbewerber nicht oder jedenfalls nicht nennenswert beeinträchtigt. Die Deckung des Bedarfs der Teilnehmer geht jedoch teilweise zu Lasten **inländischer** Unternehmen. Daraus folgt allerdings nicht ohne Weiteres die Anwendung deutschen Wettbewerbsrechts. Denn auch dann, wenn ein deutscher Verbraucher auf einem ausländischen Markt einkauft, geht dies (teilweise) zu Lasten deutscher Unternehmen. Dennoch unterliegt das Wettbewerbsverhalten ausländischer Verkäufer bei regulären Geschäften im Ausland zweifellos in der Regel nur ausländischem Wettbewerbsrecht.

37 Problematisch ist auch, ob die kollektiven Interessen der Verbraucher i.S.v. Art. 6 I Rom II-VO am ausländischen Zielort im Ausland oder im Inland beeinträchtigt werden. Für die Anwendbarkeit **ausländischen** Wettbewerbsrechts nach Art. 6 I Rom II-VO könnte sprechen, dass die beanstandeten Wettbewerbshandlungen auf ausländischem Staatsgebiet stattfinden. Diese sehr wörtliche Anwendung von Art. 6 I Rom II-VO wird jedoch den Interessen der Verbraucher nicht gerecht. Anders als bei regulären Geschäften von Deutschen im Ausland, auf die in der Regel ausländisches Wettbewerbsrecht anzuwenden ist, sind grenzüberschreitende Kaffeefahrten als eine **geschäftliche Einheit** zu

1994, 99, 113 f.; *Sack*, ÖBl. 1988, 113 116; *ders.*, IPRax 1992, 24, 27; ebenso öst. OGH, 13.11.1984 – 4 Ob 364/83, GRUR Int. 1986, 270, 273 = ÖBl. 1985, 94 = öst. RdW 1985, 275 (mit zust. Anm. von Prunbauer, S. 268 f.) – Haushaltsgeräte-Werbefahrten; ebenso im Ergebnis, jedoch ohne Hinweis auf die kollisionsrechtliche Problematik, BGH, 08.10.1987 – I ZR 184/85, GRUR 1988, 130 = WRP 1988, 101 – Verkaufsreisen.

55 Vgl. BGH, 10.10.1985 – I ZR 240/83, GRUR 1986, 318 (Leits. 2 u. 3), 320 = WRP 1986, 146 – Verkaufsfahrten; BGH, 08.10.1987 – I ZR 184/85, GRUR 1988, 130 (Leits. 2), 132 = WRP 1988, 101 – Verkaufsreisen; öst. OGH, 13.11.1984 – 4 Ob 364/84, GRUR Int. 1986, 270, 273 – Haushaltsgeräte-Werbefahrten; öst. OGH, 26.11.1974 – 4 Ob 307/75, ÖBl. 1975, 81 – Autobus-Sonderfahrt.

sehen, die bereits in Deutschland beginnt.[56] Die nach Art. 6 I Rom II-VO maßgebliche Beeinträchtigung der Wettbewerbsbeziehungen findet bereits am **inländischen** Ausgangspunkt der Kaffeefahrt statt, weil die Teilnehmer bereits dort den inländischen Mitbewerbern entzogen werden.[57] Die inländische Werbung ist in diesem Fall nicht nur eine kollisionsrechtlich unbeachtliche Vorbereitungshandlung für die ausländische Verkaufsveranstaltung.

38 **Ausländische** Unternehmen und Verbraucher werden von der Verkaufsveranstaltung hingegen nicht berührt, so dass der ausländische Zielort der Verkaufsveranstaltung nicht der Ort der maßgeblichen Interessenkollision ist.[58] Darin liegt ein wesentlicher Unterschied zwischen **regulären** Verkäufen in ausländischen Geschäften und **grenzüberschreitenden** Verkaufsveranstaltungen im Rahmen von Kaffeefahrten.

39 Da bei Kaffeefahrten von Deutschland ins Ausland die geplante Verkaufsveranstaltung als **geschäftliche Einheit** bereits in Deutschland beginnt, ist deutsches Wettbewerbsrecht anwendbar.[59] Beim Zielort der Kaffeefahrt handelt es sich letztlich

---

56 Vgl. *v. Gamm*, EWS 1991, 166, 167; *Hausmann/Obergfell*, in: Fezer/Büscher/Obergfell, UWG[3], IntLautPrivatR Rn. 166, 167; *Schricker*, in: GroßkommUWG[1], Einl. F Rn. 206; ebenso im Ergebnis *Nettlau*, Die kollisionsrechtliche Behandlung…, S. 214; vgl. auch OLG Frankfurt a.M., 25.03.1993 – 15 U 226/91, VuR 1994, 116 – Urlaubsreise & Verkaufsschau.

57 *Fabig*, Internationales Wettbewerbsprivatrecht nach Art. 6 Rom II-VO, 2016, S. 183.

58 *Fezer/Koos*, in: Staudinger, Internationales Wirtschaftsrecht (2015), Rn. 706; für die Anwendbarkeit auch des am ausländischen Zielort geltenden Wettbewerbsrecht hingegen *Fabig*, Internationales Wettbewerbsprivatrecht, 2016, S. 183: auch im Ausland könne die par conditio concurrentium mit ausländischen Mitbewerbern beeinträchtigt werden.

59 Vgl. Fabig, Internationales Wettbewerbsprivatrecht nach Art. 6 Rom II-VO, 2016, S. 181 ff., 183, 189; *Fezer/Koos*, in: Staudinger, Internationales Wirtschaftsrecht (2015), Rn. 623, 705 f.; *v. Gamm*, EWS 1991, 166, 167; *Hausmann/Obergfell*, in: Fezer/Büscher/Obergfell, UWG[3], IntLautPrivatR Rn. 283; *v. Hoffmann*, in: Staudinger, EGBGB/IPR (2001), Art. 40 EGBGB Rn. 334 a.E.; *Lindacher*, WRP 1996, 645, 648; *ders.*, in: FS für Lüke, 1997, S. 377, 382, 384; *Prunbauer*, öst. RdW 1985, 268 f.; *Sack*, IPRax 1992, 24, 27; *ders.*, WRP 2000, 269, 273 (m.w.Nachw. in Fußn. 39); *ders.*, WRP 1994, 281, 282; *ders.*, ÖBl. 1988, 113, 116 f.; *Schricker*, in: GroßkommUWG[1], Einl. F Rn. 206; *W. Weber*, Die kollisionsrechtliche Behandlung von Wettbewerbsverletzungen mit Auslandsbezug, 1982, S.181; *Willms*, Das Spannungsverhältnis von internationalem Wettbewerbs- und Vertragsrecht bei Ausnutzung eines Verbraucherschutzgefälles, 1997, S. 109 f., 203 f.; vgl. auch OLG Frankfurt a.M., 25.03.1993 – 15 U 226/91, VuR 1994, 116 – Urlaubsreise & Verkaufsschau; für das österreichische Recht vor der Rom II-VO vgl. OGH, 13.11.1984 – 4 Ob 364/84, GRUR Int. 1986, 270, 273 = ÖBl. 1985, 94 – Haushaltsgeräte-Werbefahrten; *Wiltschek*, GRUR Int. 1988, 299, 301 f.; kritisch *Koppensteiner*, Österreichisches und europäisches Wettbewerbsrecht[3], Bd. 2, S. 19 Fußn. 13; a.A. *Paefgen*, GRUR Int. 1994, 99, 113 f.;

um einen auf ausländisches Territorium verlagerten inländischen Absatzmarkt.[60] Manche rechtfertigen die Anwendung deutschen Wettbewerbsrechts auch damit, dass bei grenzüberschreitenden Kaffefahrten ins Ausland die Wettbewerbshandlungen lediglich ins Ausland verlegt werden.[61] Zweifelhaft ist hingegen, ob sich die Anwendbakeit deutschen Wettbewerbsrechts auch damit begründen lässt, dass die Einwirkung auf die Entscheidungsfreiheit der Verbraucher bereits im Inland durch das Angebot zur Teilnahme an der Kaffeefahrt stattfinde[62] oder dass die Kaffeefahrt insgesamt als Werbegeschenk zu behandeln sei, so dass an den Ort anzuknüpfen sei, an dem die Fahrt angeboten bzw. angekündigt werde.[63]

40 Unter der Geltung des internationalen Deliktsrechts des EGBGB ist die Anwendung deutschen Wettbewerbsrechts auf Verkaufsveranstaltungen an ausländischen Zielorten wegen der engeren Verbindung zu Deutschland auch mit der Ausweichklausel des Art. 41 EGBGB begründet worden.[64] Die entsprechende Ausweichklausel des Art. 4 III Rom II-VO ist jedoch im Regelungsbereich des Art. 6 I Rom II-VO, der hier maßgeblich ist, nicht anwendbar. Nur Abs. 2 des Art. 6 Rom II-VO verweist noch auf Art. 4 und damit auch auf die Ausweichklausel des Abs. 3 von Art. 4 Rom II-VO.

41 Das Wettbewerbsrecht des **ausländischen** Zielortes ist hingegen nicht nach Art. 6 I Rom II-VO anwendbar. Denn die Verkaufsveranstaltungen am Zielort beeinträchtigen dort weder die Interessen der dortigen Unternehmen noch die Interessen derjenigen Verbraucher, die sich unabhängig von der Kaffeefahrt am Zielort aufgehalten haben.[65]

3. Unlauteres Verhalten während einer Kaffeefahrt

42 Wenn man bei unlauterem Wettbewerbsverhalten am ausländischen Zielort wegen der Einheit der Kaffeefahrt deutsches Wettbewerbsrecht anwendet, dann

ausdrücklich offen gelassen von BGH, 15.11.1990 – I ZR 22/89, GRUR 1991, 463, 465 = WRP 1991, 294 – Kauf im Ausland.

60 *Sack*, ÖBl. 1988, 113, 117.

61 BGH 08.10.1987 – I ZR 184/85, GRUR 1988, 130, 132 = WRP 1988, 101 – Verkaufsreisen I; BGH, 15.11.1990 – I ZR 22/89, GRUR 1991, 463, 465 = WRP 1991, 294 – Kauf im Ausland; kritisch *Paefgen*, GRUR Int. 1988, 99, 113.

62 So jedoch *Hausmann/Obergfell*, in: Fezer/Büscher/Obergfell, UWG^3, IntLautPrivatR Rn. 283.

63 So jedoch *Hausmann/Obergfell*, in: Fezer/Büscher/Obergfell, UWG^3, IntLautPrivatR Rn. 283.

64 Vgl. *Köhler*, in: Köhler/Bornkamm, UWG, 35. Aufl. 2017, Einl. UWG Rn. 5.20.

65 *Fezer/Koos*, in: Staudinger, Internationales Wirtschaftsrecht (2015), Rn. 706; *Sack*, ÖBl. 1988, 113, 117; a.A. *Fabig*, Internationales Wettbewerbsprivatrecht nach Art. 6 Rom II-VO, 2016, S. 183 f. (auch Recht des Absatzmarktes).

ist auch für das Wettbewerbsverhalten **während der Kaffeefahrt** deutsches Wettbewerbsrecht anzuwenden.[66] Es kommt dann nicht darauf an, ob das beanstandete Wettbewerbsverhalten vor oder nach dem Grenzübertritt stattgefunden hat. Damit erledigt sich auch das häufig kaum zu lösende Beweisproblem, ob das beanstandete Wettbewerbsverhalten vor oder nach dem Grenzübertritt erfolgt ist.

III. Geschäftsschädigende Äußerungen und Rufausbeutung

43 **Nicht** unter Abs. 2 von Art. 6 Rom II-VO zu subsumieren sind mitbewerberbezogene Wettbewerbshandlungen, die sich **zwar gezielt** gegen bestimmte Mitbewerber richten, jedoch zu diesem Zweck auf die **Marktgegenseite**, d.h. auf Abnehmer oder Lieferanten, einwirken sollen. Zu diesen Wettbewerbshandlungen, die (nur) **unter Abs. 1** von Art. 6 Rom II-VO fallen, gehören **geschäftsschädigende Äußerungen** über das Unternehmen eines Mitbewerbers,[67] insbesondere Boykottaufforderungen,[68] die Anschwärzung von Mitbewerbern mit unwahren oder nicht erweislich wahren Tatsachenbehauptungen[69]

66 *Sack*, IPRax 1992, 24, 27; *ders.*, ÖBl. 1988, 113, 117; OLG Frankfurt a.M., 25.03.1993 – 15 U 226/91, VuR 1994, 116.

67 BGH, 11.02.2010 – I ZR 85/08, GRUR 2010, 847 Rdnr. 13, 19 = WRP 2010, 1146 – Ausschreibung in Bulgarien*;* *Bauermann*, Der Anknüpfungsgegenstand…, S. 178; *Drexl*, MünchKommBGB[7], Bd. 12, IntLautR Rn. 168; *Glöckner*, WRP 2011, 137, 139 (2.e); *ders.*, in: Harte/Henning, UWG[4], Einl. C Rn. 123; *Hausmann/Obergfell*, in: Fezer/Büscher/Obergfell, UWG[3], IntLautPrivatR Rn. 327; *Nettlau*, Die kollisionsrechtliche Behandlung…, S. 254; *Ohly*, in: Ohly/Sosnitza, UWG[7], Einf B Rn. 16a; *Mankowski*, in: MünchKommUWG[2], IntWettbR Rn. 247; *Sack*, WRP 2008, 845, 851; ebenso im praktischen Ergebnis schon vor der Rom II-VO *Dethloff*, Europäisierung des Wettbewerbsrechts, 2001, S. 76; **a.A.**, d.h. für die Anwendung von Abs. 2 von Art. 6 Rom II-VO, *Hohloch*, in: Erman, BGB[15], Rom II-VO Art. 6 Rn. 8; *Lindacher*, GRUR Int. 2008, 453, 457*; ders.*, in: FS für Leipold, 2009, S. 251, 253*; ders.*, Internationales Wettbewerbsverfahrensrecht, 2009, § 5 Rn. 8 S. 19 f.;*Thorn*, Palandt, BGB[78], Rom II-VO Art. 6 Rn. 17; *Wilde*, in: Gloy/Loschelder/Erdmann, Hdb des Wettbewerbsrechts[4], § 10 Rn. 23, 58.

68 *Drexl*, in: MünchKommBGB[7], Bd. 12, IntLautR Rn. 168; *Fezer/Koos*, in: Staudinger, Internationales Wirtschaftsrecht (2015), Rn. 756; *Mankowski*, in: MünchKommUWG[2], IntWettbR, Rn. 343; *Nettlau*, Die kollisionsrechtliche Behandlung…, S. 254; *Sack*, WRP 2008, 845, 850 f.

69 *Bauermann*, Der Anknüpfungsgegenstand…, S. 178; *Drexl*, in: MünchKommBGB[7], Bd. 12, Rn. 168; *Köhler*, in: Köhler/Bornkamm/Feddersen, UWG[37], Einl. UWG Rn. 5.20, 5.32; *Mankowski*, MünchKommUWG[2], IntWettbR Rn. 47, 332, 342; *Nettlau*, Die kollisionsrechtliche Behandlung…, S. 254; *Sack*, WRP 2008, 845, 851; vgl. auch *Hausmann/Obergfell*, in: Fezer/Büscher/Obergfell, UWG[3], IntLautPrivatR Rn. 327, die kreditgefährdende Behauptungen i.S.v. § 824 BGB unter Art. 6 Abs. 2 Rom II-VO subsumieren, weil ausschließlich individuelle Interessen verletzt werden,

oder sonstige geschäftsschädigende Äußerungen über Mitbewerber,[70] z.B. die Behauptung von Geheimnisverletzungen eines Mitbewerbers und noch nicht abgeschlossene staatsanwaltschaftliche Ermittlungsverfahren gegen ihn [71] oder ein Rundschreiben an ausländische Kunden eines Mitbewerbers, in dem ein Unternehmen darauf hinweist, dass es führende Mitarbeiter des Mitbewerbers übernommen habe,[72] ferner die **Ausbeutung** des Rufs von Mitbewerbern,[73] vergleichende Werbung[74] oder – wie bereits erwähnt – sog. Abnehmerverwarnungen, die unbegründet sind.

44 In diesen Fällen ist das Recht des Landes anzuwenden, in dem mit den geschäftsschädigenden oder rufausbeutenden Äußerungen auf die Marktgegenseite eingewirkt wird.[75] Bei Äußerungen, die Zwecken der Werbung dienen, ist dies der **Werbemarkt.**[76]

45 Nach einer abweichenden Ansicht ist hingegen in den Fällen des Boykotts (der Boykottaufforderung?), des Preiskampfes und der Rufausbeutung das Recht des

---

jedoch anschließend – m. E. zutreffend – diese Vorschrift nicht auf Anschwärzungen anwenden wollen, weil durch die Manipulation der Entscheidungsgrundlagen Abnehmerinteressen beeinträchtigt werden; a.A., d.h. für die Anwendung von Art. 6 Abs. 2 Rom II-VO, *Beater*, Unlauterer Wettbewerb[2], Rn. 736 f.; *Lindacher*, GRUR Int. 2008, 453, 457.

70 Vgl. BGH, 11.02.2010 – I ZR 85/08, GRUR 2010, 847 Rn. 18 = WRP 2010. 1146 – Ausschreibung in Bulgarien; ein weiteres Beispiel bietet vor der Rom II-VO die Stahlexport-Entscheidung des BGH, 20.12.1963 – Ib ZR 104/62, GRUR 1964, 316 = WRP 1964, 122.

71 BGH, 11.01.2010 – I ZR 85/08, GRUR 2010, 847 = WRP 2010, 1146 – Ausschreibung in Bulgarien.

72 So der Sachverhalt der Stahlexport-Entscheidung des BGH,20.12.1963 – Ib ZR 104/62, GRUR 1964, 316 = WRP 1964, 122; der BGH hat jedoch in dieser Entscheidung – entgegen der jetzigen Rechtslage – das gemeinsame inländische Heimatrecht der Parteien angewendet; diese Ansicht hat der BGH 2010 in seiner oben genannten Entscheidung v. 11.02.2010 – I ZR 85/08 – Ausschreibung in Bulgarien, GRUR 2010, 847 Ls. u. Rn. 13 = WRP 2010, 1146 ausdrücklich für die Rechtslage unter der Rom II-VO aufgegeben.

73 *Sack*, WRP 2008, 845, 850; *Fezer/Koos*, in: Staudinger, Internationales Wirtschaftsrecht (2015), Rn. 757; *Wilde*, in: Gloy/Loschelder/Erdmann, Hdb des Wettbewerbsrechts[4], § 10 Rn. 34.

74 *Drexl*, in: MünchKommBGB[7], Bd. 12, IntLautR Rn. 158, 168; *Nettlau*, Die kollisionsrechtliche Behandlung…, S. 254; *Sack*, WRP 2008, 845, 851; *Wilde*, in: Gloy/Loschelder/Erdmann, Hdb des Wettbewerbsrechts[4], § 10 Rn. 24, 33 (vgl. dort jedoch auch Rn. 23 a.E.).

75 *Sack*, WRP 2008, 845, 850.

76 *Sack*, WRP 2008, 845, 850.

Absatzmarktes anzuwenden.[77] Dieses Recht ist jedoch nur anzuwenden, wenn **Absatzhandlungen** als unlauteres Wettbewerbsverhalten beanstandet werden.

IV. Unlautere Absatzhandlungen

46 Wenn die Unlauterkeit von **Absatzhandlungen** zu beurteilen ist, ist das Recht des **Absatzmarktes** anzuwenden.[78] Dazu gehören so unterschiedliche Wettbewerbshandlungen wie
- der Verkauf außerhalb der zulässigen Ladenöffnungszeiten, insbes. auch an Sonn- und Feiertagen;
- der Vertrieb nachgeahmter Waren, wenn ergänzender wettbewerbsrechtlicher Leistungsschutz geltend gemacht wird;
- der Verkauf vertriebsgebundener Waren durch Außenseiter eines Vertriebsbindungssystems;
- der systematische Verkauf unter Selbstkosten.

V. Behinderungswettbewerb

47 Bei Behinderungswettbewerb, der sich gegen einen Mitbewerber richtet, ist danach zu unterscheiden, ob zum Zwecke der Behinderung auf die Marktgegenseite eingewirkt wird, z.B. durch geschäftsschädigende Äußerungen, Boykottaufforderungen usw., oder ob sich die Behinderung **unmittelbar** gegen den betreffenden Mitbewerber richtet. Letzteres regelt Art. 6 II Rom II-VO. Wenn hingegen auf die **Marktgegenseite** eingewirkt wird, ist Art. 6 I Rom II-VO anzuwenden. Der Ort der wettbewerblichen Interessenkollision ist dort, wo auf die **Marktgegenseite** eingewirkt wird.[79]

48 Zu den **marktbezogenen** Behinderungstatbeständen gehören
- geschäftsschädigende Äußerungen über einen Mitbewerber, insbesondere unwahre Tatsachenbehauptungen über ihn oder sein Unternehmen (»An-

---

77 *Hausmann/Obergfell*, in: Fezer/Büscher/Obergfell, UWG[3], IntLautPrivatR Rn. 324.

78 *Fabig*, Internationales Wettbewerbsprivatrecht nach Art. 6 Rom II-VO, 2016, S. 170; *Mankowski*, in: MünchKommUWG[2], IntWettbR Rn. 163, 270, 276, 296, 312; *Nettlau*, Die kollisionsrechtliche Behandlung…, S. 211; *Pfeiffer*, IPRax 2014, 360, 362; *Sack*, GRUR Int. 1988, 320, 330; *ders.*, WRP 2008, 845, 850; *Ullmann*, in: jurisPK-UWG[4], Einl. Rn. 109; *Weller/Nordmeier*, in: Spindler/Schuster, Recht der elektronischen Medien[3], Rom II Art. 6 Rn. 5.

79 BGH, 11.02.2010 – I ZR 85/08, GRUR 2010, 847 Rn. 14 = WRP 2010, 1146 – Ausschreibung in Bulgarien, unter ausdrücklicher Aufgabe der gegenteiligen Ansicht in BGH, 20.12.1963 – Ib ZR 104/62, BGHZ 40, 391, 397 ff. = GRUR 1964, 316 = WRP 1964, 122 – Stahlexport; für Anwendung des Rechts des Absatzmarktes im Schrifttum *Hausmann/Obergfell*, in: Fezer/Büscher/Obergfell, UWG[3], IntLautPrivatR Rn. 324.

schwärzung«) sowie die unlautere Herabsetzung oder Verunglimpfung von Mitbewerbern;
- Boykottaufforderungen gegen Mitbewerber.
- Bei massenweisem Verschenken von Originalware ist – ungeachtet der Wettbewerbswidrigkeit – das Recht des Ortes des Verschenkens der Ware anwendbar.

VI. Versandhandel mit Arzneimitteln

49 Bei der Werbung und beim Versand von Arzneimitteln aus dem EU-Ausland an Endverbraucher in Deutschland liegt der **Marktort** im Inland, da hier die von diesen ausgehenden Wirkungen auftreten.[80] Der Ort der Abgabe liegt bei Abholmodellen grundsätzlich dort, wo der Empfänger oder die vom Empfänger beauftragte Person die abzuholende Ware abholen.[81]

50 Dieser Grundsatz hat auch Auswirkungen auf das zwischen den **Vertragsparteien** anzuwendende Recht. Eine von einer ausländischen Versandapotheke gegenüber Kunden in Deutschland unter der Überschrift »Anwendbares Recht/ Gerichtsstand« verwendete Allgemeine Geschäftsbedingung, nach der für alle im Zusammenhang mit der Geschäftsbeziehung entstehenden Meinungsverschiedenheiten und Rechtsstreitigkeiten ausschließlich das Recht des Staates gilt, in dem die Versandapotheke ihren Sitz hat, benachteiligt die Kunden im Inland unangemessen.[82]

51 Die Missachtung der deutschen Arzneimittelpreisbindungpreisbindung durch ausländische Versandapotheken haben der Gemeinsame Senat der Obersten Gerichtshöfe Deutschlands und der BGH als unlauteren Wettbewerb bewertet.[83] Abweichend hiervon hat jedoch der EuGH in einer Entscheidung vom 19.10.2016 festgestellt, dass die deutschen einheitlichen Apothekenabgabepreise, soweit sie auch für ausländische Versandapotheken gelten sollen, Maßnahmen gleicher Wirkung i.S.v. Art. 34 AEUV seien. Sie seien nicht nach

---

80 GmS-OGB, 22.8.2012 – GmS-OGB 1/10; GRUR 2013, 417 Rn. 15 = WRP 2013, 621 – Medikamentenkauf im Versandhandel; BGH, 26.02.2014 – I ZR 77/09, GRUR 2014, 591 Rn. 12 = WRP 2014, 566 – Holland-Preise.

81 BGH, 26.02.2014 – I ZR 77/09, GRUR 2014, 591 Leits. und Rn. 15 = WRP 2014, 566 – Holland-Preise.

82 BGH, 19.07.2012 – I ZR 40/11, GRUR 2013, 421 Leits. 2 und Rn. 30, 32, 35 f., 38 = WRP 2013, 479 – Pharmazeutische Beratung über Call-Center.

83 GmS-OGB, 22.08.2012 – GmS-OGB 1/10, GRUR 2013, 417 = WRP 2013, 621 – Medikamentenkauf im Versandhandel; BGH, 26.02.2014 – I ZR 77/09, GRUR 2014, 591 = WRP 2015, 566 – Holland-Preise; vgl. auch BGH, 29.11.2018 – I ZR 237/16, GRUR 2019, 203 = WRP 2019, 187 – Versandapotheke.

Art. 36 AEUV zum Schutze der Gesundheit und des Lebens gerechtfertigt, da sie nicht geeignet seien, die angestrebten Ziele zu erreichen.[84]

VII. Gesetzesverletzungen durch Wettbewerbshandlungen

1. Zweistufige Anknüpfung

52 Bei grenzüberschreitenden Wettbewerbshandlungen, die angeblich gegen außerwettbewerbsrechtliche Gesetze verstoßen und die im deutschen Recht nach § 3a UWG oder nach § 3 UWG i.V.m. dem Vorsprungsgedanken[85] unlauter sind, ist eine **zweistufige Anknüpfung** erforderlich.[86] Zum einen ist festzustellen, welches nationale Wettbewerbsrecht auf die betreffende **Wettbewerbshandlung** anwendbar ist. Außerdem ist die inhaltliche und territoriale Reichweite des angeblich verletzten Gesetzes zu bestimmen und zu prüfen, ob es durch die beanstandete Wettbewerbshandlung verletzt worden ist.

53 Ungeklärt ist die **Reihenfolge** dieser zweistufigen Prüfung.

54 (1) Nach der hier vertretenen Ansicht ist zuerst zu prüfen, welches nationale Wettbewerbsrecht auf die beanstandete **Wettbewerbshandlung** anzuwenden ist. [87] Für die Feststellung, welches Recht auf die beanstandete Wettbewerbshandlung

84 EuGH, 19.10.2016 – C-148/15, GRUR 2016, 1312 Leits. und Rn. 24 ff., 34 = WRP 2017, 36 – Deutsche Parkinson Vereinigung.

85 Für die Anwendbarkeit des Vorsprungsgedankens auf Fälle, die § 4 Nr. 11 UWG a.F. (jetzt § 3a UWG) nicht erfasst, nach der UWG-Novelle 2004 *Sack*, WRP 2004, 1307, 1315 f.; *ders.*, WRP 2005, 531, 540.

86 Vgl. *Fezer/Koos*, in: Staudinger, Internationales Wirtschaftsrecht (2015), Rn. 761; *Hausmann/Obergfell*, in: Fezer/Büscher/Obergfell, UWG[3], IntLautPrivatR Rn. 331 ff.; *Katzenberger*, IPRax 1981, 7, 8; *Klass*, in: GroßkommUWG[2], Einl. D Rn. 253; *Mankowski*, in: MünchKommUWG[2], IntWettbR Rn. 279, 280; *Nettlau*, Die kollisionsrechtliche Behandlung..., S. 222, 248; *Sack*, IPRax 1992, 24, 27 f.; *ders.*, WRP 2008, 845, 850; *Schricker*, in: GroßkommUWG[1], Einl. F Rn. 214 ff.; vgl. auch BGH, 09.05.1980 – I ZR 76/78, GRUR 1980, 858, 860 = WRP 1980. 617 – Asbestimporte; BGH, 15.11.1990 – I ZR 22/89, GRUR 1991, 463, 464 f. = WRP 1991, 294 – Kauf im Ausland; a.A. *Mook*, Internationale Rechtsunterschiede und nationaler Wettbewerb, 1986, S. 133.

87 Vgl. BGH, 09.05.1980 – I ZR 76/78, GRUR 1980, 858, 860 = WRP 1980, 617 – Asbestimporte; BGH, 09.10.1986 – I ZR 138/84, GRUR 1987, 172, 174 (III.) = WRP 1987, 446 – Unternehmensberatungsgesellschaft I; BGH, 15.11.1990 – I ZR 22/89, GRUR 1991, 463, 464 f. = WRP 1991, 294 – Kauf im Ausland; BGH, 05.10.2006 – I ZR 7/04, GRUR 2007, 245 Rn. 11 ff. = WRP 2007, 174 – Schulden Hulp; ebenso zum öst. Recht OGH, 13.11.1984 – 4 Ob 364/84, ÖBl. 1985, 94 = GRUR Int. 1986, 270, 273 – Haushaltsgeräte-Werbefahrten; ebenso im Schrifttum *Mankowski*, in: MünchKommUWG[2], IntWettbR Rn. 279; *Nettlau*, Die kollisionsrechtliche Behandlung..., S. 222 ff.; *Sack*, WRP 2008, 845, 850.

anwendbar ist, gelten die oben genannten Kriterien: auf angeblich gesetzwidrige **Werbung** ist das Recht des Werbemarktes anzuwenden.[88] Für **Absatzhandlungen**, die angeblich rechtswidrig sind, gilt das Recht des Absatzmarktes.[89]

55 Auf der zweiten Stufe ist zu prüfen, ob das angeblich verletzte Gesetz auf die beanstandete Werbung oder Absatzhandlung kollisionsrechtlich anwendbar ist.

56 (2) Nach der Gegenansicht ist **vorrangig als Vorfrage** das für das angeblich verletzte außerwettbewerbsrechtliche Gesetz maßgebliche Statut zu bestimmen,[90] d.h. es ist die territoriale Reichweite des angeblich verletzten Gesetzes fetzustellen.

57 Gegen diese Prüfungsreihenfolge spricht, dass sich erst nach der Feststellung, welches Recht auf die beanstandete Wettbewerbshandlung anzuwenden ist, die Frage stellt, ob diese Wettbewerbshandlung ein Gesetz verletzt.[91]

2. Beispiele

58 a) **Sonn- und Feiertagsregelungen**: Im Inland wird für Verkaufsveranstaltungen im benachbarten Ausland geworben, die im Inland wegen des Verstoßes gegen (inländische) Sonn- und Feiertagsregelungen verboten wären.[92] Auf die beanstandete Werbung im Inland ist das Recht des Werbemarktes, hier also inländisches Wettbewerbsrecht anzuwenden. Bei den angeblich verletzten Gesetzen kommt es darauf an, ob sie nur inländische Absatzhandlungen an Sonn- und Feiertagen untersagen oder auch die inländische Werbung für sie. Sonn- und Feiertagsregelungen untersagen in aller Regel nur die betreffenden Verkaufsveranstaltungen, nicht jedoch die Werbung für sie. Falls sie jedoch im Einzelfall auch die Werbung für Verkäufe an bestimmten

88 BGH, 15.11.1990 – I ZR 22/89, GRUR 1991, 463, 464 f. = WRP 1991, 294 – Kauf im Ausland; BGH, 14.05.1998 – I ZR 10/96, GRUR 1998, 945, 946 = WRP 1998, 854 – Co-Verlagsvereinbarung; BGH, 13.05.2004 – I ZR 264/00, GRUR 2004, 1035, 1036 = WRP 2004, 1484 – Rotpreis-Revolution; BGH, 05.10.2006 – I ZR 7/04, GRUR 2007, 243 Rn. 13 = WRP 2007, 174 – Schulden Hulp; *Sack* IPRax 1992, 24, 27 f.

89 Vgl. BGH, 09.05.1980 – I ZR 76/78, GRUR 1980, 858, 860 = WRP 1980, 617 – Asbestimporte.

90 *Fezer/Koos*, in: Staudinger, Internationales Wirtschaftsrecht (2015), Rn 761 f.; *Hausmann/Obergfell*, in: Fezer/Büscher/Obergfell, UWG^3, IntLautPrivatR Rn. 331, 333; *Klass*, in: GroßkommUWG^2, Einl. D Rn. 253; *Mankowski*, in: MünchKommUWG^2, IntWettbR Rn. 279, 280, 284, 287.

91 Vgl. *Mook*, Internationale Rchtsunterschiede und nationaler Wettbewerb, 1986, S. 133.

92 In Anlehnung an BGH, 13.05.2004 – I ZR 264/00, GRUR 2004, 1035, 1036 = WRP 2004, 1484 – Rotpreis-Revolution; diese Entscheidung betrifft die inländische Werbung für ausländische Sonderveranstaltungen.

Feiertagen untersagen sollten, kommt es sachrechtlich darauf an, ob ihre Verbote auch für die inländische Werbung für **ausländische** Verkaufsveranstaltungen gelten. Das ist in aller Regel nicht der Fall.

59 b) Verstöße gegen das **RechtsdienstleistungsG** (früher RBerG): Die BGH-Entscheidung »Schulden Hulp« vom 15. 10. 2006 betraf die Beratung deutscher Schuldner von den Niederlanden aus durch einen in Deutschland nicht zur Rechtsberatung zugelassenen Deutschen mit Wohnsitz in den Niederlanden im Auftrag einer niederländischen Stiftung sowie – ebenfalls von den Niederlanden aus – die Internetwerbung in deutscher Sprache. Die Klägerin sah darin einen Verstoß gegen § 4 Nr. 11 UWG (jetzt § 3a UWG) i.V.m. dem RBerG.[93] Dazu stellte der BGH zunächst zutreffend fest, dass auf die Rechtsberatung und die Internetwerbung deutsches Wettbewerbsrecht anwendbar sei.[94] Anschließend prüfte er, ob das von den Niederlanden aus vorgenommene Verhalten in den Anwendungsbereich des deutschen RBerG fällt. Er stellte fest, dass das RBerG nach einhelliger Meinung nur die Besorgung fremder Rechtsangelegenheiten in Deutschland einschränke. Finde die Rechtsbesorgung ausschließlich im Ausland statt, dann sei das RBerG selbst dann nicht anwendbar, wenn die Rechtsberatung mittelbar auch zu Auswirkungen im Inland führe, etwa wenn sich ein Inländer im Ausland durch einen ausländischen Rechtsbesorger über Inlandssachverhalte beraten lasse und dann im Inland entsprechend dem erteilten Rat tätig werde.[95] Streitig sei jedoch, unter welchen Voraussetzungen eine **Rechtsbesorgung im Inland** anzunehmen sei. Teils werde dabei daran angeknüpft, ob die Tätigkeit im Inland (nicht nur mittelbar) Wirkungen entfalte, teils daran, ob der Rechtsbesorger seine Niederlassung im Inland habe, teils daran, ob die Tätigkeit im Inland nicht lediglich vorübergehend sei oder ob der Auftraggeber seinen Sitz im Inland habe.[96] Aus dem Schutzzweck des RBerG leitete der BGH mit Recht ab, dass die im Ausland verfassten und von dort aus verschickten Schreiben an den inländischen Gläubiger des Auftraggebers eine **inländische Rechtsbesorgung** sei. Denn der Auftraggeber des Bekl. und sein Gläubiger, dem gegenüber die Rechtsbesorgung vorgenommen worden sei, seien im

93 BGH, 05.10.2006 – I ZR 7/04, GRUR 2007, 245 = WRP 2007, 174 – Schulden Hulp.

94 BGH, 05.10.2006 – I ZR 7/04, GRUR 2007, 245 Rn. 11 ff. = WRP 2007, 174 – Schulden Hulp.

95 BGH, 05.10.2006 – I ZR 7/04, GRUR 2007, 245 Rn. 19 = WRP 2007, 174 – Schulden Hulp, mit weiteren Nachweisen.

96 BGH, 05.10.2006 – I ZR 7/04, GRUR 2007, 245 Rn. 20 (mit Nachw.) = WRP 2007, 174 – Schulden Hulp zu den unterschiedlichen Meinungen.

Inland ansässig.[97] Der Umstand, dass der Bekl. seinen Wohnsitz in den Niederlanden habe und die im Inland wirkende Rechtsbesorgung von dort aus in Gang gesetzt werde, rechtfertige keine andere Beurteilung.[98]

60 Die Ausführungen des BGH gelten jetzt entsprechend für das RechtsdienstleistungsG, das das RBerG abgelöst hat.

61 c) Die BGH-Entscheidung »Kauf im Ausland« vom 15.11.1990 betraf die Werbung auf Gran Canaria, die sich in erster Linie an deutsche Touristen wendete. Sie enthielt keine **Widerrufsbelehrung**, die nach deutschem Recht erforderlich gewesen wäre.[99] Der BGH prüfte zuerst die Anwendbarkeit deutschen Rechts auf die beanstandete Werbung, was er verneinte.[100] Die Anwendbarkeit spanischen Wettbewerbsrechts wurde nicht geprüft, weil sich der Kläger nicht darauf berufen hatte.

62 d) Ebenso ist der BGH bei Fällen verfahren, die die Verletzung **internationaler Abkommen** zum Gegenstand hatten. Die BGH-Entscheidung »Pietra di Soln« vom 05.10.2006 betraf die Zulässigkeit der Werbung eines italienischen Unternehmens auf einer deutschsprachigen und für den deutschen Markt bestimmten Internetseite, die es von Italien aus einspeiste. Das Unternehmen warb dort für Keramikbodenplatten und Keramikfliesen, die sie ursprünglich unter der Bezeichnung »Pietra di Solnhofen« und später unter der Bezeichnung »Pietra di Soln« vertrieb. Der BGH prüfte zunächst, welches Recht auf die Internetwerbung anwendbar sei, und stellte zutreffend die Anwendbarkeit deutschen Rechts fest.[101]

VIII. Industriespionage

63 Zu den Fallgruppen des Art. 6 **Abs. 2** Rom II-VO gehören nach Art. 5 II des Kommissionsvorschlags der EG zur Rom II-VO die **Beschaffung** und die **Weitergabe** von Betriebs- und Geschäftsgeheimnissen zur Förderung eigenen oder

97 BGH, 05.10.2006 – I ZR 7/04, GRUR 2007, 245 Rn. 22 f. = WRP 2007, 174 – Schulden Hulp.

98 BGH, 05.10.2006 – I ZR 7/04, GRUR 2007, 245 Rn. 24 = WRP 2007, 174 – Schulden Hulp.

99 BGH, 15.11.1990 – IZR 22/89, GRUR 1991, 463 = WRP 1991, 294 – Kauf im Ausland; vgl. dazu *Sack*, IPRax 1992, 24.

100 Zur Problematik dieser Ansicht ausführlich oben Kap. 5 Rdn. 21.

101 BGH, 05.10.2006 – I ZR 229/03, GRUR 2007, 67 Rn. 15 = WRP 2006, 1516 – Pietra di Soln; ebenso zu internationalen Abkommen schon BGH, 04.06.1987 – I ZR 109/85, GRUR 1988, 453 = WRP 1988, 25 – Ein Champagner unter den Mineralwässern.

fremden Wettbewerbs.[102] Hingegen ist **Abs. 1** von Art. 6 Rom II-VO anzuwenden, wenn die unbefugt beschafften Betriebsgeheimnisse unlauter **vermarktet** werden.[103] Auf den Absatz von Waren, bei deren Herstellung ausspionierte Betriebsgeheimnisse von Mitbewerbern benutzt worden sind, ist das Recht des **Absatzmarktes**, auf die Werbung für solche Waren das Recht des **Werbemarktes** anzuwenden. Der Ort der Ausspähung fremder Betriebsgeheimnisse und die Orte des Werbe- und des Absatzmarktes können sich unterscheiden. Die Unterscheidung zwischen diesen Orten entspricht der Systematik des Art. 6 Rom II-VO.

64 Abweichend hiervon wird vertreten, dass auf die genannten Fälle immer nur **Abs. 2** von Art. 6 Rom II-VO anwendbar sei.[104] Dies habe den Vorteil der Einfachheit und Rechtsklarheit.[105] Man vermeide so eine gespaltene Anknüpfung für verschiedene Verletzungstatbestände.[106] Eine unterschiedliche Anknüpfung könne zu Wertungswidersprüchen führen.[107]

65 Gegen eine einheitliche Anknüpfung nach Abs. 2 von Art. 6 Rom II-VO sprechen jedoch nicht nur der Wortlaut und das Verhältnis von Abs. 1 zu Abs. 2 dieser Vorschrift. Die genannten Vorteile einer einheitlichen Anknüpfung sind auch kein ausreichend tragfähiges Argument, um vom Wortlaut und der Systematik der beiden Absätze 1 und 2 von Art. 6 Rom II-VO abzuweichen. Außerdem führt eine einheitliche Anknüpfung zu **Wettbewerbsverzerrungen**, wenn sich die rechtlichen Anforderungen am Ort der Ausspähung, am Werbeort und am Absatzort unterscheiden. Der durch eine einheitliche Anknüpfung begünstigte Mitbewerber kann sich dadurch einen ungerechtfertigen Wettbewerbvorsprung auf dem betreffenden Markt verschaffen. Soweit sich jedoch die rechtlichen Anforderungen nicht unterscheiden, besteht kein Grund, vom Wortlaut und System des Art. 6 Rom II-VO abzuweichen.

---

102 So der EG-Kommissionsvorschlag von 2003 für eine Rom II-VO, KOM (2003) 427 endg., S. 18; ebenso *Beater*, Unlauterer Wettbewerb[2], Rn. 737; *Drexl*, in: MünchKommBGB[7], Bd. 12, IntLautR Rn. 169; *Glöckner*, WRP 2011, 137, 142; *Handig*, GRUR Int. 2008, 24, 27; *Hausmann/Obergfell*, in: Fezer/Büscher/Obergfell, UWG[3], IntLautPrivatR Rn. 326; *Hohloch*, in: Erman, BGB[15], Rom II-VO Art. 6 Rn. 8; *Junker*, NJW 2007, 3675, 3679; *Mankowski*, in: MünchKommUWG[2], IntWettbR Rn. 242, 247, 332, 333; *Sack*, WRP 2008, 845, 854;*Thorn*, in: Palandt, BGB[78], Rom II-VO Art. 6 Rn. 17; *G. Wagner*, IPRax 2006, 372, 380; *Wilde*, in: Gloy/Loschelder/Erdmann, Handbuch des Wettbewerbsrechts[4], § 10 Rn. 23, 24, 56.

103 *Sack*, WRP 2008, 845, 851; *Mankowski*, MünchKommUWG[2], IntWettbR Rn. 333.

104 *Drexl*, in: MünchKommBGB[7], Bd. 12, IntLautR Rn. 186; *Klinkert*, WRP 2018, 1038 Rn. 31.

105 *Drexl*, in: MünchKommBGB[7], Bd. 12, IntLautR Rn. 186.

106 *Drexl*, in: MünchKommBGB[7], Bd. 12, IntLautR Rn. 186.

107 *Drexl*, in: MünchKommBGB[7], Bd. 12, IntLautR Rn. 186.

66 Die Anwendung von Abs. 1 von Art. 6 Rom II-VO auf die Vermarktung unbefugt erlangter Betriebsgeheimnisse trägt der Tatsache Rechnung, dass sich der begünstigte Wettbewerber dadurch unmittelbar einen ungerechtfertigten **Wettbewerbsvorsprung** auf dem Markt verschaffen kann. Nimmt man die hier vorgeschlagene Unterscheidung zwischen der Beschaffung und der Vermarktung fremder Unternehmensgeheimnisse vor, dann ist die Kritik an der Anwendung von Art. 6 Abs. 2 Rom II-VO auf Betriebsspionage, dass sie dem begünstigten Wettbewerber einen Vorsprung auf dem Markt verschaffe,[108] gegenstandslos.

IX. Der Schutz von Vertriebsbindungen gegen Außenseiter

1. Lauterkeitsrechtliche Ansprüche

67 Beim Schutz von Vertriebsbindungen gegen Außenseiter ist zu unterscheiden zwischen lauterkeitsrechtlichen und markenrechtlichen Ansprüchen. Bei den lauterkeitsrechtlichen Ansprüchen sind mehrere Anknüpfungen erforderlich. Zu unterscheiden ist zwischen der kartellrechtlichen Zulässigkeit der betreffenden Vertriebsbindung und den lauterkeitsrechtlichen Voraussetzungen des Schutzes. Dementsprechend ist auch kollisionsrechtlich zu differenzieren.

68 Sinnvoll ist es, mit dem Wortlaut zu beginnen. Lauterkeitsrechtliche Ansprüche richten sich gegen den Vertrieb vertriebsgebundener Waren durch Außenseiter der Vertriebsindungssystems. Auf grenzüberschreitende Absatzhandlungen ist nach Art. 6 I Rom II-VO das Recht des **Absatzmarktes** anwendbar.[109] Denn auf diesem werden die Interessen von Mitbewerbern beeinträchtigt. Das sind zum einen die gebundenen Mitbewerber, die im Rahmen der Vertriebsbindung u.U. bestimmten Einschränkungen unterliegen, z.B. bei der Raumausstattung oder bei der Präsentation der vertriebsgebundenen Waren. Beeinträchtigt können jedoch auch ungebundene Mitbewerber dadurch sein, dass sie die betreffenden Waren nicht in ihrem Sortiment führen.

69 Die Voraussetzungen des Schutzes von Vertriebsbindungen gegen Außenseiter unterscheiden sich in den verschiedenen Staaten zum Teil recht erheblich. Selbst in Deutschland haben sich die Rechtsprechung und die herrschende Lehre zu

108 So *Hausmann/Obergfell*, in: Fezer/Büscher/Obergfell, UWG[3], IntLautPrivatR Rn. 166.

109 Vgl. *Fezer/Koos*, in: Staudinger, Internationales Wirtschaftsrecht (2015), Rn. 770; *Hausmann/Obergfell*, in: Fezer/Büscher/Obergfell, UWG[3], IntLautPrivatR Rn. 336; *Klass*, in: GroßkommUWG[2], Einl. D Rn. 258; *Mankowski*, in: MünchKommUWG[2], IntWettbR Rn. 312, 314; *Sack*, GRUR Int. 1988, 320, 335 ff.

den Voraussetzugen des Schutzes von Vertriebsbindungen gegen Außenseiter Ende der 1990er Jahre stark geändert.[110]

70 Auf dem **deutschen** Absatzmarkt sind Vertriebsbinder nach dem deutschen UWG geschützt,[111] wenn der Außenseiter die vertriebsgebundenen Waren durch **Schleichbezug** erworben hat.[112] Das gilt auch dann, wenn die betreffenden Waren exportiert werden sollen. [113] Auch insoweit ist Inlandsrecht anwendbar.

71 Unlauter handelt ein Außenseiter auch, wenn er seinen Lieferanten zur Verletzung des Vertriebsbindungsvertrages **verleitet** hat.[114] Maßgeblich ist das Recht des Absatzmarktes des Außenseiters.

72 Hat hingegen ein Außenseiter vertriebsgebundener Waren nur unter **Ausnutzung** des Vertragsbruchs eines Vorlieferanten die betreffenden Waren erworben, so wird dies von der deutschen Rechtsprechung seit 1999 nur noch bei Vorliegen besonderer Umstände wettbewerbsrechtlich missbilligt.[115] Zuvor hatte der BGH lange Zeit die gegenteilige Ansicht vertreten.

---

110 Auführlich dazu *Sack,* WRP 2000, 447 ff.

111 Zu den Schutzvoraussetzungen ausführlich *Götting/Hetmank*, in: Fezer/Büscher/Obergfell, UWG[3], IntLautPrivatR Rn. 129 ff., 136; *Köhler*, in: Köhler/Bornkamm/Feddersen, UWG[37], § 4 Rn. 4.63 ff.; *Sack*, WRP 2000, 447 ff.

112 BGH, 16.06.1963 – KZR 5/62, GRUR 1964, 154, 156 f. = WRP 1063, 402 – Trockenrasierer II; BGH, 14.07.1988 – I ZR 184/86, GRUR 1988, 916, 917 = WRP 1988, 734 – PKW-Schleichbezug; BGH, 05.12.1991 – I ZR 63/90, GRUR 1992, 171, 173 f. = WRP 1992, 165 – Vorgetäuschter Vermittlungsauftrag; BGH, 30.06.1994 – I ZR 56/92, GRUR 1994, 827 = WRP 1994, 730 – Tageszulassungen; BGH, 11.09.2008 – I ZR 74/06, GRUR 2009, 173 Rn. 22 ff., 27 = WRP 2009, 177 – bundesligakarten.de.

113 BGH, 14.07.1988 – I ZR 184/86, GRUR 1988, 916, 917 = WRP 1988, 734 – PKW-Schleichbezug; ebenso *Baumbach/Hefermehl*, Wettbewerbsrecht[22], Einl. Rn. 187 (a); *v. Hoffmann*, in: Staudinger, EGBGB/IPR (2001), Art. 40 EGBGB Rn. 314; *Mankowski*, in: MünchKommUWG[2], IntWettbR Rn. 316; *Schricker*, in: Großkomm-UWG[1], Einl. F Rn. 211.

114 BGH, 14.06.1963 – KZR 5/62, GRUR 1964, 154, 156 f. = WRP 1963, 402 – Trockenrasierer II; BGH, 15.07.1999 – I ZR 130/96, GRUR 1999, 1113, 1114 = WRP 1999, 1022 – Außenseiteranspruch; BGH, 11.09.2008 – I ZR 74/06, GRUR 2009, 173 Rn. 31 ff., 41 = WRP 2009, 177 – bundesligakarten.de; ausführlich zum Erfordernis des »Verleitens zum Vertragsbruch« *Sack*, WRP 2000, 447, 449 ff.

115 BGH, 15.07.1999 – I ZR 130/96, GRUR 1999, 1113, 1115 f. = WRP 1999, 1022 – Außenseiteranspruch (I); BGH, 18.12.1999 – I ZR 130/96, GRUR 2000, 724, 726 (2.) = WRP 2000, 734 – Außenseiteranspruch II; BGH, 05.10.2000 – I ZR 1/98, GRUR 2001, 448, 449 = WRP 2001, 539 – Kontrollnummernbeseitigung; BGH, 21.02.2002 – I ZR 140/99, GRUR 2002, 709, 710 = WRP 2002, 947 – Entfernung der Herstellungsnummer III; BGH, 06.06.2002 – I ZR 98/00, GRUR

73 Ein Wettbewerbsverstoß wird außerdem angenommen, wenn der Außenseiter **Fabrikationsnummern** oder **Kontrollnummern** an der Ware beseitigt hat, um die Feststellung der »undichten Stelle« im Vertriebsbindungssystem zu verhindern.[116] Unerheblich für die Annahme eines Wettbewerbsverstoßes ist nach deutschem Wettbewerbsrecht, ob die Kontrollnummern im Inland oder im Ausland beseitigt worden sind.[117] Anzuwenden ist das Wettbewerbsrecht des **Absatzmarktes.**[118]

74 Ob der Schutz von Vertriebsbindungen gegen Außenseiter die Lückenlosigkeit der Vertriebsbindung voraussetzt, entscheidet das Wettbewerbsstatut.[119]

75 Voraussetzung der Unlauterkeitstatbestände ist, dass ein wirksamer Vertriebsbindungsvertrag zwischen dem Vertriebsbinder und seinem gebundenen Vertragspartner besteht. Das ist sowohl **vertragsrechtlich** als auch **kartellrechtlich** zu beurteilen. Dies erfordert unterschiedliche Anknüpfungen.

76 Über das anzuwendende Kartellrecht ist nach Art. 6 III Rom II-VO zu entscheiden.[120] Maßgeblich ist das Recht des Staates, dessen **Markt beeinträchtigt** ist

---

2002, 795, 798 = WRP 2002, 903 – Titelexklusivität; BGH, 11.09.2008 – I ZR 74/06, GRUR 2009, 173 Rn. 35, 41 = WRP 2009, 177 – bundesligakarten.de; vgl. auch BGH, 11.01.2007 – I ZR 96/04, GRUR 2007, 800 Rn. 15 f. = WRP 2007, 951 – Außendienstmitarbeiter.

116 BGH, 15.07.1999 – I ZR 130/96, GRUR 1999, 1113, 1116 (3.) = WRP 1999, 1022 – Außenseiteranspruch I; BGH, 15.07.1999 – I ZR 14/97, GRUR 1999, 1109, 1111 f. = WRP 1999, 1026 – Entfernung der Herstellungsnummer I; BGH, 15.07.1999 – I ZR 204/96, GRUR 1999, 1017 = WRP 1999, 1035 – Kontrollnummernbeseitigung I; BGH, 05.10.2000 – I ZR 1/98, GRUR 2001, 448 = WRP 2001, 539 – Kontrollnummernbeseitigung II; BGH, 21.02.2002 – I ZR 140/99, GRUR 2002, 709, 711 = WRP 2002, 947 – Entfernung der Herstellungsnummer III; kritisch zum Schutz gegen die Beseitigung von Kontrollnummern noch BGH, 21.04.1988 – I ZR 136/86, GRUR 1988, 823, 825 = WRP 1988, 722 – Entfernung von Kontrollnummern I; BGH, 05.05.1988 – I ZR 179/86, GRUR 1988, 826, 828 = WRP 1088, 725 – Entfernung von Kontrollnummern II; kritisch auch *Ohly*, in: Ohly/Sosnitza, UWG[7], § 3 Rn. 58.

117 Vgl. *Köhler*, in: Köhler/Bornkamm, UWG, 35. Aufl. 2017, § 4 Rn. 4.64; a.A. OLG Stuttgart, 23.09.1977 – 2 U 80/77, WRP 1977, 822, 823 (3.) – Lautsprecherboxen: Anwendbarkeit des Rechts des Landes, in dem die Fabrikationsnummern beseitigt worden sind.

118 A.A. OLG Stuttgart, 23.09.1977 – 2 U 80/77, WRP 1977, 822, 823 (3.): Anwendbar ist das Recht des Landes, in dem die Fabrikationsnummern beseitigt worden sind

119 *Mankowski*, in: MünchKommUWG[2], IntWettbR Rn. 315.

120 *Hausmann/Obergfell*, in: Fezer/Büscher/Obergfell, UWG[3], IntLautPrivatR Rn. 335; *Klass*, in: GroßkommUWG[2], Einl. D Rn. 257; *Mankowski*, in: MünchKommUWG[2], IntWettbR Rn. 309.

oder wahrscheinlich beeinträchtigt wird.[121] Das ist das **Absatzgebiet** vertriebsgebundener Waren. Nach anderer Ansicht ist dies in der Regel das Land, in dem der gebundene Händler seinen Sitz hat.[122]

77 Außerdem stellt sich die Frage, ob durch den streitigen Außenseitervertrieb Vertriebsbindungsverträge zwischen dem Vertriebsbinder und Vorlieferanten des Außenseiters verletzt worden sind. Maßgeblich ist insoweit das Vertragsstatut.[123]

78 Beim Inlandsvertrieb **ausländischer** Ware ist die Vorfrage, ob eine Vertriebsbindung verletzt worden ist, nach ausländischem Recht zu beurteilen.[124] Ausländisches Recht entscheidet, ob die betreffende Ware rechtmäßig erworben worden ist. Der Kauf einer Ware von einem Dritten, der, ohne selbst gebunden zu sein, die Ware nach der für den Erwerbsakt maßgeblichen ausländischen Rechtsordnung rechtmäßig erworben hat, kann nicht nach deutschem Recht als rechtswidrig wegen eines Vertragsbruchs bewertet werden.[125]

2. Markenrechtliche Ansprüche

79 Neben lauterkeitsrechtlichen Ansprüchen können beim Vertrieb vertriebsgebundener Waren auch **markenrechtliche** Ansprüche begründet sein. Nach Art. 8 I Rom II-VO ist das Recht des Staates anwendbar, für den der Schutz beansprucht wird. Wenn die vertriebsgebundenen Waren mit Unionsmarken gekennzeichnet waren, ist nach Art. 8 II Rom II-VO auf Fragen, die nicht unter die UMV (früher GMV) fallen, das Recht des Staates anwendbar, in dem die Verletzung begangen wurde.

---

121 Für Altfälle gelten das Auswirkungsprinzip des § 130 II GWB bzw. das unmittelbar aus Art. 101 AEUV abgeleitete Auswirkungsprinzip des europäischen Kartellrechts.

122 *Fezer/Koos*, in: Staudinger, Internationales Wirtschaftsrecht (2015), Rn. 769; *Klass*, in: GroßkommUWG[2], Einl. D Rn. 257 a.E.; *Mankowski*, in: MünchKommUWG[2], IntWettbR Rn. 310; *Wilde*, in: Gloy/Loschelder/Erdmann, Hdb des Wettbewerbsrechts[4], § 10 Rn. 60.

123 Vgl. *Klass*, in: GroßkommUWG[2], Einl. D Rn. 258; *Mankowski*, in: MünchKommUWG[2], IntWettbR Rn. 313.

124 Vgl. BGH, 22.06.1989 – I ZR 126/87, GRUR 1989, 832, 833 = WRP 1990, 321 – Schweizer Außenseiter; *v. Gamm*, EWS 1991, 166, 168; *Hausmann/Obergfell*, in: Fezer/Büscher/Obergfell, UWG[3], IntLautPrivatR Rn. 336, 337; *Schricker*, in: GroßkommUWG[1], Einl. F Rn. 211; kritisch *Mankowski*, in: MünchKommUWG[2], IntWettbR Rn. 313.

125 BGH, 22.06.1989 – I ZR 126/87, GRUR 1989, 832, 833 = WRP 1990, 321 – Schweizer Außenseiter.

Beim Vertrieb in Deutschland kommen markenrechtliche Ansprüche aus § 14 II Nr. 1 MarkenG bzw. aus Art. 9 II lit. a UMV wegen sog. **Doppelidentität** in Betracht. Diese Rechte sind jedoch nach § 24 I MarkenG bzw. Art. 13 I UMV erschöpft, wenn die betreffenden Waren vom Markeninhaber oder mit seiner Zustimmung in den Verkehr gebracht worden sind. Sind die Waren vom Markeninhaber oder mit seiner Zustimmung an vertriebsgebundene Händler veräußert worden, liegt ein »Inverkehrbringen« i.S.v. § 24 I MarkenG bzw. Art. 13 I UMV (früher Art. 13 I GMV) vor. [126] Fraglich ist, ob die Veräußerung durch Außenseiter ein »berechtigter Grund« i.S.v. § 24 II MarkenG ist, der der Erschöpfung des Markenrechts an der betreffenden Ware entgegensteht.[127] Der BGH hat das Vorliegen berechtigter Gründe bisher nur bei der Beseitigung von Fabrikations- und Kontrollnummern der Produkte bejaht.[128] Einen weiterreichenden markenrechtlichen Schutz von Vertriebsbindungen dahingehend, dass eine Erschöpfung nach § 24 II MarkenG bzw. Art. 13 II UMV schon dann ausgeschlossen ist, wenn die Ware außerhalb eines geschlossenen Vertriebsbindungssystems angeboten wird, hat der BGH bisher ausdrücklich abgelehnt.[129] 80

X. Die unbefugte Benutzung und Verwertung fremder betrieblicher Vorlagen oder Vorschriften technischer Art

81 Unter Art. 6 II Rom II-VO fällt auch die unbefugte Benutzung betrieblicher Vorlagen oder Vorschriften technischer Art,[130] heute insbesondere auch betrieblicher Software. In Deutschland ist diese Fallgruppe z.Zt noch in § 18 UWG geregelt, dessen Verletzung nach § 4 Nr. 3 und gegebenenfalls nach § 4 Nr. 4 UWG zivilrechtliche Ansprüche begründet. Am 26.04.2019 ist das Geschäftsgeheimnisgesetz (GeschGehG) in Kraft getreten, das die EU-RL 2016/943 in deutsches Recht umsetzt.

---

126 Vgl. BGH, 15.02.2007 – I ZR 63/04, GRUR 2007, 882 Rn. 14, 15 = WRP 2007, 1197 – Parfümtester; *Bayreuther*, WRP 2000, 349, 355; *Sack*, WRP 1999, 467, 469 (II.2.); *ders.*, WRP 2000, 447, 457 (III.2.); a.A. *Fezer*, Markenrecht[4], MarkenG § 24 Rn. 11.

127 So *Sack*, WRP 1999, 467, 470 ff.; *ders.*, WRP 2000, 447, 457; vgl. auch *Köhler*, in: Köhler/Bornkamm/Feddersen, UWG[37], § 4 UWG Rn. 4.64.

128 BGH, 01.12.1999 – I ZR 130/96, GRUR 2000, 724, 727 (III.3.) = WRP 2000, 734 – Außenseiteranspruch II; BGH, 05.10.2000 – I ZR 1/98, GRUR 2001, 448 449 f. (II.2.) = WRP 2001, 539 – Kontrollnummernbeseitigung; ebenso schon zum alten WZG BGH, 21.04.1988 – I ZR 136/86, GRUR 1988, 823, 826 (3.) = WRP 1988, 722 (zu § 24 WZG) – Entfernung von Kontrollnummern I.

129 BGH, 21.02.2002- I ZR 140/99, GRUR 2002, 709, 711 (II.1. b, aa) = WRP 2002, 947; a.A. *Sack*, WRP 1999, 467, 472 f.; *ders.*, WRP 2000, 447, 457.

130 *Hausmann/Obergfell*, in: Fezer/Büscher/Obergfell, UWG[3], IntLautPrivatR Rn. 326; *Mankowski*, in: MünchKommUWG[2], IntWettbR Rn. 247; *Sack*, WRP 2008, 845, 851.

82 Nicht Abs. 2, sondern Abs. 1 von Art. 6 Rom II-VO ist hingegen anzuwenden auf den **Absatz** von Waren, für deren Herstellung unbefugt fremde betriebliche Vorlagen verwendet worden sind, sowie auf die **Werbung** für solche Waren. Für ihren Absatz gilt das Recht des Absatzmarktes, für die Werbung das Recht des Werbemarktes.

XI. Die Bestechung von Angestellten zu Zwecken des Wettbewerbs

83 Art. 6 II Rom II-VO erfasst auch die Bestechung von Angestellten zu Zwecken des Wettbewerbs.[131] Bei der Bestechung durch Einwirkung auf die Marktgegenseite – z.B. im Rahmen eines Bieterverfahrens – ist hingegen Abs. 1 von Art. 6 Rom II-VO anzuwenden.[132]

XII. Die Abwerbung von Angestellten

84 Als weiteres Beispiel für unlauteres Wettbewerbsverhalten, auf das Art. 6 II Rom II-VO anzuwenden sei, nennt der EG-Kommissionsvorschlag von 2003 die unlautere Abwerbung von Angestellten.[133] Gegen diese Ansicht wird eingewendet, dass sie bei international tätigen Unternehmen zu Wettbewerbsverzerrungen führen könne. Angemessen sei die Anwendung des Rechts des Arbeitsmarktes, d.h. das Recht am Ort des bisherigen Arbeitsplatzes des abgeworbenen Arbeitnehmers.[134] Das deckt sich allerdings im praktischen Ergebnis

131 Vorschlag der EG-Kommission von 2003, KOM (2003) 427 endg., S. 18; *Beater*, Unlauterer Wettbewerb[2], Rn. 736; *Drexl*, in: MünchKommBGB[7], Bd. 12, Rn. 173; *Hausmann/Obergfell*, in: Fezer, UWG[3], IntLautPrivatR Rn. 326; *Sack*, WRP 2008, 845, 851; *G. Wagner*, IPRax 2006, 372, 380; einschränkend *Wilde*, in: Gloy/Loschelder/Erdmann, Hdb des Wettbewerbsrechts[4], § 10 Rn. 53, 54, der jedoch unabhängig vom System der Absätze 1 und 2 von Art. 6 Rom II-VO zum selben Ergebnis gelangt, indem er das Recht am Sitz des Unternehmens für maßgebend hält, dessen Angestellte bestochen worden sind.

132 *Drexl*, in: MünchKommBGB[7], Bd. 12, IntLautR Rn. 173.

133 KOM (2003) 427 endg., S. 18; ebenso *Handig*, GRUR Int. 2008, 24, 27; vgl. auch *Glöckner*, WRP 2011, 137, 142; *Hausmann/Obergfell*, in: Fezer/Büscher/Obergfell, UWG[3], IntLautPrivatR Rn. 326; *Köhler*, in: Köhler/Bornkamm/Feddersen, UWG[37], Einl. UWG Rn. 5.31; *Mankowski*, in: MünchKommUWG[2], IntWettbR Rn. 242, 247, 364 ff.; *Sack*, WRP 2008, 845, 851; *Schaub*, in: Prütting/Wegen/Weinreich, BGB[13], Rom II-VO Art. 6 Rn. 5; *Thorn*, in: Palandt, BGB[78], Rom II-VO Art. 6 Rn. 17; *G. Wagner*, IPRax 2006, 372, 380; *Wilde*, in: Gloy/Loschelder/Erdmann, Hdb des Wettbewerbsrechts[4], § 10 Rn. 23, 24, 57; einschränkend auf die Fälle des Verleitens zum Vertragsbruch *Lindacher*, GRUR Int. 2008, 453, 457; a.A. *Bauermann*, Der Anknüpfungsgegenstand…, S. 100 ff., 102; *Drexl*, in: MünchKommBGB[7], Bd. 12, IntLautR Rn. 171.

134 *Drexl*, in: MünchKommBGB[7], Bd. 12, IntLautR Rn. 171.

wohl – wie hier vertreten – mit dem Recht des Ortes des betroffenen Betriebs oder Betriebsteils i.S.v. Art. 4 Abs. 1 i.V.m. Art. 6 II Rom II-VO.

XIII. Verleitung zum Vertragsbruch

85 Als weiteres Beispiel unlauteren Wettbewerbsverhaltens, auf das Art. 6 II Rom II-VO anzuwenden sei, erwähnt der EG-Kommissionsvorschlag von 2003 die Verleitung zum Vertragsbruch.[135] Bei dieser Fallgruppe ist jedoch zu differenzieren.

1. Die Verleitung von **Mitarbeitern** eines Unternehmens zum Vertragsbruch gegenüber ihrem Arbeitgeber ist unter **Abs. 2** von Art. 6 Rom II-VO zu subsumieren.[136] Ein Beispiel hierfür ist die Verleitung von Mitarbeitern, unter Verletzung ihres Arbeitsvertrags Unternehmensgeheimnisse ihres Unternehmens dem verleitenden Unternehmen zugänglich zu machen. Unter Art. 6 II Rom II-VO fällt auch die Abwerbung von Mitarbeitern, wenn diese dazu verleitet werden, zu diesem Zweck ihren Arbeitsvertrag zu brechen. Die beiden genannten Beispiele erwähnt der EG-Kommissionsvorschlag ausdrücklich als Beispiele »bilateralen« Wettbewerbsverhaltens.[137]
2. Wenn hingegen **Abnehmer** oder **Lieferanten** eines Mitbewerbers zum Vertragsbruch gegenüber diesem verleitet werden, z. B. zur Verletzung einer Vertriebsbindung, dann ist **Abs. 1** von Art. 6 Rom II-VO anzuwenden.[138] Denn es wird auf die Marktgegenseite eingewirkt. Anzuwenden ist das Recht des Landes, in dem die Kunden oder Lieferanten, die zum Vertragsbruch verleitet werden, ihre gewerbliche Niederlassung haben. Für den **Vertrieb** gebundener Waren durch einen Außenseiter gilt hingegen das Recht des Staates, in dem sich der Außenseiter durch den Vertrieb dieser Waren eine

135 KOM (2003) 427 endg., S. 18; ebenso *Handig*, GRUR Int. 2008, 24, 27; *Hausmann/Obergfell*, in: Fezer/Büscher/Obergfell, UWG[3], IntLautPrivatR Rn. 326; *Köhler*, in: Köhler/Bornkamm/Feddersen, UWG[37], Einl. UWG Rn. 5.32; *Lindacher*, Internationales Wettbewerbsverfahrensrecht, 2009, § 5 Rn. 8, S. 19 f.; *Schaub*, in: Prütting/Wegen/Weinreich, BGB[13], Rom II-VO Art. 6 Rn. 5; *Thorn*, in: Palandt, BGB[78], Rom II-VO Art. 6 Rn. 17; *Wilde*, in: Gloy/Loschelder/Erdmann, Hdb des Wettbewerbsrechts[4], §10 Rn. 23, 52; a.A. *Bauermann*, Der Anknüpfungsgegenstand…, S. 109 (3.).

136 *Hohloch*, in: Erman, BGB[15], Rom II-VO Art. 6 Rn. 8.

137 KOM (2003) 427 endg., S. 18.

138 Vgl. *Fezer/Koos*, in: Staudinger, Internationales Wirtschaftsrecht (2015), Rn. 770; unklar ist, ob der EG-Kommissionsvorschlag von 2003, KOM (2003) 427 endg., S. 18 mit der Fallgruppe »Anstifung zum Vertragsbruch« als Beispiel für »bilaterales« Wettbewerbsverhalten auch diese Fälle der Anstiftung von Kunden oder Lieferanten eines Unternehmens gemeint hat; wenn dies der Fall sein sollte, wäre der Kommissionsvorschlag insoweit abzulehnen.

ungerechtfertigten Wettbewerbsvorsprung vor gebundenen Mitbewerbern verschafft [139] bzw. das Recht des Ortes des Vertragsbruchs.[140] Für die Frage, ob ein Vertragsbruch vorliegt, ist das Vertragsstatut maßgeblich. In der Praxis geht es allerdings (fast) immer nur um die Haftung des **Außenseiters** von Vertriebsbindungen, der unbefugt vertriebsgebundene Waren vertreibt. Auf den Vertrieb dieser Waren ist das Recht des Absatzmarktes anzuwenden.[141]

XIV. Unbegründete Schutzrechtsverwarnungen

86 Bei unbegründeten Schutzrechtsverwarnungen ist zu unterscheiden zwischen sog. Herstellerverwarnungen und sog. Abnehmerverwarnungen.[142] Beide Begriffe sind sehr ungenau, entsprechen jedoch dem juristischen Sprachgebrauch. Bei der Haftung für unbegründete **Herstellerverwarnungen** geht es um Ansprüche des **Verwarnten** gegen den unbegründet verwarnenden Schutzrechtsinhaber. Da der Verwarnte meist der Hersteller der angeblich schutzrechtsverletzend hergestellten oder gekennzeichneten Waren ist, bezeichnet man sie – pars pro toto – als Herstellerverwarnungen. Die Haftung für unbegründete **Abnehmerverwarnungen** betrifft hingegen Schäden, die ein unmittelbarer oder mittelbarer **Lieferant** durch die Verwarnung von Abnehmern der angeblich schutzrechtsverletzend hergestellten oder gekennzeichneten Waren erleidet bzw. erlitten hat. Meist sind es auch in diesem Fall Ansprüche des **Herstellers** der angeblich schutzrechtsverletzend hergestellten oder gekennzeichneten Waren. Es geht hingegen nicht um Ansprüche der verwarnten Abnehmer; für diese gelten die Grundsätze der sog. Herstellerverwarnungen.

1. Unbegründete Herstellerverwarnungen

87 Wenn unbegründete Herstellerverwarnungen – das ist der Regelfall – **Zwecken des Wettbewerbs** dienen, gehören sie zu den Fallgruppen des Art. 6 II Rom II-VO.[143] Die Tatsache, dass sie der BGH nach wie vor deliktsrechtlich nach § 823

---

139 *Fezer/Koos*, Staudinger, Internationales Wirtschaftsrecht (2015), Rn. 771.

140 *Hausmann/Obergfell*, in: Fezer/Büscher/Obergfell, UWG³, IntLautPrivatR Rn. 337.

141 *Fezer/Koos*, in: Staudinger, Internationales Wirtschaftsrecht (2015), Rn. 771; *Hausmann/Obergfell*, in: Fezer/Büscher/Obergfell, UWG³, IntLautPrivatR Rn. 336; *Mankowski*, in: MünchKommUWG², IntWettbR Rn. 312; *Schricker*, GroßkommUWG¹, 1994, Einl. F Rn. 211.

142 Zur Unterscheidung vgl. *Sack*, Unbegründete Schutzrechtsverwarnungen, 2006, S. 1 ff.; *ders.*, Das Recht am Gewerbebetrieb, 2007, S. 257 f., 258 ff., 268 ff.; *ders.*, WRP 2005, 253, 261; *ders.*, NJW 2009, 1642 ff.

143 *Mankowski*, in: MünchKommUWG², Rn. 247, 337 f.; *Sack*, WRP 2008, 845, 851; *ders.*, GRUR Int. 2012, 601, 606; vgl. auch *Sack*, WRP 2000, 269, 273; vgl. ferner BGH, 13.07.1954 – I ZR 14/53, GRUR 1955, 150 f. – Farina Belgien; **a.A.**, d.h.

I BGB als Eingriffe in das Recht am Gewerbebetrieb bewertet,[144] ist nach europäischem Kollisionsrecht unerheblich. Denn maßgeblich ist die Terminologie der Rom II-VO, die an »unlauteres Wettbewerbsverhalten« anknüpft. Außerdem wäre Art. 4 Rom II-VO in jedem Fall anwendbar, sei es aufgrund der Verweisung des Art. 6 II auf Art. 4 oder sei es, dass man mangels Sonderregelung die allgemeine deliktsrechtliche Kollisionsnorm für unmittelbar anwendbar hält.

88 Gegen die Anwendung von Art. 6 II Rom II-VO ist eingewendet worden, dass unbegründete Herstellerverwarnungen sehr nachteilige Auswirkungen auf die Interessen insbesondere potenzieller Kunden in Bezug auf die Erhaltung des Preiswettbewerbs haben können. Auch seien Schutzrechte territorial begrenzt, so dass sich der Marktort ohne Probleme ermitteln lasse. Schließlich erscheine die Anwendung des Rechts am gemeinsamen gewöhnlichen Aufenthalt nicht sachgerecht, wenn es gerade um behauptete Schutzrechte und den Wettbewerb in einem anderen Staat gehe. Dies alles spreche dafür, das Vorliegen eines bilateralen Wettbewerbsverhältnisses zu verneinen und nach **Abs. 1** des Art. 6 Rom II-VO das Recht des Marktortes anzuwenden.[145]

89 Die Argumente, mit denen dies begründet wird, sind als solche zweifellos zutreffend. Sie rechtfertigen jedoch nicht diesen Wechsel der Kollisionsnormen. Denn Art. 6 II Rom II-VO i.V.m. Art. 4 I Rom II-VO führen zu denselben Ergebnissen wie Art. 6 I Rom II-VO. Nach Erw.-Grd. Nr. 21 der Rom II-VO stellt die Sonderregel des Art. 6 I Rom II-VO keine Ausnahme von der allgemeinen Regel des Art. 4 I Rom II-VO das, sondern vielmehr nur eine Präzisierung derselben, d.h. mit Art. 6 II Rom II-VO i.V.m. Art. 4 I Rom II-VO gelangt man zum selben Ergebnis wie mit Art. 6 I Rom II-VO. Zu unbrauchbaren Ergebnissen führt hingegen häufig das Recht des gemeinsamen gewöhnlichen Aufenthalts der Parteien nach Art. 6 II i.V.m. Art. 4 II Rom II-VO. Solche unbrauchbaren Ergebnisse lassen sich jedoch mit dem viel zu wenig angewendeten Art. 4 III Rom

---

für die Anwendung von Art. 6 Abs. 1 Rom II-VO, *Drexl*, in: MünchKommBGB[7], Bd. 12, IntLautR Rn. 174; *Hausmann/Obergfell*, in: Fezer/Büscher/Obergfell, UWG[3], IntLautPrivatR Rn. 328; für die Anwendung von Art. 8 Rom II-VO *Bauermann*, Der Anknüpfungsgegenstand…, S. 109.

144 Vgl. BGH GSZ, 15.07.2005 – GSZ 1/04, GRUR 2005, 882, 884 = WRP 2005, 1408 – Unberechtigte Schutzrechtsverwarnung; BGH, 11.01.2018 – I ZR 187/16, GRUR 2018, 832 Rn. 70, 84 = WRP 2018, 950 – Ballerinaschuh; kritisch zur Anwendung von § 823 Abs. 1 BGB statt des UWG BGH, I. ZS, 12.08.2004 – I ZR 98/02, GRUR 2004, 958 = WRP 2004, 1366 – Verwarnung aus Kennzeichenrecht; kritisch dazu auch *Lindacher*, WRP 1996, 645, 650; *Sack*, NJW 2009, 1642 ff.; *ders.*, WRP 1976, 733, 734 f.; *ders.*, Unbegründete Schutzrechtsverwarnungen, 2006, S. 25 ff.; *ders.*, Das Recht am Gewerbebetrieb, 2007, S. 257 ff., 258 f.

145 *Drexl*, in: MünchKommBGB, Bd. 12, IntLautR Rn. 174; *Köhler*, in: Köhler/Bornkamm/Feddersen, UWG[37], Einl. UWG Rn. 5.32.

II-VO vermeiden. Denn zum Marktort besteht bei unbegründeten Herstellerverwarnungen immer eine »offensichtlich engere Verbindung« als zum gemeinsamen gewöhnlichen Aufenthalt der Parteien. Die Tatsache, dass unbegründete Abnehmerverwarnungen außer dem Verwarnten auch weitere Marktbeteiligte behindern können, spricht nicht gegen die Annahme, dass es »bilaterale« Wettbewerbshandlungen sind. Denn es entspricht, wie bereits oben in Kap 3 Rdn. 1, 3 dargelegt, dem Wesen bilateraler Wettbewerbshandlungen, dass sie auch die Interessen weiterer Marktbeteiligter beeinträchtigen können. Ihnen fehlt jedoch insoweit die nach Art. 6 I Rom II-VO erforderliche **unmittelbare** Einwirkung auf die Marktgegenseite.

2. Unbegründete Abnehmerverwarnungen

90 Unbegründete Abnehmerverwarnungen sind hingegen für die Hersteller und für sonstige unmittelbare oder mittelbare Lieferanten der verwarnten Abnehmer **marktbezogene** Wettbewerbshandlungen, die von Art. 6 I Rom II-VO erfasst werden.[146] Sie wirken auf die Marktgegenseite der betroffenen Lieferanten oder Hersteller ein. Auf sie ist das Recht des Landes anwendbar, in dem auf die Abnehmer durch Verwarnungen eingewirkt worden ist.[147]

XV. Wettbewerbsrechtlicher Leistungsschutz, wettbewerbsrechtlicher Markenschutz und Schutz geografischer Herkunftsangaben

91 Beim wettbewerbsrechtlichen Leistungsschutz und beim wettbewerbsrechtlichen Markenschutz sowie bei Schutz geografischer Herkunftsangaben handelt es sich um Grenzfälle zwischen Lauterkeitsrecht und geistigem Eigentum. Auf diese Fallgruppen wird im folgenden Kap. 6 ausführlich eingegangen.

146 *Sack*, WRP 2008, 845, 851; *Bauermann*, Der Anknüpfungsgegenstand…, S. 109; *Drexl*, in: MünchKommBGB[7], Bd. 12, IntLautR Rn. 174; *Köhler*, in: Köhler/Bornkamm/Feddersen, UWG[37], Einl. UWG Rn. 5.32; *Mankowski*, in: MünchKommUWG[2], IntWettbR Rn. 339; ebenso ganz allgemein für unbegründete Schutzrechtsverwarnungen, ohne zwischen Hersteller- und Abnehmerverwarnungen zu differenzieren, *Hausmann/Obergfell*, in: Fezer/Büscher/Obergfell, UWG[3], IntLautPrivatR, Rn. 328.

147 *Mankowski*, in: MünchKommUWG[2], IntWettbR Rn. 339; *Sack*, WRP 2008, 845, 851.

Kapitel 6 Grenzfälle zwischen Lauterkeitsrecht i.S.v. Art. 6 Rom II-VO und »Rechten des geistigen Eigentums« i.S.v. Art. 8 Rom II-VO

Übersicht Rdn.

1 Neben der Kollisionsnorm des Art. 6 für unlauteres Wettbewerbsverhalten enthält die Rom II-VO in Art. 8 auch eine Kollisionsnorm für »Rechte des geistigen Eigentums«. Die Zuordnung verursacht in den **Grenzgebieten** zwischen dem Lauterkeitsrecht und den Rechten des geistigen Eigentums Probleme. Zu diesen Grenzgebieten gehören vor allem der ergänzende wettbewerbsrechtliche Leistungsschutz, der ergänzende wettbewerbsrechtliche Markenschutz und der Schutz geografischer Herkunftsangaben.

I. Wettbewerbsrechtlicher Leistungsschutz

2 Bei der unbefugten Nachahmung fremder Produkte bereitet die Bestimmung der anzuwendenden Kollisionsnorm Probleme, weil zum Teil erhebliche nationale Unterschiede bestehen, ob und unter welchen Voraussetzungen Leistungen durch gewerbliche Schutzrechte und Urheberrechte geschützt werden. Man-

che schöpferischen Leistungen werden in einigen Staaten durch eingetragene oder nicht eingetragene **Schutzrechte** geschützt; in anderen Staaten erfolgt der Schutz hingegen (nur) wettbewerbsrechtlich, während wieder andere Staaten gar keinen Schutz gegen Nachahmungen gewähren.[1]

3 Die deutsche Rechtsprechung zum ergänzenden wettbewerbsrechtlichen Leistungsschutz war sehr schwankend.[2] Das RG hat ursprünglich sehr großzügig mit dem Wettbewerbs- und Deliktsrecht ergänzenden Leistungsschutz gewährt.[3] Demgegenüber lehnte der BGH zunächst einen ergänzenden wettbewerbsrechtlichen Leistungsschutz grundsätzlich ab.[4] Ein Rechtsprechungswandel erfolgte Anfang der 1960er Jahre. Nunmehr schützte der BGH gegen die sog. **unmittelbare Leistungsübernahme** mit Hilfe eines kostengünstigen technischen Vervielfältigungsverfahrens[5] sowie gegen das Einschieben in eine fremde Serie (Lego-Doktrin).[6] Einen weiteren Wandel vollzog der BGH 1968 mit seiner Reprint-Entscheidung, deren Maßstäbe seither die Rechtsprechung bestimmt haben.[7] In ihr ersetzte er das starre Kriterium der unmittelbaren Leistungsübernahme durch ein **bewegliches System** komparativer Begriffe.[8] In

1 Vgl. z.B. aus neuerer Zeit die BGH-Entscheidung »Wagenfeld-Leuchte«, BGH, 15.02.2007 – I ZR 114/04, GRUR 2007, 871 Rn. 12 = WRP 2007, 1219; die sog. Wagenfeld-Leuchte war in Deutschland urheberrechtlich geschützt, während in Italien keinerlei Schutz bestand.

2 Ausführlicher zur Entwicklung der Rechtsprechung *Sack*, ZHR 160 (1996), 493, 496 ff. mit vielen Nachw.; *ders.*, WRP 2017, 7 f.

3 Grundlegend war RG, 07.04.1910 – VI 344/09, RGZ 73, 294, 297 f. – Schallplatten: Schutz gegen des Nachpressen der Schallplatten eines konkurrierenden Unternehmens.

4 BGH, 11.07.1952 – I ZR 129/51, GRUR 1953, 40, 41 – Gold-Zack; in dieser Entscheidung wendete sich der BGH ausdrücklich gegen RG, 07.04.1910 – VI 344/09, RGZ 73, 294, 297 f. – Schallplatten.

5 BGH, 31.05.1960 – I ZR 64/58, GRUR 1960, 614, 617 – Figaros Hochzeit; BGH, 31.05.1960 – I ZR 87/58, GRUR 1960, 627, 630 – Künstlerlizenz bei öffentlicher Wiedergabe von Rundfunksendungen (in Gastwirtschaften); BGH, 27.02.1962 – I ZR 118/60, GRUR 1962, 470, 474 – AKI; BGH, 27.03.1963 – Ib ZR 129/61, GRUR 1963, 633, 635 = WRP 1963, 302 – Rechenschieber; BGH, 24.05.1963 – Ib ZR 62/62, GRUR 1963, 575, 576 = WRP 1963, 299 – Vortragsabend; BGH, 13.10.1965 – Ib ZR 111/63, GRUR 1966, 503, 507 – Apfel-Madonna; BGH, 24.06.1966 – Ib ZR 32/64, GRUR 1966, 617, 619 = WRP 1966, 397– Saxophon; BGH, 03.05.1968 – I ZR 66/66, GRUR 1968, 591, 597 = WRP 1968, 327 – Pulverbehälter.

6 BGH, 06.11.1963 – Ib ZR 37/62, GRUR 1964, 621 = WRP 1964, 208 – Klemmbausteine I; kritisch dazu *Sack*, ZHR 160 (1996), 493, 499; *ders.*, in: FS für Erdmann, 2002, S. 697, 711 ff.

7 BGH, 30.10.1968 – I ZR 52/66, GRUR 1969, 186 = WRP 1969, 108 – Reprint.

8 Ausführlicher dazu *Sack,* Bewegliche Systeme im Wettbewerbs- und Warenzeichenrecht, in: Bydlinski/Krejci/Schilcher/Steininger, Das Bewegliche System im geltenden und künftigen Recht, FS für Walter Wilburg, 1986, S. 177, 192 ff.; *ders.*, WRP 2005, 531,

seiner Entscheidung »Handtaschen« vom 11. 1. 2007 hat der BGH nunmehr festgestellt, dass mit Blick auf die grundsätzliche Nachahmungsfreiheit das Nachahmen fremder Produkte **nur in Ausnahmefällen** als wettbewerbswidrig angesehen werden könne.[9] Ob damit eine Einschränkung des bisherigen ergänzenden Leistungsschutzes eingeleitet werden soll, ist noch nicht absehbar.

4 Ein nicht unerheblicher Teil des ergänzenden wettbewerbs- und deliktsrechtlichen Leistungsschutzes ist im UrhG 1965 in den §§ 73 ff. zu den »verwandten Schutzrechten« der ausübenden Künstler, der Veranstalter, der Tonträgerhersteller und der Sendeunternehmen ausgestaltet worden.[10] Ferner betraf der ergänzende Leistungsschutz viele Fälle des Designschutzes, die heute zu einem erheblichen Teil durch das gemeinschaftsrechtliche Benutzungsgeschmacksmuster erfasst werden.[11] Außerdem hat die Rechtsprechung in einigen Fällen des ergänzenden wettbewerbsrechtlichen Leistungsschutzes auch die aus dem Immaterialgüterrecht stammende dreifache Schadensberechnungsmethode für anwendbar erklärt.[12]

1. Art. 8 Rom II-VO (analog)

5 Wegen der Ähnlichkeit des wettbewerbsrechtlichen Leistungsschutzes mit dem immaterialgüterrechtlichen Leistungsschutz ist im Schrifttum eine **kollisionsrechtliche Gleichbehandlung**, d.h. die Anwendung des **Schutzlandprinzips**,

---

537 f. m.w.Nachw.; vgl. auch aus neuerer Zeit BGH, GRUR 2005, 166, 167 (I.2.) = WRP 2005, 88 – Puppenausstattungen.

9 BGH, 11.01.2007 – I ZR 198/04, GRUR 2007, 795 Rn. 51 = WRP 2007, 1076 – Handtaschen.

10 Zum wettbewerbs- und deliktsrechtlichen Schutz vgl. RG, 07.04.1910 – VI 344/09, RGZ 73, 294, 297 f. – Schallplatten (Tonträgerhersteller); RG, 29.04.1930 – II 355/29, RGZ 128, 330, 336 = GRUR 1930, 813 – Graf Zeppelin (Sendeunternehmen); BGH, 31.05.1960 – I ZR 64/58, GRUR 1960, 614, 617 – Figaros Hochzeit (ausübende Künstler); BGH, 31.05.1960 – I ZR 87/58, GRUR 1960, 627, 630 – Künstlerlizenz bei öffentlicher Wiedergabe von Rundfunksendungen (ausübende Künstler); BGH, 27.02.1962 – I ZR 118/60, GRUR 1962, 470, 474 – AKI (Sendeunternehmen); BGH, 24.05.1963 – Ib ZR 62/62, GRUR 1963, 575, 576 = WRP 1963, 299 – Vortragsabend (Veranstalter); vgl. dazu auch *Sack*, ZHR 160 (1996), 493, 497.

11 Vgl. *Sack*, WRP 2005, 531, 536 ff., 538; *ders.*, WRP 2017, 132, 133 ff.

12 BGH, 08.10.1971 – I ZR 12/70, GRUR 1972, 189, 190 f. = WRP 1971, 520 – Wandsteckdose II; BGH, 19.01.1973 – I ZR 39/71, GRUR 1973, 478, 480 – Modeneuheit; BGH, 23.01.1981 – I ZR 48/79, GRUR 1981, 517, 520 (vor III.) = WRP 1981, 514– Rollhocker; BGH, 23.05.1991 – I ZR 186/89, GRUR 1991, 914, 917 = WRP 1993, 91 – Kastanienmuster; BGH, 17.06.1992 – I ZR 107/90, GRUR 1993, 55, 57 = WRP 1992, 700– Tchibo/Rolex II; BGH, 22.04.1993 – I ZR 52/91, GRUR 1993, 757, 759 f. = WRP 1993, 625 – Kollektion »Holiday«;

vorgeschlagen worden.[13] Deshalb sei auf den ergänzenden Leistungsschutz statt des Wettbewerbsstatuts das Immaterialgüterrechtsstatut anzuwenden.[14] Maßgeblich für Immaterialgüterrechte ist seit 2009 Art. 8 Rom II-VO.

6 Diese Vorschrift ist jedoch nach ihrem **Wortlaut** nicht auf den ergänzenden Leistungsschutz anwendbar. Denn sie knüpft an die Verletzung von »Rechten« an – gemeint sind Ausschließlichkeitsrechte[15] –, während der ergänzende Leistungsschutz zwar subjektive Rechte in Form von Ansprüchen aus wettbewerbs- und deliktsrechtlichen Verhaltensnormen gewährt, die jedoch keine subjektiven (Ausschließlichkeits-)Rechte des geistigen Eigentums begründen.[16]

7 Würde man den ergänzenden wettbewerbsrechtlichen Leistungsschutz, wie es im Schrifttum vorgeschlagen worden ist, unter Art. 8 Rom II-VO subsumieren, dann wäre es eine Angelegenheit der Mitgliedstaaten der EU, darüber zu entscheiden, ob und unter welchen Voraussetzungen die Produktnachahmung und die Vermarktung nachgemachter Produkte eine unlautere Geschäftspraktik darstellen.

8 Lehnt man, wie hier vertreten, eine unmittelbare Anwendung von Art. 8 Rom II-VO ab, dann wäre noch eine **analoge** Anwendung dieser Vorschrift in Betracht zu ziehen. Zu einer Analogie ist jedoch nur zu greifen, wenn mit Art. 6 Rom II-VO keine sachgerechten Ergebnisse zu erzielen sind, die auch der Rechtsähnlichkeit des ergänzenden Leistungsschutzes und der gewerblichen Schutzrechte und Urheberrechte Rechnung tragen. Es muss eine **einheitliche** Bewertung erreicht werden,[17] d.h. die Anwendung des Marktortprinzips nach

---

13 *Fabig*, Internationales Wettbewerbsprivatrecht nach Art. 6 Rom II-VO, 2016, S. 81 ff., 83, 84, 85; *Fezer/Koos*, in: Staudinger, Internationales Wirtschaftsrecht (2015), Rn. 405, 407; *Hausmann/Obergfell*, in: Fezer/Büscher/Obergfell, UWG[3], IntLautPrivatR Rn. 339; *Schricker*, in: GroßkommUWG[1], Einl. F Rn. 200.

14 *Hausmann/Obergfell*, in: Fezer/Büscher/Obergfell, UWG[3], IntLautPrivatR Rn. 285, 339, 340; *Fezer/Koos*, in: Staudinger, Internationales Wirtschaftsrecht (2015), Rn. 405, 407; ebenso schon vor der Rom II-VO *Schricker*, in: GroßkommUWG[1], Einl. F Rn. 200; a.A. *Klass*, in: GroßkommUWG[2], Einl. D Rn. 33 ff.; *Mankowski*, in: MünchKommUWG[2], IntWettbR Rn. 272; *Sack*, WRP 2008, 845, 859.

15 *Sack*, WRP 2008, 845, 859 (2.), 860 (3.a am Ende), 862 (3.f); *Drexl*, in: MünchKommBGB[7], Bd. 12, IntLautR Rn. 124.

16 *Sack*, WRP 2008, 845, 859; a.A. *Hausmann/Obergfell*, in: Fezer/Büscher/Obergfell, UWG[3], IntLautPrivatR Rn. 35, 339 a.E., die meinen, dass es der Anwendung des Immaterialgüterrechtsstatuts nicht entgegenstehe, dass es sich beim ergänzenden Leistungsschutz wohl nicht um einen subjektivrechtlichen Schutz handle.

17 Vgl. *Fezer/Koos*, in: Staudinger, Internationales Wirtschaftsrecht (2015), Rn. 405; *Hausmann/Obergfell*, in: Fezer/Büscher/Obergfell, UWG[3], IntLautPrivatR Rn. 339, 341; gegen einen Gleichlauf der kollisionsrechtlichen Bewertung hingegen *Klass*, in: GroßkommUWG[2], Rn. 260.

Art. 6 I Rom II-VO darf in den Fällen des wettbewerbsrechtlichen Leistungsschutzes nicht zu anderen Ergebnissen führen als dies bei der Anwendung von Art. 8 Rom II-VO der Fall wäre.

9 Im Folgenden soll gezeigt werden, dass Art. 6 Rom II-VO durchaus sachgerechte Ergebnisse ermöglicht. Dabei ist beim ergänzenden Leistungsschutz zu unterscheiden zwischen der Produktnachahmung und dem Vermarkten nachgeahmter Produkte.

2. Art. 6 Abs. 1 Rom II-VO: das Anbieten und Vertreiben nachgemachter Produkte

10 Das Anbieten, einschließlich der Werbung, und das Vertreiben nachgeahmter Produkte weisen einen Marktbezug auf. Deshalb ist **Abs. 1** von Art. 6 Rom II-VO auf diese Handlungen anwendbar.[18] Auf das Vertreiben und den Absatz nachgeahmter Produkte ist das Recht des **Absatzmarktes** anzuwenden,[19] auf das Anbieten und Werben für nachgeahmte Produkte das Recht des Angebots- bzw. **Werbemarktes.**[20] Der Absatzmarkt und der Werbemarkt werden sich meist decken. Wenn das jedoch in einem Einzelfall nicht so ist, dann muss zwischen beiden Märkten unterschieden werden.

11 Nicht anwendbar auf das unlautere Anbieten und Vertreiben nachgemachter Waren ist das Recht des Landes, in dem sie hergestellt oder aus dem sie exportiert worden sind.[21] Art. 6 I Rom II-VO ist nicht auf das **Herstellen** von unlau-

18 Vgl. *Drexl*, in: MünchKommBGB[7], Bd. 12, IntLautR Rn. 125; *Klass*, in: GroßkommUWG[2], Einl. D Rn. 255, 259 ff.; *Sack*, WRP 2008, 845, 859.

19 Vgl. *Sack*, WRP 2008, 845, 859; *Klass*, in: GroßkommUWG[2], Einl. D Rn. 255; *Mankowski*, in: MünchKommUWG[2], IntWettbR Rn. 270, 273; ebenso im Ergebnis, jedoch unter Anwendung des Schutzlandprinzips nach Art. 8 Rom II-VO *Hausmann/Obergfell*, in: Fezer/Büscher/Obergfell, UWG[3], IntLautPrivatR Rn. 341; ebenso zur Rechtslage vor der Rom II-VO BGH, 30.06.1961 – I ZR 39/60, GRUR 1962, 243, 245 f. = WRP 1962, 243 – Kindersaugflaschen; OLG München, GRUR-RR 2004, 85 – Stricktop; *Sack*, GRUR Int. 1988, 320, 334 f.; *Schricker*, in: GroßkommUWG[1], Einl. F Rn. 208; *Wolfgang F. Weber*, Die kollisionsrechtliche Behandlung von Wettbewerbsverletzungen mit Auslandsbezug, 1982, S. 184 ff., 201; *ders.*, GRUR Int. 1983, 26, 29 (3.).

20 *Sack*, WRP 2008, 845, 859; *Klass*, in: GroßkommUWG[2], Einl. D Rn. 255 a.E.; nach a.A. ist generell das Recht des Absatzmarktes anzuwenden, vgl. *Mankowski*, in: MünchKommUWG[2], IntWettbR Rn. 270, 273; vor der Rom II-VO für die Anwendung des Rechts des Absatzmarktes *Schricker*, in: GroßkommUWG[1], Einl. F Rn. 208.

21 Vgl. BGH, 30.06.1961 – I ZR 39/60, GRUR 1962, 243, 245 f. = WRP 1962, 13 – Kindersaugflaschen; *Sack*, WRP 2008, 845, 859.

teren Produktnachahmungen anwendbar. Denn insoweit fehlt es noch an dem von dieser Vorschrift geforderten Markt.[22]

3. Art. 6 Abs. 2 Rom II-VO: Herstellung und Export von Produktnachahmungen

12 Sehr kompliziert ist die kollisionsrechtliche Beurteilung, wenn es nicht um das Anbieten und den Vertrieb nachgeahmter Produkte geht, sondern – im Vorfeld – um deren **Herstellung** sowie um den **Export** vom Inland ins Ausland. Das gegenwärtige deutsche Recht bietet dagegen keinen **sachrechtlichen**, d.h. wettbewerbsrechtlichen Schutz mehr.[23] Ein derartiger Schutz ist jedoch in den Mitgliedstaaten der EU durchaus möglich und wegen der Rechtsähnlichkeit mit dem gewerblichen Rechtsschutz und Urheberrecht wohl auch wünschenswert. Dieser möglichen Ausweitung des **Sachrechts** muss das **Kollisionsrecht** bei grenzüberschreitenden Sachverhalten Rechnung tragen können.

a) Die Entwicklung der deutschen Rechtsprechung

13 Die Entwicklung der deutschen Rechtsprechung zur Frage, ob die inländische **Herstellung** unlauterer Produktnachahmungen, die ausschließlich im Ausland vertrieben werden (sollen), inländischem Wettbewerbsrecht unterliegt, war schwankend.

14 In seiner Mundharmonika-Entscheidung vom 17.02.1933 hat das RG in einem solchen Fall die Anwendung inländischen Wettbewerbsrechts ursprünglich abgelehnt.[24] Sie betraf Mundharmonikas, die in Deutschland hergestellt und nach Indien exportiert wurden. Die Mundharmonikas und ihre Verpackungen waren mit einer Warenbezeichnung versehen worden, die mit der Warenbezeichnung eines deutschen Konkurrenzprodukts verwechselbar war. Das RG lehnte in dieser Entscheidung die Anwendbarkeit deutschen Wettbewerbsrechts mit der Begründung ab, dass kein Tatbestandsmerkmal des Wettbewerbsverstoßes im Inland begangen sei, weil die Täuschung der Abnehmer nur in Indien stattgefunden habe.[25]

---

22 *Fabig*, Internationales Wettbewerbsprivatrecht nach Art. 6 Rom II-VO, 2016, S. 82, 83.

23 So die Rechtsprechung seit der Kindersaugflaschen-Entscheidung des BGH vom 30.06.1961 – I ZR 39/60, GRUR 1962, 243, 245 f. = WRP 1962, 13; anders noch zumindest für den Export BGH, 13.07.1956 – I ZR 137/55, GRUR 1957, 37, 38 = WRP 1956, 333 – Uhrwerke; a.A. *Sack*, WRP 2017, 132 Rn. 26 ff.

24 RG, 17.02.1933 – II 318/32, RGZ 140, 25, 29 = JW 1933, 2646 – Mundharmonika (»Hohner«); vgl. auch RG, 19.05.1933 – II 14/33, GRUR 1933, 653 = MuW 1933, 446 – Demokrat-Club.

25 RG, 17.02.1933 – II 318/32, RGZ 140, 25, 29 = JW 1933, 2646 – Mundharmonika (»Hohner«).

15 In späteren Entscheidungen ist das RG von dieser Ansicht mit der Begründung abgerückt, dass mit der Herstellung und der Kennzeichnung von täuschenden Produktnachahmungen **ein Stück** der unlauteren Wettbewerbshandlung im Inland begangen worden sei.[26] Diese Ansicht ist vom BGH ursprünglich übernommen worden. Deutsches Wettbewerbsrecht sei anwendbar, wenn die »entscheidende Initiativhandlung«, die »einen Teil der von den Kl. als rechtswidrig angesehenen Handlung enthalte«, in Deutschland erfolgte[27] oder wenn »ein Teil der beanstandeten Wettbewerbshandlung« in Deutschland verwirklicht wurde.[28] Diese Entscheidungen des BGH betrafen allerdings Wettbewerbsstreitigkeiten zwischen Gewerbetreibenden mit Sitz in Deutschland oder von diesen wirtschaftlich abhängigen ausländischen Tochtergesellschaften. Wegen dieser Situation eines sehr weit verstandenen »gemeinsamen Heimatrechts« hielt der BGH **später** diese Entscheidungen im Ergebnis für begründet.[29]

16 Diese Argumentation traf allerdings nicht die Begründung, mit der das RG die Anwendung deutschen Wettbewerbsrechts gerechtfertigt hatte. Außerdem bestand diese besondere Situation nicht in der Entscheidung »Uhrwerke« vom 13.07.1956.[30] In ihr unterwarf der BGH die inländische **Herstellung** und den **Export** von Uhrwerken deutschem Recht. Denn auch, soweit diese exportiert werden, würden die Wettbewerbshandlungen zu einem wesentlichen Teil im Inland begangen.[31]

17 Diese in der Uhrwerke-Entscheidung vertretene Ansicht hat der BGH in seiner **Kindersaugflaschen-Entscheidung** vom 30.06.1961, die eine täuschend ähnliche Produktnachahmung betraf, ausdrücklich aufgegeben.[32] Denn aus dem Wesen des Wettbewerbsrechts folge, dass der Begehungsort einer täuschenden Wettbewerbshandlung nur ein Ort sein könne, an dem der Nachahmer unmittelbar im Wettstreit um den Kunden in die wettbewerbliche Stellung eines Mit-

---

26 Vgl. RG, 14.02.1936 – II 169/35, RGZ 150, 265, 271 = JW 1936, 1371 – Stecknadeln; ähnlich RG, 15.11.1935 – II 116/35, GRUR 1935, 637 = MuW 1936, 95 = JW 1936, 923; RG, 12.03.1937 – II 225/36, GRUR 1937, 466 – Zahl 55; RG, 15.02.1939 – II 112/38, GRUR 1939, 925, 927 – Baardaf-Rasierklingen.

27 BGH, 13.07.1954 – I ZR 14/53, BGHZ 14, 286, 291 (3.) = GRUR 1955, 150 – Farina Belgien.

28 BGH, 11.01.1955 – I ZR 16/53, GRUR 1955, 411, 413 = WRP 1955, 43 – Zahl 55; BGH, 02.10.1956 – I ZR 9/54, GRUR 1957, 215, 219 – Flava – Erdgold.

29 BGH, 30.06.1961 – I ZR 39/60, GRUR 1962, 243, 245 f. = WRP 1962, 13 – Kindersaugflaschen.

30 BGH, 13.07.1956 – I ZR 137/55, GRUR 1957, 37 = WRP 1956, 333 – Uhrwerke.

31 BGH, 13.07.1956 – I ZR 137/55, GRUR 1957, 37, 38 (II.2.) = WRP 1956, 333 – Uhrwerke.

32 BGH, 30.06.1961 – I ZR 39/60, GRUR 1962, 243, 246 = WRP 1962, 13 – Kindersaugflaschen.

bewerbers eingegriffen und das dort bestehende Interesse der Allgemeinheit, vor Täuschung bewahrt zu bleiben, verletzt habe. Trete somit das angeblich nachgeahmte Erzeugnis nur auf dem Auslandmarkt zu seinem Vorbild in Wettbewerb und rufe es nur dort die Gefahr einer Irreführung des Publikums hervor, so könne auch nur im Ausland unlauterer Wettbewerb begangen sein.[33]

b) Kritik an der Kindersaugflaschen-Entscheidung des BGH

18 Die vom BGH in der Kindersaugflaschen-Entscheidung vertretene Ansicht berücksichtigt nicht ausreichend, dass die Vorbereitung einer Täuschung der ausländischen Abnehmer bereits **im Inland** mit der Herstellung der täuschenden Produktnachahmungen begonnen hat. Deshalb hatten das RG und anfangs auch der BGH nach der Mundharmonika-Entscheidung des RG vom 17.02.1933 und vor der Kindersaugflasche-Entscheidung des BGH vom 30.06.1961 deutsches Wettbewerbsrecht auch schon dann angewendet, wenn die **Herstellung** der Produktnachahmungen im Inland und ihr Export vom Inland aus vorgenommen worden ist. Aus diesem Grunde wird auch **sachrechtlich** gefordert, nicht nur das Angebot und den Vertrieb unlauterer Produktnachahmungen, sondern auch schon ihre **Herstellung** im Inland als unlauteren Wettbewerb zu untersagen.[34] Wenn man dieser sachrechtlichen Ansicht zustimmt, muss sie ein kollisionsrechtliches Pendant haben. Es muss sich in der Auslegung des Art. 6 Rom II-VO widerspiegeln. Denn diese sachrechtliche Situation ist nicht nur in Deutschland, sondern auch in anderen Mitgliedstaaten der EU möglich.

c) Anwendbarkeit von Art. 6 II Rom II-VO

aa) »Wettbewerbsverhalten« i. S. v. Art. 6 Abs. 2 Rom II-VO

19 Art. 6 II Rom II-VO erfordert ein »Wettbewerbsverhalten«. Dieser Begriff in Art. 6 II Rom II-VO ist weit auszulegen. Die gewerbliche Herstellung von Produktnachahmungen dient der Förderung eigenen und manchmal auch der Förderung fremden Wettbewerbs. Denn die nachgeahmten Produkte sollen spä-

---

33 BGH, 30.06.1961 – I ZR 39/60, GRUR 1962, 243, 246 = WRP 1962, 13 – Kindersaugflaschen.

34 Ausführlicher dazu unten in Kap. 15 Rdn. 16 ff.; ebenso Sack, WRP 2017, 132, 136 ff.; ebenso schon *Köhler*, WRP 1999, 1075, 1077; vgl. auch *Köhler*, in: Köhler/Bornkamm/Feddersen, UWG[37], § 4 Rn. 3.80; a.A. die herrschende Lehre; widersprüchlich der BGH: die Anwendbarkeit des UWG bejahte er in den Entscheidungen »Figaros Hochzeit«, 31.05.1960 – I ZR 64/58, GRUR 1960, 614, 617 und »Vortragsabend«, 24.05.1963 – Ib ZR 62/62, GRUR 1963, 575, 577 = WRP 1963, 299; verneinend hingegen in seiner Rechtsprechung seit 1968, vgl. BGH, 03.05.1968 – I ZR 66/66, GRUR 1968, 591, 592 (III.2.b) = WRP 1968, 327 – Pulverbehälter.

ter vertrieben werden. Deshalb ist das gewerbliche **Herstellen** nachgemachter Waren ein »Wettbewerbsverhalten« i. S. v. Art. 6 II Rom II-VO. Dasselbe gilt für den **Export** nachgeahmter Waren.

bb) Interessenkollision

20 Problematisch ist, ob erst der Vertrieb nachgeahmter Produkte in einem bestimmten Land oder auch schon deren inländische **Herstellung** und deren **Export** in ein anderes Land eine **Interessenkollision** i. S. v. Art. 6 Abs. 2 Rom II-VO bewirken.

21 (1) Der BGH hat in seiner grundlegenden Kindersaugflaschen-Entscheidung von 1961 eine **Interessenkollision** verneint.[35] Er sah in der inländischen Herstellung und im Export der Produktnachahmungen keine inländische wettbewerbliche Interessenkollision. Das eigentlich Wettbewerbswidrige sei noch nicht die sklavisch nachahmende **Herstellung** der Kindersaugflaschen, die nicht unter Sonderrechtsschutz standen, sondern erst deren **Verwendung im Kampf um den Kunden.**[36] Erst in den ausländischen Staaten, in denen die Waren **vertrieben** werden, finde die Interessenkollision statt, wenn auch die Klägerin dort ihre Waren vertreibe.[37] Nach Ansicht des BGH begründeten also weder die inländische **Herstellung** als solche noch der **Export** vom Inland ins Ausland eine inländische Interessenkollision.

22 Diese Ansicht verdient keine Zustimmung. Wenn man, wie hier vertreten, das Herstellen und den Export unlauterer Produktnachahmungen sachrechtlich untersagt, dann werden im Herstellungs- und im Exportland zwar nicht die Interessen der inländischen Abnehmer, jedoch die der nachgeahmten Wettbewerber beeinträchtigt oder wahrscheinlich beeinträchtigt. Einschlägig ist daher Art. 6 II Rom-II-VO. Das gilt auch für Produktnachahmungen, die über die betriebliche Herkunft täuschen. Die Tatsache, dass dadurch auch kollektive Verbraucherinteressen wahrscheinlich beeinträchtigt werden, führt im Gebiet des Herstellungs- und Exportlandes nicht zur Anwendung von Art. 6 I Rom II-VO. Denn diese Vorschrift setzt voraus, dass die kollektiven Verbraucherinteressen auf dem Gebiet des beanstandeten Verhaltens beeinträchtigt werden können. Nach Art. 6 I Rom II-VO ist hingegen das Recht des Importlandes auf das dortige Anbieten und Vertreiben täuschender Produktnachahmungen

35 BGH, 30.06.1961 – I ZR 39/60, GRUR 1962, 243, 245 r. Sp. Mitte = WRP 1962, 13 – Kindersaugflaschen.

36 BGH, 30.06.1961 – I ZR 39/60, GRUR 1962, 243, 245 r. Sp. Mitte = WRP 1962, 13 – Kindersaugflaschen.

37 BGH, 30.06.1961 – I ZR 39/60, GRUR 1962, 243 (Ls.), 245 = WRP 1962, 13 – Kindersaugflaschen.

anwendbar. Diese Unterscheidung zwischen dem Recht des Herstellungs- und Exportlandes einerseits und dem des Importlandes andererseits ist von praktischer Bedeutung, wenn die Herstellung und der Export in den verschiedenen Ländern unterschiedlich bewertet wird. Praktische Unterschiede können sich im Einzelfall auch aus der unterschiedlichen Bestimmung des anwendbaren Rechts nach Art. 6 I und Art. 6 II Rom II-VO ergeben.

23 (2) Gegen die Ansicht des BGH, dass im Herstellungs- und Exportland keine Interessenkollision bestehe, sprechen auch die Regelungen des gewerblichen Rechtsschutzes und Urheberrechts. Dort nennen die einschlägigen Vorschriften – in Deutschland z.B. § 9 PatG oder § 16 UrhG – die unbefugte Verwertung fremder geschützter Leistungen bei der **Herstellung** von Produkten ausdrücklich als relevante Benutzungshandlungen. In der unbefugten Herstellung sieht der Gesetzgeber offensichtlich bereits eine **Interessenkollision**. Bei der Verletzung dieser Vorschriften durch die Herstellung schutzrechtsrelevanter Waren bestehen u.a. auch Schadensersatzansprüche. Solche Regelungen gibt es nicht nur in Deutschland, sondern in ganz Europa und in allen sonstigen Staaten, die der PVÜ, der RBÜ oder dem TRIPS-Abkommen angehören. Die **Rechtsähnlichkeit** mit dem gewerblichen Rechtsschutz und Urheberrecht spricht dafür, auch beim ergänzenden Leistungsschutz schon bei der inländischen **Herstellung** und beim **Export** vom Inland ins Ausland im rechtlichen Sinne eine **inländische Interessenkollision** zu bejahen.

24 (3) Gegen eine Verneinung einer inländischen Interessenkollision spricht außerdem, dass das Recht des Herstellungs- und Exportlandes bei grenzüberschreitenden Sachverhalten auch dann nicht anwendbar wäre, wenn das **Sachrecht** dieses Landes wettbewerbsrechtlichen Schutz böte.

4. Art. 4 in Verb. mit Art. 6 Abs. 2 Rom II-VO

25 Art. 6 Abs. 2 Rom II-VO verweist auf Art. 4 Rom II-VO. Nach Art. 4 Abs. 1 Rom II-VO wäre das Recht des Landes anzuwenden, in dem sich der Betrieb oder Betriebsteil des betroffenen Unternehmens befindet. Das Recht dieses Landes passt in aller Regel bei »bilateralen« Wettbewerbshandlungen. Für die wettbewerbsrechtliche Beurteilung des **Herstellens** und des **Exports** nachgemachter Waren ist hingegen allein die Anwendung des Rechts des Herstellungs- bzw. Exportlandes sachgerecht.[38] Das Herstellen und der Export von Produktnach-

38 Ebenso früher für den Export BGH, 13.07.1956 – I ZR 137/55, GRUR 1957, 37, 38 = WRP 1956, 333 – Uhrwerke; diese Ansicht hat jedoch der BGH in seiner bereits erwähnten Kindersaugflaschen-Entscheidung vom 30.06.1961 – I ZR 39/60, GRUR 1962, 243, 246 r. Sp. Mitte = WRP 1962, 13 ausdrücklich aufgegeben; meine in WRP 2008, 845, 859 zur Kindersaugflaschen-Entscheidung des BGH geäußerte Ansicht,

ahmungen hat eine **offensichtlich engere Verbindung** zum Herstellungs- bzw. Exportland i. S. v. Art 4 Abs. 3 Rom II-VO als zum betroffenen Betrieb oder Betriebsteil nach Art. 4 Abs. 1 oder zum gemeinsamen gewöhnlichen Aufenthalt der Parteien i.S.v. Art. 4 Abs. 2 Rom II-VO. Dies entspricht im praktischen Ergebnis dem sonderrechtlichen Schutz gegen Produktnachahmungen, den der gewerbliche Rechtsschutz und das Urheberrecht gewähren.

26 Es ist dann eine Frage des **Sachrechts** des Herstellungs- bzw. Exportlandes, ob es nur gegen das (inländische) Anbieten und Vertreiben oder auch schon gegen die Herstellung und den Export nachgemachter Produkte Schutz gewährt. In Deutschland ist Letzteres noch nicht der Fall (ausführlicher dazu Kap. 15 Rdn. 16 ff.).

27 Die praktische Bedeutung der Anwendung von Art. 6 Abs. 2 Rom II-VO auf die **Herstellung** von Produktnachahmungen und einer sachrechtlichen Erstreckung des ergänzenden Leistungsschutzes auf diese Fallgruppe ist gering. Denn meist genügen Unterlassungsansprüche gegen das nach Art. 6 Abs. 1 Rom II-VO zu beurteilende **Anbieten und Vertreiben** unlauter nachgemachter Produkte, um mittelbar auch deren Herstellung zu unterbinden. Praktische Bedeutung kann diese Fallgruppe jedoch haben, soweit die Herstellung der nachgemachten Produkte nur **für den Export** erfolgt.[39] Außerdem ist es denkbar, dass ein Staat sachrechtlich **Schadensersatzansprüche** vorsieht, bevor die nachgemachten Produkte im Inland angeboten und vertrieben werden.

II. Wettbewerbsrechtlicher Markenschutz

28 Der ergänzende Markenschutz mit den Vorschriften des UWG oder der §§ 823 ff. BGB hat viel Änlichkeit mit dem Schutz von Marken durch das MarkenG oder die UMV. Manche Regelungen des geltenden Markenrechts beruhen auf Rechtsprechung zum Lauterkeits- oder Deliktsrecht, z.B. der Schutz berühmter bzw. bekannter Marken nach § 14 II Nr. 3 MarkenG bzw. nach Art. 9 II lit. c UMV. Dennoch ist Art. 8 Rom II-VO, der das Kollisionsrecht der Rechte des geistigen Eigentums regelt, weder unmittelbar noch analog anwendbar. Denn der wettbewerbs- oder deliktsrechliche Schutz begründet nicht »**Rechte**« des geistigen Eigentums, d.h. subjektive Ausschließlichkeitsrechte, sondern nur delikts- oder lauterkeitsrechtliche Verhaltensnormen zum Schutze von Marken. Anwendbar

dass das Recht des Herstellungs- oder Exportlandes nicht anwendbar sei, betraf nur die in dieser Entscheidung erörterte Frage der Anwendbarkeit des Rechts dieser Länder auf das **Anbieten und Vertreiben** nachgemachter Waren, nicht jedoch die Frage, welches Recht auf die **Herstellung und den Export** nachgemachter Waren anzuwenden ist.

39 Vgl. zu dieser Fallgruppe BGH, 30.06.1961 – I ZR 39/60, GRUR 1962, 243, 245 f. = WRP 1962, 13 – Kindersaugflaschen.

ist die lauterkeitsrechtliche Kollisionsnorm des Art. 6 Rom II-VO. Das gilt auch für »wettbewerbsrechtliche« Ansprüche auf den Schutz von Marken, wenn das unlautere Wettbewerbsverhalten **allein** in einer Kennzeichenverletzung liegt.[40] Art. 6 Rom II-VO ist auch dann anzuwenden, wenn der Schutz von Marken gegen wettbewerbliche Eingriffe auf § 823 BGB (Recht am Gewerbebetrieb) gestützt wird[41].

29 Auch soweit man mit einer Mindermeinung im Schrifttum annimmt, dass konkurrierende Ansprüche aus dem Markenrecht und dem Lauterkeitsrecht nebeneinander bestehen,[42] ist nur für die markenrechtlichen Ansprüche Art. 8, für die lauterkeitsrechtlichen Ansprüche hingegen die Kollisionsnorm des Art. 6 Rom II-VO maßgeblich.

III. Geografische Herkunftsangaben

30 Problematisch ist ferner, ob der Schutz geografischer Herkunftsangaben dem Lauterkeitsrecht i.S.v. Art. 6 Rom II-VO zuzuordnen ist, oder ob er »Rechte des geistigen Eigentums« i.S.v. Art. 8 Rom II-VO begründet.

31 In den Mitgliedstaaten der EU werden dazu unterschiedliche Meinungen vertreten.

32 M.E. ist zu unterscheiden zwischen dem Schutz **durch das UWG** und dem **sonderrechtlichen** Schutz durch Gesetze und Verordnungen, die den Schutz geografischer Herkunftsangaben bezwecken.

1. Schutz durch das UWG

33 Der Schutz geografischer Herkunftsangaben durch das **Lauterkeitsrecht** begründet **keine** Rechte des geistigen Eigentums. Er begründet kein kommerzielles und gewerbliches Eigentum.[43]

34 Die Regelung des § 5 II Nr. 1 UWG, wonach die Irreführung über die geografische Herkunft unlauter ist, bezweckt nicht den Schutz geografischer Herkunftsangaben,[44] sondern den Schutz der angesprochenen Verkehrkreise gegen Irreführung. Außerdem schafft § 5 UWG keine **Ausschließlichkeitsrechte**, wie sie Art. 8 Rom II-VO voraussetzt.

40 A.A. (nur Art. 8 Rom II-VO) *Hausmann/Obergfell*, in: Fezer/Büscher/Obergfell, UWG[3], IntLautPrivatR Rn. 35, 339.
41 *Sack*, GRUR Int. 1988, 320, 330.
42 Vgl. vor allem *Fezer*, WRP 2008, 1 ff.
43 Vgl. *Büscher*, GRUR Int. 2008, 977, 981 (III.3.).
44 Vgl. *Büscher*, GRUR Int. 2008, 977, 981 f., 983 (III.3., 4.).

35 Auch der lauterkeitsrechtliche Schutz geografischer Herkunftsangaben gegen unlautere **Rufausbeutung**[45] oder gegen unlautere **Rufbeeinträchtigung** begründet keine »Rechte des geistigen Eigentums« i.S.v. Art. 8 Rom II-VO. Er bezweckt zwar den Schutz des »geistigen Eigentums« im Sinne der modernen Terminologie – dazu später –, begründet jedoch keine **absoluten Rechte** bzw. **Ausschließlichkeitsrechte.**

36 Der UWG-Schutz umfasst auch **ausländische** geografische Herkunftsangaben.[46]

37 Lauterkeitsrechtliche Ansprüche bestehen zum einen, soweit die Spezialregelungen **Lücken** aufweisen.[47] So schützen z. B. die §§ 126 ff. MarkenG geografische Herkunftsangaben nur gegen die Benutzung für Waren und Dienstleistungen.[48] Werden sie für andere Zwecke, z.B. in Firmenbezeichnungen, verwendet, gelten die §§ 3, 5 UWG.[49]

38 Außerdem sind die Vorschriften des Lauterkeitsrechts anzuwenden, wenn man entgegen der h.M. annimmt, dass zwischen Ansprüchen aus den genannten Spezialregelungen und lauterkeitsrechtlichen Ansprüchen **Anspruchskonkurrenz** besteht.[50]

---

45 Vgl. BGH, 04.06.1987 – I ZR 109/85, GRUR 1988, 453, 455 = WRP 1988, 25 – Ein Champagner unter den Mineralwässern.

46 Vgl. BGH, 30.01.1963 – Ib ZR 183/61, GRUR 1963, 482, 484 – Hollywood Duftschaumbad; BGH, 10.04.1981 – I ZR 162/79, GRUR 1981, 666 = WRP 1981, 518 – Ungarische Salami; BGH, 29.04.1982 – I ZR 111/80, GRUR 1982, 564 = WRP 1982, 570 – Elsässer Nudeln.

47 BGH, 02.07.1998 – I ZR 54/96, GRUR Int. 1999, 70, 71 (III.1.) – Warsteiner I; BGH, 10.08.2000 – I ZR 126/98, GRUR 2001, 73, 76 = WRP 2000, 1284 – Stich den Buben; BGH, 28.06.2007 – I ZR 49/04, GRUR 2007, 884 Rn. 31 = WRP 2007, 1200 – Cambridge Institute; *Ingerl/Rohnke*, MarkenG[3], Vor §§ 126 – 139 Rn. 9; *Ullmann*, GRUR 1999, 666, 668.

48 BGH, 28.06.2007 – I ZR 49/04, GRUR 2007, 884 Rn. 31 = WRP 2007, 1200 – Cambridge Institute; BGH, 10.08.2000 – I ZR 126/98, GRUR 2001, 73, 76 = WRP 2000, 1284 – Stich den Buben.

49 Begr. Reg.-Entw zum MarkenG, BT-Drucks. 12/6581 S. 117; BGH, 10.08.2000 – I ZR 126/98, GRUR 2001, 73 (Leits. 2), 76 = WRP 2000, 1284 – Stich den Buben; BGH, 28.06.2007 – I ZR 49/04, GRUR 2007, 884 Rn. 31 = WRP 2007, 1200 – Cambridge Institute.

50 So *Fezer*, Markenrecht[4], Vorb. vor § 126 MarkenG Rn. 3; *Pahlow*, in: Ekey/Klippel, HK-WettbR[2], § 5 Rn. 7; **a. A.** die ganz h. M., vgl. BGH, 02.07.1998 – I ZR 54/96, GRUR Int. 1999, 70, 71 (III.1.) = WRP 1998, 998 – Warsteiner I; BGH, 02.07.1998 – I ZR 55/96, GRUR 1999, 252, 253 = WRP 1998, 1002 – Warsteiner II; BGH, 19.09.2001 – I ZR 54/96, GRUR 2002, 160, 161 = WRP 2001, 1450 – Warsteiner III; BGH, 10.08.2000 – I ZR 126/98, GRUR 2001, 73, 76 = WRP 2000. 1284 – Stich den Buben; BGH, 28.06.2007 – I ZR 49/04, GRUR 2007, 884 Rn. 31 a.E. = WRP 2007, 1200 – Cambridge Institute; *Gruber*, in: v. Schultz, MarkenG[3],

39 Soweit neben Ansprüchen aus Spezialregelungen auch **lauterkeitsrechtliche** Ansprüche geltend gemacht werden, ist für diese die lauterkeitsrechtliche Kollisionsnorm des Art. 6 Rom II-VO anzuwenden. Danach gilt für **Werbung**, in der unbefugt auf geografische Herkunftsangaben Bezug genommen wird, das Recht des **Werbemarktes**.

40 Nach einer abweichenden Ansicht ist hingegen Art. 8 Rom II-VO anzuwenden, d.h. das Recht des Landes, für dessen Gebiet Schutz begehrt wird.[51] Das laufe in der Sache regelmäßig auf den **Vermarktungsort** hinaus.[52] Diese Ansicht beruft sich auf die BGH-Entscheidung »Cambridge Institute«,[53] die jedoch nicht – wie hier – zwischen dem UWG-Schutz und dem sonderrechtlichen Schutz geografischer Herkunftsangaben differenziert. Diese BGH-Entscheidung verweist auf die BGH-Entscheidung »SPA«,[54] in der es um den Schutz geografischer Herkunftsangaben nach § 128 MarkenG gegangen ist, für den auch nach der hier vertretenen Ansicht das Schutzlandprinzip des Art. 8 Rom II-VO gilt.[55] Außerdem ist zweifelhaft, ob bei unbefugter **Werbung** mit geografischen Herkunftsangaben bei einem Auseinanderfallen von Werbe- und Absatzmarkt in der Sache regelmäßig an den **Vermarktungsort** anzuknüpfen ist. Wenn der Kläger gegen die unbefugte Werbung mit geografischen Herkunftsangaben nicht nach dem Recht des Werbemarktes, sondern nach dem Recht eines anderen

---

Vorb. zu §§ 126 – 129 Rn. 5, 7; *Marx*, in: Fezer/Büscher/Obergfell, UWG[3], S 10 Rn. 189 ff., 197 ff.; *Ingerl/Rohnke*, MarkenG[3], Vor §§ 126 – 139 Rn. 9; *Sosnitza*, in: Ohly/Sosnitza, UWG[7], § 5 Rn. 327.

51 *Hausmann/Obergfell*, in: Fezer/Büscher/Obergfell, UWG[3], IntLautPrivatR Rn. 285 a.E. unter Hinweis auf BGH, 28.06.2007 – I ZR 49/04, GRUR 2007, 884, 886 Rn. 26 = WRP 2007, 1200 – Cambridge Institute; diese Entscheidung verweist jedoch auf die BGH-Entscheidung »SPA« vom 25.0102001 – I ZR 120/98, GRUR 2001, 420 = WRP 2001, 546, in der es um den Schutz geografischer Herkunftsangaben nach § 128 MarkenG ging, der auch nach der hier vertretenen Ansicht geistiges Eigentum i.S.v. Art. 8 Rom II-VO begründet.

52 *Hausmann/Obergfell*, in: Fezer/Büscher/Obergfell, UWG[3], IntLautPrivatR 285 a.E.

53 BGH, 28.06.2007 – I ZR 49/04, GRUR 2007, 884, 886 Rn. 26 = WRP 2007, 1200 – Cambridge Institute.

54 BGH, 25.01.2001 – I ZR 120/98, GRUR 2001, 420 = WRP 2001, 546 – SPA.

55 Außerdem wird von *Hausmann/Obergfell*, in: Fezer/Büscher/Obergfell, UWG[3], IntLautPrivatR Rn. 285 in Fußn. 1206 auf die angeblich davon abweichende BGH-Entscheidung »Pietra di Soln« vom 05.10.2006 – I ZR 229/03, GRUR 2007, 67 = WRP 2006, 1516 zu den §§ 127, 128 MarkenG verwiesen, wo der BGH auf das begehrte Vertriebsverbot das Recht des Vertriebsortes (Rn. 16), auf das begehrte Werbeverbot (am selben Ort) das Recht des Werbemarktes anwendete (Rn. 17 ff.), dort jedoch mit der Sonderproblematik der Anwendbarkeit von Art. 3 der E-Commerce-RL bzw. des § 4 TeledienstеG (jetzt § 3 TelemedienG) zu tun hatte.

nationalen Absatzmarktes Schutz begehrt, wird seine Klage nach dem Sachrecht des Werbemarktes wohl in der Regel erfolglos sein.

2. Der sonderrechtliche Schutz durch Gesetze, Verordnungen und bilaterale Abkommen

a) Die europäische und internationale Terminologie

41 Im Gegensatz zum lauterkeitsrechtlichen Schutz begründet der sonderrechtliche Schutz geografischer Herkunftsangaben, der ihren Schutz bezweckt, »Rechte des geistigen Eigentums«. Dafür spricht – trotz erheblicher sprachlicher Bedenken – die **europäische und internationale Terminologie.**

(1) Das **TRIPs-Abkommen** rechnet in Art. 1 II i.V.m. Art. 22 ff. geografische Herkunftsangaben zum geistigen Eigentum.[56]

(2) Die sog. **Enforcement-Richtlinie** Nr. 2004/48/EG, die nach Art. 1 S. 1 Maßnahmen zur Durchsetzung der »Rechte des geistigen Eigentums« regelt, bezieht sich in den Erwägungsgründen Nr. 4 ff. auf das TRIPs-Abkommen, das – wie bereits erwähnt – in Art. 1 II i.V m. den Art. 22 ff. geografische Herkunftsangaben zum geistigen Eigentum rechnet. Dementsprechend zählt auch die Begründung zum Regierungsentwurf des sog. **DurchsetzungsG**, das die Enforcement-Richtlinie in deutsches Recht umsetzt, geografische Herkunftsangaben i. S. d. §§ 126 ff. MarkenG zu den Rechten des geistigen Eigentums. Durch die Änderung von § 128 MarkenG ist dieser Wille im Gesetz zum Ausdruck gekommen.[57] Der neue § 128 II MarkenG sieht bei der Schadensberechnung eine Berücksichtigung des Verletzergewinns vor. Das DurchsetzungsG betrifft nicht nur qualifizierte, sondern auch einfache geografische Herkunftsangaben.[58]

(3) Auch nach Art. 2 I lit. c der **ProduktpiraterieVO** Nr. 1383/2003/EG (früher VO Nr. 3295/94/EG) sind geografische Herkunftsangaben »geistiges Eigentum«.

(4) Nach Art. 1 II **PVÜ** sind geografische Herkunftsangaben i.S.v. Art. 10 **PVÜ** »gewerbliches Eigentum«.

(5) Der EuGH rechnet geografische Herkunftsangaben zum »gewerblichen und kommerziellen Eigentum« i. S. v. **Art. 36 EGV (später Art. 30 EG, jetzt**

---

56 Vgl. *Drexl*, in: MünchKommBGB[7], Bd. 12, IntLautR Rn. 127; *Klass*, in: Großkomm-UWG[2], Einl. D Rn. 36; a.A. *Peter*, in: Busche/Stoll/Wiebe, TRIPs, 2. Aufl. 2013, Art. 22 Rn. 28; gegen die Relevanz von TRIPs für die Auslegung von Art. 8 Rom II-VO *Grünberger*, ZVglRWiss 108 (2009), 134, 139 f.

57 Begr. Reg.-Entw. zum DurchsetzungsG, BT-Drucks. 16/5048 S. 29.

58 *Büscher*, GRUR Int. 2008, 977, 982; *Knaak*, in: FS für Schricker, 2005, S. 815, 823; *Omsels*, Geographische Herkunftsangaben, 2007, Rn. 649 Fußn. 1070.

Art. 36 AEUV).[59] Das gilt nicht nur für qualifizierte, sondern auch für einfache Herkunftsangaben.[60]

42 Vorschriften zum Schutze des »gewerblichen Eigentums« bzw. des »gewerblichen und kommerziellen Eigentums« schaffen gewerbliche Schutzrechte. In seiner Entscheidung »Rioja-Wein« v. 16. 5. 2000 hat der EuGH sogar ausdrücklich festgestellt, dass durch EG-Verordnungen geschützte geografische Herkunftsangaben »zu den **gewerblichen Schutzrechten**« gehören.[61]

43 Da sowohl Erwägungsgrund Nr. 26 der Rom II-VO als auch Art. 1 S. 1 u. 2 der Enforcement-Richtlinie Nr. 2004/48/EG gewerbliche Schutzrechte zu den »Rechten des geistigen Eigentums« zählen, ist davon auszugehen, dass auch gewerbliche Schutzrechte **an geografischen Herkunftsangaben** »Rechte des geistigen Eigentums« sind.

44 **Zwischenergebnis:** Nach europäischem und internationalem Recht begründen Normen, die den Schutz geografischer Herkunftsangaben bezwecken, »gewerbliches Eigentum« und nach neuerer Terminologie **»geistiges Eigentum«.** Es ist davon auszugehen, dass auch in Art. 8 Rom II-VO der Begriff des »geistigen Eigentums« in diesem Sinne zu verstehen ist.

b) Kollektivmarken nach §§ 97 ff. MarkenG

45 Zu den Rechten des geistigen Eigentums zählen zweifellos Kollektivmarken an geografischen Herkunftsangaben i.S.d. §§ 97, 99, 102 III MarkenG.

---

59 EuGH, 09.06.1992 – C-47/90, Slg. 1992, I-3669 Rn. 15 ff. – Delhaize; EuGH Slg. 1992, I-5529 = GRUR Int. 1993, 76 Rn. 37, 38 – Exportur (»Turron«); EuGH, 04.03.1999 – C-87/97, Slg. 1999, I-1301 Rn. 20 = GRUR Int. 1999, 443 = WRP 1999, 486 – Consorzio per la tutela del fromaggio Gorgonzola; EuGH, 05.11.2002 – C-325/00, Slg. 2002, I- 9977 Rn. 27 = GRUR Int. 2002, 1021 = WRP 2002, 1420 – CMA-Gütezeichen; EuGH, 20.05.2003 – C-469/00, Slg. 2003, I-5033 Rn. 49, 50, 66 = GRUR 2003, 609 – Grana Padano; EuGH, 20.05.2003 – C-108/01, Slg. 2003, I-5121 Rn. 64 = GRUR 2003, 616 – Prosciutto di Parma; EuGH, 18.11.2003 – C-216/01, Slg. 2003, I-13617 Rn. 99 ff. = GRUR Int. 2004, 131 – American Bud; ebenso BGH, 05.11.2006 – I ZR 229/03, GRUR 2007, 67 Rn. 17 = WRP 2006, 1516 – Pietra di Soln.

60 EuGH, 10.11.1992 – C-3/91, Slg. 1992, I-5529 Leits.2 u. 3, Rn. 23 ff., 28 = GRUR Int. 1993, 76 – Exportur; EuGH, 18.11.2003 – C-216/01, Slg. 2003, I-13617 Rn. 102 f. = GRUR Int. 2004, 131 – American Bud; ebenso im Schrifttum *Schulte-Beckhausen*, GRUR Int. 2008, 984, 985; anders früher EuGH, 20.02.1975 – Rs. 12/74, Slg. 1975, 181 Rn. 8, 12, 15 = GRUR Int. 1977, 25 – Sekt; anders wohl auch noch EuGH, 09.06.1992 – C-47/90, Slg. 1992, I-3669 Rn. 17 ff. – Delhaize.

61 EuGH, 16.05.2000 – C-388/95, Slg. 2000, I-3123 Rn. 54 = GRUR Int. 2000, 750 – Belgien/Spanien (»Rioja-Wein«).

c) Der Schutz geografischer Herkunftsangaben nach den §§ 126 ff. MarkenG

46 Streitig ist, ob der Schutz geografischer Herkunftsangaben durch die §§ 126 ff. MarkenG gewerbliche Schutzrechte und Rechte des geistigen Eigentums begründet oder ob diese Vorschriften (nur) lauterkeitsrechtlicher Natur sind. Der BGH hat diese Vorschriften **ursprünglich** dem Lauterkeitsrecht zugerechnet.[62] In seiner insoweit grundlegenden Entscheidung Himalaya Salz vom 31.03.2016 hat er sich jedoch inzwischen zur gegenteiligen Ansicht bekannt, nach der die §§ 126 ff. MarkenG Rechte des geistigen Eigentums begründen.[63]

47 Die Streitfrage beruht darauf, dass die §§ 126 ff. MarkenG aus **lauterkeitsrechtlichem** Schutz hervorgegangen sind. Der Gesetzgeber hat jedoch durch die Sonderregelungen in den §§ 126 ff. MarkenG **gewerbliche Schutzrechte** geschaffen.[64] Denn das sog. MarkenG bezweckt den Schutz von Marken und

---

62 BGH, 02.07.1998 – I ZR 54/96, GRUR Int. 1999, 70, 71 (III.1.a; insoweit nicht abgedruckt in GRUR 1999, 251) = WRP 1998, 998 – Warsteiner I; BGH, 02.07.1998 – I ZR – 55/96, GRUR 1999, 252, 253 f. (II.1.a) = WRP 1998, 1102 – Warsteiner II; BGH, 10.08.2000 – I ZR 126/98, GRUR 2001, 73, 74 = WRP 2000, 1284 – Stich den Buben; BGH, 25.01.2001 – I ZR 120/98, GRUR 2001, 420, 422 (5.) = WRP 2001,546 – SPA; BGH, 17.01.2002 – I ZR 290/99, GRUR 2002, 426, 427 (b) = WRP 2002, 542 – Champagner bekommen, Sekt bezahlen; ebenso Begr. RegE zum MarkenG, BT-Drucks. 12/6581 S. 116 ff.; ebenso im Schrifttum *Bornkamm*, GRUR 2005, 97 Fn. 2; *McGuire*, GRUR 2008, 620, 625 f.; *Obergfell*, GRUR 1999, 551, 552; *Ullmann*, GRUR 1999, 666 f.; differenzierend *Lettl*, WRP 2008, 446, 452 (Schutz von geografischen Herkunftsangaben begründet zwar individuelle Schutzrechte, jedoch kein geistiges Eigentum); *Schulte-Beckhausen*, GRUR Int. 2008, 984, 987 f. (nur § 127 III, nicht hingegen § 127 I MarkenG begründet Schutzrechte).

63 BGH, 31.03.2016 – I ZR 86/13, GRUR 2016, 741 Rn. 11, 13 = WRP 2016, 1004 – Himalaya Salz; im gleichen Sinne wohl auch schon BGH, 28.06.2007 – I ZR 49/04, GRUR 2007, 884 Rn. 26, 31 = WRP 2007, 1200 – Cambridge Institute; ebenso *Dück*, WRP 2016, 1092; *Hacker*, in: Ströbele/Hacker/Thiering, MarkenG[12], § 127 Rn. 17 a.E.; noch offen gelassen in der Entscheidung BGH, 05.10.2006 – I ZR 229/03, GRUR 2007, 67 Rn. 18 = WRP 2006, 1516 – Pietra di Soln; dazu unten Kap. 8 Rdn. 60 ff.

64 Vgl. BGH, 31.03.2016 – I ZR 86/13, GRUR 2016, 741 Rn. 11, 13 = WRP 2016, 1004 – Himalaya Salz; OLG München, GRUR-RR 2004, 252, 253 – Pietra di Soln; *Ahrens*, GRUR Int. 1997, 508, 512; *Büscher*, GRUR Int. 2008, 977, 982 f.; *ders.*, in: FS für Erdmann, 2003, S. 237, 245 ff.; *Drexl*, in: MünchKommBGB[7], Bd. 12, IntLautR Rn.128; *Dück*, WRP 2011, 1107, 1110 ff., 1116; *Fabig*, Internationales Wettbewerbsprivatrecht nach Art. 6 Rom II-VO, 2016, S. 79; *Fezer*, Markenrecht[4], Vorb. § 126 Rn. 3; *ders.*, WRP 2000, 863, 868 f.; *Fezer/Koos*, in: Staudinger, Internationales Wirtschaftsrecht (2015), Rn. 875; *Handig*, GRUR Int. 2008, 24, 27; *Hausmann/Obergfell*, in: Fezer/Büscher/Obergfell, UWG[3], IntLautPrivatR Rn. 285, 342 ff., 346; *Katzenberger*, in: Schricker/Henning-Bodewig, Neuordnung des Wettbewerbsrechts, 1998/99, S. 218, 222; *Knaak*, GRUR 1995, 103, 105; *ders.*, GRUR Int. 2000, 401,

sonstigen Kennzeichen, zu denen auch geografische Herkunftsangaben i.S.d. §§ 126 ff. gehören. In den §§ 1 u. 2 MarkenG werden ausdrücklich auch geografische Herkunftsangaben als »Kennzeichen« i.S.d. MarkenG genannt.

48 Der Schutz geografischer Herkunftsangaben durch die §§ 126 ff. MarkenG ist also Kennzeichenschutz.[65] § 13 II Nr. 5 MarkenG rechnet geografische Herkunftsangaben ausdrücklich neben Namensrechten, Rechten an der eigenen Abbildung, Urheberrechten, Sortenschutzbezeichnungen und sonstigen gewerblichen Schutzrechten zu den »sonstigen Rechten«.[66]

49 Der Zuordnung zu den gewerblichen Schutzrechten steht nicht entgegen, dass § 128 MarkenG bezüglich der Klagebefugnis auf § 8 III UWG verweist[67] und damit auch eine Verbandsklagebefugnis vorsieht.

50 Gegen die Annahme, dass die §§ 126 ff. MarkenG **gewerbliche Schutzrechte** an geografischen Herkunftsangaben begründen, spricht auch nicht, dass der Schutz keinem konkreten (einzelnen) Rechtsinhaber zusteht.[68] Denn ein Ausschließlichkeitsrecht setzt nicht voraus, dass es nur einem einzigen Rechtsträger zugeordnet ist; die Rechtsinhaberschaft kann auch mehreren Berechtigten zukommen.[69]

51 Auch das Argument, dass der Irreführungsschutz nach § 127 I u. II MarkenG nur **reflexartig** die Begünstigten schütze – so der BGH –, ist nicht zwingend; denn dieser Schutz kann auch **bezweckt** sein, worauf z.B. Art. 10 I i.V.m. Art. 1 II PVÜ hindeutet. Für § 127 **Abs. 3** MarkenG ist das Argument des nur reflexartigen Schutzes ohnehin offensichtlich irrelevant.[70]

407; *Marx*, in: Fezer/Büscher/Obergfell, UWG[3], S 10 Rn. 43, 44; *Ohly* in: Ohly/Sosnitza, UWG[7], Einf B Rn. 22; *Sack*, WRP 2008, 845, 860 f.; *ders.*, WRP 2008, 1404, 1406 a.E.; *Schricker*, in: GroßkommUWG[1], Einl. F Rn. 198 ff.; *Sosnitza* in Ohly/Sosnitza, UWG[7], § 5 Rn. 327; ebenso für § 127 III MarkenG *Omsels,* Geografische Herkunftsangaben, 2007, Rn. 650; **a.A.** *Ingerl/Rohnke*, MarkenG[3], Vor §§ 126 – 139 Rn. 1; *McGuire,* WRP 2008, 650; *Sosnitza*, GRUR 2007, 462, 468.

65 Vgl. *Fezer*, Markenrecht[4], § 126 MarkenG Rn. 4.

66 Vgl. Marx, in: Fezer/Büscher/Obergfell, UWG[3], S 10 Rn. 40; *Knaak*, GRUR 1995, 103, 105; gegen eine Überbewertung dieses Arguments jedoch *Sosnitza*, MarkenR 2000, 77, 86 f.

67 *Fezer*, Markenrecht[4], § 126 MarkenG Rn. 4 a. E.; **a.A.** *Bornkamm*, GRUR 2005, 97 Fußn. 2; *Gruber*, in: v. Schultz, MarkenG[3], Vorb. zu §§ 126 – 129 Rn. 3; *Sosnitza*, in: FS für Doepner, 2008, S. 63, 67.

68 Vgl. *Sosnitza*, in: FS für Doepner, 2008, S. 63, 66; a.A. Begr. Reg.-Entw. zum MarkenG, BT-Drucks. 12/6581 S. 11 ff.

69 *Fezer*, Markenrecht[4], § 126 MarkenG Rn. 4; *Sosnitza,* in: FS für Doepner, 2008, S. 63, 66.

70 Zu dieser Differenzierung *Schulte-Beckhausen*, GRUR Int. 2008, 984, 987 f.

52 Auch die Tatsache, dass die Amtliche Begründung zum MarkenG in den §§ 126 ff. nur eine Fortschreibung des zuvor nur lauterkeitsrechtlichen Schutzes geografischer Herkunftsangaben sieht, spricht nicht gegen die Annahme von gewerblichen Schutzrechten bzw. »Rechten des geistigen Eigentums« an geografischen Herkunftsangeben; denn die Amtliche Begründung hat insoweit im MarkenG keinen Niederschlag gefunden und steht auch im Widerspruch dazu, dass das MarkenG den geografischen Herkunftsangaben **kennzeichenrechtlichen Schutz** gewährt; vgl. § 1 Nr. 3 und § 2 MarkenG. Dass die lauterkeitsrechtliche Herkunft der §§ 126 ff. MarkenG kein gewichtiger Einwand gegen die Ansicht ist, dass diese Vorschriften heute gewerbliche Schutzrechte bzw. »Rechte des geistigen Eigentums« begründen, zeigt auch der Blick auf eine ähnliche Entwicklung im Urheberrecht: die »verwandten Schutzrechte«, die die §§ 73 ff. UrhG den ausübenden Künstlern, den Veranstaltern, den Tonträgerherstellern und den Sendeunternehmen gewähren, beruhen auf Rechtsprechung zur früheren lauterkeitsrechtlichen Generalklausel des § 1 UWG a.F. und zu § 826 BGB.

53 Von anderen gewerblichen Schutzrechten unterscheidet sich der Schutz der geografischen Herkunftsangaben allerdings dadurch, dass ihr Gebrauch nicht lizenzierbar ist.[71] Es gibt jedoch keinen zwingenden Grund, die Lizenzierbarkeit zu den Voraussetzungen gewerblicher Schutzrechte zu zählen.[72]

54 Die Abwägung der genannten Argumente pro und contra spricht letztlich für die Anerkennung von gewerblichen Schutzrechten bzw. »Rechten des geistigen Eigentums« an geografischen Herkunftsangaben, soweit diese durch die §§ 126 ff. MarkenG geschützt sind. Dieser Ansicht hat sich mit Recht auch der BGH in seiner Entscheidung »Himalaya Salz« vom 31.03.2016 angeschlossen. Er sieht in den §§ 126 ff. MarkenG nicht mehr nur lauterkeitsrechtliche Normen, sondern nimmt an, dass sie **Kennzeichenrechte** begründen.[73]

55 Abweichend hiervon hatte es der BGH **ursprünglich** abgelehnt, den Schutz geografischer Herkunftsangaben durch die §§ 126 ff. MarkenG zu den gewerblichen Schutzrechten bzw. zum geistigen Eigentum zu rechnen.[74] Denn es

71 Vgl. *Sosnitza,* in: FS für Doepner, 2008, S. 63, 67.
72 Vgl. *Drexl,* in: MünchKommBGB[7], Bd. 12, IntLautR Rn 128.
73 BGH, 31.03.2016 – I ZR 86/13, GRUR 2016, 741 Rn. 11, 13 – Himalaya Salz.
74 BGH, 02.07.1998 – I ZR 54/96, GRUR Int. 1999, 70, 71 (III.1.a) = WRP 1998, 998 – Warsteiner I (insoweit nicht abgedruckt in GRUR 1999, 251); BGH, 02.07.1998 – I ZR 55/96, GRUR 1999, 252, 253 f. = WRP 1998, 1001 – Warsteiner II; BGH, 10.08.2000 – I ZR 126/98, GRUR 2001, 73, 74 = WRP 2000, 1284 – Stich den Buben; BGH, 25.01.2001 – I ZR 120/98, GRUR 2001, 420, 422 (5.) = WRP 2001, 546 – SPA; BGH, 17.01.2002 – I ZR 290/99, GRUR 2002, 426, 427 (b) = WRP

fehle die Zuordnung zu einem bestimmten ausschließlichen Rechtsträger.[75] Sie verkörpern nach Ansicht des BGH eine Art »kollektiven Goodwill«, der allen berechtigten Unternehmen gemeinsam zusteht[76] und nur **mittelbar** auf Grund einer **Reflexwirkung** des objektiven Rechts schützt.[77]

56 Diese enge Definition der gewerblichen Schutzrechte bzw. der Rechte des geistigen Eigentums entspricht jedoch, wie oben gezeigt, weder dem **europarechtlichen** Sprachgebrauch (Art. 30 EG; ProduktpiraterieVO; Enforcement-RL) noch dem **internationalen** Sprachgebrauch (TRIPs, PVÜ).

57 Aus der Tatsache, dass der BGH den Schutz geografischer Herkunftsangaben durch die §§ 126 MarkenG nicht mehr dem Lauterkeitsrecht, sondern dem Immaterialgüterrecht zuordnet, wonach dies Vorschriften an geografischen Herkunftsangaben gewerbliche Schutzrechte begründen, folgt allerdings **noch nicht ohne Weiteres**, dass sie »geistiges Eigentum« i.S.v. Art. 8 Rom II-VO begründen. Denn der Begriff »geistiges Eigentum« in Art. 8 Rom II-VO ist ein europäischer Rechtsbegriff, der nicht nach nationalen Kriterien der EU-Staaten, sondern europaeinheitlich auszulegen ist. Die Ausführungen oben legen jedoch nahe, dass die §§ 126 ff. MarkenG nicht nur nach deutschem Recht, sondern auch nach Art. 8 I Rom II-VO »geistiges Eigentum« begründen.[78] Das muss aber letztlich der EuGH entscheiden. Bei Verbandsklagen und bei Klagen von Mitbewerbern der Begünstigten nach § 128 MarkenG i.V.m. § 8 III UWG ist hingegen Art. 6 Rom II-VO anzuwenden.[79] Denn die Verbände und die

---

2002, 542 – Champagner bekommen, Sekt bezahlen; ebenso die Begr. Reg.-Entw. zum MarkenG, BT-Drucks. 12/6581, S. 116 ff.; *Bornkamm*, GRUR 2005, 97 Fußn. 2; *Gruber*, in: v. Schultz, MarkenG[3], Vorb. zu §§ 126 – 129 Rn. 3, 4; *Ingerl/Rohnke*, MarkenG[3], Vor §§ 126 – 139 Rn. 1; *McGuire*, WRP 2008, 620, 625 f.; *Obergfell*, GRUR 1999, 551, 552; *Ullmann*, GRUR 1999, 666 f.; ebenso im Ergebnis *Sosnitza*, MarkenR 2000, 77, 88 a. E.; *ders.*, in: FS für Doepner, 2008, S. 63, 66 f.; *ders.*, GRUR 2007, 462, 468; **differenzierend** *Lettl*, WRP 2008, 446, 452 (Schutz von geografischen Herkunftsangaben begründet zwar individuelle Schutzrechte, jedoch kein geistiges Eigentum); *Schulte-Beckhausen*, GRUR Int. 2008, 984, 987 f. (nur § 127 III, nicht hingegen § 127 I begründet Schutzrechte).

75 BGH, 02.07.1998 – I ZR 54/96, GRUR Int. 1999, 70, 71 = WRP 1998, 998 – Warsteiner I.

76 BGH, 10.08.2000 – I ZR 126/98, GRUR 2001, 73, 77 = WRP 2000, 1284 – Stich den Buben.

77 BGH, 10.08.2000 – I ZR 126/98, GRUR 2001, 73, 77 = WRP 2000, 1284 – Stich den Buben.

78 *Drexl*, in: MünchKommBGB[7], Bd. 12, IntLautR Rn. 128; *Klass*, in: Großkomm-UWG[2], Einl. D Rn. 36; *Sack*, WRP 2008, 845, 860.

79 *Drexl*, in: MünchKommBGB[7], Bd. 12, IntLautR Rn. 130; *Klass*, in: Großkomm-UWG[2], Einl. D Rn. 37.

Mitbewerber der Begünstigten klagen nicht aus dem ihnen zugewiesenen »geistigenEigentum«. Die immaterialgüterrechtliche und die lauterkeitsrechtliche Anknüpfung können nebeneinander stehen.[80] Das wird zu keinen Problemen führen. Denn mit Art. 6 und Art. 8 Rom II-VO wird man in diesen Fällen zu denselben Ergebnissen gelangen.

58 Wenn und soweit man die immaterialgüterrechtliche Zuordnung des Schutzes geografischer Herkunftsangaben durch die §§ 126 ff. MarkenG ablehnt und ihn als Teil des Lauterkeitsrechts versteht, gelangt man allerdings mit der Kollisionsnorm des Art. 6 Rom II-VO[81] zu **denselben Ergebnissen**. In seiner Entscheidung »Pietra di Soln« vom 05.10.2006, d.h. vor Inkrafttreten der Rom II-VO, hatte der BGH noch das lauterkeitsrechtliche Marktortprinzip statt des immaterialgüterrechtlichen Schutzlandprinzips angewendet.[82]

d) Der Schutz geografischer Herkunftsangaben durch die EU-VO Nr. 1151/2012

59 Auch die Normen der EU-VO Nr. 1151/2012 zum Schutz von geografischen Angaben und Ursprungsbezeichnungen für Agrarerzeugnisse und Lebensmittel von 2012 (früher VO Nr. 510/2006; zuvor VO Nr. 2081/92/EWG) schaffen »Rechte des geistigen Eigentums«.[83] Da es Rechte von gemeinschaftsweiter Bedeutung sind, ist auch Art. 8 II Rom II-VO anzuwenden. Die Vorschriften der VO Nr. 1151/2012/EU verdrängen in ihrem Anwendungsbereich grundsätzlich nationale Schutzvorschriften, z.B. die §§ 126 ff. MarkenG, während der nationale Schutz außerhalb des Anwendungsbereichs der VO – insbesondere der Schutz **einfacher** geografischer Herkunftsangaben – nicht berührt wird.[84] Die Anwendung eines bilateralen Abkommens zwischen einem Mitgliedstaat

80 *Drexl*, in: MünchKommBGB[7], Bd. 12, IntLautR Rn. 131.

81 Vgl. dazu *Sack*, WRP 2008, 845, 862.

82 BGH, 05.10.2006 – I ZR 229/03, GRUR 2007, 67 Rn. 15 = WRP 2006, 1516 – Pietra di Soln.

83 Vgl. *Drexl*, MünchKommBGB[7], Bd. 12, IntLautR Rn. 128; *McGuire*, WRP 2008, 620, 623 (zu Fußn. 27); *dies.*, in: Busche/Stoll/Wiebe, TRIPs[2], Vor Art. 22 – 24 Rn. 107; *Sack*, WRP 2008, 1405, 1407; *ders.*, WRP 2008, 845, 861.

84 EuGH, 07.11.2000 – C-312/98, GRUR 2001, 64 Rn. 45 f., 54 – Warsteiner; EuGH, 18.11.2003 – C-216/01, Slg. 2003, I 13617 Rn. 73 f. = GRUR Int. 2004, 131 – American Bud; BGH, 19.09.2001 – I ZR 54/96, GRUR 2002, 160, 161 (II.2.a) = WRP 2001, 1450 – Warsteiner III; BGH, 25.01.2001 – I ZR 120/98, GRUR 2001, 420, 421 = WRP 2001, 546 – SPA; zu noch offenen Fragen des Verhältnisses der VO 510/2006/EG zu den §§ 126 ff. MarkenG vgl. den Vorlagebeschluss des BGH v. 14. 2. 2008 I ZR 69/04, GRUR 2008, 413 = WRP 2008, 669 – Bayerisches Bier.

und einem Drittstaat wird durch die VO Nr. 1151/2012/EU ebenfalls nicht ausgeschlossen.[85]

e) Bilaterale Abkommen

60 Mehrere bilaterale Abkommen erstrecken den Schutz geografischer Herkunftsangaben über das Ursprungsland hinaus. Das ist entgegen einer verbreiteten Ansicht keine Abweichung vom sachrechtlichen Territorialitätsprinzip, sondern eine Erweiterung der Anzahl der Territorien, in denen die betreffenden geografischen Herkunftsangaben Schutz genießen.[86]

61 Das 1961 in Kraft getretene deutsch-französische Abkommen über den Schutz von Herkunftsangaben, Ursprungsbezeichnungen und anderen geografischen Angaben schützt diese Angaben, z.B. die Angabe »Champagner«, nach Art. 6 I i.V.m. Art. 4 u. 5 **unmittelbar**[87] gegen ihre **Benutzung** für Erzeugnisse oder Waren oder deren Aufmachung oder äußere Verpackung oder auf Rechnungen, Frachtbriefen oder anderen Geschäftspapieren oder in der Werbung (Art. 4 I) oder gegen ihre irreführende Benutzung in Marken, Namen Aufschriften oder Abbildungen (Art. 5 i.V.m. Art. 4). Eine Benutzung der geografischen Herkunftsangabe in Form einer Marke, d.h. eine markenmäßige Benutzung, ist nach Art. 4 u. 5 des Abkommens nicht erforderlich.[88] Nach Art. 4 III dieses Abkommens sind diese Regelungen nicht auf Erzeugnisse oder Waren bei der **Durchfuhr** anzuwenden. Außerdem bestehen auch Ansprüche aus § 127 MarkenG,[89] die ebenfalls keine kennzeichenmäßige Benutzung erfordern.[90]

---

85 EuGH, 18.11.2003 – C-216/01, Slg. 2003 I-13617 Rn. 78 = GRUR Int. 2004, 131 – American Bud.

86 *Sack*, WRP 2008, 845, 861.

87 BGH, 19.05.2005 – I ZR 262/02, GRUR 2005, 957, 958 (2.a) = WRP 2005, 1530 – Champagner Bratbirne; *Drexl*, in: MünchKommBGB[7], Bd. 12, IntLautR Rn. 38; dazu *Obergfell*, MarkenR 2005, 470, 471.

88 BGH, 19.05.2005 – I ZR 262/02, GRUR 2005, 857, 858 (II.3.a) = WRP 2005, 1530 – Champagner Bratbirne; a.A. OLG Köln, 05.11.1999 – 6 U 86/99, GRUR Int. 2000, 796 f. – Champagner bekommen, Sekt bezahlen; *Drexl*, in: MünchKommBGB[7], Bd. 12, IntLautR Rn. 38 a.E.

89 BGH, 17.01.2002 – I ZR 290/99, GRUR 2002, 426, 427 = WRP 2002, 542 – Champagner bekommen, Sekt bezahlen; LG Stuttgart, GRUR-RR 2002, 16 – Champagner Bratbirne; OLG Frankfurt a.M., GRUR-RR 2003, 306 – ChamPearl; vor dem MarkenG schützte der BGH mit § 1 UWG a. F., vgl. BGH, 04.06.1987 – I ZR 109/85, GRUR 1988, 453, 455 = WRP 1988, 25 – Ein Champagner unter den Mineralwässern; ebenso *Drexl*, in: MünchKommBGB[7], Bd. 12, IntLautR Rn. 38 a.E.

90 BGH, 19.05.2005 – I ZR 262/02, GRUR 2005, 957, 958 (II.3.a) = WRP 2005, 1530 – Champagner Bratbirne; OLG Köln, 05.11.1999 – 6 U 86/99, GRUR Int. 2000, 796 f. – Champagner bekommen, Sekt bezahlen.

Zwischen Ansprüchen aus dem Abkommen und Ansprüchen aus § 127 besteht (kumulative) Anspruchskonkurrenz.[91]

62 Die Vorschriften der betreffenden bilateralen Abkommen begründen in den jeweils beteiligten Vertragsstaaten »Rechte des geistigen Eigentums« i.S.v. Art. 8 Rom II-VI.[92] Maßgeblich nach Art. 8 Rom II-VO ist deshalb das Recht des Einfuhrlandes, das Vertragsstaat ist, wenn für dessen Gebiet Schutz begehrt wird.[93] Im Einfuhrland sind die bilateralen Abkommen als **Sachrecht** anzuwenden.[94] Hinsichtlich der Voraussetzungen des **Schutzes** verweisen die Abkommen – z.B. Art. 2 u. 3 des deutsch-französischen Abkommens bezüglich der in den Anlagen A und B genannten geografischen Angaben – auf das Recht des Ursprungslandes der betreffenden Bezeichnung.[95] Nach Art. 3 des deutsch-französischen Abkommens über den Schutz von Herkunftsangaben, Ursprungsbezteichungen und anderen geografischen Bezeichnungen (BGBl. 1961 II 22) sind »die in der Anlage A dieses Abkommens aufgeführten Bezeichnungen in dem in Art. 13 I bezeichneten Gebiet der Bundesrepublik Deutschland ausschließlich französischen Erzeugnissen oder Waren vorbehalten und dürfen dort nur unter denselben Voraussetzungen benutzt werden, wie sie in der Gesetzgebung der Französischen Republik vorgesehen sind«. Eine entsprechende Regelung enthält Art. 2 für den Schutz deutscher geografischer Bezeichnungen in Frankreich.

63 Übereinstimmende Regelungen enthalten die Abkommen der Bundesrepublik mit Italien (BGBl. 1965 II 157), mit Griechenland (BGBl. 1965 II 177), mit der Schweiz (BGBl. 1969 II 139) und mit Spanien (BGBl. 1972 II 109).

64 Hinsichtlich der **Rechtsfolgen** ist das Recht des Einfuhrlandes anzuwenden.

---

91 So wohl BGH, 17.01.2002 – I ZR 290/99, GRUR 2002, 426, 427 (II.1.,3.) = WRP 2002, 542 – Champagner bekommen, Sekt bezahlen.

92 Vgl. für das französisch-italienische Abkommen EuGH, 20.05.2003 – C-469/00, Slg. 2003, I-5033 Rn. 49, 50 66 = GRUR 2003, 609 – Grana Padano; für das französisch-spanische Abkommen vgl. EuGH, 10.11.1992 – C-3/91, Slg. 1992, I-5529 Rn. 12 = GRUR Int. 1993, 76 – Exportur (»Turron«); a.A. (noch) für das deutsch-französische Abkommen BGH, 04.06.1987 – I ZR 109/85, GRUR 1988, 453, 455 (II.2.c,bb) = WRP 1988, 25 – Ein Champagner unter den Mineralwässern; vgl. auch *McGuire* in Busche/Stoll/Wiebe, TRIPs[2], Vor Art. 22 – 24 Rn. 91.

93 EuGH, 10.11.1992 – C-3/91, Slg. 1992, I-5529 Rn. 12 = GRUR Int. 1993, 76 – Exportur (»Turron«).

94 Vgl. *Drexl*, in: MünchKommBGB[7], Bd. 12, IntLautR Rn. 39; *Sack*, WRP 2008, 845, 861 (e).

95 *Büscher*, GRUR Int. 2008, 977, 981; *Drexl*, in: MünchKommBGB[7], Bd. 12, IntLautR Rn. 39 a.E.; *Krieger*, GRUR Int. 1960, 400, 406; *Loschelder*, in: FS für Erdmann, 2002, S. 387, 390; *Sack*, WRP 2008, 845, 861 (e).

65 Streitig ist, ob die Verweisungen auf Schutzvoraussetzungen des Ursprungslandes **sachrechtlicher** Natur[96] oder **kollisionsrechtlicher** Natur sind,[97] wobei sich dieser Meinungsunterschied nicht auf die praktischen Ergebnisse auswirkt.

66 Nach der **sachrechtlichen** Deutung erstrecken die betreffenden Vorschriften der bilateralen Abkommen die Regelungen der Schutzvoraussetzungen einer geografischen Bezeichnung im Ursprungsland auf das Einfuhrland. Diese sachrechtliche Deutung ist ohne weiteres mit dem Kollisionsrecht der Rom II-VO vereinbar.

67 Nach der Gegenansicht sind die Verweisungen der bilateralen Abkommen bezüglich des Schutzumfangs der betreffenden Herkunftsangaben **Sachnormverweisungen** auf des Recht des Ursprungslandes, d.h. Kollisionsnormen in Form von **Sachnormverweisungen**. Problematisch ist zum einen, ob dies im Widerspruch zu Art. 28 II Rom II-VO steht, wonach diese Verordnung Vorrang vor völkerrechtlichen Verträgen zwischen EU-Staaten hat. Anhänger der kollisionsrechtlichen Deutung verneinen dies, weil die Anknüpfung dieser Abkommen an das Recht der Ursprungslandes, soweit es den Schutzumfang der Herkunftsangabe betrifft, eine Vorfrage sei.[98] Zweifelhaft ist allerdings auch, ob es sich bei solchen Verweisungen überhaupt um Kollisionsnormen handelt. Denn Kollisionsnormen im herkömmlichen Sinne regeln, welches Recht bei grenzüberschreitenden Sachverhalten anwendbar ist. Demgegenüber bestimmen die hier streitigen Normen bilateraler Verträge die Integration ausländischer Schutzvoraussetzungen von geografischen Herkunftsangaben in das deutsche Recht. Anzuwenden ist also nach dieser Interpretation das Recht des Importlandes Deutschland. Die streitigen Vorschriften regeln also nicht, welches Recht anzuwenden ist, und auch nicht, dass ausländisches Recht auf Importsachverhalte anzuwenden sei.

68 Die Tatsache, dass im Ursprungsland lange Zeit kein Schutz gegen eine entsprechende unbefugte Benutzung in Anspruch genommen worden ist, kann nach Ansicht des BGH den Schutz in einem anderen Land ausschließen.[99]

---

96 So *Sack*, WRP 2008, 845, 861.

97 *Büscher*, GRUR Int 2008, 977, 981; *Drexl*, in: MünchKommBGB[7], Bd. 12, IntLautR Rn. 39; *Fezer/Koos*, in: Staudinger, Internationales Wirtschaftsrecht (2015), Rn. 422; *Hausmann/Obergfell*, in: Fezer/Büscher/Obergfell, UWG[3], IntLautPrivatR Rn. 50, 347; *v. Hoffmann*, in: Staudinger, EGBGB/IPR (2001), Art. 40 EGBGB Rn. 293; *Schricker*, in: GroßkommUWG[1], Einl. F Rn. 158; vgl. auch *Loschelder*, in: FS für Erdmann, 2002, S. 387, 391.

98 *Drexl*, in: MünchKommBGB[7], Bd. 12, IntLautR Rn. 108.

99 BGH, 04.06.1987 – I ZR 109/85, GRUR 1988, 453, 456 = WRP 1988, 25 – Ein Champagner unter den Mineralwässern; dazu *Klette*, GRUR 1988, 456, 457 (3.).

69 Problematisch ist der Schutz von Bezeichnungen, die in bilaterale Abkommen aufgenommen worden sind, wenn sie **Gattungsbezeichnungen** sind oder inzwischen zu solchen geworden sind. Nach Art. 2 u. 3 der Abkommen sind sie im Einfuhrland an sich als Herkunftsbezeichnungen geschützt.[100] Wenn ihr Schutz im Einfuhrland in der EU die Einfuhr beschränkt, erfüllt dies den Tatbestand des Art. 34 AEUV.[101] Die Einfuhrbeschränkung kann zwar nach Art. 36 AEUV gerechtfertigt sein, da geografische Herkunftsangaben – auch einfache und mittelbare Herkunftsangaben – zum gewerblichen und kommerziellen im Sinne dieser Vorschrift gehören. Eine Rechtfertigung nach Art. 36 AEUV ist jedoch ausgschlossen, wenn die betreffende Herkunftsangabe beim Inkrafttreten des Abkommens eine Gattungsbezeichnung war oder später zu einer solchen geworden ist.[102]

100 *Loschelder,* in: FS für Erdmann, 2002, S. 387, 390; *Tilmann,* Die geographische Herkunftsangabe, 1976, S. 421.

101 EuGH, 10.11.1992 – C-3/91, Slg. 1992, I- 5529 = GRUR Int. 1993, 76 – Exportur (»Turron de Alicante«).

102 EuGH, 10.11.1992 – C-3/91, Slg. 1992, I- 5529 Leits.4 = GRUR Int. 1993, 76 – Exportur; *Loschelder,* in: FS für Erdmann, 2002, S. 387, 398 (3.).

Kapitel 7 Multistate-Wettbewerbshandlungen

Übersicht Rdn.

I. Die Beeinträchtigung der Interessen von Marktbeteiligten

1 Einer gesonderten Erörterung bedürfen sog. Multistate-Wettbewerbshandlungen. Das sind Wettbewerbshandlungen, die mehrere Staaten berühren. Dazu gehören vor allem Werbeankündigungen

- in international verbreiteten Printmedien,[1]
- in grenzüberschreitenden Rundfunk- und Fernsehsendungen[2] oder
- im Internet.[3]

2 Auch bei diesen Multistate-Wettbewerbshandlung gilt das Marktortprinzip i.S.v. Art. 6 Rom II-VO. Anwendbar ist das Recht der Länder, in denen die beanstandete Wettbewerbshandlung die Interessen von Marktbeteiligten **beeinträchtigt**, d.h. negativ beeinflusst. Ob eine Wettbewetbewerbshandlung in einem Land die Interessen seiner Marktbeteiligten beeinträchtigt oder beeinträchtigen kann, hängt von unterschiedlichen Faktoren ab.

1 Vgl. BGH, 23.10.1971 – I ZR 86/69, GRUR 1971, 153 = WRP 1971, 26 – Tampax.

2 BGH, 14.05.1998 – I ZR 10/96, GRUR 1998, 945 = WRP 1998, 854 – Co-Verlagsvereinbarung.

3 BGH, 13.10.2004 – I ZR 163/02, GRUR 2005, 431 = WRP 2005, 493 – Hotel Maritime; BGH, 30.03.2006 – I ZR 24/03, GRUR 2006, 513 = WRP 2006, 736 – Arzneimittelwerbung im Internet.

3 So kann z.B. die benutzte **Sprache** von Bedeutung sein.[4]

4 Eine wettbewerbliche Interessenkollision ist auch in solchen Staaten zu verneinen, in denen die angebotenen Produkte **nicht verfügbar** sind,
– sei es wegen der Natur der Produkte (ofenfrische Pizza; örtliche Gaststätte),
– sei es wegen der Vertriebspolitik des Werbenden.[5]

5 Durch einen sog. **Disclaimer,** durch den der Werbende den Vertrieb in bestimmte Staaten ernsthaft ausschließt, wird die wettbewerbliche Interessenkollision in diesen Staaten ausgeschlossen, so dass auch deren Wettbewerbsrecht schon kollisionsrechtlich nicht anwendbar ist.[6] In diesen Fällen würde auch schon die internationale Zuständigkeit der Gerichte nach Art. 7 Nr. 2 EuGVVO fehlen.[7] Die in einem Disclaimer angekündigte Nichtbelieferung eines Landes schließt die Anwendung des Rechts dieses Landes jedoch nur aus, wenn die Nichtbelieferung auch tatsächlich eingehalten wird.[8] Zweifel an der erforderlichen Ernsthaftigkeit eines Disclaimers bestehen, wenn der Werbende trotz des Hinweises, ein bestimmtes Land nicht zu beliefern, für die Werbung (auch) die **Sprache** dieses Landes benutzt und den Preis seiner Ware (auch) in der Währung dieses Landes nennt. In der Entscheidung »Arzneimittelwerbung im Internet« hatte der BGH über die kollisionsrechtliche Bedeutung des Dis-

4 *Bornkamm*, in: Bartsch/Lutterbeck, Neues Recht für neue Medien, 1998, S. 99, 116; *Glöckner*, in: Harte/Henning, UWG[4], Einl. C Rn. 168; *Höder*, Die kollisionsrechtliche Behandlung unteilbarer Multistate-Verstöße, 2002, S. 70 ff.; *Hoth*, GRUR Int. 1972, 449, 453, 454 f.; *Mankowski*, in: MünchKommUWG[2], IntWettbR Rn. 179 ff.; *Sack*, WRP 2008, 845, 852; *ders.*, GRUR Int. 1988, 320, 328; *ders.*, WRP 2000, 269, 274; *Schricker*, GRUR Int. 1982, 720, 724.

5 Vgl. *Glöckner*, in: Harte/Henning, UWG[4], Einl. C Rn. 164 ff.

6 BGH, 30.03.2006 – I ZR 24/03, GRUR 2006, 513 Rn. 25 = WRP 2006, 736 – Arzneimittelwerbung im Internet; KG, 20.12.2001 – 2 W 211/01, GRUR Int. 2002, 448, 449 – Knoblauch Kapseln; öst. OGH, 23.03.1999 – 4 Ob 26/99y, GRUR Int. 1999, 1062, 1065 a.E. = ÖBl. 1999, 240 – TV-Moovie; OGH, 15.10.2002 – 4 Ob 174/02w, ÖBl. 2003, 31 – Boss-Zigaretten; *Höder,* Die kollisionsrechtliche Behandlung unteilbarer Multistate-Verstöße, 2002, S. 76; *Köhler,* in: Köhler/Bornkamm/Feddersen, UWG[37], Einl. UWG Rn. 5.28; *Mankowski,* in: MünchKommUWG[2], IntWettbR Rn. 206 ff.; *Sack*, WRP 2008, 845, 852; *Stagl,* ÖBl. 2004, 244, 253 f.; *Ullmann*, in: jurisPK-UWG[4], Einl. Rn. 112.

7 BGH, 30.03.2006 – I ZR 24/03, GRUR 2006, 513 Rn. 21 = WRP 2006, 736 – Arzneimittelwerbung im Internet.

8 BGH, 30.03.2006 – I ZR 24/03, GRUR 2006, 513, 515 Rn. 22, 25 = WRP 2006, 736 – Arzneimittelwerbung im Internet; *Glöckner*, ZVglRWiss 99 (2000), 278, 296; *Köhler*, in: Köhler/Bornkamm/Feddersen, UWG[37], Einl. UWG Rn. 5.28; *Mankowski*, GRUR Int. 1999, 909, 919; *ders.*, in: MünchKommUWG[2], IntWettbR Rn. 207; a.A. *Höder,* Die kollisionsrechtliche Behandlung unteilbarer Multistate-Verstöße, 2002, S. 76.

claimers eines niederländischen Versandhandels zu befinden, der in deutscher Sprache lautete »nicht an deutsche Adressen«; in der Werbung war jedoch der Preis sowohl in Euro als auch in **DM** angegeben und es wurde auch tatsächlich **nach Deutschland geliefert**. Mit Recht hat der BGH den betreffenden Disclaimer nicht für ernsthaft erachtet und deshalb deutsches Wettbewerbsrecht angewendet.[9] Bei der Wahl der Sprache in der Werbung kann die Ernsthaftigkeit eines Disclaimers davon abhängen, ob die gewählte Sprache nur in einem oder in mehreren Ländern gesprochen wird oder ob sie – wie z.B. die englische Sprache – international gebräuchlich ist.

6 Sonderregelungen für **Internetwerbung** enthält die E-Commerce-Richtlinie (ECRL), die durch das TelemedienG in deutsches Recht umgesetzt worden ist. Hier gilt das sog. **Herkunftslandprinzip**.

7 Auch für Werbung im **Fernsehen** und in anderen **audiovisuellen Medien** gilt das **Herkunftslandprinzip**. Es ist in der Richtlinie über audiovisuelle Mediendienste (AVMD-RL) geregelt. Das Herkunftslandprinzip dieser Richtlinie ist (noch) nicht vollständig in deutsches Recht umgesetzt worden. Ausführlicher dazu unten in Kap. 9 Rdn. 47 ff.

8 Auch für **Printmedien** sind Einschränkungen der kollisiosnsrechtlichen Anknüpfung verlangt worden. Zum Teil verlangte man, dass nur das Recht des Herstellungsortes eines Printmediums gelte. Ein weiterer Vorschlag zur Verhinderung oder zumindest zur Einschränkung der Marktortanknüpfung ist die Anwendung der **Spürbarkeitsregel**.

II. Rechtliche und faktische Auswirkungen des Marktortprinzips bei Multistate-Wettbewerbshandlungen

1. Grundsatz: Die Mosaiktheorie

9 Bei Multistate-Werbung ist nach dem sog. Marktortprinzip das Recht **aller** Länder anwendbar, in denen sie auf die Marktgegenseite einwirkt.[10] Die wett-

---

9 BGH, 30.03.2006 – I ZR 24/03, GRUR 2006, 513, 515 Rn. 22, 25 = WRP 2006, 736 – Arzneimittelwerbung im Internet.

10 BGH, 23.10.1970 – I ZR 86/69, GRUR 1971, 153, 154 = WRP 1971, 26 – Tampax; RG, 10.01.1936, GRUR 1936, 670, 674, 676 = JW 1936, 1291 – Primeros; ebenso öst. OGH, 23.09.1997 – 4 Ob 251/97h, ÖBl. 1998, 225, 227 – Haftgel; schweiz. BG, 09.05.1961, BGE 87 II 113 – Ölfeuerungen; schweiz. BG 15.11.1966, BGE 92 II 257 – Sihl/Silbond; *Ahrens*, in: FS für Tilmann, 2003, S. 739, 749, 751; *Bär*, in: FS für Moser, 1987, S. 143, 159; *Drexl*, in: MünchKommBGB[7], Bd. 12, IntLautR Rn. 187; *Fabig*, Internationales Wettbewerbsprivatrecht nach Art. 6 Rom II-VO, 2016, S. 193 f.; *HausmannObergfell*, in: Fezer/

bewerbsrechtlichen Folgen sind nach dem Recht eines jeden betroffenen Landes anhand des in ihm geltenden Wettbewerbsrechts jeweils gesondert zu beurteilen.[11] Man bezeichnet dies als **Mosaiktheorie.** Daran hat sich durch die Rom II-VO nichts geändert.[12]

10 Auch bei **unteilbaren** grenzüberschreitenden Wettbewerbshandlungen ist das Recht **aller** Länder anwendbar, in denen sie auf die Marktgegenseite einwirken.[13] Die wettbewerbsrechtlichen Folgen sind ebenfalls nach dem Recht eines jeden betroffenen Landes anhand des in ihm geltenden Wettbewerbsrechts jeweils gesondert zu beurteilen.[14]

11 Dies kann zu Folge haben, dass ein und dieselbe Wettbewerbshandlung in ein und derselben Zeitschrift oder Fernsehsendung nach den anzuwendenden

---

Büscher/Obergfell, UWG[3], IntLautPrivatR Rn. 291; *v. Hoffmann,* in: Staudinger, EGBGB/IPR (2001), Art. 40 EGBGB Rn. 339; *Köhler,* in: Köhler/Bornkamm/Feddersen, UWG[37], Einl. UWG Rn. 5.24 ff.; *Kort,* GRUR Int. 1994, 594, 600; *Landfermann,* in: FS 75 Jahre MPI für Privatrecht, 2001, S. 503 a. E.; *Lindacher,* WRP 1996, 645, 648; *Mankowski,* in: MünchKommUWG[2], IntWettbR Rn. 225; *Sack,* WRP 1994, 281, 284 f.; *ders.,* WRP 2000, 269, 273 m.w.Nachw. in Fußn. 48; *ders.,* WRP 2001, 1408, 1412 (c); *ders.,* WRP 2002, 271, 272 f., 276, 282 (VI.3.); *Schricker,* in: GroßkommUWG[1], Einl. F Rn. 205; *Stagl,* ÖBl. 2004, 244, 246; *Ullmann,* in: jurisPK-UWG[4], Einl. Rn. 122; *G. Wagner,* IPRax 2006, 372, 380 f.

11 Vgl. BGH, 23.10.1970 – I ZR 86/69, GRUR 1971, 153, 154 = WRP 1971, 26 – Tampax; *Handig,* GRUR Int. 2008, 24, 28; *Sack,* WRP 2008, 845, 852; *Ullmann,* in: jurisPK-UWG[4], Einl. Rn. 123.

12 Vgl. öst. OGH, 09.08.2011 – 17 Ob 6/11y, GRUR Int. 2012, 464, 4.1.a) – alcom-international.at; öst. OGH, 20.09.2011 – 4 Ob 12/11k, GRUR Int. 2012, 468, 6.1 – HOBAS-Rohre – Rohrprodukte; öst. OGH, 28.11.2012 – 4 Ob 202/12b, GRUR Int. 2013, 580 – Erster klimaneutraler Stempel; *Sack,* WRP 2008, 845, 852.

13 BGH, 23.10.1970 – I ZR 86/69, GRUR 1971, 153, 154 (III.2.a,b) = WRP 1971 – Tampax; öst. OGH, 23.09.1997 – 4 Ob 251/97h, ÖBl. 1998, 225, 227 – Haftgel; *Ahrens,* in: FS für Tilmann, 2003, S. 739, 749, 751; *Katzenberger,* in: Schricker/Henning-Bodewig, Neuordnung des Wettbewerbsrechts, 1998/99, S. 218, 224; *Sack,* GRUR Int. 1988, 320, 328; *ders.,* WRP 2000, 269, 273; *ders.,* WRP 2002, 271, 272 f.; *Schricker,* in: GroßkommUWG[1], Einl. F Rn. 185, 189; *Stagl,* ÖBl. 2004, 244, 246.

14 BGH, 23.10.1970 – I ZR 86/69, GRUR 1971, 153, 154 (III.2.a,b) = WRP 1971, 26 – Tampax; RG, 10.01.1936, GRUR 1936, 670, 674, 676 = JW 1936, 1291 – Primeros; ebenso der öst. OGH, 23.09.1997 – 4 Ob 251/97h, ÖBl. 1998, 225 (Leits. 1.a), 227 – Haftgel; OGH, 13.03.2002 – 4 Ob 28/02z, ÖBl. 2002, 213 = GRUR Int. 2003, 955, 956 – Inkassobüro BRD.

nationalen Rechtsordnungen unterschiedlich zu bewerten ist und unterschiedliche Rechtsfolgen auslöst.[15]

a) Auswirkungen der Mosaiktheorie auf Unterlassungs- und Beseitigungsansprüche

12 Wenn eine internationale Werbeaktion gegen das Wettbewerbsrecht eines bestimmten Landes verstößt, dann kann **rechtlich** zwar nur derjenige Teil dieser Werbeaktion untersagt werden, der auf den Markt **dieses** Landes einwirkt.[16] Deshalb können z.B. mit deutschem Wettbewerbsrecht nur Wettbewerbshandlungen untersagt werden, die in Deutschland auf die Marktgegenseite einwirken.

13 **Faktisch** hat dies jedoch bei den im Wettbewerbsrecht üblichen **Unterlassungs- und Beseitigungsansprüchen** zur Folge, dass **unteilbare** Wettbewerbshandlungen – z.B. Werbeanzeigen in Printmedien oder Werbung im Rundfunk, Fernsehen oder Internet – **insgesamt** untersagt werden.[17] Problematisch ist allerdings, ob dem die »**Kognitionsbefugnis**« der an sich zuständigen Gerichte Grenzen setzt.[18]

14 Das eröffnet klagebefugten Gewerbetreibenden und Verbänden die Möglichkeit, mit Hilfe des **jeweils strengsten** nationalen Wettbewerbsrechts die **gesamte** unteilbare Wettbewerbshandlung wegen ihrer Unteilbarkeit auch mit Wirkung

---

15 *Sack,* WRP 2000, 269, 273 f.; *ders.*, WRP 2008, 845, 852; *v. Hoffmann*, in: Staudinger, EGBGB/IPR (2001), Art. 40 EGBGB Rn. 339.

16 BGH, 23.10.1970 – I ZR 86/69, GRUR 1971, 153, 155 (III. 2. c) = WRP 1971, 26 – Tampax; öst. OGH, 23.09.1997 – Ob 251/97h, ÖBl. 1998, 225 (Ls. 1.a), 227 – Haftgel; OGH, 13.03.2002 – 4 Ob 28/02z, ÖBl. 2002, 313 (mit Anm. *Gamerith)* = GRUR Int. 2003, 955, 956 – Inkassobüro BRD; *Glöckner*, in: Harte/Henning, UWG[4], Einl. C Rn. 171; *Lindacher*, in: FS für Leipold, 2009, S. 251, 253; *ders.*, Internationales Wettbewerbsverfahrensrecht, 2009, S. 24 f.; *ders.* GRUR Int. 2008, 453, 455 (VI.) 456 (VI.); *Mankowski*, in: MünchKommUWG[2], IntWettbR Rn. 230, 231; *Ohly*, in: Ohly/Sosnitza, UWG[7], Einf B Rn. 20; *Sack*, WRP 2000, 269, 274 m.w.Nachw. in Fußn. 51; *Handig,* öst. wbl 2008, 1, 6.

17 Vgl. BGH, 23.10.1970 – I ZR 86/69, GRUR 1971, 153, 155 = WRP 1971, 26 – Tampax; *Ahrens*, in: FS für Tilmann, 2003, S. 739, 749; *Drexl*, in: MünchKommBGB[7], Bd. 12, IntLautR Rn. 187, 201; *Lindacher*, in: FS für Leipold, 2009, S. 251, 253; *ders.*, Internationales Wettbewerbsverfahrensrecht, 2009, S. 24 f.; *ders.*, GRUR Int. 2008, 543, 455 (IV.); *Sack*, WRP 2000, 269, 274, 277 f.; *ders.*, WRP 2001, 1408, 1411 (c); *ders.*, WRP 2008, 845, 852; *ders.*, WRP 2013, 1454 f. (II.1.a); *Ullmann*, in: jurisPK-UWG[4], Einl. Rn. 123; anders bei nationalen Werbebeilagen in internationalen Printmedien, vgl. schweiz. BG, 15.11.1966, BGE 92 II 257 – Sihl/Silbond.

18 Ausführlich zur Kognitionsbefugnis der Gerichte bei Wettbewerbsverstößen *Sack*, WRP 2018, 897 sowie unten in Kap. 19 Rdn. 70 ff.

für solche Länder zu untersagen, in denen sie an sich zulässig ist.[19] Darin ist **kein Missbrauch** zu sehen.[20]

b) Auswirkungen der Mosaiktheorie auf Schadensersatzansprüche

15 Anders ist es bei **Schadensersatzansprüchen.** Bei ihnen ist nach der sog. **Mosaiktheorie** eine nationale **Parzellierung** vorzunehmen,[21] d.h. der Schaden ist für jedes Land gesondert zu berechnen.

19 *Sack,* WRP 2008, 845, 852; *ders.*, GRUR Int. 1988, 320, 328; *ders.*, WRP 2000, 269, 274 m.w.Nachw. in Fußn. 53; *Ahrens,* in: FS für Tilmann, 2003, S. 739, 749; *Baudenbacher,* GRUR Int. 1988, 310, 318; *Dethloff,* NJW 1998, 1596, 1601 f.; *dies.*, Europäisierung des Wettbewerbsrechts, 2001, S. 125 f.; *Drexl,* in: MünchKommBGB[7], Bd. 12, IntLautR Rn. 187, 201; *Hausmann/Obergfell,* in: Fezer/Büscher/Obergfell, UWG[3], IntLautPrivatR Rn. 287 a. E., 290, 291, 300; *v. Hoffmann,* in: Staudinger, EGBGB/IPR (2001), Art. 40 EGBGB Rn. 341; *H. Köhler,* in: Köhler/Bornkamm/Feddersen, UWG[37], Einl. UWG Rn. 5.30; *M. Köhler,* Rechtsfragen des inländischen und grenzüberschreitenden Rundfunkwerberechts, 1992, S. 247; *Kort,* GRUR Int. 1994, 594, 600; *Mankowski,* in: MünchKommUWG[2], IntWettbR Rn. 228, 231; *Ohly,* GRUR Int. 2001, 899; *Sack,* GRUR Int. 1988, 320, 328, 329; *ders.,* ÖBl. 1998, 113, 118; *ders.,* WRP 2000, 269, 274; *ders.,* WRP 2002, 271, 273; *Sandrock,* GRUR Int. 1985, 507, 522; *Schricker,* GRUR Int. 1989, 112, 114; *ders.* in GroßkommUWG[1], 1994, Einl. Rn. F 205; *Spindler,* ZUM 1996, 533, 560; *Wengler,* RabelsZ 19 (1954), 401, 417, 421 f.; **a.A.** bei unteilbaren Wettbewerbshandlungen *G. Wagner,* IPRax 2006, 372, 381 (Recht des Herkunftslandes); a.A. für das Internet *Handig,* GRUR Int. 2008, 24, 28.

20 BGH, 23.10.1970 – I ZR 86/69, GRUR 1971, 153, 155 (d) = WRP 1971, 26 – Tampax; BGH, 09.10.1986 – I ZR 138/84, GRUR 1987, 172, 174 = WRP 1987, 446 – Unternehmensberatungsgesellschaft I; *Sack,* WRP 2008, 845, 852; *ders.*, GRUR Int 1988, 320, 328, 329 (c); *ders.,* WRP 2000, 269, 274; *Ahrens,* in: FS für Tilmann, 2003, S. 739, 749; *M. Köhler,* Rechtsfragen des inländischen und grenzüberschreitenden Rundfunkwerberechts, 1992, S. 247 f.; *Sandrock,* GRUR Int. 1985, 507, 522; *Wengler,* RabelsZ 19 (1954), 401, 417, 421.

21 EG-Kommisionsvorschlag einer Rom II-VO, KOM (2003) 427 endg., S. 12; *Ahrens,* in: FS für Tilmann, 2003, S. 739, 749 f.; *Bär,* in: FS für Moser, 1987, S. 143, 159; *Drexl,* in: MünchKommBGB[7], Bd. 12, IntLautR Rn. 200; *A. Fuchs,* GPR 2003/04, 100, 102; *Handig,* öst. wbl 2008, 1, 6; *Köhler,* in: Köhler/Bornkamm/Feddersen, UWG[37], Einl. UWG Rn. 5.29; *Kort,* GRUR Int. 1994, 594, 600; *Lindacher,* GRUR Int. 2008, 453, 456 (V.); *Sack,* WRP 2008, 845, 853; *ders.*, WRP 2000, 269, 274; *ders.,* WRP 2002, 271, 273; *Stoll,* in: GS für Lüderitz, 2000, S. 733, 748; vgl. auch EuGH, 07.03.1995 – C-68/93, Slg. 1995, I-415 Rn. 33 a.E. = NJW 1995, 1881 – Fiona Shevill; kritisch dazu *Dethloff,* NJW 1998, 1596, 1602; *Glöckner,* in: Harte/Henning, UWG[4], Einl. C Rn. 171; *v. Hoffmann,* in: Staudinger, EGBGB/IPR (2001), Art. 4 EGBGB Rn. 341 *Ohly,* in: Ohly/Sosnitza, UWG[7], Einf B Rn. 20; OLG München, 30.10.2003 – 29 U 2691/03, GRUR-RR 2004, 85 – Stricktop.

16 Bei Schadensersatzklagen an einem **Verletzungsort**, der nicht der Wohn- oder Unternehmenssitz des Bekl. ist, d.h. bei der gerichtlichen Zuständigkeit nach Art. 7 Nr. 2 EuGVVO, ist das angerufene Gericht nach der insoweit umstrittenen EuGH-Entscheidung »Fiona Shevill« von 1995 allerdings nur zur Entscheidung über den Ersatz derjenigen Schäden befugt, die in dem Staat des angerufenen Gerichts verursacht worden sind.[22] Die nach Art. 4 EuGVVO zuständigen Gerichte am Wohn- oder Unternehmenssitz des Bekl. sowie die Handlungsort-Gerichte nach Art. 7 Nr. 2 EuGVVO und die Erfolgsort-Gerichte nach Art. 7 Nr. 2 EuGVVO, wenn sich am Erfolgsort der Mittelpunkt der Interessen des Geschädigten befindet, können hingegen über **sämtliche** Schäden befinden,[23] d.h. Schadensersatz für einen aus den Einzelschäden in den betroffenen Staaten berechneten Gesamtschaden zusprechen.[24]

2. Die Schwerpunkttheorie

17 Die Gegenansicht zur Mosaiktheorie hält eine Anknüpfung an den **Schwerpunkt** für zutreffend. Maßgeblich sei bei Multistate-Wettbewerbsverstößen das Recht des Landes, in dem der Schwerpunkt der Wettbewerbshandlung liege.[25] Bei Printmedien hielten manche nur das Recht des Herausgabeortes, des Hauptverbreitungsgebiets, der bestimmungsgemäßen Vertriebsorte oder der Orte, an die ein Presseerzeugnis bei »regelmäßigem Geschäftsbetrieb« gelangt, für anwendbar.

18 Gegen diese Ansicht ist mit Recht eingewendet worden, dass sie gegen den Gesichtspunkt der **par conditio concurrentium** verstoße.[26] Denn sie würde in Staaten mit strengerem Lauterkeitsrecht, in denen jedoch nicht der Schwerpunkt der betreffenden Multistate-Wettbewerbshandlung liegt, Multistate-Wettbewerbshandlungen erlauben, die anderen Mitbewerbern in diesem Staat untersagt sind. Zugunsten der Schwerpunkttheorie kann auch nicht vorgebracht werden, dass der Schwerpunkt einer Multistate-Wettbewerbshandlung eine **besonders enge Verbindung** zu dem Staat begründe, in dem der Schwerpunkt der Wettbewerbshandlung liege. Denn Art. 6 I Rom II-VO sieht eine solche Anknüpfung nicht vor. Eine **Ausweichklausel** für marktbezogene Wettbewerbshandlungen kennt die Rom II-VO nicht. Anders als die Regelung des Art. 6

---

22 EuGH, 07.03.1995 – C-68/93, Slg. 1995, I-415 Rn. 33 a.E. = NJW 1995, 1881 – Fiona Shevill; vgl. auch *Sack*, WRP 2001, 1408, 1420 m. w. Nachw.

23 EuGH, 07.03.1995 – C-68/93, Slg. 1995, I-415 Rn. 33 = NJW 1995, 1881 – Fiona Shevill.

24 *Glöckner*, in: Harte/Henning, UWG[4], Einl. C Rn. 171 u. Einl. D Rn. 25.

25 Vgl. *Binder*, RabelsZ 20 (1955), 401, 467; *Wirner*, Wettbewerbsrecht und internationales Privatrecht, 1960, S. 106 ff.

26 *Fabig*, Internationales Wettbewerbsprivatrecht nach Art. 6 Rom II-VO, 2016, S. 192.

Abs. 2 für rein betriebsbezogene »bilaterale« Wettbewerbshandlungen enthält die hier einschlägige Regelung des Art. 6 **Abs. 1** nur eine **Präzisierung** des Art 4 **Abs. 1**, nicht jedoch auch der Ausweichklausel des Art. 4 **Abs. 3** Rom II-VO.

III. Das Erfordernis der Spürbarkeit

1. Das kollisionsrechtliche Spürbarkeitserfordernis

a) Der Wortlaut von Art. 6 I Rom II-VO

19 Heftig umstritten ist, ob die Kollisionsnorm des Art. 6 I Rom II-VO durch eine kollisionsrechtliche Spürbarkeitsschwelle einzuschränken ist.[27] Der **Wortlaut** von Art. 6 I Rom II-VO sieht ein Spürbarkeitserfordernis nicht vor. Zwar setzt die nach dieser Vorschrift erforderliche »**Beeinträchtigung**« der Interessen der Marktbeteiligten durch unlauteren Wettbewerb eine gewisse Spürbarkeit der beanstandeten Wettbewerbshandlung voraus.[28] Eine darüber hinausgehende Spürbarkeit oder Wesentlichkeit ist jedoch nach dem Wortlaut von Art. 6 I Rom II-VO nicht erforderlich.[29]

b) Keine ungeschriebene kollisionsrechtliche Spürbarkeitsregel

20 Auch eine **ungeschriebene** kollisionsrechtliche Spürbarkeitsregel ist abzulehnen. Soweit es um die »Beeinträchtigung« der Interessen der Marktbeteiligten geht, bedarf es neben dem Tatbestandsmerkmal der »Beeinträchtigung« keines zusätzlichen inhaltsgleichen Spürbarkeitserfordernisses.

---

27 Gegen eine kollisionsrechtliche Spürbarkeitsregel *Fabig*, Internationales Wettbewerbsprivatrecht nach Art. 6 Rom II-VO, 2016, S. 193 f., 200; *Bauermann*, Der Anknüpfungsgegenstand…, S. 53 ff., 58; *Nettlau*, Die kollisionsrechtliche Behandlung…, S. 245 ff., 249, 268; *Ohly*, in: Ohly/Sosnitza, UWG[7], Einf. B Rn. 24, 26; *Sack*, WRP 2008, 845, 854; für eine kollisionsrechtliche Spürbarkeitsschwelle hingegen *Drexl*, in: MünchKommBGB[7], Bd. 12, IntLautR Rn. 199 f.; *Fezer/Koos*, in: Staudinger, Internationales Wirtschaftsrecht (2015), Rn. 652; *Glöckner*, in: Harte/Henning, UWG[4], Einl. C Rn. 152; *Hausmann/Obergfell*, in: Fezer/Büscher/Obergfell, UWG[3], IntLautPrivatR Rn. 293; *Klass*, in: GroßkommUWG[2], Einl. D Rn. 225, 248; *Köhler*, in: Köhler/Bornkamm/Feddersen, UWG[37], Einl. Rn. 5.17; *Leible/Lehmann*, RIW 2007, 721, 726; *Ullmann*, in: jurisPK-UWG[4], Einl. Rn. 120.

28 Vgl. den Hinweis darauf durch *Drexl*, in: MünchKommBGB[7], Bd. 12, IntLautR Rn. 199; *Fezer/Koos*, in: Staudinger, Internationales Wirtschaftsrecht (2015), Rn. 643; *Glöckner*, in: Harte/Henning, UWG[4], Einl. C Rn. 152; *Klass*, in: GroßkommUWG[2], Einl. D Rn. 225, 248; *Leible/Lehmann*, RIW 2007, 721, 729; *Ullmann*, in: jurisPK-UWG[4], Einl. Rn. 120.

29 Zu den Kriterien der Spürbarkeit bzw. Wesentlichkeit vgl. *Fabig*, Internationales Wettbewerbsprivatrecht nach Art 6 Rom II-VO, 2016, S. 195 f.; *Klass*, in: GroßkommUWG[2], Einl. D Rn. 248.

21 Insoweit ist allerdings die Ansicht der Befürworter einer kollisionsrechtlichen Spürbarkeitsschwelle nur schwer einzuordnen. Denn es ist nicht immer klar, ob sie nur dasjenige **Ausmaß an Spürbarkeit** verlangen, das für eine »**Beeinträchtigung**« der Interessen der Marktbeteiligten erforderlich ist und das sich unmittelbar aus dem Wortlaut von Art. 6 I Rom II-VO ergibt, oder ob sie kollisionsrechtlich eine darüber hinausgehende Spürbarkeit verlangen, wie ursprünglich der BGH.[30]

22 Soweit die geforderte Spürbarkeit über die der »Beeinträchtigung« i.S.v. Art. 6 I Rom II-VO **hinausgeht**, entspräche dies nicht dem Zweck dieser Vorschrift. Die noch in den Vorschlägen einer Rom II-VO von 2003 und 2006 vorgesehene Beschränkung der Anwendung des Rechts eines Staates auf Beeinträchtigungen von Mitbewerber- und Verbraucherinteressen, die **unmittelbar und wesentlich** sind,[31] ist nicht in die geltende Fassung der Rom II-VO übernommen worden. Daraus folgt, dass eine Einschränkung der Kollisionsnorm des Art. 6 I Rom II-VO mit einem Spürbarkeitserfordernis, das über das Erfordernis der »Beeinträchtigung« im Sinne dieser Vorschrift hinausgeht, nicht ihrem Zweck entspräche.[32]

c) Fallgestaltungen

23 So **beeinträchtigt** z.B. Werbung in internationalen Medien für Waren oder Dienstleistungen in Ländern, in denen diese nicht angeboten werden, keine Wettbewerbsbeziehungen oder Verbraucherinteressen in diesen Ländern. Ein Beispiel für diese Fallgestaltung bietet die BGH-Entscheidung »Hotel Maritime« vom 13.10.2004 zum Kennzeichen- und Lauterkeitsrecht.[33] Sie betraf folgende beiden Fallgestaltungen:

24 (1) Ein dänisches Unternehmen führte seit 1994 in Kopenhagen ein Hotel-Garni unter der Bezeichnung »Hotel Maritime«. Seit 1996 unterhielt es die

30 Grundlegend für das deutsche Wettbewerbsrecht BGH, 23.10.1970 – I ZR 86/69, GRUR 1971, 153, 154 (III.2.a) = WRP 1971, 26 – Tampax; ebenso die ganz h.L., vgl. die Angaben bei *Sack*, WRP 2008, 845, 853 Fußn. 86.

31 KOM (2003) 427 endg.; KOM (2006) 83 endg.; vgl. auch *Fabig*, Internationales Wettbewerbsprivatrecht nach Art. 6 Rom II-VO, 2016, S. 193 f.; *Sack*, WRP 2008, 845, 854.

32 *Fabig*, Internationales Wettbewerbsprivatrecht nach Art. 6 Rom II-VO, 2016, S. 193 f.; *Sack*, WRP 2008, 845, 854; gegen die Relevanz dieses Arguments jedoch *Hausmann/Obergfell*, in: Fezer/Büscher/Obergfell, UWG[3], IntLautPrivatR Rn. 293; *Klass*, in: GroßkommUWG[2], Einl. D Rn. 225; a.A. auch *Glöckner/Kur*, GRUR 2014, Beil. 1, S. 29, 34.

33 BGH, 13.10.2004 – I ZR 162/02, GRUR 2005, 431, 432 f. (unter 2.b zum Kennzeichenrecht), 433 (unter 3. zum UWG).

Domain www.hotel-maritime.dk, die auch in deutscher Sprache Interessenten über das Hotelangebot unterrichtete. Dagegen wendete sich eine Hotelkette, die seit Anfang der 1970er Jahre in Deutschland Hotels unter der Bezeichnung »Maritim« betreibt und für diese Bezeichnung seit 1991 in Deutschland auch markenrechtlichen Schutz genießt. Aufgrund einer »Gesamtabwägung« gelangte der BGH zu dem Ergebnis, dass die Auswirkungen der Werbung und des Leistungsangebots des Kopenhagener Hotels auf die wirtschaftliche Tätigkeit der deutschen Hotelkette **nur geringfügig** seien.

25 (2) An einem »hinreichenden wirtschaftlich relevanten Inlandsbezug« fehlt es nach Ansicht des BGH auch, wenn das Kopenhagener Hotel auf Einzelanfragen Hotelprospekte nach Deutschland versendet.

26 Der BGH hat zu beiden Fallgestaltungen kennzeichenrechtliche und lauterkeitsrechtliche Ansprüche abgelehnt. Der Schwerpunkt der BGH-Entscheidung »Hotel Maritime« lag auf dem Gebiet des Kennzeichenrechts. Auf diesem Gebiet hat der BGH das Erfordernis eines »hinreichenden wirtschaftlich relevanten Inlandsbezugs« verneint. Er hat jedoch dieses Erfordernis ganz am Ende der Entscheidung unter II.3. – was häufig übersehen wird – ausdrücklich auch auf **UWG-Ansprüche** erstreckt. Unter der Geltung der Rom II-VO wäre eine »Beeinträchtigung« der Wettbewerbsbeziehungen oder der kollektiven Interessen i.S.v. Art. 6 Rom II-VO zu verneinen. Anders wäre jedoch kollisionsrechtlich zu entscheiden, wenn die betreffende Internetwerbung z.B. wegen **irreführender** Angaben beanstandet worden wäre. Dann wäre wegen der Irreführung deutscher Kunden **in Deutschland** kollisionsrechtlich deutsches Wettbewerbsrecht anwendbar gewesen.

27 Die Abrufbarkeit von **Internetwerbung** in allen Ländern der Welt begründet nicht ohne Weiteres die Anwendbarkeit des Wettbewerbsrechts aller Länder der Welt. Denn sie **beeinträchtigt** nicht ohne weiteres in allen Ländern der Welt Wettbewerbsbeziehungen und kollektive Verbraucherinteressen.[34] Die »Beeinträchtigungs-Klausel« des Art. 6 I Rom II-VO beschränkt die Anwendung nationaler Rechtsordnungen hingegen nicht, wenn angepriesene Waren oder Dienstleistungen in einem Land in einem geringen Maße vertrieben werden.

28 Durch einen **Disclaimer**, der den Vertrieb von Waren oder die Erbringung von Dienstleistungen in einem Land ausschließt, wird eine Beeinträchtigung der wettbewerblichen Interessen in diesem Land ausgeschlossen, wenn er tatsächlich eingehalten wird.

34 Vgl. *Fabig*, Internationales Wettbewerbsprivatrecht nach Art. 6 Rom II-VO, 2016, S. 200.

2. Das sachrechtliche Spürbarkeitserfordernis

29 In einzelnen Fällen kann ein **sachrechtliches** Erfordernis der Spürbarkeit gerechtfertigt sein. Das ist mit Art. 6 der Rom II-VO vereinbar

30 Sachrechtliche Spürbarkeitsklauseln finden sich in einigen **gesetzlichen** Regelungen des UWG. So sind nach § 3a UWG gesetzwidrige Geschäftspraktiken unlauter, wenn sie geeignet sind, die Interessen von Verbrauchern, sonstigen Marktteilnehmern oder Mitbewerbern »spürbar zu beeinträchtigen«.

31 Das deutsche UWG enthält auch in der Generalklausel des § 3 I i.V.m. § 3 II der Sache nach eine sachrechtliche Spürbarkeitsklausel. Danach sind geschäftliche Handlungen, die sich an Verbraucher richten oder diese erreichen, nur unlauter, wenn sie u.a. geeignet sind, das wirtschaftliche Verhalten der Verbraucher »wesentlich zu beeinflussen«. Diese Regelung entspricht Art. 5 II lit. b UGP-RL. Diese sachrechtliche Spürbarkeitsklausel gilt allerdings nach Art. 5 V UGP-RL nicht für die in der sog. black list im Anhang der UGP-RL genannten Unlauterkeiten. Dem hat der deutsche Gesetzgeber mit § 3 III UWG i.V.m. dem Anhang zu dieser Vorschrift nach § 20 UWG Rechnung getragen. Eine **kollisionsrechtliche** Spürbarkeitsregel, die vor der Subsumtion unter das Sachrecht anzuwenden wäre, hätte hingegen diese Regelungen ausgehebelt und wäre deshalb mit Art. 5 V UGP-RL unvereinbar.

32 Im Einzelfall kann problematisch sein, ob die kollisionsrechtliche Beeinträchtigungsklausel des Art. 6 I Rom II-VO oder die sachrechtliche Spürbarkeitsklausel anzuwenden ist. Ein Beispiel dafür bietet wiederum die BGH-Entscheidung »Hotel Maritime« vom 13.10.2004, deren Sachverhalt bereits oben unter Rdn. 23 ff. dargestellt worden ist. In dieser Entscheidung ist der BGH ohne nähere Begründung davon ausgegangen, dass **kollisionsrechtlich** deutsches Recht anzuwenden sei. **Sachrechtlich** verlangte er für die geltend gemachten kennzeichenrechtlichen und lauterkeitsrechtlichen Ansprüche einen »hinreichenden wirtschaftlich relevanten Inlandsbezug« bzw. einen »hinreichenden Inlandsbezug«.[35]

33 Die BGH-Entscheidug »Hotel Maritime« von 2004 nahm ganz überwiegend zu **markenrechtlichen** Ansprüchen Stellung. In diesem Teil seiner Ausführungen hat der BGH das Erfordernis eines spürbaren Inlandsbezugs nicht kollisionsrechtlich, sondern sachrechtlich erörtert. Im sehr kurzen **lauterkeitsrechtlichen** Teil seiner Entscheidung hat er auch UWG-Ansprüche sehr kurz »mangels eines hinreichenden Inlandsbezugs« für nicht gegeben erachtet. Es kann davon ausgegangen werden, dass der BGH das Erfordernis einen hinreichenden Inlands-

35 BGH, 13.10.2004 – I ZR 163/02, GRUR 2005, 431, 432 f. (unter 2.b zum Kennzeichenrecht), 433 (unter 3. zum UWG) = WRP 2005, 493 – Hotel Maritime.

bezugs auch im lauterkeitsrechtlichen Teil seiner Ausführungen ebenso wie im markenrechtlichen Teil sachrechtlich und nicht kollisionsrechtlich verstanden hat.[36] Andernfalls wäre eine kurze Abgrenzung erforderlich gewesen.

34 Es stellt sich die Frage, ob und wie sich diese Rechtsprechung auf das **geltende** Recht übertragen lässt. **Kollisionsrechtlich** wäre bei den genannten Fallgestaltungen nach Art. 6 I Rom II-VO deutsches Recht anzuwenden gewesen, soweit die beanstandeten Geschäftspraktiken geeignet waren, die kollektiven Wettbewerbsbeziehungen oder die kollektiven Interessen der Verbraucher in Deutschland zu »beeinträchtigen«. Eine Beeinträchtigung erfordert eine **nachteilige** Beeinflussung von Marktbeteiligten.[37] Eine nachteilige Beeinflussung der Marktbeteiligten lag im Fall »Hotel Maritime« soweit ersichtlich nicht vor. Deshalb wäre in gleichgelagerten Fällen heute nach Art. 6 Rom II-VO kein deutsches Recht anwendbar. Der BGH ist in diesem Fall hingegen ohne Begründung von der Anwendbarkeit deutschen Rechts ausgegangen. Die Analyse der Entscheidung »Hotel Maritime« von 2004 zeigt also, dass eine Fortschreibung der Rechtsprechung des BGH bei der Anwendung von Art. 6 Rom II-VO nicht ohne Weiteres möglich ist.[38]

35 Nimmt man in Fall »Hotel Maritime« – entgegen der hier vertretenen Ansicht – an, dass **kollisionsrechtlich** deutsches Recht anwendbar war, dann stellt sich die Frage, ob die vom BGH vorgenommene Klagabweisung aus **sachrechtlichen** Gründen (noch) haltbar war. Eine spürbare Beeinträchtigung der Interessen von Marktbeteiligten auf dem deutschen Markt i.S.v. § 3a UWG i.V.m. § 14 II MarkenG, falls man eine solche Anspruchsgrundlage anerkennt, bestand nicht. Denn den Marktbeteiligten auf dem deutschen Markt drohten durch die fraglichen Geschäftspraktiken keine Nachteile.

36 Es lag jedoch eine »wesentliche Beeinflussung« des wirtschaftlichen Verhaltens von Verbrauchern i.S.v. § 3 II i.V.m. § 3 I UWG vor. Denn bei den streitigen Geschäftspraktiken handelte es sich nicht nur um einen unvermeidbaren geringfügigen Spillover, sondern um eine gezielte Werbung um deutsche Kunden. Es fehlte allerdings eine Verletzung der »unternehmerischen Sorgfalt« im Sinne dieser Vorschrift, so dass nach jetziger Rechtslage Ansprüche aus diesen Vorschriften aus diesem Grunde abzuweisen wären.

37 Unzutreffend war die Ablehnung von UWG-Ansprüchen mit dem Argument, dass ein »hinreichender Inlandsbezug« nicht gegeben war. Denn es handelte

36 A.A. *Drexl*, in: MünchKommBGB[7], Bd. 12, Rn. 191 in Fußn. 667.

37 Vgl. *Klass*, in: GroßkommUWG[2], Einl. D Rn. 209, 225.

38 *Sack*, WRP 2008, 845, 854; a.A. *Hausmann/Obergfell*, in: Fezer/Büscher/Obergfell, UWG[3], IntLautPrivatR Rn. 179; *Ullmann*, in: jurisPK-UWG[3], Einl. Rn. 120.

sich um gezielte Werbung um deutsche Kunden in Deutschland. Es fehlte allerdings ein »hinreichender wirtschaftlich relevanter Inlandsbezug«, womit der BGH allerdings nur zeichenrechtliche Ansprüche aus § 14 II Nr. 2 und § 15 II MarkenG ablehnte.[39]

IV. Finalität der Einwirkungen

38 Um zu verhindern, dass Werbung und sonstige Wettbewerbshandlungen, die auf die Märkte einer Vielzahl von Staaten spürbar einwirken, die Anwendung einer Vielzahl nationaler Wettbewerbsordnungen zur Folge hat, ist vorgeschlagen worden, nur das Recht derjenigen Staaten für anwendbar zu erklären, in denen auf die Wettbewerbsbeziehungen **gezielt** eingewirkt wird.[40] Man spricht von der **Finalität** der Einwirkung.[41] Bei der Werbung in grenzüberschreitenden Medien sei nur das Recht der Staaten anwendbar, in denen sie **bestimmungsgemäß** verbreitet wird und auf die betreffenden Marktbeteiligten einwirken soll.[42] Es gelte bei Printmedien das Recht der Staaten, in denen sie spürbar und bestimmungsgemäß verbreitet werden, bei der Werbung im Fernsehen und in anderen audiovisuellen Medien das Recht der Staaten, in denen die Werbung auf Marktbeteiligte spürbar einwirken soll, bei Internetwerbung das Recht der Staaten, in denen sie sich bestimmungsgemäß auswirkt[43] bzw. bestimmungsgemäß auf den Markt einwirkt[44] oder bestimmungsgemäß empfangen bzw. abgerufen wird.

39 Das Finalitätskriterium wird jedoch zutreffend abgelehnt.[45] Denn das Abstellen auf einen subjektiven Tatbestand eröffnet dem Handelnden die Möglich-

---

39 Für ein kollisionsrechtliches Argument des BGH hält dies *M. Köhler*, WRP 2013, 1130 Rn. 50.

40 Vgl. *v. Hoffmann*, in: Staudinger, EGBGB/IPR (2001), Art. 40 EGBGB Rn. 342.

41 Vgl. *Drexl*, in: MünchKommBGB[7], Bd. 12, IntLautR Rn. 192, 193; *Höder*, Die kollisionsrechtliche Behandlung unteilbarer Multistate-Verstöße, 2002, S. 55 ff.; *Klass*, in: GroßkommUWG[2], Einl. D Rn. 222.

42 Vgl. *v. Hoffmann*, in: Staudinger, EGBGB/IPR (2001), Art. 40 EGBGB Rn. 342.

43 BGH, 30.03.2006 – I ZR 24/03, GRUR 2006, 513 Rn. 25 = WRP 2006, 736 – Arzneimittelwerbung im Internet; BGH, 05.10.2006 – I ZR 7/04, GRUR 2007, 245 Rn. 13 = WRP 2007, 174 – Schulden Hulp.

44 *Dethloff*, NJW 1998, 1596, 1600; *Hausmann/Obergfell*, in: Fezer/Büscher/Obergfell, UWG[3], IntLautPrivatR Rn. 303 a.E.; *Hoeren*, WRP 1997, 993, 998; *Mankowski*, GRUR Int. 1999, 909, 915 ff.; *Rüssmann*, K&R 1998, 422, 426.

45 *Drexl*, in: MünchKommBGB[7], Bd. 12, IntLautR Rn. 193; *Fezer/Koos*, in: Staudinger, Internationales Wirtschaftsrecht (2015), Rn. 731; *Glöckner*, in: Harte/Henning, UWG[4], Einl. C Rn. 159; *Höder*, Die kollisionsrechtliche Behandlung unteilbarer Multistate-Verstöße, 2002, S. 55 ff.; *Klass*, in: GroßkommUWG[2], Einl. D Rn. 222; *Mankowski*, in: MünchKommUWG[2], IntWettbR Rn. 187 ff.

keit, auf die Bestimmung des anwendbaren Rechts durch bloße Behauptungen über die Zielrichtung seiner Geschäftspraktiken Einfluss zu nehmen.[46] Damit begründet das Finalitätskriterium eine Umgehungs- und Manipulationsgefahr sowie erhebliche Beweisschwierigkeiten.[47] Der subjektive Tatbestand der Finalität lässt sich nur in engen Grenzen mit objektiven Kriterien ermitteln.[48] Außerdem berücksichtigt das Finalitätskriterium die Interessen der Verbraucher, Mitbewerber und sonstigen Marktbeteiligten nicht ausreichend, die durch Wettbewerbshandlungen in Ländern beeinträchtigt werden, auf die die streitigen Wettbewerbshandlungen nicht bestimmungsgemäß einwirken bzw. eingewirkt haben.[49] Vor allem zu Lasten von Mitbewerbern verstieße dies gegen den wettbewerbsrechtlichen Grundsatz der **par conditio concurrentium.**[50] Ferner ergeben sich weder aus dem Wortlaut des Art. 6 I Rom II-VO noch aus dessen Zweck und den Amtlichen Materialien zu dieser Vorschrift Anhaltspunkte dafür, dass die kollisionsrechtliche Entscheidung über das anwendbare Recht von der territorialen Finalität der betreffenden Wettbewerbshandlung abhängig zu machen ist.

V. Das Herkunftslandprinzip

40 Heftig umstritten ist, ob das in der E-Commerce-Richtlinie (ECRL) und in der Richtlinie über audiovisuelle Mediendienste (AVMD-RL) geregelte **Herkunftslandprinzip** im Regelungsbereich dieser Richtlinien das **Marktortprinzip** des Art. 6 I Rom II-VO verdrängt. Das ist der Fall, wenn man den Verweis dieser Richtlinien auf das Recht des Herkunftslandes als kollisionsrechtliche **Sachnormverweisung** versteht, nach der an allen Marktorten grundsätzlich nur das Sachrecht des Herkunftslandes anzuwenden ist.

41 Der EuGH hat hingegen in seiner grundlegenden Entscheidung »eDate Advertising« vom 25.10.2011 zum Herkunftslandprinzip der ECRL festgestellt, dass die betreffende Regelung des Art. 3 I ECRL wegen der IPR-Neutralität dieser Richtlinie nach Art. 1 IV ECRL **keinen kollisionsrechtlichen Gehalt** auf-

46 *Drexl*, in: MünchKommBGB⁷, Bd. 12, IntLautR Rn. 193; *Höder*, Die kollisionsrechtliche Behandlung unteilbarer Multistate-Verstöße, 2002, S. 60; *Klass*, in: GroßkommUWG², Einl. D Rn. 222; *Mankowski*, GRUR Int. 1999, 909, 917.

47 *Höder*, Die kollisionsrechtliche Behandlung unteilbarer Multistate-Verstöße, 2002, S. 56.

48 Daher gegen den Versuch einer Objektivierung *Drexl*, in: MünchKommBGB⁷, Bd. 12, IntLautR Rn. 193; *Höder*, Die kollisionsrechtliche Behandlung unteilbarer Multistate-Verstöße, 2002, S. 59.

49 *Klass*, in: GroßkommUWG², Einl. D Rn. 222 a.E.

50 *Höder*, Die kollisionsrechtliche Behandlung unteilbarer Multitstate-Verstöße, 2002, S. 56.

weise.[51] Nach dieser Ansicht ändert das Herkunftslandprinzip der ECRL nichts an der Geltung des Marktortprinzips für Multistate-Wettbewerbshandlungen. Die Sachnormverweisungstheorie ist mit dieser Ansicht des EuGH unvereinbar.

42 Zum selben Ergebnis wie der EuGH gelangt die **Gesamtverweisungstheorie**, nach der das Herkunftslandprinzip des Art. 3 ECRL grundsätzlich das gesamte Recht des Herkunftslandes für maßgeblich erklärt, d.h. außer dessen Sachrecht auch dessen Kollisionsrecht, Fremdenrecht und Verfahrensrecht.

43 Zum Herkunftslandprinzip der ECRL und der AVMD-RL wird unten in Kap. 8 und 9 ausführlich Stellung genommen.

51 EuGH, 25.10.2011 – C-509/09 und C-161/10, GRUR 2012, 300 Rn. 60 f. = WRP 2011, 1571 – eDate Advertising.

Kapitel 8 Das Herkunftslandprinzip bei Internetwerbung, Art. 3 E-Commerce-Richtlinie (ECRL) bzw. § 3 Telemediengesetz (TMG)

Übersicht Rdn.

I. Allgemeine Anmerkungen zum Herkunftslandprinzip der ECRL und des TMG

1 Für die Werbung im Internet gilt im Anwendungsbereich der ECRL das sog. Herkunftslandprinzip. Dies schreibt Art. 3 ECRL den Mitgliedstaaten der EU vor.[1] Diese Vorschrift ist zunächst durch Art. 4 des Teledienstegesetzes (TDG) von 2001 in deutsches Recht umgesetzt worden, der 2007 inhaltsgleich durch § 3 Telemediengesetz (TMG) abgelöst worden ist. Nach dem Herkunftslandprinzip dieser Vorschriften dürfen – zunächst kurz gesagt – Teledienste **außerhalb** des Herkunftslandes des Diensteanbieters grundsätzlich nicht untersagt werden. Statt dessen ist das Herkunftsland des Diensteanbieters verpflichtet, einen angemessenen Rechtsschutz zu gewähren.

1 ABl.EG 2000 L 178/1.

1. Der Zweck des Herkunftslandprinzips des Art. 3 ECRL bzw. § 3 TMG

a) Rechtsverfolgung grundsätzlich nur im Herkunftsland

2 Das Herkunftslandprinzip des Art. 3 ECRL soll verhindern, dass Teledienste, z.B. Internetwerbung, in allen Mitgliedstaaten der EU auf mögliche Rechtsverletzungen überprüft werden können.[2] Erwägungsgrund Nr. 22 der ECRL sagt deutlich, dass die Aufsicht über die Dienste der Informationsgesellschaft »am Herkunftsort« des Diensteanbieters zu erfolgen habe. Nach Erwägungsgrund Nr. 24 sind die Teledienste »an der Quelle« zu beaufsichtigen.[3] Dementsprechend ist nach Art. 3 II ECRL bzw. § 3 II TMG die Rechtsverfolgung **außerhalb** des Herkunftslandes untersagt, wenn nicht die Voraussetzungen des Ausnahmetatbestandes des Art. 3 IV ECRL bzw. § 3 V TMG erfüllt sind. Das Pendant dazu ist, dass die Herkunftsländer von Diensteanbietern nach Art. 3 I ECRL verpflichtet sind, einen effektiven Rechtsschutz zu gewähren.

b) Maßgeblichkeit des Sachrechts des Herkunftslandes?

3 Nach einer bisher in Deutschland verbreiteten Ansicht ist es (auch) Zweck der ECRL, Unternehmen nur einem **einzigen** »**Recht**«, nämlich dem Sachrecht des Niederlassungsstaates (Sitzmitgliedstaat; Herkunftsland) des Diensteanbieters zu unterwerfen.[4] Art. 3 ECRL wolle eine **Statutenkumulation** bzw. Mehr-

2 Vgl. *Sack*, WRP 2008, 845, 854; *ders.*, EWS 2011, 65, 67.

3 Zur rechtspolitischen Kritik an dieser Form des Herkunftslandprinzips vgl. *Fritze/Holzbach*, WRP 2000, 872 ff.; *Sack*, WRP 2002, 271, 278 f. (4.).

4 *Blasi*, Das Herkunftslandprinzip der Fernsehrichtlinie und der E-Commerce-Richtlinie, 2003, S. 303, 382, 414, 415; *Bünger*, Das Wettbewerbskollisionsrecht Deutschlands und Großbritanniens sowie seine europäische Harmonisierung, 2006, S. 160 f., 162; *Fezer/Koos*, IPRax 2000, 349, 353; *Halfmeier*, ZEuP 2001, 837, 862 a.E., 863 f.; *Hausmann/Obergfell*, in: Fezer/Büscher/Obergfell, UWG[3], IntLautPrivatR Rn. 134 ff.; *Landfermann*, in: FS 75 Jahre Max-Planck-Institut für Privatrecht, 2001, S. 503, 511; *Lurger/Vallant*, MMR 2002, 203, 205; *Mankowski*, in: MünchKommUWG[2], IntWettbR Rn. 54, 55; *ders.*, EWS 2002, 401, 403, 409, 410; *ders.*, IPRax 2002, 257, 258; *ders.*, ZVglRWiss 100 (2001), 137, 140; *Ohly*, GRUR Int. 2001, 899, 905; *Spindler*, IPRax 2001, 400, 401 a.E.; *ders.*, NJW 2002, 921, 925; *ders.*, RIW 2002, 183; *ders.*, AfP 2012, 114, 119, 120; *Spindler/Fallenböck*, ZfRV 2002, 214, 221, 225; vgl. auch *Spindler*, in: Spindler/Schmitz/Liesching, TMG[2], § 3 TMG Rn. 7.

fachanknüpfungen vermeiden[5] und dadurch den Unternehmen **Rechtsermittlungskosten** für die Feststellung ausländischen Rechts ersparen.[6]

4 Für diese angeblichen Zwecke von Art. 3 ECRL finden sich allerdings weder im Wortlaut der ECRL noch in den Erwägungsgründen und in anderen Amtlichen Materialien irgendwelche Anhaltspunkte. Wenn dies von der Verfassern der ECRL gewollt gewesen wäre, hätten sie es in den Vorschriften oder in den Erwägungsgründen der ECRL ohne weiteres deutlich machen können und in Anbetracht der kontroversen Diskussion schon vor der endgültigen Verabschiedung der ECRL auch sicherlich deutlich gemacht. In den Erwägungsgründen Nr. 22 und 24 findet sich jedoch nur der Hinweis, dass die Aufsicht »am Herkunftsort« zu erfolgen habe und die Dienste »an der Quelle« zu beaufsichtigen seien. Außerdem macht Art. 3 IV ECRL von dem angeblichen Zweck der ECRL, dass der Diensteanbieter nur dem Sachrecht seines Herkunftslandes unterworfen sein soll, gewichtige Ausnahmen. Der EuGH ist in seiner grundlegenden Entscheidung »eDate Advertising« vom 25.10.2011 davon ausgegangen, dass im Herkunftsland eines Diensteanbieters durchaus auch das Sachrecht eines anderen Empfangslandes von Internetdarbietungen anwendbar sein kann.[7]

2. Der Regelungsbereich von Art. 3 ECRL und § 3 TMG

a) Dienste der Informationsgesellschaft

5 Das Herkunftslandprinzip des Art. 3 ECRL gilt für »Dienste der Informationsgesellschaft«.[8] Dem entspricht im TMG der Begriff »**Telemedien**«. Dies sind nach der Legaldefinition des § 2 Nr. 4 TMG »Verteildienste, die im Wege einer

5 *Fezer/Koos*, IPRax 2000, 349, 353; *Glöckner*, Europäisches Lauterkeitsrecht, 2006, S. 318 Fußn. 1593; *ders.*, WRP 2005, 795, 803; *ders.*, in: Harte/Henning, UWG[4], Einl. C Rn. 47; *Hausmann/Obergfell*, in: Fezer/Büscher/Obergfell, UWG[3], IntLautPrivatR Rn. 134 ff.; *Lurger/Vallant*, MMR 2002, 203, 205; *Mankowski*, EWS 2002, 401, 403, 410; *Ohly*, GRUR Int. 2001, 899, 905; *Spindler*, IPRax 2001, 400, 401; *ders.*, ZHR 165 (2001), 324, 337, 338; *ders.*, RabelsZ 66 (2002), 633, 657, 659; *Spindler/Fallenböck*, ZfRV 2002, 214, 221.

6 *Brömmelmeyer*, Internetwettbewerbsrecht, 2007, S. 163; *Hausmann/Obergfell*, in: Fezer/Büscher/Obergfell, UWG[3], IntLautPrivatR Rn. 134; *Klass*, in: GroßkommUWG[2], Einl. D Rn. 133; *Lurger/Vallant*, RIW 2002, 188, 198; *Mankowski*, CR 2001, 630, 636; *ders.*, ZVglRWiss 100 (2001), 137, 140; *ders.*, IPRax 2002, 257, 258 f.; *ders.*, EWS 2002, 401, 403, 409, 410; *ders.*, AfP 2012, 114, 119 f.; *Spindler/Fallenböck*, ZfRV 2002, 214, 221; a.A. *Fezer/Koos*, in: Staudinger, Internationales Wirtschaftsrecht (2015), Rn. 591.

7 EuGH, 25.10.2011 – C-509/09 und C-161/10, Slg. 2011, I-10269 Rn. 60 ff. = GRUR 2012, 300 = WRP 2011, 1571 – eDate Advertising.

8 Zu den Schwierigkeiten der Interpretation dieses Begriffs vgl. *Arndt/Köhler*, EWS 2001, 102, 103.

Übertragung von Daten ohne individuelle Anforderung gleichzeitig für eine unbegrenzte Zahl von Nutzern erbracht werden«, vgl. Erwägungsgrund Nr. 18. »**Diensteanbieter**« im Sinne von § 3 TMG ist nach § 2 Nr. 1 TMG »jede natürliche oder juristische Person, die eigene oder fremde Telemedien zur Nutzung bereit hält oder den Zugang zur Nutzung vermittelt«.

6 Zu den Diensten der Informationsgesellschaft bzw. zu den Telemedien gehören nicht nur Dienstleistungen im Sinne der Art. 56 ff. AEUV, sondern u.a. nach Art. 2 Buchst. f) ECRL bzw. § 2 Nr. 5 TMG auch alle Formen der »kommerziellen Kommunikation«. Art. 3 ECRL bzw. § 3 TMG erfassen unstreitig die **Internetwerbung.**[9] Der im Internet Werbende gehört zu den »Diensteanbietern«.

7 Nach Art. 2 Buchst. h ii ECRL enthält diese Richtlinie

- keine Anforderungen betreffend die Waren als solche;
- keine Anforderungen betreffend die Lieferung von Waren;
- keine Anforderungen betreffend Dienste, die nicht auf elektronischem Wege erbracht werden.

8 Diese Regelungen sind nicht ausdrücklich durch das TDG bzw. TMG in deutsches Recht umgesetzt worden. Sie ergeben sich jedoch aus der Beschränkung des TMG auf elektronische Informations- und Kommunikationsdienste.

b) Die territoriale Reichweite des Herkunftslandprinzips

9 Die ECRL soll nach Art. 1 I den freien Verkehr von Diensten der Informationsgesellschaft **zwischen den Mitgliedstaaten** sicherstellen. Daraus folgt, dass Art. 3 ECRL nur den **innergemeinschaftlichen** Verkehr von Telediensten regelt. Deshalb ist Art. 3 ECRL nur auf Internetwerbung von Unternehmen anwendbar, deren Sitz (Niederlassung; Herkunftsland) in der EU liegt. Außerdem werden

9 Vgl. Erwägungsgrund Nr. 21 der ECRL; BGH, 30.03.2006 – I ZR 24/03, GRUR 2006, 513 Rn. 24, 29 = WRP 2006, 736 – Arzneimittelwerbung im Internet; BGH, 05.10.2006 – I ZR 229/03, GRUR 2007, 67 Rn. 18 = WRP 2006,1516 – Pietra di Soln; BGH, 05.10.2006 – I ZR 7/04, GRUR 2007, 245 Rn. 13 = WRP 2007, 174 – Schulden Hulp; *Arndt/Köhler*, EWS 2001, 102, 103; *Sack*, WRP 2002, 271; *Waldenberger*, EuZW 1999, 296, 298; auch (angebliche) Persönlichkeitsverletzungen durch Internetdarbietungen werden zu den »Telediensten« gerechnet, EuGH, 25.10.2011 – C-509/09 und C-161/10, Slg. 2011, I-10269 Rn. 53 ff. = GRUR 2012,300 = WRP 2011, 1571 Rn. 53 ff. – eDate Advertising; BGH, 10.11.2009 – VI ZR 217/08, GRUR 2010, 261 Rn. 25 ff. = WRP 2010, 108 – www.rainbow.at; BGH, 08.05.2012 – VI ZR 217/08, GRUR 2012, 850 Rn. 23 ff. – www.rainbow.at II; zu diesen Entscheidungen vgl. *Brand*, NJW 2012, 127 ff.; *v. Hinden*, ZEuP 2012, 948 ff.; *W.-H. Roth*, IPRax 2013, 215 ff.; *Sack*, EWS 2010, 70 ff.; *ders.*, EWS 2011, 513 ff.; *Spickhoff*, IPRax 2011, 131 ff.; *Spindler*, AfP 2012, 114 ff.

nur Kontrollbefugnisse in EU-Staaten beschränkt. Nicht von Art. 3 ECRL bzw. § 3 TMG erfasst werden also Teledienste aus Drittstaaten.[10] Deshalb hätte der BGH in seinen Entscheidungen »Internet-Suchmaschine I und II«[11] von 2018 die Anwendung der ECRL und des TMG aus diesem Grunde, d.h. wegen der Herkunft aus den USA als Drittstaat, ablehnen müssen. Die Frage, ob § 3 II TMG eine Kollisionsnorm sei, stellte sich also nicht. Von Art. 3 ECRL und § 3 TMG werden außerdem Teledienste von EU-Staaten in Drittstaaten nicht erfasst.[12]

c) Der »koordinierte Bereich«

10 Art. 3 ECRL betrifft nur den durch die ECRL »koordinierten Bereich«, der in Art. 2 Buchst. h) ECRL näher definiert wird. Zum koordinierten Bereich gehören nicht nur die durch die ECRL harmonisierten Rechtsvorschriften, sondern alle Anforderungen, die das nationale Recht für die Ausübung von Diensten der Informationsgesellschaft aufstellt.[13] Das sind u.a. alle Vorschriften des Werbe- und Wettbewerbsrechts, die das Internet betreffen.[14]

d) Geschäftsmäßig angebotene Telemedien

11 Unter § 3 TMG fallen nur **geschäftsmäßig** angebotene Telemedien.[15] Art. 3 ECRL sagt dies nicht ausdrücklich, jedoch mittelbar, indem er sich auf »niedergelassene Diensteanbieter« bezieht. Zu den geschäftsmäßig angebotenen Diensten gehören auch Telemedien von Museen und Bibliotheken. Gewinnerzielungsabsicht ist nicht erforderlich.[16]

e) Ausnahmen vom Herkunftslandprinzip des Art. 3 ECRL bzw. des § 3 TMG

12 § 3 III u. IV TMG, deren Regelungen denen des Art. 3 III ECRL entsprechen, sehen eine größere Anzahl von Ausnahmen vom Herkunftslandprinzip des § 3 TMG bzw. des Art. 3 ECRL vor. Die wichtigsten im vorliegenden Zusammenhang sind:

---

10 So ausdrücklich Erwägungsgrund Nr. 58 der ECRL.

11 BGH, 27.02.2018 – VI ZR 489/16, WRP 2018, 694 – Internet-Suchmaschine I; BGH, 24.07.2018 – VI ZR 330/17, WRP 2019, 219 – Internet-Suchmaschine II.

12 Vgl. *Spindler*, in: Spindler/Schmitz/Liesching, TMG², § 3 TMG Rn. 9.

13 Vg. *Landfermann*, ZUM 1999, 795, 798; *Sack*, WRP 2001, 1408, 1409; *ders.*, WRP 2013, 1407 Rn. 10; darin unterscheidet sich der Begriff »koordinierter Bereich« der ECRL von demselben Begriff der Fernseh-Richtlinie bzw. der Richtlinie über audiovisuelle Mediendienste, der nur durch Richtlinien harmonisiertes Recht umfasst.

14 *Klass*, in: GroßkommUWG², Einl. D Rn. 126 f.

15 Vgl. *Spindler*, in: Spindler/Schmitz/Liesching, TMG², § 3 TMG Rn. 8, 13.

16 Begr. RegE, in: BT-Drucks. 14/6098, S. 17; *Spindler*, in: Spindler/Schmitz/Liesching, TMG², § 3 TMG Rn. 13.

aa) E-Mail-Werbung

13 Nach Art. 3 IV Nr. 3 TMG, der Art. 3 III ECRL i.V.m. Spiegelstrich Nr. 8 des Anhangs zu dieser Vorschrift entspricht, ist § 3 TMG nicht anwendbar auf nicht angeforderte kommerzielle Kommunikation durch elektronische Post, d.h. auf nicht angeforderte E-Mail-Werbung.

bb) Gewerbliche Schutzrechte und Urheberrechte

14 Nach § 3 IV Nr. 6 TMG, der Art. 3 III i.V.m. Spiegelstrich Nr. 1 ECRL entspricht, gelten § 3 II u. III TMG nicht für gewerbliche Schutzrechte, Urheberrechte und mit dem Urheberrecht verwandte Schutzrechte. Dementsprechend hat der BGH schon mehrfach die Rechtskontrolle von Internetwerbung aus anderen EU-Staaten – ohne allerdings § 3 II TMG (bzw. zuvor § 4 II TDG) zu erwähnen – untersagt, wenn die Werbung gewerbliche Schutzrechte und Urheberrechte der Bestimmungsländer verletzte.[17] Besonders problematisch war die Anwendbarkeit des Herkunftslandprinzips bei angeblichen Verletzungen **geografischer Herkunftsangaben**, da streitig ist bzw. war, ob und in welchem Umfang deren Schutz zum Wettbewerbsrecht oder zu den gewerblichen Schutzrechten gehört.[18]

3. Die IPR-Neutralität des Herkunftslandprinzips der ECRL bzw. des TMG

a) Die Vorschrift des Art. 1 IV ECRL

15 Die ECRL schafft nach Art. 1 IV keine »**zusätzlichen Regeln**« im Bereich des Internationalen Privatrechts. Übereinstimmend ist Erwägungsgrund Nr. 23 der ECRL formuliert. Deshalb sind die Vorschriften der ECRL IPR-neutral zu interpretieren.[19] Das ist, entgegen einer verbreiteten Ansicht im Schrifttum, durchaus möglich.[20]

---

17 Vgl. BGH, 15.02.2007 – I ZR 114/04, GRUR 2007, 871 = WRP 2007, 1219 – Wagenfeld-Leuchte; BGH, 28.06.2007 – I ZR 49/04, GRUR 2007, 884 = WRP 2007, 1200 – Cambridge Institute.

18 Vgl. dazu BGH, 05.10.2006 – I ZR 229/03, GRUR 2007,67 = WRP 2006, 1516 – Pietra di Soln.

19 Vgl. BGH, 12.01.2017 – I ZR 253/14, GRUR 2017, 317 Rn. 36 = WRP 2017, 434 – World of Warcraft II; *Drexl*, in: MünchKommBGB[7], Bd. 12, IntLautR Rn. 82; *Sack*, WRP 2002, 271, 273 ff., 276; *ders.*, WRP 2008, 845, 855 ff.; *ders.*, EWS 2011, 65 ff.; *ders.*, EWS 2011, 513, 514 f.; gegen einen Vorrang der IPR-Neutralität und für einen Vorrang von Art. 3 Abs. 1 ECRL hingegen *Glöckner*, in: Harte/Henning, UWG[4], Einl. C Rn. 60 f.; *Mankowski*, IPRax 2002, 257, 258.

20 Ausführlich dazu *Sack*, EWS 2011, 65 ff.

16 Unter Internationalem Privatrecht verstehen die ECRL und das TMG (nur) das **Kollisionsrecht**.

17 Problematisch ist die Auslegung des Tatbestandsmerkmals »zusätzliche Regeln« des IPR. Ist **jede** Kollisionsnorm in der ECRL eine »**zusätzliche**« Regel, die nach Art. 1 IV ausgeschlossen sein soll, oder sind es nur solche Kollisionsnormen, die von den in den EU-Staaten geltenden **abweichen**?

aa) Der Wortlaut von Art. 1 IV ECRL

18 Der Wortlaut von Art. 1 IV ECRL spricht dafür, dass die ECRL keine Kollisionsnormen schaffen wollte, die von den in den EU-Staaten geltenden **abweichen** wollen.[21] Denn wenn Art. 1 IV ECRL wollte, dass die ECRL **keine** Normen des IPR schafft, dann wäre das Wort »zusätzliche« in dieser Vorschrift überflüssig. Es hätte genügt zu sagen, dass diese Richtlinie »weder Regeln im Bereich des IPR noch…« schafft. Dasselbe gilt für die Auslegung des entsprechenden Erwägungsgrundes Nr. 23 der ECRL.[22]

bb) Der Zweck der Regelung des Art. 1 IV ECRL

19 Auch der Zweck von Art. 1 IV ECRL spricht dafür, dass die ECRL nicht generell auf die Schaffung von Kollisionsnormen verzichten wollte, sondern nur auf solche Kollisionsnormen, die von den Vorschriften des nationalen und europäischen Kollisionsrechts der EU-Staaten **abweichen**. Denn mit Art. 1 IV ECRL wollte der europäische Gesetzgeber vor allem vermeiden, dass die seinerzeit schon geplanten Vorschriften der Rom II-VO über das auf außervertragliche Schuldverhältnisse anwendbare Recht in weiten Bereichen außer Kraft gesetzt werden.[23]

20 Der europäische Gesetzgeber hat der IPR-Neutralität der ECRL große Bedeutung beigemessen, wie die Gesetzesgeschichte zeigt. Denn der ursprüngliche Vorschlag einer ECRL enthielt noch keine entsprechende Regelung im Normtext, sondern nur in Erwägungsgrund Nr. 7. Als sich jedoch abzeichnete, dass dieser Erwägungsgrund vor allem in Deutschland ignoriert oder sogar offen als

---

21 *Sack*, EWS 2011, 65; *ders.*, WRP 2002, 271, 274.
22 *Sack*, EWS 2011, 65.
23 Gemeinsamer Standpunkt (EG) Nr. 22/2000, vom Rat festgelegt am 28.02.2000 im Hinblick auf den Erlass der ECRL, ABl.EG 2000 C 128/32, 49 (B.1.a); vgl. auch *Brömmelmeyer*, GRUR 2007, 295, 300 (b); *Mankowski*, ZVglRWiss 100 (2001), 137, 176 f.; *Sack*, WRP 2002, 271, 273; *ders.*, in: FS für Egon Lorenz, 2004, S. 659, 666; *ders.*, WRP 2008, 845, 855; *ders.*, EWS 2010, 70, 72; *ders.*, EWS 2011, 65; *Spindler*, MMR 2000, Beil. 7, S. 4, 9 f.; *Tettenborn*, KuR 2000, 59, 60; *Thünken*, IPRax 2001, 15, 22.

verfehlt und unbeachtlich bezeichnet wurde, hat der europäische Gesetzgeber die beabsichtigte IPR-Neutralität nicht nur in den Erwägungsgründen – jetzt Nr. 23 – beibehalten, sondern auch noch ausdrücklich in den Normtext in Art. 1 IV ECRL aufgenommen.[24]

b) Widerspruchsfreiheit zwischen Art. 1 IV und Art. 3 ECRL

21 (aa) Gegen die Berechtigung des IPR-Vorbehalts des Art. 1 IV ECRL wurde vor allem eingewendet, dass er im Widerspruch zur »Freiheit der Rechtswahl der Vertragsparteien« gemäß Art. 3 III i.V.m. Spiegelstrich 5 des Anhangs zur ECRL bzw. nach § 3 III Nr. 1 TMG stehe. Denn die Freiheit der Rechtswahl sei eine Kollisionsnorm.[25] Letzteres ist zweifellos zutreffend. Art. 1 IV ECRL untersagt jedoch nicht, wie soeben ausgeführt, generell Kollisionsnormen, sondern nur »**zusätzliche**« Kollisionsnormen. Das sind, wie dargelegt, nur solche, die von den in den EU-Staaten geltenden Kollisionsnormen **abweichen**. Die Regelung der Freiheit der Rechtswahl in der ECRL weicht nicht vom Kollisionsrecht der Mitgliedstaaten ab, sondern bestätigt es.[26]

22 (bb) Gegen die Relevanz von Art. 1 IV ECRL wurde ferner eingewendet, dass diese Vorschrift im Widerspruch zu Art. 3 I ECRL stehe. Denn nach Art. 3 I ECRL seien bei der Rechtsverfolgung im Herkunftsland nur die Sachnormen des Herkunftslandes anwendbar (sog. Sachnormverweisungstheorie), die vom ansonsten geltenden Kollisionsrecht der EU-Staaten teilweise abweichen. Dieser Widerspruch spricht jedoch nicht gegen den IPR-Vorbehalt des Art. 1 IV ECRL, sondern gegen die Sachnormverweisungstheorie zu Art. 3 I ECRL. Außer dieser Theorie gibt es auch noch andere Theorien zu dieser Vorschrift, nämlich die sachrechtliche Deutung, für die sich jetzt der EuGH entschieden hat, und die hier bevorzugte Gesamtverweisungstheorie, die mit Art. 1 IV vereinbar sind (ausführlicher dazu unter Rdn. 95 ff., 105 ff.).

24 Vgl. *Sack*, EWS 2010, 70, 72; *ders.*, EWS 2011, 65.

25 Vgl. *Hausmann/Obergfell*, in: Fezer/Büscher/Obergfell, UWG³, IntLautPrivatR Rn. 138; *Mankowski*, ZVglRWiss 100 (2001), 137, 143; *ders.*, IPRax 2002, 257, 258 (2.); *ders.*, EWS 2002, 401, 403; *Spindler*, ZRP 2001, 203, 204; *ders.*, IPRax 2001, 400, 401; *ders.*, RIW 2002, 183, 185; *ders.*, RabelsZ 66 (2002), 633, 650.

26 Vgl. *Sack*, WRP 2008, 845, 856; *ders.*, EWS 2010, 70, 73 (cc), 74; *ders.*, EWS 2011, 65, 69; *Itzen*, Europäisierung des Wettbewerbsrechts durch den elektronischen Handel, 2003, S. 124.

4. Grundsätzliche Geltung des Marktortregel des Art. 6 I Rom II-VO für Internetwerbung

23 Für Internetwerbung gilt die Kollisionsnorm des Art. 6 I Rom II-VO.[27] Es ist das Recht des Staates anzuwenden, »in dessen Gebiet die Wettbewerbsbeziehungen oder die kollektiven Interessen der Verbraucher beeinträchtigt worden sind oder wahrscheinlich beeinträchtigt werden«. Das ist bei **Werbung** das Recht des Staates, in dem mit ihr auf die Marktgegenseite **eingewirkt** werden soll.[28] Es gilt das Recht des Werbemarktes, d.h. des Ortes, an dem die Werbung von den angesprochenen Verkehrskreisen gesehen bzw. gehört werden kann. Dies entsprach in Deutschland auch schon der Rechtslage vor der Rom II-VO.[29]

24 Nach Ansicht des BGH liegt bei Werbung **im Internet** ein Aufeinandertreffen der wettbewerblichen Interessen von Mitbewerbern und Verbrauchern nur in denjenigen Ländern vor, in denen sich die Werbung **bestimmungsgemäß ausgewirkt** hat.[30] Ähnlich, aber nicht identisch ist die Ansicht, dass bei Internetwerbung maßgeblich sei, wo sie **bestimmungsgemäß** empfangen bzw. abgerufen wird.[31] Art. 6 I Rom II-VO bietet jedoch für diese Einschränkung seines Anwendungsbereichs bei Internetwerbung durch das Wort »bestimmungsgemäß« keinen Raum. Eine Kollision der wettbewerblichen Interessen hängt nicht von der »bestimmungsgemäßen Auswirkung« bzw. der »bestimmungsgemäßen Abrufbarkeit« von Internetwerbung ab. Für **Unterlassungs- und Beseitigungsansprüche** genügt nach Art. 6 I Rom II-VO, dass sich die Internetwerbung in den betreffenden Staaten **auswirken kann**. Denn bereits dann besteht die Gefahr einer wettbewerblichen Interessenkollision i.S.v. Art. 6 I Rom II-VO. Für **Schadensersatzansprüche** ist hingegen erforderlich, dass sich die Werbung in den betreffenden Staaten **ausgewirkt hat**. Denn nur dann können durch Werbung Schäden verursacht werden.

27 Zur abweichenden Ansicht der Anhänger der sog. Sachnormverweisungstheorie zu Art. 3 I ECRL vgl. unten Rdn. 77 ff.

28 Vgl. BGH, 11.02.2010 – I ZR 85/08, GRUR 2010, 847 Rn. 10 = WRP 2010, 1146 – Ausschreibung in Bulgarien; *Glöckner*, WRP 2011, 137, 138; *Hausmann/Obergfell*, in: Fezer/Büscher/Obergfell, UWG^3, IntLautPrivatR Rn. 235, 270 f., 274 ff.; *Sack*, WRP 2008, 846, 848.

29 BGH, 15.11.1990 – I ZR 22/89, GRUR 1991, 463 = WRP 1991, 294 – Kauf im Ausland; BGH, GRUR 1998, 419 = WRP 1998, 386 – Gewinnspiel im Ausland; *Sack*, GRUR Int. 1988, 320, 322 f.; *ders.*, WRP 2000, 269, 272; *ders.*, WRP 2008, 845, 949.

30 BGH, 30.03.2006 – I ZR 24/03, GRUR 2006, 513 Rn. 25 = WRP 2006, 736 – Arzneimittelwerbung im Internet; BGH, 05.10.2006 – I ZR 7/04, GRUR 2007, 245 Rn. 13 = WRP 2007, 174 – Schulden Hulp.

31 Vgl. *Dethloff*, NJW 1998, 1596, 1600; *Hoeren*, WRP 1997, 993, 997; *Mankowski*, GRUR Int. 1999, 909, 915 ff.

25 Bei Internetwerbung ist die nach Art. 6 I Rom II-VO erforderliche Interessenkollision in solchen Staaten zu verneinen, in denen Vertragsabschlüsse ausgeschlossen sind, weil die angebotenen Waren oder Dienstleistungen dort nicht verfügbar sind, sei es wegen der Natur der Produkte (ofenfrische Pizza; örtliche Gaststätte), sei es wegen der Vertriebspolitik des Werbenden. Durch einen sog. **Disclaimer**, durch den der Werbende den Vertrieb in bestimmten Staaten ernsthaft ausschließt, wird eine wettbewerbliche Interessenkollision in diesen Staaten ausgeschlossen, so dass auch ihr Wettbewerbsrecht kollisionsrechtlich ausgeschlossen ist. Außerdem würde in diesen Fällen auch die internationale Zuständigkeit nach Art. 7 Nr. 2 EuGVVO 2012 fehlen.[32]

26 Auch die in der Internetwerbung benutzte **Sprache** kann die Anzahl der Staaten, in denen eine wettbewerbliche Interessenkollision in Betracht kommt, ganz erheblich einschränken.[33]

5. Die notwendige Unterscheidung der Absätze 1 und 2 von Art. 3 ECRL und § 3 TMG

27 Zweck der Herkunftslandprinzips des Art. 3 ECRL bzw. für Deutschland des § 3 TMG ist es, die Rechtsverfolgung auf das Herkunftsland des Diensteanbieters zu **konzentrieren**. Nur unter den Voraussetzungen des Art. 3 IV ECRL bzw. des § 3 V TMG soll die Rechtsverfolgung auch außerhalb des Herkunftslandes möglich sein. Dementsprechend unterscheiden die beiden ersten Absätze von Art. 3 ECRL und § 3 TMG zwischen der Rechtsverfolgung im Herkunftsland und der Rechtsverfolgung außerhalb des Herkunftslandes eines Teledienstes. Die Absätze 1 von Art. 3 ECRL und § 3 TMG regeln die Rechtsverfolgung im **Herkunftsland**, die Absätze 2 die Rechtsverfolgung in **Empfangsstaaten** außerhalb des Herkunftslandes des Diensteanbieters. Diese beiden Absätze der genannten Vorschriften sind komplementäre Ausprägungen des Herkunftslandprinzips der ECRL bzw. des TMG. Insoweit ist es zwar gerechtfertigt, sie als »Einheit« zu sehen.[34] Sie regeln jedoch unterschiedliche Fallgestaltungen. Des-

32 BGH, 30.03.2006 – I ZR 24/03, GRUR 2006, 513 Rn. 21 = WRP 2006, 736 – Arzneimittelwerbung im Internet.

33 Vgl. *Bornkamm*, in: Bartsch/Lutterbeck, Neues Recht für neue Medien, 1998, S. 99, 116; *Höder*, Die kollisionsrechtliche Behandlung unteilbarer Multistate-Verstöße, 2002, S. 70 ff.; *Hoth*, GRUR Int. 1972, 449, 453, 454; *Mankowski*, in: MünchKomm-UWG², IntWettbR Rn. 179 f.; *Sack*, GRUR Int. 1988, 320, 328; *ders.*, WRP 2000, 269, 274 f.; *Schricker*, GRUR Int. 1982, 720, 724.

34 Vgl. Rn. 37 des Vorlagebeschlusses des BGH vom 10.11.2009 – VI ZR 217/08, GRUR 2010, 261 = WRP 2010, 108 – www.rainbow.at.; *Sack*, EWS 2010, 70 (I.3.).

halb sollen im Folgenden die beiden ersten Absätze von Art. 3 ECRL und § 3 TMG getrennt abgehandelt werden.[35]

6. Das Verhältnis der ECRL zur AVMD-RL

28 Zum Verhältnis von ECRL und AVMD-RL siehe unten Kap. 9 Rdn. 6 ff.

7. Ausnahmen vom Herkunftslandprinzip des Art. 3 ECRL

29 Nach Art. 3 III ECRL finden die Absätze 1 und 2 des Art. 3 ECRL keine Anwendung auf die im Anhang der ECRL genannten Bereiche. Diese Regelungen sind in § 3 III und IV TMG in deutsches Recht umgesetzt worden. Vom Herkunftslandprinzip der ECRL werden vor allem nicht berührt die Freiheit der Rechtswahl und Vorschriften für vertragliche Schuldverhältnisse in Bezug auf Verbraucherverträge, § 3 III Nr. 1 und 2 TMG. Außerdem gilt das Herkunftslandprinzip der ECRL u.a. nicht für Immaterialgüterrechte und für Vereinbarungen oder Verhaltensweisen, die dem Kartellrecht unterliegen, § 3 IV Nr. 6 und 8 TMG.

30 Weitere Ausnahmen regeln § 3 IV ECRL bzw. § 3 TMG. Sie werden in Rdn. 39 ff. näher erörtert.

II. Rechtskontrolle außerhalb des Herkunftslandes

1. Das grundsätzliche Beschränkungsverbot des Art. 3 II ECRL und § 3 II TMG

31 Die Verfolgung von Wettbewerbsverstößen außerhalb des Herkunftslandes des Diensteanbieters wird durch Art. 3 II ECRL bzw. in Deutschland durch § 3 II TMG erheblich eingeschränkt. EU-Staaten dürfen den freien Verkehr von Diensten der Informationsgesellschaft aus einem anderen EU-Staat, also auch Internetwerbung aus einem anderen EU-Staat,[36] grundsätzlich nicht beschränken. Ausnahmen davon sieht Art. 3 IV ECRL vor, dem in Deutschland § 3 V TMG entspricht. Danach ist unter engen Voraussetzungen eine Untersagung von Internetwerbung zulässig, wenn dies erforderlich ist zum Schutz der öffentlichen Sicherheit und Ordnung, zum Schutz der öffentlichen Gesundheit oder zum Schutz der Interessen der Verbraucher vor Beeinträchtigungen oder ernsthaften und schwerwiegenden Gefahren.

35 Vgl. *Sack*, EWS 2010, 70; *ders.*, EWS 2011, 65, 68 (b).

36 Die ECRL regelt, wie in Kap. 8 Rdn. 9 dargelegt, nach Art. 1 Abs. 1 nur den Internetverkehr zwischen EU-Staaten.

a) Art. 3 II ECRL als Kollisionsnorm

32 Die **Rechtsnatur** von Art. 3 II ECRL ist streitig. Ein Teil der Rechtsprechung und Lehre hält diese Vorschrift für eine **Kollisionsnorm**.[37] Nach manchen Vertretern dieser Ansicht verweist Art. 3 II ECRL »auf das Sachrecht des verwiesenen Rechts« (Sachnormverweisung).[38]

33 Diese Auslegung von Art. 3 II ECRL steht jedoch im Widerspruch zur IPR-Neutralität der ECRL nach Art. 1 IV. Denn nach dieser Auslegung wäre Art. 3 II ECRL eine Kollisionsnorm, die von den ansonsten in dem betreffenden Staat geltenden Vorschriften des IPR **abweichen**.[39] Deshalb hat der EuGH in seiner Entscheidung »eDate Advertising« vom 25.10.2011 in den Rn. 63 und 68 mit Recht festgestellt, dass Art. 3 II ECRL keine Umsetzung in Form einer speziellen Kollisionsregel verlange.[40] Außerdem steht die Deutung von Art. 3 II ECRL als Kollisionsnorm im Widerspruch zu seinem **Wortlaut**, der keine Aussage zum anwendbaren Recht trifft. Dem wird zwar entgegengehalten, dass diese Vorschrift eine »kollisionsrechtliche Kernaussage« treffe, die ihr Wortlaut »bis zur nahezu vollständigen Unkenntlichkeit relativiert und entstellt«.[41] Dies wird jedoch nicht durch ausreichend stichhaltige Argumente begründet. Entsprechendes gilt für § 3 II TMG und § 1 V TMG, die Art. 3 II ECRL und Art. 1 IV ECRL in deutsches Recht umsetzen.

b) Art. 3 II ECRL als sachrechtliches Beschränkungsverbot

34 Art. 3 II ECRL und § 3 II TMG lassen das Kollisionsrecht in Übereinstimmung mit Art.1 IV ECRL bzw. § 1 V TMG unberührt. Nach herrschender Meinung ist Art. 3 II ECRL eine **Sachnorm**, die den EU-Staaten Beschränkungen von

---

37 *Handig*, (öst.) wbl. 2008, 1, 4; *Kieninger*, in: Leible, Die Bedeutung des internationalen Privatrechts im Zeitalter der neuen Medien, 2003, S. 121, 131; *Lurger*, in: FS 75 Jahre Max-Planck-Institut für Privatrecht, 2001, S. 479, 488 f.; *Mankowski*, GRUR Int. 1999, 909, 912, 913; *ders.*, IPRax 2002, 257, 262 f.; *ders.*, EWS 2002, 401, 405 (2.d), 409 (III.2.a und c); *ders.*, in: MünchKommUWG², IntWettbR Rn. 75 ff., 90 ff. (zu § 4 Abs. 2 TDG); *Spindler*, IPRax 2001, 400, 401; *ders.*, RabelsZ 66 (2002), 633, 653; *Spindler/Fallenböck*, ZfRV 2002, 214, 221; vgl. auch *Henning-Bodewig*, GRUR 2002, 822, 823 (II.,III.) zu OLG Hamburg, 09.02.2004 – 3 W 1/04, GRUR 2004, 880, 881 – Aktive Two.

38 *Mankowski*, in: MünchKommUWG², IntWettbR Rn. 92.

39 *Sack*, WRP 2002, 271, 277; *ders.*, EWS 2011, 65, 68.

40 EuGH, 25.10.2011 – C-509/09 und C-161/10, Slg. 2011, I-10269 Rn. 63, 68 = GRUR 2012, 300 = WRP 2011, 1571 – eDate Advertising; ebenso BGH, 08.05.2012 – VI ZR 217/08, GRUR 2012, 850 Rn. 23, 30 – www.rainbow.at II; BGH, 27.02.2018 – VI ZR 489/16, WRP 2018, 694 Rn. 23 – Internet-Suchmaschine I; BGH, 24.07.2018 – VI ZR 330/17, WRP 2019, 219 Rn. 27 – Internet-Suchmaschine II.

41 *Mankowski*, in: MünchKommUWG², IntWettbR Rn. 62; *ders.*, IPRax 2002, 257, 262.

Internetauftritten, die aus anderen EU-Staaten stammen, grundsätzlich untersagt.[42] Diese Ansicht verdient Zustimmung. Die sachrechtliche Deutung des Art. 3 II ECRL ergibt sich zwingend aus der von Art. 1 IV ECRL vorgeschriebenen IPR-Neutralität der ECRL.[43] Nur als **sachrechtliches** Beschränkungsverbot ist Art. 3 II ECRL mit der von Art. 1 IV ECRL vorgeschriebenen IPR-Neutralität vereinbar.

35 Übereinstimmend damit ist auch § 3 II TMG ein **sachrechtliches** Beschränkungsverbot. Dies ergibt sich auch aus § 1 V TMG, der – ebenso wie Art. 1 IV ECRL – IPR-Neutralität vorschreibt.

36 Art. 3 II ECRL und entsprechend für Deutschland § 3 II TMG sind mit den Art. 34 ff., 56 ff. AEUV vergleichbar.[44] Die Art. 34 ff., 56 ff. AEUV sind nach der Rechtsprechung des EuGH und nach herrschender Lehre sachrechtlicher Natur.[45] Art. 3 II ECRL bzw. § 3 II TMG untersagen wie die Art. 34 ff., 56 ff.

---

42 Vgl. BGH, 27.02.2018 – VI ZR 489/16, WRP 2018, 694 Rn. 23 – Internet-Suchmaschine I; OLG Hamburg, 24.07.2007 – 7 U 98/06, ZUM 2008, 63; *Brisch*, CR 1999, 235, 236; *Brömmelmeyer*, Internetwettbewerbsrecht, 2007, S. 157 f.; *Dethloff*, Europäisierung des Wettbewerbsrechts, 2001, S. 54 a.E.; *Fezer/Koos*, in: Staudinger, Internationales Wirtschaftsrecht (2015), Rn. 589, 615; *Glöckner*, in: Harte/Henning, UWG[4], Einl. C Rn. 42, 62 f.; *ders.*, WRP 2005, 795, 800 f.; *Halfmeier*, ZEuP 2001, 837, 864; *v. Hinden*, ZEuP 2012, 940, 952; *Höder*, Die kollisionsrechtliche Behandlung unteilbarer Multistate-Verstöße, 2002, S. 197; *Ohly*, GRUR Int. 2001, 899, 902, 905; *ders.*, in: Ohly/Sosnitza, UWG[7], Einf. C Rn. 79 f.; *v. Pentz*, AfP 2013, 20, 25; *W.-H. Roth*, IPRax 2013, 215, 225; *Sack*, WRP 2001, 1408, 1409, 1417; *ders.*, WRP 2002, 271, 277; *ders.*, WRP 2008, 845, 855; *ders.*, EWS 2010, 70, 71; *ders.*, EWS 2011, 65, 68; *ders.*, EWS 2011, 513, 514; *ders.*, WRP 2013, 1407 Rn. 25 f.; *Spindler*, ZHR 165 (2001), 324, 335; *ders.*, AfP 2012, 114, 119.

43 EuGH, 25.10.2011 – C-509/09 und C-161/10, Slg. 2011, I-10269 Rn. 60, 62 = GRUR 2012, 300 = WRP 2011, 1571 – eDate Advertising; *Glöckner*, in: Harte/Henning, UWG[4], Einl. C Rn. 42; *Sack*, EWS 2011, 65, 68; *ders.*, EWS 2011, 513, 514; *ders.*, WRP 2013, 1407 Rn. 26.

44 *Ohly*, GRUR Int. 2001, 899, 902 (2.); *ders.*, WRP 2006, 1401, 1406 (3.); *Sack*, WRP 2001, 1408, 1409, 1417; *ders.*, WRP 2002, 271, 277 (IV.1.); *ders.*, WRP 2008, 845, 855; *ders.*, EWS 2010, 70, 71 (vor 2.); *ders.*, EWS 2011, 65, 68 (b,bb); *ders.*, EWS 2011, 513, 514; *Spindler*, ZHR 165 (2001), 324, 335 a.E.

45 Vgl. vor allem EuGH, 22.06.1994 – C-9/93, Slg. 1994, I-2789 Rn. 22, 23 – IHT Internationale Heiztechnik und Danzinger/Ideal Standard (Ideal Standard II); *Ahrens*, CR 2000, 835, 838 (III.1.b); *ders.*, in: FS für Tilmann, 2003, S. 739, 743; *Dethloff*, Europäisierung des Wettbewerbsrechts, 2001, S. 265 ff., 269 ff.; *Glöckner*, in: Harte/Henning, UWG[4], Einl. C Rn. 22 f., 32, 42; *Kur*, in: FS für Erdmann, 2002, S. 629, 637; *Ohly*, GRUR Int. 2001, 899, 901 f.; *ders.*, WRP 2006, 1401, 1406; *ders.*, in: Ohly/Sosnitza, UWG[7], Einf. C Rn. 79; *Sack*, WRP 1994, 281, 288 ff.; *ders.*, WRP 2000, 269, 280; *ders.*, WRP 2001, 1408, 1413 f.; *ders.*, EWS 2010, 70, 71; *ders.*, EWS 2011, 65, 68.

AEUV **sachrechtlich** Beschränkungen des grenzüberschreitenden Waren- bzw. Dienstleistungsverkehrs.[46]

37 Der EuGH hat sich etwas vorsichtiger ausgedrückt. In seiner Entscheidung »eDate Advertising« hat er in Rn. 63 festgestellt, dass Art. 3 II ECRL keine Umsetzung in Form einer speziellen Kollisionsregel verlange.[47]

c) Regelung der internationalen Zuständigkeit?

38 Mit dem sachrechtlichen Beschränkungsverbot des Art. 3 II ECRL hat sich der europäische Gesetzgeber gegen die Möglichkeit entschieden, das Herkunftslandprinzip in Form einer Regelung der **internationalen Zuständigkeit** auszugestalten.[48] Gegen die Ansicht, Art. 3 ECRL regle die internationale Zuständigkeit, spricht nicht nur die in den beiden Absätzen dieser Vorschrift gewählte Konstruktion. Denn Art. 3 ECRL bestimmt weder positiv, welche Gerichte bzw. Behörden zuständig sind, noch negativ, dass Gerichte bzw. Behörden außerhalb des Herkunftslandes nicht zuständig sind, sondern untersagt letzteren grundsätzlich die Beschränkung von Diensten der Informationsgesellschaft. Deshalb wird durch Art. 3 II ECRL nicht die internationale Zuständigkeit von Gerichten außerhalb des Herkunftslandes nach Art. 7 Nr. 2 EuGVVO 2012 ausgeschlossen,[49] sondern nur **sachrechtlich** ihre Untersagungsbefugnis eingeschränkt. Gegen die Deutung von Art. 3 ECRL als Regelung der Zuständigkeit spricht aber vor allem auch die Vorschrift des Art. 1 IV ECRL, nach der sich die ECRL nicht mit der Zuständigkeit der Gerichte befasst.[50] Mit dieser Regelung in Art. 1 IV ECRL wollte der europäische Gesetzgeber vermeiden, dass das Herkunftslandprinzip der ECRL als Abweichung und Ausnahme von den Regelungen der internationalen Zuständigkeit in der EuGVVO verstanden wird.

2. Ausnahmen vom Beschränkungsverbot in Art. 3 IV ECRL bzw. § 3 V TMG

39 Art. 3 IV ECRL sieht Ausnahmen vom Beschränkungsverbot des Art. 3 II ECRL vor. Der Ausnahmeregelung des Art. 3 IV ECRL entspricht im deut-

46 Vgl. BGH, 05.10.2006 – I ZR 229/03, GRUR 2007, 67 Rn. 18 – Pietra di Soln (»Einschränkung des freien Dienstleistungsverkehrs i.S.v. § 4 II TDG«).

47 EuGH, 25.10.2011 – C-509/09 und C-161/10, Slg. 2011, I-10269 Rn. 63, 68 = GRUR 2012, 300 = WRP 2011, 1571 – eDate Advertising.

48 A.A. jedoch zu Art. 3 II ECRL *Bernreuther*, WRP 2001, 384, 385 f.; *ders.*, WRP 2001, 513, 515 mit Fußn. 15.

49 *Piekenbrock*, GRUR Int. 2005, 997, 1002.

50 *Drexl*, in: MünchKommBGB[7], Bd. 12, IntLautR Rn. 69; *Klass*, in: GroßkommUWG[2], Einl. D Rn. 134.

schen Recht § 3 V TMG (zuvor § 4 V TDG). Die Anforderungen der in Art. 3 IV ECRL bzw. § 3 V TMG genannten Ausnahmen vom Beschränkungsverbot des Art. 3 II ECRL bzw. § 3 II TMG dürfen strenger sein, als sie das Sachrecht des Herkunftslandes des Diensteanbieters vorsieht.[51] Es ist also insoweit kein sog. **Günstigkeitsvergleich** vorzunehmen, mit dem das anzuwendende Sachrecht des Empfangslandes, das nicht Herkunftsland ist, auf das Schutzniveau des Herkunftslandes reduziert wird.

40 Nach Art. 3 IV ECRL können die EU-Staaten, die im konkreten Anwendungsfall nicht das Herkunftsland des Diensteanbieters sind, Internetauftritte untersagen, wenn die Voraussetzungen der in dieser Vorschrift genannten »Schutzziele« erfüllt sind. Als Schutzziele nennen Art. 3 IV ECRL und entsprechend § 3 V TMG (1) die öffentliche Ordnung, (2) die öffentliche Gesundheit, (3) die öffentliche Sicherheit sowie (4) den Schutz der Verbraucher, einschließlich des Schutzes von Anlegern. Diese Schutzziele müssen nach Art. 3 IV Buchst. a) ii) ECRL bzw. § 3 V TMG durch den beanstandeten Dienst der Informationsgesellschaft, hier also durch Internetwerbung, **ernsthaft und schwerwiegend** beeinträchtigt werden. Außerdem bestehen nach Art. 3 Abs. 4 und 5 ECRL bestimmte **Konsultations- und Informationspflichten.**

41 Die Regelung der Ausnahmetatbestände für Art. 3 II ECRL in Art. 3 IV ECRL bzw. für § 3 TMG in Art. 3 V TMG ist **abschließend.**[52]

a) Schutz der öffentlichen Sicherheit und Ordnung

42 Der BGH hat das Verbot der Werbung für unerlaubte **Rechtsberatung** in Deutschland durch das RBerG als Regelung zum Schutz der öffentlichen Ordnung bewertet.[53] Der Schutz der **Persönlichkeit**, der Gegenstand des Vorlagebeschlusses des BGH vom 10.11.2009 im Fall www.rainbow.at und der dazu ergangenen Vorabentscheidung des EuGH vom 25.10.2009 war,[54] gehört hingegen grundsätzlich nicht zur öffentlichen Ordnung i.S.v. Art. 3 IV ECRL.[55] Nur bei Vorliegen besonderer Umstände, insbesondere bei einer Verletzung der **Menschenwürde**, kann ein Verstoß gegen die öffentliche Ordnung i.S.v.

---

51 *Sack*, EWS 2011, 513, 514 (I.2.).

52 Vgl. *Spindler*, in: Spindler/Schmitz/Liesching, TMG², § 3 TMG Rn. 35.

53 BGH, 05.10.2006 – I ZR 7/04, GRUR 2007, 245 Rn. 13 = WRP 2007. 174 – Schulden Hulp.

54 BGH, 10.11.2009 – VI ZR 217/08, GRUR 210, 261 = WRP 2010, 108 – www. rainbow.at; EuGH, 25.11.2011 – C-509/09 und C-161/10, Slg. 2011, I-10269 = GRUR 2012, 300 = WRP 2011, 1571 – eDate Advertising; abschließend BGH, 08.05.2012 – VI ZR 217/08, GRUR 2010, 850 – www.rainbow.at II.

55 *Ohly*, GRUR Int. 2001, 899, 905; *Sack*, EWS 2011, 513, 514; *Spickhoff*, IPRax 2011, 131, 133.

Art. 3 IV bzw. § 3 V TMG vorliegen.[56] Den Schutz der Menschenwürde nennt Erwägungsgrund Nr. 10 der ECRL ausdrücklich als ein dem Allgemeininteresse dienendes Ziel. Insoweit ist ein hohes Schutzniveau zu gewährleisten.

b) Schutz der öffentlichen Gesundheit

43 Auch Maßnahmen zum Schutz der öffentlichen Gesundheit dürfen in Empfangsstaaten ergriffen werden, auch wenn sie über den Schutz im Herkunftsland hinausgehen. Zu den Vorschriften, die die öffentliche Gesundheit schützen, gehören z.B. die des AMG, des HWG und der Health-Claims-VO.[57]

c) Schutz der Verbraucher

44 Außerdem darf ein EU-Staat, der nicht Herkunftsland ist, Maßnahmen zum Schutz der Verbraucher ergreifen, auch wenn diese über die rechtlichen Anforderungen des betreffenden Herkunftslandes hinausgehen.[58] Insoweit ist nach Erwägungsgrund Nr. 10 der ECRL ein **hohes Schutzniveau** zu gewährleisten.[59] Der Begriff »Schutz der Verbraucher« ist ein gemeinschaftsrechtlicher Begriff und als solcher unabhängig von der Begrifflichkeit und Dogmatik der verschiedenen EU-Staaten zu interpretieren.[60] Grenzen setzen dem Verbraucherschutz nur die europäische Warenverkehrs- und Dienstleistungsfreiheit[61] sowie europäische Verordnungen und Richtlinien.

45 Vorschriften des Verbraucherschutzes i.S.v. Art. 3 IV ECRL bzw. § 3 V TMG sind nicht nur solche, die speziell nur den Schutz der Verbraucher bezwecken, sondern auch Vorschriften, die neben den Verbrauchern auch andere Personen schützen sollen, wenn im konkreten Anwendungsfall auch Verbraucherinteres-

---

56 *Ohly*, GRUR Int. 2001, 899, 905; *W.-H. Roth*, IPRax 2013, 215, 227; *Sack*, EWS 2011, 513, 514 (I.2.); noch enger: nur bei Verletzung der Menschwürde durch schwerwiegende Ehrverletzungen, *Spickhoff*, IPRax 2011, 131, 133; *Spindler*, AfP 2012, 114, 120.

57 Vgl. zu den §§ 2, 21 AMG und zu § 3a HWG BGH, 30.03.2006 – I ZR 24/03, GRUR 2006, 513 Rn. 24, 29 ff. = WRP 2006, 736 – Arzneimittelwerbung im Internet; kritisch dazu *Ohly*, WRP 2006, 1401, 1405.

58 Vgl. öst. OGH, 25.05.2004 – 4 Ob 234/03w, ÖBl. 2004, 269 – Wiener Werkstätten III = MMR 2004, 810, 811 – wiener-werkstaetten.at; kritisch dazu *Ohly*, WRP 2006, 1401, 1405 a.E.

59 Zum »hohen Schutzniveau« als Leerformel vgl. *Scherer*, WRP 2013, 977 ff.

60 *Sack*, WRP 2002, 271, 281.

61 Zum Wandel der Rechtsprechung des EuGH zur Warenverkehrsfreiheit von der umfassenden Dassonville-Formel von 1974 zur Keck-Doktrin von 1993 und zurück zur Dassonville-Formel im Jahre 2009 vgl. *Sack*, EWS 2011, 265, 276 f.; *ders.*, in: FS für Bornkamm, 2014, S.1103; *ders.* unten in Kap. 12 Rn. 8 ff., 23 ff., 48 ff.

sen beeinträchtigt werden.[62] Zu den Maßnahmen zum Schutze der Verbraucher i.S.v. Art. 3 IV ECRL gehören u.a. auch alle Verbote **verbraucherbezogener Unlauterkeit**. So dient z.B. das Verbot verbraucherbezogener Irreführung dem Schutz der Verbraucher, auch wenn es zugleich auch den Mitbewerberschutz bezweckt.[63] Regeln, die (auch) den Schutz der Verbraucher bezwecken, dienen deren Schutz i.S.v. Art. 3 IV ECRL auch dann, wenn weder die betroffenen Verbraucher noch Verbraucherverbände gegen ihre Verletzung vorgehen können, sondern der Verbraucherschutz nur mittelbar durch Klagen von Gewerbetreibenden oder Wirtschaftsverbänden bewirkt wird.[64] So bezweckt z.B. in Deutschland das UWG nach § 1 auch den Schutz der Verbraucher, auch wenn diese – im Gegensatz zu Österreich[65] – nach Ansicht des BGH und herrschender Lehre keine Schadensersatz- und Unterlassungsansprüche aus dem UWG haben.[66] Dennoch dient auch in Deutschland das Verbot verbraucherbezogener Unlauterkeit »dem Schutz der Verbraucher« i.S.v. Art. 3 IV ECRL bzw. § 3 V TMG. Zum Verbraucherschutz im Sinne dieser Vorschriften gehören alle nationalen Regelungen des Wettbewerbsrechts, die der UGP-Richtlinie Nr. 2005/29/EG entsprechen.

d) Kein rechtfertigender Schutz der »Lauterkeit des Handelsverkehrs«

46 Unter den Schutzzielen erwähnt Art. 3 Abs. 4 ECRL nicht die vom EuGH in seiner Cassis-Doktrin[67] neben dem Verbraucherschutz anerkannte **Lauterkeit des Handelsverkehrs**.[68] Allerdings bezwecken die Vorschriften zum Schutz gegen **verbraucherbezogene Unlauterkeit** (auch) den »Schutz der Verbraucher« i.S.v. Art. 3 IV ECRL.[69] Keine Rechtfertigungsgründe für die Beschränkung von Internetwerbung außerhalb des Herkunftslandes sind hingegen Vorschrif-

62 A.A. *Spindler*, ZRP 2001, 203, 205 (3.).

63 *Arndt/Köhler*, EWS 2001, 102, 107; *Sack*, WRP 2001, 1408, 1422; *ders.*, WRP 2002, 271, 281 (2.c).

64 *Sack*, WRP 2001, 1408, 1421; *ders.*, WRP 2002, 271, 281.

65 Vgl. öst. OGH, 24.02.1998 – 4 Ob 53/98t, ÖJZ 1998, 572 = WRP 1998, 789, 790 – 1. Hauptpreis.

66 Kritisch dazu *Sack*, GRUR 2011, 953 ff.

67 EuGH, 20.02.1979 – Rs. 120/78, Slg. 1979, 649 Rn. 8 = GRUR Int. 1979, 468 = NJW 1979, 1766 – Cassis de Dijon.

68 Vgl. *Spindler*, in: Spindler/Schmitz/Liesching, TMG², § 3 TMG Rn. 81; kritisch dazu *Sack*, WRP 2001, 1408, 1422.

69 Vgl. öst. OGH, 25.05.2004 – 4 Ob 234/03w, ÖBl. 2004, 269 – Wiener Werkstätten III = MMR 2004, 810, 811 – wiener-werkstaetten.at; *Sack*, WRP 2001, 1408, 1421; *Spindler/Fallenböck*, ZfRV 2002, 214, 223; kritisch jedoch, weil sich damit weite Teile des UWG aus dem Geltungsbereich des Herkunftslandprinzips ausklammern ließen, *Ohly*, WRP 2006, 1401, 1405.

ten zum Schutz gegen **mitbewerberbezogene** Unlauterkeit, z.B. gegen Behinderungs- oder Ausbeutungswettbewerb, sowie Vorschriften, die im konkreten Anwendungsfall **sonstige Gewerbetreibende**, z.B. gegen irreführende Werbung, schützen. Dazu gehören auch diejenigen Vorschriften über vergleichende Werbung, die ausschließlich dem Mitbewerberschutz dienen.[70]

47 Auch der wettbewerbsrechtliche **Leistungsschutz**, der ergänzende **Markenschutz** und der **Schutz geografischer Herkunftsangaben**, soweit er nicht auch den Schutz der Verbraucher, z.B. gegen Irreführung, bezweckt, rechtfertigt keine Beschränkung der Dienste der Informationsgesellschaft in anderen Staaten als in den Herkunftsländern.[71] Nachdem jedoch Art. 3 III i.V.m. Spiegelstrich Nr. 1 des Anhangs zur ECRL die gewerblichen Schutzrechte und Urheberrechte vom Anwendungsbereich des ECRL **ausnimmt,** wäre es rechtspolitisch gerechtfertigt gewesen, beim ergänzenden Leistungs- und Markenschutz und beim Schutz geografischer Herkunftsangaben, soweit er wettbewerbsrechtlicher Natur ist, ebenso zu verfahren, zumal die gewerblichen Schutzrechte und Urheberrechte in den verschiedenen Staaten der EU von unterschiedlicher Reichweite sind und mancher Schutz, der in einigen Ländern lauterkeitsrechtlich gewährt wird, in anderen Ländern (bereits) Inhalt gewerblicher Schutzrechte oder Urheberrechte ist.[72] Es ist jedoch de lege lata sicher nicht möglich, den ergänzenden Leistungs- und Markenschutz sowie den Schutz geografischer Herkunftsangaben pauschal den gewerblichen Schutzrechten oder Urheberrechten i.S.v. Spiegelstrich Nr. 1 des Anhangs zur ECRL zuzurechnen, soweit er in den betreffenden Empfangsstaaten nur lauterkeitsrechtlich ausgestaltet ist. Diese lauterkeitsrechtlichen Regelungen gehören wohl auch nicht zur »öffentlichen Ordnung« i.S.v. Art. 3 IV ECRL. Jedenfalls werden sie vom EuGH nicht unter den Begriff der öffentlichen Ordnung i.S.v. Art. 36 AEUV subsumiert.[73]

48 **Rechtspolitisch** ist es verfehlt, abweichend von der Cassis-Doktrin zur Warenverkehrsfreiheit die »Lauterkeit des Handelsverkehrs« nicht unter den Schutzzielen des Art. 3 IV ECRL zu nennen.

---

70 Nach *Ohly*, WRP 2006, 1401, 1406 (vor 3.) dienen allerdings alle Vorschriften über vergleichende Werbung nur noch dem Mitbewerberschutz; a.A. *Sack*, in: Harte/Henning, UWG[4], § 6 Rn. 8.

71 *Sack*, WRP 2002, 271, 282 (3.).

72 Vgl. *Sack*, WRP 2001, 1408, 1422; *ders.*, WRP 2002, 271, 282 (3.).

73 So zu § 3 UWG EuGH, 06.11.1984 – Rs. 177/83, Slg. 1984, 3651 Rn. 18, 19 – Kohl/Ringelhan; vgl. auch EuGH, 17.06. 1981 – Rs. 113/80, Slg. 1981, 1625 Rn. 5 ff. – Irische Souvenirs; offen gelassen vom EuGH, 20.02.1975 – Rs. 12/74, Slg. 1975, 181 Rn. 17 – Sekt/Weinbrand.

e) Der Verhältnismäßigkeitsgrundsatz

49 Die von den EU-Staaten vorgesehenen Maßnahmen müssen nach Art. 3 IV Buchst. a) iii) ECRL bzw. nach § 3 V S. 1 TMG in einem angemessenen Verhältnis zu den betreffenden Schutzzielen stehen. Nach Erwägungsgrund Nr. 10 der ECRL ist jedoch ein **hohes Schutzniveau** für die den Allgemeininteressen dienenden Ziele, insbesondere für den Jugendschutz, den Schutz der Menschenwürde, den Verbraucherschutz und den Schutz der öffentlichen Gesundheit zu gewährleisten.

f) Ernsthafte und schwerwiegende Gefahr einer Beeinträchtigung der Schutzziele

50 Art. 3 IV Buchst. a) ii) ECRL unterscheidet zwischen der Beeinträchtigung der genannten Schutzziele und der »ernsthaften und schwerwiegenden Gefahr einer Beeinträchtigung dieser Ziele«. Aus dieser Formulierung ergibt sich, dass sich das Tatbestandsmerkmal »ernsthaft und schwerwiegend« nicht auf die Beeinträchtigung der Schutzziele bezieht, sondern nur auf die **Gefahr** ihrer Beeinträchtigung. Nicht jede **Gefahr** einer Beeinträchtigung genügt.

g) Konsultations- und Informationspflichten

51 Die Anwendung des Sachrechts durch Empfangsstaaten, die nicht Herkunftsland des Diensteanbieters sind, setzt außerdem nach Art. 3 IV Buchst. b) 1. Spiegelstrich ECRL voraus, dass vor dem Ergreifen von Maßnahmen das **Herkunftsland** zu entsprechenden Maßnahmen aufgefordert worden ist und dieses der Aufforderung nicht oder nur unzulänglich Folge leistet. Außerdem sind nach Art. 3 IV Buchst. b) 2. Spiegelstrich ECRL die Kommission und das betreffende Herkunftsland von den beabsichtigten Maßnahmen zu unterrichten. In **dringlichen** Fällen können die EU-Staaten nach Art. 3 V ECRL von den in Abs. 4 Buchst. b) genannten Bedingungen abweichen. In diesen Fällen müssen die Maßnahmen der Kommission und dem betreffenden Herkunftsland so bald wie möglich unter Angabe der Gründe für die Dringlichkeit mitgeteilt werden.

52 Die genannten Konsultations- und Informationspflichten gelten allerdings nach dem Einleitungssatz von Art. 3 IV Buchst. b) ECRL **nicht für gerichtliche Verfahren** einschließlich gerichtlicher Vorverfahren.

3. Umsetzung von Art. 3 II ECRL in deutsches Recht durch § 3 II TMG

53 Art. 3 II ECRL ist durch § 3 II TMG in deutsches Recht umgesetzt worden. Die Auslegung von § 3 II TMG hat sich an der Auslegung von Art. 3 II ECRL zu orientieren. Dementsprechend ist § 3 II TMG ein **sachrechtliches**

Beschränkungsverbot.[74] Teledienste aus anderen (Herkunfts-)Ländern dürfen grundsätzlich nicht untersagt werden. Nur unter den Voraussetzugen des § 3 V TMG, der Art. 3 IV ECRL entspricht und übereinstimmend auszulegen ist, sind Beschränkungen von Telediensten aus anderen Herkunftsländern zulässig.

4. Weitere Ausnahmen vom Beschränkungsverbot des Art. 3 II ECRL?

54 Nach einer verbreiteten Ansicht sind die Behörden und Gerichte von Empfangsstaaten, die nicht Herkunftsländer sind, auch über Art. 3 IV ECRL hinaus zur Rechtsverfolgung nach ihrem Sachrecht befugt, soweit dieses keine strengeren Anforderungen vorsieht als das Sachrecht des Herkunftslandes.[75] Das würde z.B. bedeuten: Wenn sich Internetwerbung aus einem anderen EU-Staat u.a. auf den deutschen Markt richtet, hätten deutsche Gerichte, wenn sie zuständig sind, deutsches Lauterkeitsrecht anzuwenden, soweit es nicht strenger ist als das des Herkunftslandes. Eine entsprechende Regelung fand sich in Satz 2 von § 4 II TDG.[76] Diese Regelung ist jedoch im Gesetzgebungsverfahren mit Recht gestrichen worden, weil sie in Art. 3 ECRL keine Entsprechung fand und deshalb für unvereinbar mit dieser Vorschrift gehalten worden ist. Eine solche Einschränkung von Art. 3 II ECRL bzw. § 3 II TMG ist weder mit dem Wortlaut noch mit dem Zweck von Art. 3 ECRL vereinbar.[77] Nach Art. 3 I u. II

74 BGH, 08.05.2012 – VI ZR 217/08, GRUR 2012, 850 Rn. 25 ff. – www.rainbow.at II; BGH, 12.01.2017 – I ZR 253/14, GRUR 2017, 397 Rn. 37 = WRP 2017, 434 – World of Warcraft II; *Fezer/Koos*, in: Staudinger, Internationales Wirtschaftsrecht (2015), Rn. 615; *Glöckner*, in: Harte/Henning, UWG[4], Einl. C Rn. 63 f.; *Klass*, in: GroßkommUWG[2], Einl. D Rn. 148 a.E.; *Köhler*, in: Köhler/Bornkamm/Feddersen, UWG[37], Einl. UWG Rn. 5.9; *Höder*, Die kollisionsrechtliche Behandlung unteilbarer Multistate-Verstöße, 2002, S. 200.

75 Vgl. OLG Hamburg, 24.07.2007 – 7 U 98/06, ZUM 2008, 63, 64 (II.1.), 65 (II.3.); *Brömmelmeyer*, Internetwettbewerbsrecht, 2007, S. 164; *Bornkamm/Seichter*, CR 2005, 747, 748; *Fezer/Koos*, in: Staudinger, Internationales Wirtschaftsrecht (2015), Rn. 616; *Halfmeier*, ZEuP 2001, 837, 841 ff., 863, 864; *Henning-Bodewig*, WRP 2001, 771, 776; *dies.*, GRUR Int. 2002, 389, 395; *dies.*, GRUR 2004, 822, 823 (III.); *v. Hinden*, ZEuP 2012, 948, 952; *Höder*, Die kollisionsrechtliche Behandlung unteilbarer Multistate-Verstöße, 2002, S. 200; *Leible*, in: Nordhausen (Hrsg.), Neue Entwicklungen in der Dienstleistungs- und Warenverkehrsfreiheit, 2002, S. 71, 83 f.; *W.-H. Roth*, IPRax 2013, 215, 227; *Schack*, MMR 2002, 59, 63; *Spindler*, RIW 2002, 183, 185; *ders.*, RabelsZ 66 (2002), 633, 652; *ders.*, ZHR 165 (2001), 324, 335; *Wilde*, in: Gloy/Loschelder/Erdmann, Hdb des Wettbewerbsrechts[4], § 10 Rn. 43; ebenso im Ergebnis auch BGH, 05.10.2006 – I ZR 229/03, GRUR 2007, 67 Rn.18 = WRP 2006, 1516 – Pietra di Soln; kritisch jedoch zur Möglichkeit einer Rechtskontrolle außerhalb des Herkunftslandes, wenn die Voraussetzungen des Art. 3 Abs. 4 ECRL nicht erfüllt sind, hingegen schon *Sack*, WRP 2002, 271, 278, 280; *ders.*, EWS 2011, 513, 514 (vor 2.).

76 Vgl. dazu Begr. RegE, BT-Drucks. 14/6098, S. 18; *Sack*, WRP 2001, 1408, 1418.

77 Vgl. *Sack*, EWS 2010, 70, 71.

ECRL soll die Rechtsverfolgung **grundsätzlich nur im Herkunftsland** möglich sein. Nur unter den Voraussetzungen von Art. 3 IV ECRL sollen Ausnahmen von Art. 3 II ECRL möglich sein. Die Ablehnung weiterer Ausnahmen vom Beschränkungsverbot des Art. 3 II ECRL über Art. 3 IV ECRL hinaus verdient keine Zustimmung. Denn wer sich zielgerichtet auf einen fremden Markt begibt, muss damit rechnen, dort gerichtspflichtig zu werden.[78] Dort ist auch das dortige Sachrecht anzuwenden.

5. Rechtsprechung des BGH (chronologisch)

55 a) Die BGH-Entscheidung »Hotel Maritime« vom 13.10.2004 betraf die Internetwerbung eines dänischen Hotel Garni mit der Bezeichnung »Maritime«.[79] Die beanstandete Werbung richtete sich gezielt in deutscher Sprache an Deutsche. Markenrechtliche Ansprüche der Hotelkette »Maritim« aus ihrer deutschen Marke »Maritim« hat der I. Zivilsenat des BGH abgewiesen, weil ein »hinreichend wirtschaftlich relevanter Inlandsbezug« fehlte. Auch Ansprüche aus dem UWG hat er »mangels eines hinreichenden Inlandsbezugs« nicht für begründet erachtet. § 4 II TDG (jetzt § 3 II TMG) hat der BGH im Zusammenhang mit UWG-Ansprüchen nicht erwähnt. Dagegen ist nichts einzuwenden, wenn man mit dem BGH der Ansicht ist, dass die beanstandete Internetwerbung mangels eines hinreichenden Inlandsbezugs schon nicht gegen das **UWG** verstößt. Denn dann wird auch der freie Verkehr von Telediensten insoweit nicht beschränkt. Eventuelle Ansprüche aus dem **Markenrecht** lagen ohnehin außerhalb des Anwendungsbereichs der ECRL.

56 b) Die BGH-Entscheidung »Arzneimittelwerbung im Internet« vom 30.03.2006 betraf die Internetwerbung in Deutschland für ein in Deutschland nicht zugelassenes Arzneimittel durch einen Anbieter aus den Niederlanden. Darin sah der I. Zivilsenat des BGH einen Verstoß gegen die §§ 2, 21 AMG, § 3a HWG i.V.m. §§ 3, 4 Nr. 11 UWG 2004 (bzw. § 1 UWG a.F., jetzt § 3a UWG). Er erwähnte § 4 II TDG (jetzt § 3 II TMG), ließ jedoch die Reichweite dieser Vorschrift ausdrücklich offen, weil nach § 4 V S. 1 Nr. 3 TDG (jetzt § 3 V S. 1 Nr. 2 TMG) wegen des Vorrangs des Schutzes der **öffentlichen Gesundheit** vor schwerwiegenden Gefahren die Rechtsverfolgung in Deutschland und die Anwendung deutschen Sachrechts gerechtfertigt sei.[80]

---

78 *Coester-Waltjen,* in: FS für Schütze, 1999, S. 175, 184; *Sack*, WRP 2018, 897 Rn. 38; *Willems*, GRUR 2013, 462, 468; ebenso *Bigos*, Int.Comp.L.Q. 2005, 619.

79 BGH, 13.10.2004 – I ZR 163/02, GRUR 2005, 431, 433 (II.3.) = WRP 2005. 493 – Hotel Maritime.

80 BGH, 30.03.2006 – I ZR 24/03, GRUR 2006, 513 Rn. 24, 29 = WRP 2006, 736 – Arzneimittelwerbung im Internet; kritisch, weil durch Einzelfallentscheidungen die in

Gegen die Prüfung des Herkunftslandprinzips in diesem Fall wurde eingewendet, dass sie sich bei vollständig angeglichenem Sachrecht, wie im vorliegenden Fall, erübrige. Es genüge die Prüfung, ob das nationale Recht mit den Vorgaben der betreffenden Richtlinie vereinbar sei. Niemand könne sich auf das Herkunftslandprinzip berufen, um zwingendes Gemeinschaftsrecht zu umgehen. Denn nach ihrem Erwägungsgrund Nr. 11 lasse die ECRL das durch das Gemeinschaftsrecht eingeführte Schutzniveau, insbesondere für die öffentliche Gesundheit und den Verbraucherschutz, unberührt.[81] 57

Dieser Einwand berücksichtigt jedoch nicht ausreichend den Hauptzweck des Herkunftslandprinzips der ECRL, der darin besteht, dass die Rechtsverfolgung **grundsätzlich nur im Herkunftsland** erfolgen darf. Außerhalb des Herkunftslandes ist die Einschränkung von Telediensten nur zulässig, wenn die Voraussetzungen des Art. 3 IV ECRL bzw. des § 3 V TMG erfüllt sind. Das gilt unabhängig davon, ob das außerhalb des Herkunftslandes kollisionsrechtlich berufene Recht harmonisiert ist. Das bedeutet, dass in der EU Teledienste außerhalb des Herkunftslandes auch dann nicht verboten werden dürfen, wenn die Verbote aus harmonisiertem staatlichem Recht oder aus EU-Verordnungen stammen, es sei denn, die Untersagung der betreffenden Teledienste ist nach Art. 3 IV ECRL bzw. in Deutschland nach § 3 V TMG gerechtfertigt. Im vorliegenden Fall ging es um die Rechtsverfolgung **außerhalb** des Herkunftslandes. Diese war nur zulässig, wenn die Voraussetzungen des Art. 3 IV ECRL bzw. des § 3 V TMG erfüllt waren. Der BGH hat also mit Recht die Zulässigkeit der Rechtsverfolgung zum Schutze der öffentlichen Sicherheit geprüft. 58

c) In der BGH-Entscheidung »Schulden Hulp« vom 05.10.2006 zur Internetwerbung in Deutschland für Rechtsberatung, die u.a. aus den Niederlanden erbracht werden sollte, ging es um einen Verstoß gegen das RBerG i.V.m. § 4 Nr. 11 UWG (jetzt § 3a UWG). Der BGH wendete deutsches Recht an. § 4 II TDG hielt er nicht für anwendbar, weil ein Verbot der beanstandeten Werbung dem Schutz der **öffentlichen Ordnung** i.S.v. § 4 V S. 1 Nr. 1 TDG (jetzt § 3 V S. 1 Nr. 1 TMG) diene.[82] 59

d) In seiner Entscheidung »Pietra di Soln« vom 05.10.2006 bewertete der BGH die Internetwerbung eines italienischen Unternehmens für industriell gefertigte Keramikbodenplatten und Keramikfliesen unter der Bezeichnung »Pietra di Soln« als Verstoß gegen § 127 MarkenG. Für nicht anwendbar hielt er § 4 II 60

der Richtlinie vorgesehenen Konsultationsverfahren umgangen und das Herkunftslandprinzip ausgehöhlt werde, *Glöckner*, in: Harte/Henning, UWG[4], Einl. C Rn. 45.

81 *Ohly*, WRP 2006, 1401, 1408. *N.*

82 BGH, 05.10.2006 – I ZR 7/04, GRUR 2007, 245 Rn. 13 = WRP 2007, 174 – Schulden Hulp.

TDG (jetzt § 3 II TMG). Dabei ließ er die Frage ausdrücklich offen, ob der Schutz geografischer Herkunftsangaben nach § 127 MarkenG gewerbliche Schutzrechte begründet (was er zuvor immer abgelehnt hatte), auf die § 4 II TDG nach § 4 IV Nr. 6 TDG (jetzt § 3 IV Nr. 6 TMG) nicht anwendbar sei.[83]

61 Die Anwendung von § 4 II TDG lehnte der BGH jedoch deshalb ab, weil durch ein Verbot der Internetwerbung der freie Verkehr von Telediensten im Sinne dieser Vorschrift nicht eingeschränkt werde. Denn die Rechtslage in Deutschland und in Italien unterscheide sich hinsichtlich des Schutzes der betreffenden geografischen Herkunftsangabe nicht wegen eines deutsch-italienischen Abkommens über den Schutz geografischer Herkunftsangaben von 1963.[84]

62 Diese Ansicht ist mit dem Herkunftslandprinzip der ECRL unvereinbar. Denn sie umfasst die Möglichkeit, dass die §§ 126 ff. MarkenG **keine** gewerblichen Schutzrechte i.S.v. Spiegelstrich Nr. 1 des Anhangs zu Art.3 III ECRL begründen. In diesem Fall wären in der Entscheidung »Pietra di Soln« Art. 3 II ECRL bzw. § 4 II TDG (jetzt § 3 II TMG) anzuwenden gewesen. Nach diesen Vorschriften durften Verstöße gegen das betreffende deutsch-italienische Abkommen in Deutschland, d.h. **außerhalb** des Herkunftslandes, grundsätzlich nicht verfolgt werden, auch wenn wegen dieses Abkommen das Sachrecht des Herkunftslandes Italien und des Empfangslandes übereinstimmten. Nur unter den Voraussetzungen des Art. 3 IV ECRL bzw. des § 3 V TMG hätten in Deutschland Verstöße gegen das deutsch-italienische Abkommen verfolgt werden dürfen. Die Voraussetzungen dieser Vorschriften waren jedoch nicht erfüllt.

63 Im Gegensatz zum BGH hatte das OLG München als Vorinstanz in diesem Verfahren entschieden, dass der Schutz geografischer Herkunftsangaben durch die §§ 126 ff. MarkenG **gewerbliche Schutzrechte** begründe, auf die nach § 4 IV Nr. 6 TDG (jetzt § 3 IV Nr. 6 TMG) die Vorschrift des § 4 II TDG (jetzt § 3 II TMG) nicht anwendbar sei.[85]

64 Inzwischen hat der BGH seine Ansicht zur Frage, ob die §§ 126 ff. MarkenG einen **lauterkeitsrechtlichen** oder einen **kennzeichenrechtlichen** Schutz von geografischen Herkunftsangaben begründen, geändert. In seiner Entscheidung »Himalaya Salz« vom 31.03.2016 hat er seine frühere Ansicht, dass die §§ 126 ff. MarkenG lauterkeitsrechtlicher Natur seien, geändert und klargestellt, dass nach seiner jetzigen Ansicht der Schutz geografischer Herkunftsangaben durch

83 Ausführlich dazu *Sack*, WRP 2008, 845, 860 ff.

84 BGH, 05.10.2006 – I ZR 229/03, GRUR 2007, 67 Rn. 18 = WRP 2006, 1516 – Pietra di Soln.

85 OLG München, 09.10.2003 – 26 U 2690/03, GRUR-RR 2004, 252, 253 = MMR 2004, 173 – Pietra di Soln.

die §§ 126 ff. MarkenG **gewerbliche Schutzrechte** an den geschützten geografischen Herkunftsangaben begründe.[86]

65 Aus dieser Änderung der Rechtsprechung des BGH folgt allerdings noch **nicht ohne Weiteres**, dass durch den Schutz geografischer Herkunftsangaben durch die §§ 126 ff. MarkenG »gewerbliche Schutzrechte« geschaffen werden, auf die nach Art. 3 III ECRL i.V. mit dem Anhang Spiegelstrich 1 ECRL das Herkunftslandprinzip von Art. 3 ECRL nicht anwendbar ist. Denn der Begriff »gewerbliche Schutzrechte« im Anhang zur ECRL ist ein europäischer Rechtsbegriff, der **europa-einheitlich** auszulegen ist. Die Ausführungen oben zur Rechtsnatur des Schutzes geografischer Herkunftsangaben legen allerdings nahe, dass der Schutz geografischer Herkunftsangaben durch die §§ 126 ff. MarkenG nicht nur nach deutschem Recht, sondern speziell auch i.S.d. ECRL »gewerbliche Schutzrechte« begründet. In § 3 IV Nr. 6 TMG ist, da er § 3 ECRL in deutsches Recht umsetzt, der Begriff »gewerbliche Schutzrechte« ebenso wie in der ECRL auszulegen.

66 Wenn diese Auslegung des Begriffs »gewerbliche Schutzrechte« in Art. 3 ECRL und in § 3 TMG zutrifft, dann liegt die Anwendbarkeit der §§ 126 ff. MarkenG auf grenzüberschreitende Internetwerbung **außerhalb** des Anwendungsbereichs der ECRL. Die BGH-Entscheidung »Pietra di Soln« wäre, wenngleich mit anderer Begründung, heute zutreffend. Ob der Schutz geografischer Herkunftsangaben durch die §§ 126 ff. MarkenG »gewerbliche Schutzrechte« **im Sinne der ECRL** begründet, muss allerdings letztlich der EuGH entscheiden.

67 e) Erwähnt seien schließlich noch der Vorlagebeschluss des VI. Zivilsenats des BGH»www.rainbow.at« vom 10.11.2009,[87] die dazu ergangene Vorabentscheidung »eDate Advertising« des EuGH vom 25.10.2011[88] und die das Verfahren abschließende Entscheidung des BGH vom 08.05.2012.[89] Diese Entscheidungen betrafen zwar keine Internetwerbung, sondern angebliche **Persönlichkeitsverletzungen** durch Internetdarbietungen. Der EuGH hat in diesem Verfahren jedoch grundlegende Feststellungen getroffen, die in gleicher Weise für **Internetwerbung** relevant sind. Geklagt hatte ein deutscher Kläger vor deutschen

86 BGH, 31.03.2016 – I ZR 86/13, GRUR 2016, 741 Rn. 11, 13 = WRP 2016, 1004 – Himalaya Salz; a.A. früher noch BGH, 02.07.1998 – I ZR 54/96, GRUR 1999, 251, 252 = WRP 1998, 998 – Warsteiner I; BGH, 02.07.1998 – I ZR 55/96, GRUR 1999, 252, 253 = WRP 1998, 1002 -Warsteiner II.

87 BGH, 10.11.2009 – VI ZR 217/08, GRUR 2010, 261 = WRP 2010, 108 – www.rainbow.at; dazu *Sack*, EWS 2010, 70.

88 EuGH, 25.10.2011 – C-509/09 und C-161/10, Slg. 2011, I-10269 = GRUR 2012, 300 = WRP 2011, 1571 – eDate Advertising.

89 BGH, 08.05.2012 – VI ZR 217/08, GRUR 2012, 850 – www.rainbow.at II.

Gerichten gegen einen angeblich persönlichkeitsverletzenden Bericht über eine lange zurückliegende Straftat (Sedlmayr-Mord), den der in Österreich niedergelassene Beklagte im Internet zum freien Abruf durch die Öffentlichkeit bereit gehalten hat.

68 Der BGH hat in seinem Vorlagebeschluss vom 10.11.2009 dem EuGH zur Auslegung von Art. 3 ECRL folgende Fragen zur Vorabentscheidung vorgelegt:
(1) Ist den Regelungen des Art. 3 I u. II ECRL »ein kollisionsrechtlicher Charakter in dem Sinne beizumessen…, dass sie auch für den Bereich des Zivilrechts unter Verdrängung der nationalen Kollisionsnormen die alleinige Anwendung des im Herkunftsland geltenden Rechts anordnen, oder handelt es sich bei diesen Vorschriften um ein Korrektiv auf materiell-rechtlicher Ebene, durch das das sachrechtliche Ergebnis des nach den nationalen Kollisionsnormen für anwendbar erklärten Rechts inhaltlich modifiziert und auf die Anforderungen des Herkunftslandes reduziert wird?«
(2) Für den Fall, dass Art. 3 I u. II ECRL kollisionsrechtlichen Charakter haben: »Ordnen die genannten Bestimmungen lediglich die alleinige Anwendung des im Herkunftsland geltenden Sachrechts oder auch die Anwendung der dort geltenden Kollisionsnormen an mit der Folge, dass ein renvoi des Rechts des Herkunftslands auf das Recht des Bestimmungslands möglich bleibt?«

69 Der EuGH hat die Fragen wie folgt beantwortet:
(1) Bei der Auslegung von Art. 3 ECRL ist auch deren Art. 1 IV zu beachten, wonach die Richtlinie keine zusätzlichen Regeln im Bereich des IPR hinsichtlich des anwendbaren Rechts schafft (Rn. 60).
(2) Hierzu – gemeint ist Art. 1 IV ECRL – sei darauf hinzuweisen, dass eine Auslegung der Binnenmarktregel des Art. 3 **Abs. 1** ECRL dahin, dass sie zu einer Anwendung des im Sitzmitgliedstaat geltenden Sachrechts führt, nicht ihre Einordnung als Regel im Bereich des IPR nach sich ziehe. Die den Mitgliedstaaten durch Art. 3 I ECRL auferlegte Verpflichtung weise nicht die Merkmale einer Kollisionsregel auf, die dazu bestimmt wäre, einen spezifischen Konflikt zwischen mehreren zur Anwendung berufenen Rechtsordnungen zu lösen (Rn. 61).
(3) Art. 3 **Abs. 2** ECRL verlange wegen Art. 1 IV ECRL keine Umsetzung in Form einer speziellen Kollisionsregel (Rn. 62, 63, 68).
(4) Art. 3 ECRL lässt es, vorbehaltlich der bei Vorliegen der Voraussetzungen des Art. 3 IV ECRL gestatteten Ausnahmen, nicht zu, dass der Anbieter eines Dienstes des elektronischen Geschäftsverkehrs strengeren Anforderungen unterliegt, als sie das im Sitzmitgliedstaat (Herkunftsland) dieses Anbieters geltende Sachrecht vorsieht (Rn. 67, 68).

70 Dementsprechend hat der VI. Zivilsenat des BGH in seiner abschließenden Entscheidung festgestellt, dass § 3 TMG keine Kollisionsnorm, sondern ein **sachrechtliches** Beschränkungsverbot enthalte (Leits. 2 u. Rn. 30). Nach Art. 40 I S. 2 EGBGB sei deutsches Recht anwendbar (Rn. 31 f.).Der beanstandete Bericht verletze jedoch nicht in rechtswidriger Weise das Persönlichkeitsrecht des Klägers (Rn. 33 ff.).

71 Dazu ist anzumerken, dass das Verfahren vor deutschen Gerichten **außerhalb** des Herkunftslandes des Beklagten, der in Österreich seine Niederlassung hatte, stattgefunden hat. Deshalb war Art. 3 **Abs. 2** ECRL einschlägig.[90] Diese Vorschrift untersagt grundsätzlich die Einschränkung von Telediensten, die von einem Diensteanbieter stammen, der in einem anderen EU-Staat seine Niederlassung hat. Das war Österreich. Von dem Beschränkungsverbot des Art. 3 II TMG war keine Ausnahme nach § 3 V TMG zu machen. Denn die vom Kläger geltend gemachte **Persönlichkeitsverletzung** erfüllte nicht die Voraussetzungen der Schutzziele des § 3 V TMG. Die streitige Persönlichkeitsverletzung ist kein Eingriff in die »öffentliche Ordnung« i.S.v. Art. 3 IV ECRL bzw. § 3 V TMG. Die Klage vor deutschen Gerichten hätte daher nach § 3 II TMG abgewiesen werden können.

72 Der BGH ist auf einem anderen Weg zum selben Ergebnis gelangt. Er hat nämlich festgestellt, dass die beanstandete Internetdarbietung schon keine rechtswidrige Persönlichkeitsverletzung darstelle (Rn. 35 ff.). Damit bestand für den BGH kein Grund für die Beschränkung der streitigen Internetdarbietung aus Österreich und deshalb auch kein Grund für die Prüfung von § 3 II TMG. Fraglich war jedoch, ob es unter diesen Umständen erforderlich war, den EuGH um eine Vorabentscheidung zu Art. 3 ECRL zu ersuchen. Anlass für eine Vorabentscheidung zu Art. 3 ECRL hätte nur bestanden, wenn der BGH eine rechtswidrige Persönlichkeitsverletzung hätte bejahen wollen.

III. Rechtskontrolle *innerhalb* des Herkunftslandes des Werbenden

73 Die Beschränkung der Rechtsverfolgung des Diensteanbieters **außerhalb** seines Herkunftslandes lässt sich nur rechtfertigen, wenn eine wirksame Kontrolle in seinem **Niederlassungsstaat** (»Herkunftsland«) sichergestellt ist. Dementsprechend muss nach Art. 3 I ECRL jeder EU-Staat dafür Sorge tragen, dass die Dienste der Informationsgesellschaft, die von einem in seinem Hoheitsgebiet niedergelassenen Diensteanbieter erbracht werden, den in diesem EU-Staat geltenden innerstaatlichen Vorschriften entsprechen, die in den koordinierten Bereich fallen. Diese Vorschrift wird durch § 3 I TMG (vor 2007 § 4 I TDG) in

90 Vgl. *Sack,* EWS 2010, 70, 74; *ders.,* EWS 2011, 513.

deutsches Recht umgesetzt, der bestimmt, dass in Deutschland niedergelassene Diensteanbieter den Anforderungen deutschen Rechts auch dann unterliegen, wenn die Telemedien in einem anderen Staat der EU geschäftsmäßig angeboten oder erbracht werden. Nach dieser Regelung unterliegt also u.a. auch **Internetwerbung** eines in Deutschland niedergelassenen Werbenden grundsätzlich den Anforderungen des deutschen Rechts.

74 Art. 3 I ECRL wird durch Art. 18 ECRL und die Begründungserwägung Nr. 52 ergänzt. Danach müssen die EU-Staaten sicherstellen, dass die nach innerstaatlichem Recht verfügbaren **Klagemöglichkeiten** es ermöglichen, dass rasch Maßnahmen, einschließlich vorläufiger Maßnahmen, getroffen werden können, um eine mutmaßliche Rechtsverletzung abzustellen und zu verhindern, dass den Betroffenen weiterer Schaden entsteht. Zu den Klagemöglichkeiten gehören nach Art. 18 II u.a. auch Verbandsklagen i.S.v. Art. 2 II der Richtlinie 98/27 (vgl. Erwägungsgrund Nr. 53 der ECRL). Außerdem bestimmt Art. 20 S. 1 ECRL, dass die EU-Staaten alle geeigneten Maßnahmen treffen, um die Durchsetzung ihrer Vorschiften und der vorgesehenen **Sanktionen** sicherzustellen. Die Sanktionen müssen nach Art. 20 S. 2 ECRL »wirksam, verhältnismäßig und abschreckend« sein.

75 Um einen wirksamen Schutz der Ziele des Allgemeininteresses zu gewährleisten, muss nach Erwägungsgrund Nr. 22 ECRL die im Herkunftsland zuständige Behörde den Schutz nicht allein für die Bürger ihres Landes, sondern für **alle Bürger der Gemeinschaft** sichern.

76 Der Wortlaut von Art. 3 I ECRL lässt die Frage offen, welche »innerstaatlichen Vorschriften« im Herkunftsland des Diensteanbieters anzuwenden sind.[91] Dasselbe gilt für den Begriff »Anforderungen des deutschen Rechts« in § 3 I TMG, der Art. 3 I ECRL in deutsches Recht umsetzt. Dazu werden im Wesentlichen die folgenden Meinungen vertreten:

(1) Art. 3 I ECRL ist eine Kollisionsnorm, die (nur) auf das Sachrecht der Herkunftslandes verweist (**Sachnormverweisungstheorie**).
(2) Art. 3 I ECRL ist eine Kollisionsnorm, die auf das gesamte Recht des Herkunftslandes verweist, d.h. auch auf dessen – vorrangig zu prüfendes – Kollisionsrecht (**Gesamtverweisungstheorie**).
(3) Art. 3 I ECRL ist **keine** Kollisionsnorm, so der EuGH.
(4) Art. 3 I ECRL enthält ein sachrechtliches Beschränkungsverbot.
(5) Art. 3 I ECRL enthält eine Zuständigkeitsregel.

91 Vgl. *Sack*, WRP 2008, 845, 855; *ders.*, EWS 2010, 70, 72; *ders.*, EWS 2011, 65, 66.

1. Die Sachnormverweisungstheorie

a) Der Inhalt der Sachnormverweisungstheorie

77 Nach einer verbreiteten Ansicht enthält Art. 3 I ECRL eine Kollisionsnorm in Form einer **Sachnormverweisung**. Nach dieser Ansicht ist im Anwendungsbereich des Art. 3 I ECRL bzw. des § 3 I TMG nur das **Sachrecht, nicht jedoch das Kollisionsrecht** des Herkunftslandes anwendbar.[92] Entsprechendes gelte in Deutschland nach § 3 I TMG. Für deutsche Diensteanbieter gelte nur deutsches Sachrecht.[93] Ein Teil des Schrifttums bezeichnet die Sachnormverweisungstheorie auch – ungenau – als »kollisionsrechtliche Interpretation« des Art. 3 I ECRL.

b) Kritik an der Sachnormverweisungstheorie

78 Gegen die Sachnormverweisungstheorie bestehen erhebliche Bedenken,[94] die im Folgenden dargelegt werden.

---

92 *Ahrens*, CR 2000, 835, 837; *v. Bar/Mankowski*, IPR I, § 3 Rn. 88; *Blasi*, Das Herkunftslandprinzip der Fernseh- und der E-Commerce-Richtlinie, 2004, S. 302 f.; *Buchner*, GRUR Int. 2005, 1004, 1009 f.; *Bünger*, Das Wettbewerbskollisionsrecht Deutschlands und Großbritanniens sowie seine europäische Harmonisierung, 2006, S. 161 f., 165; *Crabit*, R.D.U.E. 2000, 749, 803; *Glöckner*, in: Harte/Henning, UWG[4], Einl. C Rn. 47; *ders.*, WRP 2005, 795, 801, 802 f.; *Grundmann*, RabelsZ 67 (2003), 246, 273; *Härting*, DB 2001, 80 f.; *Hausmann/Obergfell*, in: Fezer/Büscher/Obergfell, UWG[3], IntLautPrivatR Rn. 124, 134 f., 143; *Kur*, in: FS für Erdmann, 2002, S. 629, 638 Fußn. 40; *Leible*, in: Nordhausen (Hrsg.), Neue Entwicklungen in der Dienstleistungs- und Warenverkehrsfreiheit, 2002, S. 71, 82, 86; *Lurger/Vallant*, RIW 2002, 188, 198; *Mankowski*, GRUR Int. 1999, 909, 912 f.; *ders.*, AfP 1999, 138; *ders.*, WRP 2000, 657; *ders.*, CR 2001, 630, 633, 634, 639 mit Fußn. 99; *ders.*, ZVglRWiss 100 (2001), 137, 138 ff., 152 f., 179 f.; *ders.*, in: FS 75 Jahre Max-Planck-Institut für Privatrecht, 2001, S. 595, 598; *ders.*, EWS 2002, 401, 402 ff.; *ders.*, IPRax 2002, 257, 258, 266; *ders.*, in: MünchKommUWG[2], IntWettbR, Rn. 48 ff., 123 ff.; *Ohly*, GRUR Int. 2001, 899, 905; *ders.*, in: Ohly/Sosnitza, Einf. C Rn. 80 (zu § 3 TMG); *Ruess*, Die E-Commerce-Richtlinie und das deutsche Werberecht, 2003, S. 89, 98; *Stagl*, ÖBl. 2004, 244, 251 f.; *Thünken*, Das kollisionsrechtliche Herkunftslandprinzip, 2003, S. 83 ff., 177 f., 301; *ders.*, IPRax 2001, 20, 22; *Ullmann*, in: jurisPK-UWG[4], Einl. Rn. 131; *Wilde*, in: Gloy/Loschelder/Erdmann, Hdb des Wettbewerbsrechts[4], § 10 Rn. 42.

93 *Fezer/Koos*, in: Staudinger, Internationales Wirtschaftsrecht (2015), Rn. 614, 617 f.

94 *Ahrens*, CR 2000, 835, 837; *ders.*, in: FS für Tilmann, 2003, S. 739, 746; *Fezer/Koos*, IPRax 2000, 349, 352; *Kammerer*, öst. RdW 2002, 518, 520; *Klass*, in: GroßkommUWG[2], Einl. D Rn. 133, 138 ff., 141; *Sack*, WRP 2001, 1408, 1410; *ders.*, WRP 2002, 271, 274; *ders.*, in: FS für E. Lorenz, 2004, S. 659, 666; *ders.*, WRP 2008, 845,

79 aa) Das rechtliche Hauptargument gegen die Sachnormverweisungstheorie zu Art. 3 I ECRL lautet, dass sie mit der in Art. 1 IV ECRL vorgesehenen **IPR-Neutralität** der Richtlinie unvereinbar ist.[95] Denn sie zwingt die Mitgliedstaaten zur Schaffung einer Kollisionsnorm, die von den in diesen Staaten geltenden Kollisionsnormen abweichen können.

80 Das entpricht im Ergebnis auch der Ansicht des EuGH. In seiner grundlegenden Entscheidung »eDate Advertising« vom 25.10.2011 hat er in Rn. 60 zutreffend festgestellt, dass bei der Auslegung von Art. 3 I ECRL die IPR-Neutralität der ECRL gemäß Art. 1 IV ECRL zu berücksichtigen sei.[96] Er hat sich damit klar gegen die Sachnormverweisungstheorie gewendet, die mit Art. 1 IV ECRL unvereinbar ist und deren Anhänger diese Vorschrift bei der Auslegung von Art. 3 I ECRL für irrelevant zu erklären versucht haben. Daraus folgt zwingend, dass die EU-Staaten nach Art. 3 I ECRL auch die bei ihnen geltenden Kollisionsnormen anzuwenden haben. Dies wird durch die Feststellung des EuGH in Rn. 68 seiner Entscheidung »eDate Advertising« bestätigt, dass Art. 3 ECRL von den Mitgliedstaaten »keine Umsetzung in Form einer speziellen Kollisionsregel verlangt«. Eine weitere Bestätigung dieser Ansicht ergibt sich aus den Rn. 66 – 68 der Entscheidung »eDate Advertising«, in denen der EuGH von den Herkunftsländern einen **Günstigkeitsvergleich** fordert, wenn der Diensteanbieter nach dem Sachrecht eines anderen EU-Staates strengere Anforderungen erfüllen müsste als im Herkunftsland. Ein solcher Günstigkeitsvergleich wäre unnötig, wenn in den Herkunftsländern generell nur deren Sachrecht angewendet werden dürfte.[97]

81 Mit der Regelung des Art. 1 IV ECRL wollte, wie bereits erwähnt, der europäische Gesetzgeber verhindern, dass die seinerzeit schon geplanten Vorschriften der Rom II-VO in weiten Bereichen außer Kraft gesetzt werden.[98] Der IPR-

855, 857; *ders.*, EWS 2010, 70, 72; *ders.*, EWS 2011, 65, 67; *ders.*, WRP 2013, 1454 Rn. 12 ff.; *Schack*, MMR 2000, 59, 63; *Sonnenberger*, ZVglRWiss 100 (2001), 107, 126; *Spindler*, MMR 2000, Beil. 7 S. 4, 9 f.

95 *Ahrens*, CR 2000, 835, 837; *Drexl*, in: MünchKommBGB[7], Bd. 12, IntLautR Rn. 71; *Fezer/Koos*, IPRax 2000, 349, 352; *Kammerer*, (öst.) RdW 2002, 518, 520; *Nickels*, DB 2001, 1919, 1922; *Sack*, WRP 2001, 1408, 1410; *ders.*, WRP 2002, 271, 274; *ders.*, WRP 2008, 845, 855, 857; *ders.*, EWS 2010, 70, 72; *ders.*, EWS 2011, 65, 67; *Schack*, MMR 2000, 59, 63; *Sonnenberger*, ZVglRWiss 100 (2001), 107, 126; a.A. *Stagl*, ÖBl. 2004, 244, 251.

96 EuGH, 25.10.2011 – C-509/09 und C-161/10, Slg. 2011, I-10269 Rn. 60 = GRUR 2012, 300 = WRP 2011, 1571 – eDate Advertising.

97 *Sack*, WRP 2013, 1545 Rn. 33.

98 Gemeinsamer Standpunkt (EG) Nr. 22/2000, vom Rat festgelegt am 28.02.2000 im Hinblick auf den Erlass der ECRL, ABl.EG 2000 C 128/32, 49 (B.1.a); vgl. auch *Brömmelmeyer*, GRUR 2007, 295, 300 (b); *Klass*, in: GroßkommUWG[2], Einl. D

Neutralität hat der europäische Gesetzgeber erhebliche Bedeutung beigemessen. Das zeigt besonders deutlich die Gesetzesgeschichte.[99] Denn ursprünglich enthielt der Vorschlag einer ECRL nur in Erwägungsgrund Nr. 7 einen entsprechenden Hinweis. Nachdem sich jedoch abzeichnete, dass dieser Hinweis in den Erwägungsgründen im Schrifttum einfach ignoriert oder sogar offen als irrelevant oder verfehlt weginterpretiert wurde, hat der europäische Gesetzgeber die IPR-Neutralität nicht nur in den Erwägungsgründen, jetzt Nr. 23, genannt, sondern auch noch zusätzlich in den Normtext der ECRL in Art. 1 IV aufgenommen. Diese Regelung ist vom deutschen Gesetzgeber – ungenau – zunächst in § 2 VI TDG und später in § 1 V TMG in deutsches Recht umgesetzt worden.

82 bb) Die Sachnormverweisungstheorie kann außerdem auf dem Gebiet des **Wettbewerbs** zu erheblichen **kollisionsrechtlich bedingten Wettbewerbsverzerrungen** führen, solange und soweit das betreffende Sachrecht in der EU nicht durch Richtlinien harmonisiert oder durch EU-Verordnungen vereinheitlicht worden ist.[100] Wenn das Lauterkeitsrecht des Herkunftslandes geringere Anforderungen an die Zulässigkeit von Internetwerbung stellt als das eines anderen Empfangsstaates, können die Mitbewerber in diesem Staat Wettbewerbsnachteile erleiden. Ist hingegen das Lauterkeitsrecht des Herkunftslandes strenger, dann erleiden die Unternehmen des Herkunftslandes bei der Werbung Wettbewerbsnachteile. Das ist unvereinbar mit dem Schutzziel der EU nach Art. 3 III EUV i.V.m. Protokoll Nr. 27,[101] den Wettbewerb vor **Verfälschungen** zu schützen.[102] Auffallend ist, dass das zentrale wettbewerbsrechtliche Prinzip ***der* par conditio concurrentium** und das daraus folgende Prinzip, kollisionsrechtlich bedingte Wettbewerbsverzerrungen zu vermeiden,[103] das in der früheren

---

Rn. 139; *Mankowski*, ZVglRWiss 100 (2001), 137, 176 f.; *Sack*, WRP 2002, 271, 273; *ders.*, in: FS für E. Lorenz, 2004, S. 659, 666; *ders.*, WRP 2008, 845, 855; *ders.*, EWS 2011, 70, 72; *Spindler*, MMR 2000, Beil. 7 S. 4, 9 f.; *Tettenborn*, KuR 2000, 59, 60; *Thünken*, IPRax 2001, 15, 22.

99 Vgl. *Ahrens*, in: FS für Tilmann, 2003, S. 739, 746; *Sack*, EWS 2010, 70, 72; *ders.*, EWS 2011, 65 (I.2.).

100 *Brömmelmeyer*, Internetwettbewerbsrecht, 2007, S. 158; *Glöckner*, in: Harte/Henning, UWG[4], Einl. C Rn. 50, 51; *ders.*, WRP 2005, 795, 803; *Klass*, in: GroßkommUWG[2], Einl. D Rn. 140; *Sack*, WRP 2008, 845, 856; *ders.*, EWS 2010, 70, 73; *ders.*, EWS 2011, 65, 67; *ders.*, WRP 2013, 1545 Rn. 14, 26.

101 ABl.EU 2010 C 83/309.

102 *Sack*, EWS 2011, 65, 67.

103 Vgl. *Glöckner*, in: Harte/Henning, UWG[4], Einl. C Rn. 50, 51, 68; *Sack*, in: MitarbeiterFS für E. Ulmer, 1973, S. 495, 502 ff.; *ders.*, GRUR Int. 1988, 320, 326; *ders.*, in: FS für Egon Lorenz, 2004, S. 659, 661; *ders.*, WRP 2008, 845, 856; *ders.*, EWS 2010, 70, 73; *ders.*, EWS 2011, 65, 67.

deutschen Rechtsprechung eine große praktische Bedeutung hatte,[104] bei den meisten Befürwortern der Sachnormverweisungstheorie ausgeblendet bleibt.

83 cc) Die von Art. 3 I ECRL geforderte Rechtskontrolle im Herkunftsland versagt nach der Sachnormverweisungstheorie, wenn sich Internetwerbung **ausschließlich an ausländische Abnehmer** richtet.[105]

84 dd) Gegen die Sachnormverweisungstheorie spricht ferner, dass sie zu einer **Spaltung** des Kollisionsrecht führt, weil zwischen innergemeinschaftlichen Sachverhalten und Sachverhalten mit Drittstaatenbezug unterschieden werden müsste.

85 ee) Da die kollisionsrechtliche Sachnormverweisungstheorie gegen das Gebot der IPR-Neutralität i.S.v. Art. 1 IV ECRL bzw. § 1 V TMG verstößt, ist auch die auf diese Theorie gestützte Kritik an anderen Theorien unhaltbar.

c) Argumente zur Rechtfertigung der Sachnormverweisungstheorie

86 aa) **Keine Statutenakkumulation**: Gegen die genannten Bedenken wird die Sachnormverweisungstheorie damit gerechtfertigt, dass es Zweck der ECRL sei, Unternehmen nur einem **einzigen** Sachrecht,[106] nämlich dem des Niederlassungsstaates des Diensteanbieters zu unterwerfen. Art. 3 I ECRL wolle eine Statutenakkumulation vermeiden und den Unternehmen die damit

---

104 Vgl. BGH, 30.06.1961 – I ZR 39/60, GRUR 1962, 243, 245 – Kindersaugflaschen; BGH, 20.12.1963 – Ib ZR 104/62, GRUR 1964, 316, 318 (vor 2.) – Stahlexport.

105 Vgl. Glöckner, *in: Harte/Henning*, UWG[4], Einl. C Rn. 51; *Sack*, WRP 2001, 1408, 1410; *ders.*, EWS 2010, 70, 73 (III.1.c).

106 *Bünger*, Das Wettbewerbskollisionsrecht Deutschlands und Großbritanniens sowie seine europäische Harmonisierung, Diss. Saarbrücken 2006, S. 160 f., 162; *Drexl*, in: MünchKommBGB[7], Bd. 12, IntLautR Rn. 55, 70, 81; *Fezer/Koos*, IPRax 2000, 349, 353; *Glöckner*, im: Harte/Henning, UWG[4], Einl. C Rn. 47; *ders.*, WRP 2005, 795, 803; *ders.*, Europäisches Lauterkeitsrecht, 2006, S. 318 Fn. 1593; *Hausmann/Obergfell*, in: Fezer/Büscher/Obergfell, UWG[3], IntLautPrivatR Rn. 128, 129, 134, 135; *Landfermann*, in: FS 75 Jahre Max-Planck-Institut für Privatrecht, 2001, S. 503, 511; *Lurger/Vallant*, MMR 2002, 203, 205; *Mankowski*, EWS 2002, 401, 403; *ders.*, IPRax 2002, 257, 258; *ders.*, ZVglRWiss 100 (2001), 137, 140; ebenso ist wohl auch die Ansicht zu verstehen, dass Art. 3 I ECRL »Rechtsanwendungsrisiken« vermeiden wolle, so *Spindler*, IPRax 2001, 400, 401 a.E.; *ders.*, ZHR 165 (2001), 324, 337, 338; *ders.*, RabelsZ 66 (2002), 633, 657, 659; *ders.*, AfP 2012, 114, 119, 120.

verbundenen **Rechtsermittlungskosten** für ausländisches Recht ersparen.[107] Zwar gehören zu den »innerstaatlichen Vorschriften« in Art. 3 I ECRL begrifflich außer den Sachnormen auch die Kollisionsnormen des Herkunftslandes. Letzteres entspreche jedoch nicht dem Zweck des Art. 3 I ECRL, da die Kollisionsnormen die vom Richtliniengeber nicht gewollte Folge haben können, dass im konkreten Einzelfall eine Vielzahl von Rechtsordnungen anzuwenden sei.[108]

87 Für diesen angeblichen Zweck der ECRL finden sich allerdings, wie oben schon ausgeführt, weder im Wortlaut dieser Richtlinie noch in ihren Erwägungsgründen und anderen Amtlichen Materialien irgendwelche Anhaltspunkte. Wenn dies gewollt gewesen wäre, hätte man dies in den Regelungen der ECRL oder in ihren Erwägungsgründen unschwer deutlich machen können und in Anbetracht der kontroversen Diskussion zu den Entwürfen der ECRL vor ihrer endgültigen Verabschiedung auch sicher deutlich gemacht. Stattdessen hat man jedoch das ursprünglich nur in der Erwägungsgründen genannte Gebot der IPR-Neutralität der ECRL, das gegen die Sachnormverweisungstheorie spricht, mit Art. 1 IV sogar noch in den Normtext aufgenommen.

88 bb) Zur Rechtfertigung der Sachnormverweisungstheorie wird auch darauf hingewiesen, dass das **Sendelandprinzip** der Art. 2 und 2a der **Fernseh-Richtlinie** Vorbild für die Regelung des Herkunftslandprinzips in Art. 3 ECRL gewesen

107 Vgl. *Brömmelmeyer,* Internetwettbewerbsrecht, 2007, S. 163; *Klass,* in: Großkomm-UWG², Einl. D Rn. 133; *Mankowski,* EWS 2002, 401, 402, 403, 410; *ders.*, IPRax 2002, 257, 258 f.; *ders.*, ZVglRWiss 100 (2001), 137, 140; *Spindler/Fallenböck,* ZfRV 2002, 214, 221.

108 Vgl. *Bünger,* Das Wettbewerbskollisionsrecht Deutschlands und Großbritanniens sowie seine europäische Harmonisierung, 2006, S. 160 f., 162; *Glöckner,* Europäisches Lauterkeitsrecht, 2006, S. 318 Fußn. 1593; *ders.*, in: Harte/Henning, UWG⁴, Einl. C Rn. 47; *ders.*, WRP 2005, 795, 802 f.; *Härting,* DB 2001, 80 f.; *ders.*, CR 2001, 271, 272; *Hausmann/Obergfell,* in: Fezer/Büscher/Obergfell. UWG³, IntLautPrivatR Rn. 129, 134 f. mit Fußn. 651; *Leible,* in: Nordhausen, Neue Entwicklungen in der Dienstleistungs- und Warenverkehrsfreiheit, 2002, S. 71, 82; *Lurger/Vallant,* MMR 2002, 203, 205; *Mankowski,* GRUR Int. 1999, 909, 912; *ders.*, WRP 2000, 657; *ders.*, CR 2001, 630, 633; *ders.*, ZVglRWiss 100 (2001), 137, 140, 152; *ders.*, IPRax 2002, 257, 258, 266; *ders.*, EWS 2002, 401, 403; *ders.*, in: MünchKommUWG², IntWettbR Rn. 54, 55, 126; *Spindler,* IPRax 2001, 400, 401 a.E.; *ders.*, ZRP 2001, 203, 205; *ders.*, ZHR 165 (2001), 324, 337 (vor c), 338 a.E.; *ders.*, RabelsZ 66 (2002), 633, 655; *ders.*, in: Spindler/Schmitz/Liesching, TMG², § 3 TMG Rn. 24, 28; *Spindler/Fallenböck,* ZfRV 2002, 214, 221; *Thünken,* IPRax 2001, 15, 20.

sei.[109] Die h.M. habe Art. 2 der Fernseh-Richtlinie als **Sachnormverweisung** interpretiert. Dem ist jedoch entgegenzuhalten, dass Art. 2 der Fernseh-Richtlinie sowie die Erwägungsgründe und die Amtlichen Materialien dazu diese Frage offen lassen. Eine verbreitete Ansicht deutet diese Vorschrift zwar als Sachnormverweisung.[110] Verbreitet ist jedoch auch die Gegenansicht, dass diese Vorschrift keine kollisionsrechtliche Anknüpfungsregel enthalte,[111] sondern das anwendbare Recht grundsätzlich unter Heranziehung der im Sendeland geltenden Kollisionsnormen zu ermitteln sei. In Anbetracht dieses Meinungsstandes lassen sich aus der Fernseh-Richtlinie keine Rückschlüsse auf die ECRL ziehen. Hinzu kommt ein wesentlicher Unterschied zwischen dem Herkunftslandprinzip der ECRL und dem Sendelandprinzip der Fernseh-Richtlinie (seit 2007 Richtlinie über audiovisuelle Mediendienste): Das Sendelandprinzip gilt nur für den sog. koordinierten Bereich, der relativ eng ist, das Herkunftslandprinzip der ECRL hingegen auch für weite Bereiche darüber hinaus.[112] Nach der EuGH-Entscheidung »eDate Advertising« vom 25.10.2011 zur ECRL ist daher **umgekehrt** davon auszugehen, dass die Auslegung der ECRL auch für die AVMD-RL zu gelten hat.

89 cc) Auch Erwägungsgrund Nr. 60 der ECRL wurde zur Rechtfertigung der Sachnormverweisungstheorie angeführt.[113] Dort heißt es: »Im Sinne der ungehinderten Entwicklung des elektronischen Geschäftsverkehrs muss dieser Rechtsrahmen klar, unkompliziert und vorhersehbar sowie vereinbar mit den auf internationaler Ebene geltenden Regeln sein, um die Wettbewerbsfähigkeit der europäischen Industrie nicht zu beeinträchtigen und innovative Maßnahmen in diesem Sektor nicht zu behindern.«

90 Die erste Hälfte dieses Erwägungsgrundes könnte vielleicht noch andeutungsweise dafür sprechen, den Diensteanbieter nur einem einzigen Recht, nämlich nur dem Sachrecht seines Herkunftslandes zu unterwerfen. Dieser Erwägungs-

---

109 Vgl. *Hausmann/Obergfell*, in: Fezer/Büscher/Obergfell, UWG³, IntLautPrivatR Rn. 120, 136; *Mankowski*, IPRax 2002, 257, 259; *ders.*, EWS 2002, 401, 404; *ders.*, in: MünchKommUWG², IntWettbR Rn. 56.

110 Vgl. *Dethloff*, Europäisierung des Wettbewerbsrechts, 2001, S. 51; *dies.*, JZ 2000, 179, 180; *Hausmann/Obergfell*, in: Fezer/Büscher/Obergfell, UWG³, IntLautPrivatR Rn. 120, 136; *Mankowski*, ZVglRWiss 100 (2001), 137, 142; *ders.*, in: MünchKommUWG², IntWettbR Rn. 56, 97.

111 Vgl. *Ahrens*, in: FS für Tilmann, 2003, S. 739, 744 f.; *ders.*, in: Gloy/Loschelder/Erdmann, Hdb des Wettbewerbsrechts⁴, § 68 Rn. 20; *Sack*, WRP 2008, 845, 858.

112 Vgl. den Hinweis darauf von *Henning-Bodewig*, WRP 2001, 771, 772, 774 (V.); *dies.*, GRUR Int. 2002, 389, 394 a.E.

113 *Hausmann/Obergfell*, in: Fezer/Büscher/Obergfell, UWG³, IntLautPrivatR. Rn. 124; a.A. *Sack*, WRP 2008, 845, 856; *ders.*, EWS 2011, 65, 67.

grund verweist jedoch auch auf die auf internationaler Ebene geltenden Regeln. Dazu gehört z.B. auch die Rom II-VO. Dem wird die Sachnormverweisungstheorie nicht gerecht.

91 dd) Dem rechtlichen Hauptargument gegen die Sachnormverweisungstheorie, dass sie mit der IPR-Neutralität der ECRL gemäß Art. 1 IV unvereinbar sei, wurde mit ganz ungewöhnlicher verbaler Wucht entgegnet, dass dies mit dem Zweck des Herkunftslandprinzips der ECRL in Widerspruch stehe.[114] Art. 1 IV ECRL stehe in »unheilbarem Widerspruch« zur Sachaussage des Art. 3 I u. II ECRL[115] und entstelle die Konzeptvorstellungen der ECRL »bis zur nahezu völligen Unkenntlichkeit«.[116] Art. 1 IV ECRL habe keinen Vorrang vor Art. 3 I ECRL.[117] Vielmehr sei Art. 1 IV »unbeachtlich«.[118] Man bezeichnete die Regelung des Art. 1 IV ECRL als Absurdität und paradoxe Vorgabe,[119] als nicht richtig durchdacht,[120] als Irreführung,[121] als falsa demonstratio[122] und als »Verbalequilibristik«.[123] Das Nebeneinander von § 1 V und § 3 I TMG sei »perplexe Gesetzgebung«.[124] Die IPR-Neutralität werde durch das Herkunftslandprinzip tatsächlich »Lügen gestraft«.[125] Das Herkunftslandprinzip des § 3 TMG ent-

---

114 *Glöckner*, in: Harte/Henning, UWG⁴, Einl. C Rn. 56, 59; *Höder*, Die kollisionsrechtliche Behandlung unteilbarer Multistate-Verstöße, 2002 S. 199 ff.; *Lurger/Vallant*, MMR 2002, 208; *Mankowski*, in: MünchKommUWG², IntWettbR Rn. 48, 49; *ders.*, EWS 2002, 401, 402; *ders.*, IPRax 2002, 257, 258; *ders.*, in: FS 75 Jahre Max-Planck-Institut für Privatrecht, 2001, S. 595, 599; *Ohly*, GRUR Int. 2001, 899, 900; *Spindler*, RabelsZ 66 (2002), 633, 651; ebenso zum Verhältnis von § 1 V zu § 3 I TMG *Glöckner*, in: Harte/Henning, UWG⁴, Einl. C Rn. 59.

115 *Mankowski*, in: MünchKommUWG², IntWettbR Rn. 49.

116 *Mankowski*, in: MünchKommUWG², IntWettbR Rn. 49 a.E.

117 *Glöckner*, in: Harte/Henning, UWG⁴, Einl. C Rn. 60; *Mankowski*, IPRax 2002, 257, 258; *a.*A. ausdrücklich *Sack*, WRP 2002, 271, 273; *ders.*, WRP 2001, 1408, 1416.

118 *Mankowski*, ZVglRWiss 100 (2001), 137, 141; *ders.*, IPRax 2002, 257, 258; *ders.*, in: MünchKommUWG², IntWettbR Rn. 48; *Leible*, in: Nordhausen (Hrsg), Neue Entwicklungen in der Dienstleistungs- und Warenverkehrsfreiheit, 2002, S. 71, 86 (vor 1.).

119 *Höder*, Die kollisionsrechtliche Behandlung unteilbarer Multistate-Verstöße, 2002, S. 200.

120 *Mankowski*, IPRax 2002, 257, 258; *ders.*, in: MünchKommUWG², IntWettbR Rn 49.

121 *Mankowski*, in: MünchKommUWG², IntWettbR Rn. 49; *ders.*, IPRax 2002, 257, 258; *ders.*, ZVglRWiss 100 (2001), 137, 141.

122 *Mankowski*, IPRax 2002, 257, 258; *Spindler*, RabelsZ 66 (2002), 633, 651; gegen diese Ansicht *Ahrens*, in: FS für Tilmann, 2003, S. 739, 746.

123 *Mankowski*, ZVglRWiss 100 (2001), 137, 141.

124 *Glöckner*, in: Harte/Henning, UWG⁴, Einl. C Rn. 59.

125 So zu § 1 V TMG *Glöckner*, in: Harte/Henning, UWG⁴, Rn. 59; *ders.*, WRP 2005, 795, 801.

halte »entgegen der aus der Richtlinie übernommenen Beteuerung in § 1 V TMG, derzufolge keine Regelung im Bereich des IPR geschaffen werde«, Kollisionsregeln. Die Regelung sei vergleichbar mit einem Gemälde von *Magritte*, auf dem eine Pfeife abgebildet ist, unter der jedoch steht: »Ceci n'est pas une pipe.«[126] Art. 1 IV ECRL habe eine bloße »Narrationsfunktion« bzw. »narrative Funktion«, die sich gegen die gegenläufige Zwecksetzung des Herkunftslandprinzips nicht durchzusetzen vermöge.[127]

92 Der Ansicht, dass die IPR-Neutralität der ECRL im Widerspruch zu ihrem Zweck stehe, ist vor allem entgegenzuhalten, dass die IPR-Neutralität ausdrücklich im Normtext verankert ist, während sich für den angeblich entgegenstehenden Normzweck des Art. 3 ECRL, Unternehmen bei ihrer Werbung im Internet nur einem einzigen Recht zu unterwerfen, weder im Normtext der ECRL noch in ihren Erwägungsgründen noch in Amtlichen Materialien irgendwelche Anhaltspunkte finden.[128] Die angeblichen Widersprüche zwischen der IPR-Neutralität und der Regelung des Art. 3 I ECRL bestehen nur, wenn man zuvor unterstellt, was erst zu beweisen wäre, nämlich dass das Herkunftslandprinzip des Art. 3 I ECRL auf die Sachnormen des Herkunftslandes verweise, d.h. dass diese Vorschrift eine **Sachnormverweisung** enthalte,[129] ein klassischer Zirkelschluss. Diese Vorschrift ist jedoch **mehrdeutig**. Sie kann auch als Gesamtverweisung oder – so der EuGH[130] – als Norm ohne kollisionsrechtlichen Gehalt gedeutet werden. Bei diesen beiden Auslegungsmöglichkeiten stehen die beiden Absätze 1 und 2 von Art. 3 ECRL nicht im Widerspruch zur IPR-Neutralität gemäß Art. 1 IV ECRL.

93 ee) Ein weiterer Versuch, zur Rettung der Sachnormverweisungstheorie die dem entgegenstehende Regelung des Art. 1 IV ECRL für irrelevant zu erklären, beruft sich darauf, dass diese Vorschrift (auch) im Widerspruch zu Art. 3 III ECRL i.V.m. Spiegelstrich Nr. 5 des Anhangs zu dieser Vorschrift stehe. Diese zuletzt genannte Vorschrift sieht vor, dass die **freie Rechtswahl** nicht durch

126 *Ohly*, GRUR Int. 2001, 899, 900; *Mankowski*, IPRax 2002, 257, 258 Fn. 11; *ders.*, in: FS 75 Jahre Max-Plank-Institut für Privatrecht, 2001, S. 595, 599; zustimmend *Blasi*, Das Herkunftslandprinzip der Fernseh- und der E-Commerce-Richtlinie, 2004, S. 387; vgl. auch *Glöckner*, in: Harte/Henning, UWG[4], Einl. C Rn. 59.

127 *Mankowski*, in: MünchKommUWG[2], IntWettbR Rn. 51 a.E.; *Hausmann/Obergfell*, in: Fezer/Büscher/Obergfell, UWG[3], IntLautPrivatR Rn. 137; *v. Hoffmann*, in: Staudinger, EGBGB/IPR (2001), Art. 40 Rn. 299.

128 Vgl. *Sack*, WRP 2013, 1545 Rn. 16, 21.

129 *Sack*, in: FS für E. Lorenz, 2004, S. 659, 668; *ders.*, EWS 2010, 70, 7; *ders.*, WRP 2013, 1545 Rn. 21.

130 EuGH, 25.10.2011 – verb. Rs. C-509/09 und C-161/10, Slg. 2011, I-10269 Rn. 61 S. 3 = GRUR 2012, 300 = WRP 2011, 1571 – eDate Advertising.

Art. 3 I, II ECRL eingeschränkt werde. Das ist zweifellos eine kollisionsrechtliche Regelung. Dies spricht jedoch nicht ausreichend dafür, dass Art. 3 I ECRL insgesamt eine Sachnormverweisung enthalte,[131] sondern passt ebenso gut zu der dem Wortlaut von Art. 1 IV ECRL entsprechenden Auslegung dieser Vorschriften. Denn Art. 3 II ECRL i.V.m. dem Spiegelstrich Nr. 5 des Anhangs schafft keine »zusätzlichen« Regeln im Bereich des IPR, sondern lässt die bestehenden Regeln der Rechtswahlfreiheit ausdrücklich unberührt. Im internationalen Lauterkeitsrecht ist dieser Gesichtpunkt ohnehin irrelevant, weil Art. 6 IV Rom II-VO keine Rechtswahl zulässt. Doch selbst wenn die Anerkennung der Rechtswahlfreiheit durch Art. 3 III i.V.m. Spiegelstrich Nr. 5 des Anhangs zur ECRL eine »zusätzliche« Regelung im Bereich des IPR wäre, wäre eine solche **einzelne** Abweichung vom Grundsatz der IPR-Neutralität i.S.v. Art. 1 IV ECRL kein Grund, diesen Grundsatz insgesamt für irrelevant zu erklären. Auch wäre diese »Ausnahme« von einem Grundsatz nicht ohne Weiteres ein »Widerspruch«,[132] mit dem man die Nichtanwendung des Art. 1 IV ECRL insgesamt rechtfertigen könnte. Ausnahmen widerlegen bekanntlich nicht ohne Weiteres eine Regel.

94 ff) Für die Sachnormverweisungstheorie und gegen die Anwendung von Art. 1 IV ECRL spricht auch nicht Art. 27 Rom II-VO, wonach diese VO nicht die Anwendung von Vorschriften des Gemeinschaftsrechts berührt, die für besondere Gegenstände Kollisionsnormen für außervertragliche Schuldverhältnisse enthalten.[133] Denn Art. 27 Rom II-VO ist nur relevant, wenn und soweit europäische **Kollisionsnormen** für außervertragliche Schuldverhältnisse von denen der Rom II-VO abweichen. Das soll jedoch die ECRL nach Art. 1 IV ECRL gerade nicht.[134] Die Vorschrift des Art. 27 Rom II-VO setzt europäische Kollisionsnormen voraus, die von denen der Rom II-VO abweichen. Diese Vorschrift ist jedoch ungeeignet, solche Abweichungen zu **begründen**, zumal dem im Falle des Art. 3 ECRL sogar ausdrücklich Art. 1 IV ECRL entgegensteht. Etwas anderes ergibt sich auch nicht aus S. 4 des Erwägungsgrundes Nr. 35 der Rom II-VO, wonach die nach dieser VO berufenen Kollisionsnormen nicht die

131 So jedoch *Hausmann/Obergfell*, in: Fezer/Büscher/Obergfell, UWG³, IntLautPrivatR Rn. 127; *Mankowski*, MünchKommUWG², IntWettbR Rn. 53; *Spindler*, RIW 2002, 183, 185; *Stagl*, ÖBl. 2004, 244, 251 f.

132 So jedoch *Spickhoff*, in: Leible, Die Bedeutung des internationalen Privatrechts im Zeitalter der neuen Medien, 2003, S. 89, 118.

133 So jedoch zum entsprechenden Art. 23 der VO-Vorschläge *Buchner*, GRUR Int. 1995, 1004, 1010; *Klinger*, Werbung im Internet und Internationales Wettbewerbsrecht: Rechtsfragen und Rechtstatsachen, 2006, S. 40; *Leible/Engel*, EuZW 2004, 7, 17; *Stagl*, ÖBl. 2004, 244, 252 mit Fußn. 92; a.A. *Sack*, WRP 2013, 1545 Rn. 22.

134 *Sack*, WRP 2008, 845, 856; *ders.*, WRP 2013, 1545 Rn. 22.

Freiheit des elektronischen Geschäftsverkehrs im Sinne der ECRL Nr. 2000/31/ EG beschränken sollen.[135]

2. Gesamtverweisung auf das Recht des Herkunftslandes

95 a) Der Zweck des Art. 3 I ECRL ist darin zu sehen, die Herkunftsländer zu verpflichten, alle geeigneten Maßnahmen zur Durchsetzung ihres Rechts zu treffen. Sie haben eine Pflicht zur Rechtskontrolle.[136] Hinweise auf eine **Pflicht** zur Durchsetzung enthalten auch Art. 18 und Art. 20 ECRL. Nach Art. 18 ECRL und dem Erwägungsgrund Nr. 52 haben die Mitgliedstaaten sicherzustellen, dass die nach dem innerstaatlichen Recht verfügbaren **Klagemöglichkeiten** es ermöglichen, dass rasch Maßnahmen, einschließlich vorlaufiger Maßnahmen, getroffen werden können. um eine mutmaßliche Rechtsverletzung abzustellen und zu verhindern, dass den Betroffenen weiterer Schaden entsteht. Zu den Klagemöglichkeiten gehören nach Art. 18 II ECRL u.a. auch **Verbandsklagen** i.S.v. Art. 20 II ECRL; vgl. dazu auch den Erwägungsgrund Nr. 52, 53. Außerdem haben die Mitgliedstaaten nach Art. 20 ECRL für Verstöße gegen innerstaatliches Recht **Sanktionen** vorzusehen, die »wirksam, verhältnismäßig und abschreckend« sein müssen.

96 b) Zu den **»innerstaatlichen Vorschriften«** i.S.v. Art. 3 I ECRL gehören nicht nur die Sachnormen der Herkunftsländer, sondern auch deren Kollisionsnormen, deren Fremdenrecht sowie deren internationales Verfahrensrecht.

97 c) Art 3 I ECRL ist eine Kollisionsnorm.[137] Denn ihre Auslegung entscheidet für grenzüberschreitende Sachverhalte darüber, ob nur das Sachrecht des Herkunftslandes (Sachnormverweisungstheorie) oder auch ausländisches Recht nach Art. 6 I Rom II-VO anwendbar ist. Art. 3 I ECRL enthält eine **Gesamtverweisung.**[138] Die Gegenansicht, dass die Herkunftsländer nur ihre Sachnormen

135 Vgl. den Hinweis auf diesen Erwägungsgrund durch *Grünberger*, ZVglRWiss 108 (2009), 134, 142.

136 Vgl. *Fallenböck*, Internet und IPR, 2001, S. 200; *Mankowski*, EWS 2002, 401, 408 f.; *Ruess*, Die E-Commerce-Richtlinie und das deutsche Wettbewerbsrecht, 2003, S. 71 ff., 75; *Sack*, WRP 2001, 1408, 1411; *ders.*, WRP 2002, 271, 274; *ders.*, in: FS für E. Lorenz, S. 659, 672; *Spindler*, ZUM 1999, 781.

137 Vgl. *Sack*, EWS 2010, 70, 73; *ders.*, EWS 2011, 65, 66; *ders.*, EWS 2011, 513, 515; *ders.*, WRP 2013, 1545 Rn. 39.

138 *Hoeren*, MMR 1999, 192, 195 (jedoch mit Kritik); *Lurger*, in: FS 75 Jahre MPI für Privatrecht, 2001, S. 479, 488 f.; *Sack*, WRP 2008, 845, 857; *ders.*, EWS 2010, 70, 72; *ders.*, EWS 2011, 65, 66 a.E.; *ders.*, WRP 2013, 1545 Rn. 23 ff.; ebenso ursprünglich auch *Spindler*, ZUM 1999, 775, 785 f.; *ders.*, MMR 2000 Beil 7, S. 4, 9; (anders später *ders.*, AfP, 2012, 114, 119 f.; *ders.*, in: Spindler/Schmitz/Liesching, TelemedienG, 2. Aufl. 2018, § 3 TMG Rn. 24, 28); **a.A.** außer den Anhängern

anwenden dürfen (Sachnormverweisungstheorie), ist, wie bereits dargelegt, mit Art. 1 IV ECRL unvereinbar.

98 Zu den **Kollisionsnormen**, die die Herkunftsländer anwenden **müssen**, zählt vor allem auch die Rom II-VO. Deren Anwendbarkeit war der Hauptzweck der Regelung der IPR-Neutralität der ECRL in Art. 1 IV ECRL. Auf **Internetwerbung** ist nach Art. 6 I Rom II-VO immer das Recht der Werbemärkte anzuwenden, auf denen mit der Werbung auf die Marktgegenseite eingewirkt wird.

99 Außerhalb des Anwendungsbereichs der Rom II-VO steht es hingegen den EU-Staaten frei, ob sie auf Teledienste nur ihr eigenes Sachrecht oder auch das anderer Staaten anwenden wollen. Das gilt z.B. für **Persönlichkeitsverletzungen**, die Gegenstand der BGH-Entscheidungen »www.rainbow.at« und der EuGH-Entscheidung »eDate Advertising« waren; beide Entscheidungen sind zum selben Sachverhalt ergangen.[139]

100 d) Die Gesamtverweisungstheorie ist mit dem Gebot der IPR-Neutralität des Art. 1 IV ECRL vereinbar. Denn diese Vorschrift untersagt nur »**zusätzliche**« Kollisionsnormen. Zu diesen gehört nicht die Verpflichtung der Herkunftsländer nach Art. 3 I ECRL, die Kollisionsnormen anzuwenden, die sie auch ohne die Regelung dieser Vorschrift hätten anwenden müssen. »Zusätzliche« Regeln im Bereich des IPR sind nur solche, die von den ohnehin bestehenden abweichen[140] oder die Lücken füllen. Denn wenn mit Art. 1 IV ECRL gemeint gewesen wäre, dass die ECRL **keine** Normen des IPR schafft, dann wäre das Adjektiv »zusätzliche« in dieser Vorschrift überflüssig. Diese Deutung des Art. 1 IV ECRL entspricht auch dem Zweck dieser Vorschrift. Die Gesamtverweisungstheorie steht daher in Einklang mit der IPR-Neutralität der ECRL und insbesondere auch mit dem Zweck des Art. 1 IV ECRL, die Rom II-VO nicht einzuschränken.[141]

---

der Sachnormverweisungstheorie ausdrücklich auch *Apel/Grapperhaus*, WRP 2001, 1247, 1252; *Drexl*, in: MünchKommBGB[7], Bd. 12, IntLautR Rn. 73, 80 f.; *Fezer/Koos*, IPRax 2000, 349, 353; *Klass*, GroßkommUWG[2], Einl. D Rn. 132 f.; *Landfermann*, in: FS 75 Jahre MPI für Privatrecht, 2001, S. 503, 511; *Nickels*, DB 2001, 1919, 1922; mehrdeutig insoweit *Spindler*, IPRax 2001, 400, 401 a.E.; *ders.*, ZRP 2001, 203, 204 f.; *ders.*, ZHR 165 (2001), 324, 337.

139 Vorlageentscheidung des BGH, 10.11.2009 – VI ZR 217/08, GRUR 2010, 261 Rn. 42 = WRP 2010, 108 – www.rainbow.at; EuGH, 25.10.2011 – C-509/09 u. C-161/10, Slg. 2011, I-10269 = GRUR 2012, 300 = WRP 2011, 1571 – eDate Advertising; abschließende Entscheidung des BGH, 08.05.2012 – VI ZR 217/08, GRUR 2012, 850 – www.rainbow.at II (dazu *Krüger/Backer*, WRP 2012, 1211).

140 Vgl. *Sack*, EWS 2011, 65 (Einleitung).

141 Vgl. *Sack*, EWS 2010, 70, 72; *ders.*, EWS 2011, 65, 67 ff.; a.A. *Klass*, in: GroßkommUWG[2], Einl. D Rn. 133.

101 e) **In Deutschland** könnte gegen die Gesamtverweisungstheorie die Regelung des § 1 V TMG sprechen, mit der der deutsche Gesetzgeber Art. 1 IV ECRL in deutsches Recht umsetzen wollte. Denn § 1 V TMG untersagt nicht nur »zusätzliche« Regelungen des IPR, sondern generell »Regelungen im Bereich des IPR«. Mit diesem Wortlaut von § 1 V TMG ist die Gesamtverweisungstheorie unvereinbar. Denn sie enthält eine Regelung im Bereich des IPR. § 1 V TMG setzt jedoch Art. 1 IV ECRL **unzutreffend** in deutsches Recht um. Denn Art. 1 IV ECRL untersagt nur »zusätzliche« Regelungen im Bereich des IPR. Außerdem steht der Wortlaut der Regelung des § 1 V TMG im Widerspruch zu der **kollisionsrechtlichen** Regelung des Art. 3 III Nr. 1 TMG, wonach von den Absätzen 1 und 2 des § 3 TMG die »Freiheit der Rechtswahl« unberührt bleibt. Der unzulässige Unterschied zwischen Art. 1 IV ECRL und § 1 V TMG muss durch eine **richtlinienkonforme** Auslegung des § 1 V TMG in der Weise aufgehoben werden, dass § 1 V TMG auf »zusätzliche« Regelungen im Bereich des IPR beschränkt wird.[142] Dann entfällt auch der jetzige Widerspruch zwischen § 1 V TMG und der kollisionsrechtlichen Gesamtverweisungstheorie.

102 f) Die Gesamtverweisungstheorie zu Art. 3 I ECRL vermeidet im Gegensatz zur Sachnormverweisungstheorie eine Spaltung des Kollisionsrechts dahingehend, dass innergemeinschaftliche Sachverhalte und Sachverhalte mit Drittstaatenbezug unterschiedlich behandelt werden.[143] Auch vermeidet sie auf dem Gebiet des Wettbewerbs **kollisionsrechtlich bedingte Wettbewerbsverzerrungen.**[144] Außerdem ist nach der Gesamtverweisungstheorie keine Abweichung von der oben genannten **Mosaiktheorie** bei Schadensersatzansprüchen erforderlich.

103 g) Die Anwendbarkeit der Rom II-VO bzw. nationaler Kollisionsnormen wird bei Telediensten wegen ihrer grenzüberschreitenden Natur in der Regel zur Folge haben, dass bei der Rechtskontrolle im Herkunftsland außer dem inländischen Sachrecht auch das Sachrecht mehrerer ausländischer Rechtsordnungen kollisionsrechtlich anwendbar ist. Es sind also **Mehrfachanknüpfungen** möglich. Dies steht nach einer verbreiten Ansicht im Widerspruch zum

142 *Sack*, EWS 2010, 70, 73.

143 Zu dieser Rechtsfolge der Sachnormverweisungstheorie vgl. *Ahrens*, CR 2001, 835, 838 (c); *Hausmann/Obergfell*, in: Fezer/Büscher/Obergfell, UWG[3], IntLautPrivatR Rn. 145; *Mankowski*, GRUR Int. 1999, 909, 915; *Sack*, EWS 2011, 65, 67; *ders.*, EWS 2011, 513, 515 (vor III.); *ders.*, WRP 2013, 1545 Rn. 26.

144 Zu dieser Rechtsfolge der Sachnormverweisungstheorie vgl. *Glöckner*, in: Harte/Henning, UWG[4], Einl. C Rn. 50, 51; *ders.*, WRP 2005, 795, 803; *Klass*, in: GroßkommUWG[2], Einl. D Rn. 140; *Sack*, WRP 2008, 845, 856; *ders.*, EWS 2010, 70, 73; *ders.*, EWS 2011, 65, 67; *ders.*, WRP 2013, 1545 Rn. 14, 26.

Normzweck des Art. 3 I ECRL.[145] Dieser angebliche Normzweck von Art. 3 I ECRL ist jedoch, wie bereits gesagt, weder im Normtext der ECRL noch in ihren Erwägungsgründen noch in Europäischen amtlichen Materialien zu ihr nachweisbar.[146] Der EuGH hat diesem angeblichen Normzweck der ECRL in seiner Entscheidung »eDate Advertising« vom 25.10.2011 implizit eine klare Absage erteilt. Denn dort hat er in den Rn. 66 – 68 einen sog. Günstigkeitsvergleich verlangt. Danach darf der Diensteanbieter in seinem Herkunftsland bei der Anwendung **ausländischen** Rechts keinen strengeren Anforderungen unterworfen werden, als dies das Sachrecht des Herkunftslandes vorsieht.[147] Ein solcher Günstigkeitsvergleich wäre unnötig, wenn in den Herkunftsländern von Telediensten generell nur deren Sachrecht angewendet werden dürfte.[148]

104 h) Der Gesamtverweisungstheorie wurde außerdem entgegengehalten, sie übersehe, dass sie speziell bei Internetwerbung, die **ausschließlich auf ausländische Märkte** ziele, eine Lücke im lauterkeitsrechtlichen Schutz zur Folge haben könne. Denn es bestehe die Gefahr, dass der Internetanbieter in dem Land, auf das Art. 6 I Rom II-VO verweist, nicht niedergelassen ist und deshalb der Internetauftritt weder nach dem Recht des Niederlassungsstaates noch nach dem Recht des Marktortes kontrolliert werden könne.[149] Diese Lücke lasse sich nur durch eine kollisionsrechtliche Deutung von Art. 3 I ECRL oder eine einschränkende Auslegung des Art. 3 II ECRL vermeiden.[150] Diese Ansicht übersieht jedoch offenbar ihrerseits, dass bei der Rechtskontrolle im Herkunftsland nach der Gesamtverweisungstheorie auch das **Kollisionsrecht** des Herkunfts-

---

145 *Drexl*, in: MünchKommBGB[7], Bd. 12, IntLautR Rn. 73, 81; *Fezer/Koos*, IPRax 2000, 349, 353; *Gierschmann*, DB 2000, 1315, 1316 (III.2.); *Glöckner*, Europäisches Lauterkeitsrecht, 2006, S. 318 Fn.1593; *ders.*, in: Harte/Henning, UWG[4], Einl. C Rn. 47; *ders.*, WRP 2005, 795, 803; *Härting*, DB 2001, 80 f.; *ders.*, CR 2001, 271, 272; *Hausmann/Obergfell*, in: Fezer/Büscher/Obergfell, UWG[3], IntLautPrivatR Rn. 135; *Klass*, in: GroßkommUWG[2], Einl. D Rn.133; *Landfermann*, in: FS 75 Jahre Max-Planck-Institut für Privatrecht, 2001, S. 503, 511 (3.); *Lurger/Vallant*, MMR 2002, 203, 205; *dies.*, RIW 2002, 188, 198; *Mankowski*, ZVglRWiss 100 (2001), 137, 140; *ders.*, CR 2001, 630, 639; *ders.*, in: FS 75 Jahre Max-Planck-Institut für Privatrecht, 2001, S. 595, 613; *ders.*, EWS 2002, 401, 403, 409 (2.c); *ders.*, IPRax 2002, 257, 258 f.; *Ohly*, GRUR Int. 2001, 899, 905; *Spindler*, ZHR 165 (2001), 324, 337, 338; *ders.*, IPRax 2001, 400, 401 a.E.; *ders.*, RabelsZ 66 (2002), 633, 657, 659; *ders.*, AfP 2012, 114, 119; *ders.*, in: Spindler/Schmitz/Liesching, TMG[2], § 3 TMG Rn. 24, 28, 29, 32; *Spindler/Fallenböck*, ZfRV 2002, 214, 221.

146 Vgl. *Sack*, WRP 2013, 1545 Rn. 16, 21, 36, 41.

147 EuGH, 25.10.2011 – C-509/09 u. C.161/10, Slg. 2011, I-10269 Rn. 66 – 68 = GRUR 2012, 300 = WRP 2011, 1571 – eDate Advertising.

148 *Sack*, WRP 2013, 1545 Rn. 33.

149 Zu dieser Konstellation vgl. *Sack*, EWS 2011, 513, 515 f.

150 *Drexl*, in: MünchKommBGB[7], Bd. 12, IntLautR Rn. 80 f.

landes anwendbar ist, so dass nach Art. 6 Abs. 1 Rom II-VO **im Herkunftsland** das Lauterkeitsrecht des Staates anzuwenden ist, auf dessen Werbemarkt die Internetwerbung zielt.[151] Die Gerichte des Herkunftslandes sind als Handlungsort-Gerichte nach Art. 7 Nr. 2 EuGVVO zuständig.

3. Die »IPR-Neutralität« des Art. 3 I ECRL; die Ansicht des EuGH

105 a) Aufgrund eines Vorabentscheidungsersuchens des VI. Zivilsenats des BGH vom 10.11.2009[152] hat der EuGH in seiner grundlegenden Entscheidung »eDate Advertising« vom 25.10.2011[153] in Rn. 60 festgestellt, dass bei der Auslegung von Art. 3 I ECRL die IPR-Neutralität gem. Art. 1 IV ECRL zu berücksichtigen sei, woraus er in Rn. 61 folgerte, dass Art. 3 I ECRL nicht im Bereich des IPR einzuordnen sei. Art. 3 I ECRL verpflichte in erster Linie die Mitgliedstaaten, dafür Sorge zu tragen, dass die Dienste der Informationsgesellschaft, die von einem in ihrem Hoheitsgebiet niedergelassenen Diensteanbieter erbracht werden, den in diesen Mitgliedstaaten geltenden innerstaatlichen Vorschriften entsprechen, die in den koordinierten Bereich fallen. Eine solche Verpflichtung weise **nicht die Merkmale einer Kollisionsregel** auf, die dazu bestimmt wäre, einen spezifischen Konflikt zwischen mehreren zur Anwendung berufenen Rechtsordnungen zu lösen.[154] Außerdem hat der EuGH entschieden, dass Art. 3 ECRL von den Mitgliedstaaten keine Umsetzung in Form einer speziellen Kollisionsregel verlange.[155]

---

151 *Sack*, WRP 2013, 1545 Rn. 30.

152 BGH, 10.11.2009 – VI ZR 217/08, GRUR 2010, 261 = WRP 2010, 108 – www.rainbow.at.

153 EuGH, 25.10.2011 – C-509/09 und C-510/10, GRUR 2012, 300 = WRP 2011, 1571 – eDate Advertising.

154 EuGH, 25.10.2011 – C-509/09 und C-161/10, GRUR 2012, 300 Rn. 60 ff. = WRP 2011, 1571 – eDate Advertising; dem EuGH folgend BGH, 08.05.1012 – VI ZR 217/68, GRUR 2012, 850 Rn. 33 – www.rainbow.at II; BGH, 12.01.2017 – I ZR 253/14, GRUR 2017, 317 Rn. 37 = WRP 2017, 434 – World of Warcraft II; BGH, 27.02.2018 – VI ZR 489/16, GRUR 2018, 642 Rn. 23 = WRP 2018, 694 – Internet-Suchmaschine I (»Internetforum«); BGH, 24.07.2018 – VI ZR 330/17, WRP 2019, 219 Rn. 27 – Internet-Suchmaschine II; ebenso im Schrifttum *Drexl*, in: MünchKommBGB[7], Bd. 12, IntLautR Rn. 71; *Nettlau*, Die kollisionsrechtliche Behandlung…, S. 165 ff., 267; ebenso ursprünglich auch *Sack*, WRP 2001, 1408, 1409, 1411; *ders.*, WRP 2002, 271, 273, 274 (diese Ansicht hat der Verf. zugunsten der Gesamtverweisungstheorie aufgegeben, vgl. *Sack*, WRP 2008, 845, 857); vgl. auch *Brand*, NJW 2012, 127, 130; *Lehr*, NJW 2012, 705, 709; *Sonnenberger*, ZVglRWiss 100 (2001), 107, 126.

155 EuGH, 25.10.2011 – C-509/09 und C-161/10, GRUR 2012, 300 Rn. 68 = WRP 2011, 1571 – eDate Advertising; BGH, 21.01.2017 – I ZR 253/14, GRUR 2017, 317 Rn. 37 = WRP 2017, 434 – World of Warcraft II.

b) Aus den Feststellungen des EuGH ergibt sich eine klare Absage an die **Sachnormverweisungstheorie**, nach der Art. 3 I ECRL den Sitzmitgliedstaat eines Diensteanbieters (Herkunftsland) verpflichte, auf Teledienste sein Sachrecht und **nur dieses** anzuwenden.[156] Auch aus den Ausführungen des EuGH in den Rn. 66 – 68 zum Günstigkeitsvergleich, wonach der Diensteanbieter keinen strengeren Anforderungen unterworfen werden darf, als dies das Sachrecht des Herkunftslandes vorsieht,[157] ergibt sich unmissverständlich, dass die Herkunftsländer auch das nach ihrem Kollisionsrecht berufene **ausländische** Wettbewerbsrecht grundsätzlich anzuwenden haben. **106**

c) Die Herkunftsländer haben nach der IPR-neutralen Deutung des Art. 3 I ECRL nicht nur ihr Sachrecht, sondern auch ihr Fremdenrecht, ihr internationales Verfahrensrecht sowie ihr Kollisionsrecht – bei Wettbewerbssachverhalten also Art. 6 Rom II-VO – anzuwenden. **107**

d) Der EuGH hat mit Recht festgestellt, dass bei der Auslegung von Art. 3 I ECRL auch die IPR-Neutralität der ECRL nach Art. 1 IV ECRL zu berücksichtigen sei. Daraus hat er gefolgert, dass Art. 3 I ECRL nicht im Bereich des IPR einzuordnen sei und dass diese Vorschrift nicht die Merkmale eine Kollisionsregel trage. Diese Folgerung begegnet aus mindestens zwei Gründen Bedenken. **108**

(1) Zum eine berücksichtigt sie nicht, dass Art. 1 IV ECRL **zwei** verschiedene Deutungen zulässt. Dem Wortlaut und Zweck des Art. 1 IV ECRL wird nicht nur die Ansicht des EuGH gerecht, dass Art. 3 I ECRL nicht die Merkmale einer Kollisionsregel aufweise. Mit Art. 1 IV ECRL ist ebenso gut auch die **Gesamtverweisungstheorie** vereinbar, nach der Art. 3 I ECRL auf das gesamte Recht des Herkunftslandes, d.h. unter anderem auch auf dessen **Kollisionsrecht** verweist. Denn auch diese Theorie schafft keine »zusätzlichen« Regeln im Bereich des IPR,[158] sondern verweist nur auf die bereits bestehenden Kollisionsnormen.

(2) Außerdem ist es unzutreffend, dass Art. 3 ECRL nicht die Merkmale einer Kollisionsregel enthalte. Denn nach Spiegelstrich Nr. 5 des Anhangs zu Art. 3 ECRL finden die Absätze 1 und 2 dieser Vorschrift keine Anwendung auf dem Bereich der »Freiheit der Rechtswahl für Vertragsparteien«. Diese Regelung ist zweifellos und unstreitig eine Kollisionsnorm.[159] Sie ist

---

156 A.A. jedoch *Ullmann*, in: jurisPK-UWG[4], Einl. Rn. 131 mit Fußn. 202.

157 EuGH, 25.10.2011 – C-509/09 und C-161/10, GRUR 2012, 300 = WRP 2011, 1571 – eDate Advertising.

158 Vgl. *Sack*, EWS 2010, 70, 72; *ders.*, EWS 2011, 65, 66 ff.; *ders.*, WRP 2013, 1545 Rn. 27.

159 Vgl. *Sack*, EWS 2011, 65, 69 (I.3.a); *Mankowski*, EWS 2002, 401, 403; *ders.*, IPRax 2002, 257, 258 (2.a); *ders.*, ZVglRWiss 100 (2001), 137, 143; *Spindler*, IPRax 2001, 400, 401; *ders.*, RIW 2002, 183, 185.

jedoch keine »zusätzliche« Regel des IPR i.S.v. Art. 1 IV ECRL, sondern verweist nur auf bestehende Kollisionsnormen der Mitgliedstaaten.[160] Deshalb ist sie ohne Weiteres mit der Gesamtverweisungstheorie vereinbar, die den genannten Mangel der sachrechtlichen Deutung von Art. 3 I ECRL vermeidet.

(3) Mit der Kritik an der Ansicht des EuGH ist noch nicht geklärt, welches Recht auf **grenzüberschreitende** Sachverhalte anzuwenden ist. Das ist ihrem Wesen nach eine **kollisionsrechtliche** Entscheidung.

109 Eine Möglichkeit besteht darin, in Art. 3 I ECRL eine **Gesamtverweisung** zu sehen, d.h. eine Vorschrift, die auf das im Herkunftsland geltende Kollisionsrecht verweist. Das ist bei Wettbewerbssachverhalten Art. 6 Rom II-VO. Diese Ansicht steht allerdings im Widerspruch zu der Ansicht des EuGH, dass Art. 3 ECRL keine Kollisionsnorm enthalte.[161]

110 Dieser Kritik entgeht man, wenn man in Art. 3 I ECRL keinen Verweis auf das Kollisionsrecht des Herkunftslandes sieht, sondern wenn man die im Herkunftsland geltenden Kollisionsnormen **unmittelbar**, d.h. ohne Rückgriff auf Art. 3 I ECRL, anwendet, bei lauterkeitsrechtlichen Sachverhalten also Art. 6 Rom II-VO.

111 Soweit es die Anwendbarkeit von Art. 6 Rom II-VO auf ausländisches Marktortrecht betrifft, besteht zwischen der Ansicht des EuGH und der Gesamtverweisungstheorie im praktischen Ergebnis kein Unterschied.[162]

112 e) Ebenso wie die Gesamtverweisungstheorie vermeidet die kollisionsrechtlich neutrale Deutung des Art. 3 I ECRL durch den EuGH eine Spaltung des Kollisionsrechts dahingehend, dass Sachverhalte ohne und mit **Drittstaatenbezug** unterschiedlich behandelt werden. Auch vermeidet sie auf dem Gebiet des Wettbewerbs **kollisionsrechtlich bedingte Wettbewerbsverzerrungen.** Außerdem ist nach der IPR-neutralen Deutung des Art. 3 I ECRL keine Abweidung von der **Mosaiktheorie** bei Schadensersatzansprüchen notwendig.

113 f) Die Anwendbarkeit der Rom II-VO bzw. nationaler Kollisionsnormen wird bei Telediensten wegen ihrer grenzüberschreitenden Natur in der Regel zur Folge haben, dass bei der Rechtskontrolle im Herkunftsland außer dem inländi-

---

160 Vgl. *Sack*, EWS 2010, 70, 73; *ders.*, EWS 2011, 65, 69.

161 EuGH, 25.10.2011 – C-509/09 und C-161/10. GRUR 2012, 300 Rn. 61, 68 = WRP 2011, 1571 – eDate Advertising.

162 In WRP 2015, 1281 Rn. 36 war ich der vom EuGH in seiner Entscheidung »eDate Advertising« vom 25.10.2011 vertretenen Ansicht gefolgt, weil diese für die Praxis bis auf Weiteres maßgeblich ist. Sie unterscheidet sich in den praktischen Ergebnissen nicht von der Gesamtverweisungstheorie.

schen Sachrecht auch das Sachrecht ausländischer Rechtsordnungen kollisionsrechtlich anwendbar ist. Es sind also **Mehrfachanknüpfungen** möglich. Dies steht nach Ansicht der Anhänger der Sachnormverweisungstheorie im Widerspruch zum Normzweck des Art. 3 I ECRL. Dieser angebliche Normzweck von Art. 3 I ECRL ist jedoch, wie bereits ausgeführt, weder in den Normen der ECRL noch in ihren Erwägungsgründen noch in den Amtlichen Materialien zu ihr nachweisbar. Der EuGH hat diesem angeblichen Normzweck der ECRL in seiner Entscheidung »eDate Advertising« vom 25.10.2011 implizit eine klare Absage erteilt, indem er in den Rn. 66 – 68 einen sogenannten **Günstigkeitsvergleich** verlangte. Ein solcher wäre unnötig, wenn in den Herkunftsländern von Telediensten generell nur deren Sachrecht im Sinne der Sachnormverweisungstheorie angewendet werden dürfte.[163]

4. Sachrechtliches Beschränkungsverbot

114 Schließlich wird noch vertreten, dass das Herkunftslandprinzip im Bereich des elektronischen Geschäftsverkehrs als **sachrechtliches Beschränkungsverbot** anzusehen sei. Das Herkunftslandprinzip bewirke einen unionsrechtlichen Anwendungsvorrang. Das originär unionsrechtliche Prinzip des freien Dienstleistungsverkehrs setze sich gegen die Anwendung des nationalen, nach Kollisionsregeln – auch der Rom II-VO? – berufenen Rechts durch. Im Ergebnis bleibe das Recht des Abrufstaates – im Lauterkeitsecht das Recht des Marktortes (Art. 6 I Rom II-VO) – unangewendet. Das nationale Kollisionsrecht sei »nicht immun« gegenüber dem Einfluss des europäischen Rechts.[164]

115 Für ein Beschränkungsverbot enthält allerdings der Normtext von Art. 3 I ECRL keinerlei Anhaltspunkte. Auch die Erwägungsgründe zu Art. 3 I ECRL und sonstige Amtliche Materialien deuten nicht auf ein Beschränkungsverbot. Nur **Abs. 2** von Art. 3 ECRL enthält ein grundsätzliches Beschränkungsverbot. Diese Regelung gilt jedoch nur für die Rechtskontrolle außerhalb des Herkunftslandes.

116 Bei der Rechtskontrolle **innerhalb** des Herkunftslandes wird die Ableitung eines sachrechtlichen Beschränkungsverbots letztlich nur mit dem Prinzip des freien Dienstleistungsverkehrs begründet. Soweit angenommen wird, dass sich das Prinzip des freien Dienstleistungsverkehrs gegenüber dem kollisionsrechtlich berufenen Recht durchsetze, ist dies mit der IPR-Neutralität der ECRL gem. Art. 1 IV unvereinbar. Offen lässt diese Ansicht auch die **Reichweite** des

163 Vgl. *Sack*, WRP 2013, 1545 Rn. 33.

164 *Drexl*, in: MünchKommBGB[7], Bd. 12, IntLautR Rn. 76; vgl. dort auch Rn. 72 a.E., 73 a.E.

sachrechtlichen Beschränkungsverbots. Sind den Gerichten bzw. Behörden von Herkunftsländern **alle** Beschränkungen von Telediensten im Bereich der ECRL verboten? Oder sind es nur einige bestimmte Beschränkungen und welche? Die Ansicht, dass im Herkunftsland ein sachrechtliches Beschränkungsverbot gelte, trifft sich auch nicht mit der EuGH-Entscheidung »eDate Advertising« vom 25.10.2011,[165] sondern weicht von dieser ab.

5. Art. 3 I ECRL als Zuständigkeitsregel

117 Nicht nur zu Abs. 2 von Art. 3 ECRL, sondern auch zu Abs. 1 von Art. 3 ECRL ist die Ansicht vertreten worden, dass diese Vorschriften die Zuständigkeit von Gerichten regeln.[166] Diese Ansicht ist abzulehnen, weil sie mit Art. 1 IV ECRL unvereinbar ist. Denn nach dieser Vorschrift befasst sich die ECRL nicht mit der Zuständigkeit der Gerichte.

6. Das Erfordernis eines Günstigkeitsvergleichs

a) Inhalt und Rechtsgrundlage eines Günstigkeitsvergleichs

118 Nach Ansicht des EuGH ist bei der Rechtsverfolgung im Herkunftsland ein sog. **Günstigkeitsvergleich** in der Weise vorzunehmen ist, dass kollisionsrechtlich berufenes Sachrecht eines ausländischen Abrufstaates im Herkunftsland nicht durchgesetzt werden darf, **soweit** es im konkreten Anwendungsfall strenger ist als das Sachrecht des Herkunftslandes.[167]

119 Ein **derartiger** Günstigkeitsvergleich wäre bei der Anwendung der **Sachnormverweisungstheorie** nicht notwendig. Denn nach ihr ist immer das Sachrecht

165 So jedoch *Drexl*, MünchKommBGB[7], Bd. 12, IntLautR Rn. 76.

166 Vgl. *Bernreuther*, WRP 2001, 384, 385 (1.1).

167 Vgl. EuGH, 25.10.2011 – C-509/09 und C-161/10, GRUR 2012, 30 Rn. 66 – 68 = WRP 2011, 1571 – eDate Advertising; ebenso Begr. RegE eines Gesetzes über rechtliche Rahmenbedingungen für den elektronischen Geschäftsverkehr (Elektronisches Geschäftsverkehr-Gesetz, BT-Drucks. 14/6098, S. 17 f.; BGH, 08.05.2012 – I ZR 2017/08, GRUR 2012, 850 Rn. 26 = NJW 2012, 2197 – www.rainbow.at II; BGH, 12.01.2017 – I ZR 253/14, GRUR 2017, 317 Rn. 36, 37 = WRP 2017, 434 – World of Warcraft II; KG, 16.02.2013 – 5 U 63/12, WRP 2013, 1242 Rn. 83 f.; ebenso im Schrifttum *Drexl*, in: MünchKommBGB[7], Bd. 12, IntLautR Rn. 64; *v.* Hinden, ZEuP 2012, 948, 952, 953 (jedoch mit rechtspolitischen Bedenken); *Klass*, in: GroßkommUWG[2], Einl. D Rn. 142; *Sack*, WRP 2001, 1408, 1412; *ders.*, WRP 2002, 271, 274, 275 f.; *ders.*, WRP 2013, 1545 Rn. 44 ff.; dagegen jedoch *Härting*, DB 2001, 271, 272; *Mankowski*, in: MünchKommUWG[2], IntWettbR Rn. 48; *ders.*, CR 2001, 630, 641; *Spindler*, ZRP 2001, 203, 204; *ders.*, in: Spindler/Schmitz/Liesching, TMG[2], § 3 TMG Rn. 27.

des Herkunftslandes anzuwenden. Daraus ergibt sich jedoch kein Argument zugunsten der Sachnormverweisungstheorie. Denn für die Anhänger dieser Theorie stellt sich die Frage nach einem eventuellen Günstigkeitsvergleich in die vom EuGH mit Recht abgelehnte **umgekehrte Richtung**, ob das Sachrecht des ausländischen Empfangsstaates anzuwenden wäre, wenn es **weniger streng** als das Sachrecht des Herkunftslandes ist bzw. ob das Sachrecht des Herkunftslandes entsprechend zu reduzieren ist.[168]

120 Der EuGH hat das Erfordernis eines Günstigkeitsvergleichs in seiner Entscheidung »eDate Advertising« vom 25.10.2011 damit begründet, dass die Unterwerfung der Dienste des elektronischen Geschäftsverkehrs unter die Rechtsordnung des Sitzmitgliedstaates ihres Anbieters nach Art. 3 I ECRL »es nicht ermöglichen würde, den freien Verkehr dieser Dienste umfassend sicherzustellen, wenn die Diensteanbieter im Aufnahmemitgliedstaat letztlich strengere Anforderungen als in ihrem Sitzmitgliedstaat erfüllen müssten«.[169]

121 Rechtstechnisch erfolgt der Günstigkeitsvergleich nicht durch eine Ersetzung des kollisionsrechtlich berufenen Sachrechts durch das Sachrecht des Herkunftslandes, sondern durch **Reduktion** des ausländischen Sachrechts auf die Anforderungen des Sachrechts des Herkunftslandes.[170]

122 Beim Günstigkeitsvergleich sind nicht nur die **Verbote** des ausländischen Sachrechts mit denen des Herkunftslandes zu vergleichen, sondern auch die damit verbundenen **Rechtsfolgen und Modalitäten** der Haftung, z.B. die Verjährungsfristen, Auskunftsansprüche, die Klagebefugnis, aber auch der Umfang von Schadensersatzansprüchen.[171] Bei Schadensersatzansprüchen wäre zwar nach der bei Multistate-Delikten anerkannten Mosaikbetrachtung eine territoriale Parzellierung vorzunehmen. Die Schadensberechnung wäre grundsätzlich nach dem Recht des jeweiligen Landes vorzunehmen, in dem die beanstandeten Delikte staatgefunden haben. Soweit jedoch ausländisches Recht, das nach dem

---

168 Vgl. *Piekenbrock*, GRUR Int. 2005, 997, 1001 f.; vgl. auch *Drexl*, in: MünchKommBGB[7], Bd. 12, IntLautR Rn. 72; a.A., d.h. einen solchen Günstigkeitsvergleich ablehnend, weil er mit dem Zweck der ECRL, Rechtsrisiken aus Mehrfachanknüpfungen zu vermeiden, unvereinbar sei, *Spindler*, ZRP 2001, 203, 205; *ders.*, ZHR 165 (2001), 324, 337 f.; *ders.*, RabelsZ 66 (2002), 633, 655 ff.

169 EuGH, 25.11.2011 – C-509/09 und C-161/10, Slg. 2011, I-10269 Rn. 66 = GRUR 2012, 300 = WRP 2011, 1571 – eDate Advertising; ähnlich die Argumentation von *Drexl*, in: MünchKommBGB[7], Bd. 12, IntLautR Rn. 64; *Klass*, in: Großkomm-UWG[2], Einl. D Rn. 141.

170 *Sack*, WRP 2013, 1545 Rn. 47; a.A. *Spindler*, IPRax 2001, 400, 401.

171 Die weite Formulierung der einschlägigen Rn. 66 – 68 der EuGH-Entscheidung »eDate Advertising« lässt vermuten, dass dies auch der Ansicht des EuGH entspricht; a.A. *Ahrens*, in: FS für Tilmann, 2003, S. 739, 747.

IPR des Herkunftslandes berufen ist, Schadensersatzansprüche für im Ausland begangene Delikte vorsieht, die nach den ausländischen Maßstäben der Schadensberechnung höher sind, als sie es nach den Maßstäben des Herkunftslandes wären, müssten sie nach der Günstigkeitsvergleichstheorie des EuGH entsprechend reduziert werden.[172]

123 Der Günstigkeitsvergleich greift nur ein, wenn das kollisionsrechtlich berufene ausländische Sachrecht **strenger** ist als das des Herkunftslandes. Die Anwendbarkeit des ausländischen Sachrechts wird hingegen vom Günstigkeitsvergleich nicht berührt, wenn und soweit es großzügiger ist als das Sachrecht des Herkunftslandes.[173] Darin unterscheidet sich der Günstigkeitsvergleich von der Sachnormverweisungstheorie, nach der immer nur das Sachrecht des Herkunftslandes anwendbar ist.

b) Der Günstigkeitsvergleich als Sachnorm

124 Man kann im Günstigkeitsvergleich eine **(versteckte) Kollisionsnorm** sehen, durch die die Regelungen des IPR der EU-Staaten – bei Internetwerbung Art. 6 I Rom II-VO – eingeschränkt werden.[174] Die IPR-Neutralität nach Art. 1 IV ECRL bzw. § 1 V TMG wird jedoch nicht berührt, wenn man die Beschränkung der Reichweite des anwendbaren Rechts auf der **Sachnormebene** vornimmt,[175] vergleichbar den europäischen Marktfreiheiten der Art. 34 ff. und Art. 56 ff. AEUV, die unerwünschte Behinderungen des grenzüberschreitenden Wirtschaftsverkehrs nicht kollisionsrechtlich, sondern sachrechtlich ausschalten.[176] Es ist daher davon auszugehen, dass der Günstigkeitsvergleich eine **sachrechtliche** Beschränkung des kollisionsrechtlich berufenen ausländischen Rechts ist. Bei der Rechtsverfolgung im Herkunftsland werden die Anforderungen von kollisionsrechtlich berufenem ausländischem Recht **sachrechtlich** auf das Sachrecht des Herkunftslandes des Diensteanbieters reduziert.

c) Kritik am Günstigkeitsvergleich

125 Die Notwendigkeit eines Günstigkeitsvergleichs bei der Rechtsverfolgung im Herkunftsland ist nicht unumstritten. Es sei daran erinnert, dass der deutsche

172 Vgl. *Sack*, WRP 2001, 1408, 1412 (c).
173 *Fezer/Koos*, IPRax 2000, 349, 353.
174 Vgl. *Ohly*, GRUR Int. 2001, 899, 902; *ders.*, WRP 2006, 1401, 1404 mit Fußn. 35 (»kollisionsrechtlicher Mindestgehalt«).
175 Vgl. *Sack*, EWS 2011, 513, 515 (2.a,b); *ders.*, WRP 2002, 271, 275; *ders.*, WRP 2001, 1408, 1411 (2.a); *Drexl*, in: MünchKommBGB[7], Bd. 12, IntLautR Rn. 74, 75; *Tettenborn*, KuR 2000, 59, 60.
176 Vgl. *Sack*, WRP 1994, 281, 289, 293; *ders.*, WRP 2001, 1408, 1413 ff.; *ders.*, 2002, 271, 275.

Reg.-Entw. eines TDG einen solchen Günstigkeitsvergleich vorgesehen hatte.[177] Dieser wurde jedoch nach Einwänden der BT-Ausschüsse, der Fraktionen der SPD und des Bündnisses 90/Die Grünen sowie nach einem von der EG-Kommission angedrohten Vertragsverletzungsverfahren gestrichen.[178] Manche halten ihn für unvereinbar mit Art. 3 I ECRL.[179] Gerechtfertigt wird diese Kritik am Erfordernis eines Günstigkeitsvergleichs vor allem damit, dass es Zweck des Art. 3 I ECRL sei, dem Diensteanbieter **Rechtsermittlungskosten** zu ersparen, die bei der Feststellung des zum Vergleich heranzuziehenden Rechts anderer Abrufstaaten anfallen.[180] Für einen solchen Zweck von Art. 3 ECRL bieten jedoch, wie bereits gesagt, die Vorschriften und Erwägungsgründe der ECRL und sonstige Amtliche Materialien keine Anhaltspunkte.

7. Grenzen des Günstigkeitsvergleichs

a) Günstigkeitsvergleich bei ausschließlich ins Ausland gerichteter Werbung

126 Problematisch ist der Günstigkeitsvergleich bei Telediensten, die sich **ausschließlich** an ausländische Adressaten richten. Denn in diesem Fall sind Sachnormen des Herkunftslandes, die für den Vergleich heranzuziehen wären, kollisionsrechtlich nicht anwendbar. Vor allem aber erscheint es rechtspolitisch zweifelhaft, die Haftung des Diensteanbieters auf die Anforderungen seines Herkunftslandes zu beschränken. Denn wer mit seinen Telediensten ausschließlich auf ausländische Staaten zielt, dem ist die Respektierung des Rechts dieser Staaten zuzumuten.[181] Deshalb sollte man bei Telediensten, die sich

177 § 4 Abs. 1 S. 2 TDG lautete: »Auf solche Teledienste ist das nach den Regeln des internationalen Privatrechts maßgebliche Recht eines anderen Staates jedoch nicht anwendbar, soweit dadurch der freie Dienstleistungsverkehr über die Anforderungen des deutschen Rechts hinausgehend eingeschränkt werden würde.« Vgl. dazu die Begr. RegE zu § 4 Abs. 1 S. 2 TDG-E, BT-Drucks. 14/6098, S. 17 f.; zustimmend *Sack*, WRP 2001, 1408, 1411 f.; gegen einen Günstigkeitsvergleich *Spindler*, RabelsZ 66 (2002), 633, 655 ff.

178 Ausschuss für Wirtschaft und Technologie, BT-Drucks. 14/7345, S. 31; vgl. auch BR-Drucks. 136/1/01, S. 2 f.

179 Vgl. *Hausmann/Obergfell*, in: Fezer/Büscher/Obergfell, UWG[3], IntLautPrivatR Rn. 134; *Lurger/Vallant*, RIW 2002, 188, 198 (aus der Sicht der Sachnormverweisungstheorie); *Mankowski*, CR 2001, 630, 636, 638; *Thünken*, Das kollisionsrechtliche Herkunftslandprinzip, 2003, S. 80; *ders.*, IPRax 2001, 15, 20; vgl. auch *Spindler*, AfP 2012, 114, 120.

180 *Hausmann/Obergfell*, in: Fezer/Büscher/Obergfell, UWG[3], IntLautPrivatR Rn. 134; *Mankowski*, CR 2001, 630, 636, 638; *Spindler*, in: Spindler/Schmitz/Liesching, TMG[2], § 3 TMG Rn. 28; *Thünken*, IPRax 2001, 15, 20.

181 Vgl. *Sack*, WRP 2001, 1408, 1415 f. (d); *ders.*, WRP 2002, 271, 276 f., 278 ff., 283 (VI.4.); *ders.*, EWS 2011, 513, 516 f.

an ausländische Adressaten wenden, auf einen Günstigkeitsvergleich im Herkunftsland verzichten. Der EuGH scheint allerdings anderer Ansicht zu sein. Er muss daher für den Günstigkeitsverleich diejenigen Sachnormen des Herkunftslandes heranziehen, die anwendbar **wären**, wenn sie kollisionsrechtlich berufen **wären**.

b) Der Günstigkeitsvergleich und Art. 3 IV ECRL bzw. § 3 V TMG analog

127 Im Anwendungsbereich der ECRL können Unternehmen nicht nur in ihrem Herkunftsland, sondern unter der Voraussetzungen des Art. 3 IV ECRL auch in einem anderen Staat verklagt werden. Wenn in einem solchen Fall das anzuwendende Tatort-Recht des ausländischen Staates strenger ist als das Recht des Herkunftslandes, stellt sich die Frage, ob bei einer Klage im Herkunftsland des Bekl. nach dem Günstigkeitsvergleich das mildere Recht des Herkunftslandes anzuwenden ist oder ob insoweit eine **Ausnahme** vom Erfordernis eines Günstigkeitsvergleichs zu machen ist.

128 Die Ausführungen des EuGH zu dieser Frage sind nicht eindeutig. Ohne zwischen Abs. 1 und Abs. 2 von Art. 3 ECRL zu unterscheiden, hat er in den Rn. 67, 68 festgestellt, dass es Art. 3 ECRL vorbehaltlich der bei Vorliegen der Voraussetzungen des Art. 3 IV ECRL gestatteten Ausnahmen nicht zulasse, dass der Diensteanbieter strengeren Anforderungen unterliegt, als sie das in seinem Sitzstaat geltende Sachrecht vorsieht.

129 Nach seinem **Wortlaut** bezieht sich zwar Art. 3 IV ECRL nur auf **Abs. 2** von Art. 3 ECRL, d.h. auf die Rechtsverfolgung **außerhalb** des Herkunftslandes.[182] Bei der Rechtsverfolgung **im** Herkunftsland ist jedoch m.E. Art. 3 IV ECRL **analog** in dem Sinne anzuwenden, dass das Sachrecht des ausländischen Tatortes auch dann anzuwenden ist, wenn es strenger ist als das ansonsten im Herkunftsland anzuwendende Recht. Denn wenn unter den Voraussetzungen des Art. 3 IV ECRL abweichend vom Herkunftslandprinzip ausnahmsweise eine Rechtsverfolgung außerhalb des Herkunftslandes zulässig ist, ohne dass ein Günstigkeitsvergleich vorzunehmen ist, dann muss ein entsprechender Schutz der Betroffenen auch bei der Rechtsverfolgung im Herkunftsland bestehen.[183] Es gibt keinen sachlichen Grund, einen von Internetdarbietungen Betroffenen außerhalb des Herkunftslandes besser zu schützen als im Herkunftsland des Diensteanbieters. Insoweit ist die Reichweite des Günstigkeitsvergleichs einzuschränken.

---

182 Vgl. *Sack*, EWS 2011, 515, 516 (c).
183 Vgl. *Sack*, WRP 2002, 271, 280 f., 282 (VI.3.).

c) Der Günstigkeitsvergleich bei Wettbewerbssachverhalten

130 Bei **Wettbewerbssachverhalten**, insbesondere bei Internetwerbung, ist das Erfordernis eines Günstigkeitsvergleichs unvereinbar mit europäischem **Primärrecht**. Denn ein Günstigkeitsvergleich kann unter folgenden Voraussetzungen **Wettbewerbsverfälschungen** zur Folge haben:

(1) Internetwerbung verstößt außerhalb des Herkunftslandes gegen das Wettbewerbsrecht eines der EU angehörenden Abrufstaates.

(2) Die betreffenden wettbewerbsrechtlichen Verbote dieses Abrufstaates erfüllen nicht die Voraussetzungen des Art. 3 IV ECRL, so dass Mitbewerber und Verbände in diesem Staat wegen Art. 3 II ECRL nicht gegen die betreffende Werbung vorgehen können.

(3) Das Wettbewerbsrecht des Herkunftslandes ist großzügiger als das Sachrecht des (ausländischen) Abrufstaates, so dass sich die betroffenen Mitbewerber im Herkunftsland wegen des Günstigkeitsvergleichs nicht oder nicht ebenso wirksam, wie es das ausländische Recht vorsieht, gegen die betreffende Internetwerbung wehren können. Unter diesen Voraussetzungen erlangt der Diensteanbieter im ausländischen Abrufstaat Wettbewerbsvorteile gegenüber Mitbewerbern, die den strengeren Anforderungen dieses Staates unterworfen sind. Das verstößt gegen den elementaren wettbewerbsrechtlichen Grundsatz, für alle Mitbewerber eine rechtliche **par conditio concurrentium** zu schaffen. Eine Verletzung dieses Grundsatzes ist unvereinbar mit dem in Art. 3 III i.V.m. Protokoll Nr. 27[184] zu Art. 3 EUV geregelten Schutzziel der EU, den Wettbewerb vor **Verfälschungen** zu schützen.[185]

131 Der EuGH hatte sich in seiner grundlegenden Entscheidung »eDate Advertising« vom 25.10.2011 mit dieser Problematik nicht auseinanderzusetzen, weil die Entscheidung die Frage einer Persönlichkeitsverletzung betraf. Sobald er jedoch über Internetwerbung zu entscheiden haben wird, muss er zur Frage Stellung nehmen, in welchem Verhältnis die durch die ECRL sekundärrechtlich und durch die Art. 56 ff. AEUV primärrechtlich geschützte Freiheit der Teledienste zum primärrechtlichen Schutzziel, einen unverfälschten Wettbewerb zu gewährleisten, steht. [186]

---

184 ABl.EU 2010 C 83/309; vgl. dazu EuGH, 17.02.2011 – C-52/09, GRUR Int. 2011, 413 – TeliaSonera.

185 Vgl. *Glöckner*, in: Harte/Henning, UWG[4], Einl. C Rn. 68; *Sack*, WRP 2008, 845, 856; *ders.*, EWS 2010, 70, 73; *ders.*, EWS 2011, 65, 67; *ders.*, EWS 2011, 513, 517 a.E.; a.A. *Brömmelmeyer*, Internetwettbewerbsrecht, 2007, S. 161 f.

186 Vgl. GA Villalón, Schlussanträge im Fall »eDate Advertising«, C-509/09 und C-161/10, Nr. 71, 79, 80, 81; vgl. auch *O. Weber*, MMR 2012, 48, 49 f.

8. Umsetzung von Art. 1 IV und Art. 3 I ECRL in deutsches Recht durch das TMG

a) Die Regelung des § 1 V TMG

132 Das TMG trifft nach § 1 V »weder Regelungen im Bereich des internationalen Privatrecht noch…«. Der Wortlaut dieser Regelung unterscheidet sich von dem des § 1 IV ECRL, der durch § 1 V TMG in deutsches Recht umgesetzt werden soll. Denn Art. 1 IV ECRL untersagt nur »**zusätzliche**« Kollisionsnormen, § 1 V TMG hingegen nach seinem Wortlaut **jede** Kollisionsnorm.[187] Wäre letzteres gemeint, stünde § 1 V TMG auch im Widerspruch zu § 3 III Nr. 1 TMG, wonach die Absätze 1 und 2 nicht die Freiheit der Rechtswahl berühren. § 3 III Nr. 1 TMG ist zweifellos eine Kollisionsnorm.

133 Dieser Widerspruch zwischen § 1 V TMG einerseits und Art. 1 IV ECRL sowie § 3 III Nr. 1 TMG andererseits ist durch eine **richtlinienkonforme Auslegung** des § 1 V TMG zu beheben.[188] Diese Vorschrift ist richtlinienkonform dahingehend »auszulegen« – genauer: teleologisch zu reduzieren –, dass das TMG keine »**zusätzlichen**« Normen des IPR schafft, d.h. keine Kollisionsnormen, die von den in Deutschland geltenden nationalen und europäischen Kollisionsnormen abweichen.

b) Die Regelung des § 3 I TMG

aa) Die Doppeldeutigkeit des § 3 I TMG

134 Auch § 3 I TMG erfordert eine richtlinienkonforme Auslegung. Denn nach dieser Vorschrift unterliegen in Deutschland nach § 2a TMG niedergelassene Diensteanbieter und ihre Telemedien den »Anforderungen des deutschen Rechts« auch dann, wenn die Telemedien in einem anderen Staat innerhalb des Geltungsbereichs der Richtlinien 2000/31/EG und 89/552/EWG geschäftsmäßig angeboten oder erbracht werden. Der Begriff »Anforderungen des deutschen Rechts« ist mehrdeutig. Er kann sowohl **alle** Anforderungen des deutschen Rechts einschließlich seiner Kollisionsnormen als auch nur das **Sachrecht** Deutschlands meinen. Eine Beschränkung auf das deutsche Sachrecht, wie es die Sachnormverweisungstheorie vorschlägt, ist mit Art. 1 IV ECRL und der richtlinienkonform ausgelegten Vorschrift des § 1 V TMG unvereinbar. Deshalb gehören zu den »Anforderungen des deutschen Rechts« bei richtlinienkonformer Auslegung des § 3 I TMG **alle** in Deutschland geltenden Normen einschließlich der Kollisionsnormen.

---

187 Vgl. *Sack*, WRP 2008, 845, 855; *ders.*, EWS 2011, 65, 69.
188 Vgl. *Sack*, WRP 2008, 845, 855; *ders.*, WRP 2013, 1407 Rn. 23.

bb) Umsetzung des Günstigkeitsvergleichs

135 Fraglich ist, ob bei einer richtlinienkonformen Auslegung des § 3 I TMG der vom EuGH für die Auslegung von Art. 3 I ECRL geforderte **Günstigkeitsvergleich** vorzunehmen ist. Für diese »Auslegung« von § 3 I TMG spricht, dass der EuGH auch die entsprechende Regelung des Art. 3 I ECRL in dem Sinne ausgelegt hat, dass ein Günstigkeitsvergleich vorzunehmen ist. Die Argumentation des EuGH zu Art. 3 I ECRL spricht für dieselbe »Auslegung« des § 3 I TMG. Genau genommen hat der EuGH eine teleologische Reduktion vorgenommen, die vom Wortlaut des Art. 3 I ECRL abgewichen ist.

136 Hält man eine richtlinienkonforme Auslegung des § 3 I TMG unter Einbeziehung des Erfordernisses eines Günstigkeitsvergleichs für möglich, dann müssen die deutschen Rechtsanwender **zweistufig** vorgehen:[189] In einem ersten **kollisionsrechtlichen** Schritt müssen sie prüfen, welche Rechtsordnungen anwendbar sind. In einem zweiten **sachrechtlichen** muss ein Günstigkeitsvergleich vorgenommen werden. Wenn ausländisches Recht anzuwenden ist und dieses strenger ist als deutsches Recht, bleibt es zwar bei der Anwendung des kollisionsrechtlich berufenen Rechts. Es darf jedoch in dem Maße, wie es über die Anforderungen des deutschen Rechts hinausgeht, nicht angewendet werden.

137 Im **internationalen Lauterkeitsrecht** sollte man allerdings, wie in Kap. 8 Rdn. 130 f. dargelegt, auf einen Günstigkeitsvergleich ganz verzichten. Denn er verstößt gegen das Gebot der **par conditio concurrentium** und führt zu Wettbewerbsverfälschungen. Das ist unvereinbar mit dem in Art. 3 III EUV i.V.m. dem in Protokoll Nr. 27 zu Art. 3 EUV geregelten Schutzziel der EU, den Wettbewerb vor **Verfälschungen** zu schützen.

138 Wenn man es hingegen ablehnt, in § 3 I TMG das Erfordernis eines Günstigkeitsvergleichs hineinzulesen, dann bestehen folgende beiden Möglichkeiten: Entweder man bejaht eine **unmittelbare** Geltung von Art. 3 I ECRL auch im Verhältnis zwischen Privaten. Das ist allerdings heftig umstritten (ausführlich dazu Kap. 9 Rdn. 54 ff.). Oder man wendet das nationale Recht, d.h. § 3 I TMG, ohne Berücksichtigung eines Günstigkeitsvergleichs an.

9. Kontrolle durch die Warenverkehrs- und Dienstleistungsfreiheit

139 Wenn das im Herkunftsland anzuwendende Sachrecht mit Hilfe des Herkunftslandprinzips des Art. 3 I ECRL und des Günstigkeitsvergeichs gefunden ist. stellt sich im konkreten Anwendungsfall schließlich noch die Frage, ob es mit den Prinzipien der europäischen Warenverkehrs- und Dienstleistungsfreiheit vereinbar ist.

189 Vgl. *Klass*, in: GroßkommUWG^2, Einl D Rn. 150.

IV. Zwischenergebnisse

140

1. Zweck des Herkunftslandprinzips der ECRL ist es, dass Teledienste, z.B. Internetwerbung, grundsätzlich nur im Sitzmitgliedstaat (Niederlassungsort; Herkunftsland) des Diensteanbieters kontrolliert werden dürfen. Dementsprechend ist die Rechtskontrolle **außerhalb** des Herkunftslandes, vorbehaltlich der in Art. 3 Abs. 4 ECRL geregelten Ausnahmen, unzulässig, während die Herkunftsländer von Telediensten zu einer wirksamen Rechtskontrolle verpflichtet sind.
2. Abweichend von einer verbreiteten Ansicht ist es **nicht** Zweck des Herkunftslandprinzips der ECRL, den Anbieter von Telediensten nur einem einzigen Recht, nämlich dem Sachrecht des Herkunftslandes, zu unterwerfen.
3. Die Regelungen des Herkunftslandprinzips in Art. 3 ECRL sind nach Art. 1 V ECRL **IPR-neutral**. Sie schaffen keine »zusätzlichen« Kollisionsnormen, d.h. keine Kollisionsnormen, die von den in den EU-Staaten bestehenden **abweichen**. Bei der Internetwerbung wird das Marktortprinzip des Art. 6 Abs. 1 Rom II-VO von Art. 3 I ECRL nicht berührt.
4. Das Verbot des Art. 3 II ECRL, Teledienste aus anderen EU-Staaten einzuschränken, ist keine Kollisionsnorm, sondern ein sachrechtliches Beschränkungsverbot.
5. Eine Rechtskontrolle außerhalb des Herkunftslandes ist nur unter den Voraussetzungen des Art. 3 IV ECRL zulässig. Sie ist nicht schon dann zulässig, wenn die Anforderungen des Abrufstaates nicht strenger sind als die des Herkunftslandes des Diensteanbieters.
6. Zu den in Art. 3 IV ECRL geregelten Ausnahmen vom Beschränkungsverbot des Art. 3 II ECRL gehört nicht die **Lauterkeit des Handelsverkehrs**. Die verbraucherschützenden Vorschriften des Lauterkeitsrechts, die sich erheblich mit denen des Verbraucherschutzes überschneiden, sind jedoch vom Schutzziel »Schutz der Verbraucher« in Art. 3 IV ECRL gedeckt.
7. Zu Art. 3 I ECRL hat der EuGH in seiner grundlegenden Entscheidung »eDate Advertising« vom 25.10.2011 festgestellt, dass diese Vorschrift nicht in Form einer Kollisionsregel umzusetzen, sondern **sachrechtlich** zu deuten sei. Sie verpflichtet die Herkunftsländer zu einer effizienten Rechtskontrolle.
8. Nach der **sachrechtlichen** Deutung von Art. 3 I ECRL können Herkunftsländer in ihrem nationalen Kollisionsrecht grundsätzlich auch die Anwendbarkeit **inländischen Sachrechts** vorsehen. Im Anwendungsbereich der Rom II-VO ist allerdings nur dieses anwendbar. Für Internetwerbung gilt nach Art. 6 I Rom II-VO das Recht des Werbemarktes.

9. Mit der Entscheidung »eDate Advertising« hat der EuGH im Ergebnis der Sachnormverweisungstheorie zu Art. 3 I ECRL, wonach bei der Rechtskontrolle im Herkunftsland nur das Sachrecht dieses Landes anzuwenden ist, mit Recht eine Absage erteilt. Die Sachnormverweisungstheorie ist unvereinbar mit der IPR-Neutralität der ECRL gemäß Art. 1 IV sowie bei Wettbewerbssachverhalten außerdem mit dem Schutzziel der EU, ein System des unverfälschten Wettbewerbs zu gewährleisten, Art. 3 III EUV i.V.m. Protokoll 27 zu dieser Vorschrift.
10. Der angebliche Widerspruch zwischen der IPR-Neutralität der ECRL und Art. 3 I ECRL besteht nur, wenn man diese Vorschrift im Sinne der Sachnormverweisungstheorie interpretiert, nicht hingegen, wenn man diese Vorschrift mit dem EuGH **als Durchsetzungspflicht** deutet oder wenn man der Gesamtverweisungstheorie folgt.
11. Nach der Gesamtverweisungstheorie umfasst der Begriff »innerstaatliche Vorschriften« in Art. 3 I ECRL sowohl die Sachnormen als auch die Kollisionsnormen des Herkunftslandes. Zu dieser Auslegungsfrage hat der EuGH in seiner Entscheidung »eDate Advertising« nicht Stellung genommen.
12. Zwischen der **sachrechtlichen** Deutung des Art. 3 I ECRL und der Gesamtverweisungstheorie besteht **im praktischen Ergebnis** kein Unterschied. Es ist nur eine **definitorische** Frage, ob man in der Gesamtverweisungstheorie zu Art. 3 I ECRL, nach der die Herkunftsländer auch ihr Kollisionsrecht anzuwenden haben, eine Kollisionsnorm sieht.
13. Bei der Rechtskontrolle von Telediensten im Herkunftsland ist grundsätzlich ein sog. **Günstigkeitsvergleich** vorzunehmen. Danach ist kollisionsrechtlich berufenes ausländisches Sachrecht nicht anzuwenden, soweit die rechtlichen Anforderungen strenger sind als die des Sachrechts des Herkunftslandes.
14. Vom grundsätzlichen Erfordernis eines Günstigkeitsvergleichs ist bei **Wettbewerbssachverhalten** eine Ausnahme zu machen, wenn er Wettbewerbsverfälschungen zur Folge hätte, die auf einer Verletzung der **par conditio concurrentium** beruhen und deshalb unvereinbar sind mit dem in Art. 3 III EUV i.V.m. Protokoll 27 zu dieser Vorschrift geregelten Schutzziel der EU, einen **unverfälschten** Wettbewerb zu gewährleisten. Diese Ausnahme steht nicht im Widerspruch zur EuGH-Entscheidung »eDate Advertising«, da diese eine Persönlichkeitsverletzung und keinen Wettbewerbssachverhalt zum Gegenstand hatte.
15. Bei der Rechtskontrolle im Herkunftsland ist der Günstigkeitsvergleich außerdem auch durch eine **analoge** Anwendung von Art. 3 IV ECRL zu beschränken.

Kapitel 9 Das Herkunftslandprinzip bei grenzüberschreitender Werbung in audiovisuellen Medien; die RLen 2010/13/EU und 2018/1808 für audiovisuelle Mediendienste (AVMD-RL)

Übersicht

I. Vorbemerkungen

1. Die AVMD-RL 2018/1808

1 Das **Herkunftslandprinzip** gilt auch für audiovisuelle Mediendienste im Sinne der Richtlinien für diese.

2 Am 18.12.2018 ist die Richtlinie (EU) 2018/1808 über audiovisuelle Mediendienste vom 14.11.2018 in Kraft getreten.[1] Sie ist von den EU-Staaten bis zum 10.09.2020 in nationales Recht umzusetzten. Diese RL ändert und ergänzt die AVMD-RL 2010/13 teilweise. Soweit die Normen dieser RL nicht geändert, sondern fortgeführt werden, gibt die AVMD-RL 2018 in den Erwägungsgründen Nr. 50, 52, 56 – 58 und 60 f. Auslegungsbehelfe für die beibehaltenen Normen der AVMD-RL 2010. Außerdem heißt es – außerhalb des Wortlauts der AVMD-RL – im Erwägungsgrund Nr. 63, dass die AVMD-RL 2010 »nicht die Regeln des internationalen Privatrechts« betreffe.

1 ABl.EU 2018 L 303/69.

3 In Bezug auf das Herkunftslandprinzip unterscheiden sich beide Richtlinien vor allem darin, dass bei der Rechtskontrolle **außerhalb** des Herkunftslandes vom Behinderungsverbot des Art. 3 I nach der AVMD-RL 2010/13 nach Art. 3 II auch zum Schutz der **Verbraucher** abgewichen werden darf, während die AVMD-RL 2018/1808 eine solche Möglichkeit der Abweichung nicht vorsieht.

2. Die AVMD-RL 2010/13 und ihre Vorgänger

4 Bis zur Umsetzung der AVMD-RL 2018 bzw. bis zum Ablauf der Umsetzungsfrist ist noch die AVMD-RL 2010/13 maßgeblich.[2] Diese Richtlinie hat als kodifizierte Fassung die Richtlinie 2007/65 abgelöst.[3] Die Richtlinien über audiovisuelle Mediendienste sind ihrerseits an die Stelle der Fernseh-RL 89/552/EWG[4] in ihrer durch die Richtlinie 97/36/EG geänderten Fassung getreten.[5] Sie haben die Fernseh-Richtlinien im Wesentlichen nur erweitert. Im Gegensatz zur Fernseh-RL regelt die AVMD-RL außer Fernsehsendungen auch Sendungen **anderer** audiovisueller Mediendienste. Da die AVMD-RL die Fernseh-RL nur erweitert, bleibt die durch die Fernseh-RL geschaffenen Rechtslage relevant, soweit sich aus dieser nichts anderes ergibt. Das bedeutet, dass grundsätzlich sowohl die Rechtsprechung zur Fernseh-RL als auch deren Erwägungsgründe bei der Auslegung der AVMD-RL zu berücksichtigen sind.

3. Die Struktur der Herkunftslandprinzips der AVMD-RLen

5 Das Herkunftslandprinzip der AVMD-RLen ist – übereinstimmend mit der ECRL – wie folgt strukturiert.

a) Art. 3 untersagt es den **Empfangsstaaten,** die nicht Herkunftsländer sind, audiovisuelle Mediendienste aus anderen EU-Staaten zu behindern.

b) Das Pendant dazu ist nach Art. 2 I die Pflicht von **Herkunftsländern**, dafür zu sorgen, dass alle audiovisuellen Mediendienste, die von seiner Rechtshoheit unterworfenen Mediendiensteanbietern übertragen werden, ihren Rechtsvorschriften entsprechen. Insoweit ist vor allem streitig, ob die Herkunftsländer nur ihr Sachrecht oder auch ihr Kollisionsrecht anzuwenden haben. Wenn sie auch ihr Kollisionsrecht anzuwenden haben, stellt sich

---

2 ABl.EU 2010 L 95/1; vgl. zum Herkunftslandprinzip der AVMD-RL aus neuerer Zeit *Cole*, in: Meng/Ress/Stein (Hrsg.), Europäische Integration und Globalisierung, FS zum 60jährigen Bestehen des Europa-Instituts, 2011, S. 113 ff.

3 ABl.EG 2007 L 332/27.

4 ABl.EWG 1989 L 198/23 = GRUR Int. 1990, 134.

5 ABl.EG 1997 L 202/60; die Erwägungsgründe der RL 89/552 wurden durch die RL 97/36 nicht ersetzt, sondern um die der RL 97/36 erweitert; eine vom MPI erstellte »konsolidierte« Fassung der Fernseh-RL ist in GRUR Int. 1998,120 veröffentlicht; diese Veröffentlichung enthält allerdings nur die Erwägungsgründe der RL 97/36.

die weitere Frage, ob sie kollisionsrechtlich berufenes ausländisches Recht uneingeschränkt anwenden dürfen oder ob sie einen sog. Günstigkeitsvergleich vornehmen müssen, wonach im konkreten Einzelfall die Ergebnisse der Anwendung ausländischen Rechts im Herkunftsland nicht strenger sein dürfen als die Ergebnisse, zu denen die Anwendung des entsprechenden inländischen Rechts geführt hätte.

4. Das Verhältnis der AVMD-RL zur ECRL

6 Die AVMD-RLen 2010 und 2018 überschneiden sich teilweise mit der ECRL 2000/31, insbesondere im Onlinebereich. Art. 4 VII AVMD-RL 2018 (früher Art. 4 VIII der AVMD-RL 2010) regelt das Verhältnis dieser beiden Richtlinien zueinander. Nach S. 1 findet die ECRL Anwendung, soweit in der AVMD-RL nichts anderes vorgesehen ist. Nach S. 2 ist im Falle einer Kollision zwischen Bestimmungen der ECRL und der AVMD-RL letztere maßgeblich, sofern sie nichts anderes vorsieht. Überschneidungen sind im Bereich der On-Demand-Dienste möglich.[6] Bei diesen ist außerhalb der von der AVMD-RL »koordinierten Bereiche«, die vom Herkunftslandprinzip dieser Richtlinie nicht erfasst werden, die ECRL maßgeblich.[7]

7 Zum Verhältnis der AVMD-RL zur ECRL gehört auch, dass die Regelungen des Herkunftslandprinzips in beiden Richtlinien trotz ihrer zwangsläufigen Verschiedenheiten im Detail auf einer **einheitlichen rechtspolitischen Konzeption** beruhen. Das sog. Sendelandprinzip der Fernseh-RL 1989 war Vorbild für das Herkunftslandprinzip der ECRL. Das bedeutet, dass sowohl die Regelungen der Fernseh-RLen und der AVMD-RLen sowie Rechtsprechung und Lehre dazu bei der Auslegung der Vorschriften des Herkunftslandprinzips der ECRL, als auch – umgekehrt – die Auslegung der Bestimmungen des Herkunftslandprinzips der ECRL bei der Auslegung der entsprechenden Regelungen der AVMD-RL zu berücksichtigen sind.

8 Unklar ist, in welcher Weise die AVMD-RL von 2018 **IPR-neutral** ist. Der Normtext dieser RL enthält – im Gegensatz zur ECRL – keine diesbezügliche Regelung. Im Erwägungsgrund Nr. 63 der AVMD-RL von 2018 heißt es jedoch, wie bereits erwähnt, die AVMD-RL von 2010 betreffe »nicht die Regeln des internationalen Privatrechts«. Demgegenüber bestimmt Art. 1 IV ECRL, dass die Richtlinie keine »**zusätzlichen**« Regeln des IPR schaffe. Das Wort »zusätzliche« hat nur einen Sinn, wenn damit vom ohnehin geltenden IPR **abweichende** Regeln gemeint sind. Da Art. 1 IV ECRL ausdrücklich nur

6 Vgl. dazu *W. Schulz*, EuZW 2008, 107, 111.
7 *Drexl*, in: MünchKommBGB[7], Bd. 12, IntLautR Rn. 59.

»zusätzliche« Regeln des IPR untersagt, ist wegen des Gebots der **einheitlichen** Auslegung des Herkunftslandprinzips in der ECRL und in der AVMD-RL auch diese Richtlinie entsprechend auszulegen.

II. Die Rechtskontrolle außerhalb des Herkunftslandes des Werbenden

1. Das Behinderungsverbot des Art. 3 I der AVMD-RLen von 2010 und 2018

a) Die Regelung des Art. 3 I AVMD-RL

9 Art. 3 I der Richtlinie über audiovisuelle Mediendienste (AVMD-RL) untersagt den EU- und EWR-Staaten in den sog. koordinierten Bereichen die Behinderung von grenzüberschreitenden Fernsehsendungen und sonstigen audiovisuellen Mediendiensten **aus anderen** EU- und EWR-Staaten. Der Wortlaut dieser Vorschrift lässt offen, ob dieses Verbot nur **Mediendiensteanbietern** oder auch anderen Personen, z.B. **Werbungtreibenden**, zugute kommt. Fraglich ist auch, ob es über den Regelungsbereich dieser Vorschrift hinaus ein generelles Verbot einer zweiten Kontrolle von audiovisuellen Mediendiensten in Empfangsstaaten gibt. Streitig ist ferner, ob diese Vorschrift eine Kollisionsnorm oder eine Sachnorm ist. Außerdem ist diese Vorschrift mit § 3 II TelemedienG (TMG) und den §§ 51b und 60 Rundfunkstaatsvertrag (RfStV) nur unzureichend in deutsches Recht umgesetzt.

b) Der Begriff »audiovisuelle Mediendienste«

10 Audiovisuelle Mediendienste im Sinne von Art. 2 II sind nach Art. 1 I lit.a AVMD-RL und den Erwägungsgründen Nr. 10, 11, 21 der AVMD-RL 2010 Fernsehprogramme und audiovisuelle Mediendienste auf Abruf, d.h. nichtlineare audiovisuelle Mediendienste;[8] ebenso die AVMD-RL 2018.

c) Der Zweck des Behinderungsverbots

11 Nach Art. 3 I der AVMD-RLen von 2010 und 2018 (früher Art. 2 II Fernseh-RL 1989/552) gewährleisten die Mitgliedstaaten den freien Empfang und behindern nicht die Weiterverbreitung von audiovisuellen Mediendiensten aus anderen Mitgliedstaaten in ihrem Hoheitsgebiet aus Gründen, die Berei-

8 Vgl. zu diesem Begriff EuGH, 21.02.2018 – C-132/17, GRUR 2018, 321 = WRP 2018, 543 – Peugeot Deutschland (»YouTube-Werbekanal«); diese Entscheidung ist ergangen aufgrund eines Vorlagebeschlusses des BGH, 12.01.2017 – I ZR 117/15, WRP 2017, 549 Rn. 27 ff. – YouTube-Werbekanal.

che betreffen, die durch diese Richtlinie **koordiniert** sind. Diese Regelung ist von den EWR-Staaten übernommen worden. Zweck der Regelung des Art. 3 I AVMD-RL ist es nach Erwägungsgrund Nr. 36 der AVMD-RL 2010 zu verhindern, dass eine **zweite Kontrolle** aus den gleichen Gründen wie im Herkunftsland auch in jedem Empfangsstaat stattfindet.[9] Das Verbot einer **zweiten Kontrolle** wird allerdings von der Richtlinie in zwei Punkten erheblich eingeschränkt: Es gilt zum einen nach Art. 3 I AVMD-RL nur für die durch diese Richtlinie »**koordinierten Bereiche**«. Außerdem enthalten Art. 3 II und IV – VI der AVMD-RL 2010 bzw. Art. 3 II und III der AVMD-RL 2018 Ausnahmen vom Behinderungsverbot.

d) Der Adressatenkreis von Art. 3 I AVMD-RL

12 Die Regelung des Adressatenkreises in Art. 3 I AVMD-RL ist mehrdeutig. Denn diese Vorschrift untersagt ganz allgemein die Behinderung des freien Empfangs und der Weiterverbreitung von audiovisuellen Mediendiensten aus anderen EU- und EWR-Staaten. Nach dem Wortlaut dieser Vorschrift kann die Behinderung grenzüberschreitender Werbung in audiovisuellen Medien nicht nur durch Verbote, die sich gegen Fernsehveranstalter und sonstige Mediendienstanbieter richten, sondern auch durch Werbeverbote gegen **Werbungtreibende** erfolgen.

13 Gegen die Anwendbarkeit des Behinderungsverbots des Art. 3 AVMD-RL auf die unmittelbare Beschränkung der Werbetätigkeit von **Werbungtreibenden** könnte der enge Zusammenhang dieser Vorschrift mit Art. 2 I AVMD-RL sprechen, die zweifellos nur **Mediendiensteanbieter** betrifft. Auch entspricht es wohl dem Zweck des Herkunftslandprinzips, die Tätigkeit von Mediendiensteanbietern zu regeln. Deshalb spricht viel für die Ansicht, dass das Behinderungsverbot des Art. 3 AVMD-RL Werbeverbote, die sich nicht gegen Mediendiensteanbieter, sondern unmittelbar gegen Werbungtreibende richten, nicht erfasst.[10]

14 Demgegenüber haben der EuGH in seiner Entscheidung »De Agostini« von 1997 und der EFTA-Gerichtshof in seiner Entscheidung »Mattel und Lego Norge« von 1995 das Behinderungsverbot der damaligen Fernseh-RL auch

9 Vgl. EuGH, 09.07.1997 – C-34/95, C-35/95, C-36/95, Slg. 1997, I- 3843 Rn. 34 = GRUR Int. 1997, 913 = WRP 1998, 145 – De Agostini; vgl. auch Erwägungsgrund Nr. 15 der Fernseh-RL 89/552.

10 Ebenso im Ergebnis *Köhler*, in: Köhler/Bornkamm/Feddersen, UWG[37], Einl. UWG Rn. 5.26; *Lurger*, in: FS 75 Jahre MPI für Privatrecht, 2001, S. 479, 486; *Mankowski*, in: MünchKommUWG[2], IntWettbR Rn. 102; *Sack*, WRP 2008, 845, 858 (IV.3.b,cc); *Ullmann*, in: Ullmann, jurisPK-UWG[4], Einl. Rn. 128.

auf Werbeverbote angewendet, die sich unmittelbar gegen Werbungtreibende richten.[11] Diese Ansicht wurde von den beiden Gerichten offenbar für unproblematisch gehalten und deshalb auch nicht andeutungsweise begründet. M.E. ist sie aus den oben genannten Gründen unzutreffend, jedoch aufgrund der Entscheidungen des EuGH und des EFTA-GH bis auf Weiteres maßgeblich.

e) Gewährleistung des freien Empfangs und Verbot der Behinderung der Weiterverbreitung

15 Nach Art. 3 I AVMD-RL gewährleisten die Mitgliedstaaten den **freien Empfang** und behindern nicht die **Weiterverbreitung** von audiovisuellen Mediendiensten. Das Gebot der Gewährleistung des freien Empfangs umfasst inhaltlich das ausdrückliche Verbot der Behinderung der Weiterverbreitung audiovisueller Medien. Denn zur Gewährleistung des freien Empfangs gehört auch das Verbot der Behinderung des freien Empfangs, d.h. auch das Verbot der Behinderung der Weiterverbreitung. Das ausdrückliche Verbot der Behinderung der Weiterverbreitung ist also ein Unterfall des Gebots der Gewährleistung des freien Empfangs.

16 Problematisch ist in Art. 3 I AVMD-RL der Begriff der »Weiterverbreitung«, englisch »retransmissions«, französisch »retransmission«. Er beinhaltet zweifellos die Weiterverbreitung ausländischer Sendungen durch fernmeldetechnische Einrichtungen im Empfangsstaat. Er erfasst auch Kabelweitersendungen,[12] was der EuGH vor allem mit einem Hinweis auf die RL 93/83 zur Koordination bestimmter urheberrechtlicher und leistungsschutzrechtlicher Vorschriften betreffend Satellitenfunk und Kabelweiterverbreitung begründet hat.[13]

17 Zweifelhaft ist hingegen, ob der Begriff der Weiterverbreitung auch ausländische Sendungen umfasst, die im Empfangsstaat ohne Zwischenschaltung fernmeldetechnischer Einrichtungen **direkt mit Antennen** empfangen werden können. Zwar besteht ein klarer begrifflicher Unterschied zwischen der Weiter-

---

11 EuGH, 09.07.1997 – verb. Rs. C-34/95, C-35/95, C-36/95, Slg. 1997, I-3843 = GRUR Int. 1997, 913 = WRP 1998, 145 – De Agostini; ebenso GA *Jacobs*, Schlussanträge im Verfahren De Agostini, Slg. 1997, I-3843, 3856 f. Nr. 35 ff.; ebenso die abschließende Entscheidung des Schwedischen Marktgerichts vom 20.11.1998 im Verfahren De Agostini, GRUR Int. 1999, 466 Leits. 2 u. 468 – De Agostini II; EFTA-GH, 16.06.1995 – E-8/94 u. E-9/94, GRUR Int. 1996, 52 Rn. 42 ff., 57 mit Rn. 7, 8, 17 – Mattel u. Lego Norge; ebenso im Schrifttum unter Hinweis auf diese Entscheidungen *Ahrens*, in: Gloy/Loschelder/Erdmann, Hdb des Wettbewerbsrechts[4], § 68 Rn. 22.

12 EuGH, 10.09.1996 – C-11/95, Slg. 1996, I-4115 Rn. 20 ff., 23 – Kommission/Belgien (»Kabelweiterverbreitung«).

13 EuGH, 10.09.1996 – C-11/95, Slg. 1996, I-4115 Rn. 22 f. – Kommission/Belgien.

verbreitung einer Sendung und dem unmittelbaren Empfangbarmachen einer Sendung mit Antennen ohne Zwischenschaltung fernmeldetechnischer Einrichtungen. Letztere sind begrifflich keine **Weiter**-Verbreitung. Dementsprechend unterschied noch Art. 1 lit.a der Fernseh-RL 89/552 zwischen Erstsendungen und ihrer Weiterverbreitung. Eine entsprechende Unterscheidung findet sich soweit ersichtlich nicht mehr in den AVMD-RLen von 2010 und 2018.

18 Unklar ist insoweit die Rechtsprechung des EuGH. In seiner Entscheidung »De Agostini« von 1997,[14] die sowohl den unmittelbaren **Antennenempfang** einer ausländischen Werbesendung im Fernsehen im Empfangsstaat Schweden in schwedischer Sprache als auch deren **Kabelweiterleitung** in Schweden betraf,[15] nannte er teilweise das Gewährleistungsgebot und das Behinderungsverbot der Weiterverbreitung nebeneinander (Rn. 27, 33); teilweise sprach er auch vom Verbot der »Beschränkung« der Freiheit (Rn. 24, 25, 35, 56), das beide Tatbestände des Art. 2 II Fernseh-RL (jetzt Art. 3 I der AVMD-RLen von 2010 und 2018) umfasst, oder vom Verbot der »Weiterverbreitung« (Rn. 38), obwohl seine Entscheidung auch den Direktempfang der Primärsendung mittels Antennen betraf.[16]

19 Meines Erachtens ist der Begriff der »**Weiterverbreitung**« – begrifflich korrekt – auf die Fälle zu beschränken, in denen eine ausländische Fernsehsendung oder ein sonstiger audiovisueller Mediendienst im Empfangsstaat durch fernmeldetechnische Einrichtungen weiter verbreitet wird. Die Weiterverbreitung ist eine der Primärsendung nachgelagerte (Zweit-)Verbreitung.[17] In diesem Sinne versteht auch die herrschende Meinung diesen Begriff in § 51b RfStV.[18] Für eine begriffswidrige Erstreckung des Begriffs der Weiterverbreitung auf ausländische Sendungen, die ohne Zwischenschaltung fernmeldetechnischer Einrichtungen unmittelbar mit Antennen empfangen werden können, besteht kein Anlass.

14 EuGH, 09.07.1997 – verb. Rs. C-34/95, C-35/95, C-36/95, Slg. 1997, I-3843 = GRUR Int. 1997, 913 = WRP 1998, 145 – De Agostini.

15 Vgl. die Darstellung des Sachverhalts in den Schlussanträgen von GA *Jacobs*, Slg. 1997, I-3843, 3850 Nr. 15.

16 Ebenso wohl auch EuGH, 22.09.2011 – C-244/10 u. C-245/10, Slg. 2011, I-8777 Rn. 37, 53, 54 = GRUR Int. 2012, 53 – Mesopotamia Broadcast; GA *Bot* im Mesopotamia-Verfahren Nr. 39, 45.

17 So *Wille/Schulz/Buch*, in: Hahn/Vesting, Rundfunkrecht[3], Rundfunkstaatsvertrag § 51b Rn. 27.

18 Vgl. *Ahrens*, in: Gloy/Loschelder/Erdmann, Hdb des Wettbewerbsrechts[4], § 68 Rn. 49; *Bornemann*, in: Gersdorf/Paal, Informations- und Medienrecht, 2014 RStV § 51b Rn. 8; *Hartstein/Ring et al.*, Rundfunkstaatsvertrag, Teil B.5. RStV § 51b Rn. 8, 9 (Stand 2009); *Holznagel*, in: Spindler/Schuster, Recht der elektronischen Medien[3], RStV § 51b Rn. 2; *Wille/Schulz/Buch,* in: Hahn/Vesting, Rundfunkrecht[3], RStV § 51b Rn. 27.

Denn diese Fälle werden vom Gebot der Gewährleistung des **freien Empfangs** audiovisueller Medien erfasst.

f) Die sog. koordinierten Bereiche i.S.v. Art. 3 I AVMD-RL

20 Das den Empfangsstaaten auferlegte Behinderungsverbot des Art. 3 I AVMD-RL gilt nur für die durch diese RL »**koordinierten** Bereiche«. Obwohl der Begriff der »koordinierten Bereiche« von zentraler Bedeutung für die Reichweite des Behinderungsverbots des Art. 3 AVMD-RL ist, wurde ihm in Rechtsprechung und Lehre auffallend wenig Beachtung geschenkt.[19] Dazu hat der Verf. ausführlich in WRP 2015, 1281 Rn. 9 – 17 Stellung genommen. Die Ergebnisse sollen hier kurz zusammengefasst werden.

aa) Medienspezifische Regelungen der AVMD-RL

21 Zu den koordinierten Bereichen im Sinne der AVMD-RLen gehören alle medienspezifischen Regelungen dieser Richtlinien. Für das Fernsehen sind dies dementsprechend die fernsehspezifischen Regelungen der Richtlinien.[20] Dies folgt aus den Erwägungsgründen 9 – 11 und 17 der Fernseh-RL 89/552, die auch für die Auslegung von Art. 3 der AVMD-RLen heranzuziehen ist. Nach Erwägungsgrund Nr. 9 der Fernseh-RL weisen die Rechts- und Verwaltungsvorschriften der Mitgliedstaaten über die Ausübung der Tätigkeiten des Fernsehveranstalters und des Kabelbetreibers **Unterschiede** auf, von denen einige den freien Verkehr von Sendungen innerhalb der Gemeinschaft behindern und den Wettbewerb innerhalb des Gemeinsamen Marktes verzerren. Diese Beschränkungen sind nach Erwägungsgrund Nr. 10 aufzuheben.[21] Nach Erwägungsgrund Nr. 17 beschränkt sich die Fernseh-RL auf **spezifisch für das Fernsehen geltende Regelungen**. Dazu gehören z.B. die Vorschriften über Fernsehwerbung, Teleshopping, Produktplatzierung oder das Recht der Gegendarstellung.

22 Zu den fernsehspezifischen Regelungen der Richtlinie gehört auch der Minderjährigenschutz gegen Fernsehprogramme und Fernsehwerbung. Deshalb rechnete der EuGH z.B. auch den Minderjährigenschutz durch das Verbot des

19 Ausführlich dazu *Sack*, WRP 2015, 1281 Rn. 9 – 17.

20 So zur Fernseh-RL EuGH, 09.02.1995 – C-412/92, Slg. 1995, I-179 Rn. 32 = GRUR Int. 1995, 496 = WRP 1995, 470 – Leclerc-Siplec; EuGH, 09.07.1997 – verb. Rs. C-34/95, C-35/95, C-36/95, Slg. 1997, I-3843 Rn. 28 (unklar Rn. 33 f., 37 f.) = GRUR Int. 1997, 913 = WRP 1998, 145 – De Agostini; *Klass*, in: GroßkommUWG[2], Einl. D Rn. 177; *Sack*, WRP 2000, 269, 284; *Schricker*, GRUR Int. 1990, 771, 775.

21 Ebenso EuGH, 09.07.1997 – C-34/95, C-35/95, C- 36/95, Slg. 1997, I-3843 Rn. 25 = GRUR Int. 1997, 913 = WRP 1998, 145 – De Agostini; EuGH, 22.09.2011 – C-244/10 u. C-245/10, Slg. 2011, I-8777 Rn. 31 = GRUR Int. 2012, 53 – Mesopotamia Broadcast.

schwedischen RundfunkG (später Hörfunk- und FernsehG), Werbesendungen auszustrahlen, die die Aufmerksamkeit von Kindern unter 12 Jahren erregen, zu den koordinierten Bereichen.[22]

23 Unerheblich für die Zurechnung zu den koordinierten Bereichen ist, ob die Mitgliedstaaten die betreffenden Regelungen der Richtlinie mit medienspezifischen Vorschriften umsetzen oder mit allgemeinen Vorschriften, die nicht nur für Fernsehveranstalter und sonstige Mediendiensteanbieter gelten. So hat z.B. der EuGH in seiner Mesopotamia-Entscheidung von 2011[23] zutreffend angenommen, dass die §§ 3, 18 des deutschen VereinsG u.a. Art. 22a Fernseh-RL in deutsches Recht umsetzen. Nach Art. 22a Fernseh-RL a.F. (jetzt Art. 6 AVMD-RL 2018) tragen die Mitgliedstaaten dafür Sorge, dass die Sendungen nicht zu Hass aufgrund von Rasse, Geschlecht, Religion oder Nationalität aufstacheln; ähnlich Art. 6 I AVMD-RL 2018: Aufstachelung zu Gewalt oder Hass gegen eine Gruppe von Personen oder gegen Mitlieder einer Gruppe aus einem der in Art. 21 der Charta genannten Gründe.

24 Nach den §§ 3, 18 VereinsG können Vereine verboten werden bzw., soweit es sich um ausländische Vereine handelt, ihre Tätigkeit in Deutschland verboten werden, wenn sich ihre Tätigkeit gegen den Gedanken der Völkerverständigung richtet. Diese deutschen Vorschriften setzen Art. 22a Fernseh-RL bzw. Art. 6 AVMD-RL in deutsches Recht um. Obwohl sich diese Vorschriften nicht nur spezifisch an Fernsehveranstalter richten, gehören sie zu den koordinierten Bereichen im Sinne der Fernseh-RL bzw. der AVMD-RL, **soweit** es audiovisuelle Mediendienste betrifft.

bb) Nicht-harmonisierte medienspezifische Regelungen eines EU- oder EWR-Staates

25 Zu den »koordinierten Bereichen« im Sinne der AVMD-RL gehören nach der in Deutschland herrschenden Meinung nicht alle medienspezifischen Vorschriften der EU- und EWR-Staaten, sondern nur die **durch die AVMD-RL harmonisierten.**[24]

22 EuGH, 09.07.1997 – verb. Rs. C-34/95, C-35/95, C-36/95, Slg. 1997, I-3843 Leits. 4 u. Rn. 55 ff. = GRUR Int. 1997, 913 = WRP 1998, 145 – De Agostini.

23 EuGH, 22.09.2011 – C-244/10 u. C-245/10, Slg. 2011, I-8777 = GRUR Int. 2012, 53 – Mesopotamia Broadcast.

24 *Dethloff*, Europäisierung des Wettbewerbsrechts, 2001, S. 52; *Faßbender*, AfP 2006, 505, 508, 509, 510; *Köhler*, in: Köhler/Bornkamm/Feddersen, UWG[37], Einl. UWG Rn. 5.26; *Kort*, GRUR Int. 1994, 594, 596; *Lehmler*, UWG, 2007, Einl. Rn. 58; *Mankowski*, in: MünchKommUWG[2], IntWettbR Rn. 56, 101, 103; *Ohly*, in: Ohly/Sosnitza, UWG[7], Einf. C Rn. 70; *Sack*, WRP 2008, 845, 857, 858; *ders.*, WRP 2015,

26 Demgegenüber rechnete der EuGH auch **medienspezifische** Regelungen von EU-Staaten, die nicht durch die Fernseh-RL harmonisiert worden sind, zu den »koordinierten Bereichen«. So beruht z.B. die in Mitgliedstaaten bestehende Genehmigungspflicht für die Kabelweiterverbreitung von Fernsehsendungen nicht auf Vorgaben der Fernseh- bzw. AVMD-RL. Der EuGH zählte jedoch die betreffenden nationalen Regelungen zu den koordinierten Bereichen im Sinne von Art. 2 II Fernseh-RL 1989 (heute in erweiterter Form Art. 3 AVMD-RL) und sah in der Genehmigungspflicht einen Verstoß gegen diese Vorschrift. Die Überprüfung der Anwendung des für Fernsehsendungen geltenden Rechts des Sendestaats und der Einhaltung der Bestimmungen der RL 89/552 obliege ausschließlich dem Mitgliedstaat, in dem die Sendungen ihren Ursprung haben.[25] Aus der RL 93/83 und aus dem Erwägungsgrund 9 der Fernseh-RL ergebe sich die Gleichstellung von Fernsehveranstaltern und Kabelbetreibern.[26]

cc) Nicht-medienspezifische allgemeine Regelungen

27 **Außerhalb** der koordinierten Bereiche im Sinne von Art. 3 der AVMD-RLen liegen nach nahezu einhelliger Meinung allgemeine Regelungen, die zwar auch die Mediendienste beschränken, jedoch nicht **medienspezifische** Regelungen der AVMD-RLen in nationales Recht umsetzen oder autonome **medienspezifische** Regelungen der Mitgliedstaaten enthalten. Der größte Teil des hier zu erörternden **Lauterkeitsrechts** liegt **außerhalb** der koordinierten Bereiche,[27] z.B. die allgemein und nicht nur spezifisch für Fernsehsendungen und sonstige audiovisuelle Mediendienste geltenden Verbote **irreführender** Werbung[28]

1281, 1283; *Schricker*, GRUR Int. 1990, 771, 775; *Schricker/Henning-Bodewig*, WRP 2001, 1367, 1370.

25 EuGH, 10.09.1996 – C-11/95, Slg. 1996, I-4115 Leits. u. Rn. 34, 92 – Kommission/Belgien (»Kaberweiterverbreitung«).

26 EuGH, 10.09.1996 – C-11/95, Slg. 1996, I- 4115 Rn. 22 f. – Kommission/Belgien (»Kabelweiterverbreitung«).

27 Vgl. *Sack*, WRP 2008, 845, 857.

28 Vgl. EFTA-Gerichtshof, 16.06.1995 – E-8/94 u. E-9/94, GRUR Int. 1996, 52 Rn. 54 – 58 – Mattel u. Lego Norge; EFTA-Gerichtshof, 12.06.1998 – E-8/97, GRUR Int. 1998, 984 Rn. 22 – TV 1000 Sverige/Norwegen; Schwedisches Marktgericht, 20.11.1998, GRUR Int. 1999, 466, 468 – De Agostini II; *Blasi*, Das Herkunftslandprinzip der Fernseh- und der E-Commerce-Richtlinie, 2004, S. 241, 246, 376 f.; *Dethloff*, Europäisierung des Wettbewerbsrechts,2001, S. 52 f.; *Drexl*, in: MünchKommBGB[7], Bd. 12, IntLautR Rn. 60; *Fezer/Koos*, in: Staudinger, Internationales Wirtschaftsrecht (2015), Rn. 570, 697; *Hausmann/Obergfell*, in: Fezer/Büscher/Obergfell, UWG[3], IntLautPrivatR Rn. 120; *Henning-Bodewig*, in: Schricker/Henning-Bodewig, Neuordnung des Wettbewerbsrechts, 1998/99, S. 81, 91 f.; *Köhler*, in: Köhler/Bornkamm/Feddersen, UWG[37], Einl. UWG Rn. 5.10, 5.26;

oder die durch die RL 2006/114 harmonisierten Vorschriften über **vergleichende Werbung.**[29] Hingegen gehören zu den **koordinierten** Bereichen Vorschriften gegen irreführende Schleichwerbung, irreführende Produktplatzierung oder unterschwellige Beeinflussung, soweit sie durch Art. 9 I und Art. 11 der AVMD-RLen medienspezifisch harmonisiert worden sind und soweit es um ihre Anwendung auf Mediendiensteanbieter geht.

28 Unzutreffend ist die Ansicht, dass im Lauterkeitsrecht wegen der fortschreitenden Harmonisierung des Rechts »ein nicht koordiniertes nationales (Marktort-)Recht in diesem Bereich keine Bedeutung haben« dürfte und es deshalb eine »praktisch irrelevante akademische Erwägung« sei, ob die AVMD-RL allein das Sachrecht des Sitzstaates oder auch dessen Kollisionsrecht für anwendbar hält.[30] Denn zu den koordinierten Bereichen gehören nur die **medienspezifischen Regelungen der AVMD-RLen** und der Mitgliedstaaten, nicht jedoch sonstige durch Gemeinschaftsgesetzgebung harmonisierte Bereiche.

g) Das Verbot einer »zweiten Kontrolle« in Empfangsstaaten

29 Über den Wortlaut von Art. 3 I der AVMD-RLen von 2010 und 2018 hinaus, wonach den **Empfangsstaaten**, die nicht Herkunftsland sind, nur Behinderungen von grenzüberschreitenden Mediendiensten in den **koordinierten** Bereichen grundsätzlich untersagt sind, wird die Ansicht vertreten, dass diese RL generell die Behinderung durch eine **zweite Kontrolle**, auch außerhalb der koordinierten Bereiche, untersage.[31] Wenn der Sendestaat entsprechende

---

Kort, GRUR Int. 1994, 594, 601; *Lehmler*, UWG, Einl. Rn. 58; *Mankowski*, in: MünchKommUWG², IntWettbR Rn. 102; *Ohly*, GRUR Int. 2001, 899, 900; *Reich*, RabelsZ 56 (1992), 444, 495; *Sack*, WRP 2000, 269, 284; *ders.*, WRP 2008, 845, 857; *Schricker*, GRUR Int. 1990, 771, 775; *Schricker/Henning-Bodewig*, WRP 2001, 1367, 1370; ebenso, jedoch unter dem Vorbehalt, dass dadurch im Empfangsland keine zweite Kontrolle eingeführt wird, *Klass*, in: GroßkommUWG², Einl. D Rn. 120; *Heinze*, in: GroßkommUWG², Einl. C Rn. 388; **a.A.** *Ullmann*, in: jurisPK-UWG⁴, Einl. Rn. 128 a.E.

29 Vgl. *Fezer/Koos*, in: Staudinger, Internationales Wirtschaftsrecht (2015), Rn. 570; *Köhler*, in: Köhler/Bornkamm/Feddersen, UWG³⁷, Einl. UWG Rn. 5.10, 5.26; *Lehmler*, UWG, Einl. Rn. 58; *Sack*, WRP 2000, 269, 284; *ders.*, WRP 2008, 845, 857; a.A. *Ullmann*, in: jurisPK-UWG⁴, Einl. Rn. 128 mit Fußn. 198.

30 So jedoch *Ullmann*, in: jurisPK-UWG⁴, Einl. Rn. 128 f. mit Fußn. 199; a.A. die nahezu einhellige Lehre, vgl. *Sack*, WRP 2008, 845, 858.

31 Vgl. GA *Lenz*, Schlussanträge im Verfahren Kommission/Belgien (»Kabelweiterverbreitung«), Slg. 1996, I-4115, 4132 u. 4136 Nr. 47, 48, 60; ebenso im Ergebnis EuGH, 09.07.1997 – C-34/95, C-35/95, C-36/95, Slg. 1997, I-3843 Rn. 34, 38 = GRUR Int. 1997, 913 = WRP 1998, 415 – De Agostini; EuGH, 22.09.2011 – C-244/10 u.

Regelungen kenne wie der Empfangsstaat, jedoch nicht einschreite, könne der **Empfangsstaat** ein Vertragsverletzungsverfahren durch die Kommission nach Art. 258 AEUV (früher Art. 169 EGV) veranlassen oder nach Art. 259 AEUV (früher Art. 170 EGV) vorgehen.[32] Eine Kontrolle im Empfangsstaat sei selbst dann grundsätzlich ausgeschlossen, wenn eine streitige Fernsehsendung ausschließlich auf den betreffenden Empfangsstaat ziele.[33] Nach dieser Ansicht dürfen Empfangsstaaten z.B. auch dann nicht gegen Fernsehsendungen und sonstige Mediendienste aus anderen Mitgliedstaaten vorgehen, wenn sie das **allgemeine Irreführungsverbot** des Empfangsstaates verletzen, da dieses nicht zu den **koordinierten** Bereichen gehört.[34]

30 Diese Ansicht findet jedoch im Wortlaut der AVMD-RL (früher Art. 2 II Fernseh-RL 89/552) keine Rechtsgrundlage. Denn das Behinderungsverbot der AVMD-RL betrifft ausdrücklich nur Bereiche, die durch diese Richtlinie **koordiniert** worden sind. Das generelle Verbot einer zweiten Kontrolle betrifft hingegen grundsätzlich **jede** Rechtskontrolle ausländischer Mediendienste in Empfangsstaaten. Auch wenn die Reichweite der »koordinierten Bereiche« streitig ist, so gehören dazu jedenfalls **nicht alle** Vorschriften, die Fernsehsendungen und andere audiovisuelle Mediendienste behindern. Andernfalls wäre die Beschränkung des Behinderungsverbots des Art. 3 AVMD-RL auf die durch diese Richtlinie »koordinierten Bereiche« überflüssig und könnte ersatzlos gestrichen werden. Das war zweifellos nicht der Zweck der ausdrücklichen Beschränkung des Behinderungsverbots des Art. 3 I AVMD-RL auf die koordinierten Bereiche.[35]

31 Auffallend ist, dass die Anhänger eines generellen Verbots einer zweiten Kontrolle nichts dazu sagen, ob ihre Ansicht mit dem Wortlaut von Art. 3 I AVMD-RL, insbesondere mit der dort vorgesehenen Beschränkung des Behinderungsverbots auf die »koordinierten Bereiche«, vereinbar ist.

C-245/10, Slg. 2011, I-8777 Rn. 35 ff., 48 = GRUR Int. 2012, 53 – Mesopotamia Broadcast; *Heinze,* in: GroßkommUWG², Einl. C Rn. 387; *Klass,* in: GroßkommUWG², Einl. D Rn. 120; unklar insoweit EuGH, 10.09.1996 – C-11/95, Slg. 1996, I-4115 Rn. 33, 34, 36 – Kommission/Belgien (»Kabelweiterverbreitung«).

32 EuGH, 10.09.1996 – C-11/95, Slg. 1996, I-4115 Rn. 36, 39, 89; GA *Jacobs*, Schlussanträge im Verfahren De Agostini, Slg. 1997, I-3843, 3868 Nr. 88 f.; GA *Lenz,* Schlussanträge im Verfahren Kommission/Belgien (»Kabelweiterverbreitung«), Slg. 1996, I-4115 Nr. 50, 62, 102, 103.

33 GA *Jacobs,* Schlussanträge im Verfahren De Agostini, Slg. 1997, I- 3843 Nr. 40 ff.

34 So GA *Jacobs*, Schlussanträge im Verfahren De Agostini, Slg. 1997, I- 3843 Nr. 53, 81, 84, 86, 87.

35 Ausführlich dazu *Sack*, WRP 2015, 1417 Rn. 17 ff.

2. Ausnahmen vom Behinderungsverbot des Art. 3 I AVMD-RL

32 Die AVMD-RL sieht in Art. 3 Einschränkungen des Behinderungsverbots vor. Sie sind nach Erwägungsgrund Nr. 43 der AVMD-RL 2010 **restriktiv** auszulegen.

a) Die AVMD-RL 2010

aa) Art. 3 II lit.a AVMD-RL betreffend Fernsehprogramme

33 Nach Art. 3 II lit.a AVMD-RL können die Mitgliedstaaten bei Fernsehprogrammen vorübergehend von Art. 3 I abweichen, wenn mit einem Fernsehprogramm aus einem anderen Mitgliedstaat in offensichtlicher, ernster und schwerwiegender Weise gegen Art. 27 I u. II und/oder gegen Art. 6 verstoßen wird. Nach Art. 6 sind dies Mediendienste, die zu Hass aufgrund von Rasse, Geschlecht, Religion oder Staatsangehörigkeit aufstacheln. Art. 27 untersagt Fernsehprogramme, die die körperliche, geistige oder sittliche Entwicklung von Minderjährigen beeinträchtigen können, insbesondere solche, die Pornographie und grundlose Gewalttätigkeiten zeigen.

34 Kaum verständlich ist der Verweis von Art. 3 II lit.a auf Art. 27 II, da Art. 3 II nur **Fernsehprogramme** betrifft, während Art. 27 II – im Gegensatz zu Art. 27 I – ausdrücklich nur für »andere Programme« gilt. Die Einschränkung des Verbots des Art. 27 II auf **Sendezeiten**, in denen die Sendungen von Minderjährigen im Sendebereich üblicherweise gesehen oder gehört werden, gilt nicht für die Regelung des Art. 27 I AVMD-RL.

bb) Art. 3 IV – VI AVMD-RL betreffend audiovisuelle Mediendienste auf Abruf

35 Nach Art. 3 IV AVMD-RL dürfen EU- und EWR-Staaten bei audiovisuellen Medien auf Abruf von Art. 3 I abweichen, d.h. Mediendienste aus anderen EU- oder EWR-Staaten beschränken,

- zum Schutz der **öffentlichen Ordnung**, insbesondere zur Verhütung, Ermittlung, Aufklärung und Verfolgung von Straftaten, einschließlich des Jugendschutzes und der Bekämpfung der Hetze aus Gründen der Rasse, des Geschlechts, des Glaubens oder der Nationalität, sowie von Verletzungen der Menschenwürde einzelner Personen;
- zum Schutz der öffentlichen Gesundheit;
- zum Schutz der **öffentlichen Sicherheit**, einschließlich der Wahrung nationaler Sicherheits- und Verteidigungsinteressen;
- zum Schutz der **Verbraucher**, einschließlich des Schutzes von Anlegern.

36 Nur wenn diese Schutzziele ernsthaft und schwerwiegend beeinträchtigt werden und die Beschränkungen in einem angemessenen Verhältnis zu den Schutzzie-

len stehen, sind sie zulässig. Nach Art. 3 IV lit.b AVMD-RL hat der Empfangsstaat vor der Vornahme der Beschränkungen den Mediendiensteanbieter zu entsprechenden Maßnahmen aufzufordern und die Kommission und das Herkunftsland zu unterrichten. Nur in dringenden Fällen darf davon nach Art. 3 V AVMD-RL abgewichen werden.

b) Die AVMD-RL 2018

37 Die in der AVMD-RL 2010 getroffene Unterscheidung zwischen »Fernsehprogrammen« und »audiovisuellen Mediendiensten auf Abruf« findet sich nicht mehr in der AVMD-RL 2018. Ihre Regelungen in Art. 3 gelten einheitlich für alle »audiovisuellen Mediendienste«.

38 aa) Nach Art. 3 II können die Mitgliedstaaten vom Behinderungsverbot des Art. 3 I vorübergehend abweichen, wenn ein audiovisueller Mediendienst eines EU-Staates in offensichtlicher, ernster und schwerwiegender Weise

- gegen Art. 6 I lit.a (Aufstachelung zu Gewalt oder Hass gegen eine Gruppe von Personen) oder
- gegen Art. 6a I (Beeinträchtigung von Minderjährigen) verstößt
- oder eine Beeinträchtigung oder eine ernsthafte oder schwerwiegende Gefahr der Beeinträchtigung der **öffentlichen Gesundheit** darstellt.

39 bb) Außerdem kann ein Mitgliedstaat vom Behinderungsverbot des Art. 3 I vorübergehend abweichen,

- wenn ein audiovisueller Mediendienst in offensichtlicher, ernster und schwerwiegender Weise gegen Art. 6 i lit.b (öffentliche Aufforderung zur Begehung einer terroristischen Straftat gem. Art. 5 RL (EU) 2017/541) verstößt oder
- wenn er eine Beeinträchtigung oder eine ernsthafte und schwerwiegende Beeinträchtigung der **öffentlichen Sicherheit** oder der nationalen Sicherheits- und Verteidigungsinteressen darstellt.

40 cc) Abweichend von Art. 3 IV der AVMD-RL 2010 erwähnt die AVMD-RL 2018 nicht mehr den Schutz der **Verbraucher**, einschließlich des Schutzes von Anlegern, bei den Ausnahmen vom Behinderungsverbot der Empfangsstaaten von audiovisuellen Mediendiensten gemäß Art. 3 I der AVMD-RL 2018.

c) Einschränkungen des Behinderungsverbots mittelbar aus Art. 9 ff. AVMD-RL 2010 und 2018?

41 Fraglich ist, ob sich weitere Einschränkungen des Behinderungsverbots des Art. 3 I mittelbar aus den Art. 9 ff. AVMD-RL ergeben. Diese Vorschriften schreiben den Mitgliedstaaten vor, audiovisuelle Kommunikation, die von den **ihrer Rechtshoheit** unterworfenen Mediendiensteanbietern bereitgestellt wird, unter bestimmten Voraussetzungen zu verbieten, z.B. Schleichwerbung, unterschwellige Werbung, Produktplatzierung, Verletzungen der Menschwürde und Diskriminierungen. Diese Vorschriften bestimmen allerdings nur, dass Mitgliedstaaten den ihrer Rechtshoheit unterworfenen Mediendiensteanbietern bestimmte Mediendienste untersagen dürfen. Es geht also um Beschränkungen von Mediendiensteanbietern **in ihren Herkunftsländern**. Die Systematik der AVMD-RL spricht dagegen, das Behinderungsverbot des Art. 3 I AVMD-RL dahingehend einzuschränken, dass eine Kontrolle von Mediendiensten, die gegen die Art. 9 ff. verstoßen, auch **außerhalb** der Herkunftsländer der betreffenden Mediendiensteanbieter zulässig sein soll.

d) Zwingende Erfordernisse des Allgemeininteresses

42 Das Behinderungsverbot des Art. 3 I AVMD-RL wird auch nicht durch zwingende Erfordernisse des Allgemeininteresses am Verbraucherschutz oder an der Lauterkeit des Handelsverkehrs eingeschränkt, soweit diese über die in Art. 3 der AVMD-RLen genannten Ausnahmen vom Behinderungsverbot hinausgehen.[36]

3. Art. 3 AVMD-RL als Sachnorm oder als Kollisionsnorm?

a) Das Behinderungsverbot als Sachnorm

43 Das Behinderungsverbot des Art. 3 I AVMD-RL ist nicht kollisionsrechtlicher, sondern **sachrechtlicher** Natur.[37] Diese Vorschrift trifft keine kollisionsrechtliche Aussage zum anwendbaren Recht, sondern untersagt Behinderungen von Mediendiensten aus anderen Staaten. Nach seiner Struktur entspricht Art. 3 I AVMD-RL den Verboten der Behinderung des grenzüberschreitenden Waren- und Dienstleistungsverkehr durch die Art. 34 ff. und 56 ff. AEUV. Diese Behinderungsverbote sind nach nahezu einhelliger Meinung sachrechtlicher Natur.[38]

---

36 Vgl. *Drexl*, in: MünchKommBGB[7], Bd. 12, IntLautR Rn. 55; *Klass*, in: GroßkommUWG[2], Einl. D Rn. 121.

37 Vgl. *Ahrens*, GRUR 2015, 458, 459; *ders.*, in: FS für Tilmann, 2003, S. 739, 744 f.; *Blasi*, Das Herkunftslandprinzip der Fernseh- und der E-Commerce-Richtlinie, 2003, S. 267 ff.; *Drexl*, in: MünchKommBGB[7], Bd. 12, IntLautR Rn. 55, 61 (»Grundsatz des Freiverkehrs«); *Halfmeier*, ZEuP 2001, 837, 858; *Ohly*, in: Ohly/Sosnitza, UWG[7], Einf. B Rn. 13c, 27, 76, 78, 83.

38 Vgl. vor allem EuGH, 22.06.1994 – C-9/93, Slg. 1994, I-2789 Rn. 22, 23 = GRUR Int. 1994, 614 – IHT Internationale Heiztechnik/Ideal Standard (»Ideal Standard II«); aus dem Schrifttum vgl. *Sack*, WRP 2013, 1407, 1417 Rn. 27 f. mit ausf. Nachw. in Fußn. 32; *ders.*, WRP 1994, 281 ff.; *Katzenberger*, in: Schricker/Henning-Bodewig, Neuordnung des Wettbewerbsrechts, 1988/89, S. 218, 228 f.; *Kur*, in: FS für Erdmann, 2002, S. 629, 637.

Von der sachrechtlichen Natur des Behinderungsverbots der Fernseh-RL sind der EuGH in seiner Entscheidung »De Agostini« und der EFTA-GH in seiner Entscheidung »Mattel und Lego Norge« ausgegangen.[39] Denn sonst hätte die Anwendung des Rechts des Empfangslandes bereits aus kollisionsrechtlichen Gründen scheitern müssen.

b) Die Gegenansicht: Art. 3 I AVMD-RL als Kollisionsnorm

44 Nach der Gegenansicht ist das Behinderungsverbot des Art. 3 I AVMD-RL eine Kollisionsnorm, die auf das Sachrecht, d.h. auch auf das Wettbewerbsrecht der Herkunftslandes verweist.[40] In den koordinierten Bereichen sei auch in den Empfangsländern das Sachrecht des Herkunftslandes des betreffenden Mediendiensteanbieters anzuwenden.[41] Diese Ansicht ist jedoch mit dem Wortlaut von Art. 3 I AVMD-RL unvereinbar. Denn diese Vorschrift untersagt grundsätzlich **alle** Behinderungen von Fernsehsendungen und sonstigen audiovisuellen Mediendiensten in den »koordinierten Bereichen«. Solche Behinderungen können auch durch die Anwendung des Rechts des Herkunftslandes im Empfangsstaat verursacht werden. Nach der Konzeption des Herkunftslandprinzips der AVMD-RL darf jedoch in den koordinierten Bereichen grundsätzlich nur eine Kontrolle im Herkunftsland vorgenommen werden.

c) Die Parallele von Art. 3 AVMD-RL und Art. 3 II ECRL

45 Die Deutung von Art. 3 I AVMD-RL als **Sachnorm** entspricht auch der ganz herrschenden Meinung zum Behinderungsverbot des Art. 3 II ECRL.[42] Diese

---

39 EuGH, 09.07.1997 – verb. Rs. C-34/95, C-35/95, C-36/95, Slg. 1997, I-3843 Rn. 39 ff., 48 ff. = GRUR Int. 1997, 913 = WRP 1998, 145 – De Agostini; EFTA-GH, 16.06.1995 – E-8/94 u. E-9/94, GRUR Int. 1996, 52 – Mattel u. Lego Norge.

40 So zum Behinderungsverbot der Fernseh-RL bzw. – jetzt – der AVMD-RL *v. Bar/Mankowski*, Internationales Privatrecht², Bd. 1, § 3 Rn. 88; *v. Hoffmann*, in: Staudinger, EGBGB/IPR (2001), Art. 40 EGBGB Rn. 300; *Klass*, in: GroßkommUWG², Einl. D Rn. 122; *Kort*, GRUR Int. 1994, 594, 601; *Kotthoff*, Werbung ausländischer Unternehmen im Inland, 1995, S. 34; *Lehmler*, UWG, 2007, Einl. Rn. 58; *Mankowski*, ZVglRWiss 100 (2001), 137, 142 f.; *ders*, in: MünchKommUWG², IntWettbR Rn. 98 f., 101; *Schack*, MMR 2000, 59, 62; zur entsprechenden Ansicht zum Behinderungsverbot des Art. 3 Abs. 2 ECRL vgl. die ausführlichen Angaben bei *Sack*, WRP 2013, 1407, 1410 Fn. 24.

41 Vgl. *Dethloff*, Europäisierung des Wettbewerbsrechts, 2001, S. 51 f.; *Lehmler*, UWG, Einl. Rn. 58.

42 EuGH, 25.10.2011 – C-509/09 u. C-161/10, Slg. 2011, I-10269 Rn. 60, 62 = GRUR 2012, 33 = WRP 2011, 1571 – eDate Advertising; OLG Hamburg, 24.07.2007 – 7 U 98/06, ZUM 2008, 63; *Brisch*, CR 1999, 235, 236;

Vorschrift ist nach nahezu einhelliger und m.E. zutreffender Ansicht keine Kollisionsnorm, sondern eine Sachnorm. Eine einheitliche Bestimmung der Rechtsnatur von Art. 3 I AVMD-RL und Art. 3 II ECRL liegt nahe, nachdem das Herkunftslandprinzip beider Richtlinien auf denselben rechtspolitischen Konzeptionen beruht. Deshalb steht dieser Ansicht auch nicht entgegen, dass die AVMD-RL im Gegensatz zu Art. 1 IV ECRL nicht ausdrücklich eine IPR-Neutralität vorschreibt.

46 Nach einer Mindermeinung enthält hingegen Art. 3 II ECRL eine **Kollisionsnorm.**[43] Die »kollisionsrechtliche Kernaussage« dieser Vorschrift werde allerdings von ihrem Wortlaut »bis zur nahezu vollständigen Unkenntlichkeit relativiert und entstellt«.[44] Diese »Entstellung« besteht allerdings nur dann, wenn man Art. 3 II ECRL für eine Kollisionsnorm hält oder ihm eine »kollisionsrechtliche Kernaussage« entnimmt, während die Ansicht, dass diese Vorschrift ein sachrechtliches Behinderungsverbot enthält, voll von ihrem Wortlaut gedeckt ist. Für die Ansicht, dass Art. 3 II ECRL eine Kollisionsnom enthalte, liefern die Vorschriften der ECRL, die Erwägungsgründe zu dieser Richtlinie und die sonstigen amtlichen Dokumente zu ihr keine Anhaltspunkte.

Brömmelmeyer, Internetwettbewerbsrecht, 2007, S. 157 f.; *Dethloff*, Europäisierung des Wettbewerbsrechts, 2001, S. 54 a.E.; *Fezer/Koos*, in: Staudinger, Internationales Wirtschaftsrecht (2015), Rn. 615; *Glöckner*, WRP 2005, 795, 800 f.; *ders.*, in: Harte/Henning, UWG[4], Einl. C Rn. 42, 62 f.; *ders.*, ZVglRWiss 99 (2000), 278, 305; *Halfmeier*, ZEuP 2001, 837, 864; *v. Hinden*, ZEuP 2012, 940, 952; *Höder*, Die kollisionsrechtliche Behandlung unteilbarer Multistate-Verstöße, 2002, S. 197; *Ohly*, in: Ohly/Sosnitza, UWG[7], Einf. C Rn. 79 f.; *ders.*, GRUR Int. 2001, 899, 902, 905; *v. Pentz*, AfP 2013, 20, 25; *W.-H. Roth*, IPRax 2013, 215, 225; *Sack*, WRP 2001, 1408, 1409, 1417; *ders.*, WRP 2008, 845, 855; *ders.*, WRP 2013, 1407, 1410 Rn. 27 (mit ausf. Nachw. in Fußn. 29); *Spindler*, ZHR 165 (2001), 324, 335; *ders.*, AfP 2012, 114, 119.

43 Vgl. OLG Hamburg, 09.02.2004 – 3 W 1/04, GRUR 2004, 880, 881 – Aktive Two; *Dethloff*, JZ 2000, 179, 180 f.; *Handig*, (öst.) wbl 2008, 1, 4; *Kieninger*, in: Leible, Die Bedeutung des internationalen Privatrechts im Zeitalter der neuen Medien, 2003, S. 121, 131; *Lurger*, in: FS 75 Jahre MPI für Privatrecht, 2001, S. 479, 488 f.; *Mankowski*, GRUR Int. 1999, 909, 912, 913; *ders.*, IPRax 2002, 257, 262 f.; *ders.*, EWS 2002, 401, 405, 409; *ders.*, in: MünchKommUWG[2], Bd. 1, IntWettbR Rn. 75 ff., 90 ff.; *Spindler*, IPRax 2001, 400, 401; *ders.*, RabelsZ 66 (2002), 633, 653; *Spindler/Fallenböck*, ZfRV 2002, 214, 221.

44 *Mankowski*, in: MünchKommUWG[2], Bd. 1, IntWettbR Rn. 62; *ders.*, IPRax 2002, 257, 262.

4. Die unzureichende Umsetzung von Art. 3 AVMD-RL in deutsches Recht

47 Die AVMD-RL 2007/65 war bis zum 19.12.2009 in deutsches Recht umzusetzen. Die AVMD-RL 2010/13 enthält als kodifizierte Fassung keine Umsetzungsfrist. Es gilt die Umsetzungsfrist der RL 2007/65, d.h. unter anderem, dass auch das Herkunftslandprinzip bis zum 19.12.2009 in deutsches Recht umzusetzen war.[45]

a) § 3 II Telemediengesetz (TMG) i.V.m. § 60 Rundfunkstaatsvertrag (RfStV)

48 aa) Soweit das TMG auf die von der AVMD-RL geregelten Telemediendienste anwendbar ist, gilt das Beschränkungsverbot des § 3 II TMG. Das Behinderungsverbot des Art. 3 AVMD-RL wird jedoch nur zu einem Teil durch das Beschränkungsverbot des § 3 II TMG in deutsches Recht umgesetzt.

49 **Rundfunk- und Fernsehsendungen** fallen nicht in den Anwendungsbereich des § 3 TMG. Denn vom Anwendungsbereich des § 3 TMG bleiben nach § 3 IV Nr. 5 TMG »die Anforderungen an Verteildienste« unberührt. Verteildienste sind nach der Definitionsnorm des § 2 I Nr. 4 TMG Telemedien, die im Wege einer Übertragung von Daten »ohne individuelle Anforderung« gleichzeitig an eine unbegrenzte Anzahl von Nutzern erbracht werden. Zu diesen Verteildiensten i.S.v. § 3 IV Nr. 5 gehören Rundfunk- und Fernsehsendungen. Für sie ist in Deutschland der **Landesgesetzgeber** zuständig.

50 Nur sonstige Mediendienste, die 2007 zusätzlich zu den Fernsehsendungen in die AVMD-RL aufgenommen worden sind, können vom Anwendungsbereich des TMG erfasst werden. Dazu gehören die On-Demand-Dienste, die über das Internet abrufbar sind.

51 Außerdem ergeben sich Lücken in der Umsetzung der AVMD-RL durch § 3 TMG, weil sich die in Art. 3 II u. IV- VI AVMD-RL 2010 bzw. in Art. 3 II, III AVMD-RL 2018 geregelten Ausnahmen vom Beschränkungsverbot von denen des Art. 3 IV ECRL unterscheiden.

52 bb) Eine Umsetzung des Behinderungsverbots des Art. 3 AVMD-RL ergibt sich auch nicht aus § 60 I 1 RfStV,[46] der bestimmt: »Für **Telemedien**, die den Bestimmungen dieses Staatsvertrags oder den Bestimmungen der übrigen rundfunkrechtlichen Staatsverträge der Länder unterfallen, gelten im Übrigen die Bestimmungen des Telemediengesetzes des Bundes in seiner jeweils geltenden

45 Vgl. *Dörr*, in: Hartstein/Ring et al., Rundfunkstaatsvertrag, Teil B.4. Rn. 61 a (Stand Sept. 2014).

46 A.A. *Köhler*, in: Köhler/Bornkamm/Feddersen, UWG[37], Einl. UWG Rn. 5.10 a.E.

Fassung.« Nach der Amtlichen Begründung zum 9. Rundfunkänderungsstaatsvertrag ist diese Vorschrift jedoch nur **deklaratorischer** Natur,[47] woraus folgt, dass sie nur die in den Anwendungsbereich von § 3 TMG fallenden Telemedien erfasst. Sie gilt hingegen nicht für die übrigen von der AVMD-RL geregelten Mediendienste, insbesondere nicht für **Rundfunk- und Fernsehsendungen**. Das Herkunftslandprinzip der AVMD-RL ist folglich auch durch § 60 RfStV i.V.m. § 3 TMG nur unvollständig in deutsches Recht umgesetzt.[48]

b) § 51b Rundfunkstaatsvertrag (RfStV)

53 Nach verbreiteter Ansicht ist die Fernseh- bzw. AVMD-RL durch den RfStV in deutsches Recht umgesetzt worden. Das ist jedoch in Bezug auf das Behinderungsverbot des Art. 3 AVMD-RL nur teilweise zutreffend. Insoweit ist der für Fernsehsendungen einschlägige § 51b RfStV sehr lückenhaft. Nach § 51b I S. 1 RfStV ist die zeitgleiche und unveränderte Weiterverbreitung von bundesweit empfangbaren Fernsehprogrammen, die in Europa in rechtlich zulässiger Weise und entsprechend den Bestimmungen des Europäischen Übereinkommens über das grenzüberschreitende Fernsehen veranstaltet werden, zulässig. Diese Regelung ist teilweise enger und teilweise weiter als Art. 3 AVMD-RL.

(1) Der RfStV gilt nur für **Fernsehveranstalter**. Nach Ansicht des EuGH und des EFTA-GH kann jedoch auch die Beschränkung von Fernsehwerbung durch wettbewerbsrechtliche Ansprüche, die sich gegen **Werbungtreibende** im Empfangsstaat richten, gegen das Behinderungsverbot des Art. 3 AVMD-RL verstoßen.

(2) § 51b I RfStV erklärt nur die »Weiterverbreitung« für zulässig. Dieser Begriff in § 51b RfStV erfasst nur die Weiter-Verbreitung durch fernmeldetechnische Einrichtungen im Empfangsstaat. Diese Vorschrift ist hingegen nicht anwendbar auf grenzüberschreitende Fernsehsendungen, soweit diese **ohne Zwischenschaltung** fernmeldetechnischer Einrichtungen im Empfangsstaat unmittelbar mit Antennen empfangen werden können. Demgegenüber ist Art. 3 I AVMD-RL auch auf solche Fernsehsendungen anwendbar.[49]

(3) § 51b I RfStV ist außerdem nur auf **bundesweit** empfangbare Fernsehprogramme anwendbar. Programme, die nicht bundesweit empfangbar sind, unterliegen hingegen ausschließlich landesmedienrechtlichen Vorschriften.[50] Eine entsprechende Einschränkung kennt Art. 3 AVMD-RL nicht.

47 Ebenso *Hartstein/Ring et al.*, RfStV § 60 Rn. 2; *Held*, in: Hahn/Vesting, Rundfunkrecht[3], RStV § 60 Rn. 3, 10.

48 A.A. *Köhler*, in: Köhler/Bornkamm/Feddersen, UWG[37], Einl. UWG Rn. 5.10 a.E.

49 EuGH, 09.07.1997 – verb. Rs. C-34/95, C-35/95, C-36/95, Slg. 1997, I-3843 = GRUR Int. 1997, 913 = WRP 1998, 145 – De Agostini.

50 *Hartstein/Ring et al.*, RfStV Bd. II § 51b Rn. 11.

(4) Das Behinderungsverbot des Art. 3 AVMD-RL gilt nur für die sog. **koordinierten** Bereiche, d.h. nur für medienspezifische Bereiche, insbesondere für die in der AVMD-RL ausdrücklich geregelten Bereiche, nicht jedoch für **allgemeine** Regelungen, z.B. für das allgemeine wettbewerbsrechtliche Irreführungsverbot. Demgegenüber reicht der Wortlaut von § 51b I RfStV wesentlich weiter. Denn er erfasst auch solche allgemeinen Regelungen. Nach dem Wortlaut von § 51b I RfStV könnte einer inländischen Einrichtung nicht die Weiterverbreitung irreführender Werbung ausländischer Fernsehveranstalter untersagt werden. Man könnte insoweit nur gegen den inländischen oder ausländischen Werbungtreibenden vorgehen.

(5) Schließlich kennt § 51b RfStV keine Einschränkungen seines Verbots der Behinderung der Weiterverbreitung, die denen des Art. 3 AVMD-RL entsprechen.

c) Unmittelbare Anwendbarkeit von Art. 3 AVMD-RL?

54 Da die Umsetzung des Behinderungsverbots des Art. 3 AVMD-RL in deutsches Recht unvollständig ist und eine richtlinienkonforme Auslegung von § 3 TMG in Bezug auf die oben genannten Lücken nicht möglich ist, stellt sich die Frage, ob und unter welchen Voraussetzungen diese Regelung **unmittelbar** anwendbar ist.

55 Europäische Richtlinien sind grundsätzlich nicht unmittelbar in den Mitgliedstaaten anwendbar, sondern bedürfen in der Regel der Umsetzung in nationales Recht durch die Mitgliedstaaten.[51] Unter bestimmten Voraussetzungen hat jedoch der EuGH von diesem Grundsatz Ausnahmen zugelassen. Eine Richtlinie ist ausnahmsweise unmittelbar anwendbar, wenn folgende Voraussetzungen **kumulativ** erfüllt sind:[52]

- Sie ist nach dem Ablauf der Umsetzungsfrist nicht oder nicht richtig in nationales Recht umgesetzt worden.
- Sie ist hinreichend genau.
- Sie ist inhaltlich unbedingt.

---

51 Vgl. EuGH, 14.07.1994 – C-91/92, Slg. 1994, I-3325 Rn. 20 – Faccini Dori.

52 Vgl. EuGH, 19.01.1982 – Rs. 8/81, Slg. 1982, 53 Rn. 24 f. – Becker; EuGH, 26.02.1986 – Rs. 152/84, Slg. 1986, 723 Rn. 46 f., 49 – Marshall; EuGH, 14.07.1994 – C-91/92, Slg. 1994, I-3325 Rn. 22 f. – Faccini Dori; EuGH, 17.07.2008 – C-226/07, Slg. 2008, I-5999 Rn. 23 – Flughafen Köln/Bonn; EuGH, 12.02.2009 – C-138/07, Slg. 2009, I-731 Rn. 58 – Cobelfret; EuGH, 23.04.2009 – C-378/07 u. C-380/07, Slg. 2009, I-3071 Rn. 193 f. – Angelidaki; EuGH, 14.10.2010 – C-243/09, Slg. 2010, I-9849 Rn. 56 – Fuß; EuGH, 03.03.2011 – C-203/10, Slg. 2011, I-1083 Rn. 61 – Auto Nikolovi.

Diese Voraussetzungen erfüllt Art. 3 AVMD-RL. Diese Vorschrift ist in Bezug auf Rundfunk- und Fernsehsendungen nicht in nationales Recht umgesetzt worden. Die Formulierung von Art. 3 AVMD-RL ist hinreichend genau und inhaltlich unbedingt. **56**

Nicht eindeutig ist jedoch die Rechtsprechung des EuGH zur Frage, ob Richtlinien, die nicht fristgemäß oder fehlerhaft in nationales Recht umgesetzt worden sind, nur zu Lasten des zur Umsetzung verpflichteten **Staates** unmittelbar wirken (»vertikale Direktwirkung«) oder ob sie auch **zwischen Privaten** unmittelbar gelten (»horizontale Direktwirkung«). **57**

In einigen Entscheidungen hat der EuGH ausdrücklich festgestellt, dass Richtlinien **nur** gegenüber den Mitgliedstaaten und unter den genannten Voraussetzungen zu dessen Lasten unmittelbare Wirkung entfalten können.[53] Denn Richtlinien seien nur für die Mitgliedstaaten verbindlich.[54] Außerdem dürfe sich ein Staat nicht zu seinen Gunsten darauf berufen können, eine Richtlinie in der Umsetzungsfrist nicht oder nicht richtig umgesetzt zu haben.[55] **58**

Andere Entscheidungen des EuGH scheinen hingegen auch die unmittelbare Geltung von Richtlinien, die in der Umsetzungsfrist nicht oder nicht richtig in nationales Recht umgesetzt worden sind, **zwischen Privaten** anzuerkennen.[56] Begründet wird diese Ansicht damit, dass es mit der den Richtlinien zuerkannten Verbindlichkeit unvereinbar wäre, grundsätzlich auszuschließen, dass sich die betroffenen Personen auf die durch die Richtlinie auferlegten Ver- **59**

53 EuGH, 19.01.1982 – Rs. 8/81, Slg. 1982, 53 Rn. 25 – Becker; EuGH, 26.02.1986 – Rs. 152/84, Slg. 1986, 723 Rn. 48 – Marshall; EuGH, 05.10.2004 – C-397 – 403/01, Slg. 2004, I-8835 Rn. 108 – Pfeiffer; EuGH, 10.03.2005 – C-235/03, Slg. 2005, I-1937 Rn. 16 f. – QDQ Media; EuGH, 19.04.2016 – C-441/14, ECLI:EU:C:2016, 278 Rn. 30 – Dansk Industri (DI); EuGH, 10.10.2017 – C-413/15, EWS 2017, 345 Rn. 31 Farrell; ebenso wohl auch EuGH, 14.07.1994 – C-91/92, Slg. 1994, I-3325 Rn. 22 – Faccini Dori.

54 EuGH, 26.02.1986 – Rs. 152/84, Slg. 1986, 723 Rn. 48 – Marshall; EuGH, 14.07.1994 – C-91/92, Slg. 1994, I-3325 Rn. 22; ebenso im Schrifttum z.B. *Jarass*, NJW 1991, 2665, 2666.

55 EuGH, 19.01.1982 – Rs. 8/81, Slg. 1982, 52 Rn. 24 – Becker; EuGH, 14.07.1994, C-91/92, Slg. 1994, I-3325 Rn. 22 f. – Faccini Dori; EuGH, 10.10.2017 – C-413/15, EWS 2017, 345 Rn. 32 – Farrell; zur Fragwürdigkeit dieser Argumentation zutreffend GA *Jacobs* in der Sache »Vaneetfeld«, Slg. 1994, I-763, 771 Nr. 20 a.E.

56 Vgl. EuGH, 04.12.1974 – Rs. 41/74, Slg. 1974, 1337 Rn. 12 – Van Duyn; EuGH, 05.04.1979 – Rs. 148/78, Slg. 1979, 1629 Rn. 18 ff., 21 – Ratti; ebenso wohl auch EuGH, 14.10.2010 – C-243/09, Slg. 2010, I-9849 Rn. 63 – Fuß; ebenso GA *Jacobs* im Fall »Vaneetfeld«, Slg. 1994, I-763, 770 ff., 776 Nr. 18 ff., 35 f.

pflichtungen berufen können.[57] Wenn eine richtlinienkonforme Auslegung des nationalen Rechts nicht möglich ist, hat nach Ansicht des EuGH das nationale Gericht das Gemeinschaftsrecht in vollem Umfang anzuwenden und die Rechte, die dieses dem Einzelnen einräumt, zu schützen, indem es notfalls entgegenstehende Vorschriften des nationalen Rechts unangewendet lässt.[58] Diese Ansicht hat der EuGH zwar in Entscheidungen zur Verletzung europäischen Primärrechts geäußert. In seiner Formulierung hat er jedoch keine Beschränkung auf das europäische Primärrecht vorgenommen. Außerdem hat der EuGH in manchen Entscheidungen darauf hingewiesen, dass die unmittelbare Geltung nicht rechtzeitig oder fehlerhaft umgesetzter Richtlinien »insbesondere« in den Fällen bestehe, in denen Mitgliedstaaten verpflichtet werden.[59] Aus dem Wort »insbesondere« kann man folgern, dass Richtlinien nicht nur gegenüber Mitgliedstaaten unmittelbar gelten sollen.

60 Die Ansicht, dass Richtlinien unter den oben genannten Voraussetzungen auch **zwischen Privaten** unmittelbar gelten (»horizontale Drittwirkung«), verdient Zustimmung. Es ist auch und vor allem wegen der **Rechtsfolgen** nicht hinnehmbar, dass nationale Gerichte und Behörden nationales Recht anwenden müssen, wenn dieses im Widerspruch zu europäischen Richtlinien steht, die inhaltlich unbedingt und hinreichend genau sind und von den Mitgliedstaaten in der Umsetzungsfrist nicht oder nicht fehlerfrei in nationales Recht umgesetzt worden sind. Das Behinderungsverbot des Art. 3 I AVMD-RL ist deshalb in Bezug auf Rundfunk- und Fernsehsendungen, die nicht durch das TMG in deutsches Recht umgesetzt worden sind, in Deutschland **unmittelbar** anwendbar.[60]

61 Wenn man – entgegen der hier vertretenen Ansicht – das Behinderungsverbot des Art. 3 I AVMD-RL nicht für unmittelbar anwendbar hält, bleibt es bei der Anwendung des derzeit geltenden nationalen Rechts in Deutschland. Hier ist nach Art. 6 I Rom II-VO das nationale Recht ohne die Einschränkungen des Art. 3 AVMD-RL anzuwenden.

---

57 Vgl. EuGH, 04.12.1974 – Rs. 41/71, Slg. 1974, 1337 Rn. 12 – Van Duyn; EuGH, 05.04.1979 – Rs. 148/78, Slg. 1979, 1629 Rn. 18 ff., 21 – Ratti; EuGH, 08.10.1987 – Rs. 80/86, Slg. 1987, 3969 Rn. 8 – Kolpinghuis Nijmegen; ebenso wohl auch EuGH, 14.10.2010 – C-243/09, Slg. 2010, I-9849 Rn. 63 – Fuß.

58 EuGH, 26.09.2000 – C-262/97, Slg. 2000, I-7321 Rn. 40 – Engelbrecht; EuGH, 11.01.2007 – C-208/05, Slg. 2007, I-181 Rn. 69 – ITC.

59 EuGH, 04.12.1974 – Rs. 41/74, Slg. 1974, 1337 Rn. 12 – Van Duyn; EuGH, 05.04.1979 – Rs. 148/78, Slg. 1979, 1629 Rn. 21 – Ratti.

60 So im Ergebnis *Wille/Schulz/Buch*, in: Hahn/Vesting, Rundfunkrecht[3], § 51b RfStV Rn. 21.

5. Behinderungsverbote aus Art. 34 und 56 AEUV

62 Beschränkungen grenzüberschreitender Mediendienste können nach Art. 34 und Art. 56 AEUV unzulässig sein. Grundlegende Ausführungen dazu enthält die EuGH-Entscheidung »De Agostini« von 1997. Sie betraf das allgemeine schwedische Verbot irreführender Werbung und das Verbot von Fernsehwerbung, die sich an Kinder unter 12 Jahren richtet.[61]

a) Beschränkungen der Warenverkehrsfreiheit, Art. 34 AEUV

63 Staatliche Beschränkungen von Fernsehwerbung und Werbung in anderen audiovisuellen Medien für Waren waren nach der weiten Dassonville-Formel des EuGH von 1974[62] grundsätzlich verbotene »Maßnahmen gleicher Wirkung wie mengenmäßige Beschränkungen« im Sinne von Art. 30 EWGV (heute Art. 34 AEUV).[63] Denn in dieser Entscheidung erfasste der EuGH mit dem damaligen Art. 30 EWGV »jede Handelsregelung der Mitgliedstaaten, die geeignet ist, den innergemeinschaftlichen Handel unmittelbar oder mittelbar, tatsächlich oder potentiell zu behindern«. Diese sehr weite Ansicht hat der EuGH jedoch in seiner berühmten Entscheidung »Keck und Mithouard« von 1993 dahingehend eingeschränkt, dass nationale Regelungen, die bestimmte **Verkaufsmodalitäten** beschränken oder verbieten, nicht unter das Verbot des Art. 34 AEUV fallen, wenn sie nicht ausländische Wirtschaftsteilnehmer und den Import von Waren aus anderen EU-Staaten **diskriminieren.**[64] Dementsprechend hat er in seiner Entscheidung »De Agostini« von 1997 die Beschränkung der Fernsehwerbung für Waren im Empfangsstaat nur dann für einen Verstoß gegen Art. 30 EGV (heute Art. 34 AEUV) gehalten, wenn sie den Absatz der inländischen Erzeugnisse und der Erzeugnisse aus anderen Mitgliedstaaten rechtlich wie tatsächlich

61 EuGH, 09.07.1997 – C-34/95, C-35/95, C-36/95, Slg. 1997, I-3843 Rn. 39 ff., 48 ff. = GRUR Int. 1997, 913 = WRP 1998, 145 – De Agostini.

62 EuGH, 11.07.1974 – Rs. 8/74, Slg. 1974, 837 Leits. 1 u. Rn. 5 = GRUR Int. 1974, 467 – Dassonville.

63 Vgl. EuGH, 15.12.1982 – Rs. 286/81, Slg. 1982, 4575 Rn. 9, 14 f. = GRUR Int. 1983, 648 – Oosthoek; EuGH, 07.03.1990 – C-326/88, Slg. 1990, I-667 Rn. 17 = GRUR Int. 1990, 955 – GB-Inno-BM; EuGH, 18.05.1993 – C-126/91, Slg. 1993, I-2361 Rn. 10, 15 ff. = GRUR Int. 1993, 747 = WRP 1993, 615 – Yves Rocher (kritisch dazu *Sack*, GRUR 1998, 871, 877 f.); zu den Ausnahmen von dieser Ansicht vgl. *Sack*, in: FS für Bornkamm, 2014, S. 1103, 1105 f.

64 EuGH, 24.11.1993 – C-267/91, Slg. 1993, I-6097 Rn. 16 f. = GRUR 1994, 296 = WRP 1994, 99 – Keck und Mithouard; ausführlich zu dem vom EuGH auf Art. 34 AEUV und – zuvor – auf Art. 28 EGV gestützten Diskriminierungsverbot *Sack*, EWS 2011, 265 – 280.

nicht in gleicher Weise berührt.[65] Eine solche Wirkung hatten die Vertreter von De Agostini in dem betreffenden Verfahren behauptet: Fernsehwerbung sei die einzig wirksame Form der Absatzförderung auf dem schwedischen Markt.

64 An der Beschränkung des Anwendungsbereichs von Art. 28 EGV (jetzt Art. 34 AEUV) durch die Keck-Entscheidung von 1993, wonach Beschränkungen bestimmter Verkaufsmodalitäten nur denn gegen Art. 28 EGV verstoßen, wenn sie ausländische Unternehmen diskriminieren, hat der EuGH jedoch seit 2009 in mehreren Entscheidungen nicht festgehalten.[66] Im Ergebnis ist er zur **Dassonville-Formel** zurückgekehrt, wonach u.a. auch Beschränkungen von **Verkaufsmodalitäten** generell unter das grundsätzliche Verbot des Art. 34 AEUV fallen.[67] Das ist für nationale Beschränkungen der Fernsehwerbung aus anderen EU- und EWR-Staaten von erheblicher praktischer Bedeutung. Denn sie ist eine **Verkaufsmodalität**, deren Beschränkung nach der Keck-Entscheidung grundsätzlich nicht gegen Art. 34 AEUV verstoßen würde. Nach der neueren Rechtsprechung des EuGH seit 2009 ist sie hingegen wieder eine »Maßnahme gleicher Wirkung« im Sinne von Art. 34 AEUV.

65 Wenn nationale Verbote von Fernsehwerbung gegen Art. 34 AEUV verstoßen, können die beanstandeten Verbote nach ständiger Rechtsprechung des EuGH durch zwingende Erfordernisse des Allgemeininteresses gerechtfertigt sein, zu denen u.a. die Lauterkeit des Handelsverkehrs und der Verbraucherschutz gehören.[68] Nationale Verbote von Fernsehwerbung innerhalb der koordinierten Bereich im Sinne von Art. 3 I AVMD-RL sind als zwingende Erfordernisse des Allgemeininteresses auch dann gerechtfertigt, wenn sie die Voraussetzungen von Art. 3 II und IV – VI AVMD-RL erfüllen.

66 Fraglich kann sein, ob nationale Beschränkungen von Werbung im Fernsehen oder in anderen audiovisuellen Mediendiensten aus zwingenden Gründen **erforderlich** sind, wenn eine ausreichende Rechtskontrolle im Sende- bzw.

---

65 EuGH, 09.07.1997 – verb. Rs. C-34/95, C-35/95, C-36/95, Slg. 1997, I-3843 Rn. 40, 42, 44, 47 = GRUR Int. 1997, 913 = WRP 1998, 145 – De Agostini.

66 EuGH, 10.02.2009 – C-110/09, Slg. 2009, I-519 Rn. 34, 35, 37, 54 ff., 58 – Kradanhänger; EuGH, 04.06.2009 – C-142/05, Slg. 2009, I-4273 Rn. 24 – Mickelsson und Roos; EuGH, 02.12.2010 – C-108/09, Slg. 2010, I-12213 Rn. 49, 50 = GRUR 2011, 243 – Ker-Optika.

67 Dazu *Sack*, in: FS für Bornkamm, 2014, S. 1103, 1110 ff. mit ausführlicher Stellungnahme zur Streitfrage; *ders.* unten Kap. 12 Rdn. 48 ff.; a.A. *Rauber*, ZEuS 2010, 15.

68 Grundlegend EuGH, 20.02.1979 – C-120/78, Slg. 1979, 649 Rn. 8 = GRUR Int. 1979, 468 – Cassis de Dijon; zuvor schon andeutungsweise EuGH, 11.07.1974 – Rs. 8/74, Slg. 1974, 837 Leits. 2 u. Rn. 6 = GRUR Int. 1974, 467 – Dassonville; ebenso zur Fernsehwerbung EuGH, 09.07.1997 – verb. Rs. C-34/95, C-35/95, C-36/95, Slg. 1997, I-3843 Rn. 45 ff. = GRUR Int. 1997, 913 = WRP 1998, 145 – De Agostini.

Herkunftsland möglich ist. Ein solches **generelles** Verbot einer zweiten Kontrolle lässt sich jedoch m.E. nicht auf Art. 34 AEUV stützen. Es gilt nur in den vom europäischen Gesetzgeber ausdrücklich in diesem Sinne ausgestalteten Rechtsbereichen. Der EuGH hat deshalb mit Recht in seiner Entscheidung »De Agostini« das Verbot einer zweiten Kontrolle nur bei der Anwendung der Fernseh-RL geprüft, während er diesen Gesichtspunkt bei der Anwendung von Art. 30 EGV (jetzt Art. 34 AEUV) nicht berücksichtigt hat.

b) Beschränkungen der Dienstleistungsfreiheit, Art. 56 AEUV

67 Nationale Werbebeschränkungen kontrolliert Art. 56 AEUV in zweifacher Weise:[69] Er schützt zum einen die Werbung **für** Dienstleistungen[70] und zum anderen die Werbung **als** Dienstleistung.[71] Eine Ausnahme vom Verbot der Beschränkung von Dienstleistungen, soweit es Verkaufsmodalitäten betrifft, z.B. Werbebeschränkungen, wie sie vom EuGH in seiner Keck-Entscheidung von 1993 bei der Warenverkehrsfreiheit vorgenommen worden ist, hat er bei der Dienstleistungsfreiheit nie verlangt.[72]

68 Beschränkungen der Dienstleistungsfreiheit können aus zwingenden Gründen des Allgemeininteresses, z.B. zum Schutz der Verbraucher oder zum Schutz der Lauterkeit des Handelsverkehrs, gerechtfertigt sein.[73] Auch unter den Voraussetzungen von Art. 3 II und IV – VI der AVMD-RL 2010 bzw. Art. 3 II, III AVMD-RL 2018 sind Werbebeschränkungen gerechtfertigt. Hingegen hat der

---

69 Vgl. *Sack*, WRP 1998, 103, 111 ff.

70 EuGH, 24.03.1994 – C-275/30, Slg. 1994, I-1039 Rn. 27 ff., 30 – Schindler (»Lotterie«); EuGH, 10.05.1995 – C-384/93, Slg. 1995, I-1141 = GRUR Int. 1995, 900 = WRP 1995, 801 – Alpine Investments (»cold calling«); EuGH, 08.07.2010 – C-447/08, C-448/08, Slg. 2010, I-6921 Rn. 31, 33, 34 = GRUR Int. 2010, 992 – Sjöberg und Gerdin; EuGH, 12.07.2012 – C-176/11, EU:C:2012:454 = GRUR Int. 2012, 1032 Rn. 16 = WRP 2012, 1071 – HIT und HIT LARIX.

71 EuGH, 30.04.1974 – Rs. 155/73, Slg. 1974, 409 Rn. 6 – Sacchi; EuGH, 18.03.1980 – Rs. 52/79, Slg. 1980, 833 Rn. 8, 11 ff., 16 – Debauve; EuGH, 26.04.1988 – C-352/85, Slg. 1988, 2085 Rn. 12 ff., 14, 16, 22; EuGH, 25.07.1991 – C-288/89, Slg. 1991, I-4007 Rn. 9 ff. = GRUR Int. 1993, 223 – Stichting Collectieve Antennevoorziening Gouda; Schwed. Marktgericht, 20.11.1998, GRUR Int. 1999, 466, 468 – De Agostini II.

72 Vgl. dazu *Sack*, EWS 2011, 265, 275 f.; *ders.*, in: FS für Bornkamm, 2014, S. 1103, 1109; *Holoubek*, in: Schwarze, EU-Kommentar[4], Art. 56 AEUV Rn. 73 f.

73 EuGH, 09.07.1997 – verb. Rs. C-34/95, C-35/95, C-36/95, Slg. 1997, I-3843 Rn. 52 ff. = GRUR Int. 1997, 913 = WRP 1998, 145 – De Agostini; EuGH, 25.07.1991 – C-288/89, Slg. 1991, I-4007 Rn. 14 = GRUR Int. 1993, 223 – Stichting Collectieve Antennevoorziening Gouda; EuGH, 10.05.1995 – C-384/93, Slg. 1995, I-1141 = GRUR 1995, 900 – Alpine Investments; EuGH, 08.09.2009 – C-42/07, Slg. 2009, I-7633 Rn. 55 f. = EWS 2009, 425 – Liga Portuguesa de Futebol Profissional.

EuGH, wie bei der Warenverkehrsfreiheit, in seiner Entscheidung »De Agostini« auch bei der Dienstleistungsfreiheit bei der Prüfung der zwingenden Erfordernisse des Allgemeininteresses den Gesichtspunkt, dass eine Doppelkontrolle im Herkunftsland und im Empfangsland **nicht erforderlich** sein könnte, mit Recht nicht berücksichtigt.

III. Die Rechtskontrolle innerhalb des Herkunftslandes des Werbenden

1. Die Kontrollpflicht des Herkunftslandes nach Art. 2 I AVMD-RL

a) Die betroffenen Mediendienste

69 Nach Art. 2 I der AVMD-RLen von 2010 und 2018 hat jeder Mitgliedstaat der EU dafür zu sorgen, dass alle audiovisuellen Mediendienste, die von seiner Rechtshoheit unterworfenen Mediendiensteanbietern übertragen werden, seinen Rechtsvorschriften entsprechen. Audiovisuelle Mediendienste im Sinne von Art. 2 I sind nach Art. 1 I lit.a AVMD-RL und den Erwägungsgründen Nr. 10, 11, 21 der AVMD-RL 2010 **Fernsehprogramme und audiovisuelle Mediendienste auf Abruf.** Der Begriff »Fernsehprogramm« wird in Art. 1 I lit.e, der Begriff »audiovisueller Mediendienst auf Abruf« in Art. 1 I lit.g AVMD-RL definiert. Zu den Fernsehprogrammen zählen nach Erwägungsgrund 27 der AVMD-RL 2010 analoges und digitales Fernsehen, Live Streaming, Webcasting und der zeitversetzte Videoabruf. Audiovisueller Mediendienst auf Abruf ist insbesondere das Video-on-demand, Art. 1 I lit.g und die Erwägungsgründe Nr. 21, 24, 27 der AVMD-RL 2010.

70 Nach Erwägungsgrund Nr. 21 ist die AVMD-RL auch auf öffentlich-rechtliche Unternehmen zu erstrecken, nicht jedoch auf überwiegend nichtwirtschaftliche Tätigkeiten, die nicht mit Fernsehsendungen im Wettbewerb stehen, wie z.B. private Internetseiten und Dienste zur Bereitstellung oder Verbreitung audiovisueller Inhalte, die von privaten Nutzern für Zwecke der gemeinsamen Nutzung oder des Austauschs innerhalb von Interessengemeinschaften erstellt werden.

71 Nach den Erwägungsgründen Nr. 21 und 22 der AVMD-RL 2010 erfasst die AVMD-RL nur **Massenmedien**, hingegen nicht alle Formen privater Korrespondenz, z.B. an eine begrenzte Anzahl von Empfängern versandte elektronische Post. Elektronische Ausgaben von Zeitungen und Zeitschriften fallen nach Erwägungsgrund Nr. 28 der AVMD-RL 2010 nicht in den Anwendungsbereich dieser Richtlinie.

72 Der Begriff »audiovisuell« bezieht sich nach Erwägungsgrund Nr. 23 der AVMD-RL 2010 auf bewegte Bilder mit oder ohne Ton, erfasst jedoch nicht Tonübertragungen oder Hörfunkdienste.

b) Die Beschränkung von Art. 2 I AVMD-RL auf die »koordinierten Bereiche«

73 Nach dem Wortlaut von Art. 2 I AVMD-RL hat das Herkunftsland für die Einhaltung **aller** seiner Rechtsvorschriften Sorge zu tragen. Insoweit unterscheidet sich der Wortlaut dieser Vorschrift von dem des Art. 3 I AVMD-RL, der nur Behinderungen in den sog. **koordinierten** Bereichen untersagt. Nach Erwägungsgrund Nr. 36 der AVMD-RL 2010 hat jedoch der Sendestaat von Fernsehsendungen die Einhaltung »des durch diese Richtlinie **koordinierten** Rechts« sicherzustellen. Dieser Erwägungsgrund deutet darauf hin, dass die Kontrollpflicht des Herkunftslandes – abweichend vom Wortlaut des Art. 2 I AVMD-RL – **nur** Rechtsvorschriften der durch diese Richtlinie **koordinierten Bereiche** betrifft. Diese Deutung von Erwägungsgrund Nr. 36 der AVMD-RL 2010 ist zwar nicht zwingend. Für sie spricht jedoch der systematische Zusammenhang von Art. 2 I mit Art. 3 I AVMD-RL. Wenn das Verbot der Behinderung des freien Empfangs und der Weiterverbreitung von audiovisuellen Mediendiensten in Empfangsländern nach dem Wortlaut von Art. 3 I nur für die koordinierten Bereiche gilt, dann bedarf es auch nur für diese Bereiche als Pendant einer Kontrollpflicht der Herkunftsländer.[74]

74 Die Frage, ob die Kontrollpflicht nach Art. 2 I AVMD-RL für alle Rechtsvorschriften oder nur für die der koordinierten Bereiche gilt, und die weitere Frage nach dem Gegenstand der koordinierten Bereiche ist vor allem dann von praktischer Bedeutung, wenn man der – hier abgelehnten – Ansicht folgt, dass die Mediendiensteanbieter im Herkunftsland nur dessen Sachnormen, nicht jedoch auch dessen Kollisionsnormen unterliegen.[75]

75 Zur Auslegung des Begriffs »koordinierte Bereiche« in der AVMD-RL ist oben in Kap. 9 Rdn. 20 ff.) Stellung genommen worden.

c) Die Adressaten der Kontrolle nach Art. 2 der AVMD-RLen von 2010 und 2018

76 Die Kontrollpflicht des Herkunftslandes gilt nach Art. 2 AVMD-RL nur für die Anbieter von Mediendiensten,[76] nicht hingegen für andere Personen, z.B. für **Werbungtreibende**.[77] Dies ergibt sich klar aus Art. 2 AVMD-RL für die Pflicht

74 Ebenso im Ergebnis *Ahrens*, in: FS für Tilmann, 2003, S. 739, 744 a.E.; *Klass*, in: GroßkommUWG², Bd. 1, Einl. D Rn. 119 a.E.; *Köhler*, in: Köhler/Bornkamm/Feddersen, UWG³⁷, Einl. UWG Rn. 5.26.

75 Große praktische Bedeutung hat der Inhalt der sog. koordinierten Bereiche für das Behinderungsverbot des Art. 3 I AVMD-RL.

76 Ausführlich zu den Normadressaten *Kleist/Scheuer*, MMR 2006, 127, 131 f.

77 *Lurger*, in: FS 75 Jahre MPI für Privatrecht, 2001, S. 479, 486; *Mankowski*, in: MünchKommUWG², IntWettbR Rn. 102.

der Mitgliedstaaten, die Vorschriften ihres Rechtssystems auf die ihrer Rechtshoheit unterworfenen Anbieter von Mediendiensten anzuwenden. Insoweit unterscheidet sich der Adressatenkreis des Art. 2 AVMD-RL von der Ansicht des EuGH und des EFTA-Gerichtshofs zum Adressatenkreis des Behinderungsverbots des Art. 3 I AVMD-RL; diese Gerichte haben das entsprechende Behinderungsverbot des Art. 2 II Fernseh-RL 1989 auch auf Beschränkungen von **Werbungtreibenden** angewendet.

77 Nach Erwägungsgrund Nr. 26 der AVMD-RL 2010 sind natürliche oder juristische Personen, die Sendungen, für die die redaktionelle Verantwortung bei Dritten liegt, lediglich weiterleiten, keine Mediendiensteanbieter im Sinne der AVMD-RLen.

78 Die Kontrollpflicht eines Landes nach Art. 2 I AVMD-RL gilt nur für solche Anbieter von Mediendiensten, die seiner **Rechtshoheit** unterworfen sind. Welche Anbieter von Mediendiensten der Rechtshoheit eines EU- oder EWR-Staates unterworfen sind, regelt Art. 2 AVMD-RL ausführlich in den Absätzen 2 – 5. In der Regel ist nach Art. 2 II der Ort der Niederlassung maßgeblich. Das ist für die Zwecke der AVMD-RL nach Art. 2 III lit.a der Staat, in dem der Mediendiensteanbieter seine Hauptverwaltung hat und in dem die redaktionellen Entscheidungen für den audiovisuellen Mediendienst getroffen werden. Wenn der Ort der Hauptverwaltung und der Ort der redaktionellen Entscheidungen auseinanderfallen, dann gilt nach Art. 2 III lit.b S. 1 als Niederlassungsort der Mitgliedstaat, in dem ein wesentlicher Teil des mit der Bereitstellung des audiovisuellen Mediendienstes betrauten Personals tätig ist. Weitere Einzelheiten regelt die AVMD-RL in Art. 2 III lit.b in den Sätzen 2 u. 3 sowie in Abs. III lit.c.

79 Nach Art. 2 IV AVMD-RL unterliegen Mediendiensteanbieter, die in einem Mitgliedstaat keine Niederlassung im Sinne von Art. 2 III haben, auch dann dessen Rechtshoheit, wenn sie eine in diesem Mitgliedstaat gelegene Satelliten-Bodenstation für die Aufwärtsstrecke oder eine diesem Mitgliedstaat gehörende Übertragungskapazität nutzen.

d) Der territoriale Anwendungsbereich des Herkunftslandprinzips

80 Das Herkunftslandprinzip der AVMD-RL regelt nur grenzüberschreitende Mediendienste innerhalb der EU. Sie ist jedoch für die Staaten des Europäischen Wirtschaftsraums (EWR) in das EWR-Abkommen integriert worden.[78] Nach Art. 2 VI gilt das Herkunftslandprinzip hingegen nicht für audiovisuelle

78 Die Fernseh-RL 89/552 ist nach Art. 36 Abs. 2 i.V.m. Anhang X Punkt 1 in das EWR-Abkommen integriert worden, vgl. EFTA-GH, 16.06.1995 – E-8/94 u. E- 9/94,

Mediendienste, die ausschließlich zum Empfang **in Drittländern** bestimmt sind und die nicht unmittelbar oder mittelbar von der Allgemeinheit mit handelsüblichen Verbraucherendgeräten in einem oder mehreren Mitgliedstaaten empfangen werden, vgl. auch die Erwägungsgründe Nr. 41, 42 der AVMD-RL 2010. Auch der freie Empfang **aus Drittländern** wird durch die AVMD-RL nicht gewährleistet.

2. Ist Art. 2 I AVMD-RL eine Kollisionsnorm oder eine Sachnorm?

81 Der Wortlaut von Art. 2 AVMD-RL lässt die Frage offen, ob diese Vorschrift eine sachrechtliche oder eine kollisionsrechtliche Bedeutung hat. Wenn diese Vorschrift eine Kollisionsnorm ist, stellt sich die weitere Frage, ob sie eine Sachnormverweisung nur auf des Sachrecht des Herkunftslandes enthält oder eine Gesamtverweisung, die auch auf das Kollisionsrecht des Herkunftslandes verweist.

a) Art. 2 I AVMD-RL als Kollisionsnorm

82 Nach ganz herrschender Meinung enthalten Art. 2 I der alten Fernseh-RL 1989 und der entsprechende Art. 2 I der AVMD-RLen von 2010 und 2018 eine **Kollisionsnorm**, die das Recht des Sende- bzw. Herkunftslandes für anwendbar erklärt.[79] Die Anhänger der kollisionsrechtlichen Deutung dieser Vorschriften unterscheiden allerdings meist nicht ausdrücklich, ob diese Sachnorm- oder Gesamtverweisungen enthalten.

aa) Die Sachnormverweisungstheorie zu Art. 2 I AVMD-RL

83 Soweit die Anhänger der kollisionsrechtlichen Deutung von Art. 2 I Fernseh-RL bzw. von Art. 2 AVMD-RL erkennen lassen, ob sie diese Vorschriften für Sachnormverweisungen oder Gesamtnormverweisungen halten, sehen die

---

GRUR Int. 1996, 52 Rn. 19 ff. – Mattel u. Lego Norge; *Baudenbacher*, EuZW 1998, 391, 394.

79 *Dethloff*, Europäisierung des Wettbewerbsrechts, 2001, S. 51; *dies.*, JZ 2000, 179, 180; *Hausmann/Obergfell*, in: Fezer/Büscher/Obergfell, UWG[3], IntLautPrivatR Rn. 120, 136, 168; *Katzenberger*, in: Schricker/Henning-Bodewig, Neuordnung des Wettbewerbsrechts, 1998/99, S. 218, 229 f.; *Klass*, in: GroßkommUWG[2], Einl. D Rn. 132; *Kort*, GRUR Int. 1994, 594, 601; *Lehmler*, UWG, Einl. Rn. 58; *Mankowski*, ZVglRWiss 100 (2001), 137, 142 f.; *ders.*, in: MünchKommUWG[2], IntWettbR Rn. 56, 99, 101; *Sack*, WRP 1994, 281, 284; *ders.*, WRP 2008, 845, 858; *ders.*, EWS 2011, 65, 66; *ders.*, WRP 2013, 1545 Rn. 38; *Schricker*, GRUR Int. 1990, 771, 775; *Schricker/Henning-Bodewig*, WRP 2001, 1367, 1370; *Thünken*, Das kollisionsrechtliche Herkunftslandprinzip, 2003, S. 51; *ders.*, IPRax 2001, 15, 19.

meisten von ihnen in diesen Vorschriften **Sachnormverweisungen**.[80] Danach ist im Sende- bzw. Herkunftsland auch auf Auslandssachverhalte nur dessen **Sachrecht**, nicht hingegen dessen Kollisionsrecht anzuwenden. Soweit die Sachnormverweisungstheorie überhaupt begründet wird, leitet man sie zum einen aus den Erwägungsgründen Nr. 7 u. 27 der AVMD-RL 2007 ab.[81] Der Hinweis in Erwägungsgrund Nr. 7 der AVMD-RL von 2007, dass sich das Herkunftslandprinzip der Fernseh-RL 89/552 bewährt habe und deshalb beibehalten werden sollte, ist nicht in die Erwägungsgründe der AVMD-RL 2010/13 übernommen worden. Erwägungsgrund Nr. 27 der AVMD-RL 2007/65 entspricht jetzt dem Erwägungsgrund Nr. 33 der AVMD-RL 2010/13. Nach ihm soll das Herkunftslandprinzip für die Anbieter von Mediendiensten Rechtssicherheit schaffen. Außerdem heißt es dort, dass das Herkunftslandprinzip Voraussetzung für den freien Informationsfluss und den freien Verkehr audiovisueller Programme innerhalb des Binnenmarktes sei. Nach Ansicht der Anhänger der Sachnormverweisungstheorie würde dieser Zweck des Herkunftslandprinzips durch eine Anknüpfung an den Marktort konterkariert.[82]

84 Die Ansicht, dass Art. 2 I AVMD-RL – bzw. früher Art. 2 I Fernseh-RL 1989 – eine Sachnormverweisung enthalte, wird auch damit begründet, dass das Herkunftsland den Adressaten dieser Vorschrift ersparen wollte, sich bei grenzüberschreitenden Mediendiensten, die in einer Vielzahl von Ländern empfangen werden können, nach einer entsprechenden **Vielzahl von Rechtsordnungen** richten zu müssen. Für den Mediendiensteanbieter solle nur das Sachrecht seines Herkunftslandes maßgeblich sein. Für einen solchen Zweck des Herkunftslandprinzips bieten allerdings die Vorschriften der AVMD-RL, ihre Erwägungsgründe und sonstige amtliche Dokumente keine Anhaltspunkte.

85 Die Sachnormverweisungstheorie zu Art. 2 I AVMD-RL verdient aus folgenden Gründen keine Zustimmung:

(1) Sie kann auf dem Gebiet des Wettbewerbs und Wettbewerbsrechts zu erheblichen **kollisionsrechtlich bedingten Wettbewerbsverzerrungen** führen, solange und soweit das Lauterkeitsrecht nicht in der EU durch Richtlinien harmonisiert oder durch Verordnungen vereinheitlicht worden ist. Wenn das Lauterkeitsrecht des Herkunftslandes geringere Anforderungen stellt als das eines anderen Empfangsstaates, dann können die Mitbewerber im Emp-

80 *Dethloff*, Europäisisierung des Wettbewerbsrechts. 2001, S. 51; *dies.*, JZ 2000, 179, 180; *Hausmann/Obergfell*, in: Fezer/Büscher/Obergfell, UWG³, IntLautPrivatR Rn. 168, 173; *Kort*, GRUR Int. 1994, 594, 601; *Mankowski*, ZVglRWiss 100 (2001), 137, 142; *Schack*, MMR 2000, 59, 62; *Schricker*, GRUR Int. 1990, 771, 775.

81 *Hausmann/Obergfell*, in: Fezer/Büscher/Obergfell, UWG³, IntLautPrivatR Rn. 120.

82 *Hausmann/Obergfell*, in: Fezer/Büscher/Obergfell, UWG³, IntLautPrivatR Rn. 120.

fangsstaat Wettbewerbsnachteile erleiden. Das gilt zwar nach der hier zu Art. 2 I AVMD-RL vertretenen Ansicht nur für die »koordinierten Bereiche« (oben Kap. 9 Rdn. 20 ff.). Dennoch verstößt die Sachnormverweisungstheorie auch in diesen Bereichen gegen das grundlegende wettbewerbsrechtliche Prinzip, eine **par conditio concurrentium** zu gewährleisten,[83] und das daraus folgende Prinzip, **kollisionsrechtlich bedingte Wettbewerbsverzerrungen** zu vermeiden.[84] Damit verstößt die Sachnormverweisungstheorie zugleich auch gegen das Schutzziel der EU nach Art. 3 III EUV i.V.m. dem Protokoll 27,[85] den Wettbewerb vor **Verfälschungen** zu schützen.[86]

(2) Ein zweites Argument gegen die Sachnormverweisungstheorie zu Art. 2 I AVMD-RL ergibt sich daraus, dass das Herkunftslandprinzip dieser Richtlinie und das der ECRL auf einer **einheitlichen** rechtspolitischen Konzeption beruhen. Die zur Kontrollpflicht des Herkunftslandes nach Art. 3 I ECRL verbreitete Sachnormverweisungstheorie[87] verstößt klar gegen die in Art. 1 IV ECRL geregelte **IPR-Neutralität**, wonach die ECRL keine **zusätzlichen** Regeln im Bereich des internationalen Privatrechts schafft. Die Sachnormverweisungstheorie wäre jedoch eine solche »**zusätzliche**« Regelung, die vom ansonsten geltenden Kollisionsrecht abweicht.[88] Wenn aber das Herkunftslandprinzip der ECRL und der AVMD-RL auf einer einheitlichen rechtspolitischen Konzeption beruhen, dann folgt aus der insoweit eindeutigen Regelung in der ECRL, dass auch Art. 2 I der AVMD-RLen keine Sachnormverweisung enthält.

(3) Die Anwendung der Sachnormverweisungstheorie kann auch ungerechtfertigte **Schutzlücken** zur Folge haben, wenn das Sachrecht des Herkunftslandes keinen vergleichbaren Schutz bietet wie das Sachrecht des Empfangslandes.

---

83 Vgl. BGH, 30.06.1961 – I ZR 39/60, GRUR 1962, 243, 245 = WRP 1962, 13 – Kindersaugflaschen; BGH, 20.12.1963 – Ib ZR 104/62, GRUR 1964, 316, 318 (vor 2.) = WRP 1964, 122 – Stahlexport; vgl. auch *Blasi*, Das Herkunftslandprinzip der Fernseh- und der E-Commerce-Richtlinie, 2004, S. 426, 431; *Sack*, GRUR Int. 1988, 320, 326; *ders.*, WRP 2008, 845, 856; *ders.*, WRP 2013, 1545 Rn. 54 f.

84 So zur Sachnormverweisungstheorie zu Art. 3 Abs. 1 ECRL *Glöckner*, in: Harte/Henning, UWG[4], Einl. C Rn. 50, 51, 68; vgl. auch *Sack*, in: MitarbeiterFS für E. Ulmer, 1973, S. 495, 502 ff.; *ders.*, WRP 2008, 845, 856; *ders.*, EWS 2010, 70, 73; *ders.*, EWS 2011, 65, 67; *ders.*, WRP 2013, 1545 Rn. 14.

85 ABl.EU 2010 C 83/309; vgl. dazu EuGH, 17.02.2011 – C-52/09, GRUR Int. 2011, 413 – TeliaSonera.

86 *Sack*, EWS 2011, 65, 67; *ders.*, WRP 2013, 1545 Rn. 14; vgl. auch *Glöckner*, in: Harte/Henning, UWG[4], Einl. C Rn. 68.

87 Vgl. dazu die umfangreichen Nachweise bei *Sack*, WRP 2013, 1545, 1546 Fußn. 6.

88 *Sack*, WRP 2013, 1545 Rn. 13.

Das zeigt z.B. die EuGH-Entscheidung »De Agostini« von 1997.[89] Der Schwedische Konsumentenombudsmann hatte das schwedische Marktgericht u.a. ersucht, grenzüberschreitende Fernsehwerbung des Fernsehveranstalters TV3 aus Großbritannien zu untersagen, die sich in Schweden in schwedischer Sprache gezielt (auch) an Kinder unter 12 Jahren richtete. Das war nach § 11 des damaligen schwedischen RundfunkG verboten. Das schwedische Marktgericht hat den EuGH um eine Vorabentscheidung darüber ersucht, ob eine Untersagung der beanstandeten Fernsehwerbung mit dem Behinderungsverbot des Art. 2 I Fernseh-RL 89/552 vereinbar sei. Der EuGH hat dies in Rn. 57 seiner Entscheidung mit der Begründung verneint, dass die Fernseh-RL eine »umfassende Regelung« speziell für den Schutz Minderjähriger im Hinblick auf Fernsehprogramme im allgemeinen und Fernsehwerbung im besonderen enthalte. Durch eine Untersagung der beanstandeten Fernsehwerbung im Empfangsstaat Schweden würde »eine **zweite Kontrolle** zusätzlich zu derjenigen eingeführt, die der Sendemitgliedstaat gemäß der Richtlinie vorzunehmen hat« (so Rn. 61). Im Sendeland Großbritannien hatte jedoch die Independent Televison Commission (ITC) keinen Anlass für Beanstandungen gesehen.[90] Die ITC hatte offenbar nur britisches Sachrecht geprüft, das keinen Minderjährigenschutz enthielt, der dem des schwedischen RundfunkG entsprach. Auch die angeblich »umfassende Regelung« des Minderjährigenschutzes in den Art. 16 u. 22 der Fernseh-RL enthält keine oder jedenfalls keine eindeutige Regelung, die dem Minderjährigenschutz durch das schwedische RundfunkG entsprach. Der mit dem Werbeverbot des schwedischen RundfunkG bezweckte Minderjährigenschutz konnte also weder im Empfangsstaat Schweden wegen Art. 2 I Fernseh-RL noch im Sendeland Großbritannien mangels entsprechender sachrechtlicher Regelungen durchgesetzt werden. Zu diesem Ergebnis führt allerdings nur die **Sachnormverweisungstheorie**, während die Gesamtverweisungstheorie zu Art. 2 I Fernseh-RL 1989 sowie die sachrechtliche Deutung dieser Vorschrift es britischen Gerichten kollisionsrechtlich ermöglicht hätte, das schwedische Marktortrecht anzuwenden.[91]

89 EuGH, 09.07.1997 – verb. Rs. C-34/95, C-35/95, C-36/95, Slg. 1997, I-3843 = GRUR Int. 1997, 913 = WRP 1998, 145 – De Agostini.

90 Vgl. den Hinweis darauf von GA *Jacobs* auf S. 3850 in Nr. 17 seiner Schlussanträge in diesem Verfahren.

91 Ein weiteres Beispiel einer ärgerlichen Schutzlücke als Folge des Herkunftslandprinzips offenbarte die EuGH-Entscheidung »Mesopotamia Brodcast« vom 22.09.2011 – C-244/10 u.C-245/10, Slg. 2011, I-8777 = GRUR Int. 2012, 53, die hier jedoch nicht erörtert wird, weil sie zum öffentlichen Recht gehört und nichts zum Problem der international-privatrechtlichen Sachnormverweisungstheorie beiträgt.

bb) Die Gesamtverweisungstheorie zu Art. 2 I AVMD-RL

86 Die oben gegen die Sachnormverweisungstheorie geltend gemachten Einwände bestehen nicht gegen die Gesamtverweisungstheorie und die anschließend dargestellte Ansicht des EuGH, nach der Art. 2 AVMD-RL keine Kollisionsnorm, sondern eine Sachnorm ist. Nach der Gesamtverweisungstheorie zu Art. 2 I AVMD-RL enthält diese Vorschrift eine Gesamtverweisung, wonach die zuständigen Behörden und Gerichte des Herkunftslandes auch ihr Kollisionsrecht anzuwenden haben. Das kann zur Folge haben, dass von den zuständigen Institutionen des Herkunftslandes auf **ausländisches** Wettbewerbsverhalten nach Art. 6 I Rom II-VO ausländisches Wettbewerbsrecht anzuwenden ist. Das ist der Fall bei Werbung im Ausland. Es ist deshalb keine »praktisch irrelvante akademische Erwägung«, ob allein das Sachrecht des Sitzstaates oder auch dessen Kollisionsrecht anwendbar ist.[92]

87 Für **Schadensersatzansprüche** wegen Wettbewerbsverstößen in mehreren Ländern gilt die herkömmliche **Mosaiktheorie**, nach der bei Multistate-Delikten und Multistate-Wettbewerbsverstößen sachrechtlich eine nationale Parzellierung vorzunehmen ist.[93]

b) Art. 2 I AVMD-RL als Sachnorm und das anwendbare Recht

88 Nach einer verbreiteten Ansicht ist die Pflicht der Herkunftsländer, nach Art. 2 I AVMD-RL, ihr nationales Recht anzuwenden, keine Kollisionsnorm, sondern eine **Sachnorm**,[94] die nicht dazu bestimmt sei, eine Entscheidung über das anzuwendende Recht zu treffen. Wenn Art. 2 I AVMD-RL keine eigene kollisionsrechtliche Aussage enthält, dann haben die Herkunftsländer auf grenz-

92 *Sack*, WRP 2008, 845, 858; a.A. *Ullmann,* in: jurisPK-UWG[4], Einl. Rn. 129 Fn. 199.

93 Vgl. öst. OGH, 20.09.2011 – 4 Ob 12/11k, GRUR Int. 2012, 468, 474 (6.1.) – OBAS-Rohre – Rohrprodukte; *Ahrens*, in: FS für Tilmann, 2003, S. 739, 749 f.; *Bär*, in: FS für Moser, 1987, S. 143, 159; *Drexl*, in: MünchKommBGB[7], Bd. 12, IntLautR Rn. 200 f.; *A. Fuchs*, GPR 2003/04, 100, 102; *Glöckner*, in: Harte/Henning, UWG[4], Einl. C Rn. 171; *Handig*, (öst.) wbl 2008, 1, 6; *Köhler*, in: Köhler/Bornkamm/Feddersen, UWG[37], Einl. UWG Rn. 5.29; *Ohly*, in: Ohly/Sosnitza, UWG[7], Einf. B Rn. 20; *Sack*, WRP 2000, 269, 274; *ders.*, WRP 2002, 271, 273; *ders.*, WRP 2008, 845, 853; *Stoll*, in: Gedächtnisschrift für Lüderitz, 2000, S. 733, 748; kritisch zur Mosaiktheorie OLG München, GRUR-RR 2004, 85 – Stricktop*; Dethloff*, NJW 1998, 1596, 1602.

94 *Ahrens*, in: FS für Tilmann, 2003, S. 739, 744 f.; *ders.*, in: Gloy/Loschelder/Erdmann, Hdb des Wettbewerbsrechts[4], § 68 Rn. 20; *ders.*, GRUR 2015, 458, 459; *Blasi*, Das Herkunftslandprinzip der Fernseh- und der E-Commerce-Richtlinie, 2004, S. 267 ff.; *Fezer/Koos*, in: Staudinger, Internationales Wirtschaftsrecht (2015), Rn. 572; *Halfmeier*, ZEuP 2001, 837, 858; *Ohly*, in: Ohly/Sosnitza, UWG[7], Einf. C Rn. 78.

überschreitende Mediendienste ihr reguläres Kollisionsrecht anzuwenden. Auf dem Gebiet des Wettbewerbsrechts ist dies Art. 6 I Rom II-VO.

89 Im **praktischen Ergebnis** unterscheidet sich diese Ansicht zum anwendbaren Recht nicht von der Gesamtverweisungstheorie. Denn nach beiden Theorien haben die Herkunftsländer anhand ihres Kollisionsrechts das anzuwendende Sachrecht festzustellen. Manchen im Schrifttum – vor allem zu dem im Folgenden unter V. zu erörternden Günstigkeitsvergleich – vertretenen Ansichten ist auch nicht klar zu entnehmen, ob sie bei der im Herkunftsland zu treffenden Entscheidung über Auslandssachverhalte mit der kollisionsrechtlichen Gesamtverweisungstheorie oder mit der sachrechtlichen Deutung von Art. 2 I AVMD-RL (bzw. früher Art. 2 I Fernseh-RL) im Sinne der Ansicht des EuGH zur ECRL zur Anwendung ausländischen Rechts gelangen.

90 Der Anwendung des Wettbewerbsrechts des **ausländischen Empfangsstaates** durch das **Herkunftsland** steht das Behinderungsverbot des Art. 3 I AVMD-RL nicht entgegen. Denn dieses Verbot gilt nur für die Behinderung grenzüberschreitender Mediendienste **im Empfangsland**.

91 Für die Auslegung von Art. 2 I AVMD-RL gibt es in der AVMD-RL keine Anhaltspunkte dafür, ob sie im Sinne der Sachnormverweisungstheorie, im Sinne der Gesamtverweisungstheorie oder mit dem EuGH rein sachrechtlich zu verstehen ist. Ein wesentlicher Gesichtspunkt, für die Auslegung ist jedoch, dass das Herkunftslandprinzip dieser Richtlinie **im gleichen Sinne** zu verstehen ist wie das Herkunftslandprinzip der ECRL. Es gibt keinen rechtlichen Grund, dem Herkunftslandprinzip in diesen beiden Richtlinien einen unterschiedlichen Sinn zu geben.

92 Nachdem der EuGH das Herkunftslandprinzip in Art. 3 I ECRL nicht kollisionsrechtlich, sondern sachrechtlich interpretiert hat, kann die **Praxis** wegen dieser Rechtsprechung des EuGH bis auf Weiteres davon ausgehen, dass wegen des Gebots der einheitlichen Auslegung auch das Herkunftslandprinzip des Art. 2 I AVMD-RL nicht kollisionsrechtlich, sondern sachrechtlich zu verstehen ist.

93 Dogmatisch bestehen gegen diese Ansicht jedoch Bedenken. Denn bei seiner sachrechtlichen Deutung des Herkunftslandprinzips des **Art. 3 I ECRL** hat der EuGH nicht berücksichtigt, dass nicht nur seine Deutung des Art. 1 IV ECRL, sondern auch die Gesamtverweisungstheorie mit dieser Vorschrift vereinbar ist. Außerdem hat die sachrechtliche Deutung von Art. 3 I ECRL zur Folge, dass die kollisionsrechtliche Deutung der **Freiheit der Rechtswahl** in Spiegelstrich Nr. 5 des Anhangs zu Art. 3 ECRL unvereinbar mit der sachrechtlichen Deutung des Art. 1 IV ECRL durch den EuGH ist. Zwar kennt die AVMD-RL keine Regelungen, die Art. 1 IV ECRL und dem Spiegelstrich Nr. 5 des Anhangs zu

Art. 3 ECRL entsprechen. Wegen des Gebots der **einheitlichen Auslegung** ist jedoch davon auszugehen, dass das Herkunftslandprinzip in Art. 2 I AVMD-RL ebenso wie in Art. 3 I ECRL zu verstehen sind.[95] Dem steht wegen des Gebots einer einheitlichen Auslegung des Herkunftslandprinzips in der ECRL und der AVMD-RL nicht entgegen, dass der Erwägungsgrund Nr. 63 der AVMD-RL 2018 bestimmt, die AVMD-RL von 2010 betreffe »nicht die Regeln des internationalen Privatrechts«.

3. Das Erfordernis eines Günstigkeitsvergleichs

a) Inhalt und Rechtsgrundlage eines Günstigkeitsvergleichs

94 Wenn man der sachrechtlichen Deutung von Art. 2 I AVMD-RL durch den EuGH oder der kollisionsrechtlichen Gesamtverweisungstheorie folgt, dann ist bei Auslandssachverhalten bei der inländischen Anwendung des Sachrechts eines ausländischen Empfangslandes nach der vom EuGH zur ECRL vertretenen Ansicht grundsätzlich eine Einschränkung in Form eines **Günstigkeitsvergleichs** erforderlich. Ist **im konkreten Einzelfall** das kollisionsrechtlich berufene Sachrecht von Empfangsstaaten **strenger** als das Recht des Herkunftslandes, dann ist im Herkunftsland im Regelungsbereich des Herkunftslandprinzips das **günstigere** Recht des Herkunftslandes anzuwenden.[96] Ist das beanstandete Verhalten nach dem Recht des Herkunftslandes zulässig, dann darf es im Herkunftsland grundsätzlich nicht untersagt werden, auch wenn es am ausländischen Marktort unzulässig ist.[97] Wenn das kollisionsrechtlich berufene Recht des Empfangsstaates hingegen günstiger ist, dann ist dieses anzuwenden.[98]

95 Der Günstigkeitsvergleich bei der Rechtskontrolle im Herkunftsland nach Art. 2 AVMD-RL entspricht der vom EuGH zu Art. 3 I ECRL vertretenen Ansicht. In seiner Entscheidung »eDate Advertising« vom 25.10.2011 hat er in den Rn. 66 – 68 festgestellt, dass ein Günstigkeitsvergleich in dem Sinne vorzunehmen sei, dass bei der Entscheidung im Herkunftsland über Auslandssachverhalte die Anforderungen des zur Anwendung berufenen ausländischen

95 In WRP 2015, 1281 Rn. 36 war ich der vom EuGH in seiner Entscheidung »eDate Advertising« vom 25.10.2011 vertretenen Ansicht gefolgt, weil diese für die Praxis bis auf Weiteres maßgeblich ist. Sie unterscheidet sich in den praktischen Ergebnissen nicht von der Gesamtverweisungstheorie.

96 *Blasi*, Das Herkunftslandprinzip der Fernseh- und der E-Commerce-Richtlinie, 2004 S. 267 f., 271.

97 *Blasi*, Das Herkunftslandprinzip der Fernseh- und der E-Commerce-Richtlinie, 2004 S. 292 f.

98 *Blasi*, Das Herkunftslandprinzip der Fernseh- und der E-Commerce-Richtlinie, 2004, S. 267 f.

Sachrechts im konkreten Anwendungsfall nicht strenger sein dürfen als die des Sachrechts des Herkunftslandes.[99] Es muss also nach der ECRL ein sog. **Günstigkeitsvergleich** vorgenommen werden.

96 In der AVMD-RL fehlen allerdings entsprechende Regelungen und Erwägungsgründe. Da jedoch das Herkunftslandprinzip der AVMD-RL und das der ECRL auf einheitlichen rechtspolitischen Konzeptionen beruhen, ist in Anbetracht der Rechtsprechung des EuGH bis auf Weiteres davon auszugehen, dass auch bei der Rechtskontrolle nach Art. 2 AVMD-RL ein Günstigkeitsvergleich vorzunehmen ist.

b) Der Günstigkeitsvergleich als Kollisionsnorm oder Sachnorm?

97 Der Günstigkeitsvergleich im Herkunftsland wird von manchen kollisionsrechtlich verstanden. Es sei eine »Art doppelter Anknüpfung« vorzunehmen.[100]

98 Der Günstigkeitsvergleich enthält jedoch keine kollisionsrechtliche, sondern eine **sachrechtliche** Beschränkung des kollisionsrechtlich berufenen ausländischen Rechts. Bei der Rechtsverfolgung im Herkunftsland werden die Anforderungen des kollisionsrechtlich berufenen ausländischen Rechts sachrechtlich auf das Sachrecht des Herkunftslandes des Mediendiensteanbieters reduziert. Für diese sachrechtliche Deutung des Günstigkeitsvergleichs spricht, wie schon bei der Rechtfertigung des Günstigkeitsvergleichs, dass das Herkunftslandprinzip der AVMD-RL und der ECRL auf derselben rechtspolitischen Konzeption beruht. Eine kollisionsrechtliche Deutung des Herkunftslandprinzips der ECRL würde jedoch gegen ihre in Art. 1 IV ausdrücklich vorgesehene **IPR-Neutralität** verstoßen.[101]

4. Grenzen des Günstigkeitsvergleichs

a) Ausschließlich auf das Ausland gerichtete Werbung

99 Bei Mediendiensten, die sich **ausschließlich** an ausländische Adressaten richten, ist ein Günstigkeitsvergleich aus rechtspolitischen Gründen zweifelhaft. Denn

99 EuGH, 25.10.2011 – C-509/09 u. C-161/10, Slg. 2011, I-10269 Rn. 66 – 68 = GRUR 2012, 300 = WRP 2011, 1571 – eDate Advertising; ebenso *Blasi*, Das Herkunftslandprinzip der Fernseh- und der E-Commerce-Richtlinie, 2004, S. 384 f.; *Landfermann*, in: FS 75 Jahre MPI für Privatrecht, 2001, S. 503, 511 f., 513; *Sack*, WRP 2001, 1408, 1411 f. (III.2.), 1425 (3.); *ders.*, WRP 2002, 271, 275 f. (III.2.b); *ders.*, WRP 2013, 1545, 1550 ff. Rn. 44 ff.; *Spindler*, ZHR 165 (2001), 324, 339.

100 So zur ECRL *Ohly*, GRUR Int. 2001, 899, 902; ebenso *Blasi*, Das Herkunftslandprinzip der Fernseh- und der E-Commerce-Richtlinie, 2004, S. 385; *Kur*, in: FS für Erdmann, 2002, S. 629, 638.

101 Vgl. *Sack*, WRP 2013, 1545 Rn. 52.

wer mit seinen Mediendiensten auf bestimmte ausländische Staaten zielt, dem ist die Beachtung des Rechts dieser Staaten auch zuzumuten.[102]

b) Der Günstigkeitsvergleich und Art. 3 AVMD-RL analog

100 Für die Rechtsverfolgung im Empfangsstaat sehen Art. 3 II u. IV – VI AVMD-RL Ausnahmen vom Behinderungsverbot vor. Diese Ausnahmen vom Behinderungsverbot sind auch bei der Rechtskontrolle **im** Herkunftsland zu berücksichtigen.[103]

c) Der Günstigkeitsvergleich bei Wettbewerbssachverhalten

101 Das Erfordernis eines Günstigkeitsvergleich, das weder in der AVMD-RL noch in der ECRL ausdrücklich vorgesehen ist, ist bei Wettbewerbssachverhalten kaum mit dem europäischen **Primärrecht** vereinbar. Denn ein Günstigkeitsvergleich verschafft ausländischen Mediendiensteanbietern im Empfangsland rechtliche **Wettbewerbsvorteile** gegenüber Mitbewerbern, die im Empfangsland den strengeren Anforderungen dieses Landes unterworfen sind. Das ist mit dem elementaren wettbewerbsrechtlichen Grundsatz, dass für alle Mitbewerber eine rechtliche **par conditio concurrentium** gelten soll, unvereinbar.[104] Eine Verletzung dieses Grundsatzes verstößt gegen das in Art. 3 III EUV i.V.m. Protokoll Nr. 27[105] geregelte Schutzziel der EU, den Wettbewerb vor **Verfälschungen** zu schützen. Mit dieser Problematik hatte sich der EuGH allerdings in seiner Entscheidung eDate Advertising zum entsprechenden Problem der ECRL nicht auseinanderzusetzen, da diese Entscheidung keinen Wettbewerbssachverhalt, sondern eine Persönlichkeitsverletzung betraf.

5. Teilweise Umsetzung von Art. 2 AVMD-RL durch § 3 I TMG

102 Art. 2 AVMD-RL ist nur teilweise durch § 3 I TMG in deutsches Recht umgesetzt worden. Es fehlt eine Umsetzung der AVMD-RL in Bezug **auf Fernsehsendungen.** Denn nach § 3 IV Nr. 5 TMG ist § 3 I TMG nicht anwendbar auf die Anforderungen an Verteildienste, d.h. nach der Definitionsnorm des § 2 I Nr. 4 TMG auf Telemedien, die im Wege einer Übertragung von Daten ohne

---

102 Vgl. *Sack*, WRP 2015, 1281 Rn. 40; zum entsprechenden Problem bei der Anwendung der ECRL vgl. *Sack*, WRP 2001, 1408, 1415 f.; *ders.*, WRP 2002, 271, 276 f., 278 ff.; *ders.*, WRP 2013, 1545 Rn. 50.

103 So zum Herkunftslandprinzip der ECRL *Sack*, WRP 2013, 1545 Rn. 51.

104 Zur entsprechenden Problematik der ECRL vgl. *Glöckner*, in: Harte/Henning, UWG[4], Einl. C Rn. 68; *Sack*, WRP 2008, 845, 856; *ders.*, WRP 2013, 1545 Rn. 54 f.

105 ABl.EU 2010 C 83/309; vgl. dazu EuGH, 17.02.2011 – C-52/09, GRUR Int. 2011, 413 – TeliaSonera.

individuelle Anforderung gleichzeitig für eine unbegrenzte Anzahl von Nutzern erbracht werden.

103 Für Fernsehsendungen ist jedoch nach der oben (Rdn. 47 ff.) vertretenen Ansicht Art. 2 I AVMD-RL **unmittelbar** anwendbar. Wenn man hingegen die unmittelbare Anwendbarkeit von Richtlinien im Verhältnis **zwischen Privaten** ablehnt, dann bleibt es bei der Anwendung des derzeit geltenden nationalen Rechts in Deutschland. Es gilt dann u.a. kein Günstigkeitsvergleich. In Bezug auf Fernsehsendungen ist für die Umsetzung der AVMD-RLen der **Landesgesetzgeber** zuständig.

104 Im **internationalen Lauterkeitsrecht** sollte man ohnehin, wie in Kap. 9 Rdn. 101 dargelegt, auf einen Günstigkeitsvergleich ganz verzichten. Denn er verstößt gegen das Gebot einer **par conditio concurrentium** und führt zu **Wettbewerbsverfälschungen**. Das ist unvereinbar mit dem in Art. 3 III EUV i.V.m. dem Protokoll Nr. 27 zu Art. 3 EUV geregelten Schutzziel der EU, den Wettbewerb vor **Verfälschungen** zu schützen.

IV. Zwischenergebnisse

105
1. Die AVMD-RLen von 2010 und 2018 regeln in Art. 2 und 3 das Herkunftslandprinzip für audiovisuelle Mediendienste. Es gilt nicht nur innerhalb der EU, sondern ist auch in das Abkommen über den Europäischen Wirtschaftsraum (EWR) integriert worden.
2. Art. 2 normiert eine Kontrollpflicht der Herkunftsländer, Art. 3 beschränkt die Kontrollmöglichkeiten außerhalb des Herkunftslandes.
3. Art. 3 I AVMD-RL untersagt den Empfangsländern grenzüberschreitender Fernsehsendungen und sonstiger audiovisueller Mediendienste aus anderen EU- und EWR-Staaten nur die unmittelbare Behinderung von **Mediendiensteanbietern**. Abweichend von der Rechtsprechung des EuGH und des EFTA-Gerichtshofs liegen Werbeverbote, die sich unmittelbar gegen **Werbungtreibende** richten, außerhalb des Behinderungsverbots dieser Vorschrift.
4. Art. 3 I AVMD-RL untersagt den Empfangsländern audiovisueller Mediendienste aus anderen EU- und EWR-Staaten nicht nur die Behinderung der Weiter-Verbreitung mit Hilfe fernmeldetechnischer Einrichtungen im Empfangsstaat, sondern auch die Behinderung von Primärsendungen, die im Empfangsland ohne Zwischenschaltung fernmeldetechnischer Einrichtungen unmittelbar mit Antennen empfangen werden können.
5. Das Behinderungsverbot des Art. 3 I AVMD-RL gilt nur in den sog. koordinierten Bereichen. Das sind die Bereiche, die durch autonome medienspezifische Vorschriften der EU- und EWR-Staaten geregelt sind. Zu den

koordinierten Bereichen gehören hingegen nicht allgemeine Regelungen, z.B. das allgemeine wettbewerbsrechtliche Irreführungsverbot. Medienspezifisch geregelt sind allerdings die irreführende Schleichwerbung und die irreführende Produktplazierung in Art. 9 und 11 AVMD-RL, so dass entsprechende nationale Regelungen zu den koordinierten Bereichen gehören.

6. Neben dem auf die koordinierten Bereiche beschränkten Behinderungsverbot des Art. 3 I AVMD-RL gibt es kein sonstiges generelles Verbot einer »zweiten Kontrolle« grenzüberschreitender Mediendienste im Empfangsstaat.
7. Das Behinderungsverbot des Art. 3 I AVMD-RL wird durch die Regelungen in den Absätzen 2 und 4 – 6 von Art. 3 AVMD-RL2010 bzw. der Absätze 2 und 3 der AVMD-RL 2018 eingeschränkt, nicht hingegen mittelbar durch die Tatbestände der Art. 9 ff. AVMD-RL oder durch sonstige »zwingende Erfordernisse des Allgemeininteresses«.
8. Das Behinderungsverbot des Art. 3 I AVMD-RL ist – ebenso wie das Beschränkungsverbot der parallelen Regelung des Art. 3 II ECRL – keine Kollisionsnorm, sondern eine Sachnorm.
9. Art. 3 AVMD-RL ist in § 3 TMG und § 51b I RfStV nur teilweise in deutsches Recht umgesetzt.
10. Gegen nicht gerechtfertigte Behinderungen grenzüberschreitender Werbung aus anderen EU-Staaten schützen Art. 34 und Art. 56 AEUV.
11. Die Herkunftsländer audiovisueller Mediendienste sind nach Art. 2 AVMD-RL zur Kontrolle der aus ihrem Gebiet stammenden Mediendienste verpflichtet. Abweichend vom Wortlaut dieser Vorschrift, jedoch in Übereinstimmung mit Erwägungsgrund Nr. 36 gilt die Kontrollpflicht nur für die sog. koordinierten Bereiche.
12. Art. 2 AVMD-RL ist keine Kollisionsnorm, sondern eine Sachnorm.
13. Bei grenzüberschreitenden Sachverhalten haben die Herkunftsländer ihr Kollisionsrecht anzuwenden.
14. Soweit in Herkunftsländern auf grenzüberschreitende Fälle ausländisches Recht anzuwenden ist, muss nach der Rechtsprechung des EuGH grundsätzlich ein Günstigkeitsvergleich vorgenommen werden. Dies ist keine Kollisionsnorm, sondern eine Sachnorm.
15. Eine Ausnahme vom Erfordernis eines Günstigkeitsvergleichs ist bei der Rechtskontrolle von Mediendiensten im Herkunftsland des Bekl. analog Art. 3 II und IV – VI AVMD-RL 2010 bzw. Art. 3 II, III AVMD-RL 2018 dann zu machen, wenn die inhaltlichen Voraussetzungen dieser Regelungen erfüllt sind.
16. Wenn man – entgegen der hier vertretenen Ansicht – die Kontrollpflicht der Herkunftsländer nach Art. 2 AVMD-RL nicht auf die sog. koordinierten Bereiche beschränkt, sondern u.a. auch auf das Lauterkeitsrecht

bezieht, ist bei der Anwendung ausländischen Wettbewerbsrechts im Herkunftsland kein Günstigkeitsvergleich vorzunehmen, weil dies gegen das Grundprinzip der par conditio concurrentium und damit gegen das von Art. 3 III EUV i.V.m. Protokoll Nr. 27 zu dieser Vorschrift angestrebte Schutzziel eines unverfälschten Wettbewerbs verstieße.

17. Bei der Auslegung der Regelungen des Herkunftslandprinzips der AVMD-RL sind auch die Rechtsprechung und Lehre zum Herkunftslandprinzip der ECRL zu berücksichtigen, weil das Herkunftslandprinzip in beiden Richtlinien trotz der Unterschiede im Detail auf derselben rechtspolitischen Konzeption beruht.

Kapitel 10 Eingriffsnormen, Art. 16 Rom II-VO

Übersicht

I. Deutsche Eingriffsnormen

Nach Art. 16 Rom II-VO berührt diese VO nicht die Anwendung von Vorschriften, die ohne Rücksicht auf das für außervertragliche Schuldverhältnisse maßgebende Recht den Sachverhalt zwingend regeln. Diese »zwingenden« Vorschriften bezeichnet man als Eingriffsnormen. Wenn deutsche Gerichte nach Art. 6 Rom II-VO ausländisches Recht anzuwenden haben, genießen dennoch deutsche Eingriffsnormen Vorrang. 1

Art. 16 I Rom II-VO enthält keine Definition des Inhalts von Eingriffsnormen. Für die Auslegung dieser Vorschrift kann jedoch die Definition der Eingriffsnormen in Art. 9 I der das internationale Vertragsrecht regelnden Rom I-VO entsprechend – d.h. unter Weglassung des Bezugs auf Verträge – herangezogen werden.[1] Danach sind Eingriffsnormen zwingende Vorschriften, »deren Einhaltung von einem Staat als so entscheidend für die Wahrung seines öffentlichen Interesses, insbesondere seiner politischen, sozialen oder wirtschaftlichen Organisation, angesehen wird, dass sie ungeachtet des nach Maßgabe dieser VO auf den Vertrag anzuwendende Recht auf alle Sachverhalte anzuwenden ist, die in ihren Anwendungsbereich fallen«. 2

Als Eingriffsnorm – im Sinne des Art. 34 EGBGB – hat der BGH die Regelung von sog. Gewinnmitteilungen durch § 661a BGB bewertet.[2] Mit dieser Vorschrift wollte der Gesetzgeber einer verbreiteten und wettbewerbsrechtlich unzulässigen Praxis entgegenwirken, dass Unternehmer Verbrauchern Mitteilungen über angebliche Gewinne übersenden, um sie zur Bestellung von Waren zu veranlassen, die Gewinne jedoch auf Nachfrage nicht aushändigen. Eine solche 3

---

1 *Arif*, ZfRV 2011, 258, 260; *Bauermann*, Der Anknüpfungsgegenstand…, S. 205; *Fezer/Koos*, in: Staudinger, Internationales Wirtschaftsrecht (2015), Rn. 675; *Hausmann/Obergfell*, in: Fezer/Büscher/Obergfell, UWG[3], IntLautPrivatR Rn. 259; *v. Hein*, ZEuP 2009, 6, 24; *ders.*, RabelsZ 73 (2009), 461, 506.

2 BGH, 01.12.2005 – III ZR 191/03, WRP 2006, 257 Rn. 30, 31 (m.w.Nachw.) = RIW 2006, 144, 147 = JZ 2006, 552 – Klage aus einer Gewinnzusage, mit zust. Anm. von *Schäfer*, JZ 2006, 522; vgl. auch *Fezer/Koos*, in: Staudinger, Internationales Wirtschaftsrecht (2015), Rn. 41, 675; *Hausmann/Obergfell*, in: Fezer/Büscher/Obergfell, UWG[3], IntLautPrivatR Rn. 259 Fußn. 1100 u. Rn. 313 a.E.

unlautere Werbung mittels Vortäuschung scheinbarer Gewinne sollte unterbunden werden, indem dem Verbraucher gesetzlich eingeräumt wurde, den Unternehmer beim Wort zu nehmen und die Leistung des mitgeteilten »Gewinns« zu verlangen.[3] Der maßgebliche Ort, an dem die Verpflichtung erfüllt worden ist oder zu erfüllen wäre, liegt bei einer Gewinnzusage gem. § 661a BGB am **Wohnsitz** des Empfängers der Zusage.[4] Eine Übertragung dieser Eingriffsnorm in das internationale Lauterkeitsrecht ist m.E. nicht nötig, denn schon die Marktortregel führt dazu, dass für diese Form der Werbung das Recht des Landes gilt, in dem damit geworben wird. Das wird in der Regel das Recht des Landes sein, in dem die Empfänger von Gewinnzusagen ihren Wohnsitz haben. In Ausnahmefällen ist jedoch der Ort der Gewinnzusage nicht identisch mit dem Wohnsitz der Mitteilungsempfänger. Insoweit ist die BGH-Entscheidung »Klage aus einer Gewinnzusage« zu präzisieren.

4 Als Eingriffsnorm wird auch z.B. § 8 II HWG verstanden.[5] Keine Eingriffsnormen sind hingegen rabatt- und zugaberechtliche Regelungen.[6]

II. Ausländische Eingriffsnormen

5 Wenn ein deutsches Gericht nach Art. 6 Rom II-VO deutsches Recht anzuwenden hat, dann ist es eine Frage des deutschen Rechts, ob es ausländischen Eingriffsnormen den Vorrang einzuräumen hat.[7]

---

3 BGH, 01.12.2005 – III ZR 191/03, WRP 2006, 257 Rn. 31, 37 – Klage aus einer Gewinnzusage.

4 BGH, 01.12.2005 – III ZR 191/03, WRP 2006, 257 Rn. 33 – Klage aus einer Gewinnzusage.

5 *Hausmann/Obergfell,* in: Fezer/Büscher/Obergfell, UWG[3,] IntLautPrivatR Rn. 259; *Mankowski,* in: MünchKommUWG[2], IntWettbR, Rn. 353 f.

6 *Hausmann/Obergfell,* in: Fezer/Büscher/Obergfell, UWG[3], IntLautPrivatR Rn. 259; *Mankowski,* in: MünchKommUWG[2], Rn. 356.

7 *Fezer/Koos,* in: Staudinger, Internationales Wirtschaftsrecht (2015), Rn. 675; *v. Hein,* ZEuP 2009, 6, 24; *Junker,* RIW 2010, 257, 268; *Klass,* in: GroßkommUWG[2], Einl. D Rn. 266; *Leible,* RIW 2008, 257, 263; vgl. auch *Freitag,* NJW 2018, 430.

Kapitel 11 Der Vorbehalt des ordre public, Art. 26 Rom II-VO i.V.m. Art. 6 EGBGB

Übersicht

I. Allgemeine Anmerkungen

1 Nach Art. 26 Rom II-VO kann die Anwendung einer Vorschrift des nach dieser VO bezeichneten Rechts versagt werden, wenn ihre Anwendung mit der »öffentlichen Ordnung«, dem »ordre public« des Staates des angerufenen Gerichts **offensichtlich unvereinbar** ist. Die Unvereinbarkeit der betreffenden Vorschrift mit dem ordre public ist von Amts wegen zu berücksichtigen.[1]

2 Der ordre-public-Vorbehalt ist eng auszulegen. Er kann nur in **Ausnahmefällen** eine Rolle spielen.[2] Zwar verweist die Regelung des Art. 26 Rom II-VO zunächst auf die nationalen Regelungen.[3] Der EuGH hat jedoch über die **Grenzen** zu wachen, innerhalb deren sich das Gericht eines EU-Staates auf den ordre public berufen darf, um der Vorschrift eines ausländischen Staates die Anwendung zu versagen.[4] Art. 26 Rom II-VO verweist mit dieser Regelung also zunächst auf die **nationalen** Regelungen des ordre public in den Forumstaaten der EU; so der EuGH zu dem insoweit übereinstimmend formulierten vollstreckungsrechtlichen ordre public-Vorbehalt des Art. 27 EuGVÜ, jetzt Art. 45 EuGVVO 2012.[5]

---

1 *Klass*, in: GroßkommUWG², Einl. D Rn. 268; *Leible*, RIW 2008, 257, 263; *Leible/Lehmann*, RIW 2007, 721, 734.

2 So zum ordre-public-Vorbehalt des Art. 27 EuGVÜ (jetzt Art. 45 EuGVVO 2012) EuGH, 04.02.1988 – Rs. 145/86, Slg. 1988, 645 Rn. 21 – Hoffmann; EuGH, 10.10.1996 – C-78/95, Slg. 1996, I-4943 Rn. 23 – Hendrikman und Feyen; EuGH, 28.03.2000 – C-7/98, Slg. 2000, I-1935 Rn. 21 – Krombach/Bamberski.

3 Vgl. *Fezer/Koos*, in: Staudinger, Internationales Wirtschaftsrecht (2015), Rn. 676; *Leible*, RIW 2008, 257, 263; *Sack*, WRP 2008, 845, 862.

4 So zu Art. 27 EuGVÜ (jetzt Art. 45 EuGVVO 2012) EuGH, 28.03.2000 – C-7/98, Slg. 2000, I-1935 Rn. 22 f. – Krombach/Bamberski; EuGH, 11.05.2000 – C-38/98, Slg. 2000, I-2973 Rn. 27 f. Renault/Maxicar.

5 EuGH, 28.03.2000 – C-7/98, Slg. 2000, I-1935 Rn. 22, 23, 37 – Krombach/Bamberski; EuGH, 11.05.2000 – C-38/98, Slg. 2000, I-2973 Rn. 27, 28 – Renault/Maxicar.

3 Der EuGH hat jedoch in seiner Rechtsprechung zu Art. 27 EuGVÜ auch klargestellt, dass der Begriff der »öffentlichen Ordnung« in dieser Vorschrift ein **gemeinschaftsrechtlicher** Begriff ist, der gemeinschaftsautonom auszulegen ist.[6] Art. 27 EuGVÜ sei **eng** auszulegen; speziell die ordre public-Klausel des Art. 27 EuGVÜ – jetzt Art. 45 EuGVVO 2012 – könne nur **in Ausnahmefällen** eine Rolle spielen.[7] Damit setzt er der Anwendung nationaler ordre public-Klauseln Grenzen.

4 M.E. ist die Rechtsprechung des EuGH zu Art. 27 EuGVÜ – jetzt Art. 45 EuGVVO 2012 – wegen des nahezu übereinstimmenden Wortlauts und eines vergleichbaren Zwecks übertragbar auf Art. 26 Rom II-VO. Danach ist der Begriff »öffentliche Ordnung« in dieser Vorschrift ein gemeinschaftsrechtlicher Begriff.[8] Er ist eng auszulegen und geeignet, **nationalen** ordre public-Klauseln Grenzen zu setzen. Dies deckt sich auch mit dem Erwägungsgrund Nr. 32 der Rom II-VO, wonach Art. 26 nur »unter außergewöhnlichen Umständen« anzuwenden ist.

5 Ein Verstoß gegen den **deutschen** ordre public liegt nach Art. 6 S. 1 EGBGB vor, wenn die Anwendung ausländischen Rechts zu einem Ergebnis führt, das mit **wesentlichen Grundsätzen** des deutschen Rechts **offensichtlich unvereinbar** ist. Ausländisches Recht ist nach Art. 6 S. 2 EGBGB insbesondere nicht anzuwenden, wenn die Anwendung mit den **Grundrechten** unvereinbar ist.

6 Gegen den deutschen ordre public kann nicht nur ein **Verbot** einer Handlung durch ausländisches Recht verstoßen, sondern auch das **Fehlen eines Verbots,** das einem Verbot des deutschen Rechts entspricht.[9]

7 Offensichtliche Unvereinbarkeit des kollisionsrechtlich an sich berufenen Rechts mit wesentlichen Grundsätzen des Rechts des Forumstaates genügt allerdings noch nicht für die Anwendung der Ordre-public-Vorschriften. Vielmehr muss – über ihren Wortlaut hinaus – **ein hinreichender Inlandsbezug** hinzukommen.[10]

---

6 EuGH a.a.O.

7 EuGH, 04.02.1988 – Rs. 145/86, Slg. 1988, 645 Rn. 21 – Hoffmann/Krieg; EuGH, 10.10.1996 – C-78/95, Slg. 1996, I-4943 Rn. 23 – Hendrikman und Feyen; EuGH, 28.03.2000 – C-7/98, Slg. 2000, I-1935 Rn. 21 – Krombach/Bamberski; EuGH, 11.05.2000 – C-38/98, Slg. 2000, I-2973 Rn. 26 – Renault/Maxicar.

8 *Sack*, WRP 2008, 845, 862; *Drexl*, in: MünchKommBGB[7], Bd. 12, IntLautR Rn. 210; *Hausmann/Obergfell*, in: Fezer/Büscher/Obergfell, UWG[3], IntLautPrivatR Rn. 260; *Klass*, in; GroßkommUWG[2], Ein. D Rn. 270 a.E.

9 Vgl. *Fezer/Koos*, in: Staudinger, Internationales Wirtschaftsrecht (2015), Rn. 676; *Klass*, in: GroßkommUWG[2], Einl. D Rn. 270; *Sack*, WRP 2008, 845, 862.

10 Begr. Reg.-Entw. zu Art. 6 EGBGB, BT-Drucks. 10/504, S. 43; BVerfG, 18.07.2006 – 1 BvL 1/04, NJW 2007, 900 Rn. 73, 75 f., 81; BVerfG, 23.04.1991 – 1 BvR

Der Sachverhalt muss in räumlicher, sachlicher und zeitlicher Hinsicht so enge Beziehungen zum geltenden deutschen Recht aufweisen, dass die Hinnahme der Rechtsfolge unerträglich erscheint.[11] Die Anforderungen an den Inlandsbezug sind umso geringer, je stärker die ausländische Norm gegen grundlegende Gerechtigkeitsvorstellungen des Forumstaates verstößt und umgekehrt.[12] Ein ausreichender Inlandsbezug ist auch erforderlich, wenn die betreffende ausländische Norm gegen **Grundrechte** des Forumstaates verstößt.[13] Fraglich ist, ob und unter welchen Voraussetzungen bei Wettbewerbssachverhalten mit Auslandsbezug, auf die nach Art. 6 Rom II-VO ausländisches Wettbewerbsrecht anzuwenden wäre, die Anwendung der Ordre public-Vorschrift des Art. 26 Rom II-VO am erforderlichen **Inlandsbezug** scheitern würde.

8 Im Schrifttum wird vertreten, dass ein hinreichender Inlandsbezug bei der Anwendung des Art. 6 I Rom II-VO in der Regel fehlen werde. Denn ausländisches Recht sei nur anwendbar, wenn unter Berücksichtigung der Interessen der Mitbewerber, der Verbraucher und der Allgemeinheit auf einen **ausländischen** Interessenkollisionsort verwiesen werde.[14]

9 Auch eklatante Verletzungen von Menschenrechten sind niemals hinnehmbar.[15]

10 Es wird auch vertreten, dass sich der Anwendungsbereich des Art. 26 Rom II-VO praktisch auf die Fälle von Grundrechtsverletzungen beschränke.[16] Dagegen bestehen allerdings Zweifel.

1170, 1174, 1175/90, NJW 1991, 1597, 1600; BGH, 09.07.1965 – Ib ZR 83/63, NJW 1965, 1664 = GRUR 1966, 104 – Pilsener Brauereien; BGH, 04.06.1992 – IX ZR 149/91, BGHZ 118, 312, 349 = NJW 1992, 3096, 3105 (B.I.1.) betr. *punitive damages*; *Mankowski*, in: MünchKommUWG[2], IntWettbR Rn. 364; *Mörsdorf*, in: Prütting/Wegen/Weinreich, BGB[13], Art. 6 EGBGB Rn. 1, 15 f.; *Sack*, WRP 2008, 845, 863.

11 *Mörsdorf*, in: Prütting/Wegen/Weinreich, BGB[13], Art. 6 EGBGB Rn. 1, 15.

12 BVerfG, 18.07.2006 – 1 BvL 1/04, NJW 2007, 900 Rn. 73; BGH, 04.06.1992 – IX ZR 149/91, BGHZ 118, 312, 349 = NJW 1992, 3096; *Hausmann/Obergfell*, in: Fezer/Büscher/Obergfell, UWG[3], IntLautPrivatR Rn. 260; *Mörsdorf*, in: Prütting/Wegen/Weinreich, BGB[13], Art. 6 EGBGB Rn. 1, 15.

13 Begr. Reg.-Entw. zur EGBGB-Novelle, BT-Drucks. 10/504, S. 44; BVerfG, 18.07.2006 – 1 BvL 1/04, NJW 2007, 900 Rn. 73, 75 f., 81; *Hausmann/Obergfell*, in: Fezer/Büscher/Obergfell, UWG[3], IntLautPrivatR Rn. 260; *Mörsdorf*, in: Prütting/Wegen/Weinreich, BGB[13], Art. 6 EGBGB Rn. 16; a.A. *Looschelders*, RabelsZ 65 (2001), 463, 476.

14 *Drexl*, in: MünchKommBGB[7], Bd. 12, IntLautR Rn. 210; *Hausmann/Obergfell*, in: Fezer/Büscher/Obergfell, UWG[3], IntLautPrivatR, Rn. 261; *Klass*, in: Großkomm-UWG[2], Einl. D Rn. 270 a.E.

15 So die nahezu einhellige Ansicht; vgl. *Mörsdorf*, in: Prütting/Wegen/Weinreich, BGB[13], Art. 6 EGBGB Rn. 17.

16 *Hausmann/Obergfell*, in: Fezer/Büscher/Obergfell, UWG[3], IntLautPrivatR Rn. 261 a.E.

II. Wesentliche Grundsätze des deutschen Rechts

11 1. Der Begriff »wesentliche Grundsätze« des deutschen Rechts in Art. 6 EGBGB ist sehr eng auszulegen.[17] Art. 6 EGBGB greift nur ein, wenn die Anwendung ausländischen Rechts **im Einzelfall zu einem Ergebnis** führen würde, das den Kernbestand der deutschen Rechtsordnung antasten würde[18] und dies zu den Grundgedanken des deutschen Rechts und der in ihm liegenden Gerechtigkeitsvorstellungen in einem so schwerwiegenden Widerspruch steht, dass es von uns für untragbar angesehen werden muss.[19] Für den Bereich des Wettbewerbsrechts hat der BGH festgestellt, die Anwendbarkeit ausländischen Rechts finde » im allgemeinen nur in Ausnahmefällen dort eine Schranke, wo das ausländische Recht… einen völlig unzureichenden Schutz gegenüber Handlungen gewährt, die nach der gemeinsamen Ansicht der durch gleiche sittliche Anschauungen verbundenen Kulturstaaten Wettbewerbsverstöße darstellen«.[20] Zum ordre public im Sinne des Art. 6 EGBGB rechnet man also nur **fundamentale** Normen des deutschen Rechts, die für **unverzichtbar** gehalten werden.[21]

12 Zu den wesentlichen Grundsätzen des deutschen Rechts und damit zur deutschen öffentlichen Ordnung i.S.v. Art. 26 Rom II-VO zählen manche auch die Vorbehaltsklausel des Art. 40 III EGBGB.[22]

---

17 Vgl. *Sack*, in: FS »50 Jahre BPatG«, 2011, S. 853, 858.

18 Begr. Reg.-Entw. zu Art. 6 EGBGB, BT-Drucks. 10/504, S. 42; vgl. auch BPatG,14.05.1997 – 26 WW (pat) 59/95, GRUR 1998, 146, 147 – Plastische Marke.

19 So BGH, 17.09.1968 – IV ZB 501/68, NJW 1969, 369; BGH, 26.06.1979 – IV ZR 106/78, BGHZ 75, 32 = NJW 1979, 1776; BGH, 28.04.1988 – IX ZR 127/87, BGHZ 104, 240, 243; BGH, 21.01.1991 – II ZR 50/90, NJW 1991, 1418, 1420; BGH, 04.06.1992 – IX ZR 149/91, BGHZ 118, 312, 330, 331 = NJW 1992, 3096, 3101 (A.IV.3.b), 3105 (B.I.1.); BGH, 16.09.1993 – IX ZB 82/90, BGHZ 123, 268, 270; BGH, 21.04.1998 – XI ZR 377/97, NJW 1998, 2358 (II.2.b); *v. Hoffmann/Thorn,* IPR[9], S. 268, Rn. 139; *Sack,* in: FS »50 Jahre BPatG«, 2011, S. 853, 858.

20 BGH, 30.06.1961 – I ZR 39/60, GRUR 1962, 243, 246 (4.) = WRP 1962, 13 – Kindersaugflaschen; vgl. dazu *Sack*, WRP 2008, 845, 862 f.

21 Vgl. *Mörsdorf*, in: Prütting/Wegen/Weinreich, BGB[13], Art. 6 EGBGB Rn. 9 f.; *Sack*, in: FS »50 Jahre BPatG«, 2011, S. 853, 858.

22 Vgl. *Mörsdorf*, in: Prütting/Wegen/Weinreich, BGB[13], Art. 26 Rom II-VO Rn. 1; für eine sehr enge Auslegung von Art. 40 III EGBGB *Hausmann/Obergfell*, in: Fezer, UWG[3], IntLautPrivatR Rn. 262; sie weisen außerdem darauf hin, dass es mit der Geltung der Rom II-VO auf diese Frage nicht mehr ankommen werde.; das gilt zumindest für Art. 6 I Rom II-VO.

2. Zu den wesentlichen Grundsätzen des deutschen Rechts i.S.v. Art. 6 S. 1 EGBGB gehören nur sehr wenige Normen des deutschen Rechts gegen den unlauteren Wettbewerb.[23] **13**

Das gilt auch für Verbote, die vor der UWG-Novelle von 2004 als Verstoß **gegen die guten Sitten** bewertet worden sind. Nicht alle guten Sitten i.S. der alten Generalklausel des § 1 UWG a.F. gehörten zu den wesentlichen Grundsätzen des deutschen Rechts i.S.v. Art. 6 EGBGB.[24] Denn § 1 UWG a.F. hatte – wie heute § 3 UWG – eine **umfassende lückenfüllende Funktion**, die keineswegs nur bei offensichtlichen Verstößen gegen wesentliche Grundsätze des deutschen Rechts anwendbar war. Zutreffend hatte deshalb der BGH schon lange vor der UWG-Novelle von 2004 festgestellt, dass die guten Sitten i.S.v. § 1 UWG a. F. nur ausnahmsweise zum deutschen ordre public gehören.[25] In seiner Kindersaugflaschen-Entscheidung vom 30. 6. 1961 zur damaligen ordre public-Klausel des Art. 30 EGBGB a. F., der die guten Sitten zum ordre public rechnete und auf dessen Auslegung der geltende Art. 6 EGBGB beruht, hat er dies wie folgt begründet: **14**

> »Ob die Anwendung eines ausländischen Gesetzes gegen die guten Sitten (scil.: i.S.v. Art. 30 EGBGB a. F.) verstößt und deshalb ausnahmsweise die grundsätzlich maßgebende ausländische Norm nicht angewendet werden soll, kann nur nach den Folgen beurteilt werden, die sich im Einzelfall aus der Anwendung des ausländischen Rechts ergeben (RGZ 150, 283, 285; BGHZ 22, 162, 163; Raape, Internationales Privatrecht, 5. Aufl., S. 90 ff.). Es kann dagegen nicht davon ausgegangen werden,

---

23 BGH, 30.06.1961 – I ZR 39/60, GRUR 1962, 243, 246 (4.) – Kindersaugflaschen; *Sack*, GRUR Int. 1988, 320, 330; *ders.*, WRP 1994, 281, 283 (d); *ders.*, WRP 2000, 269, 287; *ders.*, WRP 2008, 845, 862.

24 BGH, 30.06.1961 – I ZR 39/60, GRUR 1962, 243, 246 (4.) = WRP 1962,13 – Kindersaugflaschen; BGH, 27.03.1968 – I ZR 163/65, GRUR 1968, 587, 589 (2.) = WRP 1968, 292 – Bierexport; *Hausmann/Obergfell*, in: Fezer/Büscher/Obergfell, UWG[3], IntLautPrivatR Rn. 260. *Sack*, WRP 2000, 269, 287; *ders.*, GRUR Int. 1988, 320, 330; a.A. die früher h.M. zum Verhältnis der Sittenwidrigkeitsklausel des § 138 BGB zur alten ordre public-Klausel des Art. 30 EGBGB a.F. wegen der begrifflichen Übereinstimmung in dem Begriff »gute Sitten«, vgl. *Kegel*, Internationales Privatrecht, 5. Aufl., 1985, § 16 IV.1., 2.a, S. 303, 304.

25 So zur ordre public-Regelung des Art. 30 EGBGB a.F., auf dessen Auslegung Art. 6 EGBGB beruht, BGH, 30.06.1961 – I ZR 39/60, GRUR 1962, 243, 246 = WRP 1962, 13, 15 f. – Kindersaugflaschen (in dem zu entscheidenden Fall, in dem es um ergänzenden Leistungsschutz ging, war ausländisches Wettbewerbsrecht anwendbar, das keinen ergänzenden Leistungsschutz vorsah, der bei Anwendung des deutschen Rechts begründet gewesen wäre); *Baumbach/Hefermehl*, Wettbewerbsrecht, 22. Aufl., 2001, Einl. UWG Rn. 189; *Lindacher*, WRP 1996, 645, 651; *Möllering*, WRP 1990, 1, 8; *Sack*, GRUR Int. 1988, 320, 330; *ders.*,WRP 2000, 269, 287; *ders.*, WRP 2008, 845, 862.

dass die Anwendung weniger strenger ausländischer Wettbewerbsvorschriften, wonach Wettbewerbshandlungen erlaubt sind, die im Inland als gegen die guten Sitten des Wettbewerbs verstoßend angesehen werden, schlechthin unvereinbar mit dem Anstandsgefühl aller billig und gerecht Denkenden sei. Die Anwendbarkeit ausländischen Rechts findet aus dem Gedanken des ordre public **im allgemeinen nur in Ausnahmefällen** dort eine Schranke, wo das ausländische Recht, wie dies beispielsweise in den sog. unterentwickelten Ländern denkbar ist, einen völlig unzureichenden Schutz gegenüber Handlungen gewährt, die **nach der gemeinsamen Ansicht der durch gleiche sittliche Anschauungen verbundenen Kulturstaaten** Wettbewerbsverstöße darstellen. Gegen den Zweck eines deutschen Gesetzes aber wird nur verstoßen, wenn der Unterschied der staatspolitischen oder sozialen Anschauungen so erheblich ist, dass durch die Anwendung des ausländischen Rechtes die Grundlagen des deutschen staatlichen oder wirtschaftlichen Lebens angegriffen werden (RGZ 119, 259, 263; BGHZ 22, 162, 167) oder wenn die Anwendung des ausländischen Wettbewerbsrechtes das deutsche Wirtschaftsleben ernsthaft bedrohen würde«.[26]

15 Mit dieser Argumentation distanzierte sich der Wettbewerbssenat des BGH – ohne dies allerdings ausdrücklich zu sagen –, von der damals nahezu einhelligen und auch in neuerer Zeit noch vertretenen Ansicht [27] – die freilich unzutreffend ist –, dass die guten Sitten der Sittenwidrigkeitsklauseln des BGB Teil des ordre public seien. Diese Ansicht beruht bzw. beruhte darauf, dass Art. 30 EGBGB a.F. die guten Sitten zum ordre public rechnete. Sie verwechselt dabei jedoch den **ordre public interne** der Sittenwidrigkeitsklauseln des BGB mit dem **ordre public international** i.S.v. Art. 6 EGBGB bzw. früher Art. 30 EGBGB a.F.[28]

16 Das Problem ist durch die UWG-Novelle 2004 nicht etwa deshalb obsolet geworden, weil die Sittenwidrigkeitsklausel des § 1 UWG a.F. im neuen UWG nicht mehr existiert. Denn viele Fallgruppen der alten Sittenwidrigkeitsklausel leben in der Generalklausel und in den Spezialtatbeständen des neuen UWG fort.

17 3. Verallgemeinernd lässt sich daher sagen, dass zum deutschen ordre public nur solche Normen gehören, die nach der gemeinsamen Ansicht der durch gleiche rechtliche und sittliche Anschauungen verbundenen Kulturstaaten **Mindeststandards** enthalten.[29]

---

26 BGH, 30.06.1961 – I ZR 39/60, GRUR 1962, 243, 246 (4.) = WRP 1962, 13 – Kindersaugflaschen.

27 Vgl. Begr. Reg.-Entw. zur EGBGB-Novelle, BT-Drucks. 10/504, S. 43 r. Sp.

28 Vgl. *Sack*, GRUR Int. 1988, 320, 330; *ders.*, WRP 2000, 269, 287; *Mankowski*, in: MünchKommUWG², IntWettbR Rn. 361.

29 In Anlehnung an BGH, 30.06.1961 – ZR 39/60, GRUR 1962, 243, 246 (4.) – Kindersaugflaschen; vgl. auch *Hausmann/Obergfell*, in: Fezer/Büscher/Obergfell, UWG³, IntLautPrivatR Rn. 260.

4. Praktische Bedeutung kann der ordre public-Vorbehalt des Art. 26 Rom II-VO vor allem auch bei den **Sanktionen** erlangen. Gegen den deutschen ordre public verstößt ein unangemessen hoher, über den Ausgleich des Schadens hinausgehender Schadensersatz mit abschreckender Wirkung oder ein hoher »Strafschadensersatz« (»punitive damage«).[30] Erwägungsgrund Nr. 32 sieht die Möglichkeit der Anwendung des ordre public-Vorbehalts auf diese Fälle ausdrücklich vor.[31] 18

III. Grundrechte als ordre public, Art. 6 S. 2 EGBGB

19 Problematisch ist die Zuordnung der **Grundrechte** zum ordre public durch Art. 6 S. 2 EGBGB. Berührt jede Anwendung ausländischen Rechts, die mit den Grundrechten unvereinbar ist, den ordre public?

20 Das Problem hat zunehmend an Bedeutung gewonnen, nachdem die Gerichte den Anwendungsbereich der Grundrechte ständig ausgeweitet und in Bereiche erstreckt haben, die man früher noch dem einfachen Gesetzesrecht zugerechnet hat.[32]

21 Problematisch ist vor allem die Ausweitung des Grundrechts der **Meinungsfreiheit** in den Bereich des Werberechts.[33] Gegen das Grundrecht der Mei-

30 Vgl. *Sack*, WRP 2008, 845, 863; *Mörsdorf-Schulte*, ZVglRWiss 104 (2005), 192, 209 ff.; *G. Wagner*, IPRax 2006, 388; zum Verhältnis von Strafschadensersatz und ordre public international vgl. BGH, 04.06.1992 – IX ZR 149/91, BGHZ 118, 312, 341 = NJW 1992, 3096, 3103; *Sack*, WRP 2003, 549 ff. (betr. Gewinnabschöpfung im UWG); *Mörsdorf-Schulte*, ZVglRWiss 104 (2005), 192, 207 ff., 220 f., 222, 238 (mit dem interessanten Hinweis darauf, dass in England und in den USA treble damages öffentlich-rechtlich qualifiziert werden).

31 Dies entspricht der Regelung des bisherigen Art. 40 III EGBGB und war ursprünglich auch ausdrücklich in den ordre public-Klauseln der Vorschläge für eine Rom II-VO vorgesehen; Erwägungsgrund 32 der Rom II-VO zeigt, dass ihre Streichung nicht den Umkehrschluss erlaubt, dass diese Fälle nicht mehr von der Rom II-VO erfasst werden sollen.

32 Zu Einschränkungsversuchen, die freilich vom Wortlaut des Art. 6 S. 2 EGBGGB abweichen, vgl. Begr. Reg.-Entw. BT-Drucks. 10/504, S. 44 (dem ordre public widerspricht nicht jede Rechtsanwendung, die bei einem reinen Inlandsfall grundrechtswidrig wäre); *Heldrich*, in: BGH-FS II, 2000, S. 754; gegen diese Eingrenzungsversuche *Looschelders*, RabelsZ 65 (2001), 463, 475.

33 Vgl. BVerfG, 12.12.2000 – 1 BvR 1762 u. 1787/95, GRUR 2001, 170, 173 f. – Schockwerbung; BVerfG, 01.08.2001 – 1 BvR 188/92, GRUR 2001, 1058, 1060 f. = WRP 2001, 1160 – Therapeutische Äquivalenz; BVerfG, 07.11.2002 – 1 BvR 580/02, GRUR 2003, 719 = WRP 2003, 69 – JUVE-Handbuch; kritisch dazu *Ahrens*, JZ 2004, 763, 768; *Faßbender*, GRUR Int. 2006, 965, 969 ff.; *Schulze-Fielitz*, AöR 122 (1997), 1, 12; zum Verhältnis von Meinungsfreiheit und ordre public vgl. auch BGH,

nungsfreiheit verstoßen in Deutschland inzwischen viele lauterkeitsrechtliche Werbeverbote, die im **Ausland** anerkannt sind. Wäre ein solches ausländisches Werbeverbot von deutschen Gerichten nach der Marktorttheorie anzuwenden, dann ist fraglich, ob sie durch Art. 6 S. 2 EGBGB i.V.m. Art. 26 Rom II-VO daran gehindert wären, weil dieses ausländische Werbeverbot mit einem Grundrecht und deshalb mit dem deutschen ordre public unvereinbar wäre.

22 Auch im umgekehrten Fall, dass ein **deutsches** Werbeverbot in dem an sich anzuwendenden ausländischen Recht kein Pendant findet, stellt sich die Frage, ob ausländisches Recht nicht anzuwenden wäre, wenn das deutsche Werbeverbot auf Grundrechte gestützt wird. Zu denken ist z.B. an die berühmte Benetton-Werbung, die der BGH wegen eines Verstoßes gegen die **Menschenwürde** wettbewerbsrechtlich untersagt hat.[34] Das BVerfG hat allerdings in diesem Verfahren eine Verletzung der Menschenwürde verneint.[35] Wäre über solche Benetton-Werbung im Ausland zu befinden gewesen, und wäre diese Werbung nach ausländischem Recht zulässig gewesen, dann hätte sich die Frage gestellt, ob deutsche Gerichte bei Zugrundelegung der Ansicht des BGH zur Menschenwürde dieses ausländische Recht nach Art. 6 S. 2 EGBGB i. V. m. Art. 26 Rom II-VO nicht hätten anwenden dürfen.

23 Das aufgezeigte Dilemma ist natürlich nicht unbemerkt geblieben. Denkbar sind zwei Möglichkeiten, um zu vernünftigen Ergebnissen zu gelangen:

(1) Entweder man reduziert des Anwendungsbereich von Art. 6 S. 2 EGBGB dahingehend, dass – entgegen dem Wortlaut – **nicht alle** »Grundrechtsverstöße« mit dem ordre public unvereinbar sind.

(2) Oder man reduziert die Reichweite der Grundrechte bei Sachverhalten mit Auslandsbezug.

24 Einer Reduktion des Art. 6 S. 2 EGBGB auf **schwere** Grundrechtsverstöße steht wohl z.Zt. noch die Rechtsprechung des BVerfG, insbesondere der sog. Spanier-

19.07.2018 – IX ZB 10/18, GRUR 2018, 1074 – Deutsche Vernichtungslager in Polen.

34 BGH, 06.07.1995 – I ZR 180/94, GRUR 1995, 600, 601 = WRP 1995, 686 – H.I.V. POSITIVE (Sittenwidrigkeit der Werbung, weil sie »in grober Weise gegen die Grundsätze der Wahrung der Menschenwürde verstößt«); trotz Kritik des BVerfG hat der BGH diese Ansicht bestätigt in BGH, 06.12.2001 – I ZR 284/00, GRUR 2002, 360, 364 = WRP 2002, 434, 439 f. – H.I.V. POSITIVE II.

35 BVerfG, 12.12.2000 – 1 BvR 1762 u. 1787/95, GRUR 2001,170, 174 f. = WRP 2001, 129 – Schockwerbung; BVerfG, 11.03.2003 – 1 BvR 426/02, GRUR 2003, 442, 443 = WRP 2003, 633 – Benetton-Werbung II; kritisch dazu *Ahrens,* in: Harte/Henning, UWG[4], Einl. F Rn. 77 ff., 83, 94.

beschluss von 1971, entgegen, [36] obwohl sich die Rechtslage inzwischen nicht unerheblich geändert hat, weil der Anwendungsbereich der Grundrechte durch die Rechtsprechung des BVerfG nach und nach ganz erheblich ausgeweitet worden ist. Nach h.M. ist eine Grundrechtsverletzung stets ein »**offensichtlicher**« Verstoß gegen wesentliche Grundsätze des deutschen Rechts.[37] Es dürfe nicht zwischen **tragbaren** und **untragbaren** Grundrechtsverletzungen unterschieden werden.[38]

25 Deshalb muss das Problem durch eine entsprechende **Auslegung der Grundrechte** gelöst werden.[39] Nach Ansicht des BVerfG ist im Einzelfall zu prüfen, ob und inwieweit das betroffene Grundrecht »nach Wortlaut, Inhalt und Funktion unter Berücksichtigung **der Gleichstellung anderer Staaten und der Eigenständigkeit ihrer Rechtsordnungen** für auslandbezogene Sachverhalte Geltung erlangt«.[40] Eine uneingeschränkte Durchsetzung innerstaatlicher Grundrechte »in ganz oder überwiegend auslandbezogenen Sachverhalten (würde) nach der Rechtsprechung des BVerfG den Sinn des Grundrechtsschutzes verfehlen«.[41] Deshalb verlangt Art. 6 S. 2 EGBGB nach der Amtlichen Begründung zur EGBGB-Novelle von 1986 eine »differenzierende Anwendung der Grundrechte bei Sachverhalten mit Auslandsbezug«. [42]

26 Das bedeutet: **Nicht jede** Anwendung ausländischen Rechts, die bei einem **Inlandsfall** grundrechtswidrig wäre, widerspricht dem deutschen ordre public i. S. v. Art. 6 S. 2 EGBGB.[43] Für die Frage nach dem Geltungsanspruch des

36 BVerfG, 04.05.1971 – 1 BvR 636/68, BVerfGE 31, 58, 86 (gekürzt in NJW 1971, 1509) – Spanierbeschluss.

37 Vgl. die Begr. Reg.-Entw. zur EGBGB-Novelle 1986, BT-Drucks. 10/504, S. 44 l. Sp. unten; *Looschelders,* RabelsZ 65 (2001), 463, 478; vgl. auch BGH, 14.10.1992 – XII ZB 18/92, BGHZ 120, 29, 34; anders früher BGH, 12.02.1964 – IV AR (VZ) 39/63, BGHZ 41, 136, 151 = NJW 1964, 976; BGH, 29.04.1964 – IV ZR 93/63, BGHZ 42, 7, 12 ff. = NJW 1964, 2013; BGH, 18.06.1970 – IV ZB 6/70, BGHZ 54, 132.

38 BVerfG, 04.05.1971 – 1 BvR 636/68, BVerfGE 31, 58, 86 – Spanierbeschluss (insoweit nicht in NJW 1971, 1509 ff. abgedruckt); *Looschelders,* RabelsZ 65 (2001), 463, 479.

39 BVerfG, 04.05.1971 – 1 BvR 636/68, BVerfGE 31, 58, 86 f. – Spanierbeschluss.

40 So BVerfG, 04.05.1971 – 1 BvR 636/68, BVerfGE 31, 58, 86 f. – Spanierbeschluss (insoweit nicht in NJW 1971 abgedruckt).

41 So BVerfG, 04.05.1971 – 1 BvR 636/68, BVerfGE 31, 58, 77 = NJW 1971, 1509, 1512; vgl. auch *Heldrich,* in: BGH-FS II, 2000, S. 733, 754.

42 Begr. Reg.-Entw. zur EGBGB-Novelle 1986, BT Drucks. 10/504, S. 44; BVerfG, 04.05.1971 – 1 BvR 636/68, BVerfGE 31, 58, 77 = NJW 1971, 1509, 1512.

43 Begr. Reg.-Entw. zur EGBGB-Novelle 1986, BT-Drucks. 10/504, S. 44; BVerfG, 04.05.1971 – 1 BvR 636/68, BVerfGE 31, 58, 86 f.; *Thorn,* in: Palandt, BGB[78] Art. 6 EGBGB Rn. 7.

jeweiligen Grundrechts bei Fällen mit Auslandsbezug ist erheblich, ob sie einen **starken oder nur einen schwachen Inlandbezug** aufweisen.[44]

27 Einer zu weitreichenden Ausdehnung des nationalen ordre public würde auch die **gemeinschaftsrechtsautonome** Auslegung des Begriffs **»öffentliche Ordnung«** in Art. 26 Rom II-VO Grenzen setzen.[45] Insoweit hat Art. 26 Rom II-VO als Teil des europäischen Rechts Vorrang vor nationalem Recht, auch vor den deutschen Grundrechten i.S.v. Art. 6 S. 2 EGBGB.

28 Zur bisherigen Rechtsprechungspraxis der Gerichte ist anzumerken, dass im internationalen **Lauterkeitsrecht** soweit ersichtlich noch nie die Anwendung ausländischen Rechts an dem Grundrechtsvorbehalt des Art. 6 S. 2 EGBGB gescheitert ist. Eine dogmatische Aufarbeitung des Problems hat bisher allerdings noch nicht stattgefunden.

IV. Die europäische Grundrechtscharta und die EMRK

29 Das zu den Grundrechten des deutschen Grundgesetzes Gesagte gilt entsprechend für die in der europäischen Grundrechtscharta geregelten Grundrechte und die in der EMRK geregelten Menschrechte.[46] Sie gehören zwar nicht zu den Grundrechten i.S.v. Art. 6 EGBGB, sind jedoch – wie die deutschen Grundrechte – ebenfalls Teil der wesentlichen Grundsätze des **deutschen** Rechts i.S.v. Art. 6 EGBGB.[47]

---

44 Begr. Reg.-Entw. zur EGBGB-Novelle 1986, BT-Drucks. 10/504, S. 43 r. Sp. unten; BVerfG, 04.05.1971 – 1 BvR 636/68, BVerfGE 31, 58, 77 = NJW 1971, 1509, 1512 – Spanierbeschluss; BVerfG, 23.04.1991 – 1 BvR 1170, 1174 u.1175/90. NJW 1991, 1597, 1600; BVerfG, 01.07.1999 – 1 BvR 2226/94, 2420, 2437/95, BVerfGE 100, 313, 363 f.; BGH, 17.02.1958 – IV ZB 107/58, BGHZ 28, 375, 385; BGH, 08.03.1963 – Ib ZR 87/61, BGHZ 39, 220, 232; BGH, 30.10.1974 – IV ZR 18/73, BGHZ 63, 219, 226; BGH, 04.06.1992 – IX ZR 149/91, BGHZ 118, 312, 349 = NJW 1992, 3096; BGH, 14.10.1992 – XII ZB 18/92, BGHZ 120, 29, 34 f.; ebenso die h.L., vgl. *Hausmann/Obergfell*, in: Fezer/Büscher/Obergfell, UWG[3], IntLautPrivatR Rn. 260; *Heldrich* in BGH-FS II, 2000, S. 733, 754; *Mörsdorf*, in: Prütting/Wegen/Weinreich, BGB[13], Art. 6 EGBGB Rn. 1, 15 f.; *Mankowski*, in: MünchKommUWG[2], IntWettbR Rn. 364 ff.; *Sack*, WRP 2008, 845, 964; gegen diese Einschränkung *Looschelders*, RabelsZ 65 (2001) 463, 474 f., 491.

45 Vgl. zur gleichgelagerten Problematik in Art. 27 EuGVÜ (jetzt Art. 34 EuGVVO) EuGH, 28.03.2000 – C-7/98, Slg. 2000, I-1935 Rn. 22, 23, 37 – Krombach/Bamberski; EuGH, 11.05.2000 – C-38/98, Slg. 2000, I-2973 Rn. 27, 28 – Renault/Maxicar.

46 Vgl. *Hausmann/Obergfell*, in: Fezer/Büscher/Obergfell, UWG[3], IntLautPrivatR Rn. 260 a.E.

47 Ebenso im Erg. *Hausmann/Obergfell*, in: Fezer/Büscher/Obergfell, UWG[3], IntLautPrivatR Rn. 260 a.E.

Teil 2 Sachnormen des internationalen Lauterkeitsrechts

Kapitel 12 Die europäische Warenverkehrsfreiheit der Art. 34, 36 AEUV

Übersicht

I. Der Verbotstatbestand des Art. 34 AEUV

1 Das Lauterkeitsrecht der Mitgliedstaaten wird bei grenzüberschreitenden Sachverhalten innerhalb der EG durch die europäische Warenverkehrsfreiheit i.S.d. Art. 34, 36 AEUV eingeschränkt. Diese Vorschriften haben keine Auswirkungen auf das Kollisionsrecht, sondern setzen einfuhrbehindernden **Sachnormen** der Mitgliedstaaten Grenzen.[1]

2 Art. 34 AEUV untersagt **mengenmäßige** Einfuhrbeschränkungen sowie alle **Maßnahmen gleicher Wirkung** zwischen den Mitgliedstaaten der EU.

3 **Mengenmäßige** Einfuhrbeschränkungen sind **Kontingente**, die das Lauterkeitsrecht nicht kennt. Fraglich ist jedoch, ob und unter welchen Voraussetzungen Verbote des Lauterkeitsrechts »**Maßnahmen gleicher Wirkung**« wie mengenmäßige Einfuhrbeschränkungen sind.

1. »Maßnahmen« i. S. v. Art. 34 AEUV

4 Das sind alle **staatlichen** Maßnahmen, d.h.
- Gesetze und Verordnungen,
- Gerichtsentscheidungen,
- Verwaltungshandeln.

1 Vgl. EuGH, 22.06.1994 – C-9/93, Slg. 1994, I-2789 Rn. 22, 23 = GRUR Int. 1994, 614 – IHT Internationale Heiztechnik/Danzinger (»Ideal Standard«); vgl. auch *Sack,* WRP 1994, 281 ff.; *ders.*, WRP 2000, 269 ff., 280 f.; *ders.*, in: FS für Egon Lorenz, 2004, S. 659, 663 f. m. w. Nachw. in Fußn. 11; *Fezer*, JZ 1994, 324; *Fezer/Koos*, in: Staudinger, Internationales Wirtschaftsrecht (2015), Rn. 425; *Köhler*, in: Köhler/Bornkamm/Feddersen, UWG[37], Einl UWG Rn. 5.4; a.A. *Basedow,* NJW 1996, 1921, 1922 (I.4.), 1927 (V.); *Dethloff,* Europäisierung des Wettbewerbsrechts, 2001, S. 268 ff.

Unerheblich ist, ob sie vom Bund, von den Ländern oder von Gemeinden stammen. Auch Handlungen privatrechtlicher Gesellschaften, an denen der Staat beteiligt ist, bewertet der EuGH als »Maßnahmen«, so z.B. den Aufruf einer irischen »GmbH«, an der der Staat beteiligt war, zum Kauf irischer Waren: »Buy Irish«.[2] 5

2. Maßnahmen »gleicher Wirkung«

6 Der EuGH hat in seiner Dassonville-Entscheidung von 1974 aus Art. 30 EWGV (später Art. 28 EG, jetzt Art. 34 AEUV) ein umfassendes Verbot von Einfuhrbehinderungen in der EWG (EG, EU) abgeleitet.[3] Dieses hat er in seiner Entscheidung »Keck und Mithouard« von 1993 erheblich eingeschränkt. Auf nationale Beschränkungen bestimmter Verkaufsmodalitäten sei Art. 30 EWGV nicht anwendbar, sofern die betreffenden Regelungen für alle Wirtschaftsteilnehmer gelten, die ihre Tätigkeit im Inland ausüben, und sofern sie den Absatz der inländischen Erzeugnisse aus anderen Mitgliedstaaten rechtlich wie tatsächlich in der gleichen Weise berühren.[4] Regelungen von Verkaufsmodalitäten wurden also nur noch mit Art. 30 EWGV erfasst, wenn sie Wirtschaftsteilnehmer oder ausländische Waren **diskriminieren**. Diese Entscheidung hatte erhebliche Auswirkungen auch auf das Wettbewerbs- und Werberecht. Denn Beschränkungen von Werbung, die mit den angepriesenen Waren körperlich nicht verbunden ist, d.h. Werbung in Zeitungen und Zeitschriften, Rundfunk- und Fernsehwerbung, Schaufensterwerbung und Werbung in Geschäftslokalen, wurden nicht mehr vom Verbot des Art. 30 EWGV erfasst. Diese Einschränkung des Anwendungsbereichs dieser Vorschrift hat der EuGH wahrscheinlich in zwei Entscheidungen von 2009 zu nationalen **Benutzungsbeschränkungen** wieder rückgängig gemacht. Diese Entwicklung der Rechtsprechung des EuGH zur europäischen Warenverkehrsfreiheit soll im Folgenden näher dargelegt werden.

a) Mehrdeutigkeit des Begriffs »Maßnahmen gleicher Wirkung« in Art. 34 AEUV

7 Nach Art. 34 AEUV sind mengenmäßige Einfuhrbeschränkungen sowie alle Maßnahmen gleicher Wirkung verboten. Die Auslegung des Begriffs »Maßnahmen gleicher Wirkung« ist problematisch. Denn das Verbot des Art. 34 AEUV

2 EuGH, 24.11.1982 – Rs. 249/81, Slg. 1982, 4005 – Kommission/Irland (»Buy Irish«).
3 EuGH, 11.07.1974 – Rs. 8/74, Slg. 1974, 837 Rn. 5 = GRUR Int. 1974, 467 – Dassonville.
4 EuGH, 24.11.1993 – C-267/91, Slg. 1993, I-6097 Rn. 16 = GRUR 1994, 269 = WRP 1994, 99 – Keck und Mithouard.

ist mehrdeutig. Es lässt offen, auf welche **Wirkungen** von mengenmäßigen Einfuhrbeschränkungen es sich bezieht.[5]

(1) Zum einen sind mengenmäßige Beschränkungen dadurch gekennzeichnet, dass sie ausländische Waren gegenüber inländischen **diskriminieren**. Wenn man auf diese »Wirkungen« mengenmäßiger Beschränkungen abstellt, dann enthält Art. 34 AEUV ein Diskriminierungsverbot.[6]

(2) Eine weitere Wirkung mengenmäßiger Beschränkungen besteht darin, dass die Einfuhr ausländischer Waren **behindert** wird. Hält man diese Wirkung für die Auslegung des Begriffs »Maßnahmen gleicher Wirkung« für maßgeblich, dann erfasst Art. 34 AEUV **alle** nationalen Maßnahmen, die geeignet sind, das Einfuhrvolumen von Waren aus anderen Mitgliedstaaten zu beschränken.[7]

(3) Mengenmäßige Einfuhrbeschränkungen haben ferner den Zweck und die Wirkung, die Einfuhr bestimmter Waren ganz oder teilweise zu **versperren**.[8]

(4) Schließlich haben mengenmäßige Beschränkungen den Zweck und die Wirkung, das Einfuhrvolumen **spürbar** zu beschränken.[9]

b) Die EuGH-Entscheidung »Dassonville« von 1974

aa) Grundsatz: Art. 30 EWGV als umfassendes Beschränkungsverbot

8 In seiner grundlegenden Dassonville-Entscheidung von 1974 hat sich der EuGH für die weiteste Variante der Auslegung von Art. 30 EWGV entschieden. Danach gehört zu den Maßnahmen gleicher Wirkung »jede Handelsregelung der Mitgliedstaaten, die geeignet ist, den innergemeinschaftlichen Handel unmittelbar oder mittelbar, tatsächlich oder potentiell zu behindern«.[10]

9 Diese sog. **Dassonville-Formel** umfasst nicht nur diskriminierende Einfuhrbeschränkungen, sondern auch **unterschiedslos** anwendbare Regelungen, die die Einfuhr aus anderen Mitgliedstaaten behindern.[11] Die Anwendbarkeit von Art. 30 EWGV auf Einfuhrbehinderungen durch unterschiedslos anwendbare

5 Vgl. *Sack,* WRP 1998, 103 (114).

6 Vgl. *Kingreen,* EWS 2006, 488 (492 f.); *Rauber,* ZEuS 2010, 15 (36 ff.).

7 So EuGH, 11.07.1974 – Rs. 8/74, Slg. 1974, 837 Leits. u. Rn. 5 = GRUR Int. 1974, 467 – Dassonville.

8 Vgl. zu dieser Formulierung EuGH, 24.11.1993 – C-267/91 und C-268/91, Slg. 1993, I-6097 Rn. 17 = GRUR 1994, 296 = WRP 1994, 99 – Keck und Mithouard; EuGH, 02.12.2010 – C-108/09, Slg. 2010, I-12213 Rn. 51 = GRUR 2011, 243 – Ker-Optika; dazu *Frenz,* WRP 2011, 1034 (1041).

9 Vgl. *Sack,* EWS 2011, 265, 278 ff. m.w.Nachw. in Fußn. 160.

10 EuGH, 11.07.1974 – Rs. 8/74, Slg. 1974, 837 Leits. und Rn. 5 = GRUR In. 1974, 467 – Dassonville.

11 Der Dassonville-Fall betraf allerdings eine diskriminierende Einfuhrbeschränkung.

nationale Regelungen hat der EuGH allerdings entgegen einer verbreiteten Ansicht nicht erst in seiner Entscheidung »Cassis de Dijon« von 1979 [12] festgestellt, sondern schon zuvor in mehreren Entscheidungen zu Vorschriften des gewerblichen Rechtsschutzes, die er als »Maßnahmen gleicher Wirkung« bewertet hat.[13] Bereits wenige Tage vor seiner Dassonville-Entscheidung hatte der EuGH Art. 30 EWGV in seiner – inzwischen allerdings überholten – Entscheidung »HAG I« vom 03.07.1974 auf eine nicht-diskriminierende markenrechtliche Einfuhrbehinderung angewendet.[14] Die grundlegende Bedeutung der Entscheidung »Cassis de Dijon« liegt in der Anerkennung von Einschränkungen bzw. Ausnahmen vom grundsätzlichen Verbot von »Maßnahmen gleicher Wirkung«. Sie wurden in dieser Entscheidung für zulässig erklärt, wenn sie »notwendig sind, um zwingenden Erfordernissen gerecht zu werden…«, zu denen der EuGH u.a. auch den Schutz der Verbraucher und der Lauterkeit des Handelsverkehrs rechnet (sog. Cassis-Doktrin).[15]

10 Auf dem Gebiet des Rechts gegen den unlauteren Wettbewerb hat der EuGH inzwischen in mehr als 30 Entscheidungen geprüft, ob bestimmte **lauterkeitsrechtliche** Verbote geeignet waren, die Absatzmöglichkeiten für eingeführte Erzeugnisse zu beschränken.[16] Davon werden im Folgenden drei Entscheidungen genannt, die **vertriebsbezogene** Regelungen (Regelungen von Verkaufsmodalitäten) betrafen. Denn diese Fallgruppe war von der unter Rdn. 23 ff. zu besprechenden **Keck-Entscheidung** von 1993 betroffen, wonach Regelungen von Verkaufsmodalitäten nur dann »Maßnahmen gleicher Wirkung« sind, wenn sie ausländische Waren mehr belasten als inländische.

11 In der **Oosthoek**-Entscheidung vom 15.12.1982 ging es u.a. um die Frage, ob ein niederländisches Zugabeverbot die Einfuhr von Nachschlagewerken,

---

12 EuGH, 20.02.1979 – C-120/78, Slg. 1979, 649 = GRUR Int. 1979, 468 – Cassis de Dijon.

13 Vgl. EuGH, 31.10.1974 – Rs. 16/74, Slg. 1974, 1183 = GRUR Int. 1974, 456 – Centrafarm/Winthrop (»NEGRAM III«); EuGH, 22.06.1976 – Rs. 119/75, Slg. 1976, 1039 = GRUR Int. 1976, 402 – Terranova/Terrapin; EuGH, 23.05.1978 – Rs. 102/77, Slg. 1978, 1139 = GRUR Int. 1978, 291 – Hoffmann-La Roche/Centrafarm; EuGH, 10.10.1978 – Rs. 3/78, Slg. 1978, 1823 = GRUR Int. 1979, 99 – Centrafarm/American Home Products.

14 EuGH, 03.07.1974 – Rs. 192/73, Slg. 1974, 731 = GRUR Int. 1974, 338 – HAG I; diese Entscheidung zur Reichweite des aus Art. 30, 36 EWGV abgeleiteten Erschöpfungsgrundsatzes wurde in dem entscheidenden Punkt im praktischen Ergebnis rückgängig gemacht durch die EuGH-Entscheidung »HAG II« vom 17.10.1990 – C-10/09, Slg. 1990, I-3711 = GRUR Int. 1990, 960.

15 EuGH, 20.02.1979 – Rs. 120/78, Slg. 1979, 645 Rn. 8 = GRUR Int. 1979, 468 – Cassis de Dijon.

16 Vgl. *Sack,* GRUR 1998, 871.

die in Belgien hergestellt worden sind, behindert und deshalb nach Art. 30 EWGV verboten ist.[17] Dazu stellte der EuGH in Rn. 15 fest: »Eine Regelung, die bestimmte Formen der Werbung und bestimmte Methoden der Absatzförderung beschränkt oder verbietet, kann – obwohl sie die Einfuhren nicht unmittelbar regelt – geeignet sein, das Einfuhrvolumen zu beschränken, weil sie die Absatzmöglichkeiten für eingeführte Erzeugnisse beeinträchtigt. Es ist nicht auszuschließen, dass der für den betroffenen Unternehmer bestehende Zwang, sich entweder für die einzelnen Mitgliedstaaten unterschiedlicher Systeme der Werbung und Absatzförderung zu bedienen oder ein System, das er für besonders wirkungsvoll hält, aufzugeben, selbst dann ein Einfuhrhindernis darstellen kann, wenn eine solche Regelung unterschiedslos für inländische und eingeführte Erzeugnisse gilt.« Anschließend prüfte und bejahte der EuGH in den Rn. 16 ff. die Frage, ob das streitige niederländische Zugabeverbot durch Erfordernisse des Verbraucherschutzes und der Lauterkeit des Handelsverkehrs gerechtfertigt sei.

12 In seiner Entscheidung »**GB-Inno-BM**« vom 07.03.1990 bewertete der EuGH ein luxemburgisches Verbot von Sonderangeboten mit Eigenpreisvergleichen als »Maßnahme gleicher Wirkung« i.S.v. Art. 30 EWGV, die nicht gerechtfertigt sei.[18]

13 In der Entscheidung »**Yves Rocher**« vom 18.05.1993 hielt der EuGH das damalige deutsche Verbot der Werbung mit Eigenpreisvergleichen (§ 6 dUWG a.F.), soweit es Waren aus anderen Mitgliedstaaten betraf, für eine Maßnahme gleicher Wirkung. Denn dieses Verbot sei, obwohl es die Einfuhr nicht unmittelbar regle, geeignet, die Absatzmöglichkeiten für die eingeführten Erzeugnisse zu beeinträchtigen und damit das Einfuhrvolumen zu beschränken. Der für einen Unternehmer bestehende Zwang, sich entweder für die einzelnen Mitgliedstaaten unterschiedlicher Systeme der Werbung und Absatzförderung zu bedienen, oder das System, das er für besonders wirkungsvoll hält, aufzugeben, könne selbst dann ein Einfuhrhindernis darstellen, wenn eine solche Regelung unterschiedslos für inländische und für eingeführte Erzeugnisse gelte. Deshalb sei es eine Maßnahme gleicher Wirkung i.S.v. Art. 30 EWGV. Sie sei nicht zum Schutze der Verbraucher und der Lauterkeit des Handelsverkehrs gerechtfertigt, da sie auch Werbung betreffe, die nicht irreführend sei und die Wettbewerbsbedingungen nicht verfälschen könne.[19]

---

17 EuGH, 15.12.1982 – Rs. 286/81, Slg. 1982, 4575 Rn. 9, 14 f. = GRUR Int. 1983, 648 – Oosthoek.

18 EuGH, 07.03.1990 – C-362/88, Slg. 1990, I-667 Rn. 17 = GRUR Int. 1990, 955 – GB-Inno-BM.

19 EuGH, 18.05.1993 – C-126/91, Slg. 1993, I-2361 Rn. 10, 15 ff. = GRUR 1993, 763 – Yves Rocher; kritisch dazu *Sack*, GRUR 1998, 871 (877 f.).

bb) Ausnahmen für bestimmte vertriebsbezogene Regelungen?

14 Von der Dassonville-Formel hat der EuGH bei einigen **vertriebsbezogenen** Regelungen Ausnahmen von der weiten Dassonville-Formel gemacht.[20] Diese hat er zum Teil gar nicht und zum Teil mit Begründungen gerechtfertigt, die nicht zu seiner Rechtsprechung in anderen Fällen passten, die er unter Art. 30 EWGV subsumiert hat. Im Ergebnis verdienen die im Folgenden genannten Entscheidungen jedoch Zustimmung, denn die betreffenden Einfuhrbeschränkungen hätten mit der Cassis-Doktrin (unten Kap. 12 Rdn. 88 ff.) gerechtfertigt werden können.

15 (1) Nicht als »Maßnahme gleicher Wirkung« bewertete der EuGH in seiner Entscheidung »**Oebel**« vom 14.07.1981 die der Sicherung des deutschen Nachtbackverbots dienende Regelung der Zeiten für die Abgabe, das Austragen und das Ausfahren von Bäcker- und Konditorwaren an einzelne Verbraucher oder Einzelhandelsstellen.[21] Dies bewirke keine Beschränkung der Einfuhr zwischen den Mitgliedstaaten. In diesem Falle bleibe »der innergemeinschaftliche Handel nämlich jederzeit möglich, unter dem einzigen Vorbehalt, dass die Lieferung an die Verbraucher und den Einzelhandel für sämtliche Hersteller unabhängig von ihrem Niederlassungsort in der gleichen Weise beschränkt ist«.

16 Diese Argumentation überzeugt nicht. Zwar hat der EuGH festgestellt, dass die betreffenden Maßnahmen nicht diskriminierend seien. Sie beschränken jedoch zweifellos die rechtzeitige Einfuhr aus angrenzenden Mitgliedstaaten, was sich bei Bäcker- und Konditorwaren auf das Absatzvolumen im Einfuhrland erheblich auswirken kann. Das Ergebnis der Entscheidung verdient jedoch Zustimmung. Es wäre mit Hilfe der Cassis-Doktrin zu erzielen gewesen.

17 (2) In seiner Entscheidung »**Blesgen**« vom 31.3.1982 bewertete der EuGH das belgische Verbot des Verkaufs von hochprozentigen Alkoholika auf öffentlichen Straßen und Plätzen nicht als »Maßnahme gleicher Wirkung« i.S.v. Art. 30 EWGV. Denn diese Regelung verbiete nur den Verkauf von Getränken mit höherem Alkoholgehalt an Orten, die der Öffentlichkeit zugänglich sind, nicht aber andere Formen des Vertriebs derartiger Getränke. Eine derartige gesetzgeberische Maßnahme stehe »in keinem Zusammenhang mit der Einfuhr von Waren und ist aus diesem Grunde nicht geeignet, den Handel zwischen den Mitgliedstaaten zu beeinträchtigen«.[22]

18 Dem ist entgegenzuhalten, dass die betreffende Regelung durchaus geeignet ist, das Absatzvolumen höherprozentiger Alkoholika und damit auch deren Ein-

20 Ausführlich dazu *Sack*, EWS 1994, 37 (39 f.).
21 EuGH, 14.07.1981 – Rs. 155/80, Slg. 1981, 1993 Rn. 20 = NJW 1981, 1885 – Oebel.
22 EuGH, 31.03.1982 – Rs. 75/81, Slg. 1982, 1211 Rn. 9 – Blesgen.

fuhrvolumen zu beschränken. Nach der Dassonville-Formel ist es nicht erforderlich, dass die betreffende staatliche Maßnahme einen »Zusammenhang mit der Einfuhr der Waren« aufweist. Ein solcher ist nicht notwendig, um den innergemeinschaftlichen Handel zu beeinträchtigen. So weisen z.B. Qualitätsregelungen oder Kennzeichnungsvorschriften, die als produktbezogene Regelungen nach ständiger Rechtsprechung des EuGH und nach einhelliger Meinung zu den »Maßnahmen gleicher Wirkung« gehören, in der Regel keinen Zusammenhang mit der Einfuhr von Waren auf. Auch in seinen lauterkeitsrechtlichen Entscheidungen hat er keinen solchen Zusammenhang gefordert. Er lag auch nicht vor. Im Ergebnis ist dem EuGH jedoch wieder zuzustimmen. Es wäre mit der Cassis-Doktrin zu erzielen gewesen.

19 (3) In mehreren Entscheidungen meinte der EuGH, dass das Verbot des Verkaufs nicht verbotener Sexartikel in nicht konzessionierten Ladengeschäften den Handel zwischen den Mitgliedstaaten nicht behindern könne. Denn solche staatlichen Regelungen der »Modalitäten des Absatzes« stünden »in keinem Zusammenhang mit dem innergemeinschaftlichen Handelsverkehr«.[23]

20 Auch diese Entscheidungen verkennen, dass solche staatlichen Maßnahmen, auch wenn sie in keinem Zusammenhang mit dem innergemeinschaftlichen Handelsverkehr stehen, durchaus geeignet sein können, das inländische Absatzvolumen und damit auch das Einfuhrvolumen zu beeinträchtigen. Wiederum hätte die Cassis-Doktrin die richtige Begründung des vom EuGH gefundenen Ergebnisses erlaubt. Bemerkenswert ist noch, dass in der Entscheidung »Quietlynn« von 1990 der Begriff »**Modalitäten des Absatzes**« eines Rolle spielte, der später in der Entscheidung »Keck und Mithouard« von 1993 zentrale Bedeutung erlangt hat.[24]

21 (4) Ferner hat der EuGH in seiner **Torfaen**-Entscheidung vom 23.11.1989 festgestellt, dass das britische Sonntagsverkaufsverbot keine »Maßnahme gleicher Wirkung« sei. Solche Regelungen seien Ausdruck bestimmter politischer und wirtschaftlicher Entscheidungen, da sie eine Verteilung der Arbeitszeiten und der arbeitsfreien Zeiten sicherstellen sollen, die den landesweiten oder regionalen sozialen und kulturellen Bedingungen angepasst sind. Außerdem seien sie nicht dazu »bestimmt«, die Handelsströme zwischen den Mitgliedstaaten zu regeln.[25]

---

23 EuGH, 11.07.1990 – C-23/89, Slg. 1990, I-3059 Rn. 9 – 11 – Quietlynn; EuGH, 07.05.1991 – C-350/89, Slg. 1991, I-2387 – Sheptonhurst (abgekürzte Veröffentlichung ohne Entscheidungsgründe).

24 EuGH, 11.07.1990 – C-23/89, Slg. 1990, I-3059 Rn. 10 – Quietlynn.

25 EuGH, 23.11.1989 – C-145/88, Slg. 1989, 3851 Rn. 13, 14 – Torfaen Borough Council.

22 Ein solches **finales** Element findet sich allerdings nicht in der Dassonville-Formel[26] und im Torfaen-Fall und es ist auch nach einhelliger Meinung irrelevant.[27] Es genügt die **Eignung**, den innergemeinschaftlichen Handel zu behindern. Das Sonntagsverkaufsverbot war jedoch als zwingendes Erfordernis des Allgemeininteresses im Sinne der Cassis-Doktrin gerechtfertigt.

c) Die EuGH-Entscheidung »Keck und Mithouard« von 1993

aa) Änderung der Rechtsprechung

23 In seiner Entscheidung »Keck und Mithouard« vom 13.11.1993 hat der EuGH seine Rechtsprechung zur Auslegung des Begriffs »Maßnahmen gleicher Wirkung« in Art. 30 EWGV **geändert**.[28] In Rn. 16 führte er aus:

> »Demgegenüber ist **entgegen** der bisherigen Rechtsprechung die Anwendung nationaler Bestimmungen, die **bestimmte Verkaufsmodalitäten** beschränken oder verbieten, auf Erzeugnisse aus anderen Mitgliedstaaten nicht geeignet, den Handel zwischen den Mitgliedstaaten im Sinne des Urteils Dassonville (Urteil vom 11. Juli 1974 in der Rechtssache 8/74 Slg. 1974, 837) unmittelbar oder mittelbar, tatsächlich oder potentiell zu behindern, sofern diese Bestimmungen für alle Wirtschaftsteilnehmer gelten, die ihre Tätigkeit im Inland ausüben, und sofern sie den Absatz der inländischen Erzeugnisse und der Erzeugnisse aus anderen Mitgliedstaaten rechtlich wie tatsächlich in der gleichen Weise berühren.«

24 Unter diesen Voraussetzungen sei – so Rn. 17 – »die Anwendung derartiger Regelungen auf den Verkauf von Erzeugnissen aus einem anderen Mitgliedstaat, die den von diesem Staat aufgestellten Bedingungen entsprechen, nicht geeignet, den Marktzugang für diese Erzeugnisse zu versperren oder stärker zu behindern, als sie dies für inländische Erzeugnisse tut«.[29]

---

26 Zutreffend *Mayer*, EuR 2003, 793 (811).

27 Vgl. *Becker*, in: Schwarze, EU-Kommentar[4], Art. 34 AEUV Rn. 39; *Geiger/Khan/Kotzur*, Europarecht, 6. Aufl. 2017, Art. 34 AEUV Rn. 9; *Oppermann/Classen/Nettesheim*, Europarecht, 8. Aufl. 2018, § 22 Rn. 30.

28 EuGH, 24.11.1993 – C-267/91 u. C.268/91, Slg. 1993, I-6097 Rn. 16, 17 = GRUR 1994, 296 = WRP 1994, 99 – Keck und Mithouard.

29 Ebenso EuGH, 05.12.1993 – C-292, Slg. 1993, I-6787 Rn. 23 = GRUR 1994, 299 = WRP 1994, 297 – Hünermund; EuGH, 10.11.1994 – C-320/93, Slg. 1994, I-5243 Rn. 9, 10 = EuZW 1995, 86 – Ortscheit; EuGH, 09.02.1995 – C-384/93, Slg. 1995, I-179 Rn. 20 ff. = GRUR Int. 1995, 496 = WRP 1995, 470 – Leclerc-Siplec; EuGH, 29.06.1995 – C-391/92, Slg. 1995, I-1621 Rn. 14 ff. = EWS 1995, 270 – Säuglingsnahrung; EuGH, 09.07.1997 – C-34 bis 36/96, Slg. 1997, I-3843 Rn. 39, 42 ff.= GRUR Int. 1997, 913 = WRP 1998, 145 – De Agostini; EuGH, 13.01.2000 – C-254/98, Slg. 2000, I-151 Rn. 24 ff.= WRP 2000, 293 – TK-Heimdienst; EuGH, 08.03.2001 – C-405/98, Slg. 2001, I-1795 Rn. 21, 25 = GRUR Int. 2001, 553 – Konsumentenombudsmannen/Gourmet International Products; EuGH,

25 Nach der Keck-Doktrin des EuGH waren folgende **Fallgruppen** zu unterscheiden:

(1) Diskriminierende Maßnahmen

26 Verboten nach Art. 34 AEUV sind diskriminierende staatliche Maßnahmen. Dazu können auch diskriminierende Regelungen von Verkaufsmodalitäten gehören. Das Verbot diskriminierender staatlicher Maßnahmen hat erheblich an Bedeutung gewonnen, seit der EuGH nicht-diskriminierende staatliche Regelungen von **Verkaufsmodalitäten** vom Verbot des Art. 28 EG ausgenommen hat. Er lässt nun für die Anwendung von Art. 34 AEUV auch **faktische Diskriminierungen** genügen. In manchen Fällen war allerdings seine Ansicht, dass bestimmte Werbe- und Vertriebsverbote faktisch diskriminieren, sehr weit hergeholt,[30] z. B.

- beim deutschen Verbot der Werbung für in Deutschland nicht zugelassene Arzneimittel,[31]
- beim schwedischen Werbeverbot für Alkoholika,[32]
- beim Versandhandelsverbot des § 43 AMG, das die außerhalb von Deutschland ansässigen Apotheken stärker treffe als die in Deutschland ansässigen,[33]
- beim ungarischen Vertriebsverbot für Kontaktlinsen außerhalb von Fachgeschäften, z.B. im Versandhandel.[34]

11.12.2003 – C-322/01, Slg. 2003, I-14887 Rn. 74 ff. = GRUR 2004, 174 = WRP 2004, 599 – DocMorris; EuGH, 07.03.2004 – C-71/02, Slg. 2004, I-3025 Rn. 42 = GRUR 2004, 965 = WRP 2004, 599 – Karner; EuGH, 26.05.2005 – C-20/03, Slg. 2005, I-4133 Rn. 30 ff. = NJW 2005, 2977 – Burmanjer (Ambulanter Verkauf von Zeitschriftenabonnements); EuGH, 23.02.2006 – C-441/04, Slg. 2006, I-2093 Rn. 19 ff. – A-Punkt Schmuckhandel; EuGH, 08.11.2007 – C-143/06, Slg. 2007, I-9623 Rn. 36 ff. = GRUR 2008, 264 = WRP 2008, 201 – Ludwigs-Apotheke; EuGH, 11.09.2008 – C-141/07, Slg. 2008, I-6935 Rn. 31, 35 ff., 43 = NJW 2008, 3693 – Kommission/Deutschland (»Regionalprinzip«); EuGH, 30.04.2009 – C-531/07, Slg. 2009, I-3717 Rn. 20 ff. = EWS 2009, 234 – LIBRO.

30 Vgl. die Zusammenstellung der einschlägigen Entscheidungen bei *Sack*, EWS 2011, 265 ff.

31 EuGH, 10.11.1994 – C-320/93, Slg. 1994, I-5243 – Ortscheit; EuGH, 08.11.2007 – C-143/06, Slg. 2007, I-9623 Rn. 30 = GRUR 2008, 264 – Ludwigs-Apotheke/Juers Pharma = WRP 2008, 201 – Ludwigs-Apotheke München.

32 EuGH, 08.03.2001 – C-405/98, Slg. 2001, I-1795 = GRUR Int. 2001, 553 – Konsumentenombudsmannen/Gourmet International Products.

33 EuGH, 11.12.2003 – C-322/01, Slg. 2003, I-14887 = GRUR 2004, 174 = WRP 2004, 205 – DocMorris; ähnlich EuGH, 19.10.2016 – C-148/15, GRUR 2016, 1312 – Deutsche Parkinson Vereinigung.

34 EuGH, 02.12.2010 – C-108/09, Slg. 2010, I-12213 Rn. 49 ff., 55 = GRUR 2011, 243 – Ker-Optika.

Im Schrifttum höchst umstritten, jedoch vom EuGH noch nicht entschieden ist die Frage, ob die **Beschränkung grenzüberschreitender Werbung** ohne Weiteres diskriminierend ist.[35] Diese Frage hat sich erledigt, wenn die hier vertretene Deutung der neueren Rechtsprechung des EuGH seit 2009 zutreffend ist, dass er im Ergebnis zur Dassonville-Formel zurückgekehrt ist, wonach **alle** staatlichen Maßnahmen, die den grenzüberschreitenden Warenverkehr behindern, Maßnahmen gleicher Wirkung im Sinne von Art. 34 AEUV sind. Dann sind Behinderungen grenzüberschreitender Werbeaktionen und Werbestrategien unabhängig davon, ob sie diskriminierend sind, immer Maßnahmen gleicher Wirkung im Sinne von Art. 34 AEUV. **27**

(2) Produktbezogene Regelungen

Zu den Maßnahmen gleicher Wirkung gehören auch sog. **produktbezogene** Regelungen. Das sind nach der Rn. 15 der Keck-Entscheidung vor allem Vorschriften der Einfuhrstaaten über die Bezeichnung, Form, Abmessungen, Gewicht, Zusammensetzung, Etikettierung und Verpackung von Waren.[36] Wird die Einfuhr aufgrund solcher Vorschriften untersagt oder behindert, obwohl die betreffenden Waren im Herkunftsland rechtmäßig hergestellt oder in den Verkehr gebracht worden sind, dann sind diese Vorschriften »Maßnahmen gleicher Wirkung«. **28**

(3) Verhinderung oder erhebliche Erschwerung des grenzüberschreitenden Warenverkehrs

Zu den Maßnahmen gleicher Wirkung rechnete der EuGH nach seiner Keck-Entscheidung wohl ferner staatliche Regelungen, die den grenzüberschreitenden Warenverkehr **verhindern** oder **erheblich erschweren**.[37] **29**

(4) Regelungen bestimmter Verkaufsmodalitäten

Nicht mehr zu den Maßnahmen gleicher Wirkung zählte der EuGH nach seiner Keck-Entscheidung in Rdn. 16 nationale Bestimmungen, die »bestimmte Verkaufsmodalitäten beschränken oder verbieten«, sofern diese nicht diskriminierend sind und nicht die Einfuhr verhindern oder erheblich erschweren. **30**

Nach dieser sog. **Keck-Doktrin** sind Regelungen von **Verkaufsmodalitäten** solche staatlichen Maßnahmen, die bestimmen, wer, wann, wie, wo und zu wel- **31**

35 So z.B. *Ebenroth*, in: FS für Piper, 1996, S. 133, 162 f.; a.A. *Sack*, GRUR 1998, 871, 872 f., mit ausf. Nachw. zum Meinungstand in Fußn. 16 u. 17.

36 EuGH, 24.11.1993 – C-267/91 und C-268/91, Slg. 1993, I-6097 Rn. 15 = GRUR 1994, 296 = WRP 1994, 99 – Keck und Mithouard.

37 EuGH, 04.11.1997 – C-337/95, Slg. 1997, I-6013 Rn. 51 = WRP 1998, 150 – Dior/Evora; vgl. auch EuGH, 09.07.1997 – C-34 bis 36/96, Slg. 1997, I-3843 = GRUR Int. 1997, 913, 917 = WRP 1998, 145 – De Agostini.

chem Preis veräußern darf.[38] Dazu gehören vor allem auch Werbeverbote und Werbebeschränkungen, soweit die Werbung nicht mit der Ware oder ihrer Verpackung körperlich verbunden ist, ferner Regelungen des Vertriebs von Waren, z.B. zeitliche und räumliche Absatzbeschränkungen und Vertriebsmonopole, sowie Preisregelungen.[39]

32 Die Keck-Doktrin legitimierte einerseits die unter Rdn. 14 ff. genannten »Ausnahmen« von der Dassonville-Formel. Andererseits fielen jedoch die oben genannten lauterkeitsrechtlichen Werbebeschränkungen (Zugabeverbot; Verbote von Eigenpreisvergleichen), die der EuGH ursprünglich noch als »Maßnahmen gleicher Wirkung« bewertet hat, nach der Keck-Doktrin nicht mehr in den Anwendungsbereich von Art. 30 EWGV (Art. 28 EG).[40]

bb) Kritik an der Keck-Doktrin

33 Die Änderung der Rechtsprechung des EuGH ist auf vielfältige und berechtigte Kritik gestoßen. Die wichtigsten Kritikpunkte sollen im Folgenden aufgezeigt werden.[41]

(1) Keine (brauchbare) Begründung der Änderung der Rechtsprechung

34 Die Keck-Entscheidung enthält keine oder jedenfalls keine brauchbare Begründung für die Änderung der Rechtsprechung des EuGH. In Rn. 14 der Keck-Entscheidung heißt es, dass der EuGH es für notwendig halte, seine Rechtsprechung zu überprüfen und klarzustellen, weil »sich die Wirtschaftsteilnehmer immer häufiger auf Art. 30 EWG-Vertrag berufen, um jedwede Regelung zu beanstanden, die sich als Beschränkung ihrer geschäftlichen Freiheit auswirkt, auch wenn sie nicht auf Erzeugnisse aus anderen Mitgliedstaaten gerichtet ist«.

---

38 Vgl. GA *Tesauro* in seinen Schlussanträgen im Verfahren »Hünermund«, Slg. 1993, I-6787 Nr. 20; GA *Jacobs* in seinen Schlussanträgen im Verfahren »Leclerc-Siplec«, Slg. 1995, I-179 Nr. 26, 45; *Ackermann* RIW 1994, 189, 191, 194; *Gamerith*, öst. wbl. 1995, 473, 478 a.E.; *Heermann*, Warenverkehrsfreiheit und deutsches Unlauterkeitsrecht, 2004, S. 61, 66, 72; *A. H. Meyer*, GRUR Int. 1996, 98, 99; *Mortelmans*, CMLRev. 1991, 115, 125; *Oliver*, CMLRev. 1999, 783, 790; *Petschke*, EuZW 1994, 107,110; *Sack*, EWS 1994, 181, 182; *ders.*, WRP 1998, 103 (105); *ders.*, GRUR 1998, 871 (872); *ders.*, EWS 2011, 265 (266); *Schroeder*, in: Streinz, EUV/AEUV[3], Art. 34 AEUV Rn. 45; *White*, CMLRev. 1989, 235, 247.

39 *Sack*, EWS 2011, 265, 267; *ders.*, WRP 1998, 103, 105.

40 A.A. in Bezug auf die EuGH-Entscheidung »Yves Rocher« von 1993 *Frenz*, Hdb Europarecht, Bd. 1, 2012, Rn. 930; *ders.*, WRP 2011, 1034, 1037 unter IV.4.

41 Vgl. statt vieler GA *Bot* in seinen Schlussanträgen im Verfahren »Kradanhänger«, Slg. 2009, I-519 Rn. 87 ff.; GA *Poiares Maduro* in seinen Schlussanträgen im Verfahren »Alfa Vita Vassilopoulos«, Slg. 2006, I-8135 Rn. 30 ff., 42 ff.

35 Dazu ist anzumerken, dass der EuGH in den Fällen »Keck« und »Mithouard« keinerlei Anlass hatte, zur Anwendbarkeit von Art. 30 EWGV Stellung zu nehmen, da der **zwischenstaatliche** Handel nicht betroffen war.[42] Denn in beiden Fällen handelte es sich um **rein innerstaatliche** Sachverhalte, die den grenzüberschreitenden Warenverkehr nicht berührten: Zwei französische Supermärkte (Keck und Mithouard) hatten in Frankreich französische Waren unter Selbstkosten verkauft und damit gegen französisches Wettbewerbsrecht verstoßen. Die vom EuGH erbetene Auslegung von Art. 30 EWGV war in beiden Fällen ohne jeglichen Einfluss auf die Strafverfahren des vorlegenden französischen Gerichts.[43] Im Übrigen konnte eine (zu) starke Beanspruchung des EuGH kein Grund sein, den Anwendungsbereich von Art. 30 EWGV einzuschränken. Außerdem hat GA *Poiares Maduro* mit Recht darauf hingewiesen, dass die Keck-Doktrin entgegen ihrem Zweck, die Zahl der Klagen einzudämmen, letztlich die Anfragen über die genauen Konturen der Warenverkehrsfreiheit **vervielfacht** hat.[44]

36 In Rn. 17 der Keck-Entscheidung räumt der EuGH ausdrücklich eine Änderung seiner Rechtsprechung ein. Er meint jedoch, dass die Anwendung nationaler Bestimmungen, die bestimmte Verkaufsmodalitäten beschränken oder verbieten, auf Erzeugnisse aus anderen Mitgliedstaaten nicht geeignet seien, den Handel zwischen den Mitgliedstaaten im Sinne des Urteils Dassonville zu behindern, sofern diese Bestimmungen – kurz gesagt – nicht diskriminierend sind.[45] Damit verschleierte allerdings der EuGH nicht nur die Abweichung seiner Keck-Doktrin von der Dassonville-Formel.[46] Seine Ansicht ist auch, wie die oben genannten EuGH-Entscheidungen zu lauterkeitsrechtlichen Regelungen von Verkaufsmodalitäten zeigen, **empirisch unzutreffend** und deshalb nicht geeignet, die Änderung der Rechtsprechung zu begründen.[47] Falls der EuGH jedoch mit dieser Ansicht einen **Rechtssatz** zur Auslegung von Art. 30 EWGV formulieren wollte, wäre dies keine Begründung für die Änderung seiner Rechtsprechung.

---

42 Zu dieser Voraussetzung von Vorabentscheidungen vgl. EuGH, 25.10.2012 – C-133/11, NJW 2013, 287 Rn. 26 = GRUR 2013, 98 = WRP 2013, 177 – Folien Fischer; EuGH, Slg. 2010, I-5667 Rn. 26 – Melki und Abdeli; vgl. auch schon EuGH, 15.12.1982 – Rs. 286/81, Slg. 1982, 4575 Rn. 9 = GRUR Int. 1983, 648 – Oosthoek.

43 Vgl. *Sack*, EWS 1994, 37 m.w.Nachw. in Fußn 2, 38.

44 GA *Poiares Maduro* in seinen Schlussanträgen im Verfahren »Alfa Vita Vassilopoulos«, Slg. 2006, I-8135 Nr. 34.

45 Ähnlich *Frenz*, EWS 2019, 121, 123 (III.1.b); nach *Haratsch/Koenig/Pechstein*, Europarecht, 11. Aufl. 2018, S. 432 Rn. 903 haben Regelungen nach erfolgtem Marktzugang keinen Bezug zum zwischenstaatlichen Handel.

46 Vgl. *Sack*, EWS 1994, 37, 44.

47 Vgl. *Sack*, WRP 1998, 103, 105; *ders.*, EWS 1994, 37, 44; vgl. auch GA *Jacobs* in den Schlussanträgen im Verfahren »Leclerc-Siplec«, Slg. 1995, I-179 Nr. 38.

37 In Rn. 18 seiner Keck-Entscheidung scheint der EuGH davon auszugehen, dass nur nationale Regelungen, die den Marktzugang für Erzeugnisse aus anderen Mitgliedstaaten **versperren oder stärker behindern**, als sie dies für inländische Waren tun, in den Anwendungsbereich von Art. 30 EWGV fallen.[48] Das ist zwar, wie unter Rdn. 7 gezeigt, eine mögliche Auslegung des Begriffs »Maßnahmen gleicher Wirkung« in Art. 30 EWGV; sie weicht jedoch zweifellos von der Dassonville-Formel ab, die eine **Behinderung** des innergemeinschaftlichen Handels genügen lässt.

(2) Unterschiede zur Dienstleistungsfreiheit

38 Die Keck-Doktrin betrifft nur die **Warenverkehrsfreiheit** i.S.v. Art. 34 AEUV (früher Art. 30 EWGV bzw. Art. 28 EG). Die Regelungen der **Dienstleistungsfreiheit** in Art. 56 ff. AEUV (früher Art. 59 ff. EWGV bzw. Art. 49 ff. EG) erfassen hingegen nach inzwischen einhelliger Ansicht **jede Beschränkung** des grenzüberschreitenden Dienstleistungsverkehrs durch nationale Bestimmungen, auch wenn sie unterschiedslos für inländische und ausländische Dienstleister gilt, sofern sie geeignet ist, die Tätigkeit des Dienstleisters, der in einem anderen Mitgliedstaat ansässig ist, in dem er rechtmäßig ähnliche Dienstleistungen erbringt, zu unterbinden, zu behindern oder weniger attraktiv zu machen.[49] Auch Beschränkungen des Vertriebs von Dienstleistungen fallen in den Anwendungsbereich des Art. 56 AEUV, z.B. Beschränkungen der **Werbung.**[50] Für diese Unterscheidung zwischen der Warenverkehrs- und der Dienstleistungsfreiheit gibt es trotz aller Unterschiede beider Regelungsbereiche keinen berechtigten Grund.[51] Deshalb wird schon lange und mit Recht eine insoweit einheitliche Auslegung des Verbots der Beschränkung der Warenverkehrs- und

48 So auch *Leible/T. Streinz,* in: Grabitz/Hilf/Nettesheim, Das Recht der Europäischen Union, Art. 34 AEUV Rn. 82.

49 Vgl. aus neuerer Zeit EuGH, 12.07.2012 – C-176/11, GRUR Int. 2012, 1032 Rn. 16 = WRP 2012, 1071 – HIT und HIT LARIX; EuGH, 04.10.2011 – C-403/08 u. C-429/08, Slg. 2011, I-9083 Rn. 85 = GRUR 2012, 156 = WRP 2012, 434 – Football Association Premier League; EuGH, 08.07.2010 – C-447/08 und C-448/08, Slg. 2010, I-6921 Rn. 32 = GRUR Int. 2010, 992 – Sjöberg und Gerdin.

50 Vgl. EuGH, 12.07.2012 – C-176/11, GRUR Int. 2012, 1032 Rn. 16 = WRP 2012, 1071 – HIT und HIT LARIX (Beschränkung der Werbung für Spielbanken); EuGH, 08.07.2010 – C-447/08 und C-448/08, Slg. 2010, I-6921 Rn. 31, 33, 34 = GRUR Int. 2010, 992 – Sjöberg und Gerdin; vgl. auch *Sack*, WRP 1998, 103, 112 f.

51 GA *Bot* in seinen Schlussanträgen im Verfahren »Kradanhänger«, Slg. 2009, I-519 Nr. 82 f., 118 ff., 132; GA *Poiares Maduro* in seinen Schlussanträgen im Verfahren »Alfa Vita Vassilopoulos«, Slg. 2006, I-8135 Nr. 24 f., 33, 50 f.; ebenso *Sack*, EWS 2011, 265, 275); *ders.*, GRUR 1998, 872, 873 f.; *ders.*, WRP 1998, 103, 115 f.; vgl. ferner *Brigola*, EuZW 2012, 248, 250 (vor III.).

der Dienstleistungsfreiheit gefordert (sog. **Konvergenztheorie**).[52] Daraus folgt, dass entweder die Keck-Doktrin bei der Auslegung der Vorschriften der Dienstleistungsfreiheit entsprechend anzuwenden ist,[53] oder dass man – genau umgekehrt und m.E. zutreffend – auf die Einschränkung der Warenverkehrsfreiheit durch die Keck-Doktrin verzichtet.[54]

(3) Die unterschiedliche Beurteilung von produkt- und vertriebsbezogenen Regelungen

39 Der EuGH hat in der Keck-Entscheidung den Anwendungsbereich von Art. 30 EWGV nur bei **vertriebsbezogenen** Regelungen auf ein Diskriminierungsverbot beschränkt, während er produktbezogene Regelungen auch dann als »Maßnahmen gleicher Wirkung« bewertet, wenn sie unterschiedslos anwendbar sind und unterschiedslos wirken.[55] Diese Ansicht lässt sich auf Rn. 17 der Keck-Entscheidung stützen, wonach zu den »Maßnahmen gleicher Wirkung« alle staatlichen Regelungen gehören, die den Marktzugang für Erzeugnisse aus anderen Mitgliedstaaten entweder **versperren oder stärker behindern** als sie dies für inländische Erzeugnisse tun. Produktbezogene Vorschriften i.S.v. Rn. 15 der Keck-Entscheidung **versperren** in der Regel den Marktzugang für Waren, die diesen Vorschriften nicht entsprechen. Allerdings entsprechen der Dassonville-Formel weder ein Verbot des **Versperrens** des Marktzugangs noch ein Verbot der **Diskriminierung**. Auch ist zweifelhaft, ob es mit dem Wortlaut von Art. 30 EWGV (Art. 34 AEUV) vereinbar ist, den Begriff der »Maßnahmen gleicher Wirkung« bei produktbezogenen Regelungen anders auszulegen als bei Regelungen von Verkaufsmodalitäten.[56] Außerdem können manche Beschränkungen von Verkaufsmodalitäten, z.B. absolute Werbeverbote oder Versandhandelsver-

52 Zur Konvergenz von Warenverkehrs- und Dienstleistungsfreiheit vgl. GA *Poiares Maduro* in seinen Schlussanträgen im Verfahren »Alfa Vita Vassilopoulos«, Slg. 2006, I-8135 Nr. 33, 51; *Behrens*, EuR 1992, 145; *Steinberg*, EuGRZ 2002, 13, 18 f., 25.

53 So *Becker*, NJW 1996, 179, 189; *Frenz*, Hdb Europarecht Bd. 1, 2012, Rn. 450 f., 454, 3190, 3201; *Kort*, JZ 1996, 132, 136; *Mankowski*, in: MünchKommUWG[2], IntWettbR Rn. 82 ff.

54 *Sack*, EWS 2011, 265, 276.

55 Nicht haltbar ist die Ansicht, dass produktbezogene Regelungen, die die Einfuhr beschränken, regelmäßig faktisch eine diskriminierende Wirkung haben; so jedoch GAin *Trstenjak* in Nr. 51 mit Fußn. 16 ihrer Schlussanträge im Verfahren »LIBRO«, Slg. 2009, I-3717; vgl. dazu die Vorlageentscheidung des öst. OGH, 29.11.2007, EWS 2008, 112.

56 Vgl. *Sack*, EWS 2011, 265, 275; *ders.*, WRP 1998, 103, 114); kritisch zur Unterscheidung von produkt- und vertriebsbezogenen Regelungen GA *Poiares Maduro* in seinen Schlussanträgen im Verfahren »Alfa Vita Vassilopoulos«, Slg. 2006, I-8135 Nr. 42 ff., 48 ff.; GA *Jacobs* in seinen Schlussanträgen im Verfahren »Leclerc-Siplec«, Slg. 1995, I-179 Nr. 38; vgl. auch *Brigola*, EuZW 2012, 248, 250.

bote für bestimmte Warengattungen (Arzneimittel, Medizinprodukte, Alkoholika, Tabakwaren) den grenzüberschreitenden Warenverkehr wesentlich mehr behindern als bestimmte produktbezogene Regelungen, die der EuGH ohne Weiteres als Maßnahmen gleicher Wirkung bewertet.[57] Werbung kann essentiell für einen wirksamen Marktzugang sein.[58]

40 Die unterschiedliche Beurteilung von produkt- und vertriebsbezogenen Regelungen ist auch dann zweifelhaft, wenn ein Mitgliedstaat Werbeangaben, z.B. wegen irreführender Werbung, untersagt, die sowohl auf dem Produkt oder seiner Verpackung als auch in der Medienwerbung verwendet werden.[59] Soweit das betreffende Verbot die Werbeangaben auf dem Produkt oder auf seiner Verpackung trifft, ist es nach der Keck-Entscheidung eine **produktbezogene** Regelung, die der EuGH ohne weiteres als »Maßnahme gleicher Wirkung« bewertet, während das Verbot derselben Werbeangaben in der Medienwerbung eine **vertriebsbezogene** Regelung darstellt, die nach der Keck-Entscheidung nur dann eine »Maßnahme gleicher Wirkung« ist, wenn sie Waren aus anderen Mitgliedstaaten stärker behindert als inländische Waren.[60]

(4) Die Reichweite der Einschränkung der Dassonville-Formel durch die Keck-Entscheidung

41 In Rn. 16 der Keck-Entscheidung lässt die Formulierung »**bestimmte** Verkaufsmodalitäten« völlig offen, **welche** Verkaufsmodalitäten zu den »bestimmten« Verkaufsmodalitäten gehören, die von der Einschränkung der Dassonville-Formel durch die Keck-Doktrin betroffen sind.[61] Außerdem äußert sich der EuGH in der Keck-Entscheidung nicht zu der Frage, ob neben produkt- und vertriebsbezogenen Regelungen noch Raum für weitere staatliche Maßnahmen

---

57 Vgl. GA *Jacobs* in seinen Schlussanträgen im Verfahren »Leclerc-Siplec«, Slg. 1995, I-179 Rn. 26, 38; *Sack*, EWS 1994, 37, 44; *ders.*, WRP 1998, 103, 115; *ders.*, GRUR 1998, 871, 873; *ders.*, EWS 2011, 265, 275; *Steindorff*, ZHR 158 (1994), 149, 161, 164; *ders.*, EG-Vertrag und Privatrecht, 1996, S. 101.

58 *Frenz*, WRP 2011, 1034, 1039.

59 Vgl. *Frenz*, Hdb Europarecht, Bd. 1, Rn. 913.

60 Zu dieser Fallgestaltung vgl. *Ackermann*, RIW 1994, 189, 194; *Becker*, in: Schwarze, EU-Kommentar[4], Art. 34 AEUV Rn. 48; *Ebenroth*, in: FS für Piper, 1996, S. 133, 161 f.; *Fezer*, JZ 1994, 317, 323; *Frenz*, Hdb Europarecht, Bd. 1, Rn. 913; *Kieninger*, EWS 1998, 277, 284; *Leible*, WRP 1997, 517, 520; *Rüffler*, öst. wbl. 1997, 133, 136 (unter II.2.); *Sack*, EWS 1994, 482, 491; *ders.*, WRP 1998, 103, 115 (unter e); *ders.*, EWS 2011, 265 275; *Steindorff*, EG-Vertrag und Privatrecht, 1996, S. 182; *Weyer* DZWiR 1994, 89, 93 a.E.

61 Vgl. *Leible/T. Streinz*, in: Grabitz/Hilf/Nettesheim, Das Recht der Europäischen Union, Art. 34 AEUV Rn. 79 ff.; *Schroeder*, in: Streinz: EUV/AEUV[3], Art. 34 AEUV Rn. 49.

ist, die, wenn sie geeignet sind, den innergemeinschaftlichen Handel zu behindern, ohne Einschränkung nach der Dassonville-Formel »Maßnahmen gleicher Wirkung« sind.

(5) Ausnahmen von der Keck-Doktrin

42 Der EuGH ist in der Zeit bis zum Jahre 2009, in dem er eine erneute Änderung seiner Rechtsprechung vorgenommen hat, von der Keck-Doktrin abgewichen, ohne dies näher zu begründen.

43 Die Entscheidung »Dior/Evora« vom 4.11.1997 betraf u.a. die Frage, ob der Inhaber eines Urheberrechts an der Gestaltung der Fläschchen und Verpackungen von Dior-Parfums einem Wiederverkäufer, der sich solche Parfums durch Parallelimport verschafft hat, **urheberrechtlich** verbieten kann, diese Waren in seiner **Werbung** abzubilden. Diese Werbung erforderte eine **Vervielfältigung** der urheberrechtlich geschützten Gestaltungen der Fläschchen und Verpackungen des Dior-Parfums. Nach dem nationalen Urheberrecht des Landes, in dem geworben wurde, war das Vervielfältigungsrecht des Urhebers nicht erschöpft.[62] Das vom EuGH nach Art. 30 EWGV zu beurteilende **urheberrechtliche Werbeverbot** war die Regelung einer **Verkaufsmodalität.** Dennoch hat der EuGH diese Vorschrift angewendet, obwohl weder eine Diskriminierung noch eine Versperrung des Marktzugangs im Sinne der Keck-Entscheidung vorlag. Der EuGH rechtfertigte die Anwendung von Art. 30 EWGV in Rn. 51 seiner Entscheidung damit, dass das betreffende Werbeverbot »das Inverkehrbringen dieser Waren und somit den Zugang zum Markt **erheblich erschweren** würde«.[63]

(6) Sehr weite Auslegung des Diskriminierungsverbots

44 Nachdem der EuGH in Rn. 16 der Keck-Entscheidung erklärt hatte, dass er Art. 30 EWGV auf Regelungen von Verkaufsmodalitäten nur noch anwenden wolle, wenn sie nicht für alle Wirtschaftsteilnehmer gelten und wenn sie Waren aus anderen Mitgliedstaaten nicht in der gleichen Weise berühren wie inlän-

---

62 EuGH, 04.11.1997 – C-337/95, Slg. 1997, I-6013 Rn. 50 = GRUR Int. 1998, 140 = WRP 1998, 150 – Dior/Evora; vgl. zur gleichgelagerten Problematik in Deutschland die BGH-Entscheidung »Parfum-Flakon« vom 04.05.2000 – I ZR 256/97, GRUR 2001, 51, 53 = WRP 2000, 1407; der BGH hat aus dem allgemeinen Rechtsgedanken, auf dem der Erschöpfungsgrundsatz beruht, abgeleitet, dass für Waren, an denen das urheberrechtliche Verbreitungsrecht nach § 17 Abs. 2 UrhG erschöpft ist, nach autonomem deutschem Urheberrecht im Rahmen des Üblichen auch geworben werden dürfe, auch wenn damit eine Vervielfältigung nach § 16 Abs. 1 UrhG verbunden sei; ausführlicher dazu *Kur,* GRUR Int. 1999, 24.

63 EuGH, 04.11.1997 – C-337/95, Slg. 1997, I-6013 Rn. 51 = GRUR Int. 1998, 140 = WRP 1998, 150 – Dio/Evora; vgl. dort auch Rn. 37.

dische Waren, d.h – kurz gesagt – wenn die Regelungen **diskriminieren**, hat er die auf diese Weise in die Dassonville-Formel gerissene Lücke durch eine **exzessiv weite** Auslegung seines Diskriminierungsverbots zu schließen versucht. In den einschlägigen Entscheidungen ist die Annahme einer Ungleichbehandlung ausländischer Waren häufig sehr weit hergeholt.[64] Eine brauchbare Definition dafür, wann eine Ungleichbehandlung im Sinne der Keck-Doktrin vorliegt, fehlte. Wann der EuGH eine Ungleichbehandlung für gegeben hielt, war nur noch schwer vorhersehbar. In vielen Entscheidungen war die Ansicht des EuGH, dass die zu beurteilende Regelung von Verkaufsmodalitäten trotz unterschiedsloser Geltung diskriminierend sei, überraschend.[65]

45 Mehrfach bewertete der EuGH – unzutreffend – die Beschränkung von Verkaufsmodalitäten als diskriminierend für ausländische Versandapotheken, wenn sie diesen die Möglichkeit nahmen, sich auf dem inländischen Markt Vorteile zu verschaffen, die den inländischen Apotheken untersagt waren. Letztlich bewertete der EuGH damit die Untersagung von **Vorteilen**, die inländischen Apotheken untersagt sind, mit denen ausländische Versandapotheken Nachteile aufgrund ihrer **Ausländereigenschaft kompensieren** wollten, als diskriminierend. Nachteilig war für die ausländischen Versandapotheken also letztlich ihre Ausländereigenschaft.[66]

46 Die Frage, ob in den zweifelhaften Fällen tatsächlich eine »Diskriminierung« ausländischer Unternehmen vorlag, braucht hier nicht vertieft zu werden. Denn im Jahre 2009 hat der EuGH die sog. Keck-Doktrin im Ergebnis zugunsten einer Doktrin aufgegeben, die man als »**Drei-Stufen-Test**« bezeichnet. Dieser besagt, dass zu den Maßnahmen gleicher Wirkung u.a. auch solche Maßnahmen gehören, die den **Zugang** zum Markt eines Mitgliedstaates für Erzeugnisse aus anderen Mitgliedstaaten behindern.[67]

47 Im Schrifttum wird mit Recht darauf hingewiesen, dass sich die Rechtsprechung des EuGH zum Vorliegen einer Diskriminierung im praktischen Ergeb-

---

64 EuGH,19.10.2016 – C-148/15, GRUR 2016, 1312 Rn. 23, 26 f. = WRP 2017, 36 – Deutsche Parkinson Vereinigung; vgl. die Zusammenstellung und Würdigung wichtiger EuGH-Entscheidungen bei *Sack*, EWS 2011, 265, 267 ff.; speziell zur Bewertung des Werbeverbots für nicht zugelassene Heilmittel als Diskriminierung ausländischer Heilmittel vgl. *Sack*, WRP 1998, 103, 109.

65 Ausführlicher dazu *Sack*, EWS 2011, 265, 272 ff.

66 EuGH, 11.12.2003 – C-322/01, Slg. 2003, I-14887 = GRUR 2004, 174 = WRP 2004, 205 – Doc Morris; EuGH, 19.10.2016 – C-146/15, GRUR 2016, 1312 Rn. 23, 26 f. = WRP 2017, 36 – Deutsche Parkinson Vereinigung.

67 Zum Drei-Stufen-Test ausführlich im folgenden Abschnitt.

nis zunehmend auf die Feststellung verlagert habe, ob der **Marktzugang** von Waren aus anderen Mitgliedstaaten **behindert** wurde.[68]

d) Seit 2009 der sog. Drei-Stufen-Test; zurück zu »Dassonville«

aa) Benutzungsbeschränkungen als Ausgangspunkt der Änderung der Rechtsprechung

48 Im Jahre 2009 hatte der EuGH in zwei Entscheidungen erstmals über die Frage zu befinden, ob nationale **Benutzungsbeschränkungen** als Maßnahmen gleicher Wirkung i.S.v. Art. 28 EG zu bewerten sind. In der Entscheidung »Kommission/Italien« (»**Kradanhänger**«) vom 10.2.2009 ging es um das italienische Verbot für Kleinkrafträder, Krafträder sowie bestimmte drei- und vierrädrige Kraftfahrzeuge, im italienischen Hoheitsgebiet einen Anhänger zu ziehen.[69] Die Entscheidung »**Mickelsson und Roos**« vom 4.6.2009 betraf das schwedische Verbot des Führens von Wassermotorrädern außerhalb öffentlicher Wasserstraßen.[70]

49 Die Frage, ob nationale Benutzungsbeschränkungen, soweit sie die Einfuhr der davon betroffenen Waren aus anderen Mitgliedstaaten behindern, »Maßnahmen gleicher Wirkung« im Sinne von Art. 28 EG sind, ist bzw. war umstritten. Manche Autoren hielten sie für **produktbezogene** Regelungen im Sinne von Rn. 15 der Keck-Entscheidung, weil sie an Eigenschaften der betreffenden Produkte anknüpfen. Andere sahen in solchen Benutzungsbeschränkungen Regelungen von **Verkaufsmodalitäten** im Sinne der Rn. 16, 17 der Keck-Entscheidung. Ferner wurde die Ansicht vertreten, Benutzungsbeschränkungen seien eine dritte Fallgruppe von staatlichen Maßnahmen neben produktbezogenen Regelungen und Regelungen von Verkaufsmodalitäten. [71] Daraus wurden unterschiedliche Konsequenzen gezogen:
(1) Für Benutzungsbeschränkungen gelte die weite Dassonville-Formel;
(2) sie seien nur dann Maßnahmen gleicher Wirkung, wenn die Benutzung der betroffenen Waren verboten oder stark behindert werde;[72]

---

68 *Brigola*, EuZW 2012, 248, 252; *ders.*, EuZW 2009, 479, 483, 484; *Schröder*, in: Streinz, EUV/AEUV[3], Art. 34 AEUV Rn. 50.

69 EuGH, 10.02.2009 – C-110/05, Slg. 2009, I-519 Rn. 34, 35, 37, 54 ff., 58 = EuZW 2009, 173 – Kradanhänger; vgl. dazu *Classen*, EuR 2009, 555; zu den Schlussanträgen von GA *Bot* in diesem Verfahren vgl. *Reich*, EuZW 2008, 485.

70 EuGH, 04.06.2009 – C-142/05, Slg. 2009, I-4273 Rn. 24 = EuZW 2009, 617 – Mickelsson und Roos.

71 Vgl. *Rauber*, ZEuS 2010, 15,23 f.

72 *Oppermann/Classen/Nettesheim*, Europarecht[8], § 22 Rn. 34.

(3) auf Regelungen von **Nutzungsmodalitäten** sei die Keck-Doktrin **analog** anzuwenden.[73]

bb) Stellungnahme des EuGH

50 Der EuGH hat in den beiden genannten Entscheidungen zu dem Theorienstreit nicht unmittelbar Stellung genommen und statt dessen zum Begriff »Maßnahmen gleicher Wirkung« einen **Drei-Stufen-Test** entwickelt.[74] Danach sind als »Maßnahmen gleicher Wirkung« im Sinne von Art. 28 EG diejenigen Maßnahmen eines Mitgliedstaates anzusehen,

(1) »mit denen bezweckt oder bewirkt wird, Erzeugnisse aus anderen Mitgliedstaaten **weniger günstig** zu behandeln«

(2) »sowie Hemmnisse für den freien Warenverkehr, die sich in Ermangelung einer Harmonisierung der Rechtsvorschriften daraus ergeben, dass Waren aus anderen Mitgliedstaaten, die dort rechtmäßig hergestellt und in den Verkehr gebracht worden sind, bestimmten Vorschriften entsprechen müssen, selbst dann, wenn diese Vorschriften unterschiedslos für alle Erzeugnisse gelten«.

(3) »Ebenfalls unter diesen Begriff fällt **jede sonstige** Maßnahme, die den **Zugang zum Markt** eines Mitgliedstaates für Erzeugnisse aus anderen Mitgliedstaaten **behindert**.«[75]

51 In der Entscheidung »Mickelsson und Roos« hat der EuGH die in dieser Entscheidung zu beurteilenden Benutzungsbeschränkungen nach Stufe (3) als Maßnahmen gleicher Wirkung im Sinne von Art. 28 EG bewertet.[76] Er hat sie jedoch unter bestimmten Voraussetzungen zum Schutze der Umwelt für gerechtfertigt gehalten.[77] In der Entscheidung »Kradanhänger« hat der EuGH festgestellt, dass das betreffende Benutzungsverbot **erheblichen Einfluss** auf das Verhalten der Verbraucher habe. Soweit dies dazu führe, den **Zugang** zum italie-

---

73 So die GAin *Kokott* in ihren Schlussanträgen im Verfahren »Mickelsson und Roos«, Slg. 2009, I-4273 Nr. 47, 51 ff., 56, 62; ebenso *Albin/Valentin*, EWS 2007, 533, 537 ff.; *Brigola*, EuZW 2012, 248 250, 252; *Classen*, EuR 2009, 173, 178 f.; **gegen** eine solche Analogie GA *Bot* in seinen Schlussanträgen im Verfahren »Kradanhänger«, Slg. 2009, I-519 Nr. 87 ff., 103; *Rauber*, ZEuS 2010, 15 23 f.

74 Vgl. dazu *Dauses/Brigola* in Dauses/Ludwigs, Hdb EU-Wirtschaftsrecht, Bd. 1, C.I. Rn. 156 f., 159; *Rauber*, ZEuS 2010, 15; *Sack*, EWS 2011, 265, 276 ff.

75 So wörtlich mit Ausnahme meiner Hinzufügung der Nummerierung und der Weglassung der Rechtsprechungszitate EuGH, 04.06.2009 – C-142/05, Slg. 2009, I-4273 Rn. 24 = EuZW 2009, 617 – Mickelsson und Roos; ebenso auch schon zuvor, jedoch verteilt auf die Rn. 34, 35, 37 EuGH, 10.02.2009 – C-110/05, Slg. 2009, I-519 – Kommission/Italien (»Kradanhänger«).

76 EuGH, 04.06.2009 – C-142/05, Slg. 2009, I-4273 Rn. 28 – Mickelsson und Roos.

77 EuGH, 04.06.2009 – C-142/05; Slg. 2009, I-4273 Rn. 28 ff., 40 – Mickelsson und Roos.

nischen Markt für Anhänger zu **versperren**, die eigens für Kradfahrzeuge konzipiert und in anderen Mitgliedstaaten als der italienischen Republik rechtmäßig hergestellt und in den Verkehr gebracht worden sind, stelle es eine »Maßnahme gleicher Wirkung« im Sinne von Art. 28 EG dar.[78] Das Benutzungsverbot sei jedoch aus Gründen des Schutzes der Sicherheit des Straßenverkehrs gerechtfertigt.[79]

52 Wiederholt hat der EuGH den Drei-Stufen-Test in seiner Entscheidung »**Ker-Optika**« vom 2.12.2010, die keine Benutzungsbeschränkung, sondern ein nationales **Versandhandelsverbot** für Medizinprodukte (Kontaktlinsen), d.h. die Regelung einer **Verkaufsmodalität** betraf.[80] Der EuGH hat sie in Anlehnung an seine Argumentation in der Entscheidung »DocMorris« (»Deutscher Apothekerverband«) vom 11.12.2003, in der es um ein Versandhandelsverbot für Arzneimittel ging,[81] für diskriminierend gehalten und deshalb als »Maßnahme gleicher Wirkung« im Sinne von Art. 34 AEUV bewertet.[82]

cc) Würdigung des Drei-Stufen-Tests

53 Die Formulierung von Stufe (3) des Drei-Stufen-Tests spricht dafür, dass Art. 34 AEUV ein umfassendes Verbot der **Behinderung des Marktzugangs** von Waren aus anderen Mitgliedstaaten sein soll. Denn danach fällt unter den Begriff der Maßnahmen gleicher Wirkung »**jede** sonstige Maßnahme, die den Zugang zum Markt eines Mitgliedstaates für Erzeugnisse aus anderen Mitgliedstaaten behindert«. Die Wiederholung des Drei-Stufen-Tests in der Ker-Optika-Entscheidung von 2010, die ein nationales Versandhandelsverbot, d.h. die Regelung einer Verkaufsmodalität betraf, zeigt, dass ihn der EuGH nicht nur auf Benutzungsbeschränkungen anwenden wollte.[83]

54 Innerhalb des Drei-Stufen-Tests ist Stufe (3) ein **Auffangtatbestand.**[84] Sie erfasst jedoch auch alle »Maßnahmen gleicher Wirkung« im Sinne der Stufen (1) und (2). Bei Diskriminierungen ist allerdings einschränkend hinzuzufügen, dass sie nach dem Wortlaut und Zweck von Art. 34 AEUV nur dann Maßnahmen

---

78 EuGH, 10.02.2009 – C-110/05, Slg. 2009, I-519 Rn. 56, 58 – Kradanhänger.

79 EuGH, 10.02.2009 – C-110/05, Slg. 2009, I-519 Rn. 59 ff., 69 – Kradanhänger.

80 EuGH, 02.10.2010 – C-108/09, Slg. 2010, I-12213 Rn. 49, 50 = GRUR 2011, 243 – Ker-Optika.

81 EuGH, 11.12.2003 – C-332/01, Slg. 2003, I-14887 Rn. 74 ff. = GRUR 2004, 174 = WRP 2004, 205 – DocMorris; kritisch dazu *Sack*, EWS 2011, 265, 272 f.

82 EuGH, 02.10.2010 – C-108/09, Slg. 2010, I-12213 Rn. 55 = GRUR 2011, 243 – Ker-Optika.

83 Vgl. *Sack*, EWS 2011, 265, 277.

84 *Classen*, EuR 2009, 555, 559; *Rauber*, ZEuS 2010, 15, 34, 35; *Sack*, EWS 2011, 265, 277.

gleicher Wirkung wie mengenmäßige Beschränkungen sind, wenn sie die Einfuhr bzw. den Marktzugang im Importland behindern.[85] Sowohl solche Diskriminierungen von Waren aus anderen Mitgliedstaaten im Sinne von Stufe (1) als auch produktbezogene Regelungen im Sinne von Stufe (2) behindern den Marktzugang von Waren aus anderen Mitgliedstaaten und erfüllen damit immer auch die Voraussetzungen von Stufe (3). Stufe (1) und (2) regeln also nur **Anwendungsfälle** des umfassenden Behinderungsverbots der Stufe (3).

55 Stufe (3) deckt sich inhaltlich mit der **Dassonville**-Formel. Begrifflich besteht zwar ein kleiner Unterschied: Stufe (3) untersagt die Behinderung des »Zugangs zum Markt«, die Dassonville-Formel eine Behinderung des innergemeinschaftlichen »Handels«. Dieser begriffliche Unterschied bedeutet jedoch keinen inhaltlichen Unterschied. Da die Stufen (1) und (2) des Drei-Stufen-Tests, wie eben ausgeführt, nur Anwendungsfälle von Stufe (3) enthalten, deckt sich der Drei-Stufen-Test letztlich inhaltlich mit der Dassonville-Formel.

56 Im Schrifttum wird demgegenüber vertreten, dass die neuere Rechtsprechung des EuGH nichts an der Keck-Doktrin geändert habe.[86] Dies trifft allerdings nur zu, wenn man die Keck-Doktrin an den Drei-Stufen-Test oder – umgekehrt – den Drei-Stufen-Test an die Keck-Doktrin anpasst.

57 Nach *Brigola* und *Dauses* sind die Keck-Doktrin und der Drei-Stufen-Test nur zwei Seiten ein und derselben Medaille. Die Keck-Doktrin bestimme, wann eine Maßnahme gleicher Wirkung nicht vorliege, der Drei-Stufen-Test hingegen, wann sie vorliege.[87] Daraus folgt jedoch keine Übereinstimmung der Keck-Doktrin mit dem Drei-Stufen-Test. Denn nach der Keck-Doktrin sind Regelungen von Verkaufsmodalitäten keine Maßnahmen gleicher Wirkung, wenn sie nicht diskriminieren, während nach dem Drei-Stufen-Test auch nichtdiskriminierende Regelungen von Verkaufsmodalitäten Maßnahmen gleicher Wirkung sein können. Nur wenn man die Keck-Doktrin uminterpretiert, wie es *Brigola* vorschlägt, deckt sie sich mit dem Drei-Stufen-Test. Nach seiner Ansicht soll das Verbot von faktischen Diskriminierungen auf ein Verbot von **Marktzugangshindernissen** erweitert werden. Dieses Ergebnis entspricht zwar dem Drei-Stufen-Test, jedoch nicht mehr der Keck-Doktrin des EuGH.

58 Eine weitere Ansicht versucht eine Übereinstimmung der Keck-Doktrin mit dem Drei-Stufen-Test durch eine Einschränkung des Drei-Stufen-Tests, näm-

---

85 EuGH, 23.10.1986 – Rs. 355/85, Slg 1986, 3231 Rn.10 – Cognet (Preisbindung bei Büchern); *Sack*, EWS 2011, 265, 277 (unter 3.a).

86 *Brigola*, EuZW 2012, 248, 252, 253; *Dauses/Brigola* in Dauses, Hdb EU-Wirtschaftsrecht, Bd. 1, C.I. Rn. 159; *Rauber*, ZEuS 2010, 15 ff.

87 *Brigola*, EuZW 2012, 248, 252, 253; *Dauses/Brigola* in Dauses, Hdb EU-Wirtschaftsrecht, Bd. 1, C.I. Rn. 159, 163, 166.

lich durch eine Interpretation von Stufe (3) als Diskriminierungsverbot zu erreichen;[88] dazu im Folgenden unter dd).

dd) Einschränkungen des Drei-Stufen-Tests?

(1) Rn. 51 der Ker-Optika-Entscheidung des EuGH

59 Für Unklarheiten sorgen in der Ker-Optika-Entscheidung von 2010 die Ausführungen in Rn. 51. In ihnen heißt es zunächst, dass Beschränkungen und Verbote **bestimmter Verkaufsmodalitäten** den Handel zwischen den Mitgliedstaaten im Sinne der Dassonville-Entscheidung behindern. Dann folgt jedoch eine Einschränkung dahingehend, dass **keine Behinderung** des zwischenstaatlichen Handels vorliege, wenn diese Regelungen **für alle** Wirtschaftsteilnehmer gelten, die ihre Tätigkeit im Inland ausüben, und wenn sie den Absatz der inländischen Erzeugnisse und der Erzeugnisse aus anderen Mitgliedstaaten rechtlich wie tatsächlich **in der gleichen Weise** berühren.[89]

60 Danach erfasst Art. 34 AEUV Regelungen bestimmter Verkaufsmodalitäten nur, wenn sie Waren aus anderen Mitgliedstaaten **diskriminieren**. Gegen diese Ausführungen in Rn. 51 der Ker-Optika-Entscheidung bestehen jedoch folgende Bedenken:

61 (1.1) Die Ausführungen in Rn. 51 stehen im Widerspruch zur Formulierung des Drei-Stufen-Tests in den Entscheidungen »Kradanhänger« und »Mickelsson und Roos« von 2009. Sie stehen auch im Widerspruch zur Formulierung des Drei-Stufen-Tests in den Rn. 49, 50 der Ker-Optika-Entscheidung. Denn nach dem Wortlaut von Stufe (3) des Drei-Stufen-Tests gehört zu den Maßnahmen gleicher Wirkung »**jede** sonstige Maßnahme«, die den Marktzugang für Waren aus anderen Mitgliedstaaten behindert.

62 (2.2) Gegen die Ansicht, dass der EuGH Stufe (3) seines Drei-Stufen-Tests als Diskriminierungsverbot verstanden habe, spricht auch, dass er in der Entscheidung »Mickelsson und Roos« die streitige Benutzungsbeschränkung für Wassermotorräder als Maßnahme gleicher Wirkung bewertet hat, weil sie den Marktzugang behindert, ohne darüber hinaus zu prüfen, ob die Marktzugangsbehinderung auf einer unmittelbaren oder mittelbaren Diskriminierung beruht, die wahrscheinlich trotz der weiten Interpretation des Diskriminierungsbegriffs der Keck-Doktrin durch den EuGH[90] nicht vorlag.

---

88 *Rauber*, ZEuS 2010, 15, 36 ff.

89 EuGH, 02.12.2010 – C-108/09, Slg. 2010, I-12213 Rn. 51 = GRUR 2011, 243 – Ker-Optika.

90 Ausführlich dazu *Sack*, EWS 2011, 265 ff.

63 (3.3) Es verwundert auch, dass der EuGH den erst im Jahre 2009 in den Entscheidungen »Kradanhänger« und »Mickelsson und Roos« entwickelten Drei-Stufen-Test, der im praktischen Ergebnis der Dassonville-Formel entspricht, bereits im Jahre 2010 wieder im Sinne der Keck-Doktrin einschränkt.

64 (4.4) Für diese überraschende Einschränkung des Drei-Stufen-Tests bietet der EuGH in der Ker-Optika-Entscheidung keine brauchbare Begründung. Vielmehr erweckt er mit der Formulierung »Aus diesem Grund« in Rn. 51, die unmittelbar an die Darlegung des Drei-Stufen-Tests in den Rn. 49, 50 anschließt, den unzutreffenden Eindruck, dass die Reaktivierung der Keck-Doktrin unmittelbar aus dem Drei-Stufen-Test folge. Aus dem in den Rn. 49, 50 referierten Drei-Stufen-Test folgt jedoch nicht die in Rn. 51 vorgenommene Einschränkung, sondern das genaue Gegenteil.

65 (5.5) Der EuGH scheint seine abweichende Ansicht in der sehr verklausulierten Rn. 51 (auch) damit begründen zu wollen, dass nationale Bestimmungen, die bestimmte Verkaufsmodalitäten beschränken oder verbieten, den Handel zwischen den Mitgliedstaaten im Sinne der Dassonville-Formel **nicht behindern**, wenn sie für alle Wirtschaftsteilnehmer im Inland gelten und den Absatz inländischer Erzeugnisse und der Erzeugnisse aus anderen Mitgliedstaaten rechtlich wie tatsächlich in der gleichen Weise berühren. Das entspricht den Ausführungen des EuGH in Rn. 16 der Keck-Entscheidung. Deshalb gilt auch hier die bereits an der Keck-Entscheidung geübte Kritik: Entweder will der EuGH damit die **wirtschaftliche** Feststellung treffen, dass solche Maßnahmen den Handel zwischen den Mitgliedstaaten nicht behindern. Eine solche Feststellung wäre jedoch unzutreffend, wie die oben zitierten lauterkeitsrechtlichen Entscheidungen des EuGH vor der Keck-Entscheidung zeigen. Oder die vorgenommene Einschränkung des Drei-Stufen-Tests bei bestimmten Verkaufsmodalitäten soll eine **rechtliche Fiktion** sein, um die Dassonville-Formel bei Verkaufsmodalitäten einzuschränken. Dann reicht dies nicht als **Begründung** der Abweichung von Stufe (3) des Drei-Stufen-Tests. Vielmehr bedürfte eine solche Fiktion ihrerseits eine Rechtfertigung.

66 (6.6) Die Einschränkung des Drei-Stufen-Tests in Rn. 51 der Ker-Optika-Entscheidung scheint außerdem in der EuGH-Entscheidung » Titus Alexander Jochen Donner« vom 21.6.2012 schon wieder in Vergessenheit geraten zu sein. Denn dort bewertete er u.a. das deutsche urheberrechtliche Verbot der **Werbung** in Zeitungsanzeigen, Zeitungsbeilagen, direkten Werbeschreiben und per deutschsprachiger Internetseite für den Absatz von Nachbildungen von Einrichtungsgegenständen im »Bauhausstil«, die in Italien urhberrechtsfrei hergestellt worden sind, durch den Hersteller dieser Nachbildungen sowie die Beihilfe zum Absatzsystem des italienischen Herstellers durch einen deutschen Händler ohne

Weiteres als »Maßnahme gleicher Wirkung« im Sinne von Art. 34 AEUV.[91] Das auf § 17 dUrhG gestützte Werbeverbot erfüllt jedoch nicht die Voraussetzungen, die eine Regelung von Verkaufsmodalitäten aufweisen muss, um als Maßnahme gleicher Wirkung im Sinne von Art. 34 AEUV bewertet zu werden.

(2) Die Vorgeschichte der Rechtsprechung von 2009

67 Nach *Rauber* erfasst Stufe (3) des Drei-Stufen-Tests nicht alle Regelungen, die den Marktzugang für Waren aus anderen Mitgliedstaaten behindern, sondern nur solche, die ihren Marktzugang durch eine **faktische Diskriminierung** behindern. Nach Stufe (1) seien nur **unmittelbare** Diskriminierungen verboten.[92] Diese Einschränkungen versucht *Rauber* mit der Vorgeschichte des Drei-Stufen-Tests zu rechtfertigen.[93] Der EuGH habe sich an den Schlussanträgen von GA *Bot* im Verfahren Kommission/Italien (Kradanhänger) orientiert[94] und dieser an den Schlussanträgen von GA *Poiares Maduro* im Verfahren Alfa Vita Vassilopoulos (»Bake off«).[95] GA *Poiares Maduro* hatte nach massiver Kritik an der Keck-Doktrin und ihren Folgen vorgeschlagen, eine »Maßnahme gleicher Wirkung« anzunehmen

(1) bei einer Diskriminierung aufgrund der **Staatsangehörigkeit**«;
(2) bei Handelshindernissen infolge zusätzlicher Kosten, die daraus resultieren, dass die nationalen Vorschriften die besondere Situation des eingeführten Erzeugnisses und insbesondere nicht berücksichtigen, dass diese Erzeugnisse bereits den Vorschriften des Herkunftslandes genügen müssen, insbesondere Vorschriften über **Merkmale** der Erzeugnisse;
(3) bei Maßnahmen, die geeignet sind, den Marktzugang und das Inverkehrbringen von Produkten aus anderen Mitgliedstaaten **stärker** zu behindern.[96]

68 Diese »Vorgeschichte« des Drei-Stufen-Tests rechtfertigt jedoch nicht die genannten Einschränkungen. Denn der behauptete Kausalzusammenhang zwischen dem Drei-Stufen-Test des EuGH, den Schlussanträgen von GA *Bot* im Verfahren Kommission/Italien (Kradanhänger)und den Schlussanträgen von GA

91 EuGH, 21.06.2012 – C-5/11, GRUR 2012, 817 Rn. 31 = WRP 2012, 927 – Donner; die Entscheidung erging auf Vorlage des BGH, 08.12.2010 – 1 StR 213, 10, GRUR 2011, 227 – Italienische Bauhausmöbel I; nach der Vorabentscheidung des EuGH abschließend dazu BGH, GRUR 2013, 62 – Italienische Bauhausmöbel II; vgl. auch BGH, 15.02.2007 – I ZR 114/04, GRUR 2007, 871 Rn. 27, 31 = WRP 2007, 1219 – Wagenfeld-Leuchte.

92 *Rauber*, ZEuS 2010, 15, 36. ff., 38.

93 *Rauber*, ZEuS 2010, 15, 36 f.

94 GA *Bot* Slg. 2009, I-519.

95 GA *Poiares Maduro* Slg. 2006, I-8135.

96 GA *Poiares Maduro*, Slg. 2006, I-8135 Nr. 43 – 46; dazu *Kingreen*, EWS 2006, 488, 492.

Poiares Maduro im Verfahren Alfa Vita Vassilopoulos ist nicht feststellbar. GA *Bot* hatte keine **diskriminierende** Behinderung des Marktzugangs gefordert.[97] Außerdem unterscheidet sich der Drei-Stufen-Test in den Stufen (1) und (2) auch recht erheblich vom Vorschlag von GA *Poiares Maduro*. Die Entscheidungen »Kradanhänger« und »Mickelsson und Roos« von 2009 enthalten keine Anhaltspunkte dafür, dass Stufe (3) nur auf diskriminierende Regelungen anzuwenden sei. Vielmehr heißt es dort, unter den Begriff »Maßnahmen gleicher Wirkung« falle » **jede** sonstige Maßnahme«, die den Marktzugang für Waren aus anderen Mitgliedstaaten behindert«. Auch Stufe (1) ist so formuliert, dass sie nicht nur **unmittelbare** Diskriminierungen, sondern alle, d.h. auch mittelbare oder faktische Diskriminierungen erfasst. Deshalb hätte man auf Stufe (3) verzichten können, wenn sie nur für diskriminierende Maßnahmen hätte gelten sollen.

e) Seit 2012: Verbot der Behinderung des Marktzugangs

69 Seine im Jahre 2009 mit dem Drei-Stufen-Test geänderte Rechtsprechung konsolidierte der EuGH in seiner ANETT-Entscheidung von 2012 und in nachfolgenden Entscheidungen mit der Feststellung, dass unter den Begriff der »Maßnahmen gleicher Wirkung« i.S.v. Art. 34 AEUV außer **diskriminierenden** und **produktbezogenen** Regelungen »**jede sonstige** Maßnahme (fällt), die den **Zugang zum Markt** eines Mitgliedstaates für Erzeugnisse aus anderen Mitgliedstaaten **behindert**« bzw. »**erschwert**«.[98]

70 Die **ANETT**-Entscheidung von 2012 knüpft deutlich erkennbar an den Drei-Stufen-Test an, den der EuGH im Jahre 2009 entwickelt hat. Sie verdeutlicht, dass zu den »Maßnahmen gleicher Wirkung« außer den diskriminierenden und produktbezogenen Regelungen »jede sonstige Maßnahme« zählt, die den Zugang zum Markt behindert bzw. erschwert. Dazu gehören – abweichend von

---

97 GA *Bot*, Slg. 2009, I-519 Nr. 108 ff., 116 ff., 137.

98 EuGH, 26.4.2012 – C-456/10, GRUR Int. 2012, 356 Rn. 34 f., 37 – ANETT; ebenso EuGH, 10.9.2014 – C-423/13, BeckRS 2014, 81830 Rn. 48 – Vilniaus Energija; EuGH, 23. 12.2015 – C-333/14, NJW 2016, 621 Rn. 32 – Scotch Whisky Association ; EuGH, 18.06.2019 - C-591/17, NJW 2019, 2369, Rn. 121 – Österreich/ Deutschland (»Maut«); ebenso im Ergebnis BGH, 11.10.2012 – 1 StR 213/10, GRUR 2013, 62 Rn. 55 – Italienische Bauhausmöbel; a.A. jedoch GA *Szpunar* in seinen Schlussanträgen im Verfahren »Deutsche Parkinson Vereinigung, C-148/15 Nr. 20 ff., der jedoch die geänderte Rechtsprechug des EuGH seit 2009 unerwähnt lässt; das mag erklätren, warum der EuGH in seiner Entscheidung vom 19.10.2016 in diesem Verfahren das Vorliegen einer Maßnahme gleicher Wirkung nur mit dem diskriminierenden Effekt der Preisbindung verschreibungspflichtiger Arzneimittel rechtfertigte (EuGH, 19.10.2016 – C-148/15, GRUR 2016, 1312 Rn. 23 ff.), statt auf das von ihm entwickelte Kriterium der Behinderung des Marktzugangs zurückzugreifen, die zweifellos vorlag.

der Keck-Doktrin – auch alle Regelungen von **Verkaufsmodalitäten**, auch wenn sie keine Diskriminierung ausländischer Unternehmen oder Waren bezwecken oder bewirken. Die ANETT-Entscheidung betraf eine spanische Regelung, die es Tabakeinzelhändlern verbietet, Tabakerzeugnisse direkt aus anderen Mitgliedstaaten einzuführen, was sie dazu zwingt, ihren Bedarf bei zugelassenen Großhändlern zu decken. Eine solche Bedarfsdeckung könne verschiedene Nachteile aufweisen, auf die diese Einzelhändler nicht stoßen würden, wenn sie die Einfuhr selbst vornehmen würden. Ausdrücklich merkte der EuGH an, dass im ANETT-Fall nichts darauf hinweise, dass die streitige spanische Regelung bezwecke oder bewirke, Tabakerzeugnisse aus anderen Mitgliedstaaten weniger günstig zu behandeln. Ebensowenig betreffe sie Voraussetzungen, denen diese Erzeugnisse entsprechen müssen, d.h. sog. produktbezogene Regelungen. Sie behindere jedoch den Zugang ausländischer Tabakerzeugnisse zum spanischen Markt.[99]

71 Noch deutlicher wurde der EuGH in seiner Entscheidung »**Scotch Whisky Association**« von 2015. In ihr wurde der Drei-Stufen-Test nicht mehr erwähnt. Es wurde nur noch darauf hingewiesen, dass alle Maßnahmen, die den Zugang zu einem Markt erschweren, Maßnahmen gleicher Wirkung i.S.v. Art. 34 AEUV seien. Die genannte Entscheidung betraf einen der klassischen Fälle der Regelung von **Verkaufsmodalitäten**, die der EuGH in seiner Keck-Entscheidung noch aus dem Anwendungsbereich von Art. 34 AEUV herausgenommen hatte. In der Entscheidung »Scotch Whisky Association« ging es um die Anwendbarkeit von Art. 34 AEUV auf eine schottische Vorschrift, die für den Verkauf alkoholischer Getränke im Einzelhandel einen **Mindestpreis** vorsieht. Die streitige Regelung sei eine »Maßnahme gleicher Wirkung« allein deshalb, weil sie verhindere, dass sich niedrigere Gestehungskosten eingeführter Erzeugnisse im Endverkaufspreis niederschlagen können. Sie sei geeignet, alkoholhaltigen Getränken, die in anderen Mitgliedstaaten als dem Vereinigten Königreich Großbritannien und Nordirland rechtmäßig vertrieben werden, den Zugang zum britischen Markt zu erschweren, und stelle somit eine »Maßnahme gleicher Wirkung« wie eine mengenmäßige Beschränkung im Sinne von Art. 34 AEUV dar.[100]

72 Beide Entscheidungen betrafen **Verkaufsmodalitäten**, die zwar eingeführte Waren nicht diskriminieren,[101] jedoch in anderer Weise deren Zugang zum Markt behindern.

99 EuGH, 26.04.2012 – C-456/10, GRUR Int. 2012, 356 Rn. 36, 38 ff. – ANETT.

100 EuGH, 23.12.2015 – C-333/14, NJW 2016, 621 Rn. 32 – Scotch Whisky Association.

101 So ausdrücklich im Fall ANETT der EuGH, 26.04.2012 – C-456/10, GRUR Int. 2012, 356 Rn.36; ebenso ausdrücklich unter Hinweis darauf, dass dies unstreitig war, GA *Bot* im Fall Scotch Whisky Association in Nr. 60 seiner Schlussanträge, auf die sich der EuGH in Rn. 32 berufen hat.

73 Zu den »Maßnahmen gleicher Wirkung« i.S.v. Art. 34 AEUV gehören nach der aktuellen Rechtsprechung des EuGH, die Zustimmung verdient, folgende Fallgestaltungen:[102]

(1) diskriminierende staatliche Regelungen;[103]

(2) produktbezogene Regelungen, nach denen Waren bestimmten Vorschriften entsprechen müssen, wie etwa hinsichtlich ihrer Bezeichnung, ihrer Form, ihrer Abmessungen, ihres Gewichts, ihrer Zusammensetzung, ihrer Aufmachung, ihrer Etikettierung und ihrer Verpackung,[104] z.B. die Festlegung eines bestimmten Mindestalkoholgehalts für Fruchtsaftliköre (Cassis de Dijon) [105], das Verbot eines bestimmten Schmelzkäsezusatzes,[106] diverse Reinheitsgebote für Bier, Wurst oder Teigwaren,[107] die Beschränkung der sog. Bocksbeutelflasche auf Frankenwein,[108] die Vorschrift, Margarine nur in Würfelform zu verpacken,[109] das Verbot, für Obstessig die Bezeichnung »Aceto« zu verwenden[110] oder die Verpflichtung zu geografischen Herkunftsangaben;[111]

(3) spezifisch importbezogene Maßnahmen, z.B. staatliche Importverbote, Importlizenzen, Qualitätskontrollen von Importware, zeitraubende Grenzabfertigung, das Erfordernis von Echtheitszertifikaten für ausländische Waren usw.;

(4) Marktzulassungsvorschriften[112], z.B. das Erfordernis der Arzneimittelzulassung;

---

102 Vgl. *Becker*, in: Schwarze, EU-Kommentar[4], Art. 34 Rn. 51 ff.; vgl. auch schon die Zusammenstellung vor der Keck-Entscheidung bei *Sack*, EWS 1994, 37, 38 f.

103 Vgl. die ausführliche und kritische Zusammenstellung der einschlägigen EuGH-Entscheidung durch *Sack*, EWS 2011, 265 ff.

104 So EuGH, 24.11.1993 – C-267/91 u. C-268/91, Slg. 1993, I-6097 Rn. 15 = GRUR 1994, 296 = WRP 1994, 99 – Keck und Mithouard.

105 EuGH, 20.02.1979 – Rs. 120/78, Slg. 1979, 649 = GRUR Int. 1979, 468 – Cassis de Dijon.

106 EuGH, 05.02.1981 – Rs. 53/80, Slg. 1981, 409 – Nisin.

107 EuGH, 12.03.1987 – Rs. 178/84, Slg. 1987, 1227 = GRUR 1987, 245 – Deutsches Bierreinheitsgebot; EuGH, 14.07.1988 – Rs. 90/86, Slg. 1988, 4285 – Zoni (»Italienisches Reinheitsgebot für Teigwaren«).

108 EuGH, 13.03.1984 – Rs. 16/83, Slg. 1984, 1299 = GRUR 1984, 343 – Prantl (»Bocksbeutel«).

109 EuGH, 10.11.1982 – Rs. 261/81, Slg. 1982, 3961 – De Smedt.

110 EuGH, 26.06.1980 – Rs. 788/79, Slg. 1980, 2071, 2078 – Essig I (Gilli I); EuGH, 09.12.1981 – Rs. 193/80, Slg. 1981, 3019, 3034 = NJW 1982, 1212 – Essig II (Gilli II).

111 EuGH, 17.06.1981 – Rs. 113/80, Slg. 1981, 1625 = GRUR Int. 1982, 117 – Kommission/Irland (»Irische Souvenirs«); EuGH, 25.04.1985 – Rs. 207/83, GRUR Int. 1986, 112 – Kommission/Vereinigtes Königreich (Origin Making«).

112 EuGH, 20.05.1976 – Rs. 104/75, Slg. 1976, 613 – Peijper; EuGH, 17.12.1981 – Rs. 272/80, NJW 1982, 1211 – Schädlingsbekämpfungsmittel; EuGH, 08.02.1983 – Rs.

(5) Vorschriften über Berufsqualifikationen für den Vertrieb von Waren, die z.B. vorsehen, dass Kontaktlinsen nur von Optikern verkauft werden dürfen;[113]
(6) Verwertungsbeschränkungen zu Lasten ausländischer Waren, z.B. das Gebot der Verwendung inländischer Ausgangsstoffe für bestimmte inländische Waren;[114]
(7) Benutzungsbeschränkungen für bestimmte inländische und ausländische Waren;[115]
(8) staatliche Preisregelungen, soweit sie den Absatz von Importware behindern;[116]
(9) Werbeverbote;[117]
(10) staatliche Benutzungsgebühren, z.B. überhöhte Hafen- und Entladegebühren;[118]
(11) Beschränkungen der Verkaufszeiten, insbesondere durch Sonntags- und Feiertagsregelungen oder Ladenschlussgesetze;[119]

124/81, Slg. 1983, 203 – UHT-Verfahren; EuGH, 30.11.1983, Slg. 1983, 3883 = NJW 1985, 541, 542 Rn. 33 – Vitaminpräparat; EuGH, 09.05.1985 – Rs. 21/84, RIW 1985, 978 – Frankiermaschinen; ebenso in Bezug auf Art 13 Freihandelsabkommen EG/Österreich EuGH, 01.07.1993 – C-207/91, EuZW 1993, 515, 516 f. – Adalat.

113 EuGH, 25.5.1993 – C-271/92, Slg. 1993, I-2899 – Kontaktlinsen.

114 EuGH, 13.03.1979 – Rs. 119/78, Slg. 1979, 975 – Peureux.

115 EuGH, 10.02.2009 – C-110/05, Slg. 2009, I-519 – Kradanhänger; EuGH, 04.06.2009 – C-142/05, Slg. 2009, I-4273 – Mickelsson und Roos.

116 EuGH, 26.02.1976 – Rs. 65/75, Slg 1976, 291 – Tasca; EuGH, 26.02.1976 – Rs. 88 bis 90/75, Slg. 1976, 323 – SADAM; EuGH, 24.01.1978 – Rs. 82/77, Slg. 1978, 25 – van Tiggele; EuGH, 07.06.1983 – Rs. 78/82, Slg.1983, 1955 – Tabakwarenmonopol; EuGH, 10.01.1985 – Rs. 229/83, Slg. 1985, 1 – Leclerc/Au blé vert; EuGH, 23.12.2015 – C-333/14, NJW 2016, 621 – Scotch Whisky Association; a.A. der Gemeinsame Senat der Obersten Gerichtshöe des Bundes, 22.08.2012 – GmS-OGB 1/10, BGHZ 194, 354 Rn. 39 = GRUR 2013, 417 = WRP 2013, 621 – Medikamentenkauf im Versandhandel; BGH, 27.01.2016 – I ZR 67/14, GRUR 2016, 523 Rn. 9 – Prämienmodell niederländischer Apotheke.

117 EuGH, 10.07.1980 – Rs. 152/78, Slg. 1980, 2299 Rn. 11 – französisches Alkoholwerbeverbot; EuGH, 15.12.1982 – Rs. 286/81, Slg. 1982, 4575 Rn. 15 – Oosthoek (Zugabeverbot); EuGH, 16.05.1989 – Rs. 382/87, Slg. 1989, 1235 Rn. 7 bis 9 – Buet; EuGH, 07.03.1990 – C-362/88, Slg. 1990, I-667 = GRUR Int. 1990, 955 – GB-INNO-BM; EuGH, 12.12.1990 – C-241/89, Slg. 1990, I-4695 Rn. 29 – SARRP; EuGH, 25.07.1991 – C-1/90 u. C-176/90, Slg. 1991, I- 4151 – Aragonesa (Alkoholwerbeverbot); EuGH, 18.05.1993 – C-126/91, Slg. 1993, I-2361 = GRUR 1993, 763 – Yves Rocher (§ 6e dUWG a.F.); BGH, 11.10.2012 – 1 StR 213/10, GRUR 2013, 62 Rn. 55 – Italienische Bauhausmöbel (zu § 17 dUrhG).

118 EuGH, 10.12.1991 – C-179/90, Slg. 1991, I-5889, 5929 Rn. 21, 22 – Porto di Genova.

119 A.A. *Ullmann*, in: jurisPK-UWG[4], Einl. Rn. 85; a.A. unter der Keck-Doktrin auch EuGH, 15.12.1993 – C-292/92, GRUR 1994, 299 – Hünermund; EuGH, 09.07.1997 – C-34/95, GRUR Int. 1997, 913 Rn. 40 – de Agostini.

(12) immaterialgüterrechtliche Beschränkungen der Warenverkehrsfreiheit, z.B. immaterialgüterrechtliche Import- und Vertriebsverbote für schutzrechtsverletzende ausländische Ware[120] oder Zwangslizenzen zur Förderung der inländischen Produktion.[121]

f) Die Spürbarkeit der Marktzugangsbehinderung

74 Mit der Keck-Doktrin wollte der EuGH die Folgen der weiten Dassonville-Formel einschränken, die u.a. darin bestanden, dass sich die Wirtschaftsteilnehmer »immer häufiger auf Art. 30 EWG-Vertrag berufen, um jedwede Regelung zu beanstanden, die sich als Beschränkung ihrer geschäftlichen Freiheit auswirkt, auch wenn sie nicht auf Erzeugnisse aus anderen Mitgliedstaaten gerichtet ist«.[122] Mit Recht hat jedoch GA *Poiares Maduro* darauf hingewiesen, dass die Keck-Doktrin entgegen ihrem Zweck, die Zahl der Klagen einzudämmen, letztlich die Anfragen über die genauen Konturen der Warenverkehrsfreiheit **vervielfacht** hat.[123] Nachdem nun der Drei-Stufen-Test und das Kriterium der Behinderung des Marktzugangs des EuGH im praktischen Ergebnis zu derselben weiten Auslegung des Begriffs »Maßnahmen gleicher Wirkung« in Art. 34 AEUV führt wie schon die Dassonville-Formel, stellt sich erneut die Frage, ob es andere Möglichkeiten gibt, einer Überflutung des EuGH mit Vorlagebeschlüssen zur Auslegung von Art. 34 AEUV, die ihn zwingen, zur **Berechtigung** aller nationaler Beschränkungen des Warenverkehrs Stellung zu nehmen, entgegenzuwirken.

75 Diese Möglichkeit bietet das **Spürbarkeitserfordernis**, wonach eine Behinderung des Marktzugangs nur dann eine »Maßnahme gleicher Wirkung« ist, wenn sie den Marktzugang spürbar beeinträchtigt. Der EuGH und die wohl herrschende Lehre haben dies zwar bisher abgelehnt.[124] Dies bedarf jedoch der

---

120 Vgl. statt vieler EuGH-Entscheidungen zum Patentrecht EuGH, 31.10.1974 – Rs. 15/74, Slg. 1974, 1147 – Centrafarm/Drug Sterling; zum Urheberrecht EuGH, 20.01.1981 – Rs. 55/80 und 57/80, GRUR Int. 1981, 229 – Gebührendifferenz II; zum Markenrecht EuGH, 31.10.1974 – Rs. 16/74, Slg. 1974, 1183 – Centrafarm/Winthrop; EuGH, 03.07.1974 Rs. 192/73, Slg. 1974, 731 – Van Zuylen/HAG (HAG I); EuGH, 17.10.1990 – C-10/89, Slg. 1990, I-e710 – HAG II.

121 EuGH, 18.02.1992 – C-235/89, Slg. 1992, I-777 – Kommission/Italien; EuGH, 18.2.1992 – C-30/90, Slg. 1992, I-829 – Kommission/Vereinigtes Königreich und Nordirland.

122 EuGH, 24.11.1993 – C-267/91 und 268/91, Slg. 1993, I-6097 Rn. 14 = GRUR 1994, 296 = WRP 1994, 99 – Keck und Mithouard.

123 GA *Poiares Maduro* in seinen Schlussanträgen im Verfahren »Alfa Vita Vassilopoulos«, Slg. 2006, I-8135 Rn. 34.

124 EuGH, 11.09.2008 – C-141/07, Slg. 2008, I-6935 Rn. 43 = NJW 2008, 3693 – Kommission/Deutschland (»Regionalprinzip«); EuGH, 08.07.2004 – C-166/03, Slg. 2004, I-6535 Rn. 15 – Kommission/Frankreich (»Goldlegierung«); EuGH, 18.05.1993 – C-126/91, Slg. 1993, I-2361 Rn. 20, 21 = GRUR 1993, 763 = WRP

Überprüfung, nachdem sich durch den Drei-Stufen-Test die Rechtslage geändert hat, d.h. die mit der Keck-Doktrin bezweckte Einschränkung des Anwendungsbereichs von Art. 34 AEUV rückgängig gemacht worden ist.[125]

1993, 615 – Yves Rocher; EuGH, 14.03.1985 – Rs. 269/83, Slg. 1985, 837 Rn. 10 – Kommission/Frankreich (»Postgebühren für inländische Druckwerke«); EuGH, 05.04.1984 – Rs. 177 u.178/82, Slg. 1984, 1797 Rn. 13 – Van de Haar (»Banderolenpreis«); EuGH, 13.03.1984 – Rs. 16/83, Slg. 1984, 1299 Rn. 20 = GRUR 1984, 343 – Prantl (»Bocksbeutel«); EuGH, 08.07.2004 – C-166/03, Slg. 2004, I-6535 Rn. 15 – Goldlegierung; EuGH, 11.09.2008 – C-141/07, NJW 2008, 3692 Rn. 43 – Arzneimittelversorgung der Krankenhäuser; aus dem Schrifttum vgl. *Becker*, in: Schwarze, EU-Kommentar[4], Art. 34 AEUV Rn. 40; *ders.*, EuR 1994, 162 (171); *Drasch*, Das Herkunftslandprinzip im internationalen Privatrecht, 1997, S. 26, 98; *Dauses*, RIW 1984, 197 (201); *Dauses/Brigola*, in: Dauses, Hdb EU-Wirtschaftsrecht, Bd. 1, C.I. Rn. 95; *Epiney*, in: Ehlers, Europäische Grundrechte und Grundfreiheiten, 3. Aufl. 2009, § 8 Rn. 49; *Frenz*, Hdb Europarecht, Bd. 1, Rn. 903 ff.; *Hödl*, Die Beurteilung von verkaufsbehindernden Maßnahmen im Europäischen Binnenmarkt: Neue Interpretationsansätze zu Art. 30 EGV auf der Grundlage der Keck-Entscheidung, 1997, S. 41 f.; *Hösch*, Der Einfluss der Freiheit des Warenverkehrs (Art. 30 EWGV) auf das Recht des unlauteren Wettbewerbs, 1993, S. 23; *J. Keßler*, Das System der Warenverkehrsfreiheit im Gemeinschaftsrecht, 1997, S.23 f.; *Kieninger*, EWS 1998, 277, 283 ff.; *Körber*, Grundfreiheiten und Privatrecht, 2004, S. 171 ff.; *Kotthoff*, Werbung ausländischer Unternehmen im Inland, 1995, S. 87 f.; *Leible/T. Streinz*, in: Grabitz/Hilf/Nettesheim, Das Recht der Europäischen Union, Art. 34 AEUV Rn. 65; *Oliver*, CMLRev. 1999, 783, 791 f., 806; *Schilling*, EuR 1994, 50, 60 f.; *Schricker*, GRUR Int. 1992, 347, 355; *Steiner*, CMLRev. 1992, 749, 771 f., 773; *Thomas*, NVwZ 2009, 1202 ff.; *Ullmann*, in: jurisPK-UWG[4], Einl. Rn. 83; *ders.*, in: FIW, Harmonisierung des Rechts gegen den unlauteren Wettbewerb in der EG?, FIW-Schriftenreihe Heft 156, 1993, S. 53, 65; *Veelken*, EuR 1997, 311, 326 f.; *Walbroek*, CDE 1983, 241, 248; vgl. auch *Weyer*, Freier Warenverkehr und nationale Regelungsgewalt in der Europäischen Union, 1996, S. 297 f.; *ders.*, DZWiR 1994, 89, 91 f.; vgl. ferner *Langner*, RabelsZ 65 (2001), 222, 236, der zwar Spürbarkeit für erforderlich hält, jedoch nicht in Bezug auf die Höhe des Schadens, sondern in Bezug auf das »Näheverhältnis der Regelung zu der Belastung«.

125 Für ein Spürbarkeitserfordernis GA *Darmon* in seinen Schlussanträgen im Verfahren »Krantz«, Slg. 1990, I-583 Nr. 11 (»merkliche Wirkungen«); GA *Jacobs* in seinen Schlussanträgen im Verfahren »Leclerc-Siplec«, Slg. 1995, I-179 Nr. 42 – 44 (»wesentliche Beschränkung« oder offene Diskriminierung); GA *Elmer* in seinen Schlussanträgen im Verfahren »Banchero«, Slg. 1995, I-4633 Nr. 35 (»im wesentlichen Umfang«); ebenso im Schrifttum *Chalmers*, ICLQ 1993, 293; *Ehricke*, WuW 1994, 108, 111 f.; *Fezer*, JZ 1994, 623, 624 f.; *ders.*, JZ 1994, 317, 324; *Jestaedt/Kästle*, EWS 1994, 26, 28; *Rabe*, in: Schwarze, Das Wirtschaftsrecht des gemeinsamen Marktes in der aktuellen Rechtsentwicklung, 1983, S. 51; *Reich*, ZIP 1993, 1815 (1817); *Rohe*, RabelsZ 61 (1997), 1, 56 f.; *Sack*, EWS 1994, 37, 40 f.; *ders.*, WRP 1998, 103, 116 ff.; *ders.*, GRUR 1998, 871, 873; *ders.*, EWS 2011, 265, 278 ff.; *Steindorff*, ZHR 143 (1979), 557, 563; *Steiner*, CMLRev. 1992, 749, 771 f., 773; *VerLoren van Themaat*, in: FS für Eb. Günther, 1976, S. 373, 384 f.; vgl. auch *Brigola*, EuZW 2009,

76 Für ein Spürbarkeitserfordernis spricht vor allem der **Wortlaut** von Art. 34 AEUV. Denn staatliche Maßnahmen, die die Einfuhr mengenmäßig beschränken, haben den Zweck, das Einfuhrvolumen **spürbar** zu verringern. Deshalb haben andere staatliche Maßnahmen nur dann die **gleiche** Wirkung, wenn sie den Marktzugang und damit auch das Einfuhrvolumen spürbar beschränken.[126]

77 Das Spürbarkeitserfordernis lässt sich auch aus dem Grundsatz der **Verhältnismäßigkeit** ableiten.[127] Das war auch das Anliegen, das der EuGH in Rn. 14 seiner Keck-Entscheidung mit der in dieser Entscheidung vorgenommenen Einschränkung der Dassonville-Formel verfolgt hat. Nicht jede noch so geringe Behinderung des zwischenstaatlichen Handels sollte genügen, um zu überprüfen, ob die betreffende staatliche Maßnahme nach Art. 36 AEUV oder durch zwingende Erfordernisse des Allgemeininteresses gerechtfertigt ist.

78 Schließlich spricht für das Spürbarkeitserfordernis auch die Parallele zu den Art. 101, 102 AEUV, die nach einhelliger Meinung nur eingreifen, wenn der zwischenstaatliche Handel in der EU durch wettbewerbsbeschränkende Vereinbarungen oder durch Machtmissbrauch spürbar beeinträchtigt wird. Da sowohl Art. 34 AEUV als auch die Art. 101, 102 AEUV den Schutz des zwischenstaatlichen Handels in der EU bezwecken, liegt es nahe, diese Vorschriften insoweit übereinstimmend auszulegen.[128]

79 Vorschriften, die Verkaufsmodalitäten verbieten, beschränken den grenzüberschreitenden Warenverkehr nicht spürbar, wenn sie unzulässige Werbemethoden regeln, die ohne Weiteres und ohne nennenswerte zusätzliche Kosten durch zulässige Werbemethoden ersetzt werden können. Es gibt jedoch auch Regelungen von Verkaufsmodalitäten, die den zwischenstaatlichen Handel spürbar beschränken können, z.B. Werbeverbote für bestimmte Produktgattungen,[129]

479, 480; *Ranacher,* ZfRV 42 (2001), 95, 100 ff., 105; zu den Argumenten *gegen* ein Spürbarkeitserfordernis vgl. *Sack,* EWS 2011, 265, 279 f.

126 *Sack,* EWS 2011, 265, 279.

127 GA *Jacobs* in seinen Schlussanträgen im Verfahren »Leclerc-Siplec«, Slg. 1995, I-179 Rn. 42.

128 *Sack,* EWS 2011, 265, 279; gegen dieses Argument *Oliver,* CMLRev. 1999, 783, 791; *Thomas,* NVwZ 2009, 1202, 1204 f.

129 Vgl. EuGH, 08.03.2001 – C-405/98, Slg. 2001, I-1795 = GRUR Int. 2001, 553 – Konsumentenombudsmannen/Gourmet International Produkts (GIP); diese Entscheidung betraf das schwedische Verbot der Anzeigenwerbung für alkoholische Getränke; der EuGH gelangte durch die weit hergeholte Annahme einer Diskriminierung ausländischer Alkoholika zur Anwendbarkeit von Art. 30 EWGV bzw. Art. 28 EG; vgl. auch EuGH, 09.07.1997 – C-34 bis 36/96, Slg. 1997, I-3843 Rn. 42 = GRUR Int. 1997, 913 = WRP 1998, 145 – De Agostini.

urheberrechtliche Werbeverbote wie im Fall Dior/Evora [130] oder Versandhandelsverbote für Arzneimittel und Medizinprodukte.[131]

3. Rechtmäßigkeit im Herkunftsland

a) Der Import von Waren

80 Die Behinderung des Imports von Waren im Einfuhrland ist eine Maßnahme gleicher Wirkung. Sie verstößt nur dann gegen Art. 34 AEUV, wenn die Waren im Herkunftsland **rechtmäßig** hergestellt oder in den Verkehr gebracht worden sind.[132]

b) Grenzüberschreitende Werbung

81 Nachdem der EuGH seine »Keck-Doktrin« von 1993, nach der staatliche Beschränkungen von Verkaufsmodalitäten – z.B. Werbebeschränkungen – nicht in den Anwendungsbereich von Art. 30 EWGV (jetzt Art. 34 AEUV) fallen,[133] in seinen beiden Entscheidungen »Kradanhänger« und »Mickelsson und Ross« von 2009 aufgehoben hatte,[134] sind lauterkeitsrechtliche Beschränkungen grenzüberschreitender **Werbung** Maßnahmen gleicher Wirkung i.S.v. Art. 34 AEUV, wenn dadurch auf dem Absatzmarkt der Absatz an Personen des umworbenen Werbemarktes (spürbar) eingeschränkt wird.[135] Sie fallen unter Art. 34 AEUV unabhängig davon, ob die Beschränkung vom Herkunftsland oder vom Bestimmungsland ausgesprochen wird und die betreffende Werbung

---

130 EuGH, 04.11.1997 – C-337/95, Slg. 1997, I-6013 Rn. 50 = GRUR Int. 1998, 140 = WRP 1998, 150 – Dior/Evora.

131 Vgl. EuGH, 11.12.2003 – C-322/01, Slg. 2003, I-14887 Rn. 74 ff. = GRUR 2004, 174 = WRP 2004, 205 – DocMorris (Deutscher Apothekerverband); EuGH, 02.12.2010 – C-108/09, Slg. 2010, I-12213 Rn. 54 f. = GRUR 2011, 243 – Ker-Optika.

132 EuGH, 20.02.1979 – Rs. 120/78, Slg. 1979, 649 Rn. 14, 15 – Cassis de Dijon; EuGH, 24.11.1993 – C-267/91 u. C-268/91, Slg. 1993, I-6097 Rn. 15, 17 = GRUR 1994, 296 = WRP 1994, 99 – Keck und Mithouard; EuGH, 06.07.1995 – C-470/93, Slg. 1995, I-1923 Rn. 12 f. – Mars; EuGH, 26.06.1997 – C-368/95, Slg. 1997, I-3689 Rn. 8 ff. – Familiapress; EuGH, 10.02.2009 – C-110/05, Slg. 2009, I-519 Rn. 34 f. = EuZW 2009, 173 – Kommission/Italien (»Kradanhänger«); EuGH, 04.06.2009 – C-142/05, Slg. 2009, I-4273 Rn. 24 – Mickelsson und Roos; *Klass*, in: GroßkommUWG², Einl. D Rn. 89, 91 f.

133 EuGH, 24.11.1993 – C-267/91 u. C-268/91, Slg. 1993, I-6097 = GRUR 1994, 296 = WRP 1994, 99 – Keck und Mithouard.

134 EuGH, 10.02.2009 – C-110/05, Slg. 2009, I-519 – Kommission/Italien (» Kradanhänger«); EuGH, 04.06.2009 – C-142/05, Slg. 2009, I-4273 – Mickelsson und Roos.

135 EuGH, 07.03.1990 – C-362/88, Slg. 1990, I-667 Rn. 7 f. = GRUR Int. 1990, 955 – GB-INNO-BM.

im Herkunftsland oder im Bestimmungsland rechtmäßig oder rechtswidrig ist.[136] Eine Maßnahme gleicher Wirkung ist es also auch, wenn in einem Land die Werbung für den Vertrieb **in einem anderen Land** untersagt wird.[137] Es ist dann eine Frage der Cassis-Rechtfertigungsgründe, ob die betreffende Werbebeschränkung durch »zwingende Erfordernisse« des Verbraucherschutzes oder der Lauterkeit des Handelsverkehrs gerechtfertigt ist.

82 Ein Beispiel für eine der möglichen Konstellationen bietet die EuGH-Entscheidung »GB-INNO-BM« vom 707.03.1990.[138] Eine belgische Handelskette hatte in Luxemburg mit Werbezetteln für Sonderangebote in belgischen Supermärkten geworben. Die Art der Werbung war in Luxemburg verboten, während sie in Belgien, d.h. auf dem Absatzmarkt, zulässig war. Das Verbot dieser Werbung bewertete der EuGH seinerzeit als Maßnahme gleicher Wirkung im Sinne von Art. 30 EWG-Vertrag. Dies entspricht auch der heutigen Auslegung von Art. 34 AEUV nach der Überwindung der Keck-Doktrin. Diese Werbung war auf dem Absatzmarkt Belgien **rechtmäßig**, so dass ihr Verbot gegen Art. 30 EWGV (heute Art. 34 AEUV) verstieß. Diese Beschränkung der betreffenden Sonderangebotswerbung durch Luxemburg war nach Ansicht des EuGH nicht gerechtfertigt.

II. Die Rechtfertigungsgründe des Art. 36 AEUV

83 Das Verbot des Art. 34 AEUV ist nicht anwendbar, wenn die betreffenden Einfuhrbehinderungen

- durch die in Art. 36 AEUV genannten Gründe »gerechtfertigt« sind
- und sie nach Art. 36 S. 2 AEUV weder willkürlich diskriminieren noch eine verschleierte Handelsbeschränkung darstellen.

84 Von den in Art. 36 genannten Rechtfertigungsgründen kommt letztlich nur das »**gewerbliche und kommerzielle Eigentum**« in Betracht. Dazu rechnet der EuGH u.a. auch die Vorschriften zum Schutz geografischer Herkunftsangaben.[139]. Das gilt unabhängig davon, ob diese in EU-Staaten immaterialgüterrechtlich oder lauterkeitsrechtlich geschützt werden. Jedoch hat es der EuGH abgelehnt, das Lauterkeitsrecht insgesamt als »gewerbliches und kommerzielles

136 EuGH, 07.03.1990 – C-362/88, Slg. 1990, I-667 Rn. 7 f. = GRUR Int. 1990, 955 – GB-INNO-BM.

137 EuGH, 07.03.1990 – C-362/88, Slg. 1990, I-667 Rn. 8 = GRUR Int. 1990, 955 – GB-INNO-BM.

138 EuGH, 07.03.1990 – C-362/88, Slg. 1990, I-667 = GRUR Int. 1990, 955 – GB-INNO-BM.

139 Vgl. EuGH, 10.11.1992 – C-3/91, Slg. 1992, I-5529 = GRUR Int. 1993, 76 – Exportur.

Eigentum« i.S.v. Art. 36 zu bewerten.[140] Das verwundert, da die PVÜ »zum Schutz des gewerblichen Eigentums« in den Art. 10bis und 10ter Vorschriften gegen den **unlauteren** Wettbewerb enthält. Vor allem beim wettbewerbsrechtlichen Leistungsschutz würde es nahe liegen, ihn zum »gewerblichen und kommerziellen Eigentum« i.S.v. Art. 36 AEUV zu rechnen.[141]

85 Auch dem Schutz der **öffentlichen Ordnung** dienen nach Ansicht des EuGH die Vorschriften des Lauterkeitsrechts **nicht,**[142] auch nicht die **Straftatbestände** des UWG.[143]

86 Der Katalog der Rechtfertigungsgründe in Art. 36 AEUV ist nach Ansicht des EuGH abschließend.[144] Außerdem sei bei den Rechtfertigungsgründen des Art. 36 AEUV eine »enge Auslegung« geboten.[145] Die im Folgenden erörterten »Rechtfertigungsgründe« nach der Cassis-Doktrin seien nur bei **unterschiedslosen** Maßnahmen gleicher Wirkung anwendbar.

87 Die in Art. 36 AEUV genannten Rechtfertigungsgründe rechtfertigen Maßnahmen gleicher Wirkung nur, wenn sie zur Erreichung der in dieser Vorschrift genannten Schutzziele **geeignet**[146] und **erforderlich** sind[147]

---

140 EuGH, 17.06.1981 – Rs. 113/80, Slg. 1981, 1625 Rn. 8 = GRUR Int. 1982, 117 – Kommission/Irland (»Irische Souvenirs«); ebenso *Klass*, in: GroßkommUWG², Einl. D Rn. 88.

141 Vgl. *Sack*, GRUR 1998, 871, 875; a.A. *Klass,* in: GroßkommUWG², Einl. D Rn. 88 mit Fußn. 345; *Köhler*, in: Köhler/Bornkamm/Feddersen, UWG³⁷, Einl. UWG Rn. 3.33.

142 So zum Irreführungsverbot des § 3 UWG a.F. (jetzt § 5 UWG) EuGH, 13.03.1984 – Rs. 16/83, Slg. 1984, 1299 Rn. 33, 38 = GRUR 1984, 343 – Prantl (» Bocksbeutel«); EuGH, 06.11.1984 – Rs. 177/83, Slg. 1984, 3651 Rn. 18, 19 = GRUR Int. 1985, 110 – Kohl/Ringelhan.

143 EuGH, 13.03.1984 – Rs. 16/83, Slg. 1984, 1299 Rn. 33, 38 = GRUR 1984, 343 – Prantl (»Bocksbeutel«); a.A. wohl noch EuGH, 20.02.1975 – Rs. 12/74, Slg. 1975, 181 Rn. 17 = GRUR Int. 1977, 25 – Sekt/Weinbrand.

144 EuGH, 17.06.1981 – Rs. 113/80, Slg. 1981, 1625, 1637 f. u. Rn. 8 = GRUR Int. 1982, 117 – Kommission/Irland (»Irische Souvenirs«); EuGH, 09.06.1982 – C-95/81, Slg. 1982, 2187 Rn. 27 – Kommission/Italien.

145 EuGH, 17.06.1981 – Rs. 113/80. Slg. 1981, 1625, 1637 f. u. Rn. 8 = GRUR Int. 1982, 117 – Kommission/Irland (»Irische Souvenirs«).

146 Vgl. EuGH, 19.10.2016 – C-148/15, GRUR 2016, 1312 Rn. 34 = WRP 2017, 36 – Deutsche Parkinson Vereinigung.

147 EuGH, 09.07.1997 – C-34/95, GRUR Int. 1007, 913 Rn. 45 – de Agostini; EuGH, 12.11.2015 – C-198/14, ECLI:EU:2015:751 Rn. 117 – Visnapuu; EuGH, 19.10.2016 – C-148/15, GRUR 2016, 1312 Rn. 34 = WRP 2017, 36 – Deutsche Parkinson Vereinigung; aus dem Schrifttum vgl. *Ullmann*, in: jurisPK-UWG⁴, Einl. Rn. 8.

III. Die Cassis-Doktrin: Zwingende Erfordernisse u. a. des Verbraucherschutzes und der Lauterkeit des Handelsverkehrs

88 Neben den in Art. 36 AEUV ausdrücklich genannten Rechtfertigungsgründen hat der EuGH in seiner insoweit grundlegenden Entscheidung »Cassis de Dijon« von 1979 in ziemlich freier richterlicher Rechtsfortbildung noch weitere »Ausnahmen« vom Verbot des Art. 34 AEUV anerkannt, nämlich »**zwingende Erfordernisse**« u.a. des Schutzes der **Lauterkeit** des Handelsverkehrs und des **Verbraucherschutzes.**[148]

89 Maßnahmen zum Schutze der Lauterkeit und der Verbraucher sind nur dann »zwingende Erfordernisse« und als solche **gerechtfertigt**, wenn sie für den betreffenden Zweck

- geeignet,
- erforderlich und
- verhältnismäßig sind sowie
- **unterschiedslos** für alle Unternehmen aus Mitgliedstaaten gelten.[149]

90 Streitig ist die Rechtsnatur der »zwingenden Erfordernisse« im Sinne der Cassis-Doktrin. Der EuGH sieht in den »zwingenden Erfordernissen« **immanente Schranken**« des Art. 34 AEUV, d.h. er verneint bei Vorliegen der zwingenden Erfordernisse schon eine »Maßnahme gleicher Wirkung« i.S.v. Art. 34 AEUV, während die h. L. die zwingenden Erfordernisse als **Rechtfertigungsgründe** bewertet. Diese unterschiedliche Deutung der Rechtsnatur hatte bisher, soweit ersichtlich, keine praktische Bedeutung.

---

148 EuGH, 20.02.1979 – Rs. 120/78, Slg. 1979, 649 Rn. 8 = GRUR Int. 1979, 468 – Cassis de Dijon; EuGH, 30.04.1991 – C-239/90. Slg. 1991, I-2023 Rn. 20 – Boscher; EuGH, 18.05.1993 – C-126/91, Slg. 1993, I-2361 Rn. 12 = GRUR 1993, 747 – Yves Rocher.

149 EuGH, 26.06.1980 – Rs. 788/79, Slg. 1980, 2071 Rn. 6 – Gilli I (»Essig I); EuGH, 17.06.1981 – Rs. 113/80, Slg. 1981, 1625 Rn. 10 f. = GRUR Int. 1982, 117 – Kommission/Irland (»Irische Souvenirs«); EuGH, 02.03.1982 – Rs. 6/81, Slg. 1982, 707 Rn. 7 ff. = GRUR Int. 1982, 439 – Beele (»Multi Cable Transit«); EuGH, 10.11.1982 – Rs. 261/81, Slg. 1982, 3961 Rn. 12 – Rau/De Smedt; EuGH, 06.11.1984 – Rs.177/83, Slg. 1984, 3651 Rn. 12, 14 = GRUR Int. 1985, 110 – Kohl/Ringelhan (»Firmensignet«, »r + r«); EuGH, 12.03.1987 – Rs. 178/84, Slg. 1987, 1227 Rn. 28 – Deutsches Bierreinheitsgebot; EuGH, 07.03.1990 – C-362/88, Slg. 1990, I-667 Rn. 8 = GRUR Int. 1990, 955 – GB-INNO-BM; EuGH, 25.07.1991 – C-1/90 u. C-176/90, Slg. 1991, I-4151 Rn. 13 – Aragonesa; EuGH, 09.07.1992 – C-2/90, Slg. 1992, I-4431 Rn. 34 – Abfälle; EuGH, 07.06.2007 – C-254/05, Slg. 2007, I-4269 Rn. 32 – Kommission/Belgien (»Brandmeldesysteme«).

IV. Sanktionen

»Maßnahmen gleicher Wirkung« sind nach Art. 34 AEUV »verboten«. Allerdings fallen in den Anwendungsbereich des Art. 34 AEUV nur Behinderungen des **grenzüberschreitenden** Warenverkehrs **innerhalb** der EU. Daraus folgt: 91

1. Unwirksamkeit der Maßnahme gleicher Wirkung

a) Nationale Einfuhrbehinderungen sind nach Art. 34 AEUV nur verboten, wenn und soweit sie den **innergemeinschaftlichen** Warenverkehr behindern. Dieses Verbot bewirkt nicht die völlige Nichtigkeit der betreffenden einfuhrbehindernden Vorschrift, sondern macht sie nur insoweit unwirksam, wie sie den grenzüberschreitenden Warenverkehr in der EU behindert. Im Übrigen gilt die betreffende Vorschrift fort 92
b) Art. 34 AEUV erfasst nicht Behinderungen der Einfuhr aus **Drittstaaten.**[150] Insoweit wird eine nationale Einfuhrbehinderung nicht vom Verbot des Art. 34 AEUV erfasst. Die betreffende nationale Vorschrift bleibt also **insoweit wirksam.**
c) Art. 34 AEUV untersagt ebenfalls nicht Behinderungen des **innerstaatlichen** Warenverkehrs. Rein innerstaatliche Behinderungen fallen nicht in den Anwendungsbereich von Art. 34 AEUV. Auch insoweit bleibt also die Vorschrift wirksam, die gegenüber Unternehmen aus anderen EU-Staaten nach Art. 34 AEUV verboten und unwirksam ist.[151]

2. Staatshaftung

Einfuhrbehinderungen aus anderen EU-Staaten, die gegen die Art. 34, 36 AEUV verstoßen, können **Schadensersatzansprüche** gegen den Einfuhrstaat begründen.[152] Voraussetzung dafür ist, 93
- dass zwischen dem geltend gemachten Schaden und der Verletzung der betreffenden EU-Norm ein Kausalzusammenhang besteht,
- dass die verletzte EU-Norm bezweckt, dem Geschädigten Rechte zu verleihen

150 EuGH, 15.06.1976 – Rs. 96/75, Slg. 1976, 913 Rn. 10, 11 = GRUR Int. 1976, 398, 400 f. – EMI Records/CBS Schallplatten.

151 EuGH, 23.10.1986 – Rs. 355/85, Slg. 1986, 3231 Rn. 18, 20 – Cognet; *Frenz,* Handbuch Europrecht, Bd. 1, Rn. 773, 775; *Gausepohl,* Freier Warenverkehr für fehlerhafte Produkte?, 2000, S. 153 ff.; *Martin-Ehlers,* Die Irreführungsverbote im Spannungsfeld des freien europäischen Warenverkehrs, 1996, S. 210.

152 EuGH, 19.11.1991 – C-6/90 u. C-9/90, Slg. 1991, I-5357 – Francovich; ebenso speziell bei Verstößen gegen die Warenverkehrs- und Dienstleistungsfreiheit EuGH, 05.03.1996 – C-46/93, Slg. 1996, I-1029 Rn. 51 = NJW 1996, 1267 – Brasserie du Pecheur.

– und dass der Verstoß »hinreichend qualifiziert« ist, was voraussetzt, dass der Einfuhrstaat die Grenzen. die seinem Ermessen gesetzt sind, »offenkundig und erheblich überschritten hat«.[153]

V. Die umgekehrte Diskriminierung (»Inländerdiskriminierung«)

1. Vereinbarkeit mit Art. 34 AEUV

94 Aus der Tatsache, dass Art. 34 AEUV nur die Anwendung von Vorschriften untersagt, die den grenzüberschreitenden Warenverkehr innerhalb der EU ungerechtfertigt behindern, während Behinderungen des rein innerstaatlichen Warenverkehrs von Art. 34 AEUV nicht erfasst werden, ergeben sich sog. **umgekehrte Diskriminierungen.**[154] Die Vertreiber **inländischer** Waren bleiben an die Vorschriften gebunden, die auf Importware aus anderen EU-Staaten nach Art. 34 AEUV nicht angewendet werden dürfen. Der Grundsatz, dass die innerstaatliche Rechtsordnung bei rein internen Vorgängen durch die Grundfreiheiten des AEUV nicht verdrängt oder modifiziert wird, gilt auch dann, wenn die EU-Vorschriften zu einer Benachteiligung des Inländers in seinem Heimatstaat im Vergleich zu Angehörigen anderer EU-Staaten führen.[155] Soweit Art. 34 AEUV die Anwendung bestimmter nationaler **produktbezogener** Regelungen auf Importware aus anderen Mitgliedstaaten untersagt, gelten diese Regelungen für Waren fort, die im Inland hergestellt und vertrieben werden. Auch **vertriebsbezogene** Regelungen, insbesondere Regelungen sog. »Verkaufsmodalitäten«, die gegen Art. 34 AEUV verstoßen, weil sie den Zugang auf den inländischen Markt behindern, gelten für die im Inland hergestellten Waren fort.

95 Diese »umgekehrte Diskriminierung« wird häufig auch als »Inländerdiskriminierung« bezeichnet. Das ist jedoch sprachlich ungenau, da diese Form der Dis-

---

153 EuGH, 05.03.1996 – C-46/93, Slg. 1996, I-1029 = NJW 1996, 1267 Rn.57 – Brasserie du Pecheur; zutimmend *R. Streinz*, EuZW 1996, 201.

154 Vgl. *Becker*, in: Schwarze, EU-Kommentar[4], Art. 34 AEUV Rn. 21 f.; *Behrens*, EuR 1992, 145; *Bleckmann*, RIW 1985, 917; *ders.*, GRUR Int. 1986, 172, 181 f.; *Epiney*, Umgekehrte Diskriminierungen; *Fastenrath*, JZ 1987, 170; *Gausepohl*, Freier Warenverkehr für fehlerhafte Produkte?, 2000, S. 152 ff.; *Graser*, DÖV 1998, 1004; *Hammerl*, Inländerdiskriminierung, 1997; *Hösch*, Der Einfluss der Freiheit des Warenverkehrs (Art. 30 EWGV) auf das Recht des unlauteren Wettbewerbs, 1993, S. 153 ff.; *Kleier*, RIW 1988, 623; *Martin-Ehlers*, Die Irreführungsverbote im Spannungsfeld des freien europäischen Warenverkehrs, 1996, S. 210 ff.; *Moench*, NJW 1987, 1109, 1112; *Nicolaysen*, EuR 1991, 95; *Reich*, WRP 1988, 75, 79; *Reitmeier*, Inländerdiskriminierungen nach dem EWGV, 1984; *Spätgens*, in: FS für v. Gamm, 1990, S. 201; *Weis*, NJW 1983, 2721; *Wesser*, Grenzen zulässiger Inläderdiskriminierung, 1995; *Weyer*, EuR 1998, 435.

155 BGH, BB 1989, 2207, 2208.

kriminierung nicht personenbezogen ist; es liegt keine Diskriminierung von Personen, sondern von inländischen Waren vor.[156]

96 Da umgekehrte Diskriminierungen die konsequente Rechtsfolge der Beschränkung des Verbots des Art. 34 AEUV auf Importe aus EU-Staaten sind, steht sie der Anwendung dieser Vorschrift nicht entgegen. Denn Ziel des Art. 34 AEUV ist es, Hindernisse für die Wareneinfuhr aus EU-Staaten zu beseitigen, nicht hingegen, eine gleiche Behandlung von einheimischer Ware und Importware aus anderen EU-Staaten zu gewährleisten.[157] Diese Vorschrift ist deshalb auch dann anzuwenden, wenn dies eine umgekehrte Diskriminierung bzw. »Inländerdiskriminierung« zur Folge hat.[158] Die **Wettbewerbsgleichheit** ist kein »zwingendes Erfordernis« im Sinne der Cassis-Doktrin, das die fragliche Maßnahme rechtfertigt bzw. den Anwendungsbereich des Art. 34 AEUV immanent beschränkt.[159] Denn andernfalls wäre Art. 34 AEUV weitgehend wirkungslos. Art. 34 AEUV sieht auch keine Möglichkeit vor, sein Verbot und die damit verbundene Unwirksamkeit nicht gerechtfertigter Einfuhrbehinderungen auf rein innerstaatliche Beschränkungen des Warenverkehrs zu beschränken.[160]

97 Auch andere Vorschriften des EU-Rechts eröffnen eine solche Möglichkeit nicht.[161] Bei rein innerstaatlichen Sachverhalten kann sich der Inländer nicht auf das Diskriminierungsverbot des EU-Rechts berufen.[162] Art. 18 AEUV (früher Art. 7 EGV) untersagt nur die Diskrimierung aus Gründen der Staats-

156 Vgl. *Frenz*, Handbuch Europarecht, Bd. 1, Rn. 773 a.E.

157 EuGH, 13.11.1986 – Rs. 80 u. 159/85, Slg. 1986, 3359 Rn. 18 Satz 2, Rn. 20 a.E. – Nederlandse Bakkerij Stichting.

158 EuGH, 23.10.1986 – Rs. 355/85, Slg. 1986, 3231 Rn. 10 – Cognet; EuGH, 13.11.1986 – Rs. 80 u. 159/85, Slg. 1986, 3359 Rn. 18, 20 – Nederlandse Bakkerij Stichting; EuGH, 18.02.1987 – Rs. 98/86, Slg. 1987, 809 Rn. 7 f. – Mathot; EuGH, 16.01.2003 – C-14/00, Slg. 2003, I-513 Rn. 71 ff. – Kommission/Italien (»Schokoladeersatz«); *Frenz*, Handbuch Europrecht, Bd. 1, Rn. 775; *Martin-Ehlers*, Die Irreführungsverbote im Spannungsfeld des freien europäischen Warenverkehrs, 1996, S. 220.

159 Zu diesem Gesichtspunkt *Bleckmann*, GRUR Int. 1981, 172, 182.

160 EuGH, 23.10.1986 – Rs. 355/85, Slg. 1986, 3231 Rn. 10 Satz 4 – Cognet.

161 EuGH, 23.10.1986 – Rs. 355/85, Slg. 1986, 3231 Rn. 12 – Cognet; *Martin-Ehlers*, a.a.O. S. 220; zweifelnd jedoch *Becker*, in: Schwarze, EU-Kommentar[4], Art. 34 AEUV Rn. 22.

162 EuGH, 28.03.1979 – Rs. 175/78, Slg. 1979, 1129 = NJW 1979, 1763 – Saunders; EuGH, 27.10.1982 – Rs. 35 u. 36/82, Slg. 1982, 3723 = NJW 1983, 2751 – Morson u. Jhanjan; EuGH, 23.10.1986 – Rs. 355/85, Slg. 1986, 3231 Rn. 11 – Cognet; EuGH, 18.02.1987 – Rs. 98/86, Slg. 1987, 809 Rn. 9 – Mathot; BGH, 18.09.1989 – AnwZ (B) 24/89, BB 1989, 2207, 2208 – Simultanzulassung.

angehörigkeit.[163] Ein allgemeiner europäischer Grundsatz der Gleichbehandlung, der umgekehrten Diskriminierungen entgegenstünde, existiert nicht.[164] Eine umgekehrte Diskriminierung verstößt auch nicht gegen Art. 26 AEUV[165] oder gegen das Prinzip eines Binnenmarktes mit gleichen Wettbewerbsbedingungen[166] bzw. gegen das in Art. 3 III EUV i.V.m. Protokoll Nr. 27 zu Art. 3 EUV geregelte Schutzziel eines **unverfälschten** Wettbewerbs.[167]

2. Kein Verstoß gegen Art. 3 GG

98 Eine umgekehrte Diskriminierung verstößt auch grundsätzlich nicht gegen Art. 3 GG.[168] Gegen Art. 3 GG wird nur verstoßen, wenn kein sachlich einleuchtender Grund für die Differenzierung erkennbar ist und sie deshalb willkürlich ist.[169] Wenn die sachlichen Gründe auf Art. 34 AEUV beruhen, d.h. **verschiedenen Trägern der öffentlichen Gewalt** zuzurechnen sei, besteht nach Ansicht des BGH ein sachlicher Grund für die Differenzierung.[170] Eine willkür-

163 *Moench*, NJW 1987, 1109, 1112; *Spätgens*, in: FS für v. Gamm, 1990, S. 201, 209; *Weis*, NJW 1983, 2721, 2725.

164 *Martin-Ehlers*, Die Irreführungsverbote…, 1996, S. 220; *Moench*, NJW 1987, 1109, 1112; a.A. *Schweitzer/R. Streinz*, RIW 1984, 39, 48 Fn. 81; *Spätgens*, in: FS für v. Gamm, 1990, S. 201, 205 f., 209 f.; vgl. auch *Bleckmann*, GRUR Int. 1986, 172, 182.

165 *Becker*, in: Schwarze, EU-Kommentar[4], Art. 34 Rn. 22.

166 A.A. *Behrens*, EuR 1992, 145, 161, 162; *Bleckmann*, RIW 1985, 917; *Münnich*, ZfRV 1992, 92, 96, 97; *Nicolaysen*, EuR 1991, 104; *Reich*, WRP 1988, 75, 79; zweifelnd *Becker*, in: Schwarze, EU-Kommentar[4], Art. 34 AEUV Rn. 22; *Bleckmann*, GRUR Int. 1986, 172, 182.

167 *Gausepohl*, Freier Warenverkehr für fehlerhafte Produkte?, 2000, S. 153 ff.; *Hösch*, Der Einfluss der Freiheit des Warenverkehrs auf das Recht des unlauteren Wettbewerbs, 1993, S. 151 ff., 160, 161.

168 BGH, 28.02.1985 – I ZR 7/83, GRUR 1985, 886, 887 f. = WRP 1985, 406 – Cocktail-Getränk; BGH, 18.09.1989 – AnwZ (B) 24/89, BB 1989, 2207, 2208 – Simultanzulassung (betr. Art. 52, 59 EGV); BGH, 29.11.2018 – I ZR 237/16, GRUR 2019, 203 Rn. 35 ff. = WRP 2019, 187 – Versandapoptheke; ebenso im Schrifttum *Bleckmann*, GRUR Int. 1986, 172, 182; *Epiney*, umgekehrte Diskriminierungen, S. 477; **a.A.** die wohl herrschende Lehre, vgl. *Gausepohl*, Freier Warenverkehr für fehlerhafte Produkte?, 2000, S. 157 ff.; *Heun*, in: Dreier, GG[3], Bd. I, 2013, Art. 3 Rn. 11; *Kleier*, RIW 1988, 628 f.; *D. König*, AöR 1993, 591, 609; *Nicolaysen*, EuR 1991, 120; *Osterloh*, in: Sachs, GG[8], 2018, Art. 3 Rn. 71; *Prütting*, JZ 1989, 705, 712; *Reich*, WRP 1988, 75, 79; *Spätgens*, in: FS für v. Gamm, 1990, S. 201, 211 f.; *Steindorff*, ZHR 148 (1984), 338, 354; *Taupitz*, Das apothekenrechtliche Verbot…, 1998, S. 120; *Weis*, NJW 1983, 2721, 2725 (betr. Dienstleistungsfreiheit).

169 Vgl. BGH, 29.11.2018 – I ZR 237/16, GRUR 2019, 203 Rn. 39 = WRP 2019, 187 – Versandapotheke.

170 BGH, 28.02.1985 – I ZR 7/83, GRUR 1985, 886, 887 f. = WRP 1985, 406 – Cocktail-Getränk; *Bleckmann*, GRUR Int. 1986, 181, 182; vgl. auch VGH Mannheim, 07.08.1995 – 13 S 329/95, NJW 1996, 72, 74; a.A. *Kleier*, RIW 1988, 628, 629;

liche Anwendung auf innerstaatliche Sachverhalte liegt nach Ansicht des BGH nicht vor, wenn für den Bestand der betreffenden nationalen Vorschrift insoweit, wie sie nicht mit den Grundsätzen des Gemeinschaftsrechts kollidiert, die bisherigen sachlichen Gründe fortbestehen.[171] Diese Ablehnung eines Verstoßes gegen Art. 3 GG mit dem Hinweis, dass sie sich aus dem Handeln verschiedener Hoheitsträger ergebe, überzeugt allerdings nicht. Nach der in Deutschland von den Gerichten praktizierten Rechtslage kann eine umgekehrte Diskriminierung nur durch eine **Absenkung** des Schutzniveaus des deutschen Rechts auf die durch die Art. 34, 36 AEUV gesetzten Schutzstandards verhindert werden. Der deutsche Gesetzgeber hat z.B. mit der Aufhebung von § 20 WeinVO (früher § 17) reagiert, der die Bocksbeutelflasche nur für Wein aus Franken und aus vier bestimmten badischen Gemeinden zugelassen hatte. Insoweit gilt wieder das Irreführungsverbot des deutschen und europäischen Rechts.

99 Auch alle anderen EU-Staaten müssen das Schutzniveau ihrer den Warenverkehr regelnden Vorschriften den Vorgaben der Art. 34, 36 AEUV anpassen.

100 Umgekehrte Diskriminierungen können durch EU-Richtlinien verhindert werden, die das nationale Recht der EU-Staaten harmonisieren. Richtlinien sind jedoch sekundäres EU-Recht, die das durch die primärrechtlichen Vorschriften der Art. 34, 36 AEUV vorgegebene Schutzniveau nicht überschreiten dürfen. Eine Verhinderung umgekehrter Diskriminierungen durch die Anpassung der nationalen Vorschriften an des Schutzniveau der Art. 34, 36 AEUV ist also nur durch eine **Absenkung** des nationalen Schutzniveaus möglich.

3. Kein Verstoß gegen Art. 12 GG

101 Die umgekehrte Diskriminierung verstößt auch grundsätzlich nicht gegen die von Art. 12 GG geschützte Freiheit der Berufsausübung.[172] Der Gesetzgeber darf Berufsausübungsregelungen treffen,

- wenn diese durch hinreichende Gründe des Gemeinwohls gerechtfertigt sind,
- wenn die gewählten Mittel zur Erreichung des Zwecks geeignet und erforderlich sind und

Nicolaysen, EuR 1991, 120; *Spätgens*, in: FS für v. Gamm, 1990, S. 201, 210 f.; *Taupitz*, Das apothekenrechtliche Verbot…, 1998, S. 12; *Weis*, NJW 1983, 2721, 2725.

171 BGH, 28.02.1985 – I ZR 7/83, GRUR 1985, 886, 888 = WRP 1985, 406 – Cocktail-Getränk; im gleichen Sinne *Ullmann*, in: Harmonisierung des Rechts…, FIW-Heft 156, S. 53, 76; ähnlich bei einem Verstoß gegen die Dienstleistungsfreiheit BGH, 18.09.1989 – AnwZ (B) 24/89, BB 1989, 2207, 2208 – Simultanzulassung.

172 BGH, 29.11.2018 – I ZR 237/16, GRUR 2019, 203 Rn. 44 = WRP 2019, 187 – Versandapotheke.

– wenn die durch sie bewirkte Beschränkung der Berufsausübung verhältnismäßig und den Betroffenen zumutbar ist.

102 Eine Rechtsangleichung auf niedrigem Schutzniveau stünde im Widerspruch zu dem im EU-Recht mehrfach betonten Ziel, ein hohes Schutzniveau zu erreichen. Dem muss bereits bei der Auslegung der Rechtfertigungsgründe bzw. der immanenten Schranken des Verbots des Art. 34 AEUV Rechnung getragen werden

VI. Entscheidungen des EuGH zum Verhältnis von Warenverkehrsfreiheit und nationalem Lauterkeitsrecht

103 Der EuGH hat Art. 30, 36 EWGV bzw. Art. 28, 30 EG auf eine größere Anzahl von lauterkeitsrechtlichen und lauterkeitsrechtsnahen nationalen Vorschriften angewendet. Unter lauterkeitsrechtsnahen Vorschriften werden hier Spezialregelungen verstanden, die sich ebenso auch in nationalen Gesetzen gegen unlauteren Wettbewerb finden, z.B. lebensmittelrechtliche Irreführungsverbote oder Verbote des Verkaufs unter Selbstkosten. Die wichtigsten Entscheidungen sollen im Folgenden chronologisch zusammengestellt werden.[173]

– 2.3.1982 – Rs. 6/81, Beele (Multi Cable Transit), Slg. 1982, 707 = GRUR Int. 1982, 439,
  Niederlande, Verbot sklavischer Nachahmung (vermeidbare Herkunftstäuschung) (GH Den Haag)
– 15.12.1982 – Rs. 286/81, Oosthoek, Slg. 1982, 4575 = GRUR 1983, 648, Niederlande, Zugabeverbot (GH Amsterdam)
– 6.11.1984 – Rs. 177/83, Kohl/Ringelhan (»Firmensignet«, »r + r«), Slg. 1984, 3651 = GRUR Int. 1985, 110,
  Deutschland, § 3 UWG (LG München)
– 7.3.1990 – C-362/88, GB-Inno-BM, Slg. 1990, I-667 = GRUR Int. 1990, 955,
  Luxemburg, Verbot von Eigenpreisvergleichen (Cour Cass. Luxemburg)
– 13.12.1990 – C-238/89, Pall/Dahlhausen (»Miropore«), Slg. 1990, I-4827 = GRUR Int. 1991, 215 = WRP 1991, 562,
  Deutschland, § 3 UWG (irreführende Herkunftsangabe) (LG München)
– 10.11.1992 – C-3/91, Exportur/LOR, Slg. 1992, I-5529 = GRUR Int. 1993, 76,
  Frankreich, Franz.-spanisches Abkommen über geografische Herkunftsangaben (Cour d'appel Montpellier)
– 18.5.1993 – C-126/91, Yves Rocher, Slg. 1993, I-2361 = GRUR 1993, 763 = WRP 1993, 615,

173 Ausführlicher zur Kasuistik *Sack*, GRUR 1998, 871, 877 ff.

Deutschland, Verbot von Eigenpreisvergleichen durch § 6e UWG (BGH)
- 24.11.1993 – C-267/91 u. 268/91, Keck und Mithouard, Slg. 1993, I-6097 = GRUR 1994, 296 = WRP 1994, 99,
  Frankreich, Verbot des Verkaufs unter Einstandspreis (TribGI Strasbourg)
- 15.12.1993 – C-292/92, Hünermund, Slg. 1993, I-6787 = GRUR 1994, 299 = WRP 1994, 287,
  Deutschland, Standesrechtliche Werbebeschränkung für Apotheken,
- 2.2.1994 – C-315/92, Clinique, Slg. 1994, I-317 = GRUR Int. 1994, 231,
  Deutschland, § 3 UWG (LG Berlin)
- 10.11.1994 – C-320/93, Ortscheit, Slg. 1994, I-5243 = EuZW 1995, 86,
  Deutschland, Werbeverbot des § 8 HeilmittelwerbeG
- 6.7.1995 – C-470/93, Mars, Slg. 1995, I-1923 = GRUR Int. 1995, 804,
  Deutschland, § 15 GWB und § 3 UWG (LG Köln)
- 11.8.1995 – C-63/94, Belgapom, Slg. 1995, I-2467 = NJW 1996, 1735,
  Belgien, Handelspraktikengesetz:Verbot des Verkaufs unter dem Einstandspreis oder mit zu niedriger Gewinnspanne (Trib. comm. Mons)
- 26.10.1995 – C-51/94, Sauce hollandaise, Slg. 1995, I-3599 = EuZW 1996, 245,
  Deutschland, §§ 17, 47, 47a LmBG: Verletzung von Kennzeichnungspflichten (EG-Kommission)
- 20.06.1996 – C-418 – 421/93, C-460 – 462/93; C-464/93, C-9 – 11/94, C-14 u. 15/94, C-23 u.24/94, C-332/94, Semeraro Casa Uno, Slg. 1996, I-2975,
  Italien, Verbot geschäftlicher Tätigkeiten an Sonn- und Feiertagen
- 26.11.1996 – C-313/94, Graffione (»Cotonelle«), Slg. 1996, I-6039 = GRUR Int. 1997, 546 = WRP 1997, 546, Italien, Irreführungsverbot (Trib. Chiavari)
- 26.6.1997 – C-368/95, Familiapress (»Laura«), Slg. 1997, I-3689 = GRUR Int. 1997, 829 = WRP 1997, 706,
  Österreich, Verbot von Gewinnspielen nach § 9a öst.UWG (HG Wien)
- 9.7.1997 – C-34 – 36/96, De Agostini, Slg. 1997, I-3843 = GRUR Int. 1997, 913 = WRP 1998, 145,
  Schweden, Verbot irreführender Fernsehwerbung und an Kinder gerichteter Werbung, Art. 30 und Art. 59 EGV, RL 84/450 und RL 89/552 FernsehRL (HG Stockholm)
- 28.1.1999 – C-77/97, Österreichische Unilever, Slg. 1999, I-431 = WRP 1999, 311,
  Österreich, LebensmittelG zu Angaben über Kosmetika (HG Wien)
- 13.1.2000 – C-220/98, Estée Lauder (»lifting«), Slg. 2000, I-117 = GRUR Int. 2000, 354 = WRP 2000, 289,
  Deutschland, Verbot irreführender Kosmetikwerbung (LG Köln)

- 7.11.2000 – C-312/98, Warsteiner Brauerei, Slg. 2000, I-9187 = GRUR 2001, 64,
  Deutschland, Schutz geografischer Herkunftsangaben, Verhältnis der VO 2081/92/EG zum MarkenG und zum UWG (BGH)
- 8.3.2001 – C-405/98, Gourmet International Products, Slg. 2001, I-1795 = GRUR Int 2001, 553,
  Schweden, Werbebeschränkungen für alkoholische Getränke (Stockholms tingsrätt)
- 5.4.2001 – C-123/00, Bellamy, Slg. 2001, I-2795 = WRP 2001, 525,
  Belgien, Königliche Verordnung über Brot und andere Bäckereierzeugnisse betreffend deren Inverkehrbringen und Bewerbung (Trib. de 1re instance Bruxelles)
- 18.11.2003 – C-216/01, Budweiser Budvar/American Bud, Slg. 2003, I-13617 = GRUR Int. 2004, 131,
  Österreich, österr.- tschechisches Abkommen über den Schutz geografischer Herkunftsangaben (Handelsgericht Wien)
- 11.12.2003 – C-322/01, DocMorris, Slg. 2003, I-14887 = GRUR 2004, 174 = WRP 2004, 205,
  Deutschland, Verbot des Versandhandels apothekenpflichtiger Arzneimittel, § 43 AMG
- 25.3.2004 – C-71/02, Karner, Slg. 2004, I-3025 = GRUR 2004, 965 = WRP 2004, 599,
  Österreich, § 30 öUWG
- 8.11.2007 – C-143/06, Ludwigs-Apotheke, Slg. 2007, I-9623 = GRUR 2008, 264 = WRP 2008, 201,
  Deutschland, das Werbeverbot des § 8 HWG
- 2.12.2010 – C-108/09, Ker-Optika, GRUR 2011, 243,
  Ungarn, Verbot des Versandhandels mit medizinischen Hilfsmitteln
- 19.10.2016 – C-148/15, Deutsche Parkinson Vereinigung, GRUR 2016, 1312,
  Deutschland, Verbot einheitlicher Apothekenabgabepreise bei verschreibungspflichtigen Arzneimitteln.

104 Manche deutschen Vorabentscheidungsersuchen erweckten den fatalen und unzutreffenden Eindruck, dass das deutsche Lauterkeitsrecht besonders streng sei. Sie sind dem EuGH unnötig vorgelegt worden, da schon nach bisherigen deutschen Maßstäben evident kein UWG-Verstoß in Betracht kam. Dazu ein Beispiel: Die Entscheidung »Pall/Dahlhausen« von 1990 betraf einen Verpackungsaufdruck. Hinter der Marke »Miropore« stand ein »R« in einem Kreis.[174]

174 EuGH, 13.12.1990 – C-238/89, Slg. 1990, I-4827 Rn. 13, 14, 19 – 21 = GRUR Int. 1991, 215 = WRP 1991, 562 – Pall/Dahlhausen (»Miropore«).

Das verstieß nach Ansicht des vorlegenden Gerichts angeblich gegen das Irreführungsverbot, da der unzutreffende Eindruck entstehe, die Marke »Miropore« sei **auch in Deutschland** geschützt, was nicht der Fall war. Das »R« im Kreis hat vielleicht – was bereits zweifelhaft ist – bei einer nicht unerheblichen Anzahl der Verbraucher Fehlvorstellungen darüber verursacht, ob die Marke »Miropore« in Deutschland geschützt ist. Das war jedoch zweifellos **keine relevante** Irreführung, die einen spürbaren Einfluss auf Kaufentscheidungen von Verbrauchern hatte.

VII. Art. 34, 36 AEUV als Kollisionsnormen?

105 Wenn eine nationale Maßnahme unzulässig die Einfuhr beschränkt, setzt sich im praktischen Ergebnis das Recht des Herkunftslandes der Ware durch. Daraus wird gefolgert, dass die Art. 34, 36 AEUV **kollisionsrechtlicher** Natur seien, die auf das Recht des Herkunftslandes verweisen.[175]

106 Da das Recht des Einfuhr- bzw. Empfangslandes durch die Art. 34, 36 bzw. 56 ff. AEUV nicht generell ausgeschlossen wird, sondern nur dann, wenn die Behinderungen nicht gerechtfertigt sind, wurde auch die Ansicht vertreten, dass diese Vorschriften zwar versteckte **Kollisionsnormen** enthalten, jedoch nach dem **Günstigkeitsprinzip** zu entscheiden sei, ob das Recht des Marktortes oder das des Herkunftslandes anzuwenden sei.[176]

107 Die kollisionsrechtliche Deutung von Art. 34 AEUV und die zu diesen Vorschriften entwickelte »Anerkennungstheorie« sind abzulehnen.[177] Denn sie

175 *Apel/Grapperhaus*, WRP 1999, 1247, 1250; *Basedow* RabelsZ 59 (1995), 12, 15 f., 48 ff.; *ders.*, NJW 1996, 1921, 1922 (I.4.); *Bernhard*, EuZW 1992, 437, 438 ff.; *Brödermann/Iversen*, Europäisches Gemeinschaftsrecht und Internationales Privatrecht, 1994, Rn. 94, 409 (»negative Kollisionsnorm«); *Chrocziel* EWS 1991, 173, 177; *Dethloff*, Europäisierung des Wettbewerbsrechts, 2001, S. 268 ff.; *Drasch*, Das Herkunftslandprinzip im internationalen Privatrecht, 1997, passim, insbesondere S. 301 ff., 312 ff.; *Furrer*, Zivilrecht im gemeinschaftsrechtlichen Kontext…, Bern, 2002, S. 214; *Grundmann*, RabelsZ 64 (2000), 457, 460.

176 *Basedow*, RabelsZ 59 (1995), 1, 15 f.; *Jayme/Kohler*, IPRax 1991, 361, 369; *dies.*, IPRax 1993, 357, 370 f.; vgl. auch *Chrocziel*, EWS 1991, 173, 178 f.; *Remien*, JZ 1994, 349, 350.

177 *Ahrens*, CR 2000, 835, 838; *ders.*, in: FS für Tilmann, 2003, S. 739, 743; *ders.*, in: Gloy/Loschelder/Erdmann, Hdb des Wettbewerbsrechts[4], § 68 Rn. 34; *Baetzgen*, Internationales Wettbewerbs- und Immaterialgüterrecht im EG-Binnenmarkt, 2007, Rn. 490 ff.; *Dethloff*, Europäisierung des Wettbewerbsrechts, 2001, S. 280 f.; *Drexl*, in: Festschrift für Dietz, 2001, S. 461, 472 f.; *ders.*, in: MünchKommBGB[7], Bd. 12, IntLautR Rn. 50; *Fezer*, JZ 1994, 324; *Fezer/Koos*, IPRax 2000, 349, 350 ff.; *Gebauer*, IPRax 1995, 152 ff., 155 f.; *Glöckner*, in: Harte/Henning, UWG[4], Einl. C Rn. 23; *Halfmeier*, ZEuP 2001, 837, 853; *Hausmann/Obergfell*, in: Fezer/Büscher/

verfehlen den Zweck dieser Vorschriften. Ihr Zweck ist es, nicht gerechtfertigte Beschränkungen des grenzüberschreitenden Waren- und Dienstleistungsverkehrs, die durch **Sachnormen** von Mitgliedstaaten verursacht werden, zu verhindern. Deshalb regelt AEUV – wie zuvor schon der EWGV und der EGV – das Problem des grenzüberschreitenden Waren- und Dienstleistungsverkehrs innerhalb der EU durch staatliche Maßnahmen von Mitgliedstaaten **sachrechtlich.**[178] Nicht gerechtfertigte Beschränkungen des grenzüberschreitenden Waren- und Dienstleistungsverkehrs innerhalb der EU sind nach Art. 34, 36, 56 ff. AEUV unanwendbar. Diese Sanktion ist unabhängig davon, welche staatlichen Regelungen im Herkunftsland gelten und ob zwischen dem Herkunftsland und dem Bestimmungsland ein Rechtsgefälle besteht. Die Art. 34, 36, 56 ff. AEUV ersetzen nicht die unanwendbaren staatlichen Maßnahmen des Bestimmungslandes durch die des Herkunftslandes,[179] sondern sie erklären nur die staatlichen Regelungen des Bestimmungslandes für insoweit unanwendbar, wie sie den grenzüberschreitenden Waren- oder Dienstleistungsverkehr ungerechtfertigt beschränken.

108 Diese Ansicht entspricht auch der des EuGH. In einer großen Anzahl von Entscheidungen, die die Vereinbarkeit nationalen Lauterkeits- und Immaterialgüterrechts mit den Art. 28, 30 EG betrafen, hat er nur die betreffenden

Obergfell, UWG[3], IntLautPrivatR Rn. 101; *Helmberg*, öst. wbl. 1997, 89, 137 ff., 139; *Herkner*, Die Grenzen der Rechtswahl im internationalen Deliktsrecht, 2003, S. 86 f.; *Höder*, Die kollisionsrechtliche Behandlung unteilbarer Multistate-Verstöße, 2002, S. 146, 177; *Klass*, in: GroßkommUWG[2], Einl. D Rn. 105 ff.; *Koppensteiner*, Österreichisches und europäisches Wettbewerbsrecht, 3. Aufl. 1997, S. 478 Rn. 13; *Kort*, GRUR Int. 1995, 594, 601; *Kotthoff*, Werbung ausländischer Unternehmen im Inland, 1995, S. 23; *Kur*, in: Festschrift für Erdmann, 2002, S. 629, 637; *Leible*, in: A. Nordhausen (Hrsg.), Neue Entwicklungen in der Dienstleistungs- und Warenverkehrsfreiheit, 2002, S. 71, 73 ff.; *Lurger*, in: Festschrift 75 Jahre MPI für Privatrecht, 2001, S. 479, 482; *Martiny*, in: FS für Drobnig, 1998, S.389, 397; *Ohly*, GRUR Int. 2001, 899, 901; *Reese*, Grenzüberschreitende Werbung in der europäischen Gemeinschaft, 1994, S. 217 ff.; *Rüffler*, in: Koppensteiner, Österreichisches und europäisches Wirtschaftsprivatrecht, Teil 6/2: Wettbewerbsrecht – UWG, 1998, S. 144 f.; *Ruess*, Die E-Commerce-Richtlinie und das deutsche Wettbewerbsrecht, 2003, S. 71 ff., 75; *Sack*, WRP 1994, 281, 288 f.; *ders.*, WRP 2000, 269, 280 f., 282 f., 288; *ders.*, WRP 2001, 1408, 1413 ff.;; *ders.*, in: Festschrift für E. Lorenz, 2004, S. 659, 663; Schricker, in: GroßkommUWG[1], Einl. F Rn. 160 Fußn. 13; *Sonnenberger*, ZVglRWiss 95 (1996), 10 ff., 26 f.; *Spindler*, RabelsZ 66 (2002), 633, 649 f.; *Thünken,* IPRax 2001, 15, 19*; ders.*, Das kollisionsrechtliche Herkunftslandprinzip, 2003, S. 31 f., 98 ff.

178 Vgl. *Sack*, WRP 1994, 281 ff.; *ders.*, WRP 2000, 269, 280 ff.; *ders.*, WRP 2001, 1408, 1413 f. mit ausf. Nachw. in Fußn. 37; *Ahrens,* CR 2000, 835, 838; *Drexl*, in: MünchKommBGB[7], Bd. 12, IntLautR Rn. 50; *Fezer/Koos*, IPRax 2000, 349, 350.

179 Zu den Konsequenzen der Gegenansicht vgl. *Sack*, WRP 1994, 281 ff.

Sachnormen des Einfuhrlandes überprüft. In mehreren Entscheidungen zum internationalen Wettbewerbs- und Immaterialgüterrecht, die von der Gegenansicht in der Regel nicht erwähnt werden, hat er sogar ausdrücklich das Recht des Einfuhrlandes, d.h. das Marktortrecht bzw. das Schutzlandrecht für maßgeblich erklärt.

109 (1) In der Entscheidung »Dansk Supermarked/Imerco« vom 22. 10. 1981 zur Vereinbarkeit des dänischen Vermarktungsgesetzes von 1974 mit Art. 30, 36 EWGV (jetzt Art. 34, 36 AEUV) hat der EuGH unter Rn. 15 ausgeführt,

> »dass das Gemeinschaftsrecht grundsätzlich nicht verhindert, dass in einem Mitgliedstaat die in diesem Staat geltenden Vermarktungsvorschriften auf die aus anderen Mitgliedstaaten eingeführten Waren angewendet werden. Daraus folgt, dass der Vertrieb eingeführter Waren untersagt werden kann, wenn die Umstände, unter denen die Waren abgesetzt werden, einen Verstoß gegen das darstellen, was im Einfuhrstaat als guter und redlicher Handelsbrauch betrachtet wird.«[180]

110 (2) In der Entscheidung »Ideal Standard« vom 22. 6. 1994 zum internationalen Markenrecht heißt es in Rn. 22 u. 23, dass

> »Ansprüche aus dem nationalen Warenzeichrecht gebietsgebunden (seien). Dieser im Recht der internationalen Vereinbarungen anerkannte Territorialitätsgrundsatz bedeutet, dass sich die Bedingungen des Schutzes eines Warenzeichens nach dem Recht des Staates richten, in dem der Schutz begehrt wird«.[181] »Indem Art. 36 EWG-Vertrag bestimmte Einfuhrbeschränkungen zum Schutze des geistigen Eigentums zulässt, setzt diese Bestimmung voraus, dass grundsätzlich die **Rechtsvorschriften des Einfuhrstaates** auf die Handlungen Anwendung finden, die in Bezug auf das eingeführte Erzeugnis im Hoheitsgebiet dieses Staates vorgenommen werden.«[182]

111 (3) In seiner Entscheidung »Exportur« vom 10. 11. 1992 hat der EuGH zu der Frage Stellung genommen, ob die in einem französisch-spanischen Abkommen von 1973 über den Schutz von Ursprungsbezeichnungen und Herkunftsangaben vorgesehene **Ausnahme vom Schutzlandprinzip** zugunsten des Ursprungsprinzips mit Art. 30, 36 EGV (heute Art. 34, 36 AEUV) vereinbar sei und dazu unter Rn. 12 u. 13 ausgeführt:[183]

> »(12) Entsprechend dem Territorialitätsprinzip unterliegt der Schutz von Herkunftsangaben und Ursprungsbezeichnungen dem Recht des Landes, in dem der Schutz

180 EuGH, 22.01.1981 – C-58/80, Slg. 1981, 181 Rn. 15 = GRUR Int. 1981, 393 – Dansk Supermarked/Imerco.

181 EuGH, 22.06.1994 – C-9/93, Slg. 1994, I-2789 Rn. 22 = GRUR Int. 1994, 614 – Ideal Standard.

182 EuGH, 22.06.1994 – C-9/93, Slg. 1994, I-2789 Rn. 23 = GRUR Int. 1994, 614 – Ideal Standard.

183 EuGH, 10.11.1992 – C-3/91, Slg. 1992, I-5529 Rn. 12, 13 = GRUR Int. 1993, 76 – Exportur.

begehrt wird (also des **Einfuhrlandes**), und nicht demjenigen des Ursprungslandes. Dieser Schutz richtet sich damit nach dem Recht des Einfuhrlandes sowie nach den tatsächlichen Umständen und den Auffassungen dieses Landes. Anhand dieser Umstände und Auffassungen ist zu beurteilen, ob die Käufer getäuscht werden oder ob die fragliche Bezeichnung gegebenenfalls ein Gattungsbegriff ist.... (13) Von diesem Grundsatz der Anwendbarkeit des Rechts des Einfuhrlandes macht das französisch-spanische Abkommen über den Schutz der Ursprungsangaben, der Herkunftsangaben und der Bezeichnung bestimmter Erzeugnisse eine Ausnahme.«

112 In Rn. 36 warf der EuGH noch die Frage auf, »ob es dem freien Warenverkehr widerspricht, wenn ein zweiseitiges Abkommen zwischen zwei Mitgliedstaaten als Ausnahme vom Territorialitätsprinzip das Recht des Ursprungslandes anstelle des Rechts des Staates, in dem Schutz begehrt, für anwendbar erklärt«.[184] Diese Frage nach der Vereinbarkeit des Herkunftslandprinzips mit Art. 28, 30 EG hätte sich erübrigt, wenn diese Vorschriften das Herkunftslandprinzip als Kollisionsnorm fordern würden.

VIII. Zwischenergebnisse

113 1. Nach dem vom EuGH im Jahre 2009 in seinen Entscheidungen »Kradanhänger« und »Mickelsson und Roos« entwickelten »Drei-Stufen-Test«, der Zustimmung verdient, gehören zu den »Maßnahmen gleicher Wirkung« im Sinne von Art. 34 AEUV
   (a) Maßnahmen, die Waren aus anderen EU-Staaten bei der Einfuhr diskriminieren,
   (b) sog. **produktbezogene** Regelungen, die verhindern, dass Waren, die in anderen EU-Staaten rechtmäßig hergestellt und in den Verkehr gebracht worden sind, in einem europäischen Einfuhrstaat nicht vertrieben werden dürfen, weil sie bestimmten Vorschriften des Einfuhrstaates nicht entsprechen, insbesondere Vorschriften hinsichtlich ihrer Bezeichnung, ihrer Form, ihrer Abmessungen, ihres Gewichts, ihrer Zusammensetzung, ihrer Aufmachung, ihrer Etikettierung und ihrer Verpackung,[185]
   (c) sowie alle sonstigen Maßnahmen, die für Waren aus anderen EU-Staaten den **Zugang zum Markt behindern**.
2. Innerhalb des Drei-Stufen-Tests ist Stufe (c) ein Auffangtatbestand.
3. Zwischen der Behinderung des innergemeinschaftlichen Handels im Sinne der Dassonville-Entscheidung von 1974 und der Behinderung des Marktzugangs im Sinne des Drei-Stufen-Tests besteht im praktischen Ergebnis kein Unterschied.

---

184 EuGH, 10.11.1992 – C-3/91, Slg. 1992, I-5529 Rn. 36 = GRUR Int. 1993, 76 – Exportur.

185 Vgl. EuGH, 24.11.1993 – C-267/91 u. C-268/91, Slg. 1993, I-6097 Rn. 15 = GRUR 1994, 296 – Keck und Mithouard.

4. Die vom EuGH in seiner Keck-Entscheidung von 1993 vorgenommene Beschränkung der Anwendbarkeit des Art. 28 EG (jetzt Art. 34 AEUV) bei staatlichen Regelungen von Verkaufsmodalitäten (vertriebsbezogene Regelungen) auf Diskriminierungen ist durch Stufe (c) des Drei-Stufen-Tests aufgegeben worden.
5. Durch den Drei-Stufen-Test werden auch nicht zu rechtfertigende Entscheidungen zwischen der europäischen Warenverkehrsfreiheit und Dienstleistungsfreiheit aufgehoben.
6. Auch die nicht zu rechtfertigende unterschiedliche Beurteilung von produktbezogenen und vertreibsbezogenen nationalen Vorschriften entfällt nach dem Drei-Stufen-Test.
7. Abweichend von der herrschenden Meinung sollten nur **spürbare** Marktzugangsbeschränkungen zu den »Maßnahmen gleicher Wirkung« im Sinne von Art. 34 AEUV gerechnet werden.
8. Die Vorschriften des Lauterkeitsrechts dienen nach der Rechtsprechung des EuGH weder dem Schutze des gewerblichen und kommerziellen Eigentums« noch dem Schutze der »öffentlichen Ordnung« im Sinne des Rechtfertigungstatbestandes des Art. 36 AEUV.
9. Marktzugangsbehinderungen im Sinne von Art. 34 AEUV können »gerechtfertigt« sein durch »zwingende Erfordernisse«, insbesondere der Lauterkeit des Handelsverkehrs und des Verbraucherschutzes. Der EuGH sieht in diesen zwingenden Erfordernissen keine Rechtfertigungsgründe für Marktzugangsbehinderungen, sondern immanente Schranken des Art. 34 AEUV.
10. Das grundsätzliche Verbot von »Maßnahmen gleicher Wirkung« im Sinne von Art. 34 AEUV, die nicht gerechtfertigt sind, regelt nur den grenzüberschreitenden Warenverkehr innerhalb der EU, nicht hingegen die Einfuhr aus Drittstaaten und den rein innerstaatlichen Warenverkehr des Einfuhrlandes.
11. Das Verbot nicht gerechtfertigter Einfuhrbehinderungen aus anderen EU-Staaten berührt nicht die **Fortgeltung** der behindernden Vorschriften im innerstaatlichen Warenverkehr. Das kann zur Folge haben, dass im innerstaatlichen Warenverkehr inländische Waren gegenüber Waren aus anderen EU-Staaten diskriminiert werden (sog. umgekehrte Diskriminierung oder Inländerdiskriminierung). Dies verstößt nicht gegen Art. 34 AEUV, gegen Art. 3 GG und gegen Art. 12 GG.
12. Die Art. 34, 36 AEUV sind nicht kollisionsrechtlicher Natur, sondern sachrechtliche Behinderungsverbote.

Kapitel 13 Die europäische Dienstleistungsfreiheit, Art. 56 ff. AEUV

Übersicht | Rdn.

1 Die europäische Dienstleistungsfreiheit i.S.d. Art. 56 ff. AEUV hatte bisher eine auffallend geringe Bedeutung für das Lauterkeitsrecht. Unmittelbar einschlägig ist bisher eigentlich nur die Entscheidung »Alpine Investments« von 1995, die ein nationales Verbot unaufgeforderter **Telefonwerbung** (»cold calling«) betraf.[1]

I. Der Verbotstatbestand des Art. 56 AEUV

2 Der Verbotstatbestand des Art. 56 AEUV ist nach inzwischen einhelliger Meinung nicht nur ein Diskriminierungsverbot, sondern ein **allgemeines Beschränkungsverbot**.[2] Er erfasst jede Beschränkung des grenzüberschreitenden Dienstleistungsverkehrs durch nationale Bestimmungen, auch wenn die

---

1 EuGH,10.05.1995 – C-384/93, Slg. 1995, I-1141 = GRUR Int. 1995, 900 = WRP 1995, 801 – Alpine Investments.

2 Vgl. EuGH, 03.12.1974 – Rs. 33/74, Slg. 1974, 1299 Rn. 11/12 – van Binsbergen; EuGH, 25.07.1991 – C-76/90, Slg. 1991, I-4221 Rn. 12 – Säger/Dennemeyer; EuGH, 24.03.1994 – C-275/92, Slg. 1994, I-1039 Rn. 26 ff. – Schindler; EuGH, 10.05.1995 – C-384/93, Slg. 1995, I-1141 Rn. 23 ff., 35 = GRUR Int. 1995, 900 = WRP 1995, 801 – Alpine Investments; EuGH, 09.07.1997 – C-34 bis 36/96, Slg. 1997, I-3843 Rn. 49 bis 51 = GRUR Int. 1997, 913 = WRP 1998,145 – De Agostini; EuGH, 13.07.2004 – C-492/02, Slg. 2004, I-6613 Rn.31 = GRUR 2005, 268 = WRP 2004, 1156 – Bacardi France; EuGH, 17.07.2008 – C-500/06, Slg. 2008, I-5785 Rn. 32 = EWS 2008, 480 – Corporación Dermoestética; EuGH, 5. 3. 2009 – C-350/07, Slg. 2009, I-1513 Rn. 78 = EWS 2009, 184 – Kattner Stahlbau; EuGH, 08.09.2009 – C-42/07, EU:C:2009:519 Rn. 51 = EWS 2009, 425 – Liga Portuguesa de Futebol Profissional; EuGH, 3.6.2010 – C-258/08, EWS 2010, 289 Rn. 15 = WRP 2010, 859 – Ladbrokes Betting & Gaming; EuGH, 08.07.2010 – C-447/08 u- C-448/08, Slg. 2010, I-6921 Rn. 32 = GRUR Int. 2010, 992 – Sjöberg und Gerdin; EuGH, 04.10.2011 – C-403/08 u. C-429/08, Slg. 2011, I-9083 Rn. 85 = GRUR 2012, 156 = WRP 2012, 434 – Football Association Premier League; EuGH, 12.07.2012 – C-176/11, GRUR Int. 2012, 1032 Rn. 16 = WRP 2012, 1071 – HIT und HIT LARIX; EuGH, 04.05.2017 – C-339/15, EU:C:2017:335 = GRUR 2017, 627 Rn. 61 f. – Vanderborght; EuGH, 18.05.2017 – C-99/16, EU:C:2017:391 = WRP 2017, 1060 Rn. 24 – Jean-Philippe Lahorgue; EuGH, 22.06.2017 – C-49/16, EU:C:2017:491 = WRP 2017, 1069 Rn. 32 – Unibet

Beschränkung unterschiedslos für inländische und ausländische Dienstleister gilt, sofern sie geeignet ist, die Tätigkeit des Dienstleisters, der in einem Mitgliedstaat ansässig ist, in dem er rechtmäßig ähnliche Dienstleistungen erbringt, zu unterbinden, zu behindern oder weniger attraktiv zu machen.[3]

3 Es erfasst u.a. auch Beschränkungen
- der Werbung **für** Dienstleistungen und
- der Werbung **als** Dienstleistung (Werbeagenturen; Presse; Rundfunk und Fernsehen).[4]

4 Streitig war, ob der EuGH seine zur Warenverkehrsfreiheit entwickelte **Keck-Doktrin** auch auf die Dienstleistungsfreiheit übertragen hat. Ausgelöst wurde die Diskussion vor allem durch seine Entscheidung «Alpine Investments« von 1995.[5] Sie betraf die Frage, ob ein wettbewerbsrechtliches Verbot unaufgeforderter Telefonanrufe **ins Ausland** zur Werbung für Finanzdienstleistungen mit Art. 49 EG (jetzt Art. 56 AEUV) vereinbar sei. Der EuGH hielt das Verbot für gerechtfertigt. In dieser Entscheidung erwähnte er auch die Keck-Doktrin. Seine Folgerungen daraus wurden jedoch höchst unterschiedlich interpretiert.
- Manche Autoren behaupten, er habe die Keck-Doktrin für **anwendbar** erklärt.[6]
- Andere meinen, er habe sie generell für **nicht anwendbar** gehalten.[7]

International; BGH, 14.06.2017 – IV ZR 141/16, NJW 2017, 2348 Rn. 27 – Eizellspende im Ausland.

3 Vgl. aus neuerer Zeit EuGH, 08.07.2010 – C-446/08 u. C-448/08, Slg. 2010, I-6921 Rn. 32 = GRUR Int. 2010, 992 – Sjöberg und Gerdin; EuGH, 04.10.2011 – C-403/08 und C-429/08, Slg. 2011, I-9083 Rn. 85 = GRUR 2012, 156 = WRP 2012, 434 – Football Association Premier League; EuGH, 12.07.2012 – C-176/11, GRUR Int. 2012, 1032 Rn. 16 = WRP 2012, 1071 – HIT und HIT LARIX; EuGH, 14.01.2016 – C-66/15, EU:C:2016:5 Rn. 24 – Kommission/Griechenland; EuGH, 04.05.2017 – C-339/15, EU:C:2017:335 = GRUR 2017, 627 Rn. 61 f. – Vanderborght; EuGH, 18.05.2017 – C-99/16, EU:C:2017:391 = WRP 2017, 1060 Rn. 26 – Jean-Philippe Lahorgue; EuGH, 22.06.2017 – C-49/16, EU:C:2017:491 = WRP 2017, 1069 Rn. 32 – Unibet International; BGH, 14.06.2017 – IV ZR 141/16, NJW 2017, 2348 Rn. 27 – Eizellspende im Ausland.

4 EuGH, 13.07.2004 – C-492/02, Slg. 2004, I-6613 Rn. 35 = GRUR 2005, 268 = WRP 2004, 1156 – Bacardi France.

5 EuGH, 10.05.1995 – C-384/93, Slg. 1995, I-1141 = GRUR Int. 1995, 900 = WRP 1995, 801 – Alpine Investments.

6 Vgl. *Eberhartinger*, EWS 1997, 43, 49 f. (3.3); *Kort*, JZ 1996, 132, 136.

7 *Eilmansberger*, JBl. 1997, 434, 441; nach *Albin/Valentin*, EuZW 2009, 178 hat sich der EuGH angeblich in der Entscheidung »Leclerc-Siplec«, Slg. 1995, I-179 gegen die Übertragung der Keck-Doktrin auf die Dienstleistungsfreiheit ausgesprochen.

– Schließlich wird noch die m.E. zutreffende Ansicht vertreten, er habe die Frage **offen gelassen.**[8] Denn die Entscheidung betraf die Beschränkung des **Exports** von Dienstleistungen, während die Keck-Entscheidung die Beschränkung des **Imports** zum Gegenstand hatte.[9]

5 2. Die neuere Rechtsprechung des EuGH spricht dafür, dass er die Keck-Doktrin nicht auf die Dienstleistungsfreiheit übertragen wollte.[10] In mehreren Entscheidungen, die nationale Verbote der **Werbung** für Importe von Dienstleistungen betrafen, hat er eine Beschränkung der Dienstleistungsfreiheit bejaht, ohne in diesem Zusammenhang die Keck-Entscheidung auch nur zu erwähnen.[11] In seiner ARD-Entscheidung vom 28. 10. 1999 (betr. Fernsehwerbung) erwähnte er die Keck-Doktrin zwar bei der Prüfung von Art. 30 EGV, nicht jedoch bei der Prüfung von Art. 59 EGV.[12] In seiner Entscheidung »Corporación Dermoestética« vom 17. 07. 2008 bewertete er die Behinderung von Fernsehwerbung ohne weiteres als Behinderung der Niederlassungs- und Dienstleistungsfreiheit.[13]

---

8 Vgl. *Sack*, GRUR 1998, 871, 874; *ders.*, EWS 2011, 265, 275; *Steinberg*, EuGRZ 2002, 13, 19 (3.a); *Holoubek*, in: Schwarze, EU-Kommentar[4], Art. 56 AEUV Rn. 73 f.

9 *Drexl*, in: MünchKommBGB[7], Bd. 12, IntLautR Rn. 54; *Sack*, EWS 2011, 265, 275.

10 Gegen die Übertragbarkeit der Keck-Doktrin auf die Dienstleistungsfreiheit GA *Poiares Maduro* im Verfahren »Alfa Vita Vassilopoulos«, Slg. 2006, I-8135 Rn. 50; *Holoubek*, in: Schwarze, EU-Kommentar[4], Art. 56 AEUV Rn. 73 f., 88; *Tiedje*, in: von der Groeben/Schwarze, EUV und EGV, 7. Aufl. 2015, Art. 49 EGV Rn. 111 ff.; für die Übertragbarkeit hingegen *Becker*, NJW 1996, 179, 180 f.; *Eberhartinger*, EWS 1997, 43, 49; *Frenz*, Hdb Europarecht, Bd. 1, Rn. 450 f., 3190; *Mankowski*, in: MünchKomm-UWG[2], IntWettbR Rn. 82 ff. mit ausführlichen Nachweisen in den Fußn. 377 ff.

11 EuGH, 24.03.1994 – C-275/92, Slg. 1994, I-1039 Rn. 26 ff. – Schindler; EuGH, 09.07.1999 – C-34 bis 36/96, Slg. 1997, I-3843 Rn. 48 ff. = GRUR Int. 1997, 913 = WRP 1998, 145 – De Agostini (Beschränkung der Werbung als Dienstleistung: Alkoholwerbung u. Kinderwerbung); EuGH, 28.10.1999 – C-6/98, Slg. 1999, I-7599 Rn.49 ff. = WRP 1999, 1260 – ARD (Umfang von Fernsehwerbung); EuGH, 08.03.2001 – C-405/98, Slg. 2001, I-1795 Rn. 35 ff., 39 = GRUR Int. 2001, 553 – Konsumentenombudsmannen/Gourmet International Products; EuGH, 13.07.2004 – C-492/02, Slg. 2004, I-6613 Rn. 35 = GRUR 2005, 268 = WRP 2004, 1156 – Bacardi France; EuGH, 17.07.2008 – C-500/06, Slg. 2008, I-5785 Rn. 33, 34 = EWS 2008, 480 – Corporación Dermoestética; EuGH, 08.09.2010 – C-316/07, C-358/07 bis C-360/07, C-409/07 und C-460/07, Slg. 2010, 8069 Rn. 107 = WRP 2010, 1338 (das in der WRP zitierte Datum 04.03.2010 war das Datum der Schlussanträge) – Sportwetten (»Stoß«); ebenso BGH, 13.10.2004 – I ZR 163/02, GRUR 2005, 431 = WRP 2005, 493 – Hotel Maritime.

12 EuGH, 28.10.1999 – C-6/98, Slg. 1999, I-7599 Rn. 45 ff., 49 ff. = WRP 1999, 1260 – ARD.

13 EuGH, 17.07.2008 – C-500/06, Slg. 2008, I-5785 Rn. 33, 34 – Corporación Dermoestética.

3. Das Problem dürfte sich mit der neueren Rechtsprechung des EuGH seit 2009 zur Warenverkehrsfreiheit erledigt haben, nach der staatliche Regelungen von Verkaufsmodalitäten nicht mehr nur dann gegen Art. 34 AEUV verstoßen, wenn sie diskriminierend wirken, sondern schon dann, wenn sie den Marktzugang behindern. 6

II. Rechtfertigungsgründe

7

1. Die Rechtfertigungsgründe der Art. 51 ff. i.V.m. Art. 62 AEUV sind im UWG-Bereich nicht einschlägig.
2. Art. 36 AEUV wird bei der Dienstleistungsfreiheit **analog** angewendet, ist jedoch im UWG-Bereich ebenfalls nicht relevant.
3. Der EuGH wendet jedoch die **Cassis-Doktrin** (»zwingende Erfordernisse ...«) auch bei Art. 56 AEUV an.[14]

III. Sanktionen

Art. 56 AEUV schützt nur gegen Beschränkungen des **grenzüberschreitenden** Dienstleistungsverkehrs **innerhalb der EU.**[15] Nur insoweit sind nicht gerechtfertigte Beschränkungen der Dienstleistungsfreiheit verboten und nicht anwendbar. 8

IV. Umgekehrte Diskriminierungen

Verbote des grenzüberschreitenden Dienstleistungsverkehrs mit **Drittstaaten** sowie **reine Inlandssachverhalte** werden nicht von Art. 56 AEUV erfasst. Sie bleiben bestehen, auch wenn grenzüberschreitende Beschränkungen innerhalb der EG gegen Art. 56 AEUV verstoßen.[16] Daraus resultiert bei reinen Inlands- 9

14 Vgl. zu Art. 49 EG u.a. EuGH, 25.07.1991 – C-288/89, Slg. 1991, I-4007 Rn. 14 – Collectieve Antennevoorziening Gouda; EuGH, 10.05.1995 – C-384/93, Slg. 1995, I-1141 Rn. 44 ff. = GRUR Int. 1995, 500 = WRP 1995, 801 – Alpine Investments; EuGH, 09.07.1999 – C-34 bis 36/96, Slg. 1997, I-3843 Rn. 53 = GRUR Int. 1997, 913 = WRP 1998, 1480 – De Agostini; EuGH, 28.10.1999 – C-6/98, Slg. 1999, I-7599 Rn. 50 = WRP 1999, 1260 – ARD; EuGH, 17.07.2008 – C-500/06, Slg. 2008, I-5785 Rn. 35 = EWS 2008, 480 – Corporación Dermoestética; EuGH, 05.03.2009 – C-350/07, Slg. 2009, I-1513 Rn. 84 = EWS 2009, 184 – Kattner Stahlbau; ebenso öst. OGH, 14.07.2009 – 4 Ob 95/09p, ÖBl. 2010, 119 (Leits. 1),121 (3.5) – Friedrich M.; ebenso im Schrifttum *Ullmann*, in: jurisPK-UWG[4], Einl. Rn. 91.

15 Vgl. EuGH, 08.09.2010 – C-316/07, C-358/07 bis C-360/07, C-409/07 und C-410/07, Slg. 2010, I-8069 = WRP 2010, 1338 Rn. 57 – Markus Stoß et al. (»Sportwetten«); in der WRP wird mit dem 04.10.2010 das Datum der Schlussanträge genannt.

16 Vgl. EuGH, 28.03.1979 – Rs. 175/78, Slg. 1979, 1129 Rn. 10 ff. = NJW 1979, 1763 – Saunders.

sachverhalten das Problem der »umgekehrten Diskriminierung« bzw. »Inländerdiskriminierung«. Das EU-Recht steht einer solchen Diskriminierung nicht entgegen. Sie verstößt nach Ansicht des BGH auch weder gegen Art. 3 GG[17] noch gegen Art. 12 GG.[18]

V. Art. 56 AEUV als Kollisionsnorm?

10 Ebenso wie Art. 34 AEUV enthält auch die Regelung des Art. 56 AEUV kein Kollisionsrecht.[19]

---

17 BGH, 18.09.1989 – AnwZ (B) 24/89, BB 1989, 2207, 2208 (1.c) – Simultanzulassung; a.A. *Weis*, NJW 1983, 2721, 2715 f.

18 BGH, 18.09.1989 – AnwZ (B) 24/89, BB 1989, 2207, 2208 (1.c) – Simultanzulassung; a.A. *Martin-Ehlers*, Die Irrführungsverbote..., 1996, S. 221; *Moench*, NJW 1987, 1109, 1112.

19 *Ahrens*, in: FS für Tilmann, 2003, S. 739, 742 f.; *Drexl*, in: MünchKommBGB[7], Bd. 12, IntLautR Rn. 54 a.E.; *Fezer/Koos*, in: Staudinger, Internationales Wirtschaftsrecht (2015), Rn. 557; *Klass*, in: GroßkommUWG[2], Einl. D Rn. 112.

Kapitel 14 Die unlautere Ausnutzung des internationalen Rechtsgefälles

Übersicht **Rdn.**

I. Inländische Werbung für ausländische Rechtsgeschäfte

1. Die BGH-Entscheidung »Weltweit-Club« von 1977

1 In seiner Entscheidung »Weltweit-Club« von 1977 hat der BGH festgestellt, dass es gegen die guten Sitten im Wettbewerb verstoße, »unter Ausnutzung des internationalen Rechtsgefälles seinen eigenen Wettbewerb zu Lasten Dritter in einer Weise zu fördern, bei der jene Dritten aus rechtlichen Gründen keine gleichen Chancen beim Angebot ihrer Leistungen haben«.[1] Diese Entscheidung betraf das Rechtsgefälle zwischen Ländern mit und ohne Rabattverbote. In Deutschland war mit Rabatten in Höhe von in der Regel 10 % geworben worden, die in bestimmten ausländischen Hotels, Restaurants, Diskotheken, Sportgeschäften, Modegeschäften usw. gewährt werden sollten, wenn dort ein »Peter Stuyvesant Pass« vorgelegt wurde, den man in Deutschland für 5.- DM erwerben konnte. In den Staaten, in denen diese Rabatte gewährt wurden, gab es – im Gegensatz zum damaligen Recht in Deutschland – keine Rabattverbote.

2 Diese Entscheidung ist auch nach der Aufhebung des deutschen RabG noch von Interesse, weil sie mit dem Verbotstatbestand der Ausnutzung des internationalen Rechtsgefälles weit über das RabG hinaus reichte.

---

1 BGH, 13.05.1977 – I ZR 115/75, GRUR 1977, 672, 674 = WRP 1977, 572 – Weltweit-Club.

3 Streitig war im Fall »Weltweit-Club«, ob das Verbot der **Ankündigung** bestimmter Rabatte durch § 1 RabG die Werbung mit der **Gewährung** von Rabatten **im Ausland** erfasste. Das Ankündigungsverbot des § 1 RabG verbot ganz allgemein das Ankündigen bestimmter Rabatte. Der Wortlaut des § 1 RabG ließ offen, ob sich das Ankündigungsverbot nur auf inländische oder auch auf **ausländische** Rabatte bezog. Der BGH hat diese Streitfrage in seiner Weltweit-Club-Entscheidung ausdrücklich offen gelassen und die fragliche Rabattankündigung in Deutschland mit der Generalklausel des § 1 UWG a.F. untersagt, weil mit der inländischen Ankündigung von Rabatten über 3 % in sittenwidriger Weise das internationale Rechtsgefälle zwischen Ländern mit und ohne Rabattverbote ausgenutzt werde.[2]

4 Die Ansicht, dass die Ausnutzung des internationalen Rechtsgefälles **ohne Weiteres** unlauter sei, wurde mit Recht heftig kritisiert. Denn sie passt in ihrer Allgemeinheit nicht für eine weitere Fallgruppe der Ausnutzung des internationalen Rechtsgefälles, die den inländischen Vertrieb ausländischer Waren betrifft, die im Ausland unter Arbeitsbedingungen und zu Löhnen hergestellt worden sind, die in Deutschland rechtswidrig sind.

5 Außerdem wurde kritisiert, dass die BGH-Entscheidung **kollisionsrechtlich** bedenklich sei. Denn kollisionsrechtlich sei deutsches Recht anzuwenden gewesen.[3] Dem ist jedoch entgegenzuhalten, dass die BGH-Entscheidung nicht vom deutschen Kollisionsrecht abgewichen ist. Deutsches Wettbewerbsrecht war kollisionsrechtlich anzuwenden und es wurde mit § 1 UWG a.F. auch angewendet. Die Norm, dass die Ausnutzung des internationalen Rechtsgefälles unlauter sei, ist auch keine Kollisionsnorm, sondern eine Sachnorm des Wettbewerbsrechts für einen grenzüberschreitenden Sachverhalt. Sie ist auch weder eine Umgehung der kollisionsrechtlichen Entscheidung noch »Pseudokollisionsrecht«.[4]

2. Einschränkung durch die Asbestimporte-Entscheidung des BGH von 1980?

6 In seiner nur wenige Jahre später ergangenen Entscheidung »Asbestimporte« von 1980 hat es der BGH abgelehnt, den preisgünstigen inländischen Vertrieb ausländischer Asbestware, die im Ausland nach dortigem Recht (noch) zulässig unter Arbeitsbedingungen hergestellt worden ist, die nach deutschem Recht rechtswidrig waren, wegen der Ausnutzung des internationalen Rechtsgefälles für unlauter zu erklären. Der BGH rechtfertigte dies damit, dass die Sachver-

2 BGH, 13.05.1977 – I ZR 115/75, GRUR 1977, 672, 674 = WRP 1977, 572 – Weltweit-Club.
3 *Schricker*, GRUR 1977, 646 ff. passim.
4 So jedoch *Schricker*, GRUR 1977, 646, 648 (IV.).

halte der Weltweit-Club-Entscheidung und der Asbestimporte-Entscheidung nicht vergleichbar seien.[5] Seine Entscheidung bietet jedoch noch keine Anhaltspunkte dafür, dass er seine in der Weltweit-Club-Entscheidung geäußerte Ansicht, die Ausnutzung des internationalen Rechtsgefälles sei unlauter, ganz aufgeben wollte.[6]

3. Die BGH-Entscheidung »Rotpreis-Revolution« von 2004

7 Zu einer vollständigen Aufgabe der Weltweit-Club-Doktrin führte jedoch im Ergebnis die BGH-Entscheidung »Rotpreis-Revolution« von 2004.[7] Sie betraf die Zulässigkeit der inländischen Ankündigung einer im Ausland stattfindenden Sonderveranstaltung, die nach dem Recht des betreffenden ausländischen Staates zulässig, nach deutschem Recht jedoch nach dem inzwischen aufgehobenen § 7 I UWG unzulässig war. Anders als im Asbestimporte-Fall war der Sachverhalt dieser Entscheidung strukturell mit dem der Weltweit-Club-Entscheidung vergleichbar: inländische Werbung für ausländische Rechtsgeschäfte, die nach dortigem Recht zulässig, nach deutschem Recht jedoch unzulässig waren. Dennoch erwähnte der BGH seine Weltweit-Club-Entscheidung in der Rotpreis-Revolution-Entscheidung mit keinem Wort und gelangte auch zum gegenteiligen Ergebnis.

8 Zutreffend stellte der BGH mit der ganz herrschenden Meinung fest, dass auf die inländische Ankündigung der betreffenden Sonderveranstaltung deutsches Wettbewerbsrecht anwendbar sei. Denn der dafür maßgebliche Marktort sei derjenige, »an dem die Werbemaßnahme auf den Kunden einwirken soll, selbst wenn der spätere Absatz auf einem anderen Markt stattfinden soll«.[8] Dann fuhr er jedoch fort:

> »Diese Regel gilt jedoch uneingeschränkt nur in den Fällen, in denen die wettbewerbsrechtliche Beurteilung der Werbemaßnahme – wie beispielsweise in den Fällen der irreführenden Werbung – nicht davon abhängig ist, ob das beworbene Absatzgeschäft wettbewerbsrechtlich zu beanstanden ist. Anders verhält es sich, wenn sich der Vorwurf der Unlauterkeit der Ankündigung ausschließlich darauf gründen kann, dass das beworbene, im Ausland stattfindende Absatzgeschäft unlauter ist.« Denn die Werbung

---

5 BGH, 09.05.1980 – I ZR 76/78, GRUR 1980. 858 = WRP 1980, 617 – Asbestimporte.

6 So jedoch *Hausmann/Obergfell*, in: Fezer/Büscher/Obergfell, UWG[3], IntLautPrivatR Rn. 333 Fn. 1412; *Katzenberger*, IPRax 1981, 7, 9 (III.); *Schricker*, GRUR Int. 1982, 720, 725.

7 BGH, 13.05.2004 – I ZR 264/00, GRUR 2004, 1035 = WRP 2004, 1484 – Rotpreis-Revolution.

8 BGH, 13.05.2004 – I ZR 264/00, GRUR 2004, 1035, 1036 (II.1.a,bb) = WRP 2004, 1484 – Rotpreis-Revolution.

für ein im Ausland abzuschließendes Geschäft könne »nicht mit der Begründung im Inland untersagt werden, dass der Geschäftsabschluss – wenn er im Inland stattfände – als Rechtsbruch nach § 1 UWG zu untersagen wäre.«[9]

9 Mit dieser Begründung gelangte der BGH in seiner Entscheidung »Rotpreis-Revolution« zu dem Ergebnis, dass die inländische Ankündigung der betreffenden ausländischen Sonderveranstaltung nicht unlauter sei. Seine Entscheidung wurde wahrscheinlich auch durch die Tatsache beeinflusst, dass zum Zeitpunkt der Entscheidung die Aufhebung der deutschen gesetzlichen Regelung des Sonderveranstaltungsrechts bereits unmittelbar bevorstand.

4. Die BGH-Entscheidung »Eizellspende« von 2015

10 Seine Argumentation in der Entscheidung »Rotpreis-Revolution« wiederholte der BGH in seiner Eizellspende-Entscheidung vom 08.10.2015.[10] In ihr ging es u.a. um die Zulässigkeit der inländischen Werbung eines ausländischen Unternehmens für den Abschluss von Rechtsgeschäften im Ausland über Eizellspenden, die nach dem Recht des betreffenden ausländischen Staates zulässig, jedoch nach inländischem Recht nach § 1 ESchG unzulässig waren. Kollisionsrechtlich hatte der BGH sowohl Art. 40 EGBGB als auch Art. 6 Abs. 1 Rom II-VO zu prüfen.

11 In seinen Ausführungen zu Art. 40 EGBGB stellte der BGH fest, dass bei Werbemaßnahmen als maßgeblicher Marktort grundsätzlich der Ort anzusehen sei, an dem auf die Kunden eingewirkt werden sollte, selbst wenn das spätere Geschäft auf einem anderen Markt stattfinden sollte.[11] Einschränkend fügte er jedoch in seinen Ausführungen zu Art. 40 EGBGB in Übereinstimmung mit seiner Rotpreis-Revolution-Entscheidung hinzu, dass diese Regel »nur in solchen Fällen uneingeschränkt« gelte, in denen die wettbewerbsrechtliche Beurteilung der Werbemaßnahme nicht davon abhing, ob das beworbene Absatzgeschäft wettbewerbsrechtlich zu beanstanden war. Die inländische Werbung könne jedoch nicht mit der Begründung untersagt werden, dass das beworbene Geschäft **im**

9 BGH, 13.05.2004 – I ZR 264/00, GRUR 2004, 1035, 1036 (II.1.a,bb) = WRP 2004, 1484 – Rotpreis-Revolution.

10 BGH, 08.10.2015 – I ZR 225/13, GRUR 2016, 513 Rn. 14 = WRP 2016, 586 – Eizellspende; als Vorinstanz KG, 08.11.2013 – 5 U 143/11, MedR 2014, 498 – Eizellspende; nach BGH, 14.06.2017 – VI ZR 141/16, NJW 2017, 2348 besteht kein Krankenversicherungsschutz für eine Eizellspende im Ausland.

11 BGH, 08.10.2015 – I ZR 225/13, GRUR 2016, 513 Rn. 14 = WRP 2016, 586 – Eizellspende; ebenso schon BGH, 11.02.2010 – I ZR 85/08, GRUR 2010, 847 Rn. 10 = WRP 2010, 1146 – Ausschreibung in Bulgarien; BGH, 13.05.2004 – I ZR 264/00, GRUR 2004, 1035, 1036 = WRP 2004, 1484 – Rotpreis-Revolution.

Falle seiner Vornahme im Inland wegen eines Gesetzesverstoßes zu untersagen wäre.[12]

12 Anschließend prüfte der BGH die Anwendbarkeit von Art. 6 I Rom II-VO. Der nach dieser Vorschrift maßgebliche Ort der wettbewerblichen Interessenkollision sei bei Werbemaßnahmen der Ort, auf dessen Markt die Werbemaßnahme ausgerichtet sei. Das sei im vorliegenden Fall Deutschland, so dass lauterkeitsrechtlich deutsches Sachrecht anzuwenden sei.[13] Die in seinen Ausführungen zu Art. 40 EGBGB vorgenommene »Einschränkung« der Marktortregel wiederholte er allerdings in den Ausführungen zu Art. 6 I Rom II-VO nicht. Unmittelbar nach seinen Ausführungen zu Art. 6 I Rom II-VO prüfte der BGH jedoch ausführlich, ob § 1 ESchG eine Marktverhaltensregelung im Sinne von § 4 Nr. 11 UWG (seit 2015 § 3a UWG) sei, obwohl die inländische **Werbung** für ausländische Eizellspenden gar nicht gegen § 1 ESchG verstieß.

5. Kritische Würdigung der Entscheidungen »Rotpreis-Revolution« und »Eizellspende«

13 Die BGH-Entscheidungen »Rotpreis-Revolution« und »Eizellspende« überzeugen weder in der Begründung noch im praktischen Ergebnis.

a) Die vom BGH vorgenommene »Einschränkung« der Marktortregel des Art. 40 EGBGB ist keine Kollisionsnorm, sondern eine Sachnorm.[14] Deshalb bestehen auch keine Bedenken gegen ihre Vereinbarkeit mit der kollisionsrechtlichen Marktortregel des Art. 6 I Rom II-VO.

b) Die vom BGH in seinen beiden Entscheidungen »Rotpreis-Revolution« und »Eizellspende« geäußerte Ansicht, dass die inländische Werbung für ein im Ausland abzuschließendes Geschäft nicht mit der Begründung untersagt werden dürfe, dass das Geschäft im Falle seiner Vornahme im Inland wegen eines Gesetzesverstoßes zu untersagen wäre, steht in klarem Widerspruch zu seiner Weltweit-Club-Entscheidung, in der eine solche Werbung wegen Ausnutzung des internationalen Rechtsgefälles für unlauter erklärt worden ist. Die Weltweit-Club-Entscheidung hat der BGH in seinen beiden Entscheidungen »Rotpreis-Revolution« und »Eizellspende« mit keinem Wort

---

12 BGH, 08.10.2015 – I ZR 225/13, GRUR 2016, 513 Rn. 14 = WRP 2016, 586 – Eizellspende; ebenso schon BGH, 13.05.2004 – I ZR 264/00, GRUR 2004, 1035, 1036 = WRP 2004, 1484 – Rotpreis-Revolution.

13 BGH, 08.10.2015 – I ZR 225/13, GRUR 2016, 513 Rn. 16 f. = WRP 2016, 586 – Eizellspende.

14 A.A. offenbar BGH, 13.05.2004 – I ZR 264/00, GRUR 2004, 1035, 1036 = WRP 2004, 1484 – Rotpreis-Revolution; BGH, 08.10.2015 – I ZR 225/13, GRUR 2016, 513 Rn. 14 = WRP 2016, 586 – Eizellspende; vgl. auch *Schricker*, LMK 2004, 228 f.; *ders.*, GRUR 1977, 646, 648 (»Pseudokollisionsrecht«).

erwähnt, geschweige denn, dass er sich mit ihr auseinandergesetzt und seine von diesen Entscheidungen abweichende Ansicht begründet hat.

c) Seine Ansicht, dass die inländische Werbung für ein im Ausland abzuschließendes Geschäft nicht mit der Begründung untersagt werden dürfe, dass das Geschäft im Falle seine Vornahme im Inland zu untersagen wäre, hat der BGH nicht begründet. Außerdem schließt sie nicht aus, dass die streitige Werbung aus anderen Gründen unlauter sein kann. Solche Gründe bestehen, z.B. bei irreführender Werbung, die der BGH in der Rotpreis-Revolution-Entscheidung ausdrücklich noch erwähnt hat.

d) Die Generalklausel des § 3 UWG ist nach einhelliger Meinung mit Hilfe einer **Interessenabwägung** zu konkretisieren.[15] Bei der Interessenabwägung sind auch und in erster Linie die **gesetzlichen Wertungen** zu berücksichtigen, die in den inländischen Gesetzen zum Ausdruck kommen.[16] Wenn der Gesetzgeber ein Rechtsgeschäft untersagt, ist **grundsätzlich** davon auszugehen, dass er auch die Förderung eines solchen Rechtsgeschäfts **durch Werbung** missbilligt. Das gilt auch dann, wenn er die Werbung für ein solches Rechtsgeschäft **nicht ausdrücklich** untersagt. Eine Rechtsordnung würde sich grundsätzlich in Widerspruch zu ihren eigenen Wertungen setzen, wenn sie bestimmte Rechtsgeschäfte ausdrücklich missbilligt, jedoch die inländische Werbung für sie zuließe. Dieser Wertungswiderspruch bestünde auch dann, wenn die beworbenen Rechtsgeschäfte erst im Ausland abzuschließen sind.

   Die Wertungen des ESchG, soweit es Eizellspenden untersagt, sind daher auch bei der wettbewerbsrechtlichen Beurteilung der **Werbung** für Eizellspenden zu berücksichtigen, auch wenn die Geschäftsabschlüsse darüber im Ausland vorgenommen werden sollen. Danach ist – entgegen dem BGH – die inländische **Werbung** für in Deutschland unzulässige Eizellspenden unlauter, auch wenn diese in anderen Ländern vorgenommen werden, wo sie zulässig sind. Das Gleiche hätte für die inländische Werbung für ausländische Sonderveranstaltungen gegolten, die nach ausländischen Recht zulässig, nach dem inzwischen aufgehobenen § 7 I UWG hingegen unzulässig

---

15 Vgl. *Podszun*, in: Harte/Henning, UWG⁴, § 3 Rn. 144 f.; *Sack*, WRP 2005, 531, 533; *Sosnitza*, in: MünchKommUWG², § 3 Rn. 67; *ders.*, in: Ohly/Sosnitza, UWG⁷, § 3 Rn. 33; ebenso schon zur Generalklausel des § 1 UWG a.F. *Baumbach/Hefermehl*, Wettbewerbsrecht ²², Einl. UWG Rn. 83; *Sack*. GRUR 1970, 493, 500; *ders.*, WRP 1985, 1, 3 (II.3.), 4 (III.1.); *Schricker*, GRUR Int. 1970, 32, 41; a.A. *Peukert*, in: GroßkommUWG², § 3 Rn. 238, der den Begriff der Interessenabwägung für eine Leerformel hält, die zur Anwendung des § 3 UWG nichts beiträgt.

16 Vgl. *Sack*, WRP 2005, 531, 533; ebenso schon zur Generalklausel des § 1 UWG a.F. *Baumbach/Hefermehl*, Wettbewerbsrecht ²², Einl. UWG Rn. 83; *Oesterhaus*, Die Ausnutzung des internationalen Rechtsgefälles und § 1 UWG, 1991, S. 137 f., 138 f., 151 ff.; *Sack*, GRUR 1970, 493, 500 (IV.), 502; *Girth/Sack.*, WRP 1974, 181, 184.

waren. In der Begründung unzutreffend, im praktischen Ergebnis jedoch zutreffend hat der BGH den Fall »Weltweit-Club« entschieden.

In manchen Fällen kann sich aus dem Schutzzweck bestimmter Vorschriften ergeben, dass sie nur die **Vornahme** bestimmter Geschäftspraktiken im Inland, nicht jedoch die inländische Werbung für solche Geschäftspraktiken im Ausland untersagen wollen. Dazu gehören Ladenschlussregelungen sowie Sonn- und Feiertagsregelungen von Ladenöffnungszeiten. Der Schutzzweck dieser Vorschriften ist nicht verletzt, wenn ausländische Unternehmen im Inland mit günstigeren Ladenöffnungszeiten im Ausland werben. Die inländische Werbung für günstigere Ladenöffnungszeiten im Ausland ist daher nicht unlauter.[17]

e) Der BGH hat in seiner Asbestimporte-Entscheidung von 1980 bei dem wettbewerbsrechtlich zu beurteilenden Vertrieb ausländischer Waren die Ausnutzung des internationalen Rechtsgefälles nur dann für unlauter gehalten, wenn durch die Arbeitsbedingungen bei der Herstellung der Asbestprodukte sittliche Grundanforderungen, die nach unserem Verständnis an jede menschliche und staatliche Ordnung zu richten sind, in so starkem Maße verletzt werden, dass der Handel mit derartigen Waren den guten kaufmännischen Sitten widerspricht.[18] Diese vom BGH für die Fallgruppe des inländischen Vertriebs ausländischer Waren vertretene Ansicht kann nicht auf die hier zu erörternde Fallgruppe der inländischen Werbung für ausländische Rechtsgeschäfte übertragen werden. Mit Recht hat der BGH in seiner Asbestimporte-Entscheidung von 1980 festgestellt, dass diese Sachverhalte nicht vergleichbar sind.[19] Beim inländischen Vertrieb ausländischer Waren, die unter Arbeitsbedingungen und zu Löhnen hergestellt worden sind, die nach deutschem Recht unzulässig wären, spricht vor allem die Gefahr einer **protektionistischen** Abschottung des inländischen Marktes dagegen, die Ausnutzung des internationalen Rechtsgefälles **ohne Weiteres** als unlauter zu bewerten. Dagegen ist das Protektionismus-Argument bei der Bewertung inländischer Werbung für ausländische Geschäfte grundsätzlich irrelevant.

f) Für die Anwendbarkeit von **§ 3 UWG** auf inländische Werbung für ausländische Eizellspenden, die im Ausland zulässig, jedoch nach deutschem Recht nach § 1 ESchG verboten sind, kommt es nicht darauf an, ob § 1 ESchG eine Marktverhaltensregelung im Sinne von § 3a UWG ist.

---

17 Vgl. *Oesterhaus*, Die Ausnutzung des internationalen Rechtsgefälles und § 1 UWG, 1991, S. 15 f., 194.

18 BGH, 09.05.1980 – I ZR 76/78, GRUR 1980, 858, 860 (II.4.) = WRP 1980, 617 – Asbestimporte.

19 BGH, 09.05.1980 – I ZR 76/78, GRUR 1980, 858, 860 (II.3.) = WRP 1980, 617 – Asbestimporte.

g) Die obigen Ausführungen zur Eizellspende-Entscheidung des BGH betreffen nicht die in diesem Verfahren ebenfalls erörterte Frage, ob die für die Eizellspende erforderliche Stimulation der Eizellspenderinnen oder die Vorbereitungshandlungen der Eizellempfängerinnen **im Inland** und die inländische Werbung dafür mit dem ESchG und dem UWG vereinbar sind.

II. Inländischer Vertrieb ausländischer Waren

1. Die Verletzung »sittlicher Grundanforderungen«

14 In seiner Asbestimporte-Entscheidung von 1980 hat der BGH zu der Frage Stellung genommen, ob der inländische Vertrieb ausländischer Waren, die im Ausland unter Arbeitsbedingungen hergestellt worden sind, die nach deutschem Recht unzulässig wären, wettbewerbswidrig ist.[20] Diese Entscheidung betraf die wettbewerbsrechtliche Zulässigkeit des inländischen Vertriebs von Asbestware, die im Herkunftsland Südkorea nach den dortigen Vorschriften zulässig hergestellt worden war. In Südkorea gab es damals noch nicht die sehr kostspieligen Sicherheitsbestimmungen, die in Deutschland zum Schutz von Arbeitnehmern bestanden.

15 Abweichend von seiner Weltweit-Club-Entscheidung von 1977 hielt es der BGH nicht ohne Weiteres für unlauter, mit Wettbewerbshandlungen das internationale Rechtsgefälle auszunutzen.[21] Zutreffend wies er darauf hin, dass die Sachverhalte der Weltweit-Club-Entscheidung und der Asbestimporte-Entscheidung nicht vergleichbar seien. Ein Verstoß gegen die Generalklausel des § 1 UWG (a.F.) liege erst vor, wenn bei der Herstellung der im Inland vertriebenen ausländischen Waren »sittliche Grundanforderungen, die an jede menschliche und staatliche Ordnung zu richten sind, in so starkem Maße verletzt werden, dass auch der Handel mit derartigen Produkten guten kaufmännischen Sitten widerspricht«.[22] Diese Voraussetzungen hielt der BGH im

---

20 BGH, 09.05.1980 – I ZR 76/78, GRUR 1980, 858 = WRP 1980, 617 – Asbestimporte.

21 BGH, 09.05.1980 – I ZR 76/78, GRUR 1980, 858, 860 = WRP 1980, 617 – Asbestimporte; ebenso BGH, 11.05.2000 – I ZR 28/98, GRUR 2000, 1076, 1079 (II.2.b,dd) = WRP 2000, 1116 – Abgasemissionen; zustimmend *Baumbach/Hefermehl*, Wettbewerbsrecht [22], § 1 UWG Rn. 219c; *Birk*, in: Fezer/Büscher/Obergfell, UWG[3], S 17 Rn. 227 mit Rn. 224, 226; *Katzenberger*, IPRax 1981, 7 ff.; *Oesterhaus*, Die Ausnutzung des internationalen Rechtsgefälles und § 1 UWG, 1991, S. 189, 194; *Oppenhoff*, GRUR 1980, 861 f.; *Sack*, GRUR Int. 1988, 320, 340; *ders.*, ÖBl. 1988, 145, 150.

22 BGH, 09.05.1980 – I ZR 76/78, GRUR 1980, 858, 860 (II.4.) = WRP 1980, 617 – Asbestimporte; zustimmend *Kocher*, GRUR 2005, 647, 649 f. (IV.); *Oesterhaus*, Die Ausnutzung des internationalen Rechtsgefälles und § 1 UWG, 1991, S. 163 ff., 186 f., 189, 194; *Weber/Weber*, GRUR Int. 2008, 899, 902, 904; gegen diese Beschränkung

Asbestimporte-Fall nicht für erfüllt, da auch in Deutschland die betreffenden Asbestschutzvorschriften erst in den 1970er Jahren erlassen worden seien und die Mehrzahl der Industrienationen, z.B. die USA, Frankreich oder Italien, dem einschlägigen Übereinkommen Nr. 139 der ILO von 1974 noch nicht beigetreten waren.[23]

16 Die Ansicht des BGH, dass bei der Fallgruppe des inländischen Handels mit ausländischer Ware die Ausnutzung des internationalen Rechtsgefälles nicht ohne Weiteres, sondern nur bei erheblicher Verletzung »sittlicher Grundanforderungen« unlauter ist, verdient im Ansatz Zustimmung. Gegen ein Per-se-Verbot der Ausnutzung des internationalen Rechtsgefälles spricht bei dieser Fallgruppe vor allem, dass andernfalls die Generalklausel des UWG ein wirksames Instrument des **Protektionismus** sein könnte, das in einem klaren Widerspruch zur WTO stünde.[24] Die Generalklausel des UWG würde es sonst ermöglichen, einen erheblichen Teil unbequemer Importe abzuwehren. Denn in irgendeiner Weise besteht immer ein Rechtsgefälle zwischen deutschen Vorschriften und denen der Herkunftsländer ausländischer Ware. Unterschiedlich strenge Rechtsvorschriften in verschiedenen Ländern gehören zu den grundsätzlich hinzunehmenden Selbstverständlichkeiten des internationalen Wettbewerbs.[25]

17 Allerdings ist eine Einschränkung der Asbestimporte-Doktrin geboten. Denn die wettbewerbsrechtliche Durchsetzung »sittlicher Grundanforderungen« im Sinne der Asbestimporte-Entscheidung kann in manchen Staaten wirtschaftliche und soziale Schäden verursachen, die noch schwerer wiegen als das Fehlen von Verhaltensnormen, die aus unserer Sicht »sittliche Grundanforderungen« sind, die an sich an jede menschliche und staatliche Ordnung zu richten sind. Es ist deshalb eine **Abwägung** zwischen unseren sittlichen Grundanforderungen und den wirtschaftlichen und sozialen Auswirkungen ihrer wettbewerbsrechtlichen Durchsetzung vorzunehmen.[26]

---

des wettbewerbsrechtlichen Schutzes *Knieper/Fromm*, NJW 1980, 2020; gegen wettbewerbsrechtlichen Schutz *Oppenhoff*, GRUR 1980, 861; *Henning-Bodewig*, WRP 2011, 1014, 1022 (VII.).

23 BGH, 09.05.1980 – I ZR 76/78, GRUR 1980, 858, 860 f. = WRP 1980. 617 – Asbestimporte.

24 Vgl. *Katzenberger*, IPRax 1981, 7, 9 (vor III. und in Fn. 25); *Sack*, GRUR Int. 1988, 320, 337 f.; *ders.*, ÖBl. 1988, 145, 150; *ders.*, IPRax 1992, 24, 28 (bb); *ders.*, WRP 1998, 683, 691.

25 BGH, 09.05.1980 – I ZR 76/78, GRUR 1980, 858, 860 (II.1.) = WRP 1980, 617 – Asbestimporte; *Oppenhoff*, GRUR 1980, 861, 862; *Sack*, ÖBl. 1988, 145, 150; *Schricker*, GRUR Int. 1982, 720, 725.

26 *Sack*, WRP 1998, 683, 692.

18 Diese für die Ausnutzung des internationalen Rechtsgefälles beim inländischen Handel mit ausländischen Waren aufgestellte Norm ist keine Kollisionsnorm, sondern eine **Sachnorm**.[27]

2. Internationale Konventionen

19 Zu den »sittlichen Grundanforderungen« im Sinne der Asbestimporte-Entscheidung werden von manchen auch z.B. die »Kernarbeitsnormen« der ILO in der Declaration on Fundamental Principles and Rights at Work gezählt, weil sie weltweit anerkannte Grundvorstellungen über menschenwürdige Arbeitsbedingungen regeln.[28] Das trifft für das Verbot der Zwangsarbeit oder unangemessener Kinderarbeit zu. Solche Beschränkungen des inländischen Handels mit ausländischen Waren sind auch mit den Regeln der WTO vereinbar. Hingegen sind die in den »Kernanforderungen« der ILO ebenfalls vorgesehene Beseitigung von Diskriminierung in Arbeitsverhältnissen sowie die Koalitions- und Tarifvertragsfreiheit keine »sittlichen Grundanforderungen« im Sinne der Asbestimporte-Entscheidung des BGH.[29] Ihre mittelbare Durchsetzung mit einem inländischen wettbewerbsrechtlichen Verbot des Handels mit Waren aus Ländern, in denen diese Voraussetzungen nicht erfüllt sind, wäre Protektionismus, der mit der WTO unvereinbar wäre. Es ist nicht gerechtfertigt, solche Regelungen internationaler Konventionen durch ein wettbewerbsrechtliches Verbot des Handels mit Waren aus Ländern, in denen diese Regelungen nicht beachtet werden, durchzusetzen. Von inländischen Unternehmen kann nicht generell verlangt werden, durch die Wahl ihrer ausländischen Zulieferer dafür Sorge zu tragen, dass diese in Übereinstimmung mit international anerkannten Standards tätig sind.[30] Bei internationalen Konventionen zum Schutz von Arbeitnehmern sind also **Differenzierungen** geboten.

3. Sittlich fundierte inländische Vorschriften

20 Im Schrifttum wurde vertreten, dass der Einsatz eines durch Ausnutzung des internationalen Rechtsgefälles gewonnenen Vorteils als wettbewerbswidrig zu betrachten sei, wenn das Rechtsgefälle in einem Bereich bestehe, der im Inland durch **sittlich fundierte Normen** geregelt sei. Werde die Verletzung einer sittlich fundierten Norm durch Verlagerung des Handlungsorts vermieden, so sei allerdings zu fragen, ob die Handlung unter Berücksichtigung der am Hand-

---

27 *Sack*, ÖBl. 1988, 145, 149 f., 152; *ders.*, IPRax 1992, 24, 26.

28 Vgl. *Kocher*, GRUR 2005, 647, 649 f. (IV.); *Weber/Weber*, GRUR Int. 2008, 899, 902, 904, 905 a.E.; a.A. *Birk*, in: Fezer/Büscher/Obergfell, UWG[3], S 17 Rn. 224.

29 *Birk*, in: Fezer/Büscher/Obergfell, UWG[3], S 17 Rn. 224 mit dem Hinweis auf China, wo es keine Koalitions- und Tarifvertragsfreiheit gibt.

30 So jedoch *Weber/Weber*, GRUR Int. 2008, 899, 902.

lungsort herrschenden Umstände die gleiche sittliche Beurteilung verdiene, wie der Normverstoß im Inland.[31]

21 Die Reichweite dieser Ansicht ist unklar. Inwieweit wird der Maßstab der sittlich fundierten Normen des Inlands relativiert durch die am ausländischen Herstellungsort herrschenden Umstände? Wenn der Maßstab der inländischen sittlich fundierten Normen trotz der Berücksichtigung der Umstände am Herstellungsort einen weitreichenden Protektionismus ermöglichen würde, dies insbesondere bei unterschiedlich strengen Arbeitnehmerschutzvorschriften, die in der Regel sittlich fundiert und in Deutschland häufig wesentlich strenger sind als in den Herkunftsländern ausländischer Waren, dann wäre dies mit der WTO unvereinbar.

4. Die Anwendung deutscher Arbeitsschutznormen auf ausländische Unternehmen

22 Zu einem von der Asbestimporte-Entscheidung des BGH abweichenden Ergebnis versuchten *Knieper/Fromm* mit einem **kollisionsrechtlichen** Kunstgriff zu gelangen. Die enge Verknüpfung der ausländischen Unternehmen und ihrer Waren mit dem Inlandsmarkt lasse es »ohne Weiteres zu, den Begehungsort (§ 24 UWG) im Inland zu sehen«.[32] Gemeint ist wohl der Begehungsort für die gesundheitliche Schädigung der Arbeitnehmer bei der Herstellung der streitigen Asbestware. Denn sonst ist die Ansicht unverständlich. Außerdem regelte § 24 UWG a.F. nicht das anwendbare Recht, sondern die örtliche Zuständigkeit.

23 Die Anwendung deutschen Arbeitnehmerschutzrechts auf ausländische Unternehmen, die für deutsche gewerbliche Abnehmer produzieren, trägt der breiten wirtschaftlichen Verflechtung der deutschen Wirtschaft nicht ausreichend Rechnung. Deutsches Kollisionsrecht kann nicht jeden ausländischen Herstellungsbetrieb, der deutsche Unternehmen beliefert, den deutschen Arbeitsschutzbestimmungen unterwerfen. Daher wird diese kollisionsrechtliche Ansicht mit Recht abgelehnt. Grundsätzlich unterliegen ausländische Unternehmen ausländischem Arbeitsschutzrecht. Nur in den seltenen Fällen, in denen diese gegen

31 *Mook*, Internationale Rechtsunterschiede und nationaler Wettbewerb, 1986, S. 176, 179; ablehnend *Sack*, ZHR 152 (1988), 616, 619; *ders.*, WRP 1998, 683, 691.

32 *Knieper/Fromm*, NJW 1980, 2020; a.A. wegen der damit verbundenen Rechtsunsicherheit und weil die Gegebenheiten am Produktionsort außer Betracht bleiben, *Mook*, Internationale Rechtsunterschiede und nationaler Wettbewerb, 1986, S. 130 ff., 132; gegen die Anwendung inländischen Arbeitsrechts auf ausländische Herstellungsunternehmen *Franke*, Arbeitsschutz und unlauterer Wettbewerb, 1992, S. 97 f.; *Katzenberger*, IPRax 1981, 7, 8 f.; *Sack*, GRUR Int. 1988, 320, 338; *ders.*, ZHR 152 (1988), 616, 620; *ders.*, WRP 1998, 683, 690.

den deutschen ordre public i.S. des Art. 6 EGBGB verstoßen, kann die Anwendung deutschen Arbeitsrechts als Ersatzrecht in Betracht gezogen werden.[33]

24 Außerdem erwähnen die Anhänger der Ansicht, dass für ausländische Hersteller, die unmittelbar oder mittelbar deutsche Unternehmen beliefern, kollisionsrechtlich die deutschen Arbeitnehmerschutzvorschriften gelten, mit keinem Wort die **wettbewerbsrechtlichen** Konsequenzen. Wenn man unterstellt, dass bei der Herstellung von Waren für deutsche Unternehmen wegen der engen Inlandsbeziehung auch deutsches Arbeitsschutzrecht gelte und im konkreten Anwendungsfall auch verletzt wurde, folgt daraus noch nicht ohne Weiteres, dass der Vertrieb solcher Importware gegen das UWG verstößt. Nach dem Wettbewerbsrecht, das im Zeitpunkt der Asbestimporte-Entscheidung des BGH galt, wäre ein Handeln im geschäftlichen Verkehr zu Zwecken des Wettbewerbs erforderlich gewesen. Die **Herstellung** von Waren war nach damaliger Ansicht kein solches Handeln. Der **Vertrieb** der Waren ist hingegen ein Handeln zu Zwecken des Wettbewerbs. Wettbewerbshandlungen waren jedoch nicht ohne Weiteres unlauter, wenn sie auf **betriebsinternen Rechtsverstößen** beruhten.[34]

25 Nach geltendem UWG wäre der Rechtsbruchtatbestand des § 3a UWG nicht erfüllt, weil Arbeitsschutzvorschriften, die nur betriebsinterne Vorgänge regeln, keine Marktverhaltensregeln im Sinne dieser Vorschrift sind. Auch die Generalklausel des § 3 UWG führt zu keinem anderen Ergebnis. Selbst wenn man entgegen der herrschenden Meinung zu den »geschäftlichen Handlungen« i.S.v. § 3 UWG auch betriebsinterne Handlungen rechnen würde, spräche die nach dieser Vorschrift erforderliche **Interessenabwägung** zur Feststellung der Unlauterkeit, insbesondere das Protektionismus-Argument, gegen eine Untersagung des inländischen Handels mit Waren, die im Ausland in einer Weise hergestellt worden sind, die mit deutschen Vorschriften des Arbeitsrechts unvereinbar wäre. Denn dies würde einen weitreichenden **Protektionismus** gegen den Import ausländischer Waren ermöglichen.[35]

III. Zwischenergebnisse

26 1. Die Ausnutzung des internationalen Rechtsgefälles ist nicht immer und ohne Weiteres, sondern nur unter bestimmten Voraussetzungen unlauter.

---

33 *Katzenberger*, IPRax 1981, 7, 8 f.

34 Vgl. BGH, 11.05.2000 – I ZR 28/98,GRUR 2000, 1076, 1078 = WRP 2000, 1116 – Abgasemissionen; zu dieser Problematik vgl. auch *Sack*, WRP 1998, 683, 687 ff.; *ders.*, WRP 2004, 1307, 1318 f.; *Ullmann*, GRUR 2003, 817, 820 a.E.; *Ernst*, WRP 2004, 1133, 1135; als »Fehlentscheidung« bezeichnete die BGH-Entscheidung »Abgasemissionen«hingegen *Piper*, in: Köhler/Piper, UWG, 3. Aufl. 2002, § 1 Rn. 729; ablehnend auch *ders.*, in: FS für Erdmann, 2002, S. 679, 684 ff.

35 *Sack*, ZHR 152 (1988), 616, 620.

2. Die inländische **Werbung** für ausländische Rechtsgeschäfte, die nach ausländischem Recht zulässig, jedoch nach deutschem Recht unzulässig sind, ist unlauter nach § 3 UWG, wenn dies dem Zweck der betreffenden deutschen Regelung entspricht.
3. Entgegen der Ansicht des BGH ist die inländische Werbung für ausländische Eizellspenden, die nach ausländischem Recht zulässig, jedoch in Deutschland nach dem ESchG verboten sind, unlauter nach § 3 UWG.
4. Die inländische Werbung für Geschäftsabschlüsse im Ausland zu Uhrzeiten oder an Tagen, die nach inländischem Ladenschlussrecht oder nach inländischen Sonn- und Feiertagsregelungen unzulässig sind, ist nicht wettbewerbswidrig.
5. Der inländische **Vertrieb** ausländischer Ware, die im Ausland unter Arbeitsbedingungen und zu Löhnen hergestellt worden sind, die nach ausländischem Recht zulässig, jedoch nach inländischem Recht verboten sind, ist nicht ohne Weiteres unlauter.
6. Unlauter ist der Vertrieb solcher Waren nur, wenn bei ihrer Herstellung sittlich-rechtliche Fundamentalnormen verletzt worden sind und außerdem der Vertrieb auch unter Berücksichtigung der ausländischen wirtschaftlichen und sozialen Auswirkungen ihrer wettbewerbsrechtlichen Durchsetzung im Inland zu missbilligen ist.
7. Weiter reichende wettbewerbsrechtliche Verbote wären inländischer Protektionismus, der mit der WTO unvereinbar ist. Verstöße gegen Arbeitsschutzregelungen der ILO bei der Herstellung ausländischer Waren rechtfertigen deshalb nicht ohne Weiteres die wettbewerbsrechtliche Untersagung des inländischen Vertriebs solcher ausländischer Waren.

Kapitel 15 Produktnachahmungen im grenzüberschreitenden Verkehr

Übersicht | Rdn.

I. Die Behinderung der Neueinführung von Produkten

1 Die Neueinführung von Produkten im Inland kann durch Nachahmungen oder sonstige Leistungsübernahmen in der Weise behindert werden, dass der beeinträchtigte Mitbewerber seine Leistung am Markt durch eigene Anstrengung nicht mehr in angemessener Weise zur Geltung bringen kann.[1] Dabei kann es sich nicht nur um Produkte handeln, die im Inland neu entwickelt und vertrieben werden oder werden sollten, sondern auch um Produkte, die aus dem Ausland importiert wurden oder werden sollten.

2 In diesen Fällen fehlt (inländische) **Bekanntheit**, die nach Ansicht des BGH und herrschender Lehre grundsätzlich Voraussetzung einer Herkunftstäuschung i.S.v § 4 Nr. 3a UWG bzw. der Wertschätzung nach § 4 Nr. 3b UWG ist.[2]

3 Vom Erfordernis der Bekanntheit hat der BGH allerdings eine **Ausnahme** gemacht, wenn das Originalprodukt und die Nachahmung **nebeneinander** vertrieben werden und der Verkehr damit beide Produkte unmittelbar miteinander vergleichen kann.[3] Damit hat der BGH das Erfordernis der Bekanntheit stark relativiert. Denn dieser Ausnahmefall wird sehr häufig vorliegen.

---

1 Vgl. *Götting/Hetmank*, in: Fezer/Büscher/Obergfell, UWG[3], § 4 Nr. 3 Rn. 113 a.E.; *Sambuc*, in: Harte/Henning, UWG[4], § 4 Nr. 3 Rn. 189 ff.

2 Kritisch dazu *Sack*, GRUR 2015, 442, 445 f. mit ausf. Nachw. zur h.M.

3 BGH, 24.03.2005 – I ZR 131/02, GRUR 2005, 600, 602 = WRP 2005, 878 – Handtuchklemmen; BGH, 21.09.2006 – I ZR 270/03, GRUR 2007, 339 Rn. 39 = WRP 2007, 313 – Stufenleitern; BGH, 25.04.2007 – I ZR 104/04, GRUR 2007, 984 Rn. 34 = WRP 2007, 1455 – Gartenliege; BGH, 09.10.2008 – I ZR 126/06, GRUR 2009, 79 Rn. 35 = WRP 2009,76 – Gebäckpresse; BGH, 28.05.2009 – I ZR 124/06, GRUR 2010, 80 Rn. 36 = WRP 2010, 94 – LIKEaBIKE; ebenso *Eck*, in: Gloy/Loschelder/Erdmann, Hdb des Wettbewerbsrechts[4], § 56 Rn. 53.

Fraglich ist, was gilt, wenn der Nachahmer vor dem Originalhersteller auf den inländischen Markt kommt. Diese Situation besteht vor allem, wenn ein bisher nur im Ausland vertriebenes Produkt kurz vor dem Import auf den inländischen Markt steht.[4] Für diesen Fall hat der BGH schon in seiner Entscheidung »Betonsteinelemente« von 1991 für die Gefahr einer Herkunftstäuschung nach § 1 UWG a.F. keine inländische Bekanntheit verlangt, sondern die **Eignung** der betreffenden Ware, herkunftshinweisend zu wirken, genügen lassen, da andernfalls ein auf dem Markt neu eingeführtes oder neu einzuführendes Produkt an einem wettbewerbsrechtlichen Schutz nicht teilhaben könnte.[5] Der BGH hat also darauf abgestellt, ob die Gefahr einer Herkunftstäuschung **bestünde**, wenn die betreffenden Produkte auf dem Markt nebeneinander angeboten würden. 4

Damit ist das Problem jedoch noch nicht ganz gelöst. Denn über die Frage, welcher Partei bei der Gefahr einer **Herkunftstäuschung** Ansprüche aus § 4 Nr. 3 i.V.m §§ 3, 8 UWG zustehen, entscheidet grundsätzlich das **Prioritätsprinzip**.[6] Prioritätsälter wäre der **Nachahmer**, wenn er der inländischen Markteinführung des betreffenden Produkts durch den Originalhersteller zuvorgekommen ist. Für diesen Fall wurde eine Ausnahme vom Prioritätsprinzip vorgeschlagen.[7] Das grundlegende Prioritätsprinzip sollte jedoch nur durchbrochen werden, wenn dem Originalhersteller keine anderweitigen Rechtsbehelfe zur Verfügung stehen. Einen ausreichenden Schutz bietet ihm in diesen Fällen § 3 UWG unter dem Gesichtspunkt des unlauteren **Behinderungswettbewerbs**.[8] In den genannten Fällen verdrängen Ansprüche aus § 3 UWG entgegenstehende Ansprüche des Nachahmers aus § 4 Nr. 3 i.V.m. §§ 3, 8 UWG. 5

Es besteht eine deutliche Parallele zur bösgläubigen Markenanmeldung, die nicht nur nach § 8 II Nr. 10 MarkenG bzw. Art. 52 I lit. b UMV (früher 6

4 Zu dieser Fallgestaltung vgl. BGH, 19.06.1974 – I ZR 20/73, WRP 1976, 370 – Ovalpuderdose; BGH, 21.03.1991 – I ZR 158/89, GRUR 1992, 523 = WRP 1991, 575 – Betonsteinelemente; vgl. auch *Sambuc*, in: Harte/Henning, UWG[4], § 4 Nr. 3 Rn. 189 f.

5 BGH, 21.03.1991 – I ZR 158/89, GRUR 1992, 523, 524 = WRP 1991, 575 – Betonsteinelemente; ebenso *Krüger/E.-I. v. Gamm*, WRP 2004, 978, 983 (V.1.).

6 *Sack*, WRP 2014, 1130 Rn. 30; ebenso zu § 5 Abs. 1 S. 2 Nr. 1 bei Herkunftstäuschungen BGH, 23.06.2016 – I ZR 241/14, GRUR 2016, 965 Rn. 23 = WRP 2016, 1236 – Baumann II.

7 *Köhler*, WRP 2009, 110, 115 Fn. 45; *Sack*, WRP 2014, 1130 Rn. 30.

8 Vgl. BGH, 24.03.2005 – I ZR 131/02, GRUR 2005, 600, 602 (II.3. d, aa) = WRP 2005, 878 – Handtuchklemmen; vgl. auch *Krüger/E.-I. v. Gamm*, WRP 2004, 978, 984 (4.).

GMV),[9] sondern daneben auch nach § 3 UWG unter dem Gesichtspunkt des **Behinderungswettbewerbs** untersagt werden kann.[10]

7 Eine unlautere Behinderung hat der BGH in seiner Ovalpuderdose-Entscheidung angenommen.[11] Sie betraf die Nachahmung einer ästhetisch und auch in sonstiger Weise besonders gestalteten Ovalpuderdose, die in Deutschland noch nicht vertrieben wurde, deren Import jedoch unmittelbar bevorstand. Sie wies nach Ansicht des BGH eine wettbewerbliche Eigenart auf. Zutreffend hat der BGH auch darauf hingewiesen, dass bei einer ästhetischen Gestaltungsform, um die es in erster Linie gegangen sei, im Allgemeinen, selbst bei einer Anpassung an Zeitgeschmack und Moderichtung, ein ausreichender Spielraum für Gestaltungen verbleibe, die einen erkennbaren Abstand von den Erzeugnissen des Mitbewerbers halten, so dass in solchen Fällen nur selten ein **sachlich gerechtfertigter Grund** für eine unmittelbare Übernahme oder auch eine fast identische Nachahmung anzuerkennen sei.[12] Außerdem hat der BGH die Ansicht des Berufungsgerichts bestätigt, dass es für die Klägerin ein erhebliches unternehmerisches Risiko bedeutet hätte, nach dem Erscheinen der Puderdosen und Nachfüllpackungen der Beklagten noch ihrerseits auf dem deutschen Markt ihre Waren anzubieten.[13] Das entspricht der Sache nach dem zweiten Teil der Definition des unlauteren Behinderungswettbewerbs durch den BGH zu § 4 Nr. 4 UWG, der nach der hier vertretenen Ansicht nicht zu dieser Vorschrift, sondern zu § 3 UWG gehört.

---

9 Vgl. dazu EuGH, 11.06.2009 – C-529/07, GRUR 2009, 763 Rn. 43 ff., 53 – Goldhase (Lindt & Sprüngli); BGH, 10.01.2008 – I ZR 38/05, GRUR 2008, 621 Rn. 21, 25 = WRP 2008, 785 – AKADEMIKS; BGH, 26.06.2008 – I ZR 190/05, GRUR 2008, 917 Rn. 20 = WRP 2008, 1319 – EROS; BGH, 02.04.2009 – I ZB 8/06, GRUR 2009, 780 Rn. 13, 15, 18 = WRP 2009, 820 – Ivadal.

10 BGH, 23.03.1966 – Ib ZR 120/63, GRUR 1967, 298, 301 = WRP 1967, 49 – Modess; BGH, 10.08.2000 – I ZR 283/97, GRUR 2000, 1032, 1034 f. = WRP 2000, 1293 – EQUI 2000; BGH, 23.11.2000 – I ZR 93/98, GRUR 2001, 242, 244 = WRP 2001, 160 – Classe E; BGH, 24.03.2005 – I ZR 131/02, GRUR 2005, 600, 602 (II.3.d,aa) = WRP 2005, 878 – Handtuchklemmen; BGH, 10.01.2008 – I ZR 38/05, GRUR 2008, 621 Rn. 21, 31 ff., 35 = WRP 2008, 785 – AKADEMIKS; BGH, 26.06.2008 – I ZR 190/05, GRUR 2008, 917 Rn. 20 = WRP 2008, 1319 – EROS; BGH, 02.04.2009 – I ZB 8/06, GRUR 2009, 780 Rn. 13, 15, 18 = WRP 2009, 820 – Ivadal; EuGH, 11.06.2009 – C-529/07, GRUR 2009, 763 Rn. 43 ff., 53 – Goldhase (Lind & Sprüngli); *Köhler*, WRP 2009, 109, 115 Fußn. 45 a.E.; *Krüger/E.-I. v. Gamm*, WRP 2004, 978, 983 (V.1.), 984 (V.4.); *Sack*, 2004, 1405, 1423 (VII.); *ders.*, WRP 2014, 1130 Rn. 30; *Ullmann*, GRUR 2009, 364, 366.

11 BGH, 19.06.1974 – I ZR 20/73, WRP 1976, 370 – Ovalpuderdose.

12 BGH, 19.06.1974 – I ZR 20/73, WRP 1976, 370, 371 (III.2.) – Ovalpuderdose.

13 BGH, 19.06.1974 – I ZR 20/73, WRP 1076, 370, 371 (III.3.) – Ovalpuderdose.

Neuheit hat der BGH – abweichend vom **Geschmacksmusterrecht** – nicht für erforderlich gehalten.[14] **8**

9 Da die Ovalpuderdose, soweit ersichtlich, erstmals in Frankreich vertrieben wurde, hätte die Originalherstellerin daran bereits durch diesen Vertrieb in Frankreich nach der heute geltenden Gemeinschaftsgeschmacksmusterverordnung (GGV) ein formloses gemeinschaftsweites Benutzungsgeschmacksmuster erworben.[15] Wäre die Ovalpuderdose vor dem Import nach Deutschland hingegen erstmals in einem Drittstaat auf den Markt gebracht worden, würde ein formloses Gemeinschaftsgeschmacksmuster am Erfordernis der **Neuheit** scheitern. Nur mit § 3 UWG wäre ein formloser Schutz zu erzielen.

II. Das Herstellen nachgeahmter Waren

1. Das Problem

10 Von erheblicher praktischer Bedeutung ist, ob das **Herstellen** nachgeahmter Waren, die ausschließlich **für den Export** bestimmt sind, gegen Vorschriften des UWG verstoßen kann.

a) § 4 Nr. 3 UWG

11 Gewerbliche Schutzrechte und Urheberrechte schützen den Schutzrechtsinhaber nicht nur gegen das Anbieten und den Vertrieb nachgeahmter Waren, sondern auch schon gegen deren **Herstellung**. Demgegenüber erfasst § 4 Nr. 3 UWG nur das **Anbieten** von Nachahmungen, nicht jedoch auch deren **Herstellung**. Auch die übrigen Vorschriften des UWG schützen nach ganz herrschender Meinung nur gegen den Vertrieb nachgeahmter Waren, nicht jedoch gegen deren Herstellung.[16]

---

14 BGH, 19.06.1974 – I ZR 20/73, WRP 1976, 370, 372 – Ovalpuderdose.

15 Zum formlosen Gemeinschaftsgeschmacksmuster ausführlicher *Sack*, WRP 2017, 132 Rn. 5 ff.

16 So ausdrücklich BGH, 03.05.1968 – I ZR 66/66, GRUR 1968, 591, 592 (III.2.b) = WRP 1968, 327 – Pulverbehälter; BGH, 23.10.1981 – I ZR 62/79, GRUR 1982, 305, 308 – Büromöbelprogramm; BGH, 14.04.1988 – I ZR 99/86, GRUR 1988, 690, 693 – Kristallfiguren; BGH, 14.12.1995 – I ZR 240/93, GRUR 1996, 210, 212 = WRP 1996, 279 – Vakuumpumpen; BGH, 14.01.1999 – I ZR 203/96, GRUR 1999, 751, 754 = WRP 1999, 816 – Güllepumpen; BGH, 06.05.1999 – I ZR 199/96, GRUR 1999, 923, 927 a.E. = WRP 1999, 831 – Tele-Info-CD; ebenso im Schrifttum *A. Nordemann*, in: Götting/Nordemann, UWG[3], § 4 Nr. 3 Rn. 3.97; *Riesenhuber*, WRP 2005, 1118, 1120; *Sambuc*, in: Harte/Henning, UWG[4], § 4 Nr. 3 Rn. 31; **a.A.** BGH, 31.05.1960 – I ZR 64/58, GRUR 1960, 614, 617 – Figaros Hochzeit; BGH, 24.05.1963 – Ib ZR 62/62, GRUR 1963, 575, 577 = WRP 1963, 299- Vortragsabend; *Keller*, in: FS für Erdmann, 2002, S. 595, 610 Nr. 6.

b) § 3 UWG

12 Das ist unbefriedigend.[17] Denn das **Herstellen** nachgeahmter Waren begründet die naheliegende Gefahr, dass diese Waren auch vertrieben werden. Gegen deren Vertrieb bietet die Möglichkeit einer **vorbeugenden Unterlassungsklage** keinen ausreichenden Schutz. Auch die Haftung des Herstellers nach § 3 UWG wegen Verletzung eigener wettbewerbsrechtlicher **Verkehrspflichten**, wenn er es unterlässt, im Rahmen des ihm Möglichen und Zumutbaren die Gefahr **nachfolgender** Verstöße gegen § 4 Nr. 3 oder § 3 UWG zu begrenzen,[18] ist nicht ausreichend. Denn diese Haftung des Herstellers greift erst ein, wenn nachgeahmte Waren, deren Vertrieb unlauter ist, auch tatsächlich vertrieben werden. Es ist jedoch dem Erbringer der Leistung nicht zumutbar abzuwarten, bis der Nachahmer die nachgeahmten Waren zu vertreiben versucht. Auch wird es ihm häufig in tatsächlicher Hinsicht nicht möglich sein, den Vertrieb **aller** nachgeahmten Waren zu erfassen. Deshalb wird mit Recht gefordert, schon das Herstellen nachgeahmter Produkte, deren Vertrieb unlauter wäre, wettbewerbsrechtlich untersagen zu können.[19] Dem steht in aller Regel kein schützenswertes Interesse des Nachahmers gegenüber, nachgeahmte Waren herstellen zu dürfen, deren Vertrieb wettbewerbsrechtlich untersagt werden könnte.

13 Entsprechendes gilt für die Herstellung von Ton- und Bildaufnahmen von Veranstaltungen für zukünftige Sendungen in Rundfunk und Fernsehen oder die Zugänglichmachung im Internet.

2. Die Entwicklung der Rechtsprechung

14 Die Rechtsprechung des BGH hat zu dieser Frage sowohl im Ergebnis als auch in der Begründung einen grundlegenden Wechsel vollzogen. In seiner Entscheidung »Figaros Hochzeit« von 1960 hat er die Festlegung einer Opernaufführung auf Tonband zu Sendezwecken ohne Zustimmung der ausübenden Künstler als unlauteren Wettbewerb i.S.v § 1 UWG bewertet.[20] Diese Ansicht hat er in seiner Vortragsabend-Entscheidung von 1963 wiederholt, in der er nicht nur die Verwendung von Tonbandaufnahmen einer Vortragsveranstaltung, sondern

17 Vgl. *Köhler*, WRP 1999, 1075, 1077, 1082; a.A. *A. Nordemann*, in: Götting/Nordemann, UWG³, § 4 Nr. 3 Rn. 3.97.

18 So zu § 4 Nr. 9 UWG (jetzt § 4 Nr. 3 UWG 2015) *Leistner*, in: GroßkommUWG², § 4 Nr. 9 Rn. 111, 247; *ders.*, GRUR 2010, Beil. zu Heft 4, S. 2 f.; a.A. *A. Nordemann*, in: Götting/Nordemann, UWG³, § 4 Nr. 3 Rn. 3.97.

19 Vgl. *Köhler*, WRP 1999, 1075, 1077; *Keller*, in: FS für Erdmann, 2002, S. 595, 610 (Nr. 6).

20 BGH, 31.05.1960 – I ZR 64/58, GRUR 1960, 614, 617 – Figaros Hochzeit.

ausdrücklich auch schon deren unbefugte **Herstellung** als Verstoß gegen die Generalklausel des § 1 UWG bewertete.[21]

15 Später hat der BGH jedoch diese Ansicht aufgegeben und vertreten, dass das **Herstellen** nachgeahmter Produkte im Allgemeinen noch nicht wettbewerbswidrig sein könne, sondern erst das Inverkehrbringen solcher Produkte. Dass er früher die gegenteilige Ansicht vertreten hat, blieb unerwähnt. In der Entscheidung »Güllepumpen« von 1999 hat er seine Ansicht, dass das Herstellen nachgeahmter Produkte im Allgemeinen nicht wettbewerbswidrig sein könne, damit begründet, dass der Schutzgegenstand des wettbewerbsrechtlichen Leistungsschutzes nicht das Leistungsergebnis als solches, sondern nur die unlautere Art und Weise der Benutzung der fremden Leistung sei. Deshalb könne regelmäßig auch nur gegen die Art und Weise der Benutzung und nicht auch gegen die Herstellung vorgegangen werden.[22]

3. Die Herstellung nachgeahmter Waren als »geschäftliche Handlung«?

16 Die Anwendung von § 3 UWG auf das **Herstellen** nachgeahmter Produkte setzt voraus, dass dies eine »geschäftliche Handlung« ist. Eine geschäftliche Handlung ist nach der Legaldefinition des § 2 I Nr. 1 UWG jedes Verhalten einer Person zugunsten des eigenen oder eines fremden Unternehmens vor, bei oder nach einem Geschäftsabschluss, das mit der Förderung des Absatzes oder des Bezugs von Waren oder Dienstleistungen… objektiv zusammenhängt. Nach herrschender Meinung erfordern geschäftliche Handlungen einen **Marktbezug**,[23] der nur angenommen wird, wenn die Handlung auf Marktteilnehmer einwirken kann.[24] **Betriebsinterne** Handlungen seien keine Handlungen im

21 BGH, 24.05.1963 – Ib ZR 62/62, GRUR 1963, 575, 577 = WRP 1963, 299 – Vortragsabend.

22 BGH, 14.01.1999 – I ZR 203/96, GRUR 1999, 751, 754 = WRP 1999, 816 – Güllepumpen.

23 *Bähr*, in: MünchKommUWG², § 2 Rn. 111; *Ernst*, in: jurisPK-UWG⁴, § 2 Rn. 3, 9, 11; *Fezer*, in: Fezer/Büscher/Obergfell, UWG³, § 2 Abs. 1 Nr. 1 B Rn. 19, 36 aE, 37, 38, 58, 65, 66, 75; *Götting*, in: Götting/Nordemann, UWG³, § 2 Rn. 13; *Keller*, in: Harte/Henning, UWG⁴, § 2 Nr. 1 Rn. 28; *Köhler*, in: Köhler/Bornkamm/Feddersen, UWG³⁷, § 2 Rn. 34 ff., 36; *Peukert*, in: GroßKommUWG², § 2 Rn. 53; *Sosnitza*, in: Ohly/Sosnitza, UWG⁷ § 2 Rn. 8.

24 Vgl. BGH, 31.03.2010 – I ZR 34/08, GRUR 2010, 1117 Rn. 18 = WRP 2010, 1475 – Gewährleistungsausschluss im Internet; BGH, 10.01.2013 – I ZR 190/11, GRUR 2013, 945 Rn. 178 = WRP 2013, 1183 – Standardisierte Mandatsbearbeitung; BGH, 14.01.2016 – I ZR 65/14, GRUR 2016, 946 Rn. 67 = WRP 2016, 958 – Freunde finden; *Ernst*, in: jurisPK-UWG⁴, § 2 Rn. 9; *Fezer*, in: Fezer/Büscher/Obergfell, UWG³,

geschäftlichen Verkehr.[25] Deshalb sei auch die **Herstellung** von Waren keine geschäftliche Handlung im Sinne von § 2 I Nr. 1 und § 3 I UWG.[26]

17 Dies ergibt sich allerdings nicht schon **begrifflich** zwingend aus dem Begriff »geschäftliche Handlung« in § 2 I Nr. 1 und § 3 I UWG. Denn dieser Begriff als solcher reicht weiter. Dies zeigen mehrere BGH-Entscheidungen zu § 1 UWG aus der Zeit vor der UWG-Novelle von 2004. Bereits oben wurden die beiden BGH-Entscheidungen »Figaros Hochzeit« von 1960 und »Vortragsabend« von 1963 erwähnt, in denen der BGH die Anfertigung von Tonbandaufnahmen von Darbietungen ausübender Künstler ohne deren Zustimmung bzw. ohne Zustimmung des Veranstalters mit § 1 a.F. UWG untersagt,[27] d.h. als **Handlungen im geschäftlichen** Verkehr bewertet hat. Auch in anderen Entscheidungen hat der BGH bestimmte betriebsinterne Handlungen nach § 1 UWG untersagt. In seiner Entscheidung »Tariflohnunterschreitung« von 1993 untersagte der BGH mit der Generalklausel des § 1 UWG systematische Verstöße eines Wettbewerbers gegen allgemeinverbindlich erklärte Tariflöhne, um sich gegenüber rechtstreuen Mitbewerbern einen Wettbewerbsvorteil zur verschaffen.[28] In der Entscheidung »Maschinenbeseitigung« von 1993 bewertete er die Beschaffung von Maschinen durch einen Wettbewerber bei seinem früheren Arbeitgeber durch Veranlassung von dessen Mitarbeitern, diese Hilfsmittel pflichtwidrig aus dem Gewahrsam ihres Arbeitgebers herauszugeben, als Verstoß gegen § 1 UWG. Auch ein Blick ins **Markenrecht** zeigt, dass der Begriff »geschäftliche

---

§ 2 Abs. 1 Nr. 1 B Rn. 37, 58, 65, 66, 75; *Köhler*, in: Köhler/Bornkamm/Feddersen, UWG[37], § 2 Rn. 35 f.; *Peukert*, in: GroßKommUWG[2], § 2 Rn. 53, 146 ff., 152, 175 f.

25 Vgl. BGH, 11.05.2000 – I ZR 28/98, GRUR 2000, 1076, 1077 = WRP 2000, 1116 – Abgasemissionen; BGH, 03.05.1974 – I ZR 52/73, GRUR 1974, 666, 667 f. = WRP 1974, 400 – Reparaturversicherung; BGH, 25.09.1970 – I ZR 47/69, GRUR 1971, 119, 120 = WRP 1971, 67 – Branchenverzeichnis; *Bähr*, in: MünchKommUWG[2], § 2 Rn. 112 ff.; *Ernst*, in: jurisPK-UWG[4], § 2 Rn. 11; *Fezer*, in: Fezer/Büscher/Obergfell, UWG[3], § 2 Abs. 1 Nr. 1 B Rn. 75, 77; *Götting*, in: Götting/Nordemann, UWG[3], § 2 Rn. 18; *Keller*, in: Harte/Bavendamm, UWG[4], § 2 Rn. 28, 39; *Köhler*, in: Köhler/Bornkamm/Feddersen, UWG[37], § 2 Rn. 34, 36; *Peukert*, in: GroßkommUWG[2], § 2 Rn. 187 f.; *Sosnitza*, in: Ohly/Sosnitza, UWG[7], § 2 Rn. 14 f.

26 *Bähr*, in: MünchKommUWG[2], § 2 Rn. 113; *Götting*, in: Götting/Nordemann, UWG[3], § 2 Rn. 18; *Keller*, in: Harte/Henning, UWG[4], § 2 Rn. 39 (anders noch *ders.*, in: FS für Erdmann, 2002, S. 595, 610 Nr. 6); *Köhler*, in: Köhler/Bornkamm/Feddersen, UWG[37], § 2 Rn. 36; vgl. auch *Sosnitza* in: Ohly/Sosnitza, UWG[7], § 2 Rn. 15: Herstellung und Vertrieb durch dasselbe Unternehmen sind in der Regel unselbstständige Teilakte eines der lauterkeitsrechtlichen Wertung unterliegenden Handelns im geschäftlichen Verkehr.

27 BGH, 31.05.1960 – I ZR 64/58, GRUR 1960, 614, 617 – Figaros Hochzeit; BGH, 24.05.1963 – Ib ZR 62/62, GRUR 1963, 575, 577 = WRP 1963, 299 – Vortragsabend.

28 BGH, 03.12.1992 – I ZR 276/90, GRUR 1993, 980, 982 = WRP 1993, 314 – Tariflohnunterschreitung.

Handlung« rein begrifflich auch betriebsinterne Handlungen erfasst. § 14 II MarkenG untersagt die Benutzung fremder geschützter Marken »im geschäftlichen Verkehr«. Dazu zählt nach § 14 III Nr. 1 MarkenG auch die **Kennzeichnung** von Waren und ihren Verpackungen, d.h. ein **betriebsinterner** Vorgang, der noch nicht auf Marktteilnehmer einwirkt. Dasselbe gilt nach Art. 9 II i.V.m. Art. 9 III lit. a der UnionsmarkenV (früher GMV) auch für Unionsmarken.

18 Da der Begriff »im geschäftlichen Verkehr« rein begrifflich auch innerbetriebliche Handlungen umfasst, die unmittelbar auf **zukünftiges** Marktverhalten zielen, hindert die Legaldefinition des Begriffs »geschäftliche Handlung« in § 2 I Nr. 1 UWG rein begrifflich nicht daran, unter diesen Begriff auch die **Herstellung** nachgeahmter Produkte zu subsumieren.

19 Eine Beschränkung des Begriffs »geschäftliches Handeln« in § 3 UWG auf Vertriebshandlungen einschließlich Werbung wäre jedoch dann gerechtfertigt, wenn der **Zweck** des UWG bzw des § 3 I UWG darauf beschränkt wäre, **Marktverhalten** zu regeln.[29] Ein solcher Zweck besteht jedoch nicht. Das zeigen die früheren §§ 17 ff. UWG. Auch für die Ansicht, dass die Vorschriften des § 2 I Nr. 1 und des § 3 I UWG mit dem Begriff »geschäftliche Handlungen« nur das **Marktverhalten** erfassen sollen, gibt es keine Anhaltspunkte. Soweit betriebsinterne Handlungen die Förderung von eigenem oder fremdem Absatz oder Bezug von Waren oder Dienstleistungen bezwecken, sind auch sie entgegen der h.M. »geschäftliche Handlungen« i.S.v § 2 I Nr. 1 und § 3 I UWG. Das Herstellen von Waren ist eine geschäftliche Handlung, da sie auf den Absatz dieser Waren zielt.

4. Die Unlauterkeit der Herstellung nachgeahmter Waren

20 Die Herstellung nachgeahmter Waren ist unlauter nach § 3 UWG, wenn deren Anbieten und Vertrieb gegen § 4 Nr. 3 oder § 3 UWG verstoßen würde. Aufnahmen von Veranstaltungen auf Ton- und Bildträgern sind unlauter nach § 3 UWG, wenn ihre Sendung in Rundfunk und Fernsehen oder ihre Zugänglichmachung durch das Internet gegen § 3 UWG verstoßen würde.

21 Problematisch ist, ob eine Ausnahme vom Verbot der Herstellung nachgeahmter Waren, deren Vertrieb die Voraussetzungen des § 4 Nr. 3 oder des § 3 UWG erfüllt, zu machen ist, wenn sichergestellt ist, dass die im Inland hergestellten Waren **ausschließlich im Ausland** vertrieben werden.[30] Diese Frage wäre zu bejahen, wenn das Herstellungsverbot nur ein **unselbständiger Hilfsakt** wäre,

29 So *Fezer*, in: Fezer/Büscher/Obergfell, UWG³, § 2 Abs. 1 Nr. 1 B Rn. 36; *Nemeczek*, WRP 2010, 1204, 1209; *Ohly*, in: Ohly/Sosnitza, UWG⁷, Einf. A Rn. 1.

30 So die Fallgestaltung des vom BGH 1962 entschiedenen Falles »Kindersaugflaschen«, BGH, 30.06.1962 – I ZR 39/60, GRUR 1962, 243 = WRP 1962, 13 mit ausührlicher

der nur auf das Verbot des inländischen Anbietens und Vertreibens der nachgeahmten Waren bzw. auf das Verbot der Zugänglichmachung der auf Ton- und Bildträgern fixierten Veranstaltungen bezogen ist. Eine Ausnahme vom Herstellungsverbot ist hingegen nicht zu machen,[31] wenn es als **eigenständiger** Verletzungstatbestand verstanden wird. Diese Ansicht verdient den Vorzug. Denn auch bei dieser Fallgestaltung ließe sich nur mit einem unzumutbaren Aufwand durch den Originalhersteller sicherstellen, dass die nachgeahmten Waren auch wirklich ausschließlich ins Ausland geliefert werden. Dies hat der BGH in seiner Kindersaugflaschen-Entscheidung von 1961 nicht ausreichend berücksichtigt, wenn er meinte, dass bei einer solchen Sachlage im Inland »mangels einer wettbewerblichen Interessenkollision ein Eingriff in eine geschützte Wettbewerbsposition und damit die Verletzung einer wettbewerbsrechtlichen Verhaltensnorm überhaupt nicht in Betracht kommen« könne.[32]

22 Beim **Vertrieb** im Ausland entscheidet allein das Recht des Vertriebslandes, ob der Originalhersteller Schutz gegen den dortigen Vertrieb beanspruchen kann.

23 **Zwischenergebnis**: Nicht nur das Anbieten und Vertreiben, sondern auch schon das **Herstellen** nachgeahmter Waren ist entgegen der herrschenden Meinung eine »geschäftliche Handlung« und kann nach den Maßstäben des § 4 Nr. 3 UWG oder der Wechselwirkungstheorie zu § 3 UWG unlauter sein.

Erörterung der Rechtsprechung des RG und des BGH zu den kollisionsrechtlichen Problemen dieser Fallgestaltung.

31 So *Köhler*, WRP 1999, 1075, 1077; a.A. BGH, 30.06.1961 – I ZR 39/60, GRUR 1962, 243, 245 = WRP 1962, 13 – Kindersaugflaschen.

32 BGH, 30.06.1961 – I ZR 39/60, GRUR 1962, 243 = WRP 1962, 13 – Kindersaugflaschen.

Kapitel 16 Auslegung des UWG anhand ausländischer Kriterien

Vor der Rom II-VO war auf Wettbewerbshandlungen deutscher Unternehmen **im Ausland**, wenn der Rechtsstreit zwischen zwei deutschen Unternehmen bestand, nicht das ausländische Marktortrecht, sondern das **gemeinsame deutsche Heimatrecht** bzw. nach Art. 40 II EGBGB das Recht des gemeinsamen gewöhnlichen Aufenthalts der Parteien, d.h. deutsches Wettbewerbsrecht anzuwenden. Das konnte bei einem spürbaren **Rechtsgefälle** zwischen dem ausländischen Marktortrecht und dem gemeinsamen Heimatrecht zu erheblichen **kollisionsrechtlich bedingten Wettbewerbsverzerrungen** führen. Denn danach war deutschen Unternehmen auf dem ausländischen Markt u.U. untersagt, was anderen Unternehmen am Marktort erlaubt war. Das ging vor allem zu Lasten **deutscher** Unternehmen bei ihrem Auslandswettbewerb. Denn das deutsche Wettbewerbsrecht war früher häufig strenger als das Wettbewerbsrecht anderer Länder. 1

Diese Wettbewerbsnachteile deutscher Unternehmen hat die Rechtsprechung in der Weise dadurch zu kompensieren versucht, dass sie die Vorschriften des **deutschen** Wettbewerbsrechts anhand der Maßstäbe des Rechts des **ausländischen** Marktortes interpretierte.[1] Bei der Anwendung der Sittenwidrigkeitsklausel des alten UWG galten nicht die deutschen Wettbewerbssitten; vielmehr waren die des ausländischen Wettbewerbsrechts mitzuberücksichtigen. Auch bei der Anwendung des Irreführungsverbots stellte man darauf ab, ob nach dem Recht des ausländischen Marktortes eine relevante Irreführung vorlag.[2] 2

Auf diese Weise gelangte man zwar zu »richtigen« Ergebnissen. Die betreffenden Vorschriften des deutschen UWG waren jedoch nur noch eine Hülse für das Recht des ausländischen Marktortes, d.h. es wurde im praktischen Ergebnis im Gewande des deutschen UWG ausländisches Marktortrecht angewendet.[3] 3

Damit wurde letztlich eine »falsche« kollisionsrechtliche Entscheidung – gemeinsames Heimatrecht – kompensiert durch die Interpretation des deut- 4

1 Vgl. zur Generalklausel des § 1 UWG a.F. BGH, 24.07.1957 – I ZR 21/56, GRUR 1958, 189, 197 = WRP 1958, 17 – Zeiß; BGH, 18.12.1959 – I ZR 62/58, GRUR 1960, 372, 377 (IV.2.c) = WRP 1960, 249 – Kodak; BGH, 20.12.1963 – Ib ZR 104/62, GRUR 1964, 316, 319 (II.3.) = WRP 1964, 122 – Stahlexport.

2 Vgl. BGH, 11.03.1982 – I ZR 39/78, GRUR 1982, 495, 497 = WRP 1982, 463 – Domgartenbrand.

3 Vgl. *Sack*, in: FS für Egon Lorenz, 2004, S. 659, 661.

schen Sachrechts anhand ausländischer Verhaltensnormen. Das führt jedoch zu einer bedenklichen Vermischung von Kollisions- und Sachrecht.[4]

5 Um dies zu vermeiden, ist vorgeschlagen worden, kollisionsrechtlich nach Art. 41 EGBGB das Marktortrecht anzuwenden, da mit ihm eine offensichtlich engere Verbindung besteht als mit dem gemeinsamen Heimatrecht.[5]

6 Das Problem ist bei Wettbewerbshandlungen, wie bereits eingangs gesagt, durch Art. 6 I Rom II-VO wohl befriedigend gelöst. Denn in Zukunft ist auf **marktbezogene** Wettbewerbshandlungen **ausschließlich** das Recht der wettbewerblichen Interessenkollision, d.h. das Marktortrecht anzuwenden. Durch Art. 6 I Rom II-VO wird l das Recht des gemeinsamen gewöhnlichen Aufenthalts i.S.v. Art. 40 II EGBGB ausgeschlossen.

4 Vgl. *Hausmann/Obergfell*, in: Fezer/Büscher/Obergfell, UWG[3], IntLautPrivatR Rn. 249 mit Fußn. 1145; *Schricker*, in: GroßkommUWG[1], Einl. F Rn. 182.

5 Vgl. *Sack*, in: FS für Egon Lorenz, 2004, S. 659, 662.

Teil 3 Fremdenrecht

Kapitel 17 Inländerbehandlungsgrundsatz und Reziprozitätsprinzip

Übersicht Rdn.

I. Der Inländerbehandlungsgrundsatz der PVÜ

1. Gleichstellung von PVÜ-Angehörigen, Art. 2 PVÜ

1 a) Nach Art. 2 PVÜ sind alle Angehörigen eines Verbandsstaates der PVÜ beim Schutz des gewerblichen Eigentums ebenso zu behandeln **wie Inländer** in dem betreffenden Staat. Für sie gilt der sog. **Inländerbehandlungsgrundsatz**. Zum gewerblichen Eigentum rechnet die PVÜ auch das Lauterkeitsrecht, wie Art. 1 II, Art. 10bis und Art. 10ter PVÜ zeigen.[1]

2 Art. 2 I PVÜ ist in **Deutschland** unmittelbar anwendbar.[2] Das gilt auch für die meisten anderen Verbandsländer. Die USA scheinen jedoch eine unmittelbare Anwendbarkeit abzulehnen, weil der Wortlaut der PVÜ nicht dazu verpflichte und die Regelung zu unbestimmt sei.[3] Der PVÜ gehören z.Zt. ca. 175 Staaten an.

3 Der Inländerbehandlungsgrundsatz des Art. 2 I PVÜ hat für den Bereich des Lauterkeitsrechts **keinen kollisionsrechtlichen** Gehalt, sondern ist ausschließlich fremdenrechtlicher Natur.[4]

---

1 Vgl. *Drexl*, in: MünchKommBGB[7], Bd. 12, IntLautR Rn. 26 ff., 29; *Sack*, GRUR Int. 1988, 320, 326; *ders.*, WRP 2000, 269, 280.

2 Vgl. BGH, 21.03.1991 – I ZR 158/89, GRUR 1992, 523, 524 = WRP 1991, 575 – Betonsteinelemente, betr. den ergänzenden Leistungsschutz; *Drexl*, in: MünchKommBGB[7], Bd. 12, IntLautR Rn. 31; *Klass*, in: GroßkommUWG[2], Einl. D Rn. 57.

3 Gegen diese Ansicht *Henning-Bodewig*, GRUR Int. 2013, 1, 3 (II.3.), 7 (IV.1).

4 Vgl. *Drexl*, in: MünchKommBGB[7], Bd. 12, IntLautR Rn. 27, 28; *Fezer/Koos*, in: Staudinger, Internationales Wirtschaftsrecht (2015), Rn. 241; *Hausmann/Obergfell*, in: Fezer/Büscher/Obergfell, UWG[3], IntLautPrivatR Rn. 45 f.; *Katzenberger*, in: Schricker/Henning-Bodewig, Neuordnung des Wettbewerbsrechts, 1998/99, S. 218, 221; *Klass*, in: GroßkommUWG[2], Einl. D Rn. 62; *Köhler*, in: Köhler/Bornkamm/Feddersen, UWG[37], Einl. UWG Rn. 5.2, 5.3; *Schricker*, in: GroßkommUWG[1], Einl. F Rn. 157; *Wirner*, Wettbewerbsrecht und internationales Privatrecht, 1960, S. 39 f.; vgl. auch *Weber*, Die

4 b) Der Inländerbehandlungsgrundsatz bedeutet für die **Klagebefugnis**, dass ausländische **Unternehmen** aus PVÜ-Staaten in Deutschland klagebefugt sind, wenn sie die Voraussetzungen des § 8 III Nr. 1 UWG erfüllen.[5] Nach Art. 2 II PVÜ darf die Gleichstellung von Verbandsangehörigen nicht von der Bedingung abhängig gemacht werden, dass sie einen Wohnsitz oder eine Niederlassung in dem Land haben, in dem der Schutz beansprucht wird.

5 Ausländische **Verbände** sind in Deutschland unter den Voraussetzungen des § 8 III Nr. 2 u. 3 UWG klagebefugt.[6] So hat z.B. der BGH in seiner Entscheidung »Ein Champagner unter den Mineralwässern« von 1987 die Klagebefugnis eines französischen Verbands von Champagner-Winzern nach § 13 I UWG a.F. (später § 13 II Nr. 2, jetzt § 8 III Nr. 2 UWG) für Ansprüche aus § 1 UWG a.F. ohne Weiteres anerkannt.[7] Art. 2 I PVÜ hat er allerdings nicht erwähnt.

6 c) Der Inländerbehandlungsgrundsatz gilt auch für die **Verletzungstatbestände** des UWG. Verbandsangehörige Unternehmen müssen die nach **inländischem** Recht erforderlichen Tatbestandsmerkmale erfüllen.[8] So genügt z.B. für Ansprüche aus § 4 Nr. 3a UWG, die für den Vorwurf der Herkunftstäuschung eine gewisse Bekanntheit des nachgeahmten Produkts auf dem **inländischen** Markt

---

kollisionsrechtliche Behandlung von Wettbewerbsverletzungen mit Auslandsbezug, 1982, S. 8 f.; **a.A.** *E. Ulmer*, Die Immaterialgüterrechte im internationalen Privatrecht, 1975, S. 20 (Nr. 31); a.A. auch beiläufig in einer vereinzelt gebliebenen Entscheidung BGH, 21.03.1991 – I ZR 158/89, GRUR 1992, 523, 524 = WRP 1991, 575 – Betonsteinelemente (»Die Voraussetzungen des wettbewerbsrechtlichen Leistungsschutzes richten sich gemäß Art. 2 Abs. 1 PVÜ nach den Rechtsregeln des Staates, in welchem die beanstandete Verletzungshandlung stattfindet.«).

5 Vgl. BGH, 26.04.1974 – I ZR 19/73, GRUR 1974, 665 (I.1.) = WRP 1974, 487 – Germany.

6 Vgl. *Büscher*, in: Fezer/Büscher/Obergfell, UWG[3], § 8 UWG Rn. 249; *Fezer/Koos*, in: Internationales Wirtschaftsrecht (2015), Rn. 829; *Geimer*, Internationales Zivilprozessrecht[7], Rn. 341a; *Gottwald*, in: Nagel/Gottwald, Internationales Zivilprozessrecht[7], § 6 Rn. 42; *Halfmeier*, in: GroßkommUWG[2], Einl. E Rn. 105; *Hausmann/Obergfell*, in: Fezer/Büscher/Obergfell, UWG[3], IntLautVerfR Rn. 525; *Köhler*, in: Köhler/Bornkamm/Feddersen, UWG[37], Einl. UWG Rn. 5.2; *Ohly*, in: Ohly/Sosnitza, UWG[7], Einf. B Rn. 19, § 8 UWG Rn. 96; *Schütze*, in: Gloy/Loschelder/Erdmann, Hdb des Wettbewerbsrechts[4], § 11 Rn. 30; ebenso schon zu § 13 I UWG a.F. (jetzt § 8 III Nr. 2 UWG), BGH, 04.06.1987 – I ZR 109/85, GRUR 1988, 453 = WRP 1988, 25 – Ein Champgner unter den Mineralwässern.

7 BGH, 04.06.1987 – I ZR 109/85, GRUR 1988, 543 = WRP 1988, 25 – Ein Champagner unter den Mineralwässern.

8 BGH, 09.10.2008 – I ZR 126/06, GRUR 2009, 79 Rn. 35 – Gebäckpresse; *Ohly*, in: Ohly/Sosnitza, UWG[7], Einf. B Rn. 1.

erfordern, trotz Art. 2 I PVÜ keine Bekanntheit des Produkts im **ausländischen** Herkunftsland des Nachgeahmten.[9]

7 Streitig ist allerdings, ob der Inländerbehandlungsgrundsatz für **alle** Verletzungstatbestände des UWG zutrifft.[10] Denn die PVÜ schützt – nur – das »gewerbliche Eigentum«.

8 aa) Im Schrifttum wird die Ansicht vertreten, der Inländerbehandlungsgrundsatz gelte nicht für das gesamte UWG, sondern nur für die Verletzungstatbestände des Art. 10bis und 10ter PVÜ[11], die nach Art. 2 PVÜ das gewerbliche Eigentum von Verbandsangehörigen schützen.

Zu diesen Verhaltensnormen des UWG zählen nur diejenigen, die unmittelbar den **Schutz der Mitbewerber** bezwecken.

9 (1) Dazu gehört z.B. der ergänzende wettbewerbsrechtliche **Leistungsschutz.** In mehreren Entscheidungen hat der BGH ausländischen Unternehmen aus PVÜ-Staaten unter ausdrücklichem Hinweis auf Art. 2 I PVÜ ergänzenden wettbewerbsrechtlichen Leistungsschutz gewährt.[12] Dort hat er auch zutreffend festgestellt, dass sich die (sachrechtlichen) **Voraussetzungen** des wettbewerbsrechtlichen Leistungsschutzes gem. Art. 2 I PVÜ nach den Rechtsregeln des Staates richten, in welchem die beanstandete Verletzungshandlung stattfindet.[13]

---

9 BGH, 09.10.2008 – I ZR 126/06, GRUR 2009, 79 Rn. 35 – Gebäckpresse; OLG Frankfurt a.M., 04.10.2018 – 6 U 179/17, WRP 2018, 1502; *Ohly*, in: Ohly/Sosnitza, UWG[7] Einf. B Rn. 1.

10 Für die Anwendung von Art. 2 I PVÜ auf alle Verletzungstatbestände des Wettbewerbsrechts *Sack*, GRUR Int. 1988, 320, 326; *ders.*, WRP 2000, 269, 280; für eine Beschränkung des Anwendungsbereichs von Art. 2 I PVÜ auf bestimmte Verletzungstatbestände des UWG hingegen *Schricker*, in: FS für Fikentscher, 1998, S. 985, 988; vermittelnd *Pflüger*, in: Hilty/Henning-Bodewig, Lauterkeitsrecht und Aquis Communautaire, 2009, S. 65, 88 ff., 91: Der Inländerbehandlungsgrundsatz ist anwendbar auf nationale Regelungen, die ein integriertes Modell von Mitbewerber- und Verbraucherschutz vorsehen.

11 *Schricker*, in: FS für Fikentscher, 1998, S. 985, 988.

12 BGH, 21.03.1991 – I ZR 158/89, GRUR 1992, 523, 524 = WRP 1991, 575 – Betonsteinelemente; BGH, 24.03.1994 – I ZR 42/93, GRUR 1994, 630, 632 = WRP 1994, 519 – Cartier-Armreif; BGH, 09.10.2008 – I ZR 126/06, GRUR 2009, 79 Rn. 35 = WRP 2009, 76 – Gebäckpresse; ebenso im Ergebnis schon, jedoch ohne Erwähnung von Art. 2 I PVÜ, BGH WRP 1976, 370, 371 – Ovalpuderdose; ebenso im Schrifttum *Hausmann/Obergfell*, in: Fezer/Büscher/Obergfell, UWG[3], IntLautPrivatR Rn. 46; *Köhler*, in: Köhler/Bornkamm/Feddersen, UWG[37], Einl. UWG Rn. 5.2.

13 BGH, 21.03.1991 – I ZR 158/89, GRUR 1992, 523, 524 = WRP 1991, 575 – Betonsteinelemente; vgl. auch *Sack*, GRUR Int. 1988, 320, 334; *Schricker*, in: FS für Fikentscher, 1998, S. 985, 991.

10 (2) In seiner bereits erwähnten Entscheidung »Ein Champagner unter den Mineralwässern« von 1987 hat der BGH Ansprüche eines französischen Winzerverbandes und französicher Unternehmen, die Champagner nach Deutschland exportieren, aus **der Generalklausel des § 1 UWG a.F.** wegen Ausnutzung des Rufs einer ausländischen **geografischen Herkunftsangabe** (»Champagner«) für begründet gehalten, es sei denn, es wurde im Heimatstaat Frankreich seit jeher in der beanstandeten Form – Werbung für ein Mineralwasser mit der geografischen Herkunftsangabe »Champagner« – geworben.[14] Der BGH hat den Inländerbehandlungsgrundsatz des Art. 2 I PVÜ – auch in Bezug auf die Einschränkung des Schutzes in Deutschland nach deutschem Recht unter Berücksichtigung der Gepflogenheiten in Frankreich – nicht erwähnt.

11 bb) Problematisch ist die Anwendbarkeit des Art. 2 I PVÜ bei **verbraucherbezogener** Unlauterkeit, soweit die betreffenden Vorschriften nicht **auch** den Schutz der Mitbewerber bezwecken.[15] Denn dann werde kein »gewerbliches Eigentum« verletzt, dessen Schutz die PVÜ nach Art. 1 II bezwecke.

12 M.E. bezwecken jedoch auch die verbraucherbezogenen Vorschriften des UWG, z.B. das **Irreführungsverbot**, nicht nur den Schutz der Kunden, sondern **auch den Schutz der Mitbewerber** vor dem Verlust von Kunden durch unlauteren Wettbewerb. Auf diesem Konzept beruhen auch Art. 1 II und Art. 10bis PVÜ: Die Generalklausel und die Irreführungstatbestände des Art. 10bis PVÜ bezwecken sowohl den Verbraucherschutz als auch nach Art. 1 II PVÜ den Schutz des »gewerblichen Eigentums« der von Unlauterkeit i.S.v. Art. 10 PVÜ betroffenen Mitbewerber. Darauf beruht z.B. das Irreführungsverbot des Art. 10bis III Nr. 3 PVÜ.

2. Gleichstellung mit Angehörigen dritter Länder, Art. 3 PVÜ

13 Nach Art. 3 PVÜ sind den Angehörigen von Verbandsländern gleichgestellt die Angehörigen der dem Verband nicht angehörenden Länder, die im Hoheitsgebiet eines Verbandslandes ihren Wohnsitz oder tatsächliche oder nicht nur zum Schein bestehende gewerbliche oder Handelsniederlassungen haben.

---

14 BGH, 04.06.1987 – I ZR 109/85, GRUR 1988, 453, 455 f. (II.2.c,bb) = WRP 1988, 25 – Ein Champagner unter den Mineralwässern.

15 Für eine derartige Beschränkung des Art. 10bis PVÜ *Henning/Bodewig*, GRUR Int. 2013, 1, 7 (III.5. a.E.), 8 (IV.1. a.E. und IV.2.); *Pflüger*, in: Hilty/Henning-Bodewig, Lauterkeitsrecht und Aquis Communautaire, 2009, S. 65, 89.

II. Der Inländerbehandlungsgrundsatz und die Meistbegünstigungsklausel der Art 3 und 4 TRIPS

14 Den Grundsatz der **Inländerbehandlung** enthält auch Art. 3 TRIPS für alle Angehörigen von TRIPS-Staaten, d.h. auch für Angehörige solcher Staaten, die nicht der PVÜ beigetreten sind. Über den Grundsatz der Inländerbehandlung hinaus sieht Art. 4 TRIPS auch noch den – ebenfalls fremdenrechtlichen – Grundsatz der **Meistbegünstigung** vor. Nach diesem können ausländische Angehörige aller TRIPS-Staaten die Gleichbehandlung mit den meistbegünstigten Ausländern verlangen.[16]

15 Der Inländerbehandlungsgrundsatz und die Meistbegünstigungsklausel gelten jedoch nach Art. 3 und 4 TRIPS nur in Bezug auf den Schutz des »geistigen Eigentums«. Nach Art. 1 II TRIPS umfasst der Begriff des geistigen Eigentums (nur) die in den Abschnitten 1 – 7 von Teil II des TRIPS geregelten Arten geistigen Eigentums. Das sind neben den klassischen gewerblichen Schutzrechten und Urheberrechten aus dem Grenzbereich zwischen Immaterialgüterrecht und Lauterkeitsrecht auch der Schutz von geografischen Herkunftsangaben nach Art. 22 – 24 TRIPS und von Geschäftsgeheimnissen (»nicht offenbarten Informationen«) nach Art. 39 TRIPS. Die Verweisung von Art. 2 I TRIPS auf die Vorschriften der PVÜ gilt nur für geistiges Eigentum i.S.v. Art. 1 II TRIPS.

16 Zum Schutz des geistigen Eigentums i.S.v. Art. 1 II TRIPS gehören auch Vorschriften des Lauterkeitsrechts, die den Schutz des geistigen Eigentums i.S.v. Teil II Nr. 1 – 7 TRIPS bezwecken, wenn dies die Vertragsländer im Rahmen ihres Rechtssystems festlegen. Der EuGH hat deshalb angenommen, dass vom TRIPS auch lauterkeitsrechtliche Vorschriften erfasst werden, die den Schutz von Mustern und Modellen i.S.v. Teil II Nr. 4 TRIPS bezwecken.[17]

17 Über den Schutz des geistigen Eigentums hinaus erfasst TRIPS nicht weitere Normen zum Schutz gegen unlauteren Wettbewerb.[18]

---

16 Kritisch dazu *Drexl*, MünchKommBGB[7], Bd. 12, IntLautR Rn. 33.

17 EuGH, 14.12.2000 – C-300/98 und C-392/98, GRUR Int. 2001, 327 Leits. 3 und Rn. 62 f. – Dior/Tuk Consultancy.

18 Vgl. *Fikentscher*, GRUR Int. 1995, 529, 532; *Glöckner*, in: Harte/Henning, UWG[4], Einl. E Rn. 5; *Henning-Bodewig*, in: Schricker/Henning-Bodewig, Neuordnung des Wettbewerbsrechts, 1998/99, S. 21, 35 f., 44; *Klass*, in: GroßkommUWG[2], Einl. D Rn. 65, 72; *Köhler*, in: Köhler/Bornkamm/Feddersen, UWG[37], Einl. UWG Rn. 5.3; *Lüers*, in: Busche/Stoll/Wiebe, TRIPs[2], Art. 1 Rn. 31; *Ohly*, in: Ohly/Sosnitza, UWG[7], Einf. B Rn. 2; *Schricker*, in: FS für Fikentscher, 1998, S. 985, 986; *Schricker/Henning-Bodewig*, WRP 2001, 1367, 1378; für offen hält die Frage der Einbeziehung der Normen des Lauterkeitsrechts in TRIPS nach dem Havanna-Club-Urteil von 2001 *Henning-Bodewig*, GRUR Int. 2013, 1, 2, 9 f. (V.3.).

18 Der Inländerbehandlungsgrundsatz des Art. 3 TRIPS und der Grundsatz der Meistbegünstigung des Art. 4 TRIPS sind unmittelbar anwendbar.[19]

19 Die Grundsätze der Inländerbehandlung und der Meistbegünstigung haben keinen kollisionsrechtlichen Gehalt; sie sind fremdenrechtlicher Natur.[20]

III. Das Reziprozitätsprinzip (Gegenseitigkeitsprinzip; Retorsionsprinzip)

20 Das Gegenstück zum Inländerbehandlungsgrundsatz ist das **Reziprozitätsprinzip**, auch **Gegenseitigkeitsprinzip** oder **Retorsionsprinzip** genannt. Danach genießen Ausländer im Inland denselben Schutz wie Inländer in dem betreffenden ausländischen Staat.

21 Eine solche Regelung wurde früher nach § 28 UWG a.F. durch ein formalistisches Verfahren festgestellt. Diese Vorschrift ist jedoch inzwischen ersatzlos gestrichen worden. Damit ist theoretisch die Frage offen, ob für Ausländer aus einem Staat, der **nicht** Verbandsstaat der PVÜ ist, der Inländerbehandlungsgrundsatz oder das Reziprozitätsprinzip gilt. Diese Frage ist ungeklärt. Sie hatte allerdings bisher keine praktische Bedeutung, nachdem der PVÜ ca. 175 Staaten angehören, für deren Angehörige nach Art. 2 der Inländerbehandlungsgrundsatz gilt; Art. 3 PVÜ erweitert den Kreis der Berechtigten.

19 *Klass*, in: GroßkommUWG², Einl. D Rn. 73.

20 *Drexl*, in: MünchKommBGB⁷, Bd. 12, IntLautR Rn. 33; *Hausmann/Obergfell*, in: Fezer/Büscher/Obergfell, UWG³, IntLautPrivatR Rn. 48; *Katzenberger*, in: Schricker/Henning-Bodewig, Neuordnung des Wettbewerbsrechts, 1998/99, S. 219, 221; *Klass*, in: GroßkommUWG², Einl. D Rn. 69, 74; *Köhler*, in: Köhler/Bornkamm/Feddersen, UWG³⁷, Einl. UWG Rn. 5.3.

Kapitel 18 Mindestschutz von Ausländern und Inländerdiskriminierung

Übersicht Rdn.

I. Der Mindestschutz nach Art. 10bis PVÜ

1 Nach Art. 10bis I PVÜ sind die Verbandsländer gehalten, einen wirksamen Schutz gegen unlauteren Wettbewerb zu sichern.

2 Art. 10bis II PVÜ definiert, was unter unlauterem Wettbewerb i.S.v. Art. 10bis I PVÜ zu verstehen ist. Unlauterer Wettbewerb ist nach Art. 10bis II PVÜ jede Wettbewerbshandlung, die den anständigen Gepflogenheiten im Gewerbe und Handel zuwiderläuft. Diese **Definition** ist in Verbindung mit Art. 10bis I PVÜ eine **Generalklausel**.

3 Als Beispiele für unlauteren Wettbewerb nennt Art. 10bis III PVÜ in Nr. 1 – 3

1. Handlungen, die geeignet sind, eine Verwechslungsgefahr zu begründen;
2. falsche Behauptungen im geschäftlichen Verkehr, die geeignet sind, einen Mitbewerber herabzusetzen;
3. irreführende Angaben oder Behauptungen über die Erzeugnisse, ihre Herstellung oder ihre Verkaufsmodalitäten.

4 Art. 10bis PVÜ ist in Deutschland **unmittelbar** anwendbar[1], d.h. ausländische Unternehmen aus anderen Verbandsländern können unmittelbar aus dieser

---

1 Vgl. *Bodenhausen*, Pariser Verbandsübereinkunft zum Schutz des gewerblichen Eigentums, 1968/71, Art. 10bis PVÜ Anm. b); *Drexl*, in: MünchKommBGB[7], Bd. 12, IntLautR Rn. 31; *Fikentscher*, Wirtschaftsrecht, Bd. I, § 7 III 5; *Henning-Bodewig*, GRUR Int. 2013, 1, 3 f.; *Katzenberger*, in: Schricker/Stauder (Hrsg.), Handbuch des Ausstattungsrechts, Festgabe für Beier, 1986, S. 1005, 1048 Rn. 90 f. (in Bezug auf Abs. 2 und 3 von Art. 10bis PVÜ); *Klass*, in: GroßkommUWG[2], Einl. D Rn. 60 f.; *Moser von Filseck*, GRUR 1962, 247, 249; *Reger*, Der internationale Schutz gegen unlauteren Wettbewerb und das TRIPS-Abkommen, 1999, S. 17; *Schibli*, Multistate-Werbung im inernationalen Lauterkeitsrecht mit besonderer Berücksichtigung der Internet-Werbung, 2004, S. 77 f.; *Schricker*, in: GroßkommUWG[1], Einl. F Rn. 48 f.; *ders.*, in: FS für Fikentscher,

Vorschrift Ansprüche gelten machen. Dies gilt jedenfalls, soweit die Voraussetzungen von Abs. 2 (i.V.m. Abs. 1) und Abs. 3 des Art. 10bis PVÜ erfüllt sind.[2]

5 Das ist allerdings umstritten. So wird z.B. in den USA und in Großbritannien eine unmittelbare Geltung von Art. 10bis PVÜ überwiegend abgelehnt.[3] Gegen die unmittelbare Anwendbarkeit wurde eingewendet, dass die Verbandsländer zu einem Mindestsschutz lediglich **verpflichtet** seien.[4] Die Verpflichtung könne nur durch entsprechende Gesetze, Verordnungen oder Erlasse erfüllt werden. Das überzeugt allerdings nicht. Der Verpflichtung nach Art. 10bis PVÜ kann ebenso gut durch eine unmittelbare Anwendung dieser Vorschrift entsprochen werden. Außerdem wurde speziell gegen die unmittelbare Anwendbarkeit der Generalklausel des Abs. 2 von Art. 10bis PVÜ eingewendet, dass sie zu unbestimmt sei, um unmittelbar angewendet werden zu können. Dagegen spricht jedoch, dass wettbewerbsrechtliche Generalklauseln in nationalen Rechtsordnungen immer unmittelbar anwendbar sind. Eine andere, unten noch zu erörternde Frage ist, wie diese Generalklausel auszulegen ist.

6 Es ist jedoch eine **völkerrechtliche** Frage, ob die Verbandsländer zu einer unmittelbaren Anwendung von Art. 10bis PVÜ verpflichtet sind. Nach der Wiener Vertragsrechtskonvention zur Auslegung völkerrechtlicher Verträge sind sie es nicht. So wird z.B. in den USA und in Großbritannien eine unmittelbare Anwendbarkeit von Art. 10bis PVÜ abgelehnt.[5] Die meisten PVÜ-Länder scheinen hingegen die Regelung des Art. 10bis PVÜ für unmittelbar anwendbar zu halten.

7 Soweit der nationale Schutz über den des Art. 10bis PVÜ hinausgeht, braucht sich ein ausländisches Unternehmen nicht auf diese Vorschrift zu berufen, denn es ist durch das nationale Recht in Verbindung mit dem **Inländerbehandlungs-**

1998, S. 985, 989; *E. Ulmer,* Das Recht des unlauteren Wettbewerbs in den Mitgliedstaaten der EWG, Bd. I, 1965, Rn. 36, 38; **a.A.** *v. Gamm*, Wettbewerbsrecht[5], Kap. 16 Rn. 16; *Miosga*, Internationaler Marken- und Herkunftsschutz, 1967, S. 107 f.; *Wirner*, Wettbewerbsrecht und internationales Privatrecht, 1960, S. 27 ff.; a.A. in Bezug auf Abs. 1 von Art. 10bis PVÜ, *Katzenberger*, in: Schricker/Stauder (Hrsg.), Handbuch des Ausstattungsrechts, Festgabe für Beier, 1986, S. 1005, 1048 Rn. 90.

2 Vgl. *Bodenhausen*, PVÜ, Art. 10bis Anm. b); *Fikentscher*, Wirtschaftsrecht, Bd. I, § 7 III 5; *Katzenberger*, in: Schricker/Stauder (Hrsg.), Handbuch des Ausstattungsrechts, Festgabe für Beier, 1996, S. 1005, 1048 Rn. 90; *Schricker*, in: FS für Fikentscher, 1998, S. 985, 989.

3 Vgl. *Henning-Bodewig*, GRUR Int. 2013, 1, 3.

4 *Katzenberger*, in: Schricker/Stauder (Hrsg.), Handbuch des Ausstattungsrechts, Festgabe für Beier, 1986, S. 1005, 1048 Rn. 90; gegen diese Ansicht *Henning-Bodewig*, GRUR Int. 2013, 1, 3.

5 Vgl. *Schricker*, in: GroßkommUWG[1], Einl. F Rn. 48; ebenso zu den USA *Pflüger*, in: Hilty/Henning-Bodewig, Lauterkeitsrecht und Aquis Communautaire, 2009, S. 65, 67.

grundsatz ausreichend geschützt. Wenn jedoch Art. 10bis PVÜ einen Schutz bietet, der **weiter** reicht als der Schutz des anzuwendenden Rechts des betreffenden Verbandslandes, können Ansprüche insoweit unmittelbar auf diese Vorschrift gestützt werden, soweit die Verbandsländer diese Vorschrift – wie Deutschland – für unmittelbar anwendbar halten.

II. Die Lauterkeit i.S.v. von Art. 10bis PVÜ

1. Die Sondertatbestände des Art. 10bis III Nr. 3 PVÜ

8 Art. 10bis PVÜ regelt in Abs. 3 Beispiele für unlauteren Wettbewerb. Diese Regelungen sind **verbandsautonom** auszulegen.[6]

a) Begründung einer Verwechslungsgefahr

9 Als erstes Beispiel unlauteren Wettbewerbs i.S.v. Art. 10bis PVÜ nennt Abs. 3 in Nr. 1 die Begründung einer Verwechslungsgefahr. Diese Vorschrift erfasst alle Wettbewerbshandlungen, die eine Verwechslungsgefahr begründen können. Die Verwechslungsgefahr kann sich auf die Niederlassung, auf die Erzeugnisse oder auf die gewerbliche oder kaufmännische Tätigkeit eines Wettbewerbers beziehen. Sie erfordert einen **Identitätsirrtum**.[7] Bei Waren erfordert die Verwechslungsgefahr eine betriebliche Herkunftstäuschung, d.h. eine Irreführung über die betriebliche Herkunft.[8]

10 Mit dem Begriff der Verwechslungsgefahr erfasst Art. 10bis PVÜ nicht nur die markenrechtliche Verwechslungsgefahr und die Verwechslungsgefahr beim Gebrauch von Unternehmenskennzeichen, sondern auch sonstige Fälle der Verwechslungsgefahr außerhalb des Kennzeichenrechts. Auch Produktnachahmungen, die eine Verwechslungsgefahr begründen, fallen unter Art. 10bis III Nr. 1 PVÜ.[9] Der EuGH hat damit in seiner Beele-Entscheidung von 1982 begründet, dass der Schutz gegen verwechslungsfähige Produktnachahmungen zu den »zwingenden Erfordernissen« des Schutzes der Verbraucher und der Lauterkeit des Handelsverkehrs gehören, die eine Beschränkung der Warenverkehrsfreiheit i.S.v. Art. 34 AEUV rechtfertigen.[10]

---

6 *Henning-Bodewig,* in: Schricker/Henning-Bodewig, Neuordnung des Wettbewerbsrechts, 1998/99, S. 21, 30 f. (zur Verwechslungs- und Irreführungsgefahr i.S.v. Art. 10bis III Nr. 1 und 3 PVÜ); *dies.*, GRUR Int. 2013, 1, 4 (III.1.), 6;*Schricker,* in: GroßkommUWG[1], Einl. F Rn. 57, 76.

7 Vgl. *Schricker,* in: GroßkommUWG[1], Einl. F Rn. 63.

8 Vgl. *Schricker,* in: GroßkommUWG[1], Einl. F Rn. 63.

9 Vgl. EuGH, 02.03.1982 – Rs. 6/81, Slg. 1982, 707 Rn. 9 = GRUR Int. 1982, 439 – Beele (auch: Multi Cable Transit); *Schricker,* in: GroßkommUWG[1], Einl. F Rn. 58.

10 EuGH, Fußn. zuvor.

11 In Deutschland kann die Regelung bei Benutzungsmarken (»Ausstattungen«) praktische Bedeutung erlangen. Diese sind in Deutschland nach § 4 Nr. 2 MarkenG nur bei Verkehrsgeltung markenrechtlich geschützt. Es kann jedoch auch eine Verwechslungsgefahr bei der Benutzung fremder Benutzungsmarken, die noch keine Verkehrsgeltung erlangt haben (sog. Ausstattungsanwartschaften) begründet werden. Bei fehlender Verkehrsgeltung schützt man in Deutschland Benutzungsmarken bei Verwechslungsgefahr nur, wenn noch **weitere Umstände** hinzutreten,[11] während andere Länder bei Verwechslungsgefahr keine solche Beschränkung des Markenschutzes vorsehen.[12] Aus Art. 10bis III Nr. 1 wird man folgern müssen, dass Ausstattungsanwartschaften bei Vorliegen einer Verwechslungsgefahr ohne Hinzutreten weiterer besonderer Umstände zu schützen sind.[13] Dieser Schutz aus Art. 10bis PVÜ kommt allerdings nur verbandsangehörigen **Ausländern zugute.**

b) Falsche herabsetzende Behauptungen über einen Mitbewerber

12 Nach Art. 10bis III Nr. 2 PVÜ sind **falsche** Behauptungen im geschäftlichen Verkehr zu untersagen, die geeignet sind, den Ruf der Niederlassung, der Erzeugnisse oder der gewerblichen oder kaufmännischen Tätigkeit eines Wettbewerbers **herabzusetzen**. Diese Regelung deckt sich in Deutschland teilweise mit § 4 Nr. 2 i.V.m. §§ 3, 8 ff. UWG. **Falsch** sind Behauptungen i.S.v. Art. 10bis III Nr. 2 PVÜ, wenn sie **unwahr** sind. Soweit wahre Angaben irreführend gebraucht werden,[14] ist nicht Nr. 2, sondern der Irreführungstatbestand der Nr. 3 von Art. 10bis III PVÜ einschlägig und ausreichend.[15] Bloße Meinungsäußerungen und Werturteile ohne Tatsachenkern fallen nicht unter Art. 10bis III Nr. 2 PVÜ, da sie sich nicht als »falsch« im Sinne von »unwahr« bewerten lassen.

13 Problematisch ist, ob und inwieweit **»gemischte Behauptungen«**, die zum Teil aus unwahren Tatsachenbehauptungen und zum Teil aus Werturteilen und bloßen Meinungsäußerungen bestehen, unter Art. 10bis III Nr. 2 PVÜ fallen. In

11 Vgl. BGH, 26.06.1968 – I ZR 24/66, GRUR 1969, 190, 191 (III.1.) = WRP 1968, 369 – halazon; BGH, 20.03.1997 – I ZR 246/94, GRUR 1997, 754, 755 f. = WRP 1997, 748 – grau/magenta; *Hacker*, in: Ströbele/Hacker/Thiering, MarkenG[12], § 2 Rn. 47 ff.; manche lehnen bei fehlender Verkehrsgeltung sogar einen Schutz generell ab, vgl. *Ingerl*, WRP 2004, 809, 814; gegen diese Einschränkungen bei bestehender Verwechslungsgefahr *Henn*, Markenschutz und UWG, 2009, S. 127 ff.; *Sack*, WRP 2004, 1405, 1422.

12 Vgl. *Schricker*, in: GroßkommUWG[1], Einl. F Rn. 59.

13 Vgl. *Schricker*, in: GroßkommUWG[1], Einl. F Rn. 60 a.E.

14 Zu dieser Fallgruppe irreführender Angaben ausführlich *Sack*, GRUR 1996, 461 – 471.

15 Für eine Anwendung der Generalklausel des Art. 10bis II PVÜ in diesen Fällen *Schönherr*, GRUR Int. 1964, 177, 179; *Schricker*, in: GroßkommUWG[1], Einl. F Rn. 67.

Deutschland nimmt die herrschende Meinung an, dass bei einer Vermengung von Tatsachenbehauptungen und Werturteilen in einer Äußerung diese in ihrer **Gesamtheit** und im **Gesamtzusammenhang** zu würdigen sei.[16] Einzelne Teile einer Äußerung dürfe man nicht aus dem Kontext herauslösen und einer rein isolierten Betrachtung zuführen.[17] Nach dieser in Deutschland herrschenden **Schwerpunkttheorie** zu § 4 Nr. 2 UWG und § 824 BGB hängt es vom Schwerpunkt einer gemischten Behauptung ab, ob sie als Tatsachenbehauptung oder als Werturteil zu beurteilen ist,[18] d.h. ob die Tatsachenbehauptungen oder die Werturteile die Äußerung in **entscheidender Weise** prägen.[19] Maßgeblich sei, ob

---

16 BGH, 28.06.1994 – VI ZR 252/93, NJW 1994, 2614, 2615 (III.1.) = GRUR 1994, 915, 916 f. – Börsenjournalist; BGH, 30.01.1996 – VI ZR 386/94, NJW 1996, 1131, 1133 (II.1.b,aa) = GRUR 1997, 396 – Polizeichef; BGH, 25.03.1997 – VI ZR 102/96, NJW 1997, 2513 (Leits. u. II.1.b.bb) = WRP 1997, 785 – Beratung bei Kapitalanlagegeschäften; BGH, 29.01.2002 – VI ZR 20/01, NJW 2002, 1192, 1193; BGH, 03.02.2009 – VI ZR 36/07, NJW 2009, 1872 Rn. 11 = WRP 2009, 631- Fraport-Manila-Skandal; BGH, 17.11.2009 – VI ZR 226/08, GRUR 2010, 458 Rn. 15 – Heute wird offen gelogen; BGH, 22.09.2009 – VI ZR 19/08, NJW 2009, 3580 Rn. 11; BGH, 31.03.2016 – I ZR 160/14, GRUR 2016, 710 Rn. 23 = WRP 2016, 743 – Im Immobiliensumpf; BGH, 04.04.2017 – VI ZR 123/16, NJW 2017, 2029 Rn. 27 – www.klinikbewertungen; *Toussaint*, in: GroßkommUWG², § 4 Nr. 8 Rn. 23; *A. Nordemann*, in: Fezer/Büscher/Obergfell, UWG³, § 4 Nr. 2 Rn. 37.

17 BGH, 12.05.1987 – VI ZR 195/86, NJW 1987, 2225; BGH, 28.06.1994 – VI ZR 252/93, NJW 1994, 2614, 2615 (III.1.) = GRUR 1994, 915 – Börsenjournalist; BGH, 30.01.1996 – VI ZR 386/94, NJW 1996, 1131, 1133 (II.1.b,aa) = GRUR 1997, 396 – Polizeichef; BGH, 03.02.2009 – VI ZR 36/07, NJW 2009, 1872 Rn. 11 = WRP 2009, 631 – Fraport-Manila-Skandal; BGH, 22.09.2009 – VI ZR 19/08, NJW 2009, 3580 Rn. 11; BGH, 16.12.2014 – VI ZR 39/14, GRUR 2015, 289 Rn. 9 – Hochleistungsmagneten; *A. Nordemann*, in: Fezer/Büscher/Obergfell, UWG³, § 4 Nr. 2 Rn. 37.

18 BVerfG, 09.10.1991 – 1 BvR 1555/88, NJW 1992, 1439, 1440; BVerfG, 07.11.2002 – 1 BvR 580/02, NJW 2003, 277 (II.1.a) = WRP 2003, 69, 70 – Anwalts-Ranglisten – Juve-Handbuch; BGH, 12.05.1987 – VI ZR 195/86, NJW 1987, 2225 (II.1.a); BGH, 21.02.1989 – VI ZR 18/88, NJW 1989, 1923, = WRP 1989, 789, 790 (II.1.) – Warentest V; BGH, 28.06.1994 – VI ZR 252/93, NJW 1994, 2614, 2615 = GRUR 1994, 915, 916 f. – Börsenjournalist; BGH, 30.01.1996 – VI ZR 386/94, NJW 1996, 1131, 1133 (II.1.b,bb) = GRUR 1997, 396 – Polizeichef; BGH, 25.03.1997 – VI ZR 102/96, NJW 1997, 2513 f. = WRP 1997, 785 (Leits u. II.1.b,bb) – Beratung bei Kapitalanlagegeschäften; BGH, 29.01.2002 – VI ZR 20/01, NJW 2002, 1192, 1193 (II.1.a); BGH, 24.01.2006 – XI ZR 383/03, NJW 2006, 830 Rn. 63 – Kirch/Deutsche Bank und Breuer (auch: »KirchMedia«); BGH, 03.02.2009 – VI ZR 36/07, WRP 2009, 631 Rn. 12 – Fraport-Manila-Skandal; BGH, 19.05.2011 – I ZR 147/09, WRP 2012, 77 Rn.30 – Coaching-Newsletter; BGH, 31.03.2016 – I ZR 160/14, GRUR 2016, 710 Leits. 3 u. Rn. 23 = WRP 2016, 843 – Im Immobiliensumpf; BGH, 04.04.2017 – VI ZR 123/16, NJW 2017, 2029 Rn. 27 – www.klinikbewertungen.

19 BGH, 29.01.2002 – VI ZR 20/01, NJW 2002, 1192, 1193; BGH, 16.12.2014 – VI ZR 39/14, GRUR 2015, 289 Rn. 8 – Hochleistungsmagneten.

gemischten Behauptungen die Tatsachenbehauptungen oder die Werturteile das »Gepräge« geben bzw. ihren »Kern« ausmachen.[20] Eine Tatsachenbehauptung liege vor, wenn den tatsächlichen Feststellungen im Rahmen der Äußerung eine **eigenständige** Bedeutung zukomme, sie dem Werturteil also nicht lediglich als unselbständige Wertungselemente untergeordnet seien.[21] Es sei hingegen keine unwahre Tatsachenbehauptung, wenn der wertende Gehalt der Äußerung einen etwaigen Tatsachenkern »überlagere«,[22] insbesondere wenn der Handelnde nur ein Werturteil aussprechen wollte, während das tatsächliche Vorbringen nur dazu diente, dieses Werturteil zu erläutern, zu begründen oder zu bekräftigen.[23] Der **Grundrechtsschutz** nach Art. 5 I GG dürfe nicht dadurch **verkürzt** werden, dass ein tatsächliches Element aus dem Zusammenhang gerissen und isoliert betrachtet werde oder durch die Trennung der tatsächlichen und der wertenden Bestandteile einer Äußerung ihr Sinn verfälscht werde.[24] Das gelte auch dann, wenn in einer gemischten Behauptung die Tatsachenbehauptung unrichtig sei.[25] Denn auch Tatsachenbehauptungen sind nach Art. 5 I GG geschützt, wenn sie zur Meinungsbildung beitragen können.[26]

---

20 So BGH, 24.01.2006 – XI ZR 384/03, NJW 2006, 830 Rn. 63 – Kirch/Deutsche Bank und Breuer (»KirchMedia«); BGH, 31.03.2016 – I ZR 160/14, GRUR 2016, 710 Rn. 23 = WRP 2016, 843 – Im Immobiliensumpf (»geprägt«).

21 BGH, 21.02.1989 – VI ZR 18/88, NJW 1989, 1923 = WRP 1989, 789, 790 (II.1.) – Warentest V.

22 So die Formulierung in der Entscheidung BGH, 31.03.2016 – I ZR 160/14, GRUR 2016, 710 Leits. 3 und Rn. 30 = WRP 2016, 843 – Im Immobiliensumpf.

23 Vgl. BGH, NJW 1955, 311.

24 So BGH, 28.06.1994 – VI ZR 252/93, NJW 1994, 2614 (III.1.) = GRUR 1994, 915 – Börsenjournalist; BGH, 30.01.1996 – VI ZR 386/94, NJW 1996, 1131 (II.1.b,aa) = GRUR 1997, 396 – Polizeichef; BGH, 17.11.2009 – VI ZR 226/08, GRUR 2010, 458 Rn. 15 – Heute wird offen gelogen; BGH, 27.05.2014 – VI ZR 153/13, GRUR 2014, 1021 Rn. 13 – Die vierte Gewalt; BGH, 16.12.2014 – VI ZR 39/14, GRUR 2015, 289 Rn. 8 – Hochleistungsmagneten; BGH, 31.03.2016 – I ZR 160/14, GRUR 2016, 710 Rn. 23 = WRP 2016, 843 – Im Immobiliensumpf.; ebenso im Ergebnis BVerfG, 08.05.2007 – 1 BvR 193/05, NJW 2008, 358 (II.2.b); BVerfG, 25.10.2012 – 1 BvR 901/11, NJW 2013, 217 (II.1.) – »Focus«-Ärzteliste; BGH, 03.02.2009 – VI ZR 36/07, WRP 2009, 631 Rn. 11 – Fraport-Manila-Skandal; BGH, 22.09.2009 – VI ZR 19/08, NJW 2009, 3580 – Rn. 11; *A. Nordemann*, in: Fezer/Büscher/Obergfell, UWG^{3}, § 4 Nr. 2 Rn. 37.

25 BGH, 03.02.2009 – VI ZR 36/07, NJW 2009, 1872 Rn. 11 = WRP 2009, 631 – Fraport-Manila-Skandal; BGH, 22.09.2009 – VI ZR 19/08, NJW 2009, 3580 Rn. 11; BGH, 17.11.2009 – VI ZR 226/08, GRUR 2010, 458 Rn. 15 – Heute wird offen gelogen.

26 BVerfG, 09.10.1991 – 1 BvR 1555/88, NJW 1992, 1439, 1440 (3.); BVerfG, 13.04.1994 – 1 BvR 23/94, NJW 1779 (II.1.b); BVerfG, 25.10.2012 – 1 BvR 901/11, NJW 2013, 217 (II.1.) – »Focus«-Ärztelisste; BGH, 03.02.2009 – VI ZR 36/07, NJW 2009, 1872 Rn. 11 = WRP 2009, 631 – Fraport-ManilaSkandal; BGH,

14 Die Schwerpunkttheorie zu den »gemischten Behauptungen« ist jedoch abzulehnen. Denn sie verkürzt ohne zwingenden Grund den Schutz der Opfer unwahrerer Tatsachenbehauptungen. Vor allem verlieren die Opfer durch diese Theorie Widerrufsansprüche, die sich gegen den unwahren Tatsachenkern gemischter Behauptungen wenden. Auch scheidet Strafbarkeit nach den §§ 186, 187 StGB aus. Diese Rechtsfolgen könnte man nach der Schwerpunkttheorie vermeiden, wenn man an eine unwahre Tatsachenbehauptung ausreichend viele bzw. gewichtige Werturteile und Meinungsäußerungen anknüpft.

15 Gegen diese Konsequenzen wendet sich mit Recht die sog. **Trennungstheorie**, nach der bei gemischten Behauptungen die einzelnen Teile so weit wie möglich zu trennen und den jeweils einschlägigen Rechtsfolgen zu unterwerfen sind.[27] Die Trennungstheorie entspricht dem Wortlaut von § 4 Nr. 2 UWG und von § 824 BGB. Sie verstößt auch nicht gegen Art. 5 I GG. Denn erwiesen oder bewusst unwahre Tatsachenbehauptungen sind nicht nach Art. 5 I GG geschützt,[28] und Werturteile, deren Sinn durch den Wegfall unwahrer Tatsachenbehauptungen verfälscht würde, die also unwahre Tatsachenbehauptungen voraussetzen, verdienen jedenfalls keinen so weitreichenden Schutz, dass auch der Schutz gegen die ihnen zugrundeliegenden unwahren Tatsachenbehauptungen entfallen müsste.[29]

16 Die vorangegangenen Ausführungen zu »gemischten Behauptungen, die einen unwahren Tatsachenkern enthalten, bedeuten für die Auslegung von **Art. 10bis III Nr. 2 PVÜ**: Diese Vorschrift verlangt im Gegensatz zu § 4 Nr. 2 UWG und § 824 BGB keine Tatsachenbehauptungen, sondern nur »Behauptungen«. Begrifflich bestehen keine Bedenken, jedenfalls den unwahren Tatsachenkern

22.09.2009 – VI ZR 19/08, NJW 2009, 3580 Rn. 11; BGH, 17.11.2009 – VI ZR 226/08, GRUR 2010, 458 Rn. 15 – Heute wird offen gelogen.

27 Vgl. *Brammsen/Doehner*, in: MünchKommUWG², § 4 Nr. 8 Rn. 44; *Larenz/Canaris*, Schuldrecht II/2, 13. Aufl. 1994, § 79 I 2 d, § 88 I 3; *Ohly*, in: Ohly/Sosnitza, UWG⁷, § 4.2 Rn. 2/12, *Sack*, Unbegründete Schutzrechtsverwarnungen, 2006, S. 145 f.; *ders.*, Das Recht am Gewerbebetrieb, 2007, S. 227 (c); *Späth*, in: Götting/Nordemann, UWG³, § 4 Nr. 2 Rn. 2.26; *Toussaint*, in: GroßkommUWG², § 4 Nr. 8 Rn. 23; ebenso für Österreich *F. Bydlinski*, JBl. 1963, 377; *Schönherr*, ÖBl. 1975, 77, 78.

28 BVerfG, 03.06.1980 – 1 BvR 797/78, NJW 1980, 2072, 2073 (II.2.a) – Böll/Walden; BVerfG, 22.06.1982 – 1 BVerfG 1376/79, NJW 1983, 1415 (III.1.a) – NPD von Europa; BVerfG, 09.10.1991 – 1 BvR 1555/88, NJW 1992, 1439, 1440 (3.); BVerfG, 07.11.2002 – 1 BvR 580/02, WRP 2003, 69, 70 (II.1.b,aa) – Anwalts-Ranglisten; BVerfG, 25.10.2012 – 1 BvR 901/11, NJW 2013, 217 (II.1.) – »Focus«-Ärzteliste; BGH, 16.06.1998 – VI ZR 105/97, NJW 1998, 3047, 3048 (II.1.) – IM Sekretär; BGH, 11.03.2008 – VI ZR 7/07, WRP 2008, 813 Rn. 13 – Gen-Milch; *Bruhn*, in: Harte/Henning, UWG⁴, § 4 Nr. 2 Rn. 26 (»bewusst unwahre« Äußerungen).

29 Vgl. *A. Nordemann*, in: Fezer/Büscher/Obergfell, UWG³, § 4 Nr. 2 Rn. 37.

einer gemischten Behauptung unter den Begriff »falsche Behauptung« zu subsumieren. Auch Art. 5 I GG steht nach der hier vertretenen Ansicht der Anwendung der Trennungstheorie auf gemische Behauptungen nicht entgegen. Solange jedoch der BGH die entgegengesetzte Ansicht vertritt, stellt sich allerdings die – zu verneinende – Frage, ob in Deutschland Art. 5 I GG der Anwendung der Trennungstheorie auf Art. 10bis III Nr. 2 PVÜ entgegensteht.

c) Irreführende Angaben oder Behauptungen

17 Nach Art. 10bis III Nr. 3 PVÜ sind Angaben oder Behauptungen zu untersagen, deren Verwendung im geschäftlichen Verkehr geeignet ist, das Publikum über die Beschaffenheit, die Art der Herstellung, die wesentlichen Eigenschaften, die Brauchbarkeit oder die Menge der Waren **irrezuführen**. Diese Vorschrift betrifft nur **Waren**. Außerdem bezieht sie sich nur auf Waren des **Werbenden**.[30]

18 Der Irreführungsbegriff wird in den Verbandsländern der PVÜ sehr unterschiedlich ausgelegt. In Deutschland war seine Interpretation ursprünglich sehr streng. Etwas großzügiger wird der Irreführungsbegriff der UGP-RL 2005/29/EG interpretiert. Andere Verbandsländer außerhalb der EU sind jedoch z.T. wesentlich großzügiger. Für Art. 10bis III Nr. 3 PVÜ ist rechtsvergleichend ein mittlerer Standard anzustreben.[31]

19 Da der Irreführungstatbestand des Art. 10bis III Nr. 3 PVÜ nur Irreführungen in Bezug auf **Waren** erfasst, fallen irreführende Behauptungen über ein Unternehmen, über Dienstleistungen und irreführende geografische Herkunftsangaben nicht unter diese Vorschrift. Für sie ist auf die Generalklausel des Art. 10bis II i.V.m. Art. 10bis I PVÜ zurückzugreifen.[32]

2. Die Generalklausel des Art. 10bis II i.V.m. Art. 10bis I PVÜ

20 Der Beispielskatalog in Abs. 3 von Art. 10bis PVÜ ist nicht abschließend. Das ergibt sich zwingend aus dem diesen Absatz einleitenden Wort »insbesondere«. Das bedeutet, dass die Verbandsländer in den Grenzen der Generalklausel des Art. 10bis PVÜ auch einen **weiterreichenden** Schutz gegen unlauteren Wettbewerb gewähren müssen.[33] Dieser hat sich nach Art. 10bis PVÜ an den »anständigen Gepflogenheiten« zu orientieren.

30 Vgl. *Bodenhausen*, PVÜ, Art. 10bis S. 125 Anm. h).

31 Vgl. *Schricker*, in: GroßkommUWG[1], Einl. F Rn. 76.

32 Vgl. *Schricker*, in: GroßkommUWG[1], Einl. F Rn. 56, 75; für die Maßgeblichkeit nationaler Gesetze und Entscheidungen hingegegen *Bodenhausen*, PVÜ, Art. 10bis Anm. h) a.E.; gegen einen Schutz geografischer Herkunftsangaben mit Art. 10bis II PVÜ *Tilmann*, Die geographische Herkunftsangabe, 1976, S. 409 Fn. 7.

33 Vgl. *Henning-Bodewig*, GRUR Int. 2013, 1, 6 (5.); *dies.*, in: Schricker/Henning-Bodewig, Neuordnung des Wettbewerbsrechts, 1998/99, S. 21, 31.

21 Die wettbewerblichen **Gepflogenheiten** unterscheiden sich allerdings in den Verbandsländern teilweise noch erheblich. Daraus wird gefolgert, dass über die Reichweite der Generalklausel **die Verbandsländer** entscheiden.[34] Die nationalen Gepflogenheiten seien allerdings nach Art. 10bis II PVÜ nur maßgeblich, sofern sie »anständig« seien. Eine rückständige Geschäftsmoral in einem Verbandsland könne jedoch nicht durch Art. 10bis PVÜ aufgebessert werden, sondern müsse hingenommen werden.[35]

22 Zwingend ist diese Bezugnahme auf **bestehende** nationale Gepflogenheiten, sofern diese **anständig** sind, nicht. So, wie sich im deutschen Recht vor der UWG-Novelle von 2004 die Generalklausel des § 1 UWG mit dem Begriff der »guten Sitten« nicht an den bestehenden Sitten orientierte, sofern dies gut waren, sondern darauf abstellte, was **Sitte sein sollte**,[36] ist es auch gut vertretbar und vorzuziehen, den Begriff der »anständigen Gepflogenheiten« verbandsautonom dahingehend zu interpretieren, dass maßgeblich ist, welches Wettbewerbshandeln anständige Gepflogenheit **sein soll**. Denn ein subsidiärer Schutz gegen unlauteren Wettbewerb nach der Generalklausel des Art. 10bis PVÜ wäre **wertlos**, wenn er sich in Verbandsländern ohne ausreichenden Schutz gegen den unlauteren Wettbewerb nach den Gepflogenheiten dieser Verbandsländer richten sollte. Außerdem würde es nicht überzeugen, zwar die Auslegung des Beispielskatalogs des Art. 10bis III PVÜ verbandsautonom, die Auslegung der Generalklausel des Art. 10bis II PVÜ jedoch nach Maßgabe der Gepflogenheiten der Verbandsländer vorzunehmen. Einer verbandsautonomen einheitlichen Auslegung der Generalklausel des Art. 10bis II PVÜ entspricht auch der Ausbau von Art. 10bis PVÜ auf der Haager Revisionskonferenz, der einen Mindestschutz durch eine »uniforme internationale Gesetzgebung« bezweckte, um die Abhängigkeit vom Stand der jeweiligen nationalen Gesetzgebung aufzuheben.[37]

23 Völlig ungeklärt ist, anhand welcher Maßstäbe der Begriff »anständig« zu interpretieren ist. Nach der in Deutschland herrschenden Meinung verweist dieser Begriff, soweit keine Wertungskriterien der PVÜ entgegenstehen, auf die jeweils **national vorherrschende** Auffassung von Anständigkeit des jeweiligen Schutz-

34 Vgl. *Henning-Bodewig*, GRUR Int. 2013, 1, 7; *dies.*, GRUR Int. 2013, 1, 7 (III.5.); *Miosga*, Internationaler Marken- und Herkunftsschutz, 1967, S. 110; *Pflüger*, in: Hilty/Henning-Bodewig, Lauterkeitsrecht und Aquis Communautaire, 2009, S. 65, 77 f. *Schricker*, in: FS für Fikentscher, 1998, S. 985, 992, 995; *ders.*, in: GroßkommUWG[1], Einl. F Rn. 53 ff.; a.A., nämlich Kompetenz der Verbandsländer in den Grenzen der Absätze 2 und 3 von Art. 10bis PVÜ, *Bodenhausen*, PVÜ, Art. 10bis Anm. b), c) a.E., d); *Klass*, in: GroßkommUWG[2], Einl. D Rn. 56.

35 *Schricker*, in: GroßkommUWG[1], Einl. F Rn. 55.

36 Vgl. *Sack*, GRUR 1970, 493, 495 (B.I.a).

37 *Schricker*, in: GroßkommUWG[1], Einl. F Rn. 49 unter Bezugnahme auf die Actes de la Conference de la Haye, S. 472.

landes.[38] Nur wenn es ausschließlich um Interessen der Verbraucher geht, greift Art. 10bis PVÜ nicht ein. Denn diese seltenen Fälle liegen außerhalb des Schutzzwecks der PVÜ.[39]

24 Die WIPO hat 1996 »Model Provisions on Protection Against Unfair Competition« vorgelegt.[40] Sie können als Empfehlungen für die Konkretisierung der Generalklausel des Art. 10bis II PVÜ dienen.[41] Diese Model Provisions enthalten über die Spezialregelungen im Beispielskatalog des Art. 10bis III PVÜ hinaus noch Vorschriften gegen die Schädigung des Rufs bzw. des Goodwill und zum Schutz von Geschäftsgeheimnissen. Diese Regelungen gehen allerdings in mehreren Punkten auch über die Generalklausel des Art. 10bis II PVÜ hinaus. Denn sie erfordern keine Wettbewerbsverhältnis zwischen den Parteien und sie berücksichtigen auch unmittelbar den Schutz der Verbraucher.[42] Ob der Schutz der Verbraucher gegen unlauteren Wettbewerb wirklich über den Schutz von Art. 10bis PVÜ hinausgeht, ist allerdings, wie oben dargelegt, zu bezweifeln.

25 Nach Art. 10ter PVÜ sind die Verbandsländer verpflichtet, **geeignete Rechtsbehelfe** zur wirksamen Unterdrückung unlauteren Wettbewerbs zur Verfügung zu stellen.

III. Inländerdiskriminierung

26 Auf Art. 10bis PVÜ können sich nur Ausländer aus PVÜ-Staaten berufen, nicht hingegen **Inländer.**[43] Soweit die Rechte aus der PVÜ günstiger sind als

---

38 *Beater,* Unlauterer Wettbewerb, 2002, § 4 Rn. 16; *Bodenhausen*, PVÜ, S. 123 f.; *Fezer*, Markenrecht[4], S. 2007 f., Art. 10bis PVÜ Rn. 2; *Henning-Bodewig*, IIC 1999, 166, 177; *dies.*, GRUR Int. 2013, 1, 7*; Miosga*, Internationaler Marken- und Herkunftsschutz, 1967, S. 110; *Pflüger,* in: Hilty/Henning-Bodewig, Lauterkeitsrecht und Aquis Communautaire, 2009, S. 65, 78 f.; *Reger*, Der internationale Schutz gegen unlauteren Wettbewerb und das TRIPS-Übereinkommen, 1999, S. 18; *Schricker*, in: FS für Fikentscher, 1998, S. 985, 991 f.; *ders*., in: GroßkommUWG[1], Einl. F Rn. 53 ff.; *A. Troller*, Die mehrseitigen völkerrechtlichen Verträge im internationalen gewerblichen Rechtsschutz und Urheberrecht, 1965, S. 64.

39 Vgl. *Henning-Bodewig*, GRUR 2013, 1, 4 (III.1.), 6 (III.5. a.E.), 8 (IV.1. a.E. und 2.).

40 WIPO Publication Nr. 832 (E), 1996; dazu *Drexl*, in: MünchKommBGB[7], Bd. 12, IntLautR, Rn. 36; *Henning-Bodewig*, GRUR Int. 2013, 1, 8 f.; *Klass*, GroßkommUWG[2], Einl. D Rn. 80 ff.

41 *Drexl*, in: MünchKommBGB[7], Bd. 12, IntLautR Rn. 36.

42 *Drexl*, in: MünchKommBGB[7], Bd. 12, IntLautR Rn. 36; *Henning-Bodewig*, in: Schricker/Henning-Bodewig, Neuordnung des Wettbewerbsrechts, 1998/99, S. 21, 39; *dies*, GRUR Int. 2013, 1, 8 (3.).

43 *Baumbach/Hefermehl*, Warenzeichenrecht[12], Art. 2 PVÜ Rn. 2; *Henning-Bodewig*, GRUR Int. 2013, 1, 3 f.; *Pflüger*, Der internationale Schutz gegen unlauteren

die aus dem kollisionsrechtlich anzuwendenden nationalen Recht, wird dieses nicht automatisch angepasst.[44] Dies kann eine **Inländerdiskriminierung** zur Folge haben.[45] Sie verstößt nicht gegen Art. 3 GG oder gegen das Diskriminierungsverbot des europäischen Rechts, d.h. gegen Art. 18 EUV (früher Art. 7 EWGV).[46] In Deutschland besteht in Anbetracht des hohen Schutzniveaus des deutschen Lauterkeitsrechts kaum die Gefahr, dass nach Art. 10bis PVÜ ausländischen Unternehmen aus Verbandsländern ein Schutz gewährt werden muss, den das deutsche Lauterkeitsrecht nicht bietet.

IV. Verpflichtung zu geeigneten Rechtsbehelfen, Art. 10ter PVÜ

27 Nach Art. 10ter PVÜ sind die Verbandsländer verpflichtet, **geeignete Rechtsbehelfe** zur wirksamen Unterdrückung unlauteren Wettbewerbs zur Verfügung zu stellen.[47]

Wettbewerb, 2010, S. 51; *ders.*, in: Hilty/Henning-Bodewig, Lauterkeitsrecht und Aquis Communautaire, 2009, S. 65, 73 f.

44 *Baumbach/Hefermehl*, Warenzeichenrecht[12], Art. 2 PVÜ Rn. 2

45 *Baumbach/Hefermehl*, Warenzeichenrecht[12], Art. 2 PVÜ Rn. 2; *Henning-Bodewig*, in: Schricker/Henning-Bodewig, Neuordnung des Wettbewerbsrechts, 1998/99, S. 21, 22 (I.2. a.E.); *dies.*, GRUR Int. 2013, 1, 3 f.; *Klass*, in: GroßkommUWG[2], Einl. D Rn. 57; *Pflüger*, Der internationale Schutz gegen unlauteren Wettbewerb, 2010, S. 50 ff.; *ders.*, in: Hilty/Henning-Bodewig, Lauterkeitsrecht und Aquis Communautaire, 2009, S. 65, 74.

46 BGH, 14.11.1975 – I ZB 9/74, GRUR 1976, 355, 356 – P-tronics (zum Markenrecht); *Baumbach/Hefermehl*, Warenzeichenrecht[12], Art. 2 PVÜ Rn. 2.

47 Ausführlich dazu *Schricker*, in: GroßkommUWG[1], Einl. F Rn. 92 ff.

Teil 4 Internationales Verfahrensrecht

Kapitel 19 Die internationale Zuständigkeit

Übersicht Rdn.

I. Kurzer Überblick über die Rechtsquellen

1. Die EuGVVO

1 Wenn Personen verklagt werden, die ihren Wohnsitz in der EU haben, regeln die Vorschriften der VO (EU) Nr. 1215/2012 über die gerichtliche Zuständigkeit und die Anerkennung und Vollstreckung von Entscheidungen in Zivil- und Handelssachen (EuGVVO) die internationale Zuständigkeit der Gerichte.[1] Sie gilt mit Ausnahme der Art. 75 und 76 seit dem 10.01.2015. Für Altfälle, d.h. für Fälle vor der Klagerhebung, gilt die EuGVVO von 2001.

2 Durch die EuGVVO werden die Zuständigkeitsvorschriften des nationalen Rechts und des Luganer Übereinkommens (LugÜ) verdrängt.[2]

3 Für die **Auslegung** der EuGVVO 2012 gelten grundsätzlich die Auslegungsregeln fort, die der EuGH schon zur EuGVVO 2001 und zum LugÜ entwickelt hat.[3]

4 Eine Sonderregelung gilt für **Dänemark**. Denn zu den Mitgliedstaaten i.S.d. EuGVVO 2001 zählte nach der ausdrücklichen Regelung des Art. 1 III nicht Dänemark.[4] Jedoch wurde durch das Abkommen zwischen der EG und Dänemark über die gerichtliche Zuständigkeit und die Anerkennung und Vollstreckung von Entscheidungen in Zivil- und Handelssachen vom 19.10.2005 der Anwendungsbereich der **EuGVVO 2001** mit Wirkung vom 01.07.2007 auf Dänemark erstreckt.[5]

5 Nach Art. 1 und 2 des dem EUV und dem AEUV beigefügten Protokolls Nr. 22 über die Position Dänemarks beteiligt sich Dänemark **nicht** an der Annahme der **EuGVVO 2012** und ist weder durch diese VO gebunden noch zu ihrer Anwendung verpflichtet. Es steht jedoch Dänemark nach Art. 3 des oben genannten Abkommens vom 19.10.2005 zwischen der EG und Dänemark frei, die Änderungen der EuGVVO Nr. 44/2001 anzuwenden.[6] Im Einklang mit Art. 3 II des oben genannten Abkommens von 2005 hat Dänemark der Kommission mit Schreiben vom 201.12.2012 mitgeteilt, dass es die EuGVVO 2012 umsetzen werde.[7] Dies bedeutet nach dem Abkommen zwischen der EG und Dänemark

1 ABl.EU 2012 L 351/1.
2 Vgl. OLG Stuttgart, 31.07.2012 – 5 U 150/11, NJW 2013, 83, 84 (B.1.a).
3 *Fezer/Koos*, in: Staudinger, Internationales Wirtschaftsrecht (2015), Rn. 783 a; *Hausmann/Obergfell*, in: Fezer/Büscher/Obergfell, UWG[3], IntLautVerfR Rn. 351 a.
4 Vgl. BGH, 13.10.2004 – I ZR 163/02, GRUR 2005, 431, 432 = WRP 2005, 493 – Hotel Maritime.
5 ABl.EG 2005 L 199/62 vom 16.11.2005.
6 Vgl. den Erw.-Grd. Nr. 41 der EuGVVO 2012.
7 ABl.EU 2013 L 79/4.

vom 21.03.2013, dass die Bestimmungen der EuGVVO 2012 auf die Beziehungen zwischen der Union und Dänemark Anwendung finden. Gemäß Art. 3 VI des Abkommens von 2005 begründet die dänische Mitteilung, dass die Änderungen umgesetzt worden sind, gegenseitige völkerrechtliche Verpflichtungen zwischen Dänemark und der Gemeinschaft. Die EuGVVO 2012 gilt als Änderung des Abkommens und als Anhang dazu. Nach Art. 3 V lit. b des Abkommens von 2005 teilt Dänemark der Kommission mit, zu welchem Zeitpunkt die für die Umsetzung erforderlichen Legislativmaßnahmen in Kraft treten.

2. Das Luganer Übereinkommen (LugÜ)

6 Für Beklagte, die ihren Wohnsitz in der Schweiz, in Norwegen oder in Island haben, gelten die Zuständigkeitsregeln des Übereinkommens über die gerichtliche Zuständigkeit und die Anerkennung und Vollstreckung von Entscheidungen in Zivil- und Handelssachen (LugÜ) vom 30.10.2007, das am 01.01.2010 für alle EU-Staaten und Norwegen, am 01.01.2011 für die Schweiz und am 01.05.2011 für Island in Kraft getreten ist. Es führt das LugÜ von 1988 fort, vgl. Art. 69 VI LugÜ.

3. Nationale Zuständigkeitsvorschriften

7 Für Beklagte, die ihren Wohnsitz weder in der EU noch in Vertragsstaaten des LugÜ haben, gelten die nationalen Zuständigkeitsvorschriften. In Deutschland sind dies auf dem Gebiet des Lauterkeitsrechts § 14 UWG und gegebenenfalls die §§ 12 ff., 32 ZPO.

II. Die Regelungen der EuGVVO 2012, auch Brüssel Ia-VO genannt

1. Der Anwendungsbereich der EuGVVO

8 Bei grenzüberschreitenden Rechtsstreitigkeiten in Zivil- und Handelssachen ergibt sich die internationale Zuständigkeit in erster Linie und mit Vorrang aus der EuGVVO Nr. 1215/2012 vom 12.12.2012. Sie hat die EuGVVO von 2001 abgelöst, die ihrerseits auf das EuGVÜ von 1988 gefolgt war.

9 Die EuGVVO 2012 ist nach Art. 81 – mit Ausnahme der Art. 75 f. – seit dem 10.01.2015 anzuwenden. Für Klagen, die vor dem 10.01.2015 erhoben worden sind, d.h. für »Altfälle«, ist nach Art. 66 II EuGVVO von 2012 die EuGVVO von 2001 maßgeblich.

a) Zivil- und Handelssachen

10 Die EuGVVO gilt nur für Zivil- und Handelssachen. Das sind zweifellos u.a. die zivilrechtlichen Teile des Lauterkeitsrechts. Zu den Zivil- und Handels-

sachen gehören auch zivil- und verfahrensrechtliche Sanktionen zur Durchsetzung zivilrechtlicher Ansprüche. »Zivilsachen« i.S.d. EuGVVO sind aber auch Klagen auf Strafschadensersatz (punitive damages).[8] Auch die Durchsetzung eines Ordnungsgeldes nach deutschem Verfahrensrecht zur Durchsetzung einer Unterlassungsverfügung ist eine »Zivilsache«,[9] denn diese dient der Durchsetzung privater Rechte.

11 Für die Anwendbarkeit der EuGVVO ist es unerheblich, ob mit zivilrechtlichen Streitigkeiten auch öffentliche Ziele verfolgt werden. Auch eine privatrechtlich ausgestaltete Verbandsklage, die letztlich öffentlichen Interessen dient, ist eine »Zivilsache« i.S.d. EuGVVO.[10] Die Ausübung hoheitlicher Befugnisse ist hingegen keine Zivil- oder Handelssache i.S.d. EuGVVO.[11]

b) Auslandsbezug

12 Die EuGVVO gilt nur für Rechtsstreitigkeiten mit Auslandsbezug.[12] Diese Voraussetzung der Anwendbarkeit der EuGVVO ist nicht ausdrücklich in dieser geregelt; sie ergibt sich jedoch mittelbar aus Art. 81 AEUV, der die Rechtsgrundlage für die EuGVVO ist.[13] Der notwendige Auslandsbezug muss nicht zu einem EU-Staat bestehen.[14] Der notwendige Auslandsbezug kann auch durch aus der Sicht des Gerichtsstaates fremde Staatsangehörigkeit eines Täters begründet werden.[15] Er besteht ferner dann, wenn zwei

---

8 Vgl. BGH, 04.06.1992 – IX ZR 149/91, NJW 1992, 3096, 3102; *Halfmeier*, in: GroßkommUWG², Einl. E Rn. 134.

9 EuGH, 18.10.2011 – C-406/09, NJW 2011, 3568 – Realchemie; BGH, 25.03.2010 – I ZB 116/08, NJW 2010, 1883, 1884; *Halfmeier*, in: GroßkommUWG², Einl. E Rn. 275.

10 EuGH, 01.10.2002 – C- 167/00, Slg. 2002, I-8111 Rn. 30, 42 – Henkel; *Halfmeier*, in: GroßkommUWG², Einl. E Rn. 134; *Hausmann/Obergfell*, in: Fezer/Büscher/Obergfell, UWG³, IntLautVerfR Rn. 355 b.

11 Vgl. EuGH, 16.12.1980 – Rs. 814/79, Slg. 1980, 3807 Rn. 8 f. – Rüffer/Rüffer; EuGH, 21.04.1993 – C-172/91, Slg. 1993, I-1963 Rn. 20 – Sonntag/Waidmann.

12 EuGH, 17.11.2011 – C- 327/10, NJW 2012, 1199 Rn. 29 f. – Hypotecni banca/Mike Lindner; *Fezer/Koos*, in: Staudinger, Internationales Wirtschaftsrecht (2015), Rn. 784; *Halfmeier*, in: GroßkommUWG², Einl. E Rn. 136; *Hausmann/Obergfell*, in: Fezer/Büscher/Obergfell, UWG³, IntLautVerfR Rn. 362; *McGuire*, in: FS für Büscher, 2018, S. 525, 530 f.

13 *Hausmann/Obergfell*, in: Fezer/Büscher/Obergfell, UWG³, IntLautVerfR Rn. 362.

14 EuGH, 01.03.2005 – C-281/02, Slg. 2005, I-1445 Rn. 26 – Owusu; *Fezer/Koos*, in: Staudinger, Internationales Wirtschaftsrecht (2015), Rn. 784; *Hausmann/Obergfell*, in: Fezer/Büscher/Obergfell, UWG³, IntLautVerfR Rn. 363.

15 EuGH, 17.11.2011 – C-327/10, NJW 2012, 1199 Rn. 32 ff. – Hypotecni banca/Mike Lindner; *Halfmeier*, in: GroßkommUWG², Einl. E Rn. 136.

inländische Parteien sich über unlauteres Verhalten einer Partei im Ausland streiten.[16]

c) Der Wohnsitz des Beklagten in der EU

13 Die EuGVVO ist nur anwendbar, wenn die verklagte Person ihren **Wohnsitz** in der EU hat, Art. 4 I und Art. 7 EuGVVO. Der Begriff des Wohnsitzes in Art. 4 EuGVVO wird nicht autonom-europarechtlich definiert, sondern gem. Art. 62 II EuGVVO nach nationalem Recht. Ein deutsches Gericht hat also die §§ 7 ff. BGB anzuwenden.[17] Juristische Personen und Gesellschaften haben nach Art. 63 Nr. 3 EuGVVO ihren »Wohnsitz« an dem Ort, an dem sich ihr satzungsmäßiger Sitz oder ihre Hauptverwaltung oder ihre Hauptniederlassung befindet. Zwischen diesen Orten besteht ein Wahlrecht.[18]

14 Sonderregelungen gelten nach Art. 63 II EuGVVO für Irland, Zypern und das Vereinigte Königreich.

15 Für verklagte Personen, die ihren Wohnsitz in einem Staat haben, der dem **LugÜ** angehört, gelten hingegen die Zuständigkeitsregeln dieses Übereinkommens. Für verklagte Personen mit Wohnsitz außerhalb der EU und außerhalb der Vertragsstaaten des LugÜ gelten die Zuständigkeitsregeln der nationalen Verfahrensordnungen.

16 Unerheblich ist, ob auch der **Kläger** seinen Wohnsitz in der EU hat. Auch die Staatsangehörigkeit der Parteien ist irrelevant.

17 Auch bei negativen Feststellungsklagen ist entscheidend, ob der Beklagte seinen Wohnsitz in der EU hat.[19] Dem steht nicht der Tausch der Parteirollen bei negativen Feststellungsklagen entgegen.[20] Maßgeblich ist nicht die materielle Schuldnerposition, sondern die formale Parteistellung.[21]

---

16 *Hausmann/Obergfell*, in: Fezer/Büscher/Obergfell, UWG³, IntLautVerfR Rn. 362.

17 *Bukow*, Verletzungsklagen aus gewerblichen Schutzrechten, 2003, S. 25; *Glöckner*, in: Harte/Henning, UWG⁴, Einl. D Rn. 15.

18 BAG, 23.01.2008 – 5 AZR 60/07, NJW 2008, 2797 Rn. 15; *Halfmeier*, in: GroßkommUWG², Einl. E Rn. 44; *Hausmann/Obergfell*, in: Fezer/Büscher/Obergfell, UWG³, IntLautVerfR Rn. 372a.

19 Vgl. BGH, 01.02.2011 – KZR 8/10, GRUR 2011, 554 Rn. 9 – Trägermaterial für Kartenformulare.

20 Vgl. BGH, 01.02.2011 – KZR 8/10, GRUR 2011, 554 Rn. 9, 18 – Trägermaterial für Kartenformulare.

21 BGH, 01.02.2011 – KZR 8/10, GRUR 2011, 554 Rn. 9 – Trägermaterial für Kartenformulare.

d) Unmittelbare Anwendbarkeit der EuGVVO

18 Die EuGVVO ist unmittelbar anwendbar. In ihrem Anwendungsbereich verdrängt sie die Zuständigkeitsregeln des nationalen Rechts der EU-Staaten. Sie hat also auch Vorrang vor den Vorschriften der ZPO.[22]

e) Schlüssige Behauptung der Voraussetzungen der Zuständigkeit

19 Die Voraussetzungen eines bestimmten Gerichtsstandes müssen bei der Zuständigkeitsprüfung nicht bewiesen, sondern vom Kläger nur **schlüssig behauptet** werden.[23] Bei lauterkeitsrechtlichen Streitigkeiten genügt die schlüssige Behauptung eines Lauterkeitsverstoßes.[24]

f) Die Regelung des § 545 ZPO

20 Die internationale Zuständigkeit deutscher Gerichte ist von Amts wegen zu prüfen.[25] Nach § 545 II ZPO ist sie auch noch in der **Revisionsinstanz** zu prüfen.[26] Obwohl nach deutschem Verfahrensrecht die örtliche Zuständigkeit zugleich die internationale Zuständigkeit begründet, wenn nicht die Spezialregelungen der EuGVVO oder des LugÜ anzuwenden sind, ist die **örtliche** Zuständigkeit nicht mehr in der Revisionsinstanz zu prüfen.

---

22 BGH, 25.02.199 – VII ZR 408/97, NJW 1999, 2442 (II.2.b); *Fezer/Koos*, in: Staudinger, Internationales Wirtschaftsrecht (2015), Rn. 782, 787; *Glöckner*, in: Harte/Henning, UWG[4], Einl. D Rn. 4.

23 *Halfmeier*, in: GroßkommUWG[2], Einl. E Rn. 237; *Hausmann/Obergfell*, in: Fezer/Büscher/Obergfell, UWG[3], IntLautVerfR Rn. 417 (zu Art. 7 Nr. 2 EuGVVO); *Ohly*, in: Ohly/Sosnitza, UWG[7], Einf. B Rn. 6,9.

24 *Ohly*, in: Ohly/Sosnitza, UWG[7], Einf. B Rn. 6,9; ebenso zu Urheberrechtsverletzungen BGH, 07.12.1979 – I ZR 157/77, GRUR 1980, 227, 230 (II.2.) – Monumenta Germaniae Historica; ebenso für Kennzeichenverletzungen *Kur*, WRP 2000, 935, 936.

25 Vgl. BGH, 13.10.2004 – I ZR 163/02, GRUR 2005, 431, 432 = WRP 2005, 493 – Hotel Maritime; BGH, 30.03.2006 – I ZR 23/03, GRUR 2006, 513 Rn. 20 = WRP 2006, 736 – Arzneimittelwerbung im Internet.

26 Vgl. BGH, 17.03.1994 – I ZR 304/91, GRUR 1994, 530, 531 (III.2.) – Beta; BGH, 28.11.2002 – III ZR 102/02, BGHZ 153, 82, 84 ff.; BGH, 13.10.2004 – ZR 163/02, GRUR 2005, 431, 432 = WRP 2005, 493 – Hotel Maritime; BGH, 30.03.2006 – I ZR 24/03, GRUR 2006, 513 Rn. 20 = WRP 2006, 736 – Arzneimittelwerbung im Internet; BGH, 02.03.2010 – VI ZR 23/09, BGHZ 184, 313 Rn. 9 ff. = WRP 2010, 653; BGH, 27.02.2018 – VI ZR 23/09, WRP 2018, 694 Rn. 15 – Internet-Suchmaschine I; BGH, 24.07.2018 – VI ZR 330/17, WRP 2019, 219 Rn. 20 – Internet-Suchmachine II.

g) Territoriale Reichweite der EuGVVO

21 Die EuGVVO ist nicht auf Binnenmarktsachverhalte beschränkt, sondern kann auch auf Sachverhalte mit Bezug auf Drittstaaten angewendet werden.[27] Insoweit verdrängt sie das nationale Zuständigkeitsrecht der EU-Staaten. Auf der Grundlage des Art. 8 Nr. 1 EuGVVO kann jedoch ein Mitbeklagter nur dann vor dem Gericht eines Mitgliedstaates verklagt werden, wenn er seinen Wohnsitz im Hoheitsgebiet eines anderen Mitgliedstaates hat.[28]

22 International zuständige deutsche Gerichte dürfen nicht nur inländisches Recht, sondern grundsätzlich auch ausländisches Recht anwenden.[29] Seit der Neufassung des § 545 I ZPO im Jahre 2009 unterliegt auch die Anwendung ausländischen Rechts der Revision durch den BGH.[30]

2. Der Wohnsitz des Beklagten, Art. 4 EuGVVO 2012

a) Art. 4 I EuGVVO

23 Der zentrale Gerichtsstand der EuGVVO ist nach Art. 4 I (ex-Art. 2 I EuGVVO 2001) der Beklagtenwohnsitz (dazu oben Rdn. 13).[31] Nach Art. 4 I EuGVVO sind vorbehaltlich anderer Vorschriften dieser Verordnung Personen, die ihren Wohnsitz im Hoheitsgebiet eines Mitgliedstaates haben, ohne Rücksicht auf ihre Staatsangehörigkeit vor den Gerichten dieses Mitgliedstaates zu verklagen. Art. 4 I EuGVVO knüpft also weder an die Staatsangehörigkeit noch an den gewöhnlichen Aufenthalt, sondern an den Wohnsitz an. Hat der Beklagte mehrere Wohnsitze, dann genügt ein Wohnsitz im Gerichtsstaat.

24 Der Wohnsitz des **Klägers** kann jedoch erheblich sein für die Frage, ob ein **Auslandsbezug** der Streitigkeit besteht.

25 Art. 4 I EuGVVO regelt nur die **internationale** Zuständigkeit. Welche Gerichte in dem betreffenden Mitgliedstaat **örtlich** zuständig sind, bestimmt hingegen dessen nationales Verfahrensrecht. Für Lauterkeitsverstöße ist dies in Deutschland § 14 UWG.

---

27 EuGH, 01.03.2005 – C-281/02, Slg. 2005, I-1445 Rn. 35, 37 ff., 46 – Owusu.

28 EuGH, 11.04.2013 – C-45/11, NJW 2013, 1661 Rn. 54 – Sapir.

29 Grundlegend RG, 08.07.1930 – II 542/29, RGZ 129, 385, 388 – Vacuum Oil; ebenso BGH, 02.10.1956 – I ZR 9/54, GRUR 1957, 215, 218 (III.), Flava – Erdgold; BGH, 30.06.1961 – I ZR 39/60, GRUR 1962, 243, 244 (III.2.) = WRP 1962, 13 – Kindersaugflaschen.

30 Vgl. dazu *Eichel*, IPRax 2009, 389, 390 ff.; *Hess/Hübner*, NJW 2009, 3132 ff.

31 EuGH, 13.07.2000 – C-412/98, Slg. 2000, I-5925 Rn. 49 f. – Group Josi; EuGH, 19.02.2002 – C-256/00, Slg. 2002, I-1699 Rn. 52 – 54 – Besix.

b) Art. 4 II EuGVVO

26 Auf Personen, die nicht dem Mitgliedstaat angehören, in dem sie ihren Wohnsitz haben, sind nach Art. 4 II EuGVVO die für Staatsangehörige dieses Mitgliedstaates maßgebenden Zuständigkeitsvorschriften anzuwenden. Diese Vorschrift regelt nicht die internationale, sondern die örtliche Zuständigkeit. Sie verbietet die Diskriminierung von Ausländern gegenüber Inländern, enthält also einen Fall der Inländergleichbehandlung. Sie schließt insbesondere örtliche Zuständigkeiten aus, die an die Staatsangehörigkeit anknüpfen. In Deutschland gibt es keine solchen Vorschriften.

3. Der Ort des schädigenden Ereignisses, Art. 7 Nr. 2 EuGVVO

27 Die EuGVVO regelt in den Art. 7 ff. »Besondere Zuständigkeiten«. Nach Art. 7 Nr. 2 EuGVVO (ex-Art. 5 Nr. 3 der EuGVVO 2001 und des EuGVÜ) kann eine Person, die ihren Wohnsitz im Hoheitsgebiet eines Mitgliedstaates hat, in einem anderen Mitgliedstaat vor dem Gericht des Ortes verklagt werden, an dem das »schädigende Ereignis« eingetreten ist oder einzutreten droht, wenn eine unerlaubte Handlung oder eine Handlung, die einer unerlaubten Handlung gleichgestellt ist, oder wenn Ansprüche aus einer solchen Handlung den Gegenstand des Verfahrens bilden.

a) Allgemeine Anmerkungen

aa) Handlungs- und Erfolgsort; Wahlrecht

28 Nach ständiger Rechtsprechung des EuGH ist der Ort des »schädigenden Ereignisses« i.S.v. Art. 7 Nr. 2 EuGVVO je nach Sachlage »sowohl der Ort des ursächlichen Geschehens als auch der Ort der Verwirklichung der Schadensfolgen«.[32] Man spricht auch vom Handlungs- und Erfolgsort und vom **Ubiqui-**

32 Grundlegend EuGH, 30.11.1976 – Rs. 21/76, Slg 1976, 1735 Rn. 15/19 und 24/25 = NJW 1977, 493 – Mines de Potasse; ebenso EuGH, 07.03.1995 – C-68/93, Slg 1995, I- 415 Rn. 20 = NJW 1995, 1881 – Shevill; EuGH, 27.10.1998 – C- 51/97, Slg. 1998, I-6511 Rn. 28, 30, 32 – Réunion européenne; EuGH, 10.06.2004 – C-168/02, Slg. 2004, I-6009 Rn. 16 – NJW 2004, 2441 – Kronhofer; EuGH, 16.07.2009 – C-189/09, Slg. 2009, I-6917 Rn. 23, 25, 31 = NJW 2009, 3501 – Zuid-Chemie; EuGH, 25.10.2011 – C-509/09 u. C-161/10, Slg. 2011, I-10269 Rn. 41 = GRUR 2012, 300 = WRP 2011, 1571 – eDate Advertising; EuGH, 19.04.2012 – C-523/10, GRUR 2012, 654 Rn. 19 – Wintersteiger; EuGH, 16.05.2013 – C-228/11, NJW 2013, 2099 Rn. 25 – Melzer; EuGH, 03.10.2013 – C-170/12, GRUR 2014, 100 Rn. 25 = WRP 2013, 1456 – Pinckney; EuGH, 03.04.2014 – C-387/12, GRUR 2014, 599 Rn. 28 – Hi Hotel; EuGH, 05.06.2014 – C-360/12, GRUR 2014, 806 Rn. 46 = WRP 2014, 1047 – Coty Germany; EuGH, 22.01.2015 – C-441/13, GRUR 2015, 296 Rn. 18 = WRP 2015, 332 – Hejduk;

tätsprinzip. Zwischen den Gerichten des Handlungs- und Erfolgsortes kann der Kläger nach inzwischen wohl einhelliger Meinung **wählen**.[33]

29 Grundlegend für die Ansicht, dass die Orte des »schädigenden Ereignisses« i.S.v. Art. 5 Nr. 3 EuGVÜ (jetzt Art. 7 Nr. 2 EuGVVO) sowohl die Handlungs- als auch die Erfolgsorte seien, war die EuGH-Entscheidung »Mines de Potasse« vom 30.11.1976. Sie betraf die Schadensersatzhaftung eines Unternehmens des Kalibergbaus, das im Elsass durch einen Abwasserkanal Industrieabwässer mit großen Mengen an Salzrückständen in den Rhein eingeleitet hatte, durch die in den Niederlanden die Pflanzungen eines Gärtnereibetriebs geschädigt wurden, der kostspielige Vorkehrungen treffen musste um die Schäden in Grenzen zu halten.[34]

EuGH, 21.05.2015 – C-352/13, GRUR Int. 2015, 1176 Rn. 38 – CDC Hydrogen Peroxide; EuGH, 10.09.2015 – C-47/14, EU:C:2015:574 Rn. 72, 76 f. – Holterman Ferho Exploitatie; EuGH, 16.06.2016 – C-12/15, NJW 2016, 2167 Rn. 28 = GRUR Int. 2016, 858 – Universal Music/Schilling; EuGH, 21.12.2026 – C-618/15, WRP 2017, 416 Rn. 25 – Concurrence/Samsung; EuGH, 17.10.2017 – C-194/16, NJW 2017, 3433 Rn. 29 f. = WRP 2017, 1465 – Bolagsupplysningen; ebenso der BGH, vgl. BGH, 03.05.1977 – VI ZR 24/75, NJW 1977, 1590, 1591 = WRP 1977, 487 – profil; BGH, 30.03.2006 – I ZR 24/03, GRUR 2006, 513 Rn. 21 = WRP 2006, 736 – Arzneimittelwerbung im Internet; BGH, 12.12.2013 – I ZR 131/12, GRUR 2014, 601 Rn. 17 = WRP 2014, 548 – englischsprachige Pressemitteilung; BGH, 24.09.2014 – I ZR 35/11, GRUR 2015, 264 Rn. 19 = WRP 2015, 347 – Hi Hotel II; BGH, 27.11.2014 – I ZR 1/11, GRUR 2015, 689 Rn. 27 = WRP 2015, 735 – Parfumflakon III; BGH, 05.11.2015 – I ZR 91/11, GRUR 2016, 490 Rn. 17 = WRP 2016, 596 – Marcel-Breuer-Möbel II; BGH, 09.11.2017 – I ZR 164/16, GRUR 2018, 84 Rn. 44 – Parfummarken; ebenso die nahezu einhellige Meinung im Schrifttum, vgl. *Gottwald*, in: MünchKommZPO[5], Bd. 3, EuGVVO Art. 7 Rn. 54 f.; *Kiethe*, NJW 1994, 222 ff.; *Kropholler/v. Hein*, Europäisches Zivilprozessrecht[9], Art. 5 EuGVO Rn. 82; *Klinkert*, WRP 2018, 1138 Rn. 2, 7; *Kubis*, WRP 2018, 139 Rn. 17 f.; *Leible*, in: Rauscher, EuZPR/EuIPR[4], Bd. I, Art. 7 EuGVVO Rn. 118; *H. Roth*, in: Stein/Jonas, ZPO[23], Bd. 1, 2014, § 32 ZPO Rn. 6; *Schlosser*, in: Schlosser/Hess, EU-Zivilprozessrecht[4], Art. 7 EuGVVO Rn. 15; *Würthwein*, ZZP 106 (1993), 51, 64, 72.

33 Grundlegend EuGH, 30.11.1976 – Rs. 21/76, Slg 1976, 1735 Rn. 15/19 = NJW 1977, 493 – Mines de Potasse; vgl. außerdem EuGH, 21.05.2015 – C-352/13, GRUR Int. 2015, 1176 Rn. 38 – CDC Hydrogen Peroxide; EuGH, 21.12.2016 – C-618/15, WRP 2017, 416 Rn. 25 – Concurrence/Samsung; BGH, 27.11.2014 – I ZR 1/11, GRUR 2015, 689 Rn. 27 = WRP 2015, 735 – Parfumflakon III; *Kubis*, WRP 2018, 139 Rn. 17; *Wiltschek/Majchrzak*, WRP 2017, 909, 920.

34 EuGH, 30.11.1976 – Rs. 21/76, Slg. 1976 1735 = NJW 1977, 493 – Mines de Potasse.

bb) Wohnsitz in der EU

30 Die Klagebefugnis nach Art. 7 EuGVVO setzt voraus, dass der Bekl. seinen Wohnsitz in der EU hat (ausführlicher dazu oben Rdn. 13).

cc) Die örtliche Zuständigkeit

31 Art. 7 Nr. 2 EuGVVO regelt neben der internationalen Zuständigkeit auch die **örtliche** Zuständigkeit.[35]

dd) Die Sach- und Beweisnähe des Schädigungsortes

32 Der Gerichtsstand des Schädigungsortes nach Art. 7 Nr. 2 EuGVVO (ex-Art. 5 Nr. 3 EuGVVO 2001) wurde vor allem wegen seiner »Nähe zum Streitgegenstand« bzw. wegen der »besonderen Sach- und Beweisnähe« und der damit verbundenen »leichteren Beweisaufnahme« gerechtfertigt.[36] Außerdem soll der Kläger, wenn er in einem – meist seinem – Land rechtswidrig geschädigt worden ist, nicht auch noch gezwungen werden, sein Recht u.U. in einem anderen Land zu suchen, wenn sich dort der Beklagtenwohnsitz befindet.[37]

ee) Autonome Auslegung des Art. 7 Nr. 2 EuGVVO

33 Das Tatbestandsmerkmal »eine unerlaubte Handlung oder eine Handlung, die einer unerlaubten Handlung gleichgestellt ist« in Art. 7 Nr. 2 EuGVVO ist **autonom** auszulegen.[38] Damit ist gemeint, dass diese Vorschrift nach Sinn

---

35 Vgl. *Kindler*, GRUR 2018, 1107, 1108 (I.).

36 Vgl. EuGH, 30.11.1976 – Rs. 21/76, Slg. 1976, 1735 Rn. 15/19 = NJW 1977, 493 – Mines de Potasse; EuGH, 07.03. 1995 – C-68/93, Slg. 1995, I-415 Rn. 19 = NJW 1995, 1881 – Shevill; EuGH, 16.07.2009 – C-189/08, Slg. 2009, I-6917 Rn. 24 = NJW 2009, 3501 – Zuid-Chemie; EuGH, 01.10.2002 – C-167/00, Slg. 2002, I-8111 Rn. 46 – Henkel; EuGH, 16.05.2013 – C-228/11, NJW 2013, 2099 Rn. 27 – Melzer; EuGH, 21.05.2015 – C-352/13, GRUR Int. 2015, 1176 Rn. 40 – CDC Hydrogen Peroxide; EuGH, 21.04.2016 – C-572/14; EuGH, 21.04.2016 – C-572/14, GRUR 2016, 927 Rn. 31 – Austro Mechana/Amazon; EuGH, 10.09.2015 – C-47/14, EU:C:2015:574 Rn. 74, 76 f. – Holterman Ferho Exploitatie; EuGH, 16.06.2016 – C-12/15, NJW 2016, 2167 Rn. 27 = GRUR Int 2016, 858 – Universal Music/Schilling; EuGH, 21.12.2016 – C-618/15, WRP 2017, 416 Rn. 26 f. – Concurrence/Samsung; EuGH, 17.10.2017 – C-194/16, GRUR 2018, 108 Rn. 27 = WRP 2017, 1465 – Bolagsupplysningen; aus dem Schrifttum vgl. *Bukow*, Verletzungsklagen aus gewerblichen Schutzrechten, 2003, S. 111, 115; *Hausmann/Obergfell*, in: Fezer/Büscher/Obergfell, UWG[3], IntLautVerfR Rn. 375; *Kindler*, GRUR 2018, 1107, 1108 (I.); *Kropholler/v. Hein*, Europäisches Zivilprozessrecht[9], Art. 5 EuGVO Rn. 73, 82 f.

37 Vgl. *Halfmeier*, in: GroßkommUWG[2], Einl. E Rn. 157.

38 EuGH, 27.09.1988 – Rs. 189/87, Slg. 1988, 5565 Rn. 15 ff. = NJW 1988, 2088 – Kalfelis; EuGH, 19.09.1995 – C-364/93, Slg. 1995, I-2719 Rn. 18 f. – Marinari;

und Zweck der EuGVVO und ihrer einzelnen Vorschriften EU-einheitlich auszulegen ist. Damit soll sichergestellt werden, dass sich aus der EuGVVO für die Vertragsstaaten und die betroffenen Personen so weit wie möglich gleiche und einheitliche Rechte und Pflichten ergeben. Unterschiedliche nationale Auslegungen sollen verhindert werden. Zwar können bei der Auslegung der EuGVVO auch nationale Vorschriften und Erfahrungen mit ihnen berücksichtigt werden. Dies muss jedoch in eine EU-einheitliche Auslegung der Vorschriften der EuGVVO münden. Vorabentscheidungen des EuGH nach Art. 267 III AEUV können klären, welche EU-einheitliche Auslegung geboten ist.

34 Das bedeutet, dass bei der Auslegung von Art. 7 Nr. 2 EuGVVO keine Anknüpfung an unterschiedliche nationale Systeme der außervertraglichen Haftung vorzunehmen ist.

35 Das Tatbestandmerkmal »unerlaubte Handlung oder einer unerlaubten Handlung gleichgestellte Handlungen« ist insofern **weit** auszulegen[39], dass am Gerichtsstand des Art. 7 Nr. 2 EuGVVO alle Klagen zulässig sind, mit denen

---

EuGH, 01.10.2002 – C-167/00, Slg. 2002, I-8111 Rn. 35 = NJW 2002, 3617, 3618 – Henkel; EuGH, 16.07.2009 – C-189/08, Slg. 2009, I-6917 Rn. 17 = NJW 2009, 3501 – Zuid-Chemie; EuGH, 25.10.2011 – C-509/09 u. C-161/10, Slg. 2011, I-10269 Rn. 38 = GRUR 2012, 300 = WRP 2011, 1571 – eDate Advertising; EuGH, 19.04.2012 – C-523/10, GRUR 2012. 654 Rn. 31 – Wintersteiger; EuGH, 16.05.2013 – C-228/11, NJW 2013, 2099 Rn. 22 – Melzer; EuGH, 03.10.3013 – C-170/12, GRUR 2014, 100 Rn. 23 = WRP 2013, 1456 – Pinckney; EuGH, 13.03.2014 – C-548/12, NJW 2014, 1648 Rn. 18 – Brogsitter; EuGH, 05.06.2014 – C-360/12, GRUR 2014, 806 Rn. 43 = WRP 2014, 1047 – Coty Germany; EuGH, 22.01.2015 – C-441/13, GRUR 2015, 296 Rn. 16 = WRP 2015, 332 – Hejduk; EuGH, 21.05.2015 – C-352/13, GRUR Int. 2015, 1176 Rn. 37 – CDC Hydrogen Peroxide; EuGH, 10.09.2015 – C-47/14, EU:C:2015:574 Rn. 72 – Holterman Ferho Exploitatie; EuGH, 21.04.2016 – C-572/14, GRUR 2016, 927 Rn. 29 – Austro Mechana/Amazon; EuGH, 16.06.2016 – C-12/15, GRUR Int. 2016, 2167 Rn. 25 – Universal Music; EuGH, 21.12.2016 – C-618/15, WRP 2015, 416 Rn. 25 – Concurrence/Samsung; EuGH, 17.10.2017 – C-194/16, NJW 2017, 3433 Rn. 25 = GRUR 2018, 108 = WRP 2017, 1465 – Bolagsupplysningen; ebenso BGH, 08.05.2012 – VI ZR 217/08, GRUR 2012, 850 Rn. 13 – www.rainbow.at II; BGH, 27.11.2014 – I ZR 1/11, GRUR 2015, 689 Rn. 34 = WRP 2015, 735 – Parfumflakon III; BGH, 11.12.2018 – KZR 66/17, GRUR 2019, 320 Rn. 20 – Hotelbuchungsplattform; aus dem Schrifttum vgl. *Fezer/Koos*, in: Staudinger, Internationales Wirtschaftsrecht (2015), Rn. 792, 795, 802; *Glöckner*, in: Harte/Henning, UWG[4], Einl. D Rn. 16; *Hausmann/Obergfell*, in: Fezer/Büscher/Obergfell, UWG[3], IntLautVerfR Rn. 376; *Kropholler/v. Hein*, Europäisches Zivilprozessrecht[9], Art. 5 EuGVO Rn. 72; *Mankowski*, in: MünchKommUWG[2], Int. WettbR Rn. 381; *Schütze*, in: Gloy/Loschelder/Erdmann, Hdb des Wettbewerbsrechts[4]; § 11 Rn. 19; *Wiltschek/Majchrzak*, WRP 2017, 909, 920.

39 EuGH, 20.01.2005 – C-27/02, NJW 2005, 811 Rn. 48 – Engler; BGH, 08.05.2012 – VI ZR 217/08, GRUR 2012, 850 Rn. 13 – www.rainbow.at II; vgl. auch *Kubis*, WRP

eine Schadenshaftung geltend gemacht wird, die nicht an einen **Vertrag** i.S.v. Art. 7 Nr. 1 EuGVVO anknüpft.[40] **Nicht** unter Art. 7 Nr. 2 EuGVVO fallen Ansprüche aus ungerechtfertigter **Bereicherung.**[41]

36 Im Übrigen ist Art. 7 Nr. 2 EuGVVO – ebenso wie schon Art. 5 Nr. 3 EuGVVO 2001 und EuGVÜ – nach ständiger Rechtsprechung des EuGH »**eng**« bzw. »**restriktiv**« auszulegen.[42] Zu undifferenziert und teilweise unzutreffend ist jedoch die pauschale Ansicht, Art. 7 Nr. 2 EuGVVO sei (immer) eng bzw. restriktiv auszulegen. Dies zeigt die oben erwähnte weite Auslegung des Begriffs »unerlaubte Handlungen«.

37 Für die Ansicht, dass Art. 7 Nr. 2 EuGVVO »eng« bzw. »restriktiv« auszulegen sei, findet man nur äußerst selten eine unmittelbare Begründung. Der EuGH hat jedoch in diesem Zusammenhang mehrfach auf die Notwendigkeit hingewiesen, eine Häufung der Gerichtsstände zu vermeiden,[43] um der Gefahr

---

2018, 139, 140; *Schlosser*, in: Schlosser/Hess, Europäisches Zivilprozessrecht[4], Art. 7 Nr. 2 EuGVVO Rn. 13.

40 EuGH, 01.10.2002 – C-167/00, Slg. 2002, I-8111 Rn. 36 = NJW 2002, 3617 – Henkel; EuGH, 13.03.2014 – C-548/12, NJW 2014, 1648 Rn. 20 – Brogsitter; EuGH, 10.09.2015 – C-47/14, EU:E:2015:574 Rn. 68, 70 f. – Holterman Ferho Exploitatie; BGH, 01.02.2011 – KZR 8/10, GRUR 2011, 554 Rn. 10 – Trägermaterial für Kartenformulare; BGH, 08.05.2012 – VI ZR 217/08, GRUR 2012, 850 Rn. 13 – www.rainbow.at II; BGH, 11.12.2018 – KZR 66/17, GRUR 2019, 320 Rn. 19 ff., 24 – Hotelbuchungsplattform; *Kropholler/v. Hein*, Europäisches Zivilprozessrecht[9], Art. 5 EuGVO Rn. 72.

41 *Kropholler/v. Hein*, Europäisches Zivilprozessrecht[9], Art. 5 EuGVO Rn. 75.

42 EuGH, 27.09.1988 – Rs. 189/87, Slg. 1988, 5565 Rn. 19 = NJW 1988, 3088 – Kalfelis; EuGH, 11.01.1990 – C-220/88, Slg. 1990, I-49 Rn. 17 – Dumez France; EuGH, 19.09.1995 – C-364/93, Slg. 1995, I-2719 Rn. 13 – Marinari; EuGH, 16.07.2009 – C-189/08, Slg. 2009, I-6917 Rn. 22 = NJW 2009, 3501 – Zuid-Chemie; EuGH, 03.10.2013 – C-170/12, GRUR 2014, 111 Rn. 25 = WRP 2013, 1456 – Pinckney; EuGH, 05.06.2014 – C-360/12, GRUR 2014, 806 Rn. 45 = WRP 2014, 1047 – Coty Germany; EuGH, 22.01.2015 – C-441/13, GRUR 2015, 296 Rn. 16 = WRP 2015, 332 – Hejduk; EuGH, 28.01.2015 – C-375/13, NJW 2015, 1581 Rn. 43 – Kolassa; EuGH, 21.05.2015 – C-352/13, GRUR Int. 2015, 1176 Rn. 37 – CDC Hydrogen Peroxide; EuGH, 10.09.2015 – C-47/14, EU:C:2015:574 Rn. 72 – Holterman Ferho Exploitatie; EuGH, 21.04.2016 – C-572/14, GRUR 2016, 927 Rn. 29 – Austro Mechana/Amazon; EuGH, 16.06.2016 – C-12/15, NJW 2016, 2167 Rn. 25 = GRUR Int. 2016, 858 – Universal Music; EuGH, 21.12.2016 – C-616/15, WRP 2015, 416 – Concurrence/Samsung; BGH, 09.11.2017 – I ZR 164/16, GRUR 2018, 84 Rn. 44 – Parfummarken; ebenso *Bukow*, Verletzungsklagen aus gewerblichen Schutzrechten, 2003, S. 26 f.; *Hausmann/Obergfell*, in: Fezer/Büscher/Obergfell, UWG[3], IntLautVerfR Rn. 375; *Kindler*, GRUR 2018, 1107, 1114 (V.2.).

43 EuGH, 11.01.1990 – C-220/88, Slg. 1990, I-49 Rn. 18 – Dumez France; EuGH, 19.02.2002 – C-256/00, Slg. 2002, I-1699 Rn. 27 – Besix (mit weiteren Nachw. in Rn. 27); EuGH, 11.07.2002 – C-96/00, Slg, 2002, I-6367 Rn. 57 – Gabriel.

einander widersprechender Entscheidungen zu begegnen und die Anerkennung und Vollstreckung gerichtlicher Entscheidungen außerhalb des Urteilsstaates zu erleichtern.[44]

38 Ein weiteres Argument für eine enge Auslegung von Art. 7 Nr. 2 EuGVVO lautet, dass diese Vorschrift eine **Ausnahme** von der grundsätzlichen Zuständigkeit der Gerichte am Wohnsitz des Beklagten nach Art. 4 I EuGVVO enthalte.[45] Falls damit jedoch gesagt sein soll, dass Ausnahmetatbestände ohne Weiteres eng auszulegen seien, wäre diese Ansicht methodisch überholt. Denn auch Ausnahmetatbestände sind, wie alle anderen Vorschriften, nach ihrem Sinn und Zweck auszulegen. Weder die Grundsatznorm des Art. 4 I EuGVVO noch der Ausnahmetatbestand dese Art. 7 Nr. 2 EuGVVO noch andere Regelungen der EuGVVO bieten nach ihrem Sinn und Zweck Anhaltspunkte dafür, dass Art. 7 Nr. 2 EuGVVO eng bzw. restriktiv auszulegen sei. Auf die relativ weite Auslegung des Tatbestandsmerkmals »unerlaubte Handlung« in Art. 7 Nr. 2 EuGVVO[46] ist bereits oben hingewiesen worden.

ff) Negative Feststellungsklagen

39 Problematisch ist bzw. war, ob für negative Feststellungsklagen, d.h. für Klagen, die auf die Feststellung zielen, dass der Kläger **keine** unerlaubte Handlung begangen habe bzw. begehen werde, der Gerichtsstand des Art. 7 Nr. 2 EuGVVO eröffnet ist.[47]

(1) Klage wegen »Unerlaubtheit« einer Handlung i.S.v. Art. 7 Nr. 2 EuGVVO

40 Gegen die Anwendbarkeit von Art. 7 Nr. 2 EuGVVO bzw. Art. 5 Nr. 3 EuGVVO 2001 wurde vor allem eingewendet, dass eine negative Feststellungs-

44 EuGH, 19.02.2002 – C-256/00, Slg. 2002, I-1699 Rn. 27 – Besix.

45 EuGH, 03.10.2013 – C-170/12, GRUR 2014, 11 Rn. 24 f. = WRP 2013, 1456 – Pinckney.

46 Vgl. BGH, 08.05.2012 – VI ZR 217/08, GRUR 2012, 850 Rn. 13 – www.rainbow.at II.

47 Für die Anwendbarkeit von Art. 7 Nr. 2 EuGVVO bzw. Art. 5 Nr. 3 EuGVVO 2001 u. Art. 5 Nr. 3 EuGVÜ EuGH, 25.10.2012 – C-133/11, GRUR 2013, 98 Rn. 44, 55 = WRP 2013, 177 – Folien Fischer; EuGH, 13.07.2017 – C-433/16, GRUR 2017, 1129 Rn. 45 f. = WRP 2017, 1319 – BMW/Acacia; BGH, 17.03.1994 – I ZR 304/91, GRUR 1994, 530, 532 = WRP 1994, 543 – Beta; BGH, 01.02.2011 – KZR 8/10, GRUR 2011, 554 Rn. 14 ff. – Trägermaterial für Kartenformulare; öst. OGH, 23.02.2016 – 4 Ob 214/15x, ÖJZ 2016, 471 = ÖBl. 2016, 17 – Schwarze Listen; ebenso die nahezu einhellige Meinung im Schrifttum, vgl. *Ahrens*, in: Ahrens, Der Wettbewerbsprozess[8], Kap. 16 Rdn. 14; *Bukow*, Verletzungsklagen aus gewerblichen Schutzrechten, 2003, S. 92 f., 124 ff., 132 (Art. 5 Nr. 3 EuGVVO 2001 analog); *v. Falck/Leitzen,* Mitt. 2005, 534, 535 f.; *Fezer/Koos*, in: Staudinger, Internationales Wirtschaftsrecht (2015), Rn. 1134; *Gebauer*, ZEuP 2013, 870, 874 ff.; *Glöckner*, in:

klage nicht auf die Feststellung der Unerlaubtheit der betreffenden Handlung gerichtet sei, sondern – im Gegenteil – auf die Feststellung ihrer **Rechtmäßigkeit.**[48] Art. 5 Nr. 3 EuGVVO 2001 erfasse nur Klagen, die auf die Feststellung eines Schadens und der Haftung dafür gerichtet seien.[49] Außerdem könne die Anwendung von Art. 5 Nr. 3 EuGVVO 2001 auf negative Feststellungsklagen dem potentiell Geschädigten wegen der Rechtshängigkeitssperre das Recht nehmen, vor dem Richter desjenigen Ortes auf Schadensersatz zu klagen, an dem das schädigende Ereignis eingetreten sei.[50]

41 In seiner insoweit grundlegenden Entscheidung »Folien Fischer« vom 25.10.2012 hat der EuGH die Anwendbarkeit von Art. 5 Nr. 3 EuGVVO bejaht.[51] Diese

---

Harte/Henning, UWG[4], Einl. D Rn. 17; *Gottwald*, in: MünchKommZPO[5], Bd. 3, EuGVVO Art. 29 Rn. 10; *Grabinski*, GRUR Int. 2001, 199, 203; *Halfmeier*, in: GroßkommUWG[2], Einl. E Rn. 166; *Hausmann/Obergfell*, in: Fezer/Büscher/Obergfell, UWG[3], IntLautVerfR Rn. 375 a.E., 383 a; *Hess*, Europäisches Zivilprozessrecht, 2010, § 6 Rn. 66, 165; *Kropholler/v. Hein*, Europäisches Zivilprozessrecht[9], Art. 5 EuGVO Rn. 78; *Leible*, in: Rauscher, EuZPR/EuIPR[4], Bd. I, EuGVVO Art. 7 Rn. 114: *Lundstedt*, GRUR Int. 2001, 103, 106 f.; *Ohly*, in: Ohly/Sosnitza, UWG[7], Einf. B Rn. 7; *Retzer/Tolkmitt*, in: Harte/Henning, UWG[4], § 14 Rn. 29, 95; *Sujecki*, GRUR Int. 2012, 18, 21 f., 23; *Thole*, NJW 2013, 1192, 1193, 1196 (V.1.); *Ullmann*, in: jurisPK-UWG[4], Einl. Rn. 104; *Wiltschek/Majchrzak*, WRP 2017, 909, 920; *Wurmnest*, GRUR Int. 2005, 265, 267 f.; **gegen** die Anwendbarkeit von Art. 5 Nr. 3 EuGVVO 2001 GA *Jääskinen* in seinen Schlussanträgen vom 19.04.2012 im Fall Folien-Fischer, C-133/11, Nr. 43 ff., 46 f., 50 a.E., 52 f., 72; der ital. Kassationshof (Corte di Cassazione), 19.12.2003 – Nr. 19550, GRUR Int. 2005, 264 – Verpackungsmaschine II; Trib. di Bologna, 16.09.1998, GRUR Int. 2000, 1021 f. – Verpackungsmaschine; LG Brüssel, 12.05.2000, GRUR Int. 2001, 170, 172 f. – Röhm Enzyme; *Ullmann*, GRUR 2001, 1027, 1032.

48 Vgl. GA *Jääskinen* in seinen Schlussanträgen im Fall Folien-Fischer, C-133/11, Nr. 46, 47, 50 a.E.; OLG Hamburg, zitiert in Rn. 19 f. der EuGH-Entscheidung »Folien Fischer; Trib. di Bologna, 16.09.1998, GRUR Int. 2000, 1021 f. – Verpackungsmaschine (Anm. *Stauder*).

49 Ital. Corte di Cassazione, 19.12.2003 – Nr. 19550, GRUR Int. 2005, 264, 265 – Verpackungsmaschine II; ebenso wohl auch noch Schwed. Högsta Domstolen, 14.06.2000, GRUR Int. 2001, 178, 179 – Flootek; diese auf einen Schaden abstellende Ansicht ist durch die spätere Änderung des Wortlauts von Art. 5 Nr. 3 EuGVVO 2001 (entsprechend Art. 7 Nr. 2 EuGVVO 2012) überholt.

50 Ital. Corte di Cassazione, 19.12.2003 – Nr. 19550, GRUR Int. 2005, 264, 265 – Verpackungsmaschine II.

51 EuGH, 25.10.2012 – C-133/11, GRUR 2013, 98 Leits. u. Rn 36 ff. = WRP 2013, 177 – Folien Fischer; ebenso BGH, 01.02.2011 – KZR 8/10, GRUR 2011, 554, 555 Rn. 14 ff. – Trägermaterial für Kartenformulare; *Leible*, in: Rauscher, EuZPR/EuIPR[4], Bd. I, Art. 7 EuGVVO Rn. 114; *Lundstedt*, GRUR Int. 2001, 103, 106 f.; *Sujecki*, GRUR Int. 2012, 18, 21 f., 23; *Wurmnest*, GRUR Int. 2005, 265, 268; als »Fehlentwicklung« bezeichnet die Rechtsprechung des EuGH *Schlosser*, in: Schlosser/Hess, EU-Zivilprozessrecht[4], EuGVVO Art. 29 Rn. 4c.

Entscheidung ist aufgrund eines Vorlagebeschlusses des BGH vom 01.02.2011 in einer Kartellrechtsstreitigkeit ergangen, in der er die Anwendbarkeit von Art. 5 Nr. 3 EuGVVO 2001 für gerechtfertigt gehalten hat.[52]

42 Die Ansicht des EuGH verdient Zustimmung. Der Wortlaut von Art. 7 Nr. 2 EuGVVO erlaubt es nicht ohne Weiteres, eine negative Feststellungsklage von seinem Anwendungsbereich auszuschließen.[53] Eine negative Feststellungsklage hat nur zur Folge, dass sich die im Deliktsrecht üblichen Rollen umkehren.[54] Durch diese **Umkehrung der Rollen** wird jedoch eine negative Feststellungsklage nicht vom Geltungsbereich des Art. 7 Nr. 2 EuGVVO ausgeschlossen.[55] Denn in beiden Fällen bezieht sich die von dem angerufenen Gericht vorgenommene Prüfung im Wesentlichen auf **dieselben** tatsächlichen und rechtlichen Aspekte.[56] Eine negative Feststellungsklage und die Feststellung einer unerlaubten Handlung betreffen **spiegelbildlich** denselben Gegenstand.[57] Auch bei einer negativen Feststellungsklage ist also eine unerlaubte Handlung i.S.v. Art. 7 Nr. 2 EuGVVO Gegenstand des Verfahrens.[58]

(2) Begünstigung von Torpedoklagen

43 Gegen die Anwendbarkeit von Art. 7 Nr. 2 EuGVVO auf negative Feststellungsklagen war eingewendet worden, dass sie sog. **Torpedoklagen** ermögliche, die – z.B. in Italien – wegen der Rechtshängigkeitssperre des Art. 29 EuGVVO zu einer erheblichen Verzögerung der Verfahren führen können.[59] Dieses gewichtige Argument gegen negative Feststellungsklagen hat der EuGH in den Entscheidungen »Gubisch« und »Tatry« mit keinem Wort erwähnt. Er hat auch bisher keine brauchbaren Möglichkeiten aufgezeigt, gegen negative Feststellungsklagen vorzugehen, die auf eine Verzögerung des Verfahrens zielen oder mit denen sich der Kläger einen für ihn günstigen Gerichtsstand sichern will. Verhindern lassen sich solche negativen Feststellungsklagen nur, wenn man –

---

52 BGH, 01.02.2011 – KZR 8/10, GRUR 2011, 554 – Trägermaterial für Kartenformulare.

53 EuGH, 25.10.2012 – C-133/11, GRUR 2013, 98 Rn. 36, 54; ebenso im Ergebnis BGH, 01.02.2011 – KZR 8/10, GRUR 2011, 554, 555 – Trägermaterial für Kartenformulare.

54 EuGH, 25.10.2012 – C-133/11, GRUR 2013, 98 Rn. 43 – Folien Fischer.

55 EuGH, 25.10.2012 – C-133/11, GRUR 2013, 98 Rn. 44 – Folien Fischer.

56 EuGH, 25.10.2012 – C-133/11, GRUR 2013, 98 Rn. 48 – Folien Fischer.

57 BGH, 01.02.2011 – KZR 8/10. GRUR 2011, 554 Rn. 15, 17,18 – Trägermaterial für Kartenformulare; *Sujecki*, GRUR Int. 2012, 18, 22; a.A. *Thole*, NJW 2013, 1192, 1193 (II.2.), 1196 (V.2.).

58 BGH, 01.02.2011 – KZR 8/10, GRUR 2011, 554 Rn. 15 – Trägermaterial für Kartenformulare; *Kropholler/v. Hein*, Europäisches Zivilprozessrecht[9], Art. 5 EuGVO Rn. 76 f.

59 Gegen diesen Einwand *Sujecki*, GRUR Int. 2001, 18, 23.

entgegen dem EuGH – der Ansicht folgt, dass eine negative Feststellungsklage **keine** Rechtshängigkeitssperre gegen eine nachfolgende Leistungsklage auslöst, weil beide Klagen nicht »denselben Anspruch« im Sinne der deutschen Sprachfassung des Art. 29 EuGVVO zum Gegenstand haben (ausführlicher dazu unter Rdn. 113 ff.).

gg) Vorbeugende Unterlassungsklagen

44 Art. 7 Nr. 2 EuGVVO erfasst auch **vorbeugende** Unterlassungsklagen. Das folgt aus dem Tatbestandsmerkmal »oder einzutreten droht«, das zur Klarstellung in Art. 5 Nr. 3 EuGVVO 2001 eingefügt worden ist. Durch diese Einfügung beendete der Europäische Gesetzgeber die umfangreiche Diskussion darüber, ob Art. 5 Nr. 3 EuGVÜ, der dieses Tatbestandsmerkmal noch nicht enthielt, auch auf vorbeugende Unterlassungsklagen anwendbar sei.

hh) Anspruchskonkurrenz

45 Bei Anspruchskonkurrenz darf das angerufene Gericht über die geltend gemachten Klagen aus unerlaubter Handlung entscheiden, nicht hingegen über Klagen aus nicht-deliktischen Anspruchsgrundlagen, z.B. aus Vertrag oder ungerechtfertigter Bereicherung.[60] Der EuGH rechtfertigte dies damit, dass die in Art. 5 und 6 EuGVVO 2001 (jetzt Art. 7 und 8 EuGVVO 2012) genannten Zuständigkeiten Ausnahmen vom Grundsatz der Wohnsitzzuständigkeit des Beklagten seien und deshalb restriktiv ausgelegt werden müssten.[61]

ii) Lauterkeitsrecht

46 Unter die Zuständigkeit der Gerichte nach Art. 7 Nr. 2 EuGVVO fallen nach einhelliger Meinung auch Klagen auf Grund **unerlaubter Wettbewerbshandlungen.**[62] Dazu gehören auch Klagen auf Zahlung einer angemessenen

60 EuGH, 27.09.1988 – C-189/87, Slg. 1988, 5565 Rn. 19 ff. = NJW 1988, 3088 – Kalfelis; EuGH, 28.10.1998 – C-51/97, Slg. 1998, I-6511 Rn. 49 – Réunion européenne; EuGH, 11.10.2007 – C-98/06, Slg. 2007, I-8319 Rn. 42 ff. – Freeport; BGH, 07.12.2004 – XI ZR 366/03, RIW 2005, 307 Rn. 30 = NJW-RR 2005, 581 = IPRax 2006, 40; *Kropholler/v. Hein*, Europäisches Zivilprozessrecht[9], Art. 5 EuGVO Rn. 79; ausführlich dazu *Spickhoff*, IPRax 2009, 128 ff.

61 EuGH, 27.09.1988 – C-189/97, Slg. 1988, I-5565 Rn. 19 = NJW 1988, 3088 – Kalfelis; kritisch zu diesem Argument *Geimer*, NJW 1988, 3090; *Gottwald*, IPRax 1989, 272 ff.; differenzierend *Kropholler/v. Hein*, Europäisches Zivilprozessrecht[9], Art. 5 EuGVO Rn. 79; *Spickhoff*, IPRax 2009, 128 ff., 131 ff.

62 EuGH, 05.06.2014 – C-360/12, GRUR 2014, 806 Rn. 42 = WRP 2014, 1047 – Coty Germany; EuGH, 21.12.2016 – C-618/15, GRUR-RR 2017, 206 = WRP 2017, 416 – Concurrence/Samsung; BGH, 13.10.2004 – I ZR 163/02, GRUR 2005, 431, 432 (II.1.) = WRP 2005, 493 – Hotel Maritime; BGH, 30.03.2006 – I ZR 24/03,

Lizenzgebühr (Lizenzanalogie) oder auf Herausgabe des Verletzergewinns **als Schadensersatz** wegen unlauteren Wettbewerbs (dreifache Schadensberechnungsmethode).[63] **Art.** 7 Nr. 2 EuGVVO ist ferner anwendbar auf Klagen aus der Vereinbarung einer **Vertragsstrafe** wegen Verletzung einer lauterkeitsrechtlichen Unterlassungserklärung.[64] Außerdem erfasst Art. 7 Nr. 2 EuGVVO auch Ansprüche auf Herausgabe des Verletzergewinns nach § 10 UWG.[65]

47 Art. 7 Nr. 2 EuGVVO ist hingegen nicht anwendbar auf Klagen wegen ungerechtfertigter Bereicherung oder wegen unerlaubter Geschäftsführung ohne Auftrag, auch wenn die Haftung ihren Grund in unlauterem Wettbewerb hat.[66] Es handelt sich bei diesen Ansprüchen weder um Ansprüche aus unerlaubter Handlung noch um Ansprüche aus Handlungen, die unerlaubten Handlungen i.S.v. Art. 7 Nr. 2 **gleichgestellt** sind. Auch wenn ein Gericht bei **Anspruchskonkurrenz** für Ansprüche aus dem UWG nach Art. 7 Nr. 2 EuGVVO zuständig ist, umfasst diese Zuständigkeit nicht auch konkurrierende Ansprüche wegen ungerechtfertigter Bereicherung oder unerlaubter Geschäftsführung ohne Auftrag. Die Ansicht, dass Ansprüche wegen ungerechtfertigter Bereicherung oder unerlaubter Geschäftsführung ohne Auftrag, die ihren Grund in unerlaubtem Wettbewerb haben, nicht vor den nach Art. 7 Nr. 2 EuGVVO zuständigen Gerichten geltend gemacht werden können, ist allerdings in Deutschland heftig kritisiert worden. Wegen der inhaltlichen Nähe der dreifachen Schadensberechnungsmethode und den Ansprüchen aus ungerechtfertigter Bereicherung oder aus

GRUR 2006, 513 Rn. 19 ff. = WRP 2006, 736 – Arzneimittelwerbung im Internet; BGH, 12.12.2013 – I ZR 131/12, GRUR 2014, 601 Rn. 16 – englischsprachige Pressemitteilung (zu § 4 Nr. 7 UWG 2004); BGH, 27.11.2014 – I ZR 1/11, GRUR 2015, 689 Rn. 26 = WRP 2015, 735 – Parfumflakon III; öst. OGH, 16.12.2010 – 17 Ob 13/10a, GRUR Int. 2011, 450, 451 – Schneeketten; öst OGH, 10.07.2012 – 4 Ob 33/12z, GRUR Int. 2013, 292, 293 (1.2.) – Winterreifen; öst. OGH, 23.02.2016 – 4 Ob 214/15x, ÖJZ 2016, 471 – Schwarze Listen; ebenso zu Art. 5 Nr. 3 LugÜ BGH, 28.06.2007 – I ZR 49/04, GRUR 2007, 884 Rn. 24 = WRP 2007, 1200 – Cambridge Institute; ebenso die einhellige Meinung im Schrifttum, vgl. *Klinkert*, WRP 2018, 1038 Rn. 2; *Kropholler/v. Hein*, Europäisches Zivilprozessrecht[9], Art. 5 EuGVO Rn. 74; *Ullmann*, in: jurisPK-UWG[4], Einl. Rn. 115; *Wiltschek/Majchrzak*, WRP 2017, 909, 920.

63 *Fezer/Koos*, in: Staudinger, Internationales Wirtschaftsrecht (2015), Rn. 798; *Hausmann/Obergfell*, in: Fezer/Büscher/Obergfell, UWG[3], Rn. 385 a.E., 386.

64 Nach der Gegenansicht fallen diese Klagen unter Art. 7 Nr. 1 EuGVVO, so *Fezer/Koos*, in: Staudinger, Internationales Wirtschaftsrecht (2015), Rn. 792; *Glöckner*, in: Harte/Henning, UWG[4], Einl. D Rn. 15 a.

65 *Fezer/Koos*, in: Staudinger, Internationales Wirtschaftsrecht (2015), Rn. 800.

66 Vgl. EuGH, 27.09.1988 – Rs. 189/87, Slg. 1988, 5565 Rn. 19 ff. = NJW 1988, 3088 – Kalfelis; *Fezer/Koos*, in: Staudinger, Internationales Wirtschaftsrecht (2015), Rn. 793 f; *Hausmann/Obergfell*, in: Fezer/Büscher/Obergfell, UWG[3], IntLautVerfR Rn. 384.

unerlaubter Geschäftsführung ohne Auftrag, sofern sie ihren Grund in unerlaubtem Wettbewerb haben, seien unterschiedliche Zuständigkeiten nicht zu rechtfertigen.[67] Dem hat jedoch der EuGH entgegengehalten, dass die in Art. 5 und 6 EuGVVO 2001 aufgezählten besonderen Zuständigkeiten als **Ausnahmen** von der Wohnsitzzuständigkeit einschränkend auszulegen seien und dass die Nachteile unterschiedlicher Zuständigkeiten entfallen, wenn der Kläger vor dem Wohnsitzgerichtsstand klage.[68]

48 Art. 7 Nr. 2 EuGVVO ist auch nicht anwendbar bei Klagen auf Erfüllung von **Gewinnzusagen** i.S.v. § 661a BGB. Denn Ansprüche wegen nicht eingehaltener Gewinnzusagen sind, auch wenn die Nichteinhaltung unlauterer Wettbewerb ist, **vertragsrechtlich** zu qualifizieren.[69] Der zivilrechtliche Erfüllungsanspruch soll die insoweit nicht ausreichenden wettbewerbsrechtlichen Sanktionen ergänzen.[70] Selbst wenn man § 661a BGB entgegen dem EuGH nicht nur vertragsrechtlich, sondern auch lauterkeitsrechtlich qualifizieren würde, wäre nur Art. 7 Nr. 1 EuGVVO anzuwenden. Denn das Tatbestandsmerkmal der unerlaubten Handlung oder gleichgestellter Handlungen in Art. 7 Nr. 2 EuGVVO erfasst nur Fälle der Schadenshaftung, die nicht an einen Vertrag anknüpft.[71]

b) Der Handlungsort i.S.v. Art. 7 Nr. 2 EuGVVO

49 Einer der Orte des schädigenden Ereignisses i.S.v. Art. 7 Nr. 2 EuGVVO ist nach Ansicht des EuGH und nach ganz herrschender Lehre der **Handlungsort.**[72] Diese Ansicht entspricht der ständigen Rechtsprechung des EuGH seit

---

67 Vgl. *Fezer/Koos*, in: Staudinger, Internationales Wirtschaftsrecht (2015), Rn. 799; *Geimer*, NJW 1988, 3089, 3090; *Gottwald*, IPRax 1989, 272 ff.; *Mansel*, ZVglRWiss 86 (1987), 1, 21; *Hausmann/Obergfell*, in: Fezer/Büscher/Obergfell, UWG^3, IntLautVerfR Rn. 388 m. w. Nachw. in Fn. 208; *Wolf*, IPRax 1999, 86 f.

68 EuGH, 27.09.1988 – Rs. 189/87, Slg. 1988, 5565 Rn. 19 f. = NJW 1988, 3088 – Kalfelis.

69 EuGH, 20.01.2005 – C-27/82, NJW 2005, 811 Leits. und Rn. 60 – Engler; *Fezer/Koos*, in: Staudinger, Internationales Wirtschaftsrecht (2015), Rn. 801; *Hausmann/Obergfell*, in: Fezer/Büscher/Obergfell, UWG^3, IntLautVerfR Rn. 379.

70 *Hausmann/Obergfell*, in: Fezer/Büscher/Obergfell, UWG^3, IntLautVerfR Rn. 379.

71 Vgl. EuGH, 27.09.1988 – Rs. 189/87, Slg. 1988, 5565 Rn. 17 = NJW 1988, 3088 – Kalfelis; EuGH, 26.03.1992 – C-262/90, Slg. 1992, I-2149 Rn. 16 – Reichert und Kockler; EuGH, 27.10.1998 – C- 51/97, Slg. 1998, I-6511 Rn. 22 – Réunion européenne; EuGH, 11.07.2002 – C-96/00, Slg. 2002, I-6367 Rn. 33 = NJW 2002, 2697 – Gabriel; EuGH, 01.10.2002 – C-167/00, Slg. 2002, I-8111 Rn. 36 – Henkel; EuGH, 20.01.2005 – C-27/02, NJW 2005, 811 Rn. 29 – Engler; EuGH, 13.03.2014 – C-548/12, NJW 2014, 1648 Rn. 24 f. – Brogsitter.

72 Ausführlich zum »Handlungsort« bei der Verletzung gewerblicher Schutzrechte *Bukow*, Verletzungsklagen aus gewerblichen Schutzrechten, 2003, S. 40 ff.

seiner Entscheidung »Mines de Potasse« vom 30.11.1976 (siehe oben Kap. 19 Rdn. 29)

50 Der Begriff des Handlungsortes ist nach herrschender Meinung restriktiv auszulegen. Handlungsort ist der »Ort des ursächlichen Geschehens,« d.h. der Ort, »an dem sich das Ereignis verwirklicht hat, das zu dem Schaden selbst geführt hat«.[73] Dabei reichen auch Teilhandlungen aus.[74]

51 Wenn z.B. ein Unternehmen des Landes A Werbebriefe mit irreführendem Inhalt ausschließlich in das Land B versendet,[75] wäre das Land A der Handlungsort und das Land B der Erfolgsort. Wenn ein Unternehmen im Land A unlautere Produktnachahmungen **herstellt**, die ausschließlich im Ausland vertrieben werden,[76] dann ist das Land A, von dem aus die Produkte vertrieben werden, Handlungsort, die ausländischen Vertriebsgebiete sind Erfolgsorte. Bei Internetwerbung ist nach ihrer Verbreitung der Ort ihrer Einspeisung ins **Internet** der Handlungsort i.S.v. Art. 7 Nr. 2 EuGVVO,[77] nicht hingegen der Standort eines Servers.

52 Abweichend von dieser Ansicht hält ein Teil des Schrifttums bei **marktbezogenen** Wettbewerbshandlungen **nur** den **Marktort** für den Ort des schädigenden Ereignisses i.S.v. Art. 7 Nr. 2 EuGVVO.[78] Bei sachgerechtem Zuschnitt von

---

73 EuGH, 16.07.2009 – C-189/08, Slg. 2009, I-6917 Rn. 27 = NJW 2009, 3501 – Zuid-Chemie.

74 Vgl. *v. Hein*, IPRax 2006, 460, 461 f.; *Hess*, Europäisches Zivilprozessrecht, § 6 Rn. 70.

75 So z.B. der Fall »Gewinnspiel im Ausland«, BGH, 26.11.1997 – I ZR 148/95, GRUR 1998, 419 = WRP 1998, 386 – Gewinnspiel im Ausland; ähnlich der öst. Fall »fairguide.com« des OGH, 28.09.2006 – 4 Ob 148/06b, GRUR Int. 2007, 941 (2.4.) = ÖBl. 2007, 67.

76 So der Fall »Kindersaugflaschen«, BGH, 30.06.1961 – I ZR 39/60, GRUR 1962, 243 = WRP 1962, 13.

77 Vgl. EuGH, 19.04.2012 – C-523/10, GRUR 2012, 645 Rn. 30 ff.; EuGH, 22.01.2015 – C-441/13, GRUR 2015, 296 Rn. 24 f. = WRP 2015, 332 – Hejduk; BGH,12.12.2013 – I ZR 131/12, GRUR 2014, 601 Rn. 18 = WRP 2014, 548 – englischsprachige Pressemitteilung; *Hausmann/Obergfell*, in: Fezer/Büscher/Obergfell, UWG[3], IntLautVerfR Rn. 415; *Klinkert*, WRP 2018, 1138 Rn. 3; *Retzer/Tolkmitt*, in: Harte/Henning, UWG[4], § 14 UWG Rn. 75.

78 Vgl. *Fezer/Koos*, in: Staudinger, Internationales Wirtschaftsrecht (2015), Rn. 804, 805 a; *Glöckner*, in: Harte/Henning, UWG[4], Einl D Rn. 20 a, 21 a.E.; *Mankowski*, in: MünchKommUWG[2], IntWettbR Rn. 385 ff., 398 a.E.; *Ohly*, in: Ohly/Sosnitza, UWG[7], Einf. B Rn. 8, a.A. *Bachmann*, IPRax 1998, 179, 182; *Behr*, GRUR Int. 1992, 604, 608; *Hausmann/Obergfell*, in: Fezer/Büscher/Obergfell, UWG[3], IntLautVerfR Rn. 413; *Lindacher*, GRUR Int. 2008, 453, 454; *Schütze*, in: Gloy/Loschelder/Erdmann, Hdb des Wettbewerbsrechts[4], § 11 Rn. 19.

Handlungs- und Erfolgsort bestehe kein großer Unterschied zur kollisionsrechtlichen Marktortanknüpfung, da bei dieser gemeinhin Handlungs- und Erfolgsort zusammenfielen,[79] d.h. im Lauterkeitsrecht liege der Handlungsort nur am Marktort. Der Begriff des schädigenden Ereignisses bedürfe im Lauterkeitsrecht einer Modifizierung dahingehend, dass (nur) der Marktort, d.h. der Ort, an dem auf die Wettbewerbsbeziehungen oder die kollektiven Interessen der Verbraucher eingewirkt werde, maßgeblich sei.[80] Bei der Konkretisierung des Handlungsortes sei der Maßstab des Art. 6 Rom II-VO zugrundezulegen.[81]

53 Diese Ansicht steht jedoch mit der Verengung des Begriffs des schädigenden Ereignisses i.S.v. Art. 7 Nr. 2 EuGVVO im Lauterkeitsrecht in klarem Widerspruch zur Rechtsprechung des EuGH, der zu den Orten des schädigenden Ereignisses auch den Ort des **ursächlichen** Geschehens, d.h. den Handlungsort rechnet. Die oben genannten Beispiele des Versendens irreführender Werbebriefe vom Staat A ausschließlich in den Staat B oder die Herstellung unlauterer Produktnachahmungen im Staat A ausschließlich zur Veräußerung in anderen Staaten zeigen, dass auch im Lauterkeitsrecht der Handlungsort keineswegs mit dem Marktort, d.h. mit dem Erfolgsort übereinstimmen muss. Gegen die Zuständigkeit der Gerichte des Handlungsortes bestehen zwar gewichtige Bedenken.[82] Vor allem ist ein Gericht des Handlungsortes, wenn sich dieser vom Erfolgsort unterscheidet, meist zur Anwendung **ausländischen Sachrechts** gezwungen. Außerdem kann der Verletzte durch eine negative Feststellungsklage des Verletzers vor ein für den Verletzten ausländisches Gericht gezwungen werden. Es ist jedoch unwahrscheinlich, dass der EuGH seine ständige Rechtsprechung ändern wird, nach der Orte des schädigenden Ereignisses i.S.v. Art. 7 Nr. 2 EuGVVO nicht nur die Erfolgsorte, sondern auch die Handlungsorte sind.

54 **Nicht** zu den **Handlungsorten** gehören Orte bloßer Vorbereitungshandlungen.[83] Deshalb begründet z.B. bei einem territorialen Auseinanderfallen von Werbe- und Absatzmarkt irreführende Werbung auf dem Werbemarkt nur die Zuständigkeit von Gerichten des Werbemarktes, hingegen keine Zuständigkeit von Gerichten des Absatzmarktes.[84]

---

79 *Mankowski*, in: MünchKommUWG², IntWettbR Rn. 385, 398 a.E.
80 *Ohly*, in: Ohly/Sosnitza, UWG⁷, Einf. B Rn. 8.
81 *Glöckner*, in: Harte/Henning, UWG⁴, Einl. D Rn. 20 a, 21, 22.
82 Zutreffend *Glöckner*, in: Harte/Henning, UWG⁴, Einl. D Rn. 19 ff.
83 *Hausmann/Obergfell*, in: Fezer/Büscher/Obergfell, UWG³, IntLautVerfR Rn. 413.
84 *Hausmann/Obergfell*, in: Fezer/Büscher/Obergfell, UWG³, IntLautVerfR Rn. 398.

c) Der Erfolgsort i.S.v. Art. 7 Nr. 2 EuGVVO

aa) Allgemeine Anmerkungen

55 Erfolgsort ist nach Ansicht des EuGH der Ort, an dem aus einem Ereignis, das für die Auslösung einer Schadensersatzpflicht wegen unerlaubter Handlung oder wegen einer Handlung, die einer unerlaubten Handlung gleichgestellt ist, in Betracht kommt, ein Schaden entstanden ist.[85] Es ist nach einhelliger Meinung der Ort, an dem das haftungsauslösende Ereignis den unmittelbar Betroffenen direkt geschädigt hat.[86] Bei reinen Vermögensschäden, die nicht auf einer Rechts- oder Rechtsgutsverletzung beruhen, ist »der Ort des ersten unmittelbar verletzten Interesses« maßgeblich.[87]

56 Im Lauterkeitsrecht gehören zu den Erfolgsorten insbesondere die Marktorte, wo die Wettbewerbsbeziehungen oder die kollektiven Interessen der Verbraucher beeinträchtigt worden sind oder beeinträchtigt zu werden drohen.[88]

57 **Nicht** zum schädigenden Ereignis i.S.v. Art. 7 Nr. 2 EuGVVO gehören **Folgeschäden**,[89] z.B. Vermögensschäden am Unternehmenssitz des Klägers,[90] wenn sie die **mittelbare** Folge von Schäden sind, die erstmals an einem anderen Ort entstanden sind.[91] Abzulehnen ist allerdings die Ansicht des österreichischen

85 EuGH, 10.07.2009 – C-189/08, Slg. 2009. I-6917 Rn. 26 = NJW 2009, 3501 – Zuid-Chemie.

86 EuGH, 11.01.1990 – C-220/88, Slg. 1990, I-49 Rn. 14 ff., 20 = NJW 1991, 631 – Dumez France; *Fezer/Koos*, in: Staudinger, Internationales Wirtschaftsrecht (2015), Rn. 802; *Geimer*, JZ 1995, 1108 f.; *Hausmann/Obergfell*, in: Fezer/Büscher/Obergfell, UWG[3], IntLautVerfR Rn. 397; *Hohloch*, IPRax 1997, 312; *Köhler*, ZEuP 1996, 465.

87 BGH 24.06.2014 – VI ZR 315/13, RIW 2015, 307 Rn. 37.

88 *Kropholler/v. Hein*, Europäisches Zivilprozessrecht[9], Art. 5 EuGVO Rn. 84a.

89 EuGH, 30.11.1976 – Rs. 21/76, Slg. 1976, 1735 Rn. 24, 25 = NJW 1976, 493 – Mines de Potasse; EuGH, 07.03.1995 – C-68/93, Slg. 1995, I-415 Rn. 20 = NJW 1995, 1881 – Shevill; EuGH, 19.09.1995 – C-364/93, Slg. 1995, I-2719 – Marinari; *Kropholler/v. Hein*, Europäisches Zivilprozessrecht[9], Art. 5 EuGVO Rn. 87, 91.

90 Vgl. öst. OGH, 10.07.2012 – 4 Ob 33/12z = GRUR Int 2013, 292 (Leits. 2), 293 (3.) – Winterreifen; *Fezer/Koos*, in: Staudinger, Internationales Wirtschaftsrecht (2015), Rn. 802.

91 EuGH, 11.01.1990 – C-220/88, Slg. 1990, I-49 Rn. 14 ff., 20, 22 = NJW 1991, 631 – Dumez France; EuGH, 19.09.1995 – C-364/33, Slg. 1995, I-2719 Rn. 14 – Marinari; EuGH, 10.06.2004 – C-168/02, Slg. 2004, I-6009 Rn. 21 = NJW 2004, 2441 – Kronhofer; EuGH, 10.09.2015 – C-47/14, EU:C:2015:574 Rn. 78 – Holterman Fergo Exploitatie; EuGH, 16.06.2016 – C-12/15, GRUR Int. 2016, 858 Rn. 35 – Universal Music/Schilling; BGH, 27.11.2014 – I ZR 1/11, GRUR 2015, 689 (Leits. 1 a.E.) – Parfumflakon III; öst. OGH, 16.12.2010 – 17 Ob 13/10a, GRUR Int. 2011, 450, 451 – Schneeketten; *Fezer/Koos*, in: Staudinger, Internationales Wirtschaftsrecht (2015), Rn. 802; *Glöckner*, in: Harte/Henning, UWG[4], Einl. D Rn. 24;

OGH, dass es bei einer rufschädigenden Behauptung eines italienischen Unternehmens gegenüber einem japanischen Unternehmen über ein österreichisches Unternehmen wegen angeblicher Patentverletzung an dem erforderlichen Zusammenhang in Österreich fehle, weil der Ruf der Klägerin nur in Japan verletzt worden sei.[92]

58 Die Zuständigkeit nach Art. 7 Nr. 2 EuGVVO ist nicht davon abhängig, dass durch die betreffende Handlung tatsächlich eine Rechtsverletzung eingetreten ist.[93] Ausreichend ist vielmehr nach der Erweiterung des Vorgängers dieser Vorschrift, dass ein schädigendes Ereiognis einzutreten droht. Außerdem reicht es für die Feststellung der **Zuständigkeit** aus, dass die Verletzung eines Rechts oder Rechtsguts im Inland **behauptet** wird und diese nicht von vornherein ausgeschlossen ist.[94]

bb) Fallgruppen

(1) Wettbewerbsverstöße in Druckschriften

59 Bei Wettbewerbsverstößen in Druckschriften, d.h. in Zeitungen, Zeitschriften, Werbeprospekten, Katalogen usw. ist der Erfolgsort derjenige Ort, an dem der Herausgeber bzw. der Werbende die Adressaten erreichen will oder an dem er einen nicht unerheblichen Teil der Bevölkerung tatsächlich erreicht. Die Verbreitung muss geeignet sein, den Wettbewerb in dem Bezirk des angerufenen Gerichts zum Nachteil von Mitbewerbern zu beeinflussen.[95] Nicht erforderlich ist, dass es sich um das **bestimmungsgemäße** Verbreitungsgebiet der betreffenden Druckschrift handelt.[96] Eine **rein zufällige** Verbreitung der Druckschrift

Hausmann/Obergfell, in: Fezer/Büscher/Obergfell, UWG[3], IntLautVerfR Rn. 396 a, 397; *Kropholler/v. Hein*, Europäisches Zivilprozessrecht[9], Art. 5 EuGVO Rn. 83d; *Ullmann*, in: jurisPK-UWG[4], Einl. Rn. 102 (»Reflexwirkungen«).

92 So jedoch öst. OGH, 16.12.2010 – 17 Ob 13/10a, GRUR Int. 2011, 450, 451 – Schneeketten.

93 BGH, 13.10.2004 – I ZR 163/02, GRUR 2005, 431, 432 = WRP 2005, 493 – Hotel Maritime; BGH, 30.03.2006 – I ZR 24/03, GRUR 2006, 513 Rn. 21 = WRP 2006, 736 – Arzneimittelwerbung im Internet.

94 BGH, 13.10.2004 – I ZR 163/02, GRUR 2005, 431 (Leits. 1), 432 (II.1.) – WRP 2005, 493 – Hotel Maritime; BGH, 30.03.2006 – I ZR 24/03, GRUR 2006 513 Rn. 21 = WRP 2006, 736 – Arzneimittelwerbung im Internet; BGH, 15.02.2007 – I ZR 114/04, GRUR 2007, 871 Rn. 17 = WRP 2007, 1219 – Wagenfeld-Leuchte.

95 Vgl. *Hausmann/Obergfell*, in: Fezer/Büscher/Obergfell, UWG[3], IntLautVerfR Rn. 457; ebenso zu § 14 UWG *Zülch*, in: GroßkommUWG[2], Bd. 3, § 14 Rn. 48, 59; gegen diese Einschränkung *Bähr*, in: Ahrens, Der Wettbewerbsprozess[8], Kap. 17 Rn. 19.

96 A.A. *Hausmann/Obergfell*, in: Fezer/Büscher/Obergfell, UWG[3], IntLautVerfR Rn. 457.

genügt hingegen nicht. Denn dies würde zu einer uferlosen Ausweitung sog. fliegender Gerichtsstände führen.

(2) Werbung in Rundfunk und Fernsehen

60 Bei Werbung in Rundfunk und Fernsehen ist zweifellos derjenige Ort Erfolgsort, an dem die Information Dritten bestimmungsgemäß zur Kenntnis gebracht wird. Eine **bestimmungsgemäße** Verbreitung der betreffenden Rundfunk- oder Fernsehwerbung an diesem Ort ist jedoch nicht erforderlich. Ausreichend, aber auch erforderlich ist, dass die Rundfunk- oder Fernsehwerbung die Marktverhältnisse zum Nachteil von Mitbewerbern beeinflussen kann. Ein **Disclaimer** kann ein Indiz für eine Einschränkung des Verbreitungsgebiets sein.

(3) Veröffentlichungen im Internet

61 Veröffentlichungen im **Internet** können in (fast) allen Staaten der Welt abgerufen werden. Das weiß auch der Internetbenutzer, der das Internet für Werbung und sonstige Wettbewerbshandlungen benutzt. Dennoch sind nach nahezu einhelliger Ansicht bei rechtlich zweifelhaften Wettbewerbshandlungen im Internet nicht alle Gerichte nach Art. 7 Nr. 2 EuGVVO zuständig, an denen die beanstandete Internetveröffentlichung **abrufbar** ist.[97]

62 Um die Zuständigkeit einer Vielzahl von Erfolgsort-Gerichtsständen zu vermeiden, hat der I. Zivilsenat des BGH ursprünglich vorgeschlagen, dass nur die Gerichte derjenigen Staaten als Erfolgsort-Gerichte zuständig sein sollen, in denen sich der beanstandete Internetauftritt **bestimmungsgemäß** auswirken sollte.[98]

63 Großzügiger war hingegen der EuGH. Er verlangte für die Anwendbarkeit von Art. 5 Nr. 3 EuVVO 2001 nicht, dass die fragliche Handlung auf den Mit-

---

97 BGH, 10.11.2009 – VI ZR 217/08, GRUR 2010, 261 Rn. 17 f. = WRP 2010, 108 – www.rainbow.at; *Fezer/Koos*, in: Staudinger, Internationales Wirtschaftsrecht (2015), Rn. 820 f.; *Hausmann/Obergfell*, in: Fezer/Büscher/Obergfell, UWG[3], IntLautVerfR Rn. 409 a; a.A., jedoch mit Einschränkungen, *Bähr*, in: Ahrens, Der Wettbewerbsprozess[8], Kap. 17 Rn. 26, der Abrufbarkeit zwar grundsätzlich genügen lässt, jedoch eine Ausnahme davon bei einer missbräuchlichen Wahl des Gerichtsstandes macht.

98 BGH, 13.10.2004 – I ZR 163/02, GRUR 2005, 431, 432 = WRP 2005, 493 – Hotel Maritime; BGH, 30.03.2006 – I ZR 24/03, GRUR 2006, 513 Rn. 21 = WRP 2006, 736 – Arzneimittelwerbung im Internet; BGH, 10.11.2009 – VI ZR 217/08, GRUR 2010, 261 Rn. 19 = WRP 2010, 108 – www.rainbow.at; BGH, 12.12.2013 – I ZR 131/12, GRUR 2014, 601 Leits. 1 u. Rn. 26 = WRP 2014, 548 – englischsprachige Pressemitteilung; ebenso *Glöckner*, in: Harte/Henning, UWG[4], Einl. D Rn. 25 b; *Hausmann/Obergfell*, in: Fezer/Büscher/Obergfell, UWG[3], IntLautVerfR Rn. 406, 409 a, 411.

gliedstaat des angerufenen Gerichts »**ausgerichtet**« war bzw. ist.[99] Es genüge vielmehr die Gefahr, dass sich der **Schadenserfolg** im Bezirk des angerufenen Gerichts verwirkliche.[100]

64 Unter Hinweis auf die Ansicht des EuGH hat dann der I. Zivilsenat des BGH in einer urheberrechtlichen Entscheidung vom 21.04.2016 seine ursprüngliche Ansicht aufgegeben, dass bei Internetauftritten ein Erfolgsort nur in den Mitgliedstaaten bestehe, in denen sie **bestimmungsgemäß** abgerufen werden können.[101] Zuvor hatte bereits der VI. Zivilsenat des BGH in seiner Entscheidung »www.rainbow.at« vom 10.11.2009 ausgeführt, dass es zu einer Begrenzung der Gerichtsstände auf diejenigen neige, in deren Zuständigkeitsbereich eine **Interessenkollision** eingetreten sein könne.[102] Denn andernfalls wären eine große Vielzahl von Gerichten als Erfolgsort-Gerichte zuständig. Das widerspräche dem Zweck des Art 5 Nr. 3 EuGVVO 2001. Denn diese Vorschrift sei eine Ausnahme von dem Grundsatz, dass der Beklagte vor den Gerichten seines Wohnsitzes zu verklagen sei. Diese Ausnahme sei nur bei einer besonders engen Beziehung zwischen der Streitigkeit und dem angerufenen Gericht gerechtfertigt.

65 Die Ansicht des EuGH und die neuere Ansicht des BGH verdienen Zustimmung. Die Erfolgsort-Zuständigkeit erfordert keine bestimmungsgemäße Schädigung, sondern ist schon dann gegeben, wenn sich ein Schadenserfolg im Bezirk des angerufenen Gerichts verwirklicht hat oder zu verwirklichen droht. Für Wettbewerbsdelikte folgt daraus, dass die Gerichte derjenigen Staaten als Erfolgsort-Gerichte zuständig sind, in denen eine geschäftliche Praktik die Marktverhältnisse beeinflussen kann.[103] Es ist der **Marktort**, an dem nach den Behauptungen des Klägers auf die Wettbewerbsbeziehungen zwischen

99 EuGH, 03.10.2013 – C-170/12, GRUR 2014, 100 Rn. 42 = WRP 2013, 1456 – Pinckney; EuGH, 22.01.2015 – C-441/13, GRUR 2015, 296 Rn. 32 = WRP 2015, 332 – Hejduk.

100 EuGH, 03.10.2013 – C-170/12, GRUR 2014, 100 Rn. 43 = WRP 2013, 1456 – Pinckney.

101 BGH, 21.04.2016 – I ZR 43/14, GRUR 2016, 1048 Rn. 18 – An Evening with Marlene Dietrich; gegen das Erfordernis einer bestimmungsgemäßen Abrufbarkeit auch *Bettinger/Thum*, GRUR Int. 1999, 659, 666; *Fezer/Koos,* in: Staudinger, Internationales Wirtschaftsrecht (2015), Rn. 822; *Ingerl/Rohnke*, MarkenG^3, Einl. Rn. 48.

102 BGH, 10.11.2009 – VI ZR 217/08, GRUR 2010, 261 Rn. 17 = WRP 2010, 108 – www.rainbow.at.

103 Vgl. öst. OGH, 10.07.2012 – 4 Ob 33/12z, GRUR Int. 2013, 292 (Leits. 2) u. 293 (6.) – Winterreifen; *Glöckner*, WRP 2011, 137, 143 a.E.; *Ingerl/Rohnke*, MarkenG^3, Einl. Rn. 48.

den Unternehmen und die kollektiven Interessen der Verbraucher eingewirkt wird.[104]

66 Daran fehlt es, wenn Internetwerbung in einer **Sprache** gehalten ist, die im Land des angerufenen Gerichts niemand oder kaum jemand versteht, so dass die Werbung in diesem Land keine spürbaren Marktauswirkungen haben kann. Auch ein eher zufälliger »Over-Spill«, der die Interessen eines Unternehmens nicht spürbar beeinträchtigt, begründet an dessen Sitz keine Erfolgsort-Zuständigkeit. Ein sog. **Disclaimer**, mit dem der Werbende ankündigt, Adressaten iin einem bestimmten Land nicht zu beliefern, kann ein Indiz für eine entsprechende Einschränkung des Verbreitungsgebiets sein.[105]

(4) Telefon-, Telefax- und E-Mail-Werbung

67 Bei Telefon-, Telefax- und E-Mail-Werbung ist Erfolgsort der Empfangsort.[106]

(5) Unlautere Produktnachahmungen

68 Bei unlauteren Produktnachahmungen liegt der Erfolgsort in dem Land, in dem die betreffenden Produkte **angeboten** werden. Der **Herstellungsort** der Produktnachahmungen kommt hingegen als Erfolgsort nicht in Betracht, wenn man mit der in Deutschland h.M. davon ausgeht, dass die bloße Herstellung wettbewerbsrechtlich neutral sei.[107] Folgt man hingegen der hier bevorzugten Gegenansicht, dass bereits die **Herstellung** unlauterer Produktnachahmungen unlauterer Wettbewerb sei,[108] dann ist auch der Herstellungsort Erfolgsort.

cc) Kritik an der Zuständigkeit der Erfolgsort-Gerichte

69 Die Zuständigkeit der Erfolgsort-Gerichte wurde heftig kritisiert, Dadurch werde das grundlegende Prinzip des Beklagtengerichtsstandes i.S.v. Art. 4 I EuGVVO faktisch ausgehebelt.[109] Art. 7 Nr. 2 EuGVVO werde zum **Klägergerichtsstand** umfunktioniert.[110] Damit verschiebe der EuGH das Prinzip der

---

104 Vgl. *Ohly*, in: Ohly/Sosnitza, UWG[7], Einf. B Rn. 8.

105 So zu Art. 5 Nr. 3 EuGVÜ BGH, 30.03.2006 – I ZR 24/03, GRUR 2006, 513 Rn. 22 = WRP 2006, 736 – Arzneimittelwerbung im Internet.

106 So zu § 14 UWG *Büscher*, in: Fezer/Büscher/Obergfell, UWG[3], § 14 Rn. 32; *Köhler/Feddersen*, in: Köhler/Bornkamm/Feddersen, UWG[37], § 14 Rn. 16; *Zülch*, in: GroßkommUWG[2], § 14 Rn. 53.

107 So zum Kollisionsrecht BGH, 30.06.1961 – I ZR 39/60, GRUR 1962, 243, 246 -Kindersaugflaschen.

108 Vgl. *Sack*, WRP 2017, WRP 2017, 132 Rn. 26 ff.

109 Vgl. *Heinze*, EuZW 2011, 947, 949.

110 Vgl. *Heinze*, EuZW 2011, 947, 950; *v. Hinden*, ZEuP 2012, 948, 950; *M. Köhler*, WRP 2013, 1130 Rn. 23; ebenso für das internationale Lauterkeitsrecht *Fezer/*

Waffengleichheit zugunsten des Verletzten.[111] Er bevorzuge den Kläger auf Kosten des potentiellen Verletzers. Das ist allerdings eine Kritik an der allgemein anerkannten fundamentalen These des EuGH, dass bei unerlaubten Handlungen nach Art. 7 Nr. 2 EuGVVO (zuvor Art. 5 Nr. 3 EuGVVO/EuGVÜ) sowohl die Gerichte des Handlungsortes als auch die des Erfolgsortes zuständig seien.[112]

d) Die Kognitionsbefugnis nach Art. 7 Nr. 2 EuGVVO und das internationale Lauterkeitsrecht

aa) Die Entwicklung der Rechtsprechung des EuGH

(1) Entscheidungen zu Persönlichkeitsverletzungen

70 Nach ständiger Rechtsprechung des EuGH kann bei den Gerichten am **Wohnsitz** des Beklagten i.S.v. Art. 4 I EuGVVO sowie bei den **Handlungsort**-Gerichten i.S.v. Art. 7 Nr. 2 EuGVVO der gesamte nationale und EU-weite Schaden eingeklagt werden, den der Geschädigte durch Persönlichkeitsverletzungen erlitten hat. Außerdem kann der Verletzte vor diesen Gerichten gegen alle nationalen und EU-weiten Verletzungen seiner Persönlichkeitsrechte mit Unterlassungs- und Beseitigungsklagen vorgehen.

a) Dies galt ursprünglich auch für Klagen auf Schadensersatz, Unterlassung und Beseitigung usw. vor **Erfolgsort**-Gerichten i.S.v. Art. 5 Nr. 3 EuGVÜ und EuGVVO 2001 (jetzt Art. 7 Nr. 2 EuGVVO 2012).
b) Die Reichweite der Kognitionsbefugnis der **Erfolgsort**-Gerichte hat der EuGH jedoch in seiner insoweit grundlegenden *Shevill*-Entscheidung von 1995 ganz erheblich eingeschränkt. Bei Klagen am Erfolgsort seien nur diejenigen Schäden infolge von Persönlichkeitsverletzungen einklagbar, die nach den Behauptungen des Klägers im Lande des Erfolgsortes verursacht worden sind.[113] Denn nach dem Erfordernis einer geordneten Rechtspflege,

---

Koos, in: Staudinger, Internationales Wirtschaftsrecht (2015), Rn. 805a; *Hausmann/Obergfell*, in: Fezer/Büscher/Obergfell, UWG³, IntLautVerfR Rn. 411a.

111 Vgl. *M. Köhler*, WRP 2013, 1130 Rn. 20.

112 EuGH, 30.11.1976 – Rs. 21/76, Slg. 1976, 1735 Rn. 15/19 und 24/25 – Mines de Potasse (dazu oben Kap. 19 Rdn. 28 f.).

113 EuGH, 07.03.1995 – C-68/93, Slg. 1995, I-415 Rn. 32, 33 = NJW 1995, 1881 – Shevill; ebenso EuGH, 25.10.2011 – C-509/09 unf C-161/10, Slg. 2011, I-10269 Rn. 43 = WRP 2011, 1571 – eDate Advertising; ebenso auch schon das TribGI de Paris vom 27.04.1983 und die Cour d'Appel de Paris vom 19.03.1984, auszugsweise abgedruckt in GRUR Int. 1986, 555 f. – Caroline de Monaco; zustimmend *Hausmann/Obergfell*, in: Fezer/Büscher/Obergfell, UWG³, IntLautVerfR Rn. 403, 406a; *Huber*, ZEuP 1996, 300, 306 ff., 308, 313 (jedoch nur für Persönlichkeitsverletzungen); *Kropholler/v. Hein*, Europäisches Zivilprozessrecht⁹, EuGVO Art. 5 Rn. 84; *Leible*, in: Rauscher, EuZPR/EuIPR⁴, Bd. 1, EuGVO Art. 7 Rn. 129; *Mankowski*, in:

das der besonderen Zuständigkeitsregel des Art. 5 Nr. 3 EuGVÜ zugrunde liege, sei das Gericht des Erfolgsortes **am besten geeignet**, die Schädigungshandlung und den Umfange des entsprechenden Schadens zu bestimmen.[114] Die Entscheidung betraf eine ehrverletzende **Presseveröffentlichung** durch die international verbreitete Zeitung France Soir, deren Unternehmenssitz in Frankreich lag. Fiona Shevill, wohnhaft in Großbritannien, und drei Presseorgane aus anderen Mitgliedstaaten der EU hatten Schadensersatzklagen in Großbritannien erhoben, die wegen der Schäden außerhalb von Großbritannien mit der oben genannten Begründung abgewiesen wurden.

c) Mit seiner Entscheidung *»eDate Advertising«* vom 25.10.2011 **erweiterte** der EuGH die Klagebefugnis für Schäden infolge von **Persönlichkeitsverletzung im Internet** wieder, indem er wie folgt differenzierte: am **»Mittelpunkt seiner Interessen«** könne der Kläger den Erfolgsort-Gerichtsstand für den **gesamten** nationalen und ausländischen Schaden in Anspruch nehmen.[115] Denn von einem Gericht am »Mittelpunkt seiner Interessen« können die

---

MünchKommUWG[2], IntWettbR Rn. 395 ff.; *McGuire*, in: FS für Büscher, 2018, S. 525, 533; *G. Wagner*, in: Stein/Jonas, ZPO, 22. Aufl., Bd. 10 (2011), Art. 5 EuGVVO Rn. 169 ff.; vgl. auch *Glöckner*, in: Harte/Henning, UWG[4], Einl. D Rn. 25 a.E.; **kritisch** zu dieser Ansicht *Stauder*, GRUR Int.1986, 556 f.; *Coester-Waltjen*, in: FS für Schütze, 1999, S. 175, 182 ff.; *v. Hinden*, ZEuP 2012, 948, 950; *v. Hoffmann*, in: Staudinger, EGBGB/IPR, Art. 38 ff. EGBGB (2001), Vorbem. zu Art. 40 EGBGB Rn. 94 S. 185; *Kreuzer/Klötgen*, IPRax 1997, 90, 93 ff.; *Kubis*, WRP 2018, 139 Rn. 34; *H. Roth*, in: Stein/Jonas, ZPO, 23. Aufl., Bd. 1, 2014, ZPO § 32 Rn. 4; *Schack*, Internationales Zivilverfahrensrecht[7], Rn. 346; *Spickhoff*, IPRax 2011, 131, 133; *Stadler*, JZ 2018, 94; gegen die Übertragbarkeit der Shevill-Doktrin auf die Verletzung gewerblicher Schutzrechte *Bukow*, Verletzungsklagen aus gewerblichen Schutzrechten. Die internationale Zuständigkeit nach dem EuGVÜ bzw. der EuGVVO, 2003, S. 96 ff., 105 ff., 107 f.

114 EuGH, 07.03.1995 – C-68/93, Slg. 1995, I-415 Rn. 31 = NJW 1995, 1881 – Shevill; ebenso EuGH, 16.07.2009 – C-189/08, Slg. 2009, I-6917 Rn. 24 = NJW 2009, 3502 – Zuid-Chemie; EuGH, 25.10.2011 – C-509/09 und C- 161/10, Slg. 2011, I-10269 Rn. 40 = GRUR 2012, 300 = WRP 2011, 1571 – eDate Advertising.

115 EuGH, 25.10.2011 – C-509/09 und C-161/10, Slg. 2011, I-10269 Rn. 48, 52 = GRUR 2012, 300 = WRP 2011, 1571 – eDate Advertising; ebenso EuGH, 19.04.2012 – C-523/10, GRUR 2012, 654 Rn. 22 = NJW 2012, 137 – Wintersteiger; EuGH, 17.10.2017 – C-194/16, GRUR 2018, 108 Rn. 32 ff., 44 = WRP 2017, 1465 = NJW 2017, 3433 – Bolagsupplysningen; zustimmend *Heiderhoff*, in: FS für Coester-Waltjen, 2015, S. 413, 428, 429 (V.); *Klinkert*, WRP 2018, 1038 Rn. 18 ff.; *Leible*, in: Rauscher, EuZPR/EuIPR[4], Art. 7 EuGVVO Rn. 130; *W.-H. Roth*, IPRax 2013, 215, 221; **kritisch** *Brand*, NJW 2012, 127*; Hausmann/Obergfell*, in: Fezer/Büscher/Obergfell, UWG[3], IntLautVerfR Rn. 407 (auch Rn. 403, 406a); *Heinze*, EuZW 2011, 947, 948; *Paal*, ZEuP 2016, 591, 595 f.; sehr kritisch zu diesem weiten Gerichtsstand am Mittelpunkt der Interressen auch GA *Bobek* in seinen Schlussanträgen zum Fall »Bolagsupplysningen«, C-194/16 Nr. 71, 73 ff.

Auswirkungen einer Internetdarbietung auf die Persönlichkeitsrechte des mutmaßlichen Opfers »am besten... beurteilt werden«.[116] Bei sonstigen Erfolgsorten, die nicht der Mittelpunkt der Interessen des Geschädigten sind, bleibt es hingegen bei der Beschränkung der Kognitionsbefugnis der Erfolgsort-Gerichte durch die Shevill-Entscheidung von 1995. An diesen Orten kann der Geschädigte jeweils nur diejenigen Schäden einklagen, die im Hoheitsgebiet des angerufenen Erfolgsort-Gerichts verursacht worden sind.

Damit hat der EuGH allerdings seiner Shevill-Entscheidung von 1995 in Bezug auf die Schadensersatzansprüche von Frau Shevill den Boden entzogen. Denn Frau Shevill aus Großbritannien hatte mit ihrer Schadensersatzklage vor einem Erfolgsort-Gericht in Großbritannien am »Mittelpunkt ihrer Interessen« geklagt.[117]

d) Eine erneute Erweiterung sowie eine weitere Beschränkung der Kognitionsbefugnis der Erfolgsort-Gerichte erfolgte durch die EuGH- Entscheidung *»Bolagsupplysningen«* von 2017, die Unterlassungs- und Beseitigungsansprüche gegen Persönlichkeitsverletzungen einer juristischen Person im Internet betraf.[118] Geklagt hatten eine u.a. in Schweden tätige Gesellschaft estnischen Rechts (»Bolagsupplysningen«) und eine Angestellte dieser Gesellschaft vor **estnischen Gerichten** auf Schadensersatz und Unterlassung gegen eine Gesellschaft schwedischen Rechts (»Svensk Handel«), die auf ihrer Website in schwedischer Sprache die estnische Gesellschaft in einer »schwarzen Liste« genannt und über sie angeblich unrichtige Angaben gemacht hat. Mit dieser Entscheidung hat der EuGH seine Rechtsprechung zur Kognitionsbefugnis der Erfolgsort-Gerichte auf **juristische Personen und Gesellschaften** erstreckt.[119]

---

116 EuGH, 25.10.2011 – C-509/09 und C-161/10, Slg. 2011, I- 10269 Rn. 48 S. 2 = GRUR 2012, 300 = WRP 2011, 1571 – eDate Advertising.

117 Vgl. *Sack*, WRP 2018, 897, 901 (d).

118 EuGH, 17.10.2017 – C-194/16, GRUR 2018, 108 = WRP 2017, 1465 = NJW 2017, 3433 – Bolagsupplysningen; dazu *Ahrens*, WRP 2018, 17; *Bach*, NJW 2017, 3436; *Hau*, GRUR 2018, 163; *Ettig*, K&R 2018, 33; *Keilmann*, BB 2017, 2573; *Kindler*, GRUR 2018, 1107, 1110 f.; *Klinkert*, Editorial in WRP 2017 H.12; *Kubis*, WRP 2018, 139; *R. Mann*, AfP 2017, 495; *Stadler*, JZ 2018, 94; *Stolz*, GRUR-Prax 2017, 566; *Sujecki*, EWS 2018, 72, 75.

119 EuGH, 17.10.2017 – C-194/16, GRUR 2018, 108 Rn. 38 = WRP 2017, 1645 = NJW 2017, 3433 – Bolagsupplysningen; sehr ausführlich begründet dies in seinen Schlussanträgen zum Fall »Bolagsupplysningen« GA *Bobek*, C-194/16 Nr. 40 ff., 51 ff., 61 ff., 70, 72; ausdrücklich zustimmend *Stadler*, JZ 2018, 94, 95 f.; *Ettig*, K&R 2018, 33, 34; a.A. die EU-Kommission, vgl. den Hinweis bei GA *Bobek* in Nr. 39 seiner Schlussanträge.

71 Andererseits stellte der EuGH jedoch auch fest, dass bei Persönlichkeitsverletzungen **im Internet**, die weltweit »einheitlich und untrennbar« sind, Ansprüche auf Richtigstellung der Angaben und Entfernung falscher Angaben nur bei einem Gericht erhoben werden können, das für Ansprüche auf Ersatz des **gesamten internationalen** Schadens zuständig sei.[120] Das sind die Wohnsitz-Gerichte nach Art. 4 I, die Handlungsort-Gerichte nach Art. 7 Nr. 2 und die Erfolgsort-Gerichte nach Art. 7 Nr. 2 EuGVVO, sofern sich am betreffenden Erfolgsort der »Mittelpunkt der Interessen« des Klägers befindet. Gerichte an anderen Erfolgsorten haben hingegen bei Internetveröffentlichungen wegen deren Unteilbarkeit **keine** Kognitionsbefugnis für Beseitigungs- und Unterlassungsansprüche gegen falsche Internetdarbietungen.

72 Die Ausführungen des EuGH lassen sich für alle unteilbaren grenzüberschreitenden Medien verallgemeinern, d.h. auch für Rundfunk- und Fernsehsendungen.

(2) Entscheidungen zur Verletzung von Urhebervermögensrechten

73 Eine Beschränkung der Kognitionsbefugnis von Erfolgsort-Gerichten hat der EuGH auch bei der Verletzung von **Urhebervermögensrechten** vorgenommen.[121] Ein Erfolgsort-Gericht könne nur in seinem Hoheitsbereich »**objektiv am besten beurteilen**«, ob die Voraussetzungen der Haftung des Beklagten vorliegen.[122]

74 Die bisherigen Entscheidungen zur Kognitionsbefugnis von Erfolgsort-Gerichten bei Verletzung von Urhebervermögensrechten betrafen nur **Schadensersatzansprüche**. Vom EuGH noch nicht entschieden ist die Frage der Kognitionsbefugnis von Erfolgsort-Gerichten bei **Unterlassungs- und Beseitigungsansprüchen** wegen der Verletzung von Urhebervermögensrechten durch Internetdarbietungen. Die Entscheidung »Bolagsupplysningen« legt die Vermutung nahe, dass Unterlassungs- und Beseitigungsansprüche gegen Internetdarbietungen vor Erfolgsort-Gerichten nur geltend gemacht werden

120 EuGH, 17.10.2017 – C-194/16, GRUR 2018, 108 Rn. 48 = WRP 2017, 1465 = NJW 2017, 3433 – Bolagsupplysningen.

121 EuGH, 03.10.2013 – C-170/12, GRUR 2014, 100 Rn. 43 ff., 47 = WRP 2013, 1456 – Pinckney; EuGH, 03.04.2014 – C-387/12, GRUR 2014, 599 Rn. 28, 32, 38, 40 a.E. – Hi Hotel; EuGH, 22.01.2015 – C-441/13, GRUR 2015, 296 Rn. 19, 36 ff. = WRP 2015, 332 – Hejduk.

122 EuGH, 22.01.2015 – C-441/13, GRUR 2015, 296 Rn. 20, 37 = WRP 2015, 332 – Hejduk; im gleichen Sinne schon EuGH, 03.10.2013 – C-170/12, GRUR 2014, 100 Rn. 46 = WRP 2013, 1456 – Pinckney; ebenso zu Börsentermingeschäften EuGH, 16.05.2013 – C-228/11, NJW 2013, 2099 Rn. 27 – Melzer.

können, wenn der Kläger am Erfolgsort den »Mittelpunkt seiner Interessen« hat.

(3) Gerichtliche Reichweite der Beschränkungen der Kognitionsbefugnis

75 Die vom EuGH vorgenomenen Beschränkungen der Kognitionsbefugnis betrafen nur Erfolgsort-Gerichte i.S.v. Art. 7 Nr. 2 EuGVVO, in deren Hoheitsgebiet der Kläger **nicht** den Mittelpunkt seiner Interessen hat. Von den Beschränkungen der Kognitionsbefugnis werden daher **nicht** berührt Erfolgsort-Gerichte, in deren Hoheitsgebiet der Kläger den Mittelpunkt seiner Interessen hat, sowie Handlungsort-Gerichte i.S.v. Art. 7 Nr. 2 EuGVVO und Gerichte am Wohnsitz des Beklagten i.S.v. Art. 4 I EuGVVO.

bb) Keine Übertragbarkeit der EuGH-Rechtsprechung auf das internationale Lauterkeitsrecht

76 Da die bisherige Rechtsprechung des EuGH zu den Grenzen der Kognitionsbefugnis der Erfolgsort-Gerichte i.S.v. Art. 7 Nr. 2 EuGVVO bisher nur Persönlichkeits- und Urheberrechtsverletzungen betraf, stellt sich die Frage, ob sie auf das Recht gegen den unlauteren Wettbewerb übertragen werden kann. Das ist heftig umstritten.[123] Gegen eine Übertragung der Rechtsprechung des EuGH zur Beschränkung der Kognitionsbefugnis sprechen vor allem drei Argumente:

(1) Der Persönlichkeits- und Urheberrechtsschutz hat einen anderen Schutzzweck als das Lauterkeitsrecht.

(2) Im internationalen Lauterkeitsrecht besteht an **allen** Marktorten ein Mittelpunkt der Interessen des Geschädigten.

---

123 Gegen eine Übertragung aus unterschiedlichen Gründen BGH, 12.12.2013 – I ZR 131/12, GRUR 2014, 601 Rn. 24, 33 = WRP 2014, 548 – englischsprachige Pressemitteilung (zu § 4 Nr. 7 UWG 2004); *Halfmeier*, in: GroßkommUWG², Einl. E Rn. 191; *Hausmann/Obergfell*, in: Fezer/Büscher/Obergfell, UWG³, IntLautVerfR Rn. 411a (Gefahr einer weltweiten Kognitionsbefugnis); *P. Huber*, ZEuP 1996, 300, 313; *M. Köhler*, WRP 2013, 1130 Rn. 40 f.; *Ohly*, in: Ohly/Sosnitza, UWG⁷, Einf. B Rn. 8a; *Stadler*, JZ 2018, 94, 96; für Übertragbarkeit hingegen *Ahrens*, WRP 2018, 17 Rn. 9 ff., 12; *Kropholler/v. Hein*, in: Europäisches Zivilprozessrecht⁹, Art. 5 EuGVO a.F. Rn. 86b; *Leible*, in: Rauscher, EuZPR/EuIPR⁴, Bd. 1, Rn. 129 (aber nur bei Spürbarkeit, Rn. 131); *Willems*, GRUR 2013, 462, 466 ff.; die EuGH-Entscheidung »Concurrence/Samsung« vom 21.12.2016 – C-618/15, WRP 2017, 416 ist hier nicht einschlägig, denn sie betraf zwar die Nicht-Belieferung eines französischen Händlers wegen Verkaufs außerhalb eines selektiven Vertriebsnetzes, jedoch nur den ihm in Frankreich entstandenen Schaden und nicht die hier erörterte internationale Reichweite der Kognitionsbefugnis des angerufenen französischen Gerichts.

(3) Die Beschränkung der Kognitionsbefugnis der Erfolgsort-Gerichte ist vom EuGH nur unzureichend begründet worden.

(1) Unterschiedliche Schutzzwecke

77 In seiner Entscheidung »englischsprachige Pressemitteilung« vom 12.12.2013 hat der BGH eine entsprechende Anwendung der Rechtsprechung des EuGH zur Kognitionsbefugnis der Erfolgsort-Gerichte auf eine Rufschädigung nach § 4 Nr. 7 UWG 2004 (jetzt § 4 Nr. 1 UWG 2015) mit Recht ausdrücklich abgelehnt. Diese Vorschrift diene zwar in erster Linie dem Schutz des betroffenen Mitbewerbers. Daneben bezwecke sie jedoch auch den Schutz des Interesses der Allgemeinheit an einem unverfälschten Wettbewerb. Auch soweit § 4 Nr. 7 UWG 2004 den betroffenen Mitbewerber schütze, solle diese Vorschrift nicht – jedenfalls nicht in erster Linie – seine Geschäftsehre, sondern die wettbewerblichen Interessen an einem unverfälschten Wettbewerb schützen.[124] Ein Verstoß gegen § 4 Nr. 7 UWG a.F. setze daher – anders als eine Verletzung des Persönlichkeitsrechts – voraus, dass die Handlung geeignet sei, die wettbewerblichen Interessen des betroffenen Mitbewerbers auf dem fraglichen Markt zu beeinträchtigen. Es komme nicht darauf an, ob der in der Internetveröffentlichung genannte Mitbewerber seinen gewöhnlichen Aufenthalt oder Lebensmittelpunkt in dem Staat der Erfolgsort-Gerichte habe.[125] Eine Vorlage an den EuGH nach Art. 267 III AEUV hielt der BGH nicht für veranlasst, denn es bestünden »keine vernünftigen Zweifel daran«, dass die Rechtsprechung des EuGH zur internationalen Zuständigkeit nationaler Gerichte bei der Verletzung von Persönlichkeitsrechten durch Veröffentlichung im Internet nicht auf wettbewerbsrechtlich unlautere Rufschädigungen durch Internetveröffentlichungen zu übertragen sei.[126]

(2) Mittelpunkte der Interessen an allen Marktorten

78 Im internationalen Lauterkeitsrecht ist davon auszugehen, dass **jeder** Marktort für den Verletzten einen »Mittelpunkt seiner Interessen« darstellt.[127] Das entspricht allerdings nicht der »Mittelpunkttheorie« des EuGH. Nach dieser hätten die meisten international tätigen Unternehmen an ihren diversen Marktorten

124 BGH, 12.12.2013 – I ZR 131/12, GRUR 2014, 601 Rn. 24 = WRP 2014, 548 – englischsprachige Pressemitteilung; ebenso *Köhler*, in: Köhler/Bornkamm/Feddersen, UWG[37], § 4 Rn. 1.2.

125 BGH, 12.12.2013 – I ZR 131/12, GRUR 2014, 601 Rn. 24 = WRP 2014, 548 – englischsprachige Pressemitteilung.

126 BGH, 12.12.2013 – I ZR 131/12, GRUR 2014, 601 Rn. 33 = WRP 2014, 548 – englischsprachige Pressemitteilung; a.A. *Ahrens,* WRP 2018, 17 Rn. 11 ff.

127 Vgl. *Sack*, WRP 2018, 897 Rn. 47 ff.

keinen Mittelpunkt ihrer Interessen. Sie müssten Schadensersatzansprüche auf Schäden beschränken, die im Hoheitsgebiet der Erfolgsort-Gerichte verursacht worden sind. Internationale unteilbare Unterlassungs- und Beseitigungsansprüche gegen Internetdarbietungen oder Sendungen in Rundfunk und Fernsehen könnten von diesen Unternehmen bei Erfolgsort-Gerichten nicht geltend gemacht werden. Sie wären für diese Ansprüche auf Klagen vor den Gerichten des Wohnsitzes des Verletzers nach § 4 I EuGVVO oder vor den Handlungsort-Gerichten nach Art. 7 Nr. 2 EuGVVO angewiesen.

(3) Ungenügende Begründung der Beschränkung der Kognitionsbefugnis von Erfolgsort-Gerichten

79 Bedenken gegen die vom EuGH vorgenommene Beschränkung der Kognitionsbefugnis von Erfolgsort-Gerichten ergeben sich auch daraus, dass diese Ansicht vom EuGH nur unzureichend begründet worden ist. Art. 7 Nr. 2 EuGVVO sieht eine solche Beschränkung der Kognitionsbefugnis nicht vor. Sie ließe sich nur durch ausreichend gewichtige Argumente rechtfertigen. Solche hat der EuGH jedoch nicht angeboten.

80 Die Beschränkung der Kognitionsbefugnis von Erfolgsort-Gerichten hat der EuGH bei Persönlichkeits- und Urheberrechtsverletzungen mit der **Sach- und Beweisnähe** dieser Gerichte zu begründen versucht. Dieses Erfordernis rechtfertige es, dass Erfolgsort-Gerichte nur über Schäden befinden dürfen, die im Hoheitsgebiet des angerufenen Gerichts verursacht worden sind. Das angerufene Gericht könne in seinem Hoheitsbereich objektiv »am besten beurteilen«, ob die Voraussetzungen der Haftung des Beklagten vorliegen.[128]

81 Diese Argumentation hat jedoch nur ein geringes Gewicht. Denn die Einschränkungen der Kognitionsbefugnis gelten in der Rechtsprechung des EuGH weder für die Wohnsitzgerichte i.S.v. Art. 4 I EUGVVO noch für die Handlungsort-Gerichte i.S.v. Art. 7 Nr. 2 EuGVVO. Würde man die Kognitionsbefugnis dieser Gerichte ebenso beschränken wie die der Erfolgsort-Gerichte, hätte dies erhebliche Schutzlücken zur Folge.

82 Die Begründung der Beschränkung der Kognitionsbefugnis der Erfolgsort-Gerichte mit deren Sach- und Beweisnähe ist auch teilweise widersprüchlich, wenn der Kläger am Erfolgsort den Mittelpunkt seiner Interessen hat. Denn

---

128 EuGH, 22.01.2015 – C-441/13, GRUR 2015, 296 Rn. 20, 37 = WRP 2015, 332 – Hejduk; EuGH, 17.10.2017 – C-194/16, GRUR 2018, 108 Rn. 42 = WRP 2017, 1465 = NJW 2017, 3433 – Bolagsupplysningen; im gleichen Sinne auch schon EuGH, 03.10.2013 – C-170/12, GRUR 2014, 100 Rn. 46 = WRP 2013, 1456 – Pinckney; ebenso zu Börsentermingeschäften EuGH, 16.05.2013 – C-228/11, NJW 2013, 2099 Rn. 27 – Melzer.

entweder ist die Sach- und Beweisnähe für die Beschränkung der Kognitionsbefugnis der Erfolgsort-Gerichte maßgeblich; dann muss das auch für Erfolgsorte am »Mittelpunkt der Interessen« des Geschädigten gelten. Oder am Mittelpunkt der Interessen des Geschädigten ist die Sach- und Beweisnähe für die Kognitionsbefugnis nicht entscheidend; dann gibt es keinen Grund, bei anderen Erfolgsorten anders zu verfahren.[129]

83 Damit stellt sich die vom EuGH nicht beantwortete Frage, ob es über die Sach- und Beweisnähe hinaus Gründe gibt, nur die Kognitionsbefugnis der Erfolgsort-Gerichte in der dargestellten Weise zu beschränken.

84 Diese Frage versucht eine im Schrifttum vertretene Ansicht dahingehend zu beantworten, dass man durch die Beschränkung der Kognitionsbefugnis von Erfolgsort-Gerichten die **Anzahl** der zuständigen Gerichte einschränken[130] und damit die Gefahr eines **forum shopping** begrenzen könne.[131] Der EuGH hat sich dieser Argumente nicht bedient.

85 Der EuGH hat sich außerdem nicht befriedigend mit den gravierenden **Nachteilen** seiner Rechtsprechung zur Beschränkung der Kognitionsbefugnis von Erfolgsort-Gerichten auseinandergesetzt.[132] Er meinte zwar, dass seine Ansicht dem Geschädigten nicht die Möglichkeit nehme, seine Ansprüche bei den Gerichten des Wohnsitzes des Beklagen nach § 4 I EuGVVO geltend zu machen. Dabei berücksichtigte er jedoch nicht ausreichend, dass die Möglichkeit des Klägers, an den Wohnsitz- oder Handlungsort-Gerichten umfassend inländische und ausländische Schadensersatz-, Unterlassungs- und Beseitigungsansprüche geltend machen zu können, kein zumutbarer Ersatz ist, wenn diese Gerichte für den Kläger nicht in seinem Heimatland, sondern im **Ausland** liegen. Denn dann müsste der Klager in einer ihm fremden Sprache mit ausländischen Anwälten in einem für ihn fremden Justizsystem klagen.[133]

---

129 Vgl. *Sack*, WRP 2018, 897 Rn. 23.

130 Vgl. *Ahrens*, WRP 2018, 17, 20; *Klinkert*, WRP 2018, 1038.

131 Vgl. *Bach*, EuZW 2018, 68, 69; *Bukow*, Verletzungsklagen aus gewerblichen Schutzrechten, 2003, S. 106; *Halfmeier*, in: GroßkommUWG², Einl. E Rn. 190; *Hess*, Europäisches Zivilprozessrecht, 2010, § 6 Rn. 72 f.; *P. Huber*, ZEuP 1996, 300, 307; *Klinkert*, WRP 2018, 1038 Rn. 11; *Leible*, Art. 7 Brüssel-Ia-VO, Rn. 129 in: Rauscher, EuZPR/EuIPR⁴ Bd. I; *Paal*, ZEuP 2016, 591, 595; *Picht/Kopp*, GRUR Int. 2016, 232, 233; *W.-H. Roth*, IPRax 2013, 215, 220; Stauder, GRUR Int. 1986, 556; kritisch dazu *Kreuzer/Klötgen*, IPRax 1997, 90, 96.

132 Vgl. dazu *Sack*, WRP 2018, 897 Rn. 18, 53.

133 Vgl. *Sack*, WRP 2018, 897 Rn. 38, 53.

4. Die Niederlassung des Beklagten, Art. 7 Nr. 5 EuGVVO

86 Wenn sich der Wohnsitz einer Person in der EU befindet, kann sie nach Art. 7 Nr. 5 EuGVVO bei Streitigkeiten aus dem Betrieb einer Zweigniederlassung, einer Agentur oder einer sonstigen Niederlassung auch vor dem Gericht des Ortes verklagt werden, in dem sich diese befindet. Gesellschaften und juristische Personen haben nach Art. 63 EuGVVO ihren »Wohnsitz« an dem Ort, an dem sich ihr satzungsmäßiger Sitz oder ihre Hauptverwaltung oder ihre Hauptniederlassung befindet.

87 Die Begriffe »Zweigniederlassung«, »Agentur« und »sonstige Niederlassung« in Art. 7 Nr. 5 EuGVVO sind **autonom** auszulegen.[134] Eine Berücksichtigung der Auslegung des Begriffs der Niederlassung in Art. 9 II Rom I-VO oder in Art. 23 I 2 Rom II-VO liegt allerdings nahe.[135] Die Auslegung von § 14 UWG oder § 21 ZPO kann hingegen nicht übernommen werden.[136]

88 Zweigniederlassungen und Agenturen sind vor allem dadurch charakterisiert, dass sie der Aufsicht und Leitung des Stammhauses unterliegen.[137] Nach Ansicht des EuGH ist mit dem Tatbestandsmerkmal »einer Zweigniederlassung, einer Agentur oder einer sonstigen Niederlassung« in Art. 7 Nr. 5 EuGVVO ein Mittelpunkt geschäftlicher Tätigkeit gemeint, »der auf Dauer als Außenstelle des Stammhauses hervortritt, eine Geschäftsführung hat und sachlich so ausgestattet ist, dass er in der Weise Geschäfte mit Dritten betreiben kann, dass diese, obgleich sie wissen, dass möglicherweise ein Rechtsverhältnis mit dem im Ausland ansässigen Stammhaus begründet wird, sich nicht unmittelbar an dieses zu wenden brauchen, sondern Geschäfte an dem Mittelpunkt geschäftlicher Tätigkeit abschließen können, der dessen Außenstelle ist«.[138] Art. 7 Nr. 5 EuGVVO erfasst also nach Ansicht des EuGH nur **unselbständige** Niederlassungen.[139]

89 Rechtlich selbständige Tochtergesellschaften eines Unternehmens sind hingegen keine Niederlassungen i.S.v. Art. 7 Nr. 5 EuGVVO,[140] sondern fallen unmittelbar unter Art. 4 I EuGVVO. Wenn jedoch die rechtliche Selbständigkeit einer

134 EuGH, 22.11.1978 – Rs. 33/78, Slg. 1978, 2183 Rn. 6 ff., 8 – Somafer (zu Art. 5 Nr. 5 EuGVÜ); EuGH, 09.12.1981 – Rs. 139/80, Slg. 1981, 819 Rn. 11 f. – Blankaert; EuGH, 09.12.1987 – C-218/86, Slg. 1987, 4905 Rn. 9 f. – Schotte.

135 Vgl. *Halfmeier*, in: GroßkommUWG², Einl. E Rn. 197.

136 Vgl. *Halfmeier*, in: GroßkommUWG², Einl. E Rn. 197.

137 EuGH, 06.10.1976 – Rs. 14/76, Slg. 1976, 1497 Rn. 20/22 – de Bloos; EuGH, 18.03.1981 – Rs. 139/80, Slg. 1981, 819 Rn. 9 – Blankaert.

138 EuGH, 22.11.1978 – Rs. 33/78, Slg. 1978, 2183 Rn. 11 – Somafer; ebenso EuGH, 09.12.1987 – Rs. 218/86, Slg. 1987, 4905 Rn. 10 – Schotte.

139 *Hausmann/Obergfell*, in: Fezer/Büscher/Obergfell, UWG³, IntLautVerfR Rn. 420.

140 *Halfmeier*, in: GroßkommUWG², Einl. E Rn. 197.

Konzerngesellschaft nicht klar erkennbar ist und diese so auftritt, als handle sie als rechtlich unselbständige Niederlassung einer anderen Konzerngesellschaft, dann kann sich eine auf den **Rechtsschein** vertrauende Person auf Art. 7 Nr. 5 EuGVVO berufen.[141]

5. Zuständigkeit kraft Konnexität, Art. 8 EuGVVO

a) Enge Beziehung zwischen den Beklagten, Art. 8 Nr. 1 EuGVVO

90 Die internationale Zuständigkeit kraft Konnexität regelt Art. 8 EuGVVO (ex-Art. 6 EuGVVO 2001). Nach Art. 8 Nr. 1 EuGVVO kann eine Person, die ihren Wohnsitz im Hoheitsgebiet eines EU-Staates hat, wenn mehrere Personen zusammen verklagt werden, vor dem Gericht eines Ortes verklagt werden, an dem **einer der Beklagten** seinen Wohnsitz hat, sofern zwischen den Klagen eine **so enge Beziehung** besteht, dass eine gemeinsame Verhandlung und Entscheidung geboten erscheint, um zu vermeiden, dass in getrennten Verfahren widersprechende Entscheidungen ergehen können.[142]

91 Art. 8 Nr. 1 EuGVVO ist **autonom** unter Berücksichtigung seiner Systematik und seiner Zielsetzungen auszulegen.[143] Er ist eng bzw. »strikt« auszulegen.[144]

92 Nach Art. 8 Nr. 1 EuGVVO muss einer der Beklagten seinen Wohnsitz im Staat des angerufenen Gerichts haben. Es genügt nicht, wenn einer der Beklagten im Forumstaat nur einen besonderen Gerichtsstand hat.[145] Art. 8 Nr. 1 EuGVVO ist nicht auf Beklagte anwendbar, die ihren Wohnsitz nicht in der EU haben, auch wenn sie im Rahmen einer gegen mehrere Beklagte, zu denen auch Personen mit Wohnsitz in der EU gehören, gerichteten Klage verklagt werden.[146] Begründet wird dies mit dem Einleitungssatz des Art. 8 EuGVVO und dem

---

141 EuGH, 09.12.1987 – Rs. 218/86, Slg. 1987, 4905 Rn. 15 ff. – Schotte; *Halfmeier*, in: GroßkommUWG², Einl. E Rn. 197; *Hausmann/Obergfell*, in: Fezer/Büscher/Obergfell, UWG³, IntLautVerfR Rn. 422.

142 Ausführlich zu Art. 6 I EuGVÜ/EuGVVO 2001 bei Verletzung von gewerblichen Schutzrechten *Bukow*, Verletzungsklagen aus gewerblichen Schutzrechten, 2003, S. 135 ff.

143 EuGH, 27.09.1988 – Rs. 189/87, Slg. 1988, 5565 Rn. 10 = NJW 1988, 3088 – Kalfelis; EuGH, 13.07.2006 – C-103/05, Slg. 2006, I-6827 – Reisch Montage; EuGH, 21.05.2015 – C-352/13, GRUR Int. 2015, 1176 Rn. 16 – CDC Hydrogen Peroxide

144 EuGH, 01.12.2011 – C-145/10, Slg. 2011, I-12533 Rn. 74 – Painer; EuGH, 11.04.2013 – C-645/11, NJW 2013, 1661 Rn. 53 – Sapir; EuGH, 21.05.2015 – C-352/13, GRUR Int. 2015, 1176 Rn. 18 – CDC Hydrogen Peroxide.

145 *Mankowski*, in: MünchKommUWG², IntWettbR Rn. 403.

146 EuGH, 11.04.2013 – C-645/11, NJW 2013, 1661 Leits. 3 und Rn. 49 ff., 55 f. – Sapir; *Glöckner*, in: Harte/Henning, UWG⁴, Einl. D Rn. 28 a; *Hausmann/Obergfell*, in: Fezer/Büscher/Obergfell, UWG³, IntLautVerfR Rn. 416 a.

Gebot der engen Auslegung dieser Vorschrift. Die in Deutschland wohl herrschende Gegenansicht hält hingegen eine, gegebenenfalls analoge, Anwendung von Art. 8 Nr. 1 EuGVVO wegen der bedenklichen Rechtsfolgen der Ansicht des EuGH für erforderlich.[147]

93 Art. 8 Nr. 1 EuGVVO ist – nur – anwendbar, wenn eine gemeinsame Verhandlung und Entscheidung geboten erscheint, um zu vermeiden, dass in getrennten Verfahren möglicherweise widersprechende Entscheidungen ergehen können.[148] Durch diese enge Auslegung von Art. 8 Nr. 1 EuGVVO soll auch verhindert werden, dass diese Ausnahme vom Grundsatz der Zuständigkeit des Wohnsitzstaates des Beklagten diesen Grundsatz selbst in Frage stellen kann.[149]

94 Die nach Art. 8 Nr. 1 EuGVVO erforderliche Konnexität besteht z.B., wenn die Beklagten Gesamtschuldner sind.[150] Sie besteht auch bei Wettbewerbsverstößen, die von mehreren Mitbewerbern als Mit- oder Nebentäter begangen werden.[151] Sich widersprechende Entscheidungen sollen mit Art. 8 Nr. 1 EuGVVO allerdings nur bei derselben Sach- und Rechtslage vermieden werden.[152] Deshalb rechtfertigen z.B. unterschiedliche nationale Regelungen getrennte Verfahren.[153] Eine notwendige Streitgenossenschaft im Sinne des deutschen Rechts begründet nicht ohne Weiteres die nach Art. 8 Nr. 1

---

147 Vgl. OLG Stuttgart, 31.07.2012 – 5 U 150'/11, NJW 2013, 83, 84 f. (B.1.c, mit ausf. Nachw.); *Mankowski,* in: MünchKommUWG², IntWettbR Rn. 406.

148 EuGH, 27.09.1988 – Rs. 189/87, Slg. 1988, 5565 Rn. 12 = NJW 1988, 3088 – Kalfelis; EuGH, 13.07.2006 – C-539/03, Slg. 2006, I-6535 Rn. 20, 22 = GRUR Int. 2006, 836 – Roche/Primus; EuGH, 11.10.2007 – C-98/06, Slg. 2007, I-8319 Rn. 39 – Freeport; EuGH, 01.12.2011 – C-145/10, Slg. 2011, I-12594 Rn. 77 Painer; EuGH, 12.07.2012 – C-616/10, GRUR 2012, 1169 Rn. 19 – Solvay; EuGH, 11.04.2013 – C-645/11, NJW 2013, 1661 Rn. 42 – Sapir; EuGH, 21.05.2015 – C-352/13, GRUR Int. 2015, 1176 Rn. 20 – CDC Hydrogen Peroxide; BGH, 14.12.2006 – I ZR 11/04, GRUR Int. 2007, 864 Rn. 14, 17 – Aufarbeitung von Fahrzeugkomponenten.

149 EuGH, 27.09.1988 – Rs. 189/87, Slg. 1988, 5565 Rn. 8 = NJW 1988, 3088 – Kalfelis; EuGH, 13.07.2006 – C-539/03, Slg. 2006, 836 Rn. 21 = GRUR Int. 2006, 836 – Roche/Primus; kritisch zu diesen Entscheidungen *H. Roth,* in: FS für Kropholler, 2008, S. 885, 890 ff., 901 f.

150 OLG Stuttgart, 31.07.2012 – 5 U 150/11, NJW 2013, 83, 85; *Hausmann/Obergfell,* in:Fezer/Büscher/Obergfell, UWG³, IntLautVerfR Rn. 427.

151 *Hausmann/Obergfell,* in: Fezer/Büscher/Obergfell, UWG³, IntLautVerfR Rn. 427 b; *Mankowski,* in: MünchKommUWG², IntWettbR Rn. 404.

152 EuGH, 11.04.2013 – C-645/11, NJW 2013, 1661 Rn. 43 – Sapir.

153 EuGH, 13.07.2006 – C-539/03, Slg. 2006, I-6535 Rn. 27 = GRUR Int. 2006, 836 – Roche/Primus; *Glöckner.* in: Harte/Henning, UWG⁴, Einl. D Rn. 28.

EuGVVO erforderliche Konnexität.[154] Unerheblich für die Anwendbarkeit des Art. 8 Nr. 1 EuGVVO ist es, ob die zuständigkeitsbegründende Klage gegen den Erstbeklagten zulässig ist.[155]

95 Die Vorschrift des Art. 8 Nr. 1 EuGVVO darf allerdings nicht in einer Weise ausgelegt werden, die es dem Kläger erlauben würde, eine Klage gegen mehrere Beklagte allein zu dem Zweck zu erheben, einen dieser Beklagten der Zuständigkeit der Gerichte seines Wohnsitzstaates zu entziehen.[156]

b) Widerklagen, Art. 8 Nr. 3 EuGVVO

96 Bei einer Widerklage kann eine Person, die ihren Wohnsitz im Hoheitsgebiet eines Mitgliedstaates hat, nach Art. 8 Nr. 3 EuGVVO auch vor dem Gericht verklagt werden, bei dem die Klage selbst anhängig ist. Die Widerklage muss auf »demselben Vertrag oder Sachverhalt« beruhen wie die Hauptklage.

6. Zuständigkeit kraft rügeloser Einlassung, Art. 26 EuGVVO

97 Nach Art. 26 I 1 EuGVVO (ex-Art. 24 EuGVVO 2001) wird ein Gericht, das nicht bereits aufgrund anderer Vorschriften zuständig ist, auch dann zuständig, wenn sich der Beklagte vor ihm auf das Verfahren einlässt. Eine Einlassung in der Hauptsache ist nicht erforderlich. Nach Art. 26 EuGVVO liegt eine Einlassung grundsätzlich vor, wenn der Beklagte Einwände gegen die örtliche Zuständigkeit oder Begründetheit der Klage erhebt. Es genügt, wenn der Beklagte die örtliche oder sachliche Zuständigkeit rügt oder den Einwand der Rechtshängigkeit erhebt.[157]

98 Eine Zuständigkeit kraft rügeloser Einlassung nach Art. 26 EuGVVO besteht nicht, wenn der Beklagte sich einlässt, um einen Mangel der internationalen Zuständigkeit geltend zu machen oder wenn ein anderes Gericht nach Art. 24 EuGVVO (ex-Art. 22 EuGVVO 2001) ausschließlich zuständig ist. Eine rügelose Einlassung besteht auch dann nicht, wenn der Beklagte trotz Rüge der internationalen Zuständigkeit hilfsweise auch zur Sache verhandelt.[158]

---

154 *Hausmann/Obergfell*, in: Fezer/Büscher/Obergfell, UWG³, IntLautVerfR Rn. 427.

155 EuGH, 13.07.2006 – C-103/05, Slg. 2006, I-6827 Rn. 27 – Reisch Montage.

156 EuGH, 27.09.1988 – Rs. 189/87, Slg. 1988, 5565 Rn. 8 f. = NJW 1988, 3088 – Kalfelis; EuGH, 27.10.1998 – C-51/97, Slg. 1998. I-6511 Rn. 47 – Réunion européenne; EuGH, 01.12.2011 – C-145/10, GRUR 2012, 166 Rn. 78 – Painer/Standard; EuGH, 12.07.2012 – C-616/10, GRUR 2012, 1169 Rn. 22 – Solvay; *Glöckner*, in: Harte/Henning, UWG⁴, Einl. D Rn. 29 a.

157 Vgl. BAG, 24.09.2009 – 8 AZR 306/08, RIW 2010, 232, 234 – Hochseefähren; *Fezer/Koos*, in: Staudinger, Internationales Wirtschaftsrecht (2015), Rn. 811; *Hausmann/Obergfell*, in: Fezer/Büscher/Obergfell, UWG³, IntLautVerfR Rn. 437 (m.w.Nachw.).

158 *Mankowski*, in: MünchKommUWG², IntWettbR Rn. 433.

99 Nach Art. 26 II EuGVVO sind u.a. Geschädigte oder Verbraucher über die Folgen der Einlassung oder Nichteinlassung vom Gericht zu belehren, bevor es sich nach Abs. 1 von Art. 26 EuGVVO für zuständig erklärt.

100 Art. 26 EuGVVO ist im Verfahren des **einstweiligen Rechtsschutzes,** das der Prüfung des Rechtsstreits in der in der Hauptsache nicht vorgreift, nicht anwendbar.[159] Wenn das Verfahren einseitig ist, kann es zu keiner Einlassung kommen.[160]

101 Problematisch ist, ob nach Art. 26 EuGVVO auf das Erfordernis des Wohnsitzes einer Partei in einem EU-Staat verzichtet werden kann, und diese Vorschrift auf jede Einlassung des Beklagten vor dem angerufenen Gericht anzuwenden ist.[161] Der Wortlaut von Art. 26 EuGVVO trifft keine entsprechende Aussage. Die Anhänger dieser Ansicht wollen jedoch die Voraussetzungen des Art. 25 I 1 EuGVVO insoweit in Art. 26 EuGVVO hineinlesen.[162]

7. Der Einwand der Rechtshängigkeit

a) Erstklage in einem EU-Staat, Art. 29 EuGVVO

102 Art. 29 EuGVVO regelt den Einwand der Rechtshängigkeit. Er bestimmt, dass dann, wenn bei Gerichten verschiedener **Mitgliedstaaten** Klagen wegen desselben Anspruchs zwischen denselben Parteien geltend gemacht werden, das später angerufene Gericht das Verfahren **von Amts wegen aussetzt,** bis die Zuständigkeit des zuerst angerufenen Gerichts feststeht. Sobald dessen Zuständigkeit feststeht, erklärt sich das später angerufene Gericht für unzuständig.

103 In diesem Punkt unterscheidet sich die europarechtliche Rechtslage von der deutschen. Denn nach § 261 II Nr. 1 ZPO kann während der Dauer der Rechtshängigkeit die Streitsache von keiner Partei anderweitig anhängig gemacht werden. Die Klage ist danach unzulässig. Die Vorschrift des § 261 II Nr. 1 ZPO kommt jedoch nur bei Parallelverfahren **außerhalb** des Anwendungsbereichs der EuGVVO oder des LugÜ in Betracht.

---

159 EuGH, 27.04.1999 – C-99/96, Slg. 1999, I- 2277 Rn. 52 – Mietz; *Halfmeier,* in: GroßkommUWG², Einl. E Rn. 210; *Hausmann/Obergfell,* in: Fezer/Büscher/Obergfell, UWG³, IntLautVerfR Rn. 437a.

160 *Hausmann/Obergfell,* in: Fezer/Büscher/Obergfell, UWG³, IntLautVerfR Rn. 437a; *Mankowski,* in: MünchKommUWG², IntWettbR Rn. 432.

161 So *Hausmann/Obergfell,* in: Fezer/Büscher/Obergfell, UWG³, IntLautVerfR Rn. 436; *Oberhammer,* IPRax 2004, 404.

162 Vgl. *Hausmann/Obergfell,* in: Fezer/Büscher/Obergfell, UWG³, IntLautVerfR Rn. 436.

104 Nach Ansicht des EuGH ist kein Gericht eines Mitgliedstaates besser in der Lage, über die Zuständigkeit eines Gerichts in einem anderen Mitgliedstaat zu befinden.[163] Deshalb ist die Entscheidung des zuerst angerufenen Gerichts über seine Zuständigkeit für das anschließend angerufene Gericht bindend, auch wenn das Erstgericht seine Zuständigkeit zu Unrecht angenommen hat.[164]

105 Das Tatbestandsmerkmal »derselbe Anspruch« in Art. 29 I und Art. 33 I EuGVVO ist **autonom** auszulegen.[165] Es ist nicht identisch mit dem Begriff des Streitgegenstandes.[166] Entscheidend ist vielmehr, ob der **Kernpunkt** beider Streitigkeiten derselbe ist.[167] Anspruchsidentität liegt nur vor, wenn sich das Erstverfahren auf denselben Markt bezieht wie das Zweitverfahren.[168] Keine Identität des Anspruchs liegt vor, wenn vor den Gerichten verschiedener Mitgliedstaaten eine der Klagen auf Lauterkeitsrecht, die andere Klage auf Vertragsrecht gestützt wird.[169]

106 Rechtshängigkeit nach Art. 29 EuGVVO setzt außerdem voraus, dass die Klagen »**zwischen denselben Parteien**« anhängig sind. Das sind sie auch dann, wenn deren Interessen in den Verfahren soweit übereinstimmen, dass das Urteil gegen eine der Parteien auch Rechtskraft gegenüber der anderen Partei entfalten würde.[170] Vollständige Identität der Parteien ist also nicht erforderlich.[171] Verfahren zwischen denselben Personen liegen auch dann vor, wenn in beiden Verfahren unterschiedliche weitere Personen beteiligt sind (Teilidentität) oder

---

163 EuGH, 10.02.2009 – C-185/97, Slg. 2009, I-686 Rn. 29 = NJW 2009, 1655 – Allianz/West Tankers.

164 *Hausmann/Obergfell*, in: Fezer/Büscher/Obergfell, UWG[3], IntLautVerfR Rn. 441c.

165 EuGH, 08.12.1987 – Rs. 144/86, Slg. 1987, 4861 Rn. 11 – Gubisch; EuGH, 06.12.1994 – C-406/92, Slg. 1994, I-5439 Rn. 38 ff. – Tatry; EuGH, 19.05.1998 – C-351/96, Slg. 1998, I-3075 Rn. 16 – Drouot Assurances.

166 *Hausmann/Obergfell*, in: Fezer/Büscher/Obergfell, UWG[3], IntLautVerfR Rn. 439; *Rüßmann*, ZZP 111 (1998), 399; *Walker*, ZZP 111 (1998), 429 ff.

167 EuGH, 08.12.1987 – Rs. 144/86, Slg. 1987, 4861 Rn. 16 f. = NJW 1989, 665 – Gubisch; BGH, 11.12.1996 – VIII ZR 154/95, NJW 1997, 870, 872 (II.2.a) – Marzipan; BGH, 06.02.2002 – VIII ZR 106/01, NJW 2002, 2795, 2796 (II.1.a) – Gussteile; *Halfmeier*, in: GroßkommUWG[2], Einl. E Rn. 239; *Hausmann/Obergfell*, in: Fezer/Büscher/Obergfell, UWG[3], IntLautVerfR Rn. 439.

168 *Hausmann/Obergfell*, in: Fezer/Büscher/Obergfell, UWG[3], IntLautVerfR Rn. 439 a.

169 Vgl. OLG Hamburg, 18.09.2014 – 3 U 96/12, GRUR 2015, 272 – Arcuate (Klage aus Vertragsstrafe und aus Markenverletzung); *Hausmann/Obergfell*, in: Fezer/Büscher/Obergfell, UWG[3], IntLautVerfR Rn. 439.

170 EuGH, 19.05.1988 – C-351/96, Slg. 1998, I-3075 Rn. 19 – Drouot Assurances; *Hausmann/Obergfell*, in: Fezer/Büscher/Obergfell, UWG[3], IntLautVerfR Rn. 441 b.

171 EuGH, 19.05.1988 – C-351/96, Slg. 1988, I-3075 Rn. 19 – Drouot Assurances.

wenn die Parteirollen vertauscht werden.[172] Konzernverbundene Unternehmen gelten nicht als **eine** Partei i.S.v. Art. 29 EuGVVO.[173]

107 Unter den in Art. 32 genannten Voraussetzungen gilt ein Gericht als »**angerufen**«.

108 Nach Ansicht des EuGH haben **negative Feststellungsklagen** auf Feststellung der Rechtmäßigkeit eines bestimmten Verhaltens und **gegenläufige Leistungsklagen** auf Unterlassung oder Schadensersatz wegen desselben Verhaltens »denselben Anspruch« zum Gegenstand.[174] Anders das deutsche Recht, wonach bei negativen Feststellungsklagen das nach § 256 ZPO erforderliche Feststellungsinteresse entfällt, wenn anschließend von der Gegenpartei eine Leistungsklage auf Schadensersatz oder Unterlassung wegen desselben Verhaltens erhoben wird.[175]

109 Beim **einstweiligen Rechtsschutz** sind die Art. 29 ff. EuGVVO und die sog. Kernpunkttheorie nach Art. 35 EuGVVO nicht anwendbar.

b) Erstklage in einem Drittstaat, Art. 33 EuGVVO

110 Nach Art. 33 I EuGVVO kann das Gericht eines Mitgliedstaates das Verfahren aussetzen, wenn seine Zuständigkeit auf Art. 4, 7 ff. EuGVVO beruht und die Anrufung dieses Gerichts wegen desselben Anspruchs zwischen denselben Parteien eine Verfahren vor dem Gericht eines **Drittstaats** anhängig ist, wenn
(a) zu erwarten ist, dass das Gericht des Drittstaats eine Entscheidung erlassen wird, die in dem betreffenden Mitgliedstaat anerkannt und gegebenenfalls vollstreckt werden kann und
(b) das Gericht des Mitgliedstaats davon überzeugt ist, dass eine Aussetzung des Verfahrens im Interesse einer geordneten Rechtspflege erforderlich ist.

---

172 BGH, 08.02.1995 – VIII ZR 14/94, NJW 1995, 1758.

173 *Hausmann/Obergfell*, in: Fezer/Büscher/Obergfell, UWG³, IntLautVerfR Rn. 441 b.

174 EuGH, 08.12.1987 – Rs. 144/86, Slg. 1987, 4861 Leits. u. Rn. 14 ff., 17 = NJW 1989, 665 – Gubisch; EuGH, 06.12.1994 – C-406/92, Slg. 1994, I-5439 Rn. 40 ff. – Tatry; BGH, 08.02.1995 – VIII ZR 14/94, NJW 1995, 1758; BGH, 11.12.1996 – VIII ZR 154/55, NJW 1997, 870, 872 (Leits. 2 u. II.2.a, bb; II.2.b) – Marzipan; BGH, 06.02.2002 – VIII ZR 106/01, NJW 2002, 2797 (II.1.a) – Gussteile; *Hausmann/Obergfell*, in: Fezer/Büscher/Obergfell, UWG³, IntLautVerfR Rn. 440.

175 So zum deutschen Recht BGH, 20.06.1984 – I ZR 61/82, GRUR 1985, 41, 44 (6.) – REHAB; BGH, 22.01.1987 – I ZR 230/85, GRUR 1987, 402, 403 = WRP 1987, 459 – Parallelverfahren (I); BGH, 07.07.1994 – I ZR 30/92, GRUR 1994, 846, 848 = WRP 1994, 810 – Parallelverfahren II; vgl. auch BGH, 11.12.1996 – VIII ZR 154/55, NJW 1997, 870, 872 – Marzipan; BGH, 06.02.2002 – VIII 106/01, NJW 2002, 2797 (II.1.a) – Gussteile.; ebenso im Schrifttum *Hausmann/Obergfell*, in: Fezer/Büscher/Obergfell, UWG³, IntLautVerfR Rn. 440.

111 Das Gericht des Mitgliedstaates stellt das Verfahren nach Art. 33 III EuGVVO ein, wenn das vor dem Gericht des Drittstaats anhängig gemachte Verfahren abgeschlossen ist und eine Entscheidung ergangen ist, die in diesem Mitgliedstaat anerkannt und gegebenenfalls vollstreckt werden kann.

112 Das Tatbestandsmerkmal »derselbe Anspruch« in Art. 33 EuGVVO ist ebenso auszulegen die dasselbe Tatbestandsmerkmal in Art. 29 EuGVVO. Ebenso wie nach Art. 29 EuGVVO hat auch nach Art. 33 EuGVVO eine negative Feststellungsklage Vorrang vor einer nachfolgenden Leistungsklage auf Schadensersatz oder Unterlassung.

c) Sogenannte Torpedoklagen

aa) Das Problem

113 Die europarechtliche Anerkennung negativer Feststellungsklagen und die europäische Rechtshängigkeitsregel in der Auslegung durch den EuGH hatten und haben sogenannte **Torpedos** zur Folge. Unternehmen, die Schutzrechtsverletzungsklagen befürchteten – z.B. nach einer entsprechenden Abmahnung oder »Berechtigungsanfrage« eines Schutzrechtsinhabers -, kamen diesen Klagen mit **negativen Feststellungsklagen** zuvor, mit denen festgestellt werden sollte, dass sie **keine** fremden Schutzrechte verletzen.[176] Diese Klagen wurden zum Teil bei Gerichten erhoben, die für ihre sehr langsame Verfahrensdauer bekannt waren, insbesondere in Italien und Belgien.[177]

114 Aufsehen erregte insoweit vor allem eine Entscheidung der italienischen Corte di Cassazione in einem Patentverletzungsverfahren:[178] im November 1994 negative Feststellungsklage; am 19.12.2003 Klagabweisung durch die Corte di Cassazione wegen Unzuständigkeit. In der Zeit zwischen 1993 und 2004 konnte (angeblich) wegen Rechtshängigkeit keine Schutzrechtsverletzungsklage erhoben werden. Die Ansicht der Corte die Cassazione, dass negative Feststellungklagen keine Zuständigkeit nach Art. 5 Nr. 3 EuGVVO (jetzt Art. 7 Nr. 2

---

176 Zu den Torpedoklagen vgl. *Bukow*, Verletzungsklagen aus gewerblichen Schutzrechten, 2003, S. 283 ff.; *Rojahn*, in: FS für Mes, 2009, S. 303, 307 ff.; *Sack*, GRUR 2018, 893, 894 ff.; *Simons*, EuLF 2003, 289 ff.; *Stauder*, GRUR Int. 2000, 1022 f.

177 Vgl. z.B. den italienischen Fall »Verpackungsmaschine II« der Corte di Cassazione, 19.12.2003 – Nr. 19550, GRUR Int. 2005, 264; für Belgien vgl. Rechtbank Brussel, 12.05.2000, GRUR Int. 2001, 170, 171 – Röhm Enzyme.

178 Corte di Cassazione, 19.12.2003 – Nr. 10550, GRUR Int. 2005, 264 – Verpackungsmaschine II; vgl. auch EuGH, 09.12.2003 – C-116/02, Slg. 2003, I-14693 Rn. 55, 57 – Gasser.

EuGVVO 2012) begründe, hat der EuGH inzwischen in seiner Entscheidung »Folien Fischer« von 2012 abgelehnt.[179]

115 Die mit negativen Feststellungsklagen angerufenen Gerichte waren häufig international nicht zuständig, was die Kläger durchaus häufig auch wussten. Zweck solcher Klagen war häufig nur eine **Prozessverschleppung.**[180] Außerdem ermöglichen sie ein **forum shopping.**[181]

bb) Einstweiliger Rechtsschutz nach Art. 35 EuGVVO

116 Durch Art. 35 der EuGVVO wurde die Torpedoproblematik teilweise entschärft. Denn nach dieser Vorschrift können die im Recht eines Mitgliedstaates vorgesehenen **einstweiligen Maßnahmen** bei dem Gericht dieses Mitgliedstaates auch dann beantragt werden, wenn für die Entscheidung in der Hauptsache das Gericht eines anderen Mitgliedstaates zuständig ist.[182]

cc) Prozessverzögerung als Missbrauch des Prozessrechts

117 Wenn für eine negative Feststellungsklage ein besonders langsames Gericht gewählt wird, ist dies für manche Gerichte und einen Teil des Schrifttums ein **Missbrauch** des europäischen Prozessrechts.[183]

118 Dem ist jedoch der EuGH in seiner Entscheidung »Gasser« vom 09.12.2003 entgegengetreten.[184] Das – in diesem Fall noch anzuwendende – EuGVÜ enthalte

---

179 EuGH, 25.10.2012 – C-133/11, GRUR 2013, 98 Rn. 44, 55 = WRP 2013, 177 – Folien Fischer.

180 Vgl. *Bukow,* Verletzungsklagen aus gewerblichen Schutzrechten, 2003, S. 284 f.; *Hess,* Europäisches Zivilprozessrecht, 2010, § 6 Rn. 165; *Leible,* in: Rauscher, EuZPR/EuIPR[4], Bd. I, EuGVVO Art. 29 Rn. 18, 35; *Rojahn,* in: FS für Mes, 2009, S. 303, 306; *Sack,* GRUR 2018, 893, 894.

181 *Brand,* IPRax 2016, 314, 316; *Hess,* Europäisches Zivilprozessrecht, 2010, § 6 Rn. 165; *Rojahn,* in: FS für Mes, 2009, S. 303, 304 ff.; *Sack,* GRUR 2018, 893, 894.

182 Vgl. *Halfmeier,* in: GroßkommUWG[2], Einl. E Rn. 239 a.E.; für die Zeit vor der EuGVVO 2001 vgl. *Bukow,* Verletzungsklagen aus gewerblichen Schutzrechten, 2003, S. 299 f.; *Kropholler/v. Hein,* Europäisches Zivilprozessrecht, 9. Aufl. 2011, EuGVO Art. 27 Rn. 11, 14; *Rojahn,* in: FS für Mes, 2009, S. 303, 309 f.

183 Vgl. Rechtbank Brussel, 12.05.2000, GRUR Int. 2001, 170, 171 – Röhm Enzyme; *Grothe,* IPRax 2004, 83, 87; *ders.,* IPRax 2004, 205, 212; *v. Meibom/Pitz,* GRUR Int. 1998, 765, 769 f.; *Pitz,* GRUR Int. 2001, 32, 34 (2.b), 35 (3.); *Simons,* EuLF 2003, 289; *Ullmann,* GRUR 2001, 1027, 1031 f.; vgl. auch *Leitzen,* GRUR Int. 2004, 1010, 1014 f.

184 EuGH, 09.12.2003 – C-116/02, Slg. 2003, I-14693 Rn. 71 f. – Gasser; vgl. auch *Bukow,* Verletzungsklagen aus gewerblichen Schutzrechten, 2003, S. 296 ff.; *Grabinski,* GRUR Int. 2001, 199, 211; *Hess,* Europäisches Zivilprozessrecht, 2010, § 6 Rn. 167 f.; *Sujecki,* GRUR Int. 2012, 18. 23; *Treichel,* GRUR Int. 2001, 175, 177 f.

keine Bestimmung, nach der seine Vorschriften wegen der Länge der Verfahrensdauer von den Gerichten eines Vertragsstaates nicht anzuwenden wären.[185] Das EuGVÜ beruhe auf dem **Vertrauen,** das die Vertragsstaaten gegenseitig ihren Rechtssystemen und Rechtspflegeorganen entgegenbringen.[186] Diese Ausführungen des EuGH zum EuGVÜ gelten entsprechend für die EuGVVO 2012. Übereinstimmend damit spricht der BGH vom »Prinzip der Gleichwertigkeit der Justizgewährung«.[187]

119 Eine Abweichung von dieser Ansicht des EuGH und des BGH ist allerdings bei **extrem langer** Verfahrensdauer nach Art. 6 I 1 EMRK und Art. 47 II EU-Grundrechtscharta gerechtfertigt.[188] Zur Anwendbarkeit dieser Vorschriften auf diese Fallgestaltung hat der EuGH noch nicht Stellung genommen.

dd) Vorrang der nachfolgenden Leistungsklage vor einer negativen Feststellungsklage

(1) Die deutsche Sprachfassung des Art. 29 EuGVVO

120 Nach Art. 29 der **deutschen** Sprachfassung der EuGVVO setzt ein Gericht das Verfahren von Amts wegen aus, wenn zuvor beim Gericht eines anderen Mitgliedstaates eine Klage wegen **desselben Anspruchs** zwischen denselben Parteien, anhängig gemacht worden ist. Eine negative Feststellungsklage auf Feststellung, dass das fragliche Verhalten nicht unerlaubt gewesen sei, und eine nachfolgende

---

(»grundsätzlich«); kritisch *Leitzen*, GRUR Int. 2001, 1010, 1014 f.; *Mankowski*, RIW 2004, 481, 496 f.; gegen eine unmittelbare Übertragung der Gasser-Rechtsprechung auf Streitigkeiten über gewerbliche Schutzrechte *Rojahn*, in: FS für Mes, 2009, S. 303, 316.

185 EuGH, 09.12.2003 – C-116/02, Slg. 2003, I-14693 Rn. 71, 73 – Gasser.

186 EuGH, 09.12.2003 – C-116/02, Slg. 2003, I-14693 Rn. 72 – Gasser; EuGH, 27.04.2004 – C-159/02, Slg. 2004, I-3565 Rn. 24 f., 28 – Turner; EuGH, 15.11.2012 – C-456/11, EuZW 2013, 60 Rn. 28 f., 35 = IPRax 2014, 163 – Gothaer Allgemeine Versicherung; vgl. auch *Kindler*, in: FS für Coester-Waltjen, 2015, S. 485, 489; kritisch *Schack*, Internationales Zivilverfahrensrecht[7], Rn. 508.

187 BGH, 06.02.2002 – VIII ZR 106/01, NJW 2002, 2795 (II.1.c); ebenso OLG Düsseldorf, 30.09.1999 – 2 W 60/98, GRUR Int. 2000, 776, 779 (3.) – Impfstoff III; *Halfmeier*, in: GroßkommUWG[2], Einl. E Rn. 240; *Treichel*, GRUR Int. 2001, 175.

188 *Grothe*, IPRax 2004, 205, 210 f.; *Halfmeier*, in: GroßkommUWG[2], Einl. E Rn. 240 a.E.; *Leible*, in: Rauscher, EuZPR/EuIPR[4], Bd. I, EuGVVO Art. 29 Rn. 35; *Mankowski*, in: MünchKommUWG[2], IntWettbR Rn. 479 a.E.; *ders.*, RIW 2004, 481, 496 f.; *Saenger*, in: Saenger, ZPO[7], § 256 Rn. 22; *Sander/Breßler*, ZZP 122 (2009), 157, 168 ff.; *Schilling*, IPRax 2004, 294 ff.; *Treichel*, GRUR Int. 2001, 175, 178; **a.A.** *Brand*, IPRax 2016, 314, 316.

Leistungsklage haben **nicht »denselben Anspruch«** zum Gegenstand.[189] Denn die Leistungsklage geht inhaltlich über die negative Feststellungsklage hinsichtlich der **Rechtsfolgen** (Schadensersatz, Unterlassung, Beseitigung usw.) hinaus. Auch führt eine negative Feststellungsklage nicht zu einem **Vollstreckungstitel**, so dass mit ihr das Rechtsschutzziel einer Leistungsklage nicht erreicht werden kann.[190]

121 Wenn eine nachfolgende Leistungsklage erhoben worden ist, die nicht mehr zurückgenommen werden kann, entfällt nach bisher ständiger Rechtsprechung des BGH für vorangegangene negative Feststellungsklagen grundsätzlich das nach § 256 ZPO erforderliche **Feststellungsinteresse.**[191] Sobald einer negativen

---

189 BGH, 28.11.1961 – I ZR 127/60, GRUR 1962, 360, 361 (2.) – Trockenrasierer; BGH, 20.01.1989 – V ZR 173/87, NJW 1989, 2064 a.E.; BGH, 07.07.1994 – I ZR 30/92, GRUR 1994, 846, 848 (II.2. 3.a) = WRP 1994, 810 – Parallelverfahren II; *Leipold*, in: Gedächtnisschrift für Arens, 1993, S. 227, 246, 249; ebenso für Frankreich TribGI de Paris, 28.04.2000, GRUR Int. 2001, 173, 174 (1.3.) – The General Hospital/Bracco; ebenso für Italien Corte di Cassazione, 19.12.2003 – Nr. 19550, GRUR Int. 2005, 264, 265 – Verpackungsindustrie II; ebenso für die Schweiz BGE 105 II 22 (anders jedoch später BGE 121 III 474 E.4a); **a.A.**, d.h. gegen einen Vorrang der Leistungsklage (unter Berufung auf die EuGH-Entscheidungen »Gubisch«, 08.12.1987 – Rs. 144/86, Slg. 1987, 4861 Rn. 16 f. = NJW 1989, 665, und »Tatry«, 06.12.1994 – C-406/92, Slg. 1994, I-5439 Rn. 47 f.) der VIII. ZS des BGH, vgl. BGH, 08.02.1995 – VIII ZR 14/94, NJW 1995, 1758 f, (II.1.,5.); BGH, 11.12.1996 – VIII ZR 154/95, NJW 1997, 870, 872 (II.2.a, bb, aaa, bbb); BGH, 06.02.2002 – VIII ZR 106/01, NJW 2002, 2795, 2796 (II.2.) – Gussteile.; a.A. im Schrifttum *Brand*, IPRax 2016, 314, 316 (»kein Zweifel«); *Bukow*, Verletzungsklagen aus gewerblichen Schutzrechten, 2003, S. 303 ff.; *Gruber*, ZZP 117 (2004), 133, 141 ff.; *Holzer/Josi*, GRUR Int. 2009, 577, 586 (V.3.b, c); *Huber*, JZ 1995, 603, 611; *Kern*, IPRax 2015, 318; *Leible*, in: Rauscher, EuZPR/EuIPR[4], Bd. I, EuGVVO Art. 29 Rn. 19; *Rojahn*, in: FS für Mes, 2009, S. 303, 306, 309; *H. Roth*, in: Stein/Jonas, ZPO, 23. Aufl., Bd. 3, 2016, vor § 253 Rn. 54, § 256 Rn. 96; *Saenger*, ZPO[7], § 256 Rn. 22; *Sujecki*, GRUR Int. 2012, 18, 21 (IV.1.); *Thole*, NJW 2013, 1192, 1195; *Treichel*, GRUR Int. 2001, 175, 176; *Ullmann*, GRUR 2001, 1027, 1031 (IV.3.); ebenso wohl auch *Mankowski*, RIW 2004, 481, 497 (gesetzestechnisch habe der EuGH leider recht); gegen einen Vorrang der negativen Feststellungsklage bei ausschließlicher Zuständigkeit des Zweitgerichts, z.B. nach Art. 24 Nr. 4 EuGVVO 2012, *Rojahn*, in: FS für Mes, 2009, S. 303, 313 ff., 317.

190 BGH, 07.07.1994 – I ZR 30/94, GRUR 1994, 846, 848 (II.2.) = WRP 1994, 810 – Parallelverfahren II; *Leipold*, in: Gedächtnisschrift für Arens, 1993, S. 227, 246; gegen dieses Argument *Thole*, NJW 2013, 1192, 1195.

191 BGH, 07.10.1959 – I ZR 69/57, GRUR 1959, 152, 154 = WRP 1959, 191 – Berliner Eisbein; BGH, 18.10.1967 – VIII ZR 9/66, NJW 1968, 50; BGH, 28.06.1973 – VII ZR 200/72, NJW 1973, 1500 (I.2.); BGH, 20.06.1984 – I ZR 61/82, GRUR 1985, 41, 44 (II.6.) – REHAB; BGH, 18.10.1987 – I ZR 230/85, GRUR 1987, 402 (II.1.) = WRP 1987, 459 – Parallelverfahren (I); BGH, 07.07.1994 – I ZR 30/42, GRUR 1994, 846, 847 f. = WRP 1994, 810 – Parallelverfahren II; BGH,

Feststellungsklage rechtskräftig stattgegeben wurde, ist ihr Ergebnis der nachfolgenden Leistungsklage zugrundezulegen.[192]

(2) Die Gegenansicht des EuGH und Kritik

122 Abweichend von der deutschen Sprachfassung des Art. 29 EuGVVO gewährte der EuGH in seinen Entscheidungen »Gubisch« von 1987 und »Tatry« von 1994 negativen Feststellungsklagen Vorrang vor nachfolgenden Leistungsklagen. Er begründete dies damit, dass in fast allen Sprachfassungen der Vorgänger dieser Vorschrift zwischen der »**Grundlage**« und dem »**Gegenstand**« der betreffenden Ansprüche unterschieden werde. Die davon **abweichenden** deutschen und englischen Sprachfassungen seien im gleichen Sinne auszulegen.[193]

123 Eine negative Feststellungsklage und eine entsprechende Leistungsklage haben nach Ansicht des EuGH dieselbe »Grundlage«.[194] Die negative Formulierung bei einer negativen Feststellungsklage und die positive Formulierung bei der Leistungsklage seien auch keine unterschiedlichen »Gegenstände.[195] Hinsichtlich **desjenigen Teils**, der auf Verurteilung zur Zahlung von Schadensersatz gerichtet sei, stelle der Antrag in der nachfolgenden Leistungsklage »**die natürliche Folge**« des Antrags auf Feststellung der Haftung dar und verändere somit den Hauptgegenstand der Klage nicht.[196]

124 Dieser Ansicht hat sich der VIII. Zivilsenat des BGH im Ergebnis angeschlossen.[197]

21.12.2005 – X ZR 17/03, NJW 2006, 515 (Leits.1 u. Rn. 12); BGH, 23.06.2010 – VIII ZR 135/08, NJW 2010, 3452, 3454 Rn. 21; BGH, 11.01.2018 – I ZR 187/16, GRUR 2018, 832 Rn. 54 = WRP 2018, 950 – Ballerinaschuh; ebenso *Brand*, IPRax 2016, 314, 316; *Kern*, IPRax 2015, 318 f.; *Leipold*, in: Gedächtnisschrift für Arens, 1993, S. 227, 230; *Saenger*, in: Saenger, ZPO[7], § 256 Rn. 22; a.A. *Schlosser/Hess*, EU-Zivilprozessrecht[4], EuGVVO Art. 29 Rn. 4c.; *Leible*, in: Rauscher, EuZPR/EuIPR[4], Bd. I, EuGVVO Art. 29 Rn. 17 a.E.; *Thole*. NJW 2013, 1192, 1195, 1196 (V.4.).

192 BGH, 06.02.2002 – VIII ZR 106/01, NJW 2002, 2795, 2796 (II.2.a).

193 EuGH, 08.12.1987 – Rs. 144/86, Slg. 1987, 4861 Rn. 14 = NJW 1989, 665 – Gubisch (betr. die deutsche Sprachfassung); EuGH, 06.12.1994 – C-406/92, Slg. 1994, I-5439 Rn. 39 – Tatry (betr. die englische Sprachfassung).

194 EuGH, 06.12.1994 – C-406/92, Slg. 1994, I-5439 Rn. 40 – Tatry.

195 EuGH, 06.12.1994 – C-406/92, Slg. 1994, I-5439 Rn. 43 – Tatry.

196 EuGH, 06.12.1994 – C-406/92, Slg. 1994, I-5439 Rn. 44, 48 – Tatry; ebenso im Ergebnis schon EuGH, 08.12.1987 – Rs. 144/86, Slg. 1987, 4861 Rn. 17, 19 = NJW 1989, 665 – Gubisch; ebenso im Schrifttum *Leitzen*, GRUR Int. 2004, 1010, 1012 (II.1.).

197 BGH, 11.12.1996 – VIII ZR 154/95, NJW 1997, 870, 872; BGH, 06.02.2002 – VIII ZR 106/01, NJW 2002, 2795 f. – Gussteile; ebenso im Schrifttum *Kropholler/v. Hein*, Europäisches Zivilprozessrecht[9], EuGVVO Art. 27 Rn. 10; *Ullmann*, GRUR 2001, 1027, 1032.

125 Die Ansicht des EuGH ist ebenso abzulehnen wie die übereinstimmende neuere Ansicht des BGH und der herrschenden deutschen Lehre.[198] Denn sie verstößt gegen die insoweit eindeutige Regelung des Art. 29 EuGVVO in seiner deutschen Sprachfassung und das Gebot einer **einheitlichen Auslegung** unterschiedlicher Sprachfassungen einer europäischen Vorschrift,[199] soweit diese nicht auf nationales Recht der EU-Staaten verweist. Das Gebot einer einheitlichen Auslegung verbietet es, eine Bestimmung bei Zweifeln nur in einer ihrer Sprachfassungen **isoliert** zu betrachten.[200] Die französische Sprachfassung und die meisten anderen ähnlichen Sprachfassungen des Art. 29 EuGVVO, auf die der EuGH hingewiesen hat, sind **mehrdeutig**. Eine der möglichen Auslegungen dieser Vorschriften, nach der negative Feststellungsklagen und nachfolgende Leistungsklagen dieselbe »Grundlage« und denselben »Gegenstand« haben, hat sich der EuGH zueigen gemacht. Diese Vorschriften hätten jedoch ebenso gut – und näherliegend – in Übereinstimmung mit der deutschen Sprachfassung des Art. 29 EuGVVO ausgelegt werden können. Denn da die Leistungsklage weiter reicht, ist es ebenso gut vertretbar, dass sie nicht denselben »Gegenstand« hat.[201] Wenn eine der amtlichen Sprachfassungen in Bezug auf ein bestimmtes Problem eindeutig ist, wie hier die deutsche Sprachfassung des Art. 29 EuGVVO, während andere Sprachfassungen mehrdeutig sind, jedoch auch eine der eindeutigen Sprachfassungen umfassen, dann ist grundsätzlich **nur die eindeutige** Sprachfassung maßgeblich.[202] Das ist hier die deutsche Sprachfassung des Art. 29 EuGVVO, wonach Rechtshängigkeit nur bei Klagen »wegen **desselben Anspuchs** zwischen denselben Parteien« begründet wird. Negative Feststellungs-

---

198 Kritisch jedoch *Geimer*, in: Zöller, ZPO[32], EuGVVO Art. 29 Rn. 23.

199 Zum Gebot einer einheitlichen Auslegung vgl. EuGH, 18.01.1984 – Rs. 327/82, Slg. 1984, 107 Rn. 11 – Ekro; EuGH, 19.09.2000 – C-287/98, Slg. 2000, I-6917 Rn. 43 – Linster; EuGH, 16.07.2009 – C-5/08, Slg. 2009, I-6569 Rn. 27 = GRUR 2009, 1041, – Infopaq International; EuGH, 21.10.2010 – C-467/08, Slg. 2010, I-10055 Rn. 32 = GRUR 2011, 50 – Padawan; EuGH, 18.10.2011 – C-34/10, Slg. 2011, I-9821 Rn. 25 = GRUR 2011, 1104 – Brüstle; EuGH, 15.10.2015 – C-494/14, EU:C:2015:692 Rn. 21 – Axa Belgium; EuGH, 09.11.2016 – C-149/15, EU:C:2016:840 Rn. 28 = NJW 2017, 874 – Wathelet; EuGH, 07.09.2017 – C-247/16, EU:C:2017:638 Rn. 31 = NJW 2017, 3215 – Schottelius; EuGH, 08.03.2018 – C-395/16, GRUR 2018, 612 Rn. 20 = WRP 2018, 546 – DOCERAM/Ceram Tec. (»Zentrierstifte«); vgl. auch *Ullmann*, in: jurisPK-UWG[4], Einl. Rn. 77.

200 EuGH, 12.11.1969 – Rs. 29/69, Slg. 1969, 419 Rn. 3 – Stauder; EuGH, 07.07.1988 – Rs. 55/87, Slg. 1988, 3845 Rn. 15 – Moksel; EuGH, 02.04.1998 – C-296/95, Slg. 1998, I-1605 Rn. 36 – EMU Tabak u.a.

201 Vgl. *Sack*, GRUR 2018, 893, 897.

202 Vgl. *Sack*, GRUR 2018, 893, 897.

klagen und nachfolgende Leistungsklagen betreffen, wie bereits oben dargelegt, nicht »denselben Anspruch«.[203]

(3) Die Sonderregelung des Art. 33 VI EPGÜ

126 Die hier vertretene Ansicht findet eine teilweise Bestätigung in Art. 33 VI des europäischen Übereinkommens über ein einheitliches Patentgericht (EPGÜ). Danach können negative Feststellungsklagen auf Nichtverletzung von Patenten und ergänzenden Schutzzertifikaten nicht ohne Weiteres nachfolgende Verletzungsklagen des Schutzrechtsinhabers wegen Rechtshängigkeit blockieren. Vielmehr wird die negative Feststellungsklage ausgesetzt, wenn innerhalb von drei Monaten nach ihrer Erhebung zwischen denselben Parteien vom Schutzrechtsinhaber eine Leistungsklage erhoben wird. Von unterschiedlichen »Ansprüchen« bzw. »Gegenständen« geht also offenbar Art. 33 VI EPGÜ aus.[204] Die Regelung des Art. 33 VI EPGÜ ist etwas detailierter. Sie lautet:

> »Eine Klage zur Feststellung der Nichtverletzung i.S.d. Art. 32 I Buchst. b, die bei der Zentralkammer anhängig ist, wird ausgesetzt, wenn innerhalb von drei Monaten nach Klageerhebung vor der Zentralkammer bei einer Lokal- oder Regionalkammer zwischen denselben Parteien oder zwischen dem Inhaber einer ausschließlichen Lizenz und der Partei, die die Feststellung der Nichtverletzung beantragt hat, zum selben Patent eine Verletzungsklage i.S.d. Art. 32 I Buchst. a erhoben wird.«

ee) Vorrang einer vorausgegangenen Leistungsklage

127 Eine Leistungsklage hat auch Vorrang vor einer **nachfolgenden** negativen Feststellungsklage, wie im EuGH-Fall »Gubisch«.[205] Denn ein Leistungsurteil **umfasst** die Feststellung, auf die die betreffende negative Feststellungsklage zielt. Für die nachfolgende negative Feststellungsklage fehlt es am erforderlichen **Feststellungsinteresse**. Sie ist deshalb unzulässig.[206]

d) Anti-suit-injunctions

128 In seiner Entscheidung »West Tankers« vom 10.02.2009 hat der EuGH zu der Frage Stellung genommen, ob sogenannte **Anti-suit-injunctions** die Rechtshän-

---

203 Von unterschiedlichen »Ansprüchen« bzw. »Gegenständen« geht offenbar auch Art. 33 VI des Europäischen Übereinkommens über ein einheitliches Patent« (EPGÜ) aus; vgl. dazu *Sack*, GRUR 2018, 893, 897.

204 Vgl. *Sack*, GRUR 2018, 893, 897.

205 EuGH, 08.12.1997 – Rs. 144/86, Slg. 1987, 4861 Rn. 13 = NJW 1989, 665 – Gubisch; vgl. auch BGH, 20.01.1989 – V ZR 173/87, NJW 1989, 2064 f.; *Kropholler/v. Hein*, Europäisches Zivilprozessrecht[9], EuGVVO Art. 27 Rn. 10.

206 Vgl. BGH, 07.10.1958 – I ZR 69/57, GRUR 1959, 152, 154 – Berliner Eisbein; BGH, 17.03.1964 – Ia ZR 193/63, GRUR 1965, 327 – Gliedermaßstäbe; BGH,

gigkeit begründen.[207] Dieses Rechtsmittel kennen nur sehr wenige EU-Staaten. Mit ihm versucht ein Unternehmen, das eine Verletzungsklage eines anderen Unternehmens befürchtet, dieses zu verhindern. Mit einer erfolgreichen Anordnung einer Anti-suit-injunction wird dem angeblich verletzten Unternehmen oder seinem Versicherer eine Haftungsklage untersagt.

Die EuGH-Entscheidung »West Tankers« betraf Schadensersatzansprüche eines Versicherers wegen eines von »West Tankers Inc.« verursachten Schadens an einer Mole infolge einer Schiffskollision mit dieser. **129**

Die Möglichkeit einer gerichtlichen Anordnung einer Anti-suit-injunction besteht auch bei **lauterkeitsrechtlichen** Rechtsstreitigkeiten, so dass hier kurz auf die Frage eingegangen werden soll, ob sie die Rechtswegsperre nach Art. 29 EuGVVO auslöst. **130**

Der EuGH hat in seiner Entscheidung »West Tankers« mit Recht festgestellt, dass Anti-suit-injunctions eines Gerichts keine Rechtshängigkeitssperre für ein anderes Gericht begründen.[208] Denn eine Anti-suit-injunction läuft notwendig darauf hinaus, dem Zweitgericht die Befugnis zu nehmen, nach der EuGVVO über seine eigene Zuständigkeit zu entscheiden.[209] Die Anti-suit-injunction untersagt den Gerichten eines anderen EU-Staates, über seine Zuständigkeit zu entscheiden, und verstößt damit gegen den allgemeinen Grundsatz, wonach jedes angerufene Gericht nach dem für dieses Gericht geltenden Recht **selbst** bestimmt, ob es für die Entscheidung über den bei ihm anhängig gemachten Rechtsstreit zuständig ist.[210] Sie widerspricht auch dem **Vertrauen**, das die EU-Staaten gegenseitig ihren Rechtssystemen entgegen bringen und auf dem das Zuständigkeitssystem der EuGVVO beruht.[211] Diese Ansicht begründet eine im Gesetz nicht ausdrücklich vorgesehene Rechtswegsperre aus übergeordneten prozessualen Gesichtspunkten. **131**

18.10.1967 – VIII ZR 9/66, NJW 1968, 50; Leipold, in: Gedächtnisschrift für Arens, 1993, S. 227, 247; *Sack*, GRUR 2018, 893, 897 (5.).

207 EuGH, 10.02.2009 – C-185/07, Slg. 2009, I-663 = NJW 2009, 1655 – West Tankers.

208 EuGH, 10.02.2009 – C-185/07, Slg. 2009, I-663 Rn. 28 ff., 30 = NJW 2009, 1655 – West Tankers; vgl. auch *Halfmeier*, in: GroßkommUWG[2], Einl. E Rn. 245.

209 EuGH, 10.02.2009 – C-185/07, Slg. 2009, I-663 Rn. 28, 30 = NJW 2009, 1655 – West Tankers.

210 EuGH, 10.02.2009 – C-185/07, Slg. 2009, I-663 Rn. 29 = NJW 2009, 1655 – West Tankers.

211 EuGH, 10.02.2009 – C-185/07, Slg. 2009, I-663 Rn. 30 = NJW 2009, 1655 – West Tankers.

8. Unzuständigkeit wegen des Zusammenhangs mehrerer Verfahren, Art. 30 EuGVVO

132 Wenn bei Gerichten verschiedener Mitgliedstaaten Verfahren anhängig sind, »die im Zusammenhang« stehen«, so **kann** nach Art. 30 I EuGVVO jedes später angerufene Gericht das Verfahren aussetzen.

133 Ist das beim zuerst angerufenen Gericht anhängige Verfahren in erster Instanz anhängig, so kann sich nach Art. 30 II EuGVVO jedes später angerufene Gericht auf Antrag einer Partei auch für **unzuständig** erklären, wenn das zuerst angerufene Gericht für die betreffenden Verfahren zuständig ist und die Verbindung der Verfahren nach seinem Recht zulässig ist.

134 Nach Art. 30 III EuGVVO stehen Verfahren im Zusammenhang i.S.v. Art. 30 EuGVVO, wenn zwischen ihnen eine so enge Verbindung gegeben ist, dass eine gemeinsame Verhandlung und Entscheidung geboten erscheint, um zu vermeiden, dass in getrennten Verfahren widersprechende Entscheidungen ergehen können.

135 Dieser enge Zusammenhang ist möglich bei Schadensersatzklagen verschiedener Geschädigter aufgrund eines einheitlichen Schädigungsvorgangs, um das Ergebnis des Erstverfahrens für das Zweitverfahren auszuwerten.[212]

136 Zwischen Lauterkeitsverstößen auf unterschiedlichen Märkten besteht nicht notwendig ein Zusammenhang i.S.v. Art. 30 EuGVVO.[213]

III. Das Lugano-Übereinkommen (LugÜ)

137 Das Lugano-Übereinkommen erstreckt die Regelungen der EuGVÜ auf **Norwegen**, **Island** und die **Schweiz**. Der BGH hat ausdrücklich entschieden, dass für Klagen gegen in der **Schweiz** ansässige Personen oder Unternehmen Art. 5 Nr. 3 LugÜ gilt,[214] der Art. 7 Nr. 2 EuGVVO 2012 entspricht.

138 **Liechtenstein** ist dem LugÜ nicht beigetreten.[215]

---

212 EuGH, 06.12.1994 – C-406/92, Slg. 1994, I-5439 – Tatry; *Halfmeier*, in: Großkomm-UWG², Einl. E Rn. 242.

213 *Hausmann/Obergfell*, in: Fezer/Büscher/Obergfell, UWG³, IntLautVerfR Rn. 242 a.E.; ebenso im Ergebnis *Lindacher*, GRUR Int. 2008, 453, 457.

214 BGH, 28.06.2007 – I ZR 49/04, GRUR 2007, 884 Rn. 21, 24 = WRP 2007, 1200 – Cambridge Institute.

215 BGH, 28.06.2007 – I ZR 49/04, GRUR 2007, 884 Rn. 22 = WRP 2007, 1200 – Cambridge Institute; BGH, 25.10.2016 – VI ZR 678/15, NJW 2017, 827 Leits. 2 und Rn. 17 – Michael Schumacher.

139 Das LugÜ ist im Jahre 2007 revidiert worden. In der Fassung von 2007 ist es an die Stelle des LugÜ von 1988 getreten. Es stimmt inhaltlich in seinen Art. 1 – 62 nahezu wortgleich mit der EuGVVO überein und ist im Übrigen auf sie abgestimmt. Es gilt im Verhältnis zwischen Norwegen, Island, der Schweiz und der EU. Das LugÜ gilt nur für Neufälle. Es ist am 01.01.2010 von der EU, Dänemark und Norwegen ratifiziert worden. In der Schweiz gilt es seit dem 01.01.2011, in Island seit dem 01.05.2011.

140 Personen oder Gesellschaften, die ihren Wohnsitz in der Schweiz, in Norwegen oder in Island haben, können grundsätzlich an diesem »allgemeinen« Gerichtsstand verklagt werden. Außerdem stehen die besonderen Gerichtsstände der Art. 5 f. LugÜ zur Verfügung. Diese Vorschriften sind ebenso auszulegen wie die entsprechenden Regelungen der Art. 7 f. EuGVVO.[216] EU-Bürger können vom EuGH die Auslegung des LugÜ verlangen, nicht jedoch sonstige Bürger aus dem Anwendungsbereich des LuGÜ.[217]

141 Das LugÜ gilt für das Verhältnis der Mitgliedstaaten der EU zu den übrigen Verbandsstaaten des LugÜ und zwischen den Verbandsstaaten des LugÜ untereinander.[218] Ein Vorrang des LugÜ ergibt sich in Deutschland aus Art. 3 Nr. 2 EGBGB, der auch auf die im EGBGB nicht geregelte Frage der internationalen Zuständigkeit anwendbar ist.[219]

142 Nach Art. 64 I LugÜ hat die EuGVVO für die Mitgliedstaaten der EU Vorrang vor dem LugÜ.[220] Die Zuständigkeitsvorschriften des LugÜ verdrängen hingegen die Zuständigkeitsvorschriften des nationalen Rechts.[221]

IV. Nationales Prozessrecht

1. Allgemeine Anmerkungen

a) Die Doppelfunktionalität der Regelungen der örtlichen Zuständigkeit

143 Für Personen und Unternehmen aus Staaten, die weder in der EU noch in Vertragsstaaten des LugÜ einen Wohnsitz haben, folgt nach Art. 6 EuGVVO und

216 *Fezer/Koos*, in: Staudinger, Internationales Wirtschaftsrecht (2015), Rn. 783a, 785 a.E.; *Hausmann/Obergfell*, in: Fezer/Büscher/Obergfell, UWG³, IntLautVerfR Rn. 351a.
217 Protokoll Nr. 2 über die einheitliche Auslegung des LugÜ, ABl.EG 1988 L 319/9, 29.
218 Vgl. *Glöckner*, in: Harte/Henning, UWG⁴, Einl. D Rn. 10.
219 Vgl. *Glöckner*, in: Harte/Henning, UWG⁴, Einl. D Rn. 8.
220 Vgl. *Fezer/Koos*, in: Staudinger, Internationales Wirtschaftsrecht (2015), Rn. 786.
221 *Brannekämper*, WRP 1994, 661; *Fezer/Koos*, in: Staudinger, Internationales Wirtschaftsrecht (2015), Rn. 782, 787.

Art. 4 LugÜ die internationale Zuständigkeit aus den **nationalen** Bestimmungen.

144 In **Deutschland** ergibt sich die **internationale** Zuständigkeit mittelbar aus den Bestimmungen über die **örtliche** Zuständigkeit, also insbesondere aus § 14 UWG, gegebenenfalls auch noch aus den §§ 12 ff., 32 ZPO. Denn die deutschen Vorschriften über die örtliche Zuständigkeit indizieren regelmäßig auch die **internationale** Zuständigkeit.[222] Man spricht von der »**Doppelfunktionalität**« der Vorschriften über die örtliche Zuständigkeit. Das gilt auch und speziell für die lauterkeitsrechtliche Zuständigkeitsvorschrift des § 14 UWG, die in Abs. 2 S. 2 die internationale Zuständigkeit nach dieser Vorschrift voraussetzt.

145 Nach § 14 I UWG ist das Gericht zuständig, in dessen Bezirk der Beklagte seine berufliche Niederlassung oder in Ermangelung einer solchen seinen Wohnsitz hat. Nach Abs. 2 S. 1 von § 14 ist das Gericht örtlich und international zuständig, in dessen Bezirk die Handlung begangen ist. Die Auslegung von § 14 II UWG stimmt mit der Auslegung von Art. 7 Nr. 2 EuGVVO überein.[223] Zwischen den beiden in § 14 I u. II UWG genannten Gerichtsständen hat der Kläger ein **Wahlrecht**.[224]

146 Relevant wird die Funktion des § 14 UWG als Regelung der **internationalen** Zuständigkeit nur bei Klagen vor deutschen Gerichten gegen Unternehmen aus

---

222 Vgl. BGH, 03.05.1977 – VI ZR 24/75, NJW 1977, 1590 (I.) = GRUR 1978, 194, 195 = WRP 1977, 487 – profil; BGH, 03.04.1985 – I ZR 101/83, GRUR 1986, 325, 327 (II.1.b) = WRP 1985, 548, 550 – Peters; BGH, 09.10.1986 – I ZR 138/84, GRUR 1987, 172, 173 (II.1.) = WRP 1987, 446 – Unternehmensberatungsgesellschaft I; BGH, 21.10.1992 – XII ZR 182/90, NJW 1993, 385, 386 (I.); BGH, 22.11.1994 – XI ZR 45/91, NJW 1995, 1225, 1226; BGH, 28.06.2007 – I ZR 49/04, GRUR 2007, 884 Rn. 23 = WRP 2007, 1200 – Cambridge Institute; BGH, 18.01.2011 – X ZR 71/10, BGHZ 188, 85 Rn. 13; BGH, 27.02.2018 – VI ZR 489/16, WRP 2018, 694 Rn. 15 – Internet-Suchmaschine I; BGH, 24.07.2018 – VI ZR 330/17, WRP 2019, 219 Rn. 20 – Internet-Suchmaschine II; *Fezer/Koos*, in: Staudinger, Internationales Wirtschaftsrecht (2015), Rn. 813; *Glöckner*, in: Harte/Henning, UWG[4], Einl. D Rn. 2; *Halfmeier*, in: GroßkommUWG[2], Einl. E Rn. 214; *Hausmann/Obergfell*, in: Fezer/Büscher/Obergfell, UWG[3], IntLautVerfR Rn. 444; *Köhler*, in: Köhler/Bornkamm/Feddersen, UWG[37], Einl. UWG Rn. 5.38; *Schaub*, in: Teplitzky, Wettbewerbsrechtliche Ansprüche und Verfahren[12], Kap. 45 Rn. 18; *Mankowski*, MMR 2002, 61, 62; *Ohly*, in: Ohly/Sosnitza, UWG[7], Einf. B Rn. 5; *Schütze*, in: Hdb des Wettbewerbsrechts[4], § 11 Rn. 12.

223 *Halfmeier*, in: GroßkommUWG[2], Einl. E Rn. 220 ff.; zu möglichen Unterschieden *ders.* in Rn. 223.

224 *Büscher*, in: Fezer/Büscher/Obergfell, UWG[3], § 14 Rn. 25; *Hausmann/Obergfell*, in: Fezer/Büscher/Obergfell, UWG[3], IntLautVerfR Rn. 445; *Köhler/Feddersen*, in: Köhler/Bornkamm/Feddersen, UWG[37], § 14 Rn. 1; *Zülch*, in: GroßkommUWG[2], § 14 Rn. 18.

Drittstaaten außerhalb des Anwendungsbereichs des LugÜ, die **in Deutschland** unlauteren Wettbewerb begehen. § 14 begründet hingegen keine internationale Zuständigkeit eines deutschen Gerichts, wenn der behauptete Verstoß gegen Lauterkeitsrecht auf einem **ausländischen Markt** begangen worden ist. Die nationalen Bestimmungen gelten z.B. für in Liechtenstein ansässige Personen und Unternehmen.[225] Denn Liechtenstein gehört weder zur EU noch ist es dem LugÜ beigetreten. Seine Mitgliedschaft im Europäischen Wirtschaftsraum (EWR) begründet weder die Anwendbarkeit der EuGVVO noch des LugÜ.

b) Die ausschließliche Zuständigkeit nach § 14 UWG

147 Die beiden in § 14 UWG genannten Gerichtsstände sind grundsätzlich **ausschließlicher** Natur.[226] Das folgt aus dem Satzteil »ist außerdem nur das Gericht zuständig« in § 14 II 1 UWG.[227] § 14 UWG ist im Bereich des Lauterkeitsrechts lex specialis gegenüber den allgemeinen Regeln der §§ 12 ff. ZPO.

148 **Ausnahmen** von der Ausschließlichkeit sehen § 141 MarkenG und § 53 DesignG vor. Außerdem sind nach ganz h.M. bei der Konkurrenz von Ansprüchen aus dem UWG und aus dem allgemeinen Deliktsrecht auch die Gerichtsstände der §§ 12 ff., 32 ZPO eröffnet, soweit die Klage auch auf die §§ 823 ff. BGB gestützt wird.[228] Diese Gerichte sind allerdings nicht für konkurrierende Ansprüche aus dem UWG zuständig.[229]

---

225 BGH, 28.06.2007 – I ZR 49/04, GRUR 2007, 884 Rn. 21 ff. = WRP 2007, 1200 – Cambridge Institute.

226 Begr. RegE zur UWG-Novelle 2004, BT-Drucks. 15/1487, S. 26; einhellige Lehre; ebenso zur ausschließlichen Zuständigkeit der Vorgängervorschrift des § 24 UWG a.F. BGH, 03.04.1985 – I ZR 101/83, GRUR 1986, 325, 328 = WRP 1985, 548 – Peters.

227 *Hausmann/Obergfell*, in: Fezer/Büscher/Obergfell, UWG[3], IntLautVerfR Rn. 458; *Hess*, in: FS für Ullmann, 2006, S. 927, 929; *Köhler/Feddersen*, in: Köhler/Bornkamm/Feddersen, UWG[37], § 14 Rn. 1; *Mankowski*, in: MünchKommUWG[2], IntWettbR Rn. 417; *Sosnitza*, in: Ohly/Sosnitza, UWG[7], § 14 Rn. 1; *Zülch*, in: GroßkommUWG[2], § 14 Rn. 15.

228 *Bähr*, in: Ahrens, Der Wettbewerbsprozess[8], Kap. 17 Rn. 2, 4, 6; *Ehricke*, in: MünchKommUWG[2], § 14 Rn. 21; *Fezer/Koos*, in: Staudinger, Internationales Wirtschaftsrecht (2015), Rn. 814, 817; *Halfmeier*, in: GroßkommUWG[2], Einl. E Rn. 221 f., 268; *Hausmann/Obergfell*, in: Fezer/Büscher/Obergfell, UWG[3], IntLautVerfR Rn. 444, 458, 465 ff.; *Köhler/Feddersen*, in: Köhler/Bornkamm/Feddersen, UWG[37], § 14 Rn. 4; *Retzer/Tolkmitt*, in: Harte/Henning, UWG[4], § 14 Rn. 20; a.A. *Zülch*, in: GroßkommUWG[2], § 14 Rn. 21 a.E.

229 *Halfmeier*, in: GroßkommUWG[2], Einl. E Rn. 221; a.A. *Fezer/Koos*, in: Staudinger, Internationales Wirtschaftsrecht (2015), Rn. 814; *Hausmann/Obergfell*, in: Fezer/Büscher/Obergfell, UWG[3], IntLautVerfR Rn. 445, 465, 468; *Sosnitza*, in: Ohly/Sosnitza, UWG[7], § 14 Rn. 4.

149 Gegen die Anwendung der §§ 12 ff., 32 ZPO i.V.m. §§ 823 ff. BGB bestehen jedoch Bedenken. Denn fast alle unlauteren geschäftlichen Handlungen i.S.d. UWG verwirklichen einen Tatbestand der §§ 823 ff. BGB, insbesondere des – nur subsidiär anzuwendenden – § 823 I BGB unter dem Gesichtspunkt eines Eingriffs in das Recht am Gewerbebetrieb und des § 826 BGB.[230] Deshalb würde die Ausschließlichkeit der Gerichtsstände des § 14 UWG weitgehend leerlaufen, wenn daneben auf unlautere geschäftliche Handlungen, die einen Tatbestand der §§ 823 ff. BGB erfüllen, auch die §§ 12 ff., § 32 ZPO anwendbar wären.

c) Die Anwendbarkeit von § 14 UWG auf Vertragsstrafen

150 Streitig ist, ob § 14 UWG oder die §§ 12 ff., 29 ZPO bei Klagen auf eine Vertragsstrafe wegen Verletzung eines lauterkeitsrechtlichen Unterwerfungsvertrags anwendbar sind. Nach wohl h.M. fallen solche **vertraglich** begründeten Ansprüche nicht in den Anwendungsbereich des § 14 UWG.[231] Denn § 14 UWG erfasse nach seinem **Wortlaut** nur Klagen »auf Grund dieses Gesetzes«. Dazu seien Vertragsstrafen wegen der Verletzung wettbewerbsrechtlicher Unterwerfungserklärungen nicht zu rechnen.[232] Es stehe dem Kläger jedoch der allgemeine Gerichtsstand des Beklagten nach den §§ 12, 13,17 ZPO sowie der besondere Gerichtsstand des Erfüllungsortes nach § 29 ZPO zur Wahl.[233] Das Wortlautargument der h.M. ist allerdings nicht zwingend. Denn auch Vertragsstrafen wegen Verletzung einer wettbewerbsrechtlichen Unterwerfungserklärung werden nur ausgelöst durch bestimmte Verstöße gegen das UWG. Eine entsprechende Klage kann man daher ohne Weiteres auch als Klage »auf Grund dieses Gesetzes« bezeichnen. Außerdem sprechen die Materialien zur UWG-Novelle

---

230 Ausführlich dazu *Sack*, in: FS für Ullmann, 2006, S. 825 ff.; *Köhler*, in: Köhler/Bornkamm/Feddersen, UWG[37], Einl. UWG Rn. 7.2 ff.

231 OLG Rostock, 15.01.2014 – 2 AR 1/13, GRUR 2014, 304 – Vertragsstrafe; OLG Köln, 05.06.2014 – 8 AR 64/14, WRP 2014, 1369 (zu §§ 13 u. 14 nur Leitsätze); *Bähr*, in: Ahrens, Der Wettbewerbsprozess[8], Kap. 17 Rn. 2, 34; *Halfmeier*, in: GroßkommUWG[2], Einl. E Rn. 218; *Hess*, in: FS für Ullmann, 2006, S. 927, 937 f.; *Köhler/Feddersen*, in: Köhler/Bornkamm/Feddersen, UWG[37], § 14 Rn. 4; *Retzer/Tolkmitt*, in: Harte/Henning, UWG[4], § 14 Rn. 18; *Schaub*, in: Teplitzky, Wettbewerbsrechtliche Ansprüche und Verfahren[12], Kap. 45 Rn. 15; a.A. *Büscher*, in: Fezer/Büscher/Obergfell, UWG[3], § 14 Rn. 7; *Ehricke*, in: MünchKommUWG[2], § 14 Rn. 20; *Goldbeck*, WRP 2006, 37; *Sosnitza*, in: Ohly/Sosnitza, UWG[7], § 14 Rn. 2.

232 OLG Rostock, 15.01.2014 – 2 AR 1/13, GRUR 2014, 304 – Vertragsstrafe; *Halfmeier*, in: GroßkommUWG[2], Einl. E Rn. 218; *Hess*, in: FS für Ullmann, 2006, S. 927, 937 f.; kritisch zu diesem Argument *Goldbeck*, WRP 2006, 37, 38 f.

233 *Halfmeier*, in: GroßkommUWG[2], Einl. E Rn. 217; *Hess*, in: FS für Ullmann, 2006, S. 927, 938.

von 2004 gegen die herrschende Meinung.[234] Denn mit der Formulierung »auf Grund dieses Gesetzes« in § 13 I UWG, der insoweit ebenso auszulegen ist wie § 14 UWG, wollte der Gesetzgeber UWG-Sachen ausschließlich den **Landgerichten** zuweisen, weil dort der Sachverstand und Erfahrungswissen versammelt seien, während vereinzelte UWG-Sachen für den Richter am Amtsgericht einen unverhältnismäßigen Einarbeitungsaufwand bedeuten. Außerdem sei mit der Alleinzuständigkeit der Landgerichte der inhaltliche Gleichklang mit § 140 MarkenG, § 15 I GeschmMG, § 27 GebrMG, § 143 I PatG und § 6 UKlaG hergestellt.[235]

d) Klagen gegen mehrere Streitgenossen

151 Für Klagen gegen mehrere Streitgenossen mit unterschiedlichen ausschließlichen Gerichtsständen gilt nach § 36 Nr. 3 ZPO, dass das gemeinsam zuständige Gericht durch das im Rechtszug zunächst höhere Gericht bestimmt wird.

e) Feststellungsklagen

152 § 14 UWG gilt nicht nur für Leistungsklagen auf Schadensersatz, Unterlassung und Beseitigung, sondern auch für positive oder negative Feststellungsklagen.[236] Für negative Feststellungsklagen ist das Gericht zuständig, das für die entsprechende positive Leistungsklage der Gegenpartei zuständig wäre.[237]

2. Zuständigkeit nach § 14 I UWG

153 Nach § 14 I UWG ist für Klagen aufgrund des UWG das Gericht örtlich und folglich auch international zuständig, in dessen Bezirk der Beklagte seine gewerbliche oder selbständige berufliche **Niederlassung** oder in Ermangelung einer solchen seinen **Wohnsitz**, ansonsten seinen inländischen **Aufenthaltsort** hat. Der Begriff »Niederlassung« in § 14 I UWG entspricht dem des § 21 ZPO.[238] Es ist der Ort, von dem aus ein Unternehmer regelmäßig wirtschaftliche Geschäfte

---

234 Vgl. besonders *Goldbeck*, WRP 2006, 37, 38 ff.

235 Begr. RegE zur UWG-Novelle von 2004, BT-Drucks. 15/1487, S. 36 (unter 26.).

236 *Büscher*, in: Fezer/Büscher/Obergfell, UWG[3], § 14 Rn. 9.

237 OLG Köln, 07.04.1978 – 6 U 179/77, GRUR 1978, 658; OLG Hamburg, 23.03.1995 – 3 U 254/94, WRP 1995, 851, 852; *Büscher*, in: Fezer/Büscher/Obergfell, UWG[3], § 14 Rn. 9; *Hausmann/Obergfell*, in: Fezer/Büscher/Obergfell, UWG[3], IntLautVerfR Rn. 456; *Zülch*, in: GroßkommUWG[2], § 14 Rn. 24; ebenso zu Art. 5 Nr. 3 EuGVVO 2001, (jetzt Art. 7 Nr. 2 EuGVVO 2012), EuGH, 25.10.2012 – C-133/11, GRUR 2013, 493 = WRP 2013, 177 – Folien Fischer; BGH, 01.02.2011 – KZR 8/10, GRUR 2011, 554 Rn. 14 ff. – Trägermaterial für Kartenformulare.

238 *Hausmann/Obergfell*, in: Fezer/Büscher/Obergfell, UWG[3], IntLautVerfR Rn. 447, 450 f.; *Sosnitza*, in: Ohly/Sosnitza, UWG[7], § 14 Rn. 6; gegen eine ergänzende

abschließt. Bei Handelsgesellschaften und juristischen Personen ist der Ort der Niederlassung – in Anlehnung an § 17 ZPO und an die Wohnsitzdefinition des Art. 63 EuGVVO – dort, wo sich der satzungsmäßige Sitz oder die Hauptverwaltung eines Unternehmens befindet.[239] Ob ein Unternehmen als Niederlassung zu selbständigem Handeln berechtigt ist, das entscheidet nicht die interne Ausgestaltung der Beziehungen zwischen dem Stammhaus und der Niederlassung, sondern der im Rechtsverkehr hervorgerufene **Rechtsschein.**[240]

154 Wenn der Beklagte im Inland keine Niederlassung hat, ist das Gericht nach § 14 I UWG hilfsweise örtlich und international zuständig, in dessen Bezirk er seinen Wohnsitz und mangels eines solchen seinen inländischen Aufenthaltsort hat.

155 Die Zuständigkeit deutscher Gerichte besteht nach § 14 I UWG nur für Klagen aufgrund des **deutschen UWG**. Das ist der Fall, wenn nach den Klagebehauptungen die Klage (auch) aus dem UWG schlüssig begründet ist. Darüber entscheidet Art. 6 I bzw. Art. 6 II Rom I-VO. Ist nach diesen Vorschriften voraussichtlich **ausländisches** Lauterkeitsrecht anzuwenden, dann scheidet eine internationale Zuständigkeit deutscher Gerichte aus. Ein deutsches Unternehmen kann deshalb nicht nach § 14 I UWG von einem Mitbewerber vor einem deutschen Gericht verklagt werden, wenn die behauptete Wettbewerbsverletzung im Ausland stattgefunden hat und **ausländisches** Wettbewerbsrecht anwendbar ist.

3. Zuständigkeit nach § 14 II UWG

a) Der Begehungsort

156 Für Klagen aus dem deutschen UWG ist nach § 14 II 1 außerdem das Gericht zuständig, in dessen Bezirk die beanstandete geschäftliche Handlung **begangen** ist. Er ist i.S.v. § 14 II UWG dort, wo die wettbewerblichen Interessen der Mitbewerber aufeinanderstoßen. Das ist unstreitig der Ort, an dem die beanstandete geschäftliche Handlung den Tatbestand des behaupteten Wettbewerbsverstoßes erfüllt.[241]

157 Wenn **Handlungs- und Erfolgsort** auseinanderfallen, sind nach h.M. **beide** Orte als Begehungsorte i.S.v. § 14 II UWG anzusehen.[242]

Gerichtsstandsbestimmung des § 21 ZPO jedoch *Bähr*, in: Ahrens, Der Wettbewerbsprozess[8], Kap. 17 Rn. 14.

239 *Bähr*, in: Ahrens, Der Wettbewerbsprozess[8], Kap. 17 Rn. 10, 13; *Retzer/Tolkmitt*, in: Harte/Henning, UWG[4], § 14 Rn. 40; *Zülch*, in: GroßkommUWG[2], § 14 Rn. 33, 43.

240 *Hausmann/Obergfell*, in: Fezer/Büscher/Obergfell, UWG[3], IntLautVerfR Rn. 450.

241 *Köhler/Feddersen*, in: Köhler/Bornkamm/Feddersen, UWG[37], § 14 Rn. 14.

242 BGH, 20.12.1963 – Ib ZR 104/62, GRUR 1964, 316 = WRP 1964, 122 – Stahlexport; BGH, 03.05.1977 – VI ZR 24/75, GRUR 1978, 194, 195 = WRP 1977,

158 Abweichend wird allerdings auch vertreten, dass bei einem Auseinanderfallen von Handlungs- und Erfolgsort nach § 14 II UWG nur der **Marktort** maßgeblich sei.[243] Ein Wahlrecht zwischen der Zuständigkeit am Handlungs- und Erfolgsort scheidet nach dieser Ansicht aus. Es bestehe z.B. kein inländischer Begehungsort, wenn Handlungen im Inland sich nur auf den Wettbewerb im Ausland auswirken.[244] Diese Ansicht schafft einen **Gleichlauf** des Zuständigkeitsrechts mit dem Kollisionsrecht.[245] Nach ihr ist im internationalen Lauterkeitsrecht der Begehungsort i.S.v. § 14 II 1 UWG identisch mit dem »Tatort« i.S.v. Art. 6 i Rom II-VO.

159 Ein solcher Gleichlauf wird jedoch mit Recht kritisiert.[246] Gegen diese Ansicht spricht vor allem, dass das Zuständigkeitsrecht und das Kollisionsrecht unterschiedliche Zielsetzungen verfolgen.[247] Für das Kollisionsrecht sind wettbewerbsrechtliche Schutzerwägungen maßgeblich, für das Zuständigkeitsrecht hingegen vor allem Zweckmäßigkeits- und Zumutbarkeitserwägungen.[248] Gegen eine Anpassung des § 14 II UWG an Abs. 1 von Art. 6 Rom II-VO spricht ferner, dass lauterkeitsrechtliche Ansprüche wegen Unzuständigkeit der

487 – profil (betr. eine Persönlichkeitsrechtsverletzung); BGH, 23.10.1979 – KZR 21/78, GRUR 1980, 130, 131 – Kfz-Händler (zu § 32 ZPO); BGH, 17.03.1994 – I ZR 304/91, GRUR 1994, 530, 532 = WRP 1994, 543 – Beta; BGH, 19.03.1993 – IX ZR 32/93, BGHZ 124, 237, 245; BGH, 28.02.1996 – XII ZR 181/93, BGHZ 132, 105, 110 f.; BGH, 27.02.2018 – VI ZR 489/16, WRP 2018, 694 Rn. 15 f. – Internet-Suchmaschine; *Bähr*, in: Ahrens, Der Wettbewerbsprozess[8], Kap. 17 Rn. 16; *Büscher*, in: Fezer/Büscher/Obergfell, UWG[3], § 14 Rn. 27; *Halfmeier*, in: GroßkommUWG [2], Einl. E Rn. 220; *Hausmann/Obergfell*, in: Fezer/Büscher/Obergfell, UWG[3], IntLautVerfR Rn. 455; *Köhler/Feddersen*, in: Köhler/Bornkamm/Feddersen, UWG[37], § 14 Rn. 14; *Müller-Feldhammer* EWS 1998, 162, 166; *Schütze*, in: Hdb des Wettbewerbsrechts, § 11 Rn. 14, 19; *Sosnitza*, in: Ohly/Sosnitza, UWG[7], § 14 Rn. 10; *Zülch*, in: GroßkommUWG[2], § 14 Rn. 50 ff., 57.

243 Vgl. *Fezer/Koos*, in: Staudinger, Internationales Wirtschaftsrecht (2015), Rn. 819, 822, 824; *Glöckner*, in: Harte/Henning, UWG[4], Einl. D Rn. 40.

244 *Büscher*, in: Fezer/Büscher/Obergfell, UWG[3], § 14 Rn. 27 a.E.; vgl. auch *FezerKoos*, in: Staudinger, Internationales Wirtschaftsrecht (2015), Rn. 819; *Hausmann/Obergfell*, in: Fezer/Büscher/Obergfell, UWG[3], IntLautVerfR Rn. 460.

245 *Fezer/Koos*, in: Staudinger, Internationales Wirtschaftsrecht (2015), Rn. 804, 819, 824; *Glöckner*, in: Harte/Henning, UWG[4], Einl. D Rn. 40; *Mankowski*, in: MünchKommUWG[2], IntWettbR Rn. 412 f.; *Schack*, MMR 2000, 135, 137 f.

246 Vgl. *Behr*, GRUR Int. 1992, 604, 608; *Geimer*, Internationales Zivilprozessrecht[7], Rn. 1517a; *Hausmann/Obergfell*, in: Fezer/Büscher/Obergfell, UWG[3], IntLautVerfR Rn. 462 f.; *Lindacher*, GRUR Int. 2008, 453, 454; *Sack*, GRUR Int. 1988, 320, 330.

247 *Hausmann/Obergfell*, in: Fezer/Büscher/Obergfell, UWG[3], Rn. 462 f.; zu den unterschiedlichen Zielsetzungen vgl. auch referierend *Fezer/Koos*, in: Staudinger, Internationales Wirtschaftsrecht (2015), Rn. 823.

248 *Hausmann/Obergfell*, in: Fezer/Büscher/Obergfell, UWG[3], IntLautVerfR Rn. 462.

angerufenen Gerichte scheitern könnten, obwohl sie kollisions- und sachrechtlich begründet sind, z.B. wenn die Kollisionsnorm des Art. 6 II Rom II-VO maßgeblich ist und im Einzelfall nach Art. 4 II Rom II-VO deutsches Recht als Recht des gemeinsamen gewöhnlichen Aufenthalts anzuwenden ist. Aus diesem Grunde ist auch nicht zu erwarten, dass die nahezu einhellige Meinung zu Art. 7 Nr. 2 EuGVVO 2012 bzw. zu Art. 5 Nr. 3 EuGVVO 2001 und zu Art. 5 Nr. 3 LugÜ von der Wahlmöglichkeit zwischen dem Recht des Handlungs- und Erfolgsortes abrückt oder bei lauterkeitsrechtlichen Streitigkeiten eine Anpassung an die Kollisionsnorm des Art. 6 I Rom II-VO vornimmt.[249]

160 Reine **Vorbereitungshandlungen** begründen nicht ohne Weiteres einen Begehungsort i.S.v. § 14 II UWG.[250] Vorbereitungshandlungen **im Ausland** begründen jedoch die Zuständigkeit nach § 14 II UWG, wenn sie die Einflussnahme auf den Wettbewerb im Inland vorbereiten, so dass eine Begehungsgefahr im Inland besteht.[251] Dann ist das Inland als potentieller Erfolgsort der Begehungsort i.S.v. § 14 II UWG. Unlauterer Wettbewerb im Ausland kann ein Indiz für eine Erstbegehungsgefahr im Inland sein.[252] Das ist jedoch nicht ohne Weiteres, sondern nur bei Vorliegen entsprechender Umstände der Fall.[253] Bei vorbeugenden Unterlassungsklagen ist der Ort für die Gerichtszuständigkeit maßgebend, an dem die Verwirklichung des Wettbewerbsverstoßes droht. Auch diese örtliche und internationale Zuständigkeit deutscher Gerichte besteht nach § 14 UWG nur bei Klagen aus dem **deutschen** UWG.

---

249 Vgl. jedoch *Glöckner*, in: Harte/Henning, UWG[4], Einl. D Rn. 20 a, der verlangt, Art. 7 Nr. 2 EuGVVO und Art. 5 Nr. 3 LugÜ in gleicher Weise zu präzisieren wie Art. 6 Rom II-VO.

250 *Bähr*, in: Ahrens, Der Wettbewerbsprozess[8], Kap. 17 Rn. 17; *Büscher*, in: Fezer/Büscher/Obergfell, UWG[3], § 14 Rn. 27; *Fezer/Koos*, in: Staudinger, Internationales Wirtschaftsrecht (2015), Rn. 818; *Hausmann/Obergfell*, in: Fezer/Büscher/Obergfell, UWG[3], Rn. 455, 460; *Zülch*, in: GroßkommUWG[2], § 14 Rn. 51.

251 *Büscher*, in: Fezer/Büscher/Obergfell, UWG[3], § 14 Rn. 27 a.E.; *Fezer/Koos*, in: Staudinger, Internationales Wirtschaftsrecht (2015), Rn. 818; *Zülch*, in: GroßkommUWG[2], § 14 Rn. 51; ebenso zu § 32 ZPO BGH, 23.10.1979 – KZR 21/78, GRUR 1980, 130, 132 – Kfz-Händler (BMW-Importe); BGH, 28.06.2007 – I ZR 49/04, GRUR 2007, 884 Rn. 23 = WRP 2007, 1200 – Cambridge Institute; ebenso zu Art. 5 Nr. 3 EuGVVO 2001/EuGVÜ BGH, 13.10.2004 – I ZR 163/02, GRUR 2005, 431, 432 = WRP 2005, 493 – Hotel Maritime; BGH, 20.12.2007 – I ZR 205/04, GRUR 2008, 275 Rn. 18 = WRP 2008, 356 – Versandhandel mit Arzneimitteln; ebenso zu Art. 5 Nr. 3 LugÜ BGH, 28.06.2007 – I ZR 49/04, GRUR 2007, 884 Rn. 24 = WRP 2007, 1200 – Cambridge Institute.

252 OLG Hamburg, 18.12.1986 – 3 U 158/86, GRUR 1987, 403, 404 – Informationsschreiben

253 *Köhler/Feddersen*, in: Köhler/Bornkamm/Feddersen, UWG[37], § 14 Rn. 14.

b) *Die Einschränkung des § 14 II 2 UWG*

161 Die Zuständigkeit der Gerichte des Begehungsortes gilt nach § 14 II 2 UWG für Unterlassungsklagen der nach § 8 III Nr. 2 – 4 UWG klagebefugten Verbände nur dann, wenn der Beklagte im Inland weder eine gewerbliche oder selbständige berufliche Niederlassung noch einen Wohnsitz hat. Mit dieser Regelung soll verhindert werden, dass Ansprüche vorrangig vor den Gerichten klagender **Abmahnvereine** geltend gemacht werden, obwohl dort mit einer ernsthaften Beeinträchtigung der Wettbewerbsverhältnisse nicht gerechnet werden kann.[254] Von § 14 II 2 UWG wird nur die Zuständigkeit von Verbänden i.S.v. § 8 III Nr. 2 – 4 UWG eingeschränkt, nicht hingegen die Zuständigkeit bei Klagen von **Mitbewerbern** i.S.v. § 8 III Nr. 1 i.V.m. § 2 I Nr. 3 UWG. § 14 II 2 UWG hat wegen der vorrangigen Regelungen der EuGVVO für die internationale Zuständigkeit von Gerichten bei Verbandsklagen fast keine praktische Bedeutung.[255]

c) *Beschränkung der Kognitionsbefugnis*

162 Problematisch ist, ob die vom EuGH in den Entscheidungen »Shevill«, »eDate Advertising« und »Bolagsupplysningen« verlangte Beschränkung der Kognitionsbefugnis der Erfolgsort-Gerichte auch im deutschen Verfahrensrecht Platz greift. Dies ist zu verneinen.[256] Die vom EuGH vorgenommene Beschränkung der Kognitionsbefugnis betraf bisher nur Persönlichkeits- und Urheberrechtsverletzungen. Auf das Lauterkeitsrecht ist diese Rechtsprechung nur übertragbar, wenn man an allen Marktorten eines Unternehmens einen Mittelpunkt seiner Interessen im Sinne der EuGH-Entscheidung »eDate Advertising« sieht. Das gilt nicht nur für Art. 7 Nr. 2 EuGVVO, sondern auch für § 14 II UWG.[257]

4. Die rügelose Einlassung, § 39 ZPO

a) *Ansprüche aufgrund des UWG*

163 Für Klagen »aufgrund des UWG« sieht § 14 UWG eine ausschließliche Zuständigkeit vor. Nach § 40 II ZPO kann eine andere Zuständigkeit weder durch Vereinbarung noch durch rügeloses Verhandeln zur Hauptsache begründet werden.

---

254 So zur entprechenden Beschränkung der Vorgängerregelung des § 24 UWG a.F. der Entwurf der Fraktionen der CDU/CSU und der FDP zur Änderung des UWG vom 21.04.1994, BT-Drucks. 12/7345, S. 6 = WRP 1994, 369, 372.

255 *Fezer/Koos*, in: Staudinger, Internationales Wirtschaftsrecht (2015), Rn. 816.

256 Vgl. *Halfmeier*, in: GroßkommUWG², Einl. E Rn. 225.

257 Vgl. *Halfmeier*, in: GroßkommUWG², Einl. E Rn. 225.

b) *Konkurrierende Ansprüche aus den §§ 823 ff. BGB*

164 Anders ist dies für konkurrierende Ansprüche aus den §§ 823 ff. BGB.[258] Denn für diese Ansprüche sehen die §§ 12 ff, 32 ZPO keine ausschließliche Zuständigkeit vor.

165 aa) Für Klagen, die vor dem 10.01.2015, d.h. noch vor dem Inkrafttreten der EuGVVO 2012, erhoben worden sind, wurde nach § 39 ZPO die Zuständigkeit eines Gerichts des ersten Rechtszuges auch dadurch begründet, dass der Beklagte, ohne die Unzuständigkeit geltend zu machen, zur Hauptsache mündlich verhandelt hat. Das galt jedoch nach § 39 S. 2 ZPO nicht, wenn die Belehrung nach § 504 ZPO unterblieben war. Die rügelose Einlassung i.S.v. § 39 ZPO begründete auch die **internationale** Zuständigkeit.[259] Nach Ansicht des BGH genügte es, wenn die Rüge in der ersten mündlichen Verhandlung geltend gemacht worden ist.[260] Die Rüge der örtlichen Zuständigkeit enthielt im Zweifel auch die Rüge der internationalen Zuständigkeit.[261]

166 bb) Seit dem 10.01.2015, d.h. nach dem Inkrafttreten der EuGVVO von 2012, gilt Art. 26 dieser VO. Er verdrängt § 39 ZPO.[262]

5. Verstöße gegen ausländisches Lauterkeitsrecht

167 Die Regelung der örtlichen Zuständigkeit durch § 14 UWG gilt nur für Klagen »auf Grund dieses Gesetzes«, d.h. für Klagen auf Grund des deutschen UWG. Damit stellt sich die Frage, was gilt, wenn kollisionsrechtlich **ausländisches** Recht anwendbar ist. Gilt auch in diesem Fall der Grundsatz der Doppelfunktionalität, wonach die internationale Zuständigkeit durch die örtliche Zuständigkeit bestimmt wird?

168 Dies wird mit Recht allgemein abgelehnt.[263] Das folgt aus den Kollisionsnormen des Art. 6 I u. II Rom II-VO. Diese Vorschriften setzen voraus, dass der Forumstaat auch ausländisches Lauterkeitsrecht anzuwenden hat, wenn dies kollisionsrechtlich gebo-

---

258 *Hausmann/Obergfell*, in: Fezer/Büscher/Obergfell, UWG[3], IntLautVerfR Rn. 465 ff., 469.

259 BGH, 19.03.1976 – I ZR 75/74, NJW 1976, 1583 (I.); BGH, 30.03.1976 – VI ZR 143/74, NJW 1976, 1581 (A.I.); BGH, 26.01.1979 – V ZR 75/76, NJW 1979, 1104; BGH, 13.07.1987 – II ZR 280/86, NJW 1987, 3181, 3182 (I.); BGH, 21.11.1996 – IX ZR 264/95, NJW 1997, 397, 398.

260 BGH, 21.11.1996 – IX ZR 264/95, NJW 1997, 397, 398 (B.II.2. b, bb).

261 BGH, 01.06.2005 – VIII ZR 256/04, NJW-RR 2005, 1518, 1519; *Halfmeier*, in: GroßkommUWG[2], Einl. E Rn. 234.

262 *Hausmann/Obergfell*, in: Fezer/Büscher/Obergfell, UWG[3], IntLautVerfR Rn. 469.

263 *Hausmann/Obergfell*, in: Fezer/Büscher/Obergfell, UWG[3], IntLautVerfR Rn. 445 a.E.; *Mankowski*, in: MünchKommUWG[2], IntWettbR Rn. 415.

ten ist. Diese Verpflichtung besteht nicht nur, wenn das Recht von EU-Staaten oder von Verbandsstaaten des LugÜ anzuwenden ist, sondern auch bei der Anwendbarkeit des Lauterkeitsrechts sonstiger Staaten. Art. 6 Rom II-VO unterscheidet nicht einerseits zwischen EU-Staaten und Verbandsstaaten des LugÜ und andererseits sonstigen Staaten. Aus der Beschränkung des Wortlauts von § 14 UWG auf Verstöße gegen das deutsche UWG folgt nicht zwingend, dass der deutsche Gesetzgeber den Deliktsgerichtsstand des § 14 UWG ausschließen wollte, wenn ausländisches Lauterkeitsrecht kollisionsrechtlich anzuwenden ist. Vielmehr kann davon ausgegangen werden, dass der deutsche Gesetzgeber die grenzüberschreitenden Probleme seiner Beschränkung des § 14 UWG auf deutsches Recht nicht berücksichtigt und geregelt hat.[264] Ein Ausweichen auf § 12 und § 32 ZPO, die die Anwendbarkeit deutschen Rechts nicht voraussetzen, bliebe lückenhaft und in Bezug auf die Modalitäten des § 14 UWG auch unbefriedigend. Das rechtfertigt es, **§ 14 UWG analog** anzuwenden, wenn kollisionsrechtlich das Lauterkeitsrecht »sonstiger« Drittstaaten anzuwenden ist.

169 Ein weiteres Argument für die vom Wortlaut des § 14 UWG abweichende **analoge** Anwendung dieser Vorschrift bei der Anwendbarkeit ausländischen Lauterkeitsrechts lautet, dass nach dem lex-fori-Prinzip die internationale Zuständigkeit deutscher Gerichte auch bei Geltung ausländischen Wettbewerbsrechts geboten sei.[265] Es gehe nicht um die abstrakte, sondern um die konkrete Einschlägigkeit. Die richtige Reihenfolge sei einfach: Zuerst sei § 14 UWG als Norm heranzuziehen, dann sei als Tatbestandsmerkmal zu prüfen, ob die Klagansprüche von § 14 UWG sachlich erfasst werden. Diese Argumentation ist allerdings mit dem Wortlaut von § 14 UWG kaum vereinbar.

170 § 14 UWG scheidet aus, wenn der Beklagte seinen Wohnsitz in einem anderen EU-Staat oder im Anwendungsbereich des LugÜ hat. Denn dann schließen die Zuständigkeitsvorschriften der EuGVVO bzw. des LugÜ die Anwendung des § 14 UWG bzw. des § 14 UWG analog aus.

V. Einstweiliger Rechtsschutz, Art. 35 EuGVVO, Art. 31 LugÜ

171 Im Lauterkeitsrecht hat der einstweilige Rechtsschutz eine große praktische Bedeutung. Viele Wettbewerbsstreitigkeiten werden durch einstweilige Verfügungen beendet, ohne dass ein Hauptsacheverfahren eingeleitet wird.

172 Dem rechtlichen Interesse, einstweilige Maßnahmen möglichst unkompliziert durchführen zu können, tragen Art. 35 EuGVVO bzw. Art. 31 LugÜ Rechnung. Nach Art. 35 EuGVVO bzw. Art. 31 LugÜ können die im Recht eines

264 Vgl. in Bezug auf § 14 I 1 UWG *Mankowski*, in: MünchKommUWG², IntWettbR Rn. 415.

265 Vgl. *Hausmann/Obergfell*, in: Fezer/Büscher/Obergfell, UWG³, IntLautVerfR Rn. 445 a.E.; *Mankowski*, in: MünchKommUWG², IntWettbR Rn. 411.

Mitglied- bzw. Verbandsstaates vorgesehenen einstweiligen Maßnahmen bei den Gerichten des betreffenden Staates auch dann beantragt werden, wenn für die Entscheidung in der Hauptsache das Gericht eines anderen Mitgliedstaates zuständig ist. Unter »einstweiligen Maßnahmen« einschließlich Sicherungsmaßnahmen sind Maßnahmen zu verstehen, die auf den in den Anwendungsbereich der EuGVVO bzw. des LugÜ fallenden Rechtsgebieten eine Veränderung der Sach- oder Rechtslage verhindern sollen, um Rechte zu sichern, deren Anerkennung im Übrigen bei dem in der Hauptsache zuständigen Gericht beantragt wird.[266]

173 Art. 35 EuGVVO und Art. 31 LugÜ verlangen über ihren Wortlaut hinaus in räumlicher Hinsicht, dass der Antragsgegner seinen Wohnsitz in einem Mitgliedstaat der EU bzw. des LugÜ hat.[267]

174 Für Verfahren des einstweiligen Rechtsschutzes sind nicht nur die Gerichte der Art. 4 ff. EuGVVO und des LugÜ, sondern auch – sonstige – nationale Gerichte nach den Zuständigkeitsvorschriften des nationalen Rechts zuständig.[268] Letztere werden nicht durch die Regelungen der EuGVVO bzw. des LugÜ verdrängt.[269]

175 Nach deutschem Recht sind für einstweilige Verfügungen die §§ 937, 942 ZPO doppelfunktional, so dass sie auch im Rahmen des Art. 35 EuGVVO die internationale Zuständigkeit deutscher Gerichte begründen können.[270] In jedem Fall wird jedoch vorausgesetzt, dass zwischen dem Gegenstand der beantragten Maßnahmen und der gebietsbezogenen Zuständigkeit des Mitgliedstaates

---

266 EuGH, 17.11.1998 – C-391/95, Slg. 1998, I-7091 Rn. 37 – Van Uden; EuGH, 28.04.2005 – C-104/03, Slg. 2005, I-3481 Rn. 13 – St. Paul Dairy Industries; im gleichen Sinne schon EuGH, 26.03.1992 – C-261/90, Slg. 1992, I-2149 Rn. 34 – Reichert und Kockler.

267 EuGH, 26.03.1992 – C-261/90, Slg. 1992, I-2149 Rn. 34 – Reichert und Kockler; EuGH, 17.11.1998 – C-391/95, Slg. 1998, I-7091 Rn. 37 – Van Uden; EuGH, 28.04.2005 – C-104/03, Slg. 2005, I-3481 Rn. 13 – St. Paul Dairy Industries.

268 EuGH, 27.04.1999 – C-99/96, Slg. 1999, I-2277 Rn. 46 – Mietz; EuGH, 28.04.2005 – C-104/03, Slg. 2005, I-3481 Rn. 11 f. – St. Paul Dairy Industries; *FezerKoos*, in: Staudinger, Internationales Wirtschaftsrecht (2015), Rn. 808, 810; *Halfmeier*, in: GroßkommUWG², Einl. E Rn. 265; *Hausmann/Obergfell*, in: Fezer/Büscher/Obergfell, UWG³, IntLautVerfR Rn. 477, 481.

269 *Fezer/Koos*, in: Staudinger, Internationales Wirtschaftsrecht (2015), Rn. 808; *Hausmann/Obergfell*, in: Fezer/Büscher/Obergfell, UWG³, IntLautVerfR Rn. 477, 481, 482, 484.

270 *Halfmeier*, in: GroßkommUWG², Einl. E Rn. 268 f.; *Hausmann/Obergfell*, in: Fezer/Büscher/Obergfell, UWG³, IntLautVerfR Rn. 485.

des angerufenen Gerichts »eine reale Verknüpfung« besteht.[271] Diese besteht im Lauterkeitsrecht nur an dem Ort, an dem die wettbewerbswidrige Handlung vorgenommen worden ist oder drohte.[272] Eine »reale Verknüpfung« fehlt nach Ansicht des öst. OGH in seiner Entscheidung »Schneekette« von 2010, wenn die beantragte einstweilige Verfügung einem italienischen Mitbewerber verbieten soll, rufschädigende Behauptungen in einem Drittstaat, nämlich in Japan, zu verbreiten.[273] Die rufschädigenden Behauptungen in Japan konnten nach Ansicht des OGH den Ruf der Klägerin nur in Japan schädigen. Dass sich die Rufschädigung auf die Klägerin in Österreich auswirke, sei eine bloße Folge der Rufschädigung in Japan, »die keine besonders enge Beziehung zwischen der Verbreitung herabsetzender Behauptungen und dem angerufenen Gericht schafft und daher auch nicht geeignet wäre, dessen Zuständigkeit zu rechtfertigen«.[274] Diese Ansicht überzeugt nicht (ablehnend oben Kap. 19 Rdn. 57).

176 Die Zuständigkeit nach § 942 I ZPO für einen Antrag auf eine einstweilige Verfügung besteht nur in dringenden Fällen. Die Tatsache, dass ein Hauptgerichtsstand nur im Ausland bestünde, begründet ebenso wenig die »Dringlichkeit« nach § 942 I ZPO wie die Gefahr, dass der Beklagte eine Torpedoklage erhebt.[275]

177 Die **Rechtshängigkeitssperre** des Art. 29 EuGVVO steht Maßnahmen des einstweiligen Rechtsschutzes i.S.v. Art. 35 EuGVVO nicht entgegen.[276] Denn Maßnahmen des einstweiligen Rechtsschutzes i.S.v. Art. 35 EuGVVO betreffen nicht »denselben Anspruch« i.S.v. Art. 29 EuGVVO wie das Hauptsacheverfahren.[277] Mit dieser auf den ersten Blick überrachenden Ansicht soll vermieden werden, dass eine Partei durch Beantragung einer einstweiligen Maßnahme i.S.v. Art. 35 EuGVVO die Gegenpartei dem nach der EuGVVO in der Hauptsache für sie zuständigen Gericht entzieht.[278] Da einstweilige Maßnahmen i.S.v.

---

271 Vgl. EuGH, 17.11.1998 – C-391/95, Slg. 1998, I-7091 Rn. 40 – Van Uden; *Fezer/Koos*, in: Staudinger, Internationales Wirtschaftsrecht (2015), Rn. 808; *Glöckner*, in: Harte/Henning, UWG[4], Einl. D Rn. 35; *Halfmeier*, in: GroßkommUWG[2], Einl. E Rn. 266, 267 a.E.; *Hausmann/Obergfell*, in: Fezer/Büscher/Obergfell, UWG[3], IntLautVerfR Rn. 482 f.

272 *Hausmann/Obergfell*, in: Fezer/Büscher/Obergfell, UWG[3], IntLautVerfR Rn. 483a.

273 Öst. OGH, 16.12.2010 – 17 Ob 13/10a, GRUR Int. 2011, 450 – Schneeketten; ebenso *Glöckner*, in: Harte/Henning, UWG[4], Einl. D Rn. 35.

274 Öst. OGH, 16.12.2010 – 17 Ob 13/10a, GRUR Int. 2011, 450, 451 – Schneeketten.

275 *Halfmeier*, in: GroßkommUWG[2], Einl. E Rn. 269; *Hausmann/Obergfell*, in: Fezer/Büscher/Obergfell, UWG[3], IntLautVerfR Rn. 485.

276 EuGH, 17.11.1998 – C-391/95, Slg. 1998, I-7091 Rn. 28 f. – Van Uden.

277 *Halfmeier*, in: GroßkommUWG[2], Einl. E Rn. 270; *Hausmann/Obergfell*, in: Fezer/Büscher/Obergfell, UWG[3], IntLautVerfR Rn. 441 a, 487.

278 *Hausmann/Obergfell*, in: Fezer/Büscher/Obergfell, UWG[3], IntLautVerfR Rn. 487.

Art. 35 EuGVVO nicht von der Rechtshängigkeitssperre des Art. 29 EuGVVO berührt werden, können mit diesen die Rechtsfolgen von sogenannten **Torpedoklagen** eingeschränkt werden.

178 Die Anerkennung und Vollstreckung ausländischer Entscheidungen erfordert nach Art. 36 ff. EuGVVO nicht, dass diese endgültig oder rechtskräftig sein müssen. Deshalb können einstweilige Maßnahmen nach Art. 36 ff. EuGVVO grundsätzlich anerkannt und vollstreckt werden.[279] Anerkannt und vollstreckt werden jedoch nur solche Entscheidungen, denen im Urteilsstaat ein **kontradiktorisches Verfahren** vorausgegangen ist oder hätte vorausgehen können, Art. 2 lit. a Abs. 2 S. 2 EuGVVO.[280] Diese Voraussetzung ist bei einstweiligen Verfügungen in Wettbewerbssachen häufig nicht erfüllt.

279 EuGH, 14.10.2004 – C-39/02, Slg. 2004, I-9657 Rn. 46 – Maersk Olie & Gas; *Hausmann/Obergfell*, in: Fezer/Büscher/Obergfell, UWG[3], IntLautVerfR Rn. 488.
280 EuGH, 21.05.1980 – Rs. 125/79, Slg. 1980. 1553 Rn. 13 – Denilauler; *Hausmann/Obergfell*, in: Fezer/Büscher/Obergfell, UWG[3], IntLautVerfR Rn. 488, 490, 491a.

Kapitel 20 Die Klagebefugnis von Verbänden im internationalen Lauterkeitsrecht

Übersicht Rdn.

Die Klagebefugnis deutscher und ausländischer Verbände aus dem Lauterkeitsrecht bei grenzüberschreitenden Sachverhalten ist heftig umstritten. Das gilt vor allem für die Frage, ob und unter welchen Voraussetzungen deutsche und ausländische Verbände vor deutschen Gerichten gegen die Verletzung **ausländischen** Lauterkeitsrechts vorgehen können. § 8 III UWG ist nicht anwendbar. Einen Teil des Problems löst § 4a i.V.m. §§ 2 u. 3 I UKlaG. Im Übrigen ist die Streitfrage ungeklärt. Im Folgenden wird unterschieden zwischen deutschen und ausländischen Verbandsklagen sowie zwischen Klagen gegen die Verletzung des deutschen UWG und gegen die Verletzung ausländischen Lauterkeitsrechts. **1**

I. Deutscher Verband klagt aus dem deutschen UWG gegen ausländisches Unternehmen

§ 8 III Nr. 2 – 4 UWG regelt die Klagebefugnis von Verbänden bei Verstößen gegen das deutsche UWG. Diese Klagebefugnis besteht unabhängig davon, ob **2** der Beklagte ein inländisches oder ein **ausländisches** Unternehmen ist.[1] Nach § 8 III i.V.m. § 8 I UWG erfordert jedoch die Klagebefugnis von Verbänden, dass die beanstandete geschäftliche Handlung gegen das deutsche UWG verstößt. Es genügt hingegen weder, dass eine unlautere geschäftliche Handlung im Inland ihren Ursprung hatte und Vorbereitungshandlung für geschäftliche Handlungen auf einem ausländischen Markt war, noch dass eine ausländische geschäftliche Handlung im Inland schädigende Auswirkungen hatte. Denn das deutsche UWG ist bei grenzüberschreitenden Wettbewerbshandlungen nach Art. 6 I Rom II-VO nur dann anwendbar, wenn auf deutschem Gebiet die Wettbewerbsbeziehungen oder die kollektiven Interessen der Verbraucher beeinträchtigt worden sind oder wahrscheinlich beeinträchtigt werden. Anwendbar ist also das Recht des Landes, in dem die wettbewerbliche Interessenkollision stattfindet.[2] Das ist in der Regel der Ort, an dem auf die Marktgegenseite eingewirkt wird.[3] Das deutsche UWG ist unabhängig davon anwendbar, ob ein deutsches oder ein ausländisches Unternehmen auf dem deutschen Markt auf die Marktgegenseite eingewirkt hat oder einzuwirken drohte. Unerheblich ist nach Art. 6 Abs. 1 Rom II-VO hingegen der Ort, an dem **Vorbereitungshandlungen** stattgefunden haben,[4] z.B. der Absendeort irreführender Werbeschreiben.[5] Kollisionsrechtlich unerheblich sind außerdem die Orte **indirekter**

---

1 Vgl. *Halfmeier*, in: GroßkommUWG², Einl. E Rn. 105.

2 Vgl. BGH, 11.02.2010 – I ZR 85/08, GRUR 2010, 847 Rn. 10 = WRP 2010, 1146 – Ausschreibung in Bulgarien; BGH, 08.10.2015 – I ZR 225/13, GRUR 2016, 513 Rn. 16 = WRP 2016, 586 – Eizellspende; *Glöckner*, WRP 2011, 137, 138; *Hausmann/Obergfell*, in: Fezer/Büscher/Obergfell, UWG³, IntLautPrivatR Rn. 158, 160, 179, 188, 235, 238; *Klass*, in: GroßkommUWG², Einl. D Rn. 213; *Köhler*, in: Köhler/Bornkamm/Feddersen, UWG³⁷, Einl. UWG Rn. 5.17; *Sack*, WRP 2008, 845, 846 f.

3 Vgl. BGH, 11.02.2010 – I ZR 85/08, GRUR 2010, 847 Rn. 10 = WRP 2010, 1146 – Ausschreibung in Bulgarien; BGH, 08.10.2015 – I ZR 225/13, GRUR 2016, 513 Rn. 14 = WRP 2016, 586 – Eizellspende; *Sack*, WRP 2008, 845, 846 a.E.

4 BGH, 15.11.1990 – I ZR 22/89, GRUR 1991, 463, 465 = WRP 1991, 294 – Kauf im Ausland; *Hausmann/Obergfell*, in: Fezer/Büscher/Obergfell, UWG³, IntLautPrivatR Rn. 272; *Klass*, in: GroßkommUWG², Einl. D Rn. 24; *Sack*, WRP 2008, 845, 847; ebenso schon vor der Rom II-VO BGH, 15.11.1990 – I ZR 22/89, GRUR 1991, 463, 465 = WRP 1991, 294 – Kauf im Ausland.

5 Vgl. *Sack*, WRP 2008, 845, 847; vor der Rom II-VO BGH, 20.12.1963 – Ib ZR 104/62, GRUR 1964, 316, 318 = WRP 1964, 122 – Stahlexport; BGH, 26.11.1997 – I ZR 148/95, GRUR 1998, 419, 420 = WRP 1998, 386 – Gewinnspiel im Ausland.

Schadensfolgen,[6] insbesondere die Orte des Unternehmenssitzes mittelbar betroffener Mitbewerber oder die Wohnorte betroffener Abnehmer.[7]

II. Ausländischer Verband klagt aus dem deutschen UWG

3 Unter den Voraussetzungen des § 8 III Nr. 2 – 4 UWG besteht auch eine Klagebefugnis **ausländischer** Verbände.[8] Diese Vorschrift unterscheidet nicht zwischen deutschen und ausländischen Verbänden. Ausländische Verbände aus EU-Staaten sind klagebefugt, wenn sie nachweisen, dass sie in dem Verzeichnis der Kommission nach Art. 4 III der Unterlassungsklagen-Richtlinie Nr. 2009/22/EG[9] eingetragen sind.[10] Bei Verbraucherverbänden aus Drittstaaten genügt es, dass sie die in Art. 4 III genannten Voraussetzungen erfüllen. Unerheblich ist, ob die ausländischen Verbände auch nach dem Recht ihres Herkunftslandes klagebefugt wären.[11] Die Gleichstellung inländischer und ausländischer Verbände wäre bei Verbänden aus PVÜ-Staaten auch wegen des **Inländerbehandlungs-**

6 Vgl. *Hausmann/Obergfell*, in: Fezer/Büscher/Obergfell, UWG[3], IntLautPrivatR Rn. 272; *Sack*, WRP 2008, 845, 847; ebenso schon vor der Rom II-VO BGH, 15.11.1990 – I ZR 22/89, GRUR 1991, 463, 465 = WRP 1991, 294 – Kauf im Ausland; BGH, 26.11.1997 – I ZR 148/95, GRUR 1998, 419, 420 = WRP 1998, 386 – Gewinnspiel im Ausland; *Sack*, GRUR Int. 1988, 320, 322; *ders.*, IPRax 1991, 386, 388; *ders.*, WRP 2000, 269, 272.

7 BGH, 15.11.1990 – I ZR 22/89, GRUR 1991, 463, 465 = WRP 1991, 294 – Kauf im Ausland.

8 So zu § 13 UWG a.F. (jetzt § 8 Abs. 3 UWG) BGH, 04.06.1987 – I ZR 109/85, GRUR 1988, 453 = WRP 1988, 25 – Ein Champagner unter den Mineralwässern; BGH, 16.12.1993 – I ZR 277/91, GRUR 1994, 307, 308 = WRP 1994, 256 – Mozzarella I; ebenso zu § 8 Abs. 3 UWG *Büch*, in: Teplitzky, Wettbewerbsrechtliche Ansprüche und Verfahren[12], 13. Kap. Rn. 24; *Büscher*, in: Fezer/Büscher/Obergfell, UWG[3], § 8 Rn. 249; *Fezer/Koos*, in: Staudinger, Internationales Wirtschaftsrecht (2015), Rn. 829; *Halfmeier*, in: GroßkommUWG[2], Einl. E Rn. 105; *Hausmann/Obergfell*, in: Fezer/Büscher/Obergfell, UWG[3], IntLautVerfR Rn. 525; *Jestaedt*, in: Ahrens, Der Wettbewerbsprozess[8], Kap. 19 Rn. 12; *Köhler*, in: Köhler/Bornkamm/Feddersen, UWG[37], Einl. UWG Rn. 5.2; *Lindacher*, in: FS für Lüke, 1997, S. 377, 385, 386; *ders.*, Internationales Wettbewerbsverfahrensrecht, 2009, § 12 Rn. 12; *Nagel/Gottwald*, Internationales Zivilprozessrecht[7], § 6 Rn. 42; *Ohly*, in: Ohly/Sosnitza, UWG[7], Einf. B Rn. 19, § 8 Rn. 96; *Schack*, Internationales Zivilverfahrensrecht[7], Rn. 625; *Schütze*, in: Gloy/Loschelder/Erdmann, Hdb des Wettbewerbsrechts[4], § 11 Rn. 30.

9 ABl.EG 2009 L 110, S. 30.

10 Vgl. die Zusammenstellung der klagebefugten ausländischen Verbraucherverbände durch *Ottofülling*, in: MünchKommUWG[2], § 8 Rn. 438; *Paal*, in: GroßkommUWG[2], § 8 Rn. 246.

11 *Fezer/Koos*, in: Staudinger, Internationales Wirtschaftsrecht (2015), Rn. 829; *Hausmann/Obergfell*, in: Fezer/Büscher/Obergfell, UWG[3], IntLautVerfR Rn. 525; *Lindacher*, in: FS für Lüke, 1997, S. 377, 386 (2.); *ders.*, Internationales Wettbewerbsverfahrensrecht, 2009, § 12 Rn. 12.

grundsatzes nach Art. 2 I PVÜ geboten.[12] Der Inländerbehandlungsgrundsatz des Art. 2 I PVÜ gilt auch für die Regelungen der Klagebefugnis.

4 Es wird außerdem vertreten, dass ausländische Verbände nicht nur unter den Voraussetzungen des § 8 III UWG i.V.m. § 4 II UKlaG, sondern auch dann klagebefugt seien, wenn nach dem Heimatrecht des Verbandes durch formelle und materielle Voraussetzungen sichergestellt sei, dass sachkundige und seriöse Verbände (nach ausländischem Recht) klagebefugt seien. Man solle sich damit begnügen, dass die ausländischen Anforderungen an die Klagebefugnis funktionell denen des § 8 III UWG entsprechen. Es genüge »funktionelle Äquivalenz« der Anforderungen an die Klagebefugnis. Diese solle mithin ausländischen Verbänden auch dann zugestanden werden, wenn die Voraussetzungen des § 8 III UWG nicht in allen Einzelheiten erfüllt seien.[13] Gegen diese Ansicht bestehen jedoch Bedenken. Denn es gibt keinen Grund, der es rechtfertigt, bei **ausländischen** Verbänden die Voraussetzungen der Klagebefugnis einzuschränken, d.h. diese Verbände gegenüber inländischen Verbänden zu privilegieren. Die in § 8 III UWG geregelten Anforderungen an die Qualifikation von Verbänden, denen diese Vorschrift eine Klagebefugnis einräumt, sind das Ergebnis einer jahrelangen Diskussion und mehrerer Änderungen des gesetzlichen Anforderungen an die erforderliche Qualifikation klagebefugter Verbände.

III. Deutscher Verband klagt aus ausländischem Lauterkeitsrecht

5 Ansprüche aus ausländischem Lauterkeitsrecht setzen kollisionsrechtlich voraus, dass der beanstandete Wettbewerbsverstoß im Ausland stattgefunden hat. In diesen Fällen sind deutsche Gerichte für Unterlassungsklagen in der Regel nur dann **international zuständig**, wenn der Beklagte nach **Art. 4 I EuGVVO bzw. nach § 13 ZPO** seinen Wohnsitz bzw. Unternehmenssitz in Deutschland hat. Eine internationale Zuständigkeit deutscher Gerichte nach **Art. 7 Nr. 2 EuGVVO bzw. § 32 ZPO** scheidet hingegen aus, wenn der Wettbewerbsverstoß im Ausland begangen worden ist. Denn die internationale Zuständigkeit deutscher Gerichte nach diesen Vorschriften besteht nur, wenn das »schädigende Ereignis« bzw. die »unerlaubte Handlung« in Deutschland stattgefunden hat. Dazu gehören nicht Folgeschäden bzw. mittelbare Schäden

12 Vgl. *Ahrens*, WRP 1994, 653, 654 (III.1.); *Lindacher*, in: FS für Lüke, 1997, S. 377, 385.

13 *Fezer/Koos*, in: Staudinger, Internationales Wirtschaftsrecht (2015), Rn. 831; *Hausmann/Obergfell*, in: Fezer/Büscher/Obergfell, UWG[3], IntLautVerfR Rn. 525 a.E.; *Lindacher*, in: FS für Lüke, 1997, S. 377, 386 (V.2.).

von bereits andernorts entstandenen Schäden,[14] z.B. am Unternehmenssitz eines Unternehmens.[15]

6 Soweit die internationale Zuständigkeit deutscher Gerichte besteht, ist heftig umstritten, ob und inwieweit deutsche Verbände Verstöße gegen ausländisches Lauterkeitsrecht untersagen können. Dazu werden im Wesentlichen folgende Ansichten vertreten:

(1) Die Klagebefugnis deutscher Verbände besteht nach Maßgabe von § 8 III Nr. 2 – 4 UWG.
(2) Es besteht eine (beschränkte) Klagebefugnis nach § 4a i.V.m. §§ 2 u. 3 I UKlaG.
(3) Es besteht keine Klagebefugnis deutscher Verbände.
(4) Es besteht eine Klagebefugnis, wenn der betreffende deutsche Verband die Qualifikations-Voraussetzungen des § 8 III Nr. 2 – 4 UWG (analog) erfüllt.
(5) Über die Klagebefugnis entscheidet das ausländische Marktortrecht.
(6) Es besteht eine Klagebefugnis, wenn der betreffende deutsche Verband die Qualifikations-Voraussetzungen des § 8 III UWG (analog) erfüllt und wenn er außerdem auch nach dem betreffenden ausländischen Lauterkeitsrecht klagebefugt wäre.

1. Klagebefugnis nach § 8 III Nr. 2 – 4 UWG

7 § 8 III UWG regelt die Klagebefugnis nur für Ansprüche gemäß § 8 I UWG, d.h. nur für Ansprüche aus dem **deutschen** UWG. Das hat zur Folge, dass nach dem Wortlaut von § 8 III UWG vor deutschen Gerichten Ansprüche aus **ausländischem** Lauterkeitsrecht weder von Mitbewerbern noch von Verbänden auf § 8 III UWG gestützt werden können.[16] Dennoch ist vorgeschlagen worden, die Klage eines inländischen Verbands nach § 8 III Nr. 2 UWG zuzulassen, wenn

14 EuGH, 19.09.1995 – C-364/43, Slg. 1995, I-2719 Rn. 14 – Marinari; EuGH, 10.06.2004 – C-168/02, Slg. 2004, I-6009 Rn. 16, 19 = NJW 2004, 2441 – Kronhofer.

15 EuGH, 11.01.1990 – C-220/88, Slg. 1990, I-49 Rn. 19 = NJW 1991, 631 – Dumez France/Helaba; EuGH, 10.06.2004 – C-168/02, Slg. 2004, I-6009 Rn. 20 f. = NJW 2004, 2441 – Kronhofer; EuGH, 28.01.2016 – C-375/13, NJW 2015, 1581 Rn. 48 f.; EuGH, 16.06.2016 – C-12/15, NJW 2016, 2167 Rn. 35 – Universal Music/Schilling.

16 So zu § 13 UWG a.F. bzw. jetzt § 8 Abs. 3 UWG BGH, 11.03.1982 – I ZR 39/78, GRUR 1982, 495 (Leits. 3), 496 (II., vor 1.), 497 (II.3.) = WRP 1982, 463 – Domgarten-Brand; LG Aachen, 10.12.1993 – 43 O 175/93, VuR 1995, 37, 38; *Ahrens*, WRP 1994, 653, 655 (III.2.); *Geimer*, Internationales Zivilprozessrecht[7], Rn. 2240; *Lindacher*, in: FS für Lüke, 1997, S. 377, 389 f.; *Paefgen*, GRUR Int. 1994, 99, 115; *Schütze*, in: Gloy/Loschelder/Erdmann, Hdb des Wettbewerbsrechts[4], § 11 Rn. 28; offen gelassen von BGH, 26.11.1997 – I ZR 148/45, GRUR 1998, 419, 420 (II.2.d) = WRP 1998, 386 – Gewinnspiel im Ausland; a.A., d.h. für die Anwendbarkeit von § 13 UWG a.F., OLG Köln, 12.05.1995 – 6 U 25/14, VuR 1995, 289, 290 f.; a.A.,

unlauteres Verhalten eines inländischen Unternehmens im Ausland auch die Interessen der Mitglieder des Verbands auf dem ausländischen Markt berührt. Letzteres werde man angesichts der heute sehr offenen Märkte nicht nur im europäischen Binnenmarkt bejahen können.[17]

8 Ähnlich hat der öst. OGH in seinem Urteil »fairguide.com« von 2006 entschieden, das die Klage eines öst. Verbandes zur Förderung wirtschaftlicher Interessen öst. Unternehmen betraf.[18] Er hat die Klagebefugnis nach § 14 I öst. UWG, der insoweit § 8 III Nr. 2 UWG entspricht, damit gerechtfertigt, dass das beanstandete Verhalten im Ausland zumindest abstrakt geeignet sei, den Wirtschaftsstandort Österreich und die österreichischen Mitbewerber zu schädigen. Denn das Verhalten der Bekl. im Ausland habe zu zahllosen Beschwerden geführt, so dass nicht ausgeschlossen werden könne, dass potentielle Auftraggeber als Folge eigener oder fremder schlechter Erfahrungen mit der Bekl. künftig keine Geschäftsbeziehungen zu inländischen Mitbewerbern der Bekl. eingehen wollen.

9 Für die Anwendbarkeit von § 8 UWG wird auch angeführt, dass der völkerrechtliche Grundsatz der **comitas** schutzwürdige Interessen auf Auslandsmärkten berücksichtige.[19] Auch könnten auf Auslandsmärkten deutsche Verbraucher oder andere deutsche Marktteilnehmer betroffen sein.[20] Eine auf den nationalen Markt beschränkte Kontrollbefugnis sei angesichts der zunehmenden **Globalisierung** der Wirtschaft kaum noch vertretbar und könne dem Gesetzgeber daher auch nicht ohne Weiteres unterstellt werden.[21] Soweit die internationale Zuständigkeit deutscher Gerichte gegeben sei, etwa wegen des Beklagtenwohnsitzes im Inland, solle daher auch die Kontrolle des Verhaltens auf ausländischen Märkten nicht ausgeschlossen sein.[22] Deshalb sei § 8 I UWG so zu lesen, dass auch Verstöße gegen **ausländisches** Lauterkeitsrecht mit Hilfe der Verbandsklagebefugnis nach § 8 III UWG bekämpft werden können.

10 Gegen die unmittelbare Anwendung von § 8 III i.V.m. § 8 I UWG spricht jedoch der insoweit **eindeutige** Wortlaut dieser Vorschriften. Denn die Klagebefugnis von Verbänden nach § 8 III i.V.m. § 8 I UWG besteht nach diesen

---

wenn ein Rechtsschutzbedürfnis besteht, *Wolfgang W. Weber*, Die kollisionsrechtliche Behandlung von Wettbewerbsverletzungen mit Auslandsbezug, 1982, S. 66 Fußn. 17.

17 *Drexl*, in: MünchKommBGB[7], Bd. 12, IntLautR Rn. 214.

18 Öst. OGH, 28.09.2006 – 4 Ob 148/06b, GRUR Int. 2007, 941, 943 (2.3.) = ÖBl. 2007, 67 (mit Anm. *Gamerith*) – fairguide.com.

19 *Halfmeier*, in: GroßkommUWG[2], Einl. E Rn. 108; *Lindacher*, in: FS für Lüke, 1997, S. 377, 381.

20 *Halfmeier*, in: GrOßkommUWG[2], Einl. E Rn. 108.

21 *Halfmeier*, in: GroßkommUWG[2], Einl. E Rn. 108.

22 *Halfmeier*, in: GroßkommUWG[2], Einl. E Rn. 108.

Vorschriften nur bei Verstößen gegen das **deutsche** UWG. Diese Vorschriften verweisen bezüglich der Ansprüche, die nach § 8 III UWG geltend gemacht werden können, ausdrücklich und nur auf das deutsche UWG. Ob bei grenzüberschreitenden Lauterkeitsverstößen deutsches Recht anwendbar ist, ist nach Art. 6 I Rom II-VO zu entscheiden (dazu oben Rdn. 2 ff.).

11 Die Beschränkung der Verbandsklagebefugnis nach § 8 III UWG auf Ansprüche aus dem deutschen UWG kann auch nicht mit dem völkerrechtlichen Grundsatz der **comitas** überwunden werden. Dieser Grundsatz ist wegen seiner sehr allgemeinen Natur keine geeignete Rechtsgrundlage für sehr spezielle wettbewerbsrechtliche Folgerungen. Auch die **Globalisierung** der Märkte ist kein Grund, § 8 III UWG entgegen seinem Wortlaut anzuwenden. Dies gilt insbesondere, wenn andere Rechtsgrundlagen für Verbandsklagen bestehen. Außerdem bestand die Globalisierung der Märkte auch schon bei bei der Verabschiedung des UWG von 2004.

2. Klagebefugnis nach § 4a i.V.m. §§ 2 u. 3 I Unterlassungsklagengesetz (UKlaG)

12 Mit dem Gesetz über die Durchsetzung der Verbraucherschutzgesetze bei innergemeinschaftlichen Verstößen vom 21.12.2006 (BGBl. 2006 I 3317) hat der Gesetzgeber § 4a in das UKlaG eingefügt. Ziel dieser Regelung ist es, Verbänden i.S.v. § 3 I UKlaG Unterlassungsansprüche gegen **inländische** Unternehmen zu gewähren, die grenzüberschreitend tätig sind und in einem **anderen** EU-Staat gegen »Gesetze zum Schutz von Verbraucherinteressen« verstoßen, die nach Art. 3 lit. b i.V.m. Art. 3 lit. a der VO 2006/2004/EG die im Anhang dieser VO genannten Richtlinien in nationales Recht umsetzen.[23] Zu diesen Richtlinien gehören auf dem Gebiet des Lauterkeitsrechts nach Nr. 1 und 16 des Anhangs der VO 2006/2004/EG die Richtlinie 2006/114/EG über irreführende und vergleichende Werbung und die UGP-Richtlinie 2005/29/EG.

13 Aus dem Tatbestandsmerkmal »innergemeinschaftlicher Verstoß« in § 4a UKlaG i.V.m. der Legaldefinition in Art. 3 lit. b der VO 2006/2004/EG folgt, dass § 4a UKlaG nur auf **grenzüberschreitende** Gesetzesverstöße anwendbar ist, nicht hingegen auf reine Binnensachverhalte.[24] Bei Verstößen gegen ver-

23 Begr. RegE zu § 4a UKlaG von 2006, BT-Drucks. 16/2930, S. 16 (II.), 26 (zu Art. 4); vgl. auch BGH, 09.07.2009 – Xa ZR 19/08, NJW 2009, 3371 Rn. 27 = WRP 2009, 1545 – Air Baltic; ausführlich zu dieser Entscheidung *Stadler*, VuR 2010, 83 ff.; sehr kritisch zu dieser Entscheidung *A. Staudinger*, NJW 2009, 3375 f., der mit Recht die Anwendung des internationalen Lauterkeitsrechts vermisst.

24 Begr. RegE zu § 4a UKlaG von 2006, BT-Drucks. 16/2930, S. 16, 26; *Ahrens*, in: Ahrens, Der Wettbewerbsprozess[8], Kap 16 Rn. 53; *Köhler*, in: Köhler/Bornkamm/Feddersen, UWG[37], UKlaG § 4a Rn. 4.

braucherschützende Gesetze in einem EU-Staat kann nach Art. 3 lit. b VO 2006/2004/EG gegen Unternehmen geklagt werden, die in einem anderen EU-Staat ansässig sind, in dem der Gesetzesverstoß seinen Ursprung hatte, oder in dem der verantwortliche Verkäufer oder Dienstleistungserbringer niedergelassen ist.

14 Die Regelung des § 4a UKlaG umfasst 2 Fallgestaltungen:

(1) Sie gewährt einem **ausländischen** Verband eines anderen EU-Staates Unterlassungsansprüche gegen ein deutsches Unternehmen, das in diesem anderen EU-Staat verbraucherschützende Gesetze verletzt hat. Diese Fallgestaltung regelt Art. 4 der Unterlassungsklagen-Richtlinie 2009/22/EG vom 23. April 2009.[25]

(2) Außerdem gibt § 4a UKlaG einem **deutschen** Verband gegen ein deutsches Unternehmen Unterlassungsansprüche gegen die Verletzung verbraucherschützender Gesetze in einem anderen EU-Staat. Diese Fallgestaltung wollte der deutsche Gesetzgeber bei der Regelung des § 4a UKlaG ebenfalls berücksichtigen. Er nahm an, dass bislang für deutsche Verbände i.S.d. § 3 I UKlaG keine Möglichkeit bestanden hatte, gegen Unternehmen mit Sitz im Inland vorzugehen, die grenzüberschreitend tätig sind und die gegen die rechtlichen Interessen der Verbraucher in anderen EU-Staaten auf den dortigen Märkten verstoßen.[26] Für diese Annahme verwiesen der deutsche Gesetzgeber und ihm folgend der Xa. Zivilsenat des BGH auf die Entscheidung »Gewinnspiel im Ausland« des I. Zivilsenats des BGH.[27] Diese Rechtslage sollte durch Art. 4 des ÄnderungsG zum UKlaG von 2006, d.h. durch die Einfügung des § 4a in das UKlaG geändert werden.

15 Diese unter (2) genannte Fallgestaltung ist Gegenstand der Ausführungen unter Rdn. 16 ff. Die unter (1) genannte Fallgestaltung ist Gegenstand der Ausführungen unter Rdn. 38.

16 Nach § 4a i.V.m. §§ 2 u. 3 I UKlaG hat ein deutscher Verband gegen ein Unternehmen mit Sitz im Inland Unterlassungsansprüche gegen die Verletzung verbraucherschützender Vorschriften des Lauterkeitsrechts in einem anderen

25 ABl.EG 2009 L 110, S. 30; vgl. auch *Teixeira de Sousa*, in: FS für Geimer, 2002, S. 1317, 1323 f.

26 Begr. RegE zu § 4a UKlaG von 2006, BT-Drucks. 16/2930, S. 16; ebenso BGH, 09.07.2009 – Xa ZR 19/08, NJW 2009, 3371 Rn. 27 = WRP 2009, 1545 – Air Baltic.

27 BGH, 26.11.1997 – I ZR 148/95, NJW 1998, 1227 = GRUR 1998, 419 = WRP 1998, 386 – Gewinnspiel im Ausland; der I. Zivilsenat des BGH hatte in dieser Entscheidung allerdings entgegen der Annahme des Gesetzgebers und des Xa. Zivilsenats des BGH Verbandsansprüche bei dieser Fallgestaltung nicht verneint, sondern unter II.2.d diese Frage ausdrücklich offen gelassen, da sich der Kläger nicht auf das kollisionsrechtlich anwendbare ausländische (französische) Wettbewerbsrecht berufen hatte.

EU-Staat, wenn der Wettbewerbsverstoß seinen Ursprung im Inland hat. Das ist z.B. der Fall, wenn ein inländisches Unternehmen irreführende Werbebriefe oder Formulare in einen anderen EU-Staat versendet. Dabei ist es unerheblich, ob die irreführenden Werbebriefe oder Formulare von dem inländischen Unternehmen im Inland oder in einem anderen Staat **abgesendet** worden sind.[28]

17 Die Klagebefugnis nach § 4a UKlaG erfordert nicht zusätzlich noch einen Verstoß gegen verbraucherschützende Vorschriften **im Inland**. [29] Für eine solche Einschränkung enthalten weder der Wortlaut des § 4a UKlaG noch der Zweck dieser Vorschrift irgendwelche Anhaltspunkte. Diese Einschränkung steht vielmehr sogar im Widerspruch zum Willen des Gesetzgebers, eine **Lücke** im Rechtsschutz zu schließen, die nach seiner Ansicht und nach der des BGH in seiner Entscheidung »Air Baltic« von 2009 die BGH-Entscheidung »Gewinnspiel im Ausland« von 1997 erkennbar gemacht habe.[30] Im Fall »Gewinnspiel im Ausland« hatte ein deutscher Verband gegen ein deutsches Unternehmen geklagt, das in Frankreich ein betrügerisches Gewinnspiel veranstaltet hatte. Betroffen und unmittelbar geschädigt waren nur französische Verbraucher. Kollisionsrechtlich war (nur) französisches Recht anwendbar. Der vom deutschen Gesetzgeber mit § 4a UKlaG verfolgte Zweck, in solchen Fällen deutschen Verbänden Unterlassungsansprüche zu ermöglichen, wäre nicht zu erreichen, wenn man über den Wortlaut dieser Vorschrift hinaus zusätzlich noch einen Verstoß gegen verbraucherschützende Vorschriften **im Inland** verlangen würde.

18 § 4a UKlaG geht über die Regelung des Art. 4 der Richtlinie 1009/22/EG über Unterlassungsklagen zum Schutz der Verbraucherinteressen (UKla-RL) hinaus. Denn Art. 4 UKla-RL sieht nur eine Klagebefugnis von Verbänden des **Schadensstaates** vor, in dem sich die Verletzung der Kollektivinteressen auswirkt. Diese Vorschrift ist hingegen nicht anwendbar, wenn der **Sitzstaat** des Verbandes zugleich der **Handlungsstaat** ist, in dem der Verletzer handelt.[31] Damit

28 Vgl. zu dieser Fallgestaltung BGH, 26.11.1997 – I ZR 148/95, GRUR 1998, 419 = WRP 1998, 386 – Gewinnspiel im Ausland; ähnlich die Fallgestaltung in der Entscheidung des öst. OGH vom 29.09.2006 – 4 Ob 148/06b, GRUR Int. 2007, 941 (2.4.) = ÖBl. 2007, 67 – fairguide.com.

29 Unklar insoweit BGH, 09.07.2009 – Xa ZR 19/08, NJW 2009, 3371 Rn. 28, 45 = WRP 2009, 1545 – Air Baltic.

30 Vgl. Begr. RegE zu § 4a UKlaG, BT-Drucks. 16/2930, S. 16; BGH, 09.07.2009 – Xa ZR 19/08, NJW 2009, 3371 Rn. 27 = WRP 2009, 1545 – Air Baltic, jeweils unter Hinweis auf BGH, 26.11.1997 – I ZR 148/95, NJW 1998, 1227 = GRUR 1998, 419 = WRP 1998, 386 – Gewinnspiel im Ausland.

31 Vgl. öst. OGH, 28.09.2006 – 4 Ob 148/06b, GRUR Int. 2007, 941, 942 f. = ÖBl. 2007, 67, 68 – fairguide.com; ebenso in seiner Anmerkung zu dieser Entscheidung *Gamerith*, ÖBl. 2007, 69 f.; vgl. auch *Ahrens*, in: Ahrens, Der Wettbewerbsprozess[8], Kap. 16 Rn. 53; *Köhler*, in: Köhler/Bornkamm/Feddersen, UWG[37], § 4a UKlaG Rn. 4.

erfasst Art. 4 UKla-RL nicht den vom BGH entschiedenen Fall »Gewinnspiel im Ausland«. Der deutsche Gesetzgeber wollte jedoch mit § 4a UKlaG auch in diesem Fall Unterlassungsansprüche deutscher Verbände ermöglichen. Dieses Plus von § 4a UKlaG gegenüber § 4 UKla-RL ist mit dieser Richtlinie vereinbar.

19 Dieses »Plus« fehlt hingegen in der österreichischen Regelung des § 14 öst. UWG. Der öst. OGH gelangte jedoch in seiner Entscheidung »fairguide.com« von 2006 bei einem vergleichbaren Fall auf einem anderen Wege zur Klagebefugnis einer Vereinigung zur Förderung wirtschaftlicher Interessen von Unternehmen i.S.v. § 14 Abs. 1 öst. UWG. Ein öst. Unternehmen hatte irreführende Formulare ins Ausland versendet. Der OGH nahm an, dass die Wirkungen dieser Werbung nicht nur im Ausland eintreten, sondern auch öst. Mitbewerber schädigen. Denn es bestehe die Gefahr, dass irregeführte ausländische Unternehmen aufgrund schlechter Erfahrungen mit der Bekl. keine Geschäftsbeziehungen zu inländischen Mitbewerbern eingehen wollen. Zweifelhaft ist allerdings, ob nach dem Inkrafttreten der Rom II-VO im Jahre 2009 nach Art. 6 I Rom II-VO noch öst. Lauterkeitsrecht anwendbar wäre.

3. Keine Klagebefugnis

20 Aus der Regelung der Klagebefugnis in § 8 III Nr. 2 – 4 UWG wurde gefolgert, dass Verbände vor deutschen Gerichten **keine** Klagebefugnis bei Verstößen gegen **ausländisches** Lauterkeitsrecht haben.[32] Denn § 8 III UWG beschränke die Verbandsklagebefugnis auf die Geltendmachung von Ansprüchen aus dem deutschen UWG.[33] Außerdem spreche »die völkerrechtliche **comitas** für eine Zurückdrängung der Globalgeltung (mindestens) auf das Maß des passiven Personalitätsprinzips«.[34] Soweit es die Klagebefugnis von Verbraucherverbänden betreffe, könne der Verbraucher nicht darauf vertrauen, dass sich diese Verbände ihrem Interessenschutz auf Auslandsmärkten widmen.[35]

21 Diese Ansicht ist durch die oben (Rdn. 16 ff.) dargestellten Regelungen des UKlaG teilweise überholt. Jedoch ist ihr auch über den Regelungsbereich des UKlaG hinaus entgegenzuhalten, dass mit derselben Begründung auch die Kla-

32 Vgl. *Paefgen*, GRUR Int. 1994, 99, 115; *Schütze*, in: Gloy/Loschelder/Erdmann, Hdb des Wettbewerbsrechts[4], § 11 Rn. 28; ebenso wohl im Ergebnis auch BGH, 11.03.1982 – I ZR 39/78, GRUR 1982, 495 (Leits. 3), 496 (II., vor 1.), 497 (II.3.) = WRP 1982, 463 – Domgarten-Brand, der an der angegebenen Stelle zwar zutreffend eine Klagebefugnis nach § 13 UWG a.F. verneint hatte, weil diese Vorschrift einen Verstoß gegen das deutsche UWG verlange, jedoch nicht geprüft hatte, ob auf anderer Rechtsgrundlage eine Verbandsklagebefugnis bestand.

33 *Schütze*, in: Gloy/Loschelder/Erdmann, Hdb des Wettbewerbsrechts[4], § 11 Rn. 28.

34 *Paefgen*, GRUR Int. 1994, 99, 115.

35 *Paefgen*, GRUR Int. 1994, 99, 115.

gebefugnis von **Mitbewerbern** i.S.v. § 8 III UWG bei Verstößen gegen ausländisches Lauterkeitsrecht abgelehnt werden müsste. Denn auch Mitbewerbern gewährt § 8 III i.V.m. § 8 Abs. 1 UWG nur Ansprüche aus dem **deutschen** UWG. Eine Versagung von Mitbewerberansprüchen aus ausländischem Lauterkeitsrecht stünde jedoch nicht nur im Widerspruch zu Art. 6 I Rom II-VO, sondern auch im Widerspruch zu einer jahrzehntelangen deutschen Rechtsprechung. Das war mit der Regelung des § 8 UWG zweifellos nicht bezweckt. Es ist daher davon auszugehen, dass die gesetzliche Regelung der Klagebefugnis im UWG in Bezug auf die Geltendmachung **ausländischen** Lauterkeitsrechts, das kollisionsrechtlich nach Art. 6 I Rom II-VO anwendbar ist, eine **Lücke** aufweist. Streitig sind jedoch die Rechtsgrundlage und die Voraussetzungen einer Verbandsklage bei der Geltendmachung ausländischen Lauterkeitsrechts.

4. Ausländische Klagebefugnis maßgeblich

22 Da § 8 III UWG die Verbandsklagebefugnis nur bei Verstößen gegen das deutsche UWG regelt, ist vorgeschlagen worden, bei der Verletzung **ausländischen** Lauterkeitsrechts auch die Klagebefugnis von Verbänden von den Regelungen des ausländischen Rechts abhängig zu machen.[36] Nach dieser Ansicht wären allerdings sogar **Popularklagen** bzw. **class actions** vor deutschen Gerichten möglich, wenn das anwendbare ausländische Recht dies vorsieht. Dies wird jedoch mit Recht abgelehnt.[37] Es widerspräche dem Zweck der – nicht unmittelbar anwendbaren – Regelung des § 8 III UWG, der neben Klagen von Mitbewerbern nur Klagen von Verbänden zulässt, und auch diese nur unter bestimmten Voraussetzungen, um Missbräuche der Verbandsklagebefugnis zu verhindern. Es gibt keinen Grund, Verbandsklagen ausländischer Verbände vor deutschen Gerichten großzügiger zuzulassen als deutsche Verbandsklagen. Die Tatsache, dass sie sich auf das anwendbare ausländische Marktortrecht stützen, ist kein ausreichender Grund dafür.

---

36 Vgl. *Bernhard*, GRUR Int. 1992, 366, 367 (III.1.); a.A. *Ahrens*, WRP 1994, 649, 656 (2.); *Geimer*, Internationales Zivilprozessrecht[7], Rn. 338, 341a; *Halfmeier*, in: GroßkommUWG[2], Einl. E Rn. 101; *Lindacher*, in: FS für Lüke, 1997, S. 377, 387 f. (VI.), 389; *ders.*, Internationales Wettbewerbsverfahrensrecht, § 12 Rn. 7; *Schack*, Internationales Zivilverfahrensrecht[7], Rn. 625; *Schütze*, Deutsches Internationales Zivilprozessrecht[2], Rn. 193.

37 Vgl. *Ahrens*, WRP 1994, 649, 656 (2.); *Geimer*, Internationales Zivilprozessrecht[7], Rn. 341a; *Halfmeier*, in: GroßkommUWG[2], Einl. E Rn. 101; *Nagel/Gottwald*, Internationales Zivilprozessrecht[7], § 6 Rn. 43; *Schack*, Internationales Zivilverfahrensrecht[7], Rn. 625; *Schütze*, Deutsches Internationales Zivilprozessrecht[2], Rn. 193; *Teixeira de Sousa*, in: FS für Geimer 2002, S. 1317, 1327.

5. Analoge Anwendung von § 8 III UWG

a) § 8 III UWG analog als notwendige *Voraussetzung*

23 Es besteht ein berechtigtes Interesse, dass deutsche Verbände vor international zuständigen deutschen Gerichten gegen die Verletzung **ausländischen** Lauterkeitsrechts vorgehen zu können, wenn auf den betreffenden ausländischen Märkten die Interessen deutscher Unternehmen beeinträchtigt werden können. Zweck der Regelungen des § 8 III Nr. 2 – 4 UWG ist es, Verbandsklagen vor deutschen Gerichten zwar zuzulassen, jedoch die Gefahr von Missbräuchen der Verbandsklagebefugnis einzuschränken. Dieser Zweck von § 8 III UWG, dessen Regelungen nur Verstöße gegen das deutsche UWG erfassen, reicht über seinen gesetzlichen Anwendungsbereich hinaus. Deshalb sind die Regelungen dieser Vorschrift bei Verstößen gegen **ausländisches** Lauterkeitsrecht **analog** anzuwenden. Deutsche Verbände sind deshalb bei Verstößen gegen ausländisches Lauterkeitsrecht vor deutschen Gerichten, die international zuständig sind, nur dann klagebefugt, wenn sie die Qualifikations-Voraussetzungen der Verbandsklagebefugnis des analog anzuwendenden § 8 III Nr. 2 – 4 UWG erfüllen.[38]

b) § 8 III UWG analog als hinreichende *Voraussetzung*

24 Heftig umstritten ist, ob es bei der Durchsetzung **ausländischen** Lauterkeitsrechts vor deutschen Gerichten für die Verbandsklagebefugnis **ausreicht**, dass der klagende Verband die Qualifikations-Voraussetzungen des § 8 III UWG analog erfüllt.[39] Anhänger dieser Ansicht begründen sie damit, dass dies aus der Qualifikation der Verbandsklagebefugnis folge. Bei ihr gehe es um die Prozessführungsbefugnis eines Verbandes, so dass die Statthaftigkeit der Verbandsklage und die formellen Voraussetzungen der Klagebefugnis prozessual zu qualifizieren seien. Deshalb sei die lex fori maßgeblich.[40]

---

38 *Koch*, in: FS für Fenge, 1996, S. 85, 90; *Lindacher*, in: FS für Lüke, 1997, S. 377, 385; *Seichter*, in: Ullmann, jurisPK-UWG[4], § 8 Rn. 166; vgl. auch *Glöckner*, in: Harte/Henning, UWG[4], Einl. C Rn. 196.

39 Für ausreichend wird dies gehalten vom KG, 01.06.2011 – 24 U 111/10, WRP 2012, 102 Rn. 22; *Geimer*, Internationales Zivilprozessrecht[7], Rn. 341a; *Koch*, in: FS für Fenge, 1996, S. 85, 90; *Mankowski*, in: MünchKommUWG[2], IntWettbR Rn. 483; *Schack*, Internationales Zivilverfahrensrecht[7], Rn. 625; *Schütze*, in: Gloy/Loschelder/Erdmann, Hdb des Wettbewerbsrechts[4], § 11 Rn. 30; vgl. auch die Zusammenstellung der Argumente für diese Ansicht in der Entscheidung »klimaneutral« des öst.OGH, 18.11.2014 – 4 Ob 147/14t, GRUR Int. 2015, 481, 483 (A.1.3.c,d), der allerdings auch die Gegenansicht für vertretbar hält und die Streitfrage offen gelassen hat.

40 *Mankowski*, in: MünchKommUWG[2], IntWettbR Rn. 483.

25 Die Berechtigung dieser Ansicht hängt davon ab, wie man die »lex fori« bei Verbandsklagen gegen **ausländische** Wettbewerbsverstöße interpretiert. Denn für diese Fälle gibt es in Deutschland keine gesetzliche Regelung der lex fori. § 8 III UWG ist nicht einschlägig, da er nur bei der Verletzung des **deutschen** UWG anwendbar ist. Für Verbandsklagen gegen die Verletzung ausländischen Lauterkeitsrechts besteht hingegen eine Regelungslücke. Es ist deshalb rechtsfortbildend zu klären, ob und unter welchen Voraussetzungen Verbände vor deutschen Gerichten gegen die Verletzung ausländischen Lauterkeitsrechts vorgehen können. Die Feststellung, ob und unter welchen Voraussetzungen eine Verbandsklagebefugnis bei der Verletzung ausländischen Lauterkeitsrechts besteht, kann nicht formal aus der Rechtsnatur der Verbandsklage abgeleitet werden, sondern muss durch eine Interessenabwägung bestimmt werden.[41] Diese rechtsfortbildend zu ermittelnde Verbandsklagebefugnis bei der Durchsetzung ausländischen Lauterkeitsrechts vor deutschen Gerichten ist dann die maßgebliche lex fori.

26 Falls man bei Verbandsklagen gegen ausländische Wettbewerbsverstöße annimmt, die lex fori für die Klagebefugnis erfordere nur, dass der klagende Verband die Qualifikations-Voraussetzungen von § 8 III Nr. 2 – 4 UWG (analog) erfüllt, wäre diese Ansicht abzulehnen. Denn eine Verbandsklage gegen **ausländische** Wettbewerbsverstöße sollte nicht zu Rechtsschutzmöglichkeiten führen, die weiter reichen als die am ausländischen Marktort bestehenden.[42] Es gibt keinen Grund, in Deutschland Verbandsklagen gegen die Verletzung ausländischen Lauterkeitsrechts zuzulassen, die das ausländische Marktortrecht nicht oder nicht im gleichen Umfang wie das deutsche Recht vorsieht. Dies ließe sich auch nicht mit den Interessen deutscher Mitbewerber auf dem ausländischen Markt rechtfertigen. Die Verbandsklage ist daher abzuweisen, wenn das anwendbare ausländische Recht keine Verbandsklagebefugnis vorsieht, sondern z.B. nur eine verwaltungsbehördliche bzw. -gerichtliche Kontrolle.

6. Kumulative Anwendung von deutschem und ausländischem Recht

27 Zustimmung verdient die Ansicht, dass die Klage eines deutschen Verbandes vor deutschen Gerichten gegen die Verletzung **ausländischen** Lauterkeitsrechts voraussetzt, dass **kumulativ** sowohl das deutsche Recht als auch das ausländische Marktortrecht im konkreten Anwendungsfall eine Verbandsklage gestatten.[43]

---

41 *Lindacher*, in: FS für Lüke, 1997, S. 377, 378.

42 Vgl. den Hinweis auf dieses Argument durch den öst. OGH, 18.11.2014 – 4 Ob 147/14t, GRUR Int. 2015, 481, 483 f. (A.1.3.b) – klimaneutral.

43 Vgl. *Ahrens*, WRP 1994, 653, 656 (IV.2.); *Hausmann/Obergfell*, in: Fezer/Büscher/Obergfell, UWG[3], IntLautVerfR Rn. 524 a.E., 526, 527 a.E.; *Koch*, in: Liber amicorum für Siehr, 2000, S. 941, 952; *Lindacher*, in: FS für Lüke, 1997, S. 377, 385 a.E.,

Inländische Verbände sind nach dieser »Kumulationsthese« zur Geltendmachung der Verletzung ausländischen Lauterkeitsrechts vor deutschen Gerichten nur dann klagebefugt, wenn sie im konkreten Anwendungsfall sowohl die Qualifikations-Voraussetzungen des § 8 III Nr. 2 – 4 UWG analog als auch die Voraussetzungen der Klagebefugnis des ausländischen Marktortes erfüllen.[44] Über die Frage, welche Ansprüche einem Verband zustehen, entscheidet das auf dem ausländischen Markt geltende Lauterkeitsrecht.[45]

28 Die »Kumulationsthese« wird nur selten begründet. Nach der hier vertretenen Ansicht ergibt sie sich aus den Gründen, die gegen eine ausschließliche Anwendung des Marktortrechts und gegen eine ausschließlich analoge Anwendung des § 8 III UWG sprechen: Eine ausschließliche Anwendung des ausländischen Marktortrechts wäre mit dem Zweck der sehr differenzierten Regelung der erforderlichen Qualifikation der klagebefugten Verbände unvereinbar. Außerdem würde eine ausschließliche Anwendung des ausländischen Marktortrechts vor deutschen Gerichten über die Verbandsklagebefugnis hinaus Klageformen ermöglichen, die das deutsche Recht ablehnt, nämlich insbesondere class actions und sonstige Sammelklagen. Gegen eine ausschließliche Anwendung der Qualifikations-Voraussetzungen des § 8 III Nr. 2 – 4 UWG analog spricht hingegen, dass dies ausländischen Verbänden Rechte vor deutschen Gerichten gewähren könnte, die sie am Marktort nicht haben, weil dort z.B. nur eine verwaltungsbehördliche bzw. -gerichtliche Kontrolle stattfindet.

29 Mit der bloßen Tatsache, dass bei Verbandsklagen aus ausländischem Recht die lex fori und die lex causae auseinanderfallen, lässt sich die Kumulationsthese nicht begründen. Denn die deutsche lex fori ist in den betreffenden Fällen nicht gesetzlich geregelt, sondern rechtsfortbildend zu entwickeln. Nach der hier vertretenen Ansicht ist für die Fälle von Verbandsklagen vor deutschen Gerichten wegen der Verletzung **ausländischen** Lauterkeitsrechts die »Kumulationsthese« die lex fori. Soweit bei Klagen gegen ausländische Wettbewerbsverstöße die lex fori und die lex causae auseinanderfallen, ist mit dieser Feststellung nur das Problem beschrieben, jedoch noch keine Lösung gewonnen.

---

387 V.3.), 389 (VI.2), 390 (VI.4.); *ders.*, Internationales Wettbewerbsverfahrensrecht, 2009, § 12 Rn. 13; vgl. auch *Glöckner*, in: Harte/Henning, UWG[4], Einl. C Rn. 196; ausdrücklich gegen eine zusätzliche Anwendung der lex causae neben der lex fori *Fezer/Koos*, in: Staudinger, Internationales Wirtschaftsrecht (2015), Rn. 831; *Halfmeier*, in: GroßkommUWG[2], Einl. E Rn. 104; *Mankowski*, in: MünchKommUWG[2], IntWettbR Rn. 482 ff., 485; *Schack*, Internationales Zivilverfahrensrecht[7], Rn. 625 mit Fn. 2.

44 LG Hamburg, 23.04.1997 – 315 O 4/97, RIW 1998, 894, 895; *Lindacher*, in: FS für Lüke, 1997, S. 377, 387 (V.3.).

45 Vgl. *Hausmann/Obergfell*, in: Fezer/Büscher/Obergfell, UWG[3], IntLautVerfR Rn. 524 a.E.; *Koch*, Verbraucherprozessrecht, 1990, S. 116 f.; *Lindacher*, in: FS für Lüke, 1997, S. 377, 386 (V.1.e), 390 (VI.4. a.E.).

Zu den Konsequenzen der Kumulationsthese werden unterschiedliche Ansichten vertreten. Fehlt die Klagebefugnis nach § 8 III Nr. 2 – 4 UWG (analog), weil der klagende Verband die in dieser Vorschrift geregelten Qualifikations-Voraussetzungen nicht erfüllt, dann ist die Klage als **unzulässig** abzuweisen. Das ist unstreitig.[46] In gleicher Weise ist jedoch auch die Verbandsklage eines deutschen Verbands, die sich gegen die Verletzung **ausländischen** Rechts wendet, als **unzulässig** abzuweisen, wenn die formalen Voraussetzungen der Verbandsklagebefugnis nach ausländischem Marktortrecht nicht erfüllt sind. **30**

Nach der Gegenansicht gilt hingegen: Klage ein deutscher Verband, der die Voraussetzungen des § 8 III UWG (analog) erfüllt, vor einem deutschen Gericht gegen das Verhalten eines Unternehmens auf einem ausländischen Markt, so sei die Klage zwar zulässig, jedoch **unbegründet**, wenn sie am ausländischen Marktort nicht von Verbänden geltend gemacht werden könne.[47] Dem ist jedoch entgegenzuhalten, dass es keinen überzeugenden Grund gibt, an die fehlende Prozessführungsbefugnis nach deutschem Recht andere Konsequenzen zu knüpfen als an die fehlende Prozessführungsbefugnis nach dem kumulativ anzuwendenden ausländischen Recht. **31**

7. Das Verhältnis der lauterkeitsrechtlichen Kumulationsthese zum UKlaG

Problematisch ist das Verhältnis der Verbandsklage nach der in Rn. 27 ff. vertretenen lauterkeitsrechtlichen Kumulationsthese zu der des UKlaG. **32**

a) Vorrang des UWG

Das LG Frankfurt a.M. hat in einer Entscheidung vom 16.12.2004 die Ansicht vertreten, bei Verstößen gegen das UWG bestehe keine Klagebefugnis nach dem **33**

46 BGH, 11.05.1995 – I ZR 107/93, GRUR 1995, 604, 606 = WRP 1995, 695 – Vergoldete Visitenkarten; BGH, 18.10.1995 – I ZR 126/93, GRUR 1996, 217 = WRP 1996, 197 – Anonymisierte Mitgliederliste; BGH, 22.05.2003 – I ZR 185/00, GRUR 2003, 804 (II.1.) = WRP 2003, 1101 – Foto-Aktion; *Büscher*, in: Fezer/Büscher/Obergfell, UWG[3], § 8 Rn. 67; *Goldmann*, in: Harte/Henning, UWG[4], § 8 Rn. 258; *Köhler/Feddersen*, in: Köhler/Bornkamm/Feddersen, UWG[37], § 8 Rn. 3.9, 3.11, 3.12; *Mankowski*, in: MünchKommUWG[2], IntWettbR Rn. 483; *Ohly*, in: Ohly/Sosnitza, UWG[7], § 8 Rn. 91; *Ottofülling*, in: MünchKommUWG[2], § 8 Rn. 350; *Paal*, in: GroßkommUWG[2], § 8 Rn. 196; *Schmitz-Fohrmann/Schwab*, in: Götting/Nordemann, UWG[3], § 8 Rn. 137; *Büch*, in:Teplitzky, Wettbewerbsrechtliche Ansprüche und Verfahren[12], 13. Kap. Rn. 25.

47 *Ohly*, in: Ohly/Sosnitza, UWG[7], Einf. B Rn. 19.

UKlaG.[48] Denn § 8 UWG enthalte nach der Begründung zum Regierungs-Entwurf des UWG von 2004 eine **abschließende** Regelung der Klagebefugnis bei UWG-Verstößen.[49] Von den in § 8 V S. 1 UWG geregelten Fällen abgesehen finde nach § 8 V S. 2 UWG das UKlaG (a.F.) keine Anwendung.[50] § 2 UKlaG sei nur ein Auffangtatbestand für die Fälle, in denen nicht zugleich ein Verstoß gegen das UWG vorliege.

34 Dem ist entgegenzuhalten, dass § 8 UWG nur die Klagebefugnis bei Verstößen gegen das deutsche UWG, nicht jedoch bei Verstößen gegen ausländisches Lauterkeitsrecht, um die es hier geht, regelt. Auch ist der Verweis auf § 8 V S. 2 UWG a.F., der vor 2006 lautete »Im Übrigen findet das UKlaG keine Anwendung«, durch Gesetzesänderung überholt. Denn § 8 V S. 2 UWG wurde 2006 durch einen Nebensatz ergänzt. In der jetzt geltenden Fassung heißt es: »Im Übrigen findet das UKlaG keine Anwendung, *es sei denn, es liegt ein Fall des § 4a des Unterlassungsklagengesetzes vor*«. Außerdem ist die Ansicht, dass das UKlaG bei Verstößen gegen das Lauterkeitsrecht nicht anwendbar sei, kaum vereinbar mit der EG-VO 2006/2004/EG und der Richtlinie 2009/29/EG, die ausdrücklich auf die verbraucherschützenden Vorschriften der UGP-Richtlinie 2005/29/EG und der Richtlinie 2006/114/EG über irreführende und vergleichende Werbung verweisen.

b) Vorrang des UKlaG

35 Nach der Gegenansicht hat die Verbandsklagebefugnis nach § 4a UKlaG Vorrang vor einer konkurrierenden Klagebefugnis aus dem UWG. Im Anwendungsbereich des UKlaG bestehe bei Verstößen gegen ausländisches Lauterkeitsrecht keine Lücke, die mit einer gesetzlich nicht geregelten Klagebefugnis geschlossen werden müsste.

c) Kumulative Normenkonkurrenz

36 Die beiden unter a) und b) genannten Ansichten legen den Schluss nahe, dass die Klagebefugnis nach dem UKlaG und nach der lauterkeitsrechtlichen »Kumulationsthese« im Überlappungsbereich kumulativ nebeneinander anwendbar sind.[51] Die Verbandsklagebefugnis nach dem UKlaG ist allerdings wesentlich enger. Sie gilt zum einen nur bei grenzüberschreitenden Fällen innerhalb der

48 LG Frankfurt a.M., 16.12.2004 – 2-03 O 409/04, nicht veröffentlicht, zitiert nach *Kamlah*, WRP 2006, 33, 34 Fn. 4 und 6; ebenso *Walker/Stomps*, Zeitschrift für das gesamte Schuldrecht (ZGS), 2004, 336, 338 f.

49 Begr. RegE zum UWG 2004, BT-Drucks. 15/1487, S. 23; *Walker/Stomps*, ZGS 2004, 336, 338.

50 *Walker/Stomps*, ZGS 2004, 336, 338.

51 *Kamlah*, WRP 2006, 33, 34 (2.), 36 f., 37 (5.).

EU. Außerdem setzt sie die Verletzung spezifisch verbraucherschützender Vorschriften des UWG voraus.

37 Vorteilhaft kann die kumulative Konkurrenz der Verbandsklagebefugnis nach dem UKlaG und nach der lauterkeitsrechtlichen Kumulationsthese bei der **örtlichen** Zuständigkeit der Landgerichte nach § 14 UWG bzw. § 6 UKlaG sein.[52] Problematisch ist hingegen die **Verjährungsfrist**. Im UKlaG ist sie nicht geregelt. das könnte für einen Rückgriff auf die §§ 195 ff. BGB sprechen.[53] Die Anwendung der Verjährungsfristen der §§ 195 ff. BGB stünde jedoch im Widerspruch zum Zweck kürzerer Verjährungsfristen des anzuwendenden **ausländischen** Lauterkeitsrechts. Deshalb ist die Regelung der Verjährungsfrist des ausländischen Lauterkeitsrechts maßgeblich, das im konkreten Streitfall kollisionsrechtlich anzuwenden ist.

IV. Ausländischer Verband klagt aus ausländischem Lauterkeitsrecht

38 Auch die Klage eines **ausländischen** Verbands vor deutschen Gerichten wegen der Verletzung des Lauterkeitsrechts eines ausländischen Staates kann dem Schutzinteresse deutscher Unternehmen dienen, die auf dem betreffenden Auslandsmarkt tätig sind. Die Ausführungen unter III. gelten entsprechend. Das bedeutet:

1. Die Verbandsklagebefugnis ergibt sich nicht unmittelbar aus § 8 III UWG, da diese Vorschrift einen Verstoß gegen das deutsche UWG voraussetzt.
2. Nach § 4a i.V.m. §§ 2 u. 3 I UKlaG kann ein **ausländischer** Verband aus einem EU-Staat vor einem deutschen Gericht klagen, wenn die Beeinträchtigung geschützter Interessen im Ausland auf der Verletzung verbraucherschützender Normen beruht und die Verletzung ihren **Ursprung** in Deutschland hat.[54]
3. Auch außerhalb des Anwendungsbereichs des UKlaG besteht unter bestimmten Voraussetzungen eine Klagebefugnis ausländischer Verbände vor deutschen Gerichten wegen der Verletzung ausländischen Lauterkeitsrechts. Allerdings ist nicht allein entscheidend, ob der Verband nach ausländischem Recht klagebefugt ist. Es genügt auch nicht, dass der ausländische Verband (nur) die Qualifikations-Voraussetzungen des § 8 III Nr. 2 – 4 UWG analog erfüllt. Ein ausländischer Verband ist wegen der Verletzung ausländischen Lauterkeitsrechts durch ein deutsches Unternehmen vor eine deutschen Gericht nur klagebefugt, wenn er **kumulativ** die Qualifikationsvoraussetzungen des § 8 III Nr. 2 – 4 UWG analog erfüllt und außerdem das ausländische

52 *Kamlah*, WRP 2006, 33 f.

53 *Kamlah*, WRP 2006, 33, 35.

54 Zur Klagebefugnis ausländischer Verbände nach Art. 4 Unterlassungsklagen-Richtlinie vgl. *Drexl*, in: MünchKommBGB[7], Bd. 12, IntLautR Rn. 213.

Recht für den konkreten Fall eine Klagebefugnis dieses Verbands vorsieht.[55] Die Klagebefugnis vor einem deutschen Gericht scheidet daher aus, wenn das ausländische Marktortrecht im Streitfall keine Verbandsklagebefugnis, sondern z.B. nur ein Verwaltungsverfahren vorsieht.

V. Zwischenergebnisse

39 1. Bei Verstößen gegen das deutsche UWG sind nach § 8 I UWG nicht nur deutsche Verbände klagebefugt, sondern auch ausländische Verbände, die die Voraussetzungen dieser Vorschrift erfüllen.
2. Bei Verstößen gegen **ausländisches** Lauterkeitsrecht besteht keine Klagebefugnis deutscher oder ausländischer Verbände nach § 8 III UWG. Denn diese Vorschrift verweist auf § 8 I UWG, der seinerseits nur Verstöße gegen das **deutsche** UWG regelt.
3. Wenn ein deutsches Unternehmen gegen verbraucherschützende Vorschriften des Lauterkeitsrechts eines anderen EU-Staates verstößt, sind deutsche und ausländische Verbände nach § 4a i.V.m. §§ 2 u. § 3 I UKlaG vor deutschen Gerichten klagebefugt. Bei Verstößen gegen verbraucherschützende Vorschriften des ausländischen Lauterkeitsrechts sind dessen Verjährungsfristen anzuwenden.
4. Deutsche und ausländische Verbände können vor deutschen Gerichten gegen die Verletzung ausländischen Lauterkeitsrechts vorgehen, wenn sie kumulativ sowohl die Qualifikations-Voraussetzungen des § 8 III Nr. 2-4 UWG als auch die Voraussetzungen der Klagebefugnis des ausländischen Marktortes erfüllen. Dies ist bei Verstößen gegen ausländisches Lauterkeitsrecht die deutsche lex fori für Verbandsklagen.
5. Für Klagen deutscher oder ausländischer Verbände vor deutschen Gerichte gegen die Verletzung ausländischen Lauterkeitsrechts genügt hingegen weder, dass der Verband die Qualifikations-Voraussetzungen des § 8 III Nr. 2 – 4 UWG erfüllt, noch die Klagebefugnis nach dem verletzten ausländischen Marktortrecht.
6. Wenn sowohl die unter 4. genannten lauterkeitsrechtlichen Voraussetzungen der Klagebefugnis als auch die Voraussetzungen des § 4a i.V.m. §§ 2 u. 3 I UKlaG erfüllt sind, sind diese Regelungen nebeneinander anwendbar.

55 Vgl. *Ahrens*, WRP 1994, 653, 656 (2.); *Hausmann/Obergfell*, in: Fezer/Büscher/Obergfell, UWG[3], IntLautVerfR Rn. 524 a.E., 527; *Lindacher*, in: FS für Lüke, 1997, S. 377, 387 (V.4.); *ders.*, Internationales Wettbewerbsverfahrensrecht, 2009, § 12 Rn. 13; a.A. *Fezer/Koos*, in: Staudinger, Internationales Wirtschaftsrecht (2015), Rn. 831.

Kapitel 21 Sonstige Fragen des internationalen Wettbewerbsverfahrensrechts

Übersicht Rdn.

1 Weitere Verfahrensfragen, die beim internationalen Lauterkeitsecht möglich sind, werden im folgenden Abschnitt zusammengefasst. In ihm wird Stellung genommen zu den wesentlichen Fragen der Ermittlung ausländischen Rechts, zum einstweiligen Rechtsschutz, soweit dieser nicht schon Gegenstand vorausgegangener Ausführungen war, zu Zustellungen, zur Beweisaufnahme, zur Gerichtssprache und zur Vollstreckung ausländischer Entscheidungen.[1]

I. Die Ermittlung ausländischen Rechts

1. Hauptsacheverfahren

2 Nach § 293 S. 1 ZPO bedürfen das in einem anderen Staat geltende Recht, die Gewohnheitsrechte und Statuten des Beweises insofern, als sie dem Gericht unbekannt sind. Dabei sind die Gerichte nach § 293 S. 2 ZPO nicht auf die von den Parteien beigebrachten Beweise beschränkt, sondern auch zur Benutzung

---

1 Ausführlicher dazu *Glöckner*, in: Harte/Henning, UWG[4], Einl. D; *Halfmeier*, in: GroßkommUWG[2], Einl. E; zum Verfahren des einstweiligen Rechtsschutzes und zur Ermittlung ausländischen Rechts ausführlich *Hausmann/Obergfell*, in: Fezer/Büscher/Obergfell, UWG[3], IntLautVerfR Rn. 470 ff., 498 ff.

anderer Erkenntnisquellen befugt. Abweichend vom Wortlaut des § 293 S. 2 ZPO sind jedoch deutsche Richter nicht nur **befugt**, sondern **verpflichtet**, das anzuwendende ausländische Recht **von Amts wegen** zu ermitteln.[2] Das Gericht muss die Parteien auf die Möglichkeit der Anwendung ausländischen Rechts hinweisen, um ihnen die Möglichkeit einer Stellungnahme zu geben.[3]

3 Bei der Ermittlung des ausländischen Rechts darf sich der Richter nicht darauf beschränken, die **Rechtsquellen**, heranzuziehen, sondern er muss auch unter Ausschöpfung der ihm zugänglichen Erkenntnismöglichkeiten die konkrete Ausgestaltung in der ausländischen **Rechtspraxis**, insbesondere die ausländische Rechtsprechung, berücksichtigen.[4] Es gilt der Grundsatz der größtmöglichen Annäherung an das ausländische Recht, das in seinem systematischen Kontext mit Hilfe der im ausländischen Rechtssystem gebräuchlichen Methoden und unter Einbeziehung der ausländischen Rechtsprechung erfasst werden muss.[5] Zur Feststellung des ausländischen Rechts kann das Gericht auch die Parteien zur Mitwirkung auffordern.

4 Es besteht grundsätzlich keine Vermutung, dass das ausländische Recht im Wesentlichen dem deutschen Recht entspreche,[6] es sei denn, das ausländische Recht beruht ebenso wie das deutsche auf gemeinsamen europäischen Richtlinien.

5 Ist das an sich berufene ausländische Recht nicht oder nur mit unverhältnismäßigem Aufwand und erheblicher Verfahrensverzögerung feststellbar, dann können, jedenfalls bei starken Inlandsbeziehungen und mangelndem Widerspruch der Beteiligten, grundsätzlich die Sachnormen des **deutschen Rechts** angewendet werden.[7] Wenn die Anwendung des inländischen Rechts allerdings äußerst unbefriedigend wäre, kann auch die Anwendung des dem an sich

---

2 BGH, 22.10.1996 – XI ZR 261/95, NJW 1997, 324, 325 (II.2.); BGH, 25.09. 1997 – II ZR 113/96, NJW 1998, 1321 (II.1.a); BGH, 02.10.1997 – I ZR 88/95, NJW 1998, 1395 (II.1.a); BGH, 23.06.2003 – II ZR 305/01, NJW 2003, 2685, 2686 (II.2.a); BGH, 15.07.2008 – VI ZR 105/07, NJW 2009, 916, 920 Rn. 22; *Fastrich*, ZZP 97 (1984), 423, 425; *Hausmann/Obergfell*, in: Fezer/Büscher/Obergfell, UWG³, IntLautVerfR Rn. 499; *Schütze*, in: Gloy/Loschelder/Erdmann, Hdb des Wettbewerbsrechts⁴, § 11 Rn. 31 ff.

3 *Schütze*, in: Gloy/Loschelder/Erdmann, Hdb des Wettbewerbsrechts⁴, § 11 Rn. 32.

4 BGH, 23.06.2003 – II ZR 305/01, NJW 2003, 2685 (Leits. u. II.2.a); BVerwG, 19.07.2012 – 10 C 2/12, NJW 2012, 3461 Rn. 14; *Hausmann/Obergfell*, in: Fezer/Büscher/Obergfell, UWG³, IntLautVerfR Rn. 500; *Sommerlad/Schrey*, NJW 1991, 1377, 1380.

5 BVerwG, 19.07.2012 – 10 C 2/12, NJW 2012, 3461 Rn. 14.

6 *Hausmann/Obergfell*, in: Fezer/Büscher/Obergfell, UWG³, IntLautVerfR Rn. 499.

7 BGH, 26.10.1977 – IV ZB 7/77, NJW 1978, 496 (Leits. 3), 497 f.; zustimmend *Sommerlad/Schrey*, NJW 1991, 1377, 1382 f. (mit ausf. Nachw. zur Gegenansicht).

berufenen Recht nächstverwandten oder des wahrscheinlich geltenden Rechts gerechtfertigt sein.[8] In seltenen Einzelfällen kann ein Rückgriff auf die Sachnormen des deutschen Rechts als »Ersatzrecht« gerechtfertigt sein.[9] Mit Recht hat hingegen der BGH die in einem solchen Fall früher vereinzelt vertretene Ansicht abgelehnt, die Klage abzuweisen.[10]

6 Auch an einen übereinstimmenden Parteivortrag ist der Richter grundsätzlich nicht gebunden.[11] Davon kann jedoch eine Ausnahme gerechtfertigt sein, wenn beide Parteien demselben ausländischen Staat angehören.[12]

7 Bei **Multistate-Delikten** hängt die Reichweite der Ermittlungspflicht des Richters vom Umfang des Tatsachenvortrags des Klägers ab. Bezieht sich der Tatsachenvortrag auch auf ausländische Staaten, muss der Richter grundsätzlich auch das in diesen Staaten geltende Recht ermitteln. Eine erhebliche Einschränkung dieser Pflicht kann sich jedoch für Beklagte aus der EU aus den EuGH-Entscheidungen »Shevill«, »eDate Advertising« und »Bolagsupplysningen« ergeben. Nach diesen Entscheidungen kann der Kläger vor einem nationalen Gericht nur dann gegen ausländische Delikte vorgehen, wenn das nationale Gericht
– das europäische Wohnsitzgericht i.S.v. Art. 4 EuGVVO,
– das Handlungsort-Gericht i.S.v. Art. 7 Nr. 2 EuGVVO
– oder das Erfolgsort-Gericht nach Art. 7 Nr. 2 EuGVVO ist, an dem der Kläger den Mittelpunkt seiner Interessen hat.

8 Nach der hier vertretenen Ansicht hat der Kläger bei Wettbewerbsverstößen in **allen** Ländern einen Mittelpunkt seiner Interessen, in denen die Wettbewerbsbeziehungen der Parteien oder die kollektiven Interessen der Verbraucher durch das beanstandete Verhalten des Beklagten beeinträchtigt werden.

2. Einstweiliger Rechtsschutz

9 Der Grundsatz des § 293 ZPO, dass der deutsche Richter verpflichtet ist, ausländisches Recht zu ermitteln, wenn es kollisionsrechtlich berufen ist, ist im einstweiligen Verfügungsverfahren einzuschränken. Denn die Beschaffung und

8 BGH, 23.12.1981 – IV b ZR 643/80, NJW 1982, 1215 (Leits. 1), 1216 (2.d); *Heldrich*, in: FS für Ferid, 1978, S. 209, 216; *Schütze*, in: Gloy/Loschelder/Erdmann, Hdb des Wettbewerbsrechts[4], § 11 Rn. 34.
9 OLG Köln, 03.12.1993 – 6 U 247/93, GRUR 1994, 646 (Leits. 2) – Georgisches Telekommunikationssystem.
10 BGH, 26.10.1977 – IV ZB 7/77, NJW 1978, 496, 497; BGH, 13.12.1981 – IVb ZR 64/80, NJW 1982, 1215, 1216 (2.d); *Schütze*, in: Gloy/Loschelder/Erdmann, Hdb des Wettbewerbsrechts[4], § 11 Rn, 33, 34.
11 *Hausmann/Obergfell*, in: Fezer/Büscher/Obergfell, UWG[3], IntLautVerfR Rn. 499.
12 BAG, 10.04.1975 – 2 AZR 128/74, WM 1976, 189, 197 = NJW 1975, 2160 (Leits.9); *Hausmann/Obergfell*, in: Fezer/Büscher/Obergfell, UWG[3], IntLautVerfR Rn. 504.

Verwertung ausländischen Rechts lässt sich nur soweit verwirklichen, wie sich das mit der **Eilbedürftigkeit** dieses summarischen Verfahrens vereinbaren lässt.[13] Die Pflicht des Richters zur Ermittlung ausländischen Rechts beschränkt sich daher im Verfahren der einstweiligen Verfügung auf die präsenten und kurzfristig erreichbaren Erkenntnisquellen.[14] Außerdem kommt der in § 293 ZPO normierten Mitwirkungspflicht der Parteien bei der Feststellung ausländischen Rechts eine verstärkte Bedeutung zu.[15] Diejenige Partei, die für sie günstige Schlüsse aus fremdem Recht ziehen will, muss dies darlegen und glaubhaft machen, soweit das nicht ohne Weiteres aus präsenten Erkenntnisquellen durch den Richter geschehen kann.[16] Auch Kritiker dieser Ansicht räumen zumindest ein, dass im Verfahren des einstweiligen Rechtsschutzes **geringere Anforderungen** an die Feststellung des anzuwendenden Rechts zu stellen seien.[17] Nicht gerechtfertigt ist es, schon bei bloßen Schwierigkeiten oder Unsicherheiten bei der Ermittlung ausländischen Rechts ohne Weiteres die lex fori als **Ersatzrecht** anzuwenden.[18] Wenn jedoch in einem Einstweiligen Verfügungs-Verfahren wegen der gebotenen Eile das anzuwendende ausländische Recht nicht ausreichend schnell zu ermitteln ist, kann die Rechtsprechung die lex fori als **Ersatzrecht** anwenden.[19]

10 Erweist sich im Hauptsacheverfahren, dass im Einstweiligen-Verfügungs-Verfahren dem Antragsgegner eine Wettbewerbshandlung zu Unrecht untersagt worden ist, können ihm nach § 945 ZPO Schadensersatzansprüche zustehen. Dieses Risiko begrenzt die Gefahr, dass im einstweiligen Verfügungsverfahren Wettbewerbshandlungen voreilig untersagt werden. Deshalb sollte eine einstweilige Verfügung auf der Grundlage von nicht sicher festgestelltem ausländischem

13 OLG Frankfurt a.M., 07.11.1968 – 6 U 78/68, GRUR 1970, 35, 36 – Rochas; KG, 16.10.2006 – 10 U 286/05, NJW 2007, 706 (3.a) – Antiquitäten.

14 OLG Frankfurt a.M., 07.11.1968 – 6 U 78/68, GRUR 1970, 35, 36 – Rochas; KG, 16.10.2006 – 10 U 286/05, NJW 2007, 705 (3.a) – Antiquitäten; gegen diese Einschränkung der Ermittlungspflicht jedoch *v. Bar/Mankowski*, IPR[2], Bd. I, § 5 Rn. 193; *Dethloff*, RabelsZ 62 (1998), 286, 294 f.; *Hausmann/Obergfell*, in: Fezer/Büscher/Obergfell, UWG[3], IntLautVerfR Rn. 514; *Mankowski/Kerfack*, IPRax 1990, 372, 373 f.; *Sommerlad/Schrey*, NJW 1991, 1377, 1381 f.

15 OLG Frankfurt a.M., 07.11.1968 – 6 U 78/68, GRUR 1970. 35, 36 – Rochas; *Hausmann/Obergfell*, in: Fezer/Büscher/Obergfell, UWG[3], Rn. 504; *Sommerlad/Schrey*, NJW 1991, 1377, 1381.

16 OLG Frankfurt a.M., 07.11.1968 – 6 U 78/68, GRUR 1970, 35, 36 – Rochas; *Sommerlad/Schrey*, NJW 1991, 1377, 1381 f.

17 *Hausmann/Obergfell*, in: Fezer/Büscher/Obergfell, UWG[3], IntLautVerfR Rn. 516.

18 *Fezer/Koos*, in: Staudinger, Internationales Wirtschaftsrecht (2015), Rn. 856; *Hausmann/Obergfell*, in: Fezer/Büscher/Obergfell, UWG[3], Rn. 515; *Kropholler/v. Hein*, Europäisches Zivilprozessrecht[9], § 31 III.

19 Kritisch dazu *Sommerlad/Schrey*, NJW 1991, 1377, 1383.

Recht oder von deutschem Recht als Ersatzrecht **nur gegen Sicherheitsleistung** erlassen werden.[20]

11 Beim einstweiligen Rechtsschutz besteht, abweichend von Art. 267 III AEUV, keine Verpflichtung zur Vorlage an den EuGH. Damit soll verhindert werden, dass diese Verfahren unnötig verzögert werden.[21] Es genügt dem Zweck des Art. 267 AEUV, wenn erst im Hauptsacheverfahren eine Vorabentscheidung des EuGH eingeholt werden kann.[22] Der summarische Charakter und die Eilbedürftigkeit eines einzelstaatlichen Verfahrens hindern das angerufene Gericht allerdings nicht daran, die Zulässigkeit eines Vorabentscheidungsverfahren zu bejahen.[23]

II. Zustellungen im Ausland

1. Zustellungen im EU-Ausland

12 Für Zustellungen in das EU-Ausland gelten die Sonderregelungen der VO (EG) 1393/2007 des Europäischen Parlaments und des Rates vom 13.11.2007 über die Zustellung gerichtlicher und außergerichtlicher Schriftstücke in Zivil- und Handelssachen in den Mitgliedstaaten und zur Aufhebung der VO (EG) 1348/200 des Rates (EuZVO).[24] Diese VO gilt auch für Dänemark, zwar nicht als Sekundärrecht,[25] jedoch aufgrund eines zwischen der EG und Dänemark geschlossenen völkerrechtlichen Vertrags.[26]

13 Nach Art. 1 ist die EuZVO dann anwendbar, wenn »ein gerichtliches oder außergerichtliches Schriftstück von einem in einen anderen Mitgliedstaat zum Zwecke der Zustellung zu übermitteln ist«.

---

20 *Hausmann/Obergfell*, in: Fezer/Büscher/Obergfell, UWG[3], IntLautVerfR Rn. 518.

21 EuGH, 24.05.1977 – Rs. 107/76, Slg. 1977, 957, 972 f. Rn. 5 f. = NJW 1977, 1585 – Hoffmann-La Roche/Centrafarm; EuGH, 27.10.1982 – Rs. 35 u. 36/82, Slg. 1982, 3723 Rn. 8, 10 = NJW 1983, 2751 – Morson; OLG Frankfurt a.M., 28.03.1985 – 6 U 34/85, GRUR Int. 1985, 762 = WRP 1985, 566, 571 – Kostenlose EWG-Butter; OLG Frankfurt a.M., 31.05.2001 – 6 U 240/00, GRUR Int. 2001, 771, 774 (3.c) – Internet-Apotheke.

22 EuGH, 24.05.1977 – Rs. 107/76, Slg. 1977, 957, 972 Rn. 5 = NJW 1977, 1585 – Hoffmann-La Roche/Centrafarm; EuGH, 27.10.1982 – Rs. 35 u. 36/82, Slg. 1982, 3723 Rn. 8 f. = NJW 1983, 2751 – Morson.

23 EuGH, 24.05.1977 – Rs. 107/76, Slg. 1977, 957, 972 Rn. 4 = NJW 1977, 1585 – Hoffmann-La Roche/Centrafarm.

24 ABl.EG 2007 L 324/79.

25 Vgl. Erw.-Grd. Nr. 29 der VO (EG) 1393/2007.

26 ABl.EG 2005 L 300/55.

a) Zustellung auf Betreiben eines Gerichts

14 Für die Zustellung auf **Betreiben eines Gerichts** gelten die Vorschriften der Art. 2 und 14 EuZVO. Nach Art. 2 EuZVO muss die Zustellung zwischen den in dieser Vorschrift genannten Übermittlungs- und Empfangsstellen erfolgen. Die Übermittlungsstelle ist in Deutschland das die betreffende Zustellung betreibende Gericht. Die Empfangsstelle ist in Deutschland das Amtsgericht, in dessen Bezirk das Schriftstück zugestellt werden soll; es ist § 1069 ZPO einschlägig.

15 Außerdem können nach Art. 14 EuZVO **gerichtliche Schriftstücke** auch durch Versand durch die Post als Einschreiben gegen Rückschein oder einen gleichwertigen Beleg in allen Mitgliedstaaten zugestellt werden. Ein Beleg ist einem Einschreiben gegen Rückschein gleichwertig, wenn der tatsächliche Empfang der Sendung bestätigt wird.[27]

16 Zwischen den beiden Formen der Zustellung besteht ein Wahlrecht. Es gibt hingegen keine Rangordnung zwischen der Zustellung durch die Post und der Einschaltung sonstiger Stellen.[28] Wenn beide Formen der Zustellung wirksam erfolgt sind, gilt für den Beginn der Verjährungsfrist die erste wirksam bewirkte Zustellung. [29]

b) Zustellung im Parteibetrieb

17 Für die Zustellung im Parteibetrieb, z.B. bei einer einstweiligen Verfügung oder bei der Zustellung eines Vollstreckungstitels, gilt Art. 15 EuZVO. Nach dieser Vorschrift kann jeder an einem gerichtlichen Verfahren Beteiligte gerichtliche Schriftstücke unmittelbar durch Amtspersonen, Beamte oder sonstige zuständige Personen des Empfangsmitgliedstaates zustellen lassen. Die Zustellung ist jedoch nur wirksam, wenn sie nach dem Rechts des Empfangsstaates zulässig ist.

c) Sprachproblematik

18 Nach Art. 8 EuZVO kann der Empfänger die Annahme eines Schriftstücks verweigern, wenn es nicht in einer Sprache abgefasst ist, die der Empfänger versteht, oder in der Amtssprache des Empfangsmitgliedstaates oder, wenn es im Empfangsmitgliedstaat mehrere Amtssprachen gibt, in der Amtssprache oder in einer der Amtssprachen des Ortes, an dem die Zustellung erfolgen soll. Bei

27 *Halfmeier*, in: GroßkommUWG², Einl. E Rn. 247.

28 EuGH, 09.02.2006 – C-473/04, Slg. 2006, I-1428 Rn. 28 = NJW 2006, 975, 976 – Plumex.

29 EuGH, 09.02.2006 – C-473/04, Slg. 2006, I-1428 Rn. 31, 33 = NJW 2006, 975, 976 – Plumex.

umfangreicheren verfahrenseinleitenden Schriftstücken muss allerdings nur das Hauptdokument – z.B. die Klageschrift – in eine der genannten Sprachen übersetzt werden, nicht hingegen die Unterlagen, die lediglich eine Beweisfunktion haben.[30] Durch die verfahrenseinleitenden Schriftstücke in einer der genannten Sprachen muss die Gegenpartei in die Lage versetzt werden, ihre Rechte in einem gerichtlichen Verfahren des **Übermittlungsstaates** geltend zu machen. Einem solchen Schriftstück müssen sich also mit Bestimmtheit zumindest Gegenstand und Grund des Antrags sowie die Aufforderung, sich vor Gericht einzulassen oder, nach der Art des laufenden Verfahrens, die Möglichkeit zur Einlegung eines gerichtlichen Rechtsbehelfs entnehmen lassen. Unterlagen, die lediglich eine Beweisfunktion haben und die für das Verständnis von Gegenstand und Grund des Antrags nicht unerlässlich sind, sind hingegen nach Ansicht des EuGH kein integrierender Bestandteil des verfahrenseinleitenden Schriftstücks im Sinne der VO 1348/2000. Die Übersetzung von Beweisunterlagen könne beträchtliche Zeit in Anspruch nehmen, während sie jedenfalls nicht für das Verfahren erforderlich sei, das vor dem Gericht des Übermittlungsstaates und in der Sprache dieses Staates ablaufe.[31]

2. Zustellungen in Drittstaaten

19 Die Zustellung in Drittstaaten erfolgt nach § 183 I Nr. 1 ZPO durch Einschreiben mit Rückschein, soweit aufgrund völkerrechtlicher Vereinbarungen Schriftstücke unmittelbar durch die Post übersandt werden dürfen. Die Frage der Wirksamkeit einer Zustellung im Ausland regelt der ausländische Forumstaat.[32] Einzelheiten der Zustellung im Ausland regelt das Haager Zustellungsübereinkommen von 1965 (HZÜ).[33] Die Bundesrepublik Deutschland hat eine Zustellung per Post durch Einschreiben mit Rückschein durch einen Vorbehalt im HZÜ nicht zugelassen.[34]

20 Neben der postalischen Zustellung durch Einschreiben mit Rückschein regelt § 183 ZPO in Nr. 2 und 3 noch die Zustellung im Ausland auf Ersuchen des Vorsitzenden des Prozessgerichts durch die Behörden des fremden Staates oder durch die diplomatische oder konsularische Vertretung des Bundes, die in diesem Staat residiert, oder durch das Auswärtige Amt an einen Deutschen, der das

30 EuGH, 08.05.2008 – C-14/07, Slg. 2008, I-3401 Rn. 73 = NJW 2008, 1721, 1725 – Ingenieurbüro M. Weiss.

31 EuGH, 08.05.2008 – C-14/07, Slg. 2008, I-3401 Rn. 73 f. = NJW 2008, 1721, 1725 – Ingenieurbüro M. Weiss.

32 *Halfmeier*, in: GroßkommUWG^2, Einl. E Rn. 250 f.

33 Ausführlich zu den Mitgliedstaaten dieses Übereinkommens *Halfmeier*, in: GroßkommUWG^2, Einl. E Rn. 250.

34 *Halfmeier*, in: GroßkommUWG^2, Einl. E Rn. 251.

Recht der Immunität genießt oder zu einer Vertretung der BRD im Ausland gehört.

III. Die Beweisaufnahme

1. Beweisaufnahme in Deutschland

21 Die Regeln der Beweislast gehören nach deutschem Recht zum **materiellen** Recht. Deshalb entscheidet über sie das Kollisionsrecht. Ist deutsches Recht anwendbar, dann sind die deutschen Beweislastregeln maßgeblich. Das schließt allerdings einen formlosen **Beweismittelimport**, der ohne Ausübung hoheitlichen Zwangs erfolgt, nicht aus.[35]

22 Ein im Ausland befindlicher Zeuge darf nach § 377 ZPO durch ein deutsches Gericht auf freiwilliger Basis befragt werden oder ohne Zwangsandrohung zum freiwilligen Erscheinen vor Gericht veranlasst werden, ohne dass die EuBVO oder HBÜ anzuwenden wäre.[36] Auch die freiwillige Videoübertragung einer Zeugenaussage ist ohne Rückgriff auf die EuBVO möglich. Ferner ist ein Augenscheinbeweis mit Hilfe des Internet stets zulässig. Dieser muss allerdings ohne Anwendung von Zwang erfolgen, weil andernfalls in Souveränitätsrechte des betreffenden ausländischen Staates eingegriffen würde.

2. Beweisaufnahme im Ausland

23 Bei der Beweisaufnahme im Ausland ist zu unterscheiden
- zwischen der Beweisaufnahme in **EU-Sachen** nach der VO (EG) 1206/2001 des Rates vom 28. Mai 2001 über die Zusammenarbeit zwischen den Gerichten der Mitgliedstaaten auf dem Gebiet der Beweisaufnahme in Zivil- und Handelssachen (EuBVO)[37] und
- der Beweisaufnahme in bestimmten **Drittstaaten** nach dem Haager Übereinkommen von 1970 über die Beweisaufnahme im Ausland in Zivil- und Handelssachen (HBÜ).[38]

24 Im Verhältnis zu Dänemark ist die EuBVO anwendbar.[39] Die Beweisaufnahme erfolgt nach dänischem Prozessrecht.

---

35 *Halfmeier*, in: GroßkommUWG², Einl. E Rn. 254.

36 Vgl. *v. Hein*,in: Rauscher, EuBVO Art. 1 Rn. 21; *Schack*, Internationales Zivilverfahrensrecht⁷, Rn. 796, 803; a.A. noch in einem obiter dictum BGH, 10.05.1984 – III ZR 29/83. NJW 1984, 2039.

37 ABl.EG 2001 L 174/1.

38 BGBl. 1977 II 780; ausführlicher zu den betroffenen Drittstaaten *Halfmeier*, in: GroßkommUWG², Einl. E Rn. 261 Fn. 564.

39 Erw.-Grd. 22 und Art. 1 III der EuBVO.

a) Beweisaufnahme nach der EuBVO

25 Der Begriff der Beweisaufnahme nach Art. 1 EuBVO ist weit auszulegen und umfasst »möglichst viele Maßnahmen der justitiellen Informationsbeschaffung«.[40] Dazu gehören auch Beweissicherungsmaßnahmen. [41] Die EuBVO erfasst hingegen nicht die Beweisaufnahme durch ein **Schiedsgericht**, da es kein »Gericht eines Mitgliedstaates« ist. [42]

26 Für Beweisaufnahmen im Ausland sehen Art. 1 EuBVO und für Deutschland § 1072 ZPO zwei Formen vor: Eine Kooperation zwischen dem ersuchenden und dem ersuchten Gericht und die Möglichkeit einer unmittelbaren Beweisaufnahme. Die EU-Staaten bestimmen nach Art. 3 EuBVO eine oder mehrere »Zentralstellen«, die den Gerichten Auskünfte erteilen, nach Lösungswegen suchen, wenn bei einem Ersuchen Schwierigkeiten auftreten, und in Ausnahmefällen auf Ersuchen eines Gerichts ein Ersuchen an das zuständige Gericht weiterleiten.

27 aa) Das ersuchende Gericht kann das Gericht eines anderen Mitgliedstaats um die Durchführung einer Beweisaufnahme ersuchen (Kooperation), Art. 4 ff. EuBVO. Die Beweisaufnahme durch das ausländische Gericht findet nach Art. 10 II EuBVO nach dem Prozessrecht seines Landes statt. Das ausländische Gericht kann die erbetene Beweisaufnahme nach Art. 10 III EuBVO ablehnen, wenn sie mit der lex fori des ausländischen Gerichts unvereinbar ist.

28 Nach Art. 18 EuBVO ist das ersuchende Gericht nicht verpflichtet, dem ersuchten Gericht einen Vorschuss für die Entschädigung eines Zeugen zu zahlen oder die dem vernommenen Zeugen gezahlte Entschädigung zu erstatten.[43] Kosten für Sachverständige und Dolmetscher sind hingegen vom ersuchenden Gericht zu erstatten.[44]

29 bb) Eine **unmittelbare Beweisaufnahme** durch das Prozessgericht in einem anderen Mitgliedstaat ist nach Art. 17 II EuBVO nur zulässig, wenn sie auf freiwilliger Basis und ohne Zwangsmaßnahmen erfolgen kann. Erforderlich ist außerdem nach Art. 17 IV EuBVO eine Zustimmung der zuständigen Behörden des betreffenden Mitgliedstaates bzw. der nach Art. 3 EuBVO von jedem Mit-

40 GAin *Kokott* in ihren Schlussanträgen zu EuGH, 18.07.2007 – C-175/06, Slg. 2007, I-7929 Nr. 43; *Glöckner*, in: Harte/Henning, UWG[4], Einl. D Rn. 56; *Halfmeier*, in: GroßkommUWG[2], Einl. E Rn. 257.

41 *Halfmeier*, in: GroßkommUWG[2], Einl. E Rn. 257; *Heinze*, IPRax 2008, 480.

42 *Halfmeier*, in: GroßkommUWG[2], Einl. E Rn. 256; a.A. *Knöfel*, RIW 2007, 832, 836 ff.

43 EuGH, 17.02.2011 – C-283/09, NJW 2011, 2493 Leits. und Rn. 50 ff., 53 f., 68 – Arthur Werynski.

44 EuGH,17.02.2011 – C-283/09, NJW 2011, 2493 Rn. 64 – Arthur Werynski; vgl. auch Erw.-Grd. Nr. 16 und Art. 18 II der EuBVO.

gliedstaat zu errichtenden Zentralstelle. Diese Genehmigung darf nach Art. 17 V EuBVO nur aus besonderen Gründen, insbesondere bei einem Verstoß gegen den ordre public des ausländischen Staates, untersagt werden.

30 Die Regelungen der EuBVO sind in ihrem Anwendungsbereich **abschließend**.

b) Beweisaufnahme nach dem HBÜ in bestimmten Drittstaaten

31 Außerhalb des Anwendungsbereichs der EuBVO kann das Haager Beweisaufnahme-Übereinkommen (HBÜ) anwendbar sein. Es gilt allerdings nur für bestimmte Staaten.

32 Abweichend von der EuBVO findet die Korrespondenz zwischen den Gerichten nach Art. 2 über die von den Vertragsstaaten benannten »Zentralen Behörden« statt. Die ausländischen Gerichte wenden ihr Prozessrecht an. Wenn die ersuchende Behörde eine besondere Form der Beweisaufnahme verlangt, muss diesem Verlangen entsprochen werden, soweit dies nicht mit dem Recht des ersuchten Staates unvereinbar ist, Art. 9 HBÜ.

c) Beweisaufnahme in sonstigen Staaten

33 Außerhalb des Anwendungsbereichs der EuBVO und des HBÜ gilt in Deutschland § 363 ZPO. Nach Nr. 1 dieser Vorschrift hat der Vorsitzende der zuständigen Behörde um Aufnahme des Beweises zu ersuchen. Nach Nr. 2 kann die Beweisaufnahme durch einen Bundeskonsul erfolgen, an den das Ersuchen zu richten ist.

IV. Die Gerichtssprache

34 Nach § 184 S. 1 GVG ist die Gerichtssprache vor deutschen Gerichten deutsch. Das Recht der **Sorben**, in den Heimatkreisen der sorbischen Bevölkerung sorbisch zu sprechen, ist nach § 184 S. 2 GVG gewährleistet. § 184 GVG regelt nicht nur die gerichtlichen Verhandlungen und Entscheidungen, sondern den gesamten Schriftverkehr mit dem Gericht.[45] Dazu gehört auch eine Rechtsmittelschrift. Auf die Beachtung der Gerichtssprache muss in einer ordnungsgemäßen Rechtsmittelbelehrung hingewiesen werden. Das Unterbleiben dieser Belehrung begründet für den Angeklagten/Beklagten den Anspruch auf Wiedereinsetzung in den vorigen Stand.[46] Nach § 185 II GVG kann die Zuziehung eines Dolmetschers unterbleiben, wenn die beteiligten Parteien sämtlich der fremden Sprache mächtig sind; das gilt jedoch nur im Bereich der mündlichen Verhandlung. Beweismittel, z.B. Urkunden, können hingegen in fremder Spra-

45 BGH, 14.07.1981 – 1 StR 815/80. NJW 1982, 532 f.
46 BGH, 14.07.1981 – 1 StR 815/80, NJW 1982, 532, 533 (2.).

che eingereicht werden. Das Gericht kann dann nach § 142 III 1 ZPO anordnen, dass von den in fremder Sprache abgefassten Urkunden eine Übersetzung beigebracht werde, die ein nach den Richtlinien der Landesjustizverwaltung hierzu ermächtigter Übersetzer angefertigt hat. Der Beweis der Unrichtigkeit oder Unvollständigkeit der Übersetzung ist nach § 142 III 4 ZPO zulässig.

V. Vollstreckungsverfahren

35 Bei den Voraussetzungen der Vollstreckung ausländischer Entscheidungen ist zu unterscheiden zwischen Entscheidungen aus EU-Staaten, aus Vertragsstaaten des LugÜ und sonstigen Staaten.

36 Für Entscheidungen aus EU-Staaten und Vertragsstaaten des LugÜ gilt ein **vereinfachtes Vollstreckungsverfahren.** Insoweit gelten die Vorschriften der EuGVVO und die mit diesen inhaltlich übereinstimmenden Vorschriften des LugÜ.

1. Anerkennung und Vollstreckung in EU-Staaten oder LugÜ-Staaten

37 Nach Art. 36 I EuGVVO bzw. Art. 33 I LugÜ werden die in einem EU-Staat oder LugÜ-Staat ergangenen Entscheidungen **anerkannt,** ohne dass es hierfür eines besonderen Verfahrens bedarf. Die in einem EU-Staat bzw. LugÜ-Staat ergangenen Entscheidungen dürfen nach Art. 52 EuGVVO bzw. Art. 36, 45 II LugÜ im ersuchten EU-Staat bzw. LugÜ-Staat keinesfalls in der Sache nachgeprüft werden. Die **Anerkennung** wird jedoch nach Art. 46 EuGVVO bzw. Art. 45 I LugÜ auf Antrag eines Berechtigten versagt, wenn einer der in Art. 45 EuGVVO bzw. Art. 34 LugÜ genannten **Schutzversagungsgründe** vorliegt.

38 Nach Art. 2 lit. a Unterabs. 2 S. 1 können **einstweilige Maßnahmen** eines nach Art. 4 ff. EuGVVO in der Hauptsache zuständigen Gerichts auch in anderen Mitgliedstaaten **vollstreckt** werden. [47] Hierzu gehören jedoch nach Art. 2 lit. a Unterabs. 2 S. 2 keine einstweiligen Maßnahmen einschließlich Sicherungsmaßnahmen, die von einem solchen Gericht angeordnet wurden, ohne dass der Beklagte vorgeladen wurde, es sei denn, die Entscheidung, welche die Maßnahme enthält, wird ihm vor der Vollstreckung zugestellt. Ihre Anerkennung erfordert allerdings die Anhörung der Gegenpartei durch das ausländische Gericht oder deren Möglichkeit dazu, d.h. ein kontradiktorisches Verfahren.[48] Damit wird die Gefahr überraschender Eilentscheidungen erheblich eingeschränkt.

---

47 Vgl. EuGH, 06.06.2002 – C-80/00, Slg. 2002, I-4995 Rn. 41 ff., 52 – Italian Leather.

48 Vgl. EuGH, 21.05.1980 – Rs. 125/79, Slg. 1980, 1553 Leits. u. Rn. 13, 17 f. – Denilauler; EuGH, 14.10.2004 – C-39/02, Slg. 2002, I-9657 Rn. 50 – Maersk Olie.; vgl. auch *Mankowski*, in: MünchKommUWG², IntWettbR Rn. 450.

39 Nach Art. 45 I EuGVVO wird die Anerkennung einer Entscheidung auf Antrag eines Berechtigten versagt, wenn die Anerkennung der öffentlichen Ordnung (ordre public) des ersuchten Mitgliedstaates offensichtlich widersprechen würde. Art. 45 EuGVVO verweist auf die nationalen Regelungen des ordre public in den Forumstaaten der EU.[49] Der Begriff des ordre public in Art. 45 EuGVVO ist jedoch **gemeinschaftsautonom** auszulegen.[50] Der Verweis auf die nationalen Bestimmungen des ordre public einerseits und das gemeinschaftsautonome Gebot einer engen Auslegung andererseits bedeuten im Ergebnis, dass den nationalen ordre public-Klauseln entsprechende Grenzen gesetzt sind.[51] Der ordre public ist eng auszulegen, so dass er nur in Ausnahmefällen eine Rolle spielt.[52]

40 Mit dem ordre public ist ein ausländisches Urteil nicht schon dann unvereinbar, wenn das Gericht des Vollstreckungsstaates bei Anwendung des eigenen Rechts zu einem anderen Ergebnis gekommen wäre.[53]

41 Einen Verstoß gegen den ordre public nimmt die deutsche Rechtsprechung hingegen an, wenn die Anwendung ausländischen Rechts die Grundlagen des deutschen staatlichen und wirtschaftlichen Lebens angreifen würde.[54] Europäische Urteile, die gegen den ordre public des zur Vollstreckung angerufenen Staates verstoßen, sind allerdings auf dem Gebiet des Wirtschaftsrechts äußerst selten. Eine der seltenen Ausnahmen bietet eine BGH-Entscheidung vom 04.06.1992. In ihr erklärte der BGH, dass ein US-amerikanisches Urteil, das dem Kläger einen **dreifachen Schadensersatz** zusprach, gegen den deutschen ordre public verstoße, soweit dies Strafcharakter (»punitive damages«) habe.[55] Es liege hin-

---

49 So zu Art. 27 EuGVÜ, jetzt Art. 45 EuGVVO, EuGH, 28.03.2000 – C-7/98, Slg. 2000, I-1935 Rn. 22, 23, 37 – Krombach/Bamberski; EuGH, 11.05.2000 – C-38/98, Slg. 2000, I-2973 Rn. 27, 28 – Renault/Maxicar.

50 So zu Art. 27 EuGVÜ EuGH, 28.03.2000 – C-7/98, Slg. 2000, I-1935 Rn. 22, 23, 37; EuGH, 11.05.2000 – C-38/98, Slg. 2000, I-2973 Rn. 27, 28 Renault/Maxicar.

51 EuGH, 02.04.2009 – C-394/07, NJW 2009, 1938 Rn. 26 f. – Marco Gambazzi; BGH, 19.07.2018 – IX ZB 10/18, GRUR 2018, 1074 Rn. 14 – Deutsche Vernichtungslager in Polen.

52 EuGH, 04.02.1988 – Rs. 145/86, Slg. 1988, 645 Rn. 21 – Hoffmann/Krieg; EuGH, 10.10.1996 – C-78/95, Slg. 1996, I-4943 Rn. 23 – Hendrikmann und Feyen; EuGH, 28.03.2000 – C-7/98, Slg. 2000, I-1935 Rn. 21 – Krombach/Bamberski; EuGH, 11.05.2000 – C-38/98, Slg. 2000, I-2973 Rn. 26 – Renault/Maxicar.

53 BGH, 19.07.2018 – IX ZB 10/18, GRUR 2018, 1075 Rn. 14 – Deutsche Vernichtungslager in Polen; dazu Anm. von *Klöpfer/Ramic,* NJW 2018, 3257 f.

54 Dieser Grundsatz wird für zu eng gehalten von *Schütze,* in: Gloy/Loschelder/Erdmann, Hdb des Wettbewerbsrechts[4], § 1 Rn. 49.

55 BGH, 04.06.1992 – IX ZR 149/91, BGHZ 118, 312 = NJW 1992, 3096 (Leits. 8), 3102 f.; *Schütze,* in: Gloy/Loschelder/Erdmann, Hdb des Wettbewerbsrechts[4], § 11 Rn. 43, 48, 49; a.A. *Halfmeier,* in: GroßkommUWG[2], Einl. E Rn. 280.

gegen kein Verstoß gegen den ordre public vor, soweit der dreifache Schadensersatz eine (zivilrechtliche) **Genugtuungsfunktion** habe oder dazu diene, die Rechtsverfolgungskosten des Klägers zu decken.[56]

42 Gegen die Fortführung dieser Rechtsprechung des BGH werden Bedenken geltend gemacht.[57] Sie werden damit begründet, dass der BGH inzwischen bei der Schadensersatzhaftung für schwerwiegende Verletzungen des Persönlichkeitsrechts auch einen **Präventionszweck** des Persönlichkeitsschutzes anerkenne und damit auch pönale Zwecke verfolge.[58] Ein auf Strafschadensersatz lautendes Urteil verletze deshalb den ordre public nur noch dann, wenn er in »exorbitanter und unangemessener Höhe« zuerkannt werde.[59]

43 Ein Verstoß gegen den ordre public läge auch vor, wenn ein ausländisches Urteil, dessen Vollstreckung im Inland beantragt ist, in nicht hinnehmbarer Weise in das von Art. 5 I GG geschützte Grundrecht der freien Meinungsäußerung eingriffe.[60] Für unvereinbar mit dem ordre public des Vollstreckungsstaates hielt der EuGH den Ausschluss eines Beklagten vom Verfahren. Er sah darin die denkbar schwerste Einschränkung der Verteidigungsrechte, die **unverhältnismäßig** sei und nur bei sehr hohen Anforderungen gerechtfertigt sein könne.[61]

44 Bei **lauterkeitsrechtlichen** Urteilen europäischer Gerichte ist es äußerst unwahrscheinlich, dass sie gegen den deutschen ordre public verstoßen, zumal ein erheblicher Teil des Lauterkeitsrechts in der EU durch die Richtlinien Nr. 2005/29/EG und 2006/114/EG harmonisiert ist.

45 Der Vollstreckungsschutz ist außerdem nach Art. 45 I b EuGVVO zu versagen, wenn dem Beklagten das verfahrenseinleitende Schriftstück oder ein gleichwertiges Schriftstück nicht so rechtzeitig und in einer Weise zugestellt worden ist,

56 BGH, 04.06.1992 – IX ZR 149/91, NJW 1992, 3096, 3103.

57 Kritisch dazu *Halfmeier*, in: GroßkommUWG², Einl. E Rn. 280; *Rosengarten,* NJW 1996, 1935, 1938.

58 Vgl. BGH, 15.11.1994 – VI ZR 56/94, NJW 1995, 861, 865 – Caroline von Monaco I; BGH, 05.12.1995 – VI ZR 332/94, NJW 1996, 984, 985 – Caroline von Monaco II; BGH, 12.12.1995 – VI ZR 223/94. NJW 1996, 985, 987 – Sohn von Caroline (»Kumulationsgedanke«); BGH, 05.10.2004 – VI ZR 255/03, NJW 2005, 215, 216 – Caroline von Hannover; ebenso im Schrifttum *M. Körner*, NJW 2000, 241, 244; *Kötz*, in: FS für Steindorff, 1990, S. 643 ff.; *Steffen*, NJW 1997, 10, 12 f.; kritisch dazu *Sack*, in: FS für E. Lorenz, 2004, S. 701, 708 f.

59 *Halfmeier*, in: GroßkommUWG², Einl. E Rn. 280.

60 BGH, 19.07.2018 – IX ZB 10/18, 1074 Rn. 15 ff. – Deutsche Vernichtungslager in Polen; zustimmend *Klöpfer/Ramic*, NJW 2018, 3257 f.

61 EuGH, 02.04.2009 – C-394/07, NJW 2009, 1938 Rn. 33 – Marco Gambazzi.

dass er sich verteidigen konnte. Daraus folgt u.a.: Versäumnisentscheidungen sind grundsätzlich anerkennungsfähig.[62]

46 Der Vollstreckungsschutz ist ferner nach Art. 45 I lit. c) und d) zu versagen, wenn die Entscheidung mit einer Entscheidung unvereinbar ist, die zwischen denselben Parteien im ersuchten EU-Staat oder in einem anderen EU-Staat oder Drittstaat wegen desselben Anspruchs ergangen ist. [63]

47 Wird die Anerkennung eines europäischen Urteils in einem Rechtsstreit vor dem Gericht eines EU-Staates bzw. LugÜ-Staates, dessen Entscheidung von der Versagung der Anerkennung abhängt, verlangt, so kann dieses Gericht nach Art. 36 III EuGVVO bzw. Art. 33 III LugÜ über die Anerkennung entscheiden. Die **Vollstreckung** einer Entscheidung wird nach Art. 46 I EuGVVO bzw. Art. 45 I LugÜ auf Antrag des Schuldners versagt, wenn festgestellt wird, dass einer der in Art. 45 EuGVVO bzw. Art. 34 f. LugÜ genannten Gründe gegeben ist.

2. Anerkennung und Vollstreckung in einem sonstigen Staat

48 Außerhalb des Regelungsbereichs der EuGVVO und des LugÜ sowie bilateraler Staatsverträge mit Israel und Tunesien gelten in Deutschland für die Anerkennung und Vollstreckung ausländischer Entscheidugnen die Regelungen des § 328 und des § 722 ZPO. Nach § 722 ZPO findet die Vollstreckung aus dem Urteil eines ausländischen Gerichts – das nicht zur EU oder einem Verbandsstaat des LugÜ gehört – nur statt, wenn ihre Zulässigkeit durch ein **Vollstreckungsurteil** ausgesprochen ist. Das Vollstreckungsurteil ist nach § 723 II 2 ZPO nicht zu erlassen, wenn die Vollstreckung des Urteils nach § 328 ZPO ausgeschlossen ist.

49 Anerkennungsfähig sind nur Entscheidungen, die eine Zivil- oder Handelssache zum Gegenstand haben. Ausländische Entscheidungen, die reine wirtschaftspolitische Ziele verfolgen, sind nach § 328 ZPO nicht anerkennungsfähig.[64]

50 Ein deutsches Gericht als Anerkennungsgericht prüft grundsätzlich nicht, ob der im Ausland zugesprochene Anspruch tatsächlich besteht, d.h. ob das ausländische Urteil richtig ist. Es prüft vielmehr nur, ob die Voraussetzungen der Vollstreckbarerklärung in Deutschland vorliegen, insbesondere ob die Anerkennungsversagungsgründe des § 328 ZPO vorliegen.[65] Nach § 328 ZPO ist die Anerkennung eines ausländischen Urteils – von außerhalb der EU oder einem Verbandsstaat des LugÜ – ausgeschlossen,

62 *Mankowski*, in: MünchKommUWG², IntWettbR Rn. 441.
63 Vgl. EuGH, 06.06.2002 – C-80/00, Slg. 2002, I-4995 Rn. 39 ff., 52 – Italian Leather.
64 *Schütze*, in: Gloy/Loschelder/Erdmann, Hdb des Wettbewerbsrechts⁴, § 11 Rn. 45.
65 *Mankowski*, in: MünchKommUWG², IntWettbR Rn. 470.

1. wenn die Gerichte des Staates, dem das ausländische Gericht angehört, nach den deutschen Gesetzen nicht zuständig sind;[66]
2. wenn dem Beklagten, der sich auf das Verfahren nicht eingelassen hat und sich hierauf beruft, das verfahrenseinleitende Dokument nicht ordnungsmäßig oder nicht so rechtzeitig zugestellt worden ist, dass er sich schwer verteidigen konnte;
3. wenn das Urteil mit einem hier erlassenen oder einem anzuerkennenden früheren Urteil oder wenn das ihm zugrunde liegende Verfahren mit einem früher hier rechtshängig gewordenen Verfahren unvereinbar ist;
4. wenn die Anerkennung des Urteils zu einem Ergebnis führt, das mit wesentlichen Grundsätzen des deutschen Rechts offensichtlich unvereinbar ist, insbesondere wenn die Anerkennung mit den Grundrechten unvereinbar ist;
5. wenn die Gegenseitigkeit nicht verbürgt ist.[67]

51 Das Tatbestandsmerkmal »mit wesentlichen Grundsätzen des deutschen Rechts offensichtlich unvereinbar ist« in § 328 I Nr. 4 ZPO deckt sich mit dem europarechtlichen Tatbestandsmerkmal »der öffentlichen Ordnung (ordre public) des ersuchten Mitgliedstaats offensichtlich widersprechen würde« in Art. 45 I EuGVVO bzw. dem Tatbestandsmerkmal »die Anerkennung der öffentlichen Ordnung (ordre public) des Staates, in dem sie geltend gemacht wird, offensichtlich widersprechen würde« in Art. 34 I LugÜ.[68] Es gelten also die oben zur EuGVVO und zum LugÜ dargestellten Grundsätze.

52 Wenn die Entscheidung des ausländischen Erstgerichts **aufgehoben** wird, scheidet auch eine Vollstreckbarerklärung im Zweitstaat aus. Entsprechendes gilt für die **Abänderung** einer Entscheidung des ausländischen Erstgerichts; sie kann nur noch in der geänderten Form für vollstreckbar erklärt werden.[69]

66 Ausführlich zu dieser sog. Anerkennungszuständigkeit *Mankowski,* in: MünchKommUWG², IntWettbR Rn. 462 ff.

67 Ausführlich dazu *Mankowski*, in: MünchKommUWG², IntWettbR Rn. 466 ff.

68 *Halfmeier*, in: GroßkommUWG², Einl. E Rn. 278; *Schütze*, in: Gloy/Loschelder/Erdmann, Hdb des Wettbewerbsrechts⁴, § 11 Rn. 50, 55.

69 BGH, 30.04.1980 – VIII ZB 34/78, NJW 1980, 2022 a.E.; *Mankowski*, in: MünchKommUWG², IntWettbR Rn. 472.

Stichwortverzeichnis

Die Zahlen bedeuten jeweils in ihrer Reihenfolge **Kapitel** und Randnummer(n).